L'HOMME AUX BOIS

Dans la même série

J.-R. PITTE, *Terres de Castanide.*

Yves LACOSTE, *Géopolitiques des régions françaises*
T. I, La France septentrionale.
T. II, La façade occidentale.
T. III, La France du Sud-Est.

ANDRÉE CORVOL

L'Homme aux Bois

Histoire des relations
de l'homme et de la forêt
(XVIIe-XXe siècle)

FAYARD

A notre Mounette

AVANT-PROPOS

Le promeneur du dimanche ne sait plus ce que sont les bois, ce qu'ils étaient. A peine connaît-il leur statut. Et dans son ignorance, il semble même avoir oublié jusqu'aux différentes façons d'y vivre, de les comprendre, de s'y déplacer – jusqu'à la nécessité de les couper aussi. Le langage qui les décrivait, familier à tous voilà cinquante ans, a cessé de l'être. Les mots se sont enfuis avec les gestes du passé. Les arbres même perdent leur identité. Le promeneur du dimanche ne voit plus qu'un tout : la forêt.

Le cliché surgit à chaque pas. A l'approche de Noël débute la quête du houx. Le printemps venu, une fois dérobées les premières violettes, arrive le tour du muguet. Les champignons seront pour plus tard. Un abonnement au théâtre des saisons que ces brèves incursions dominicales. Une distraction aussi saine ne saurait évidemment être blâmée, mais elle est trop neuve pour ne pas attirer l'attention.

Cet amour cohabite désormais avec une effrayante méconnaissance de l'univers sylvicole. Il n'est que de feuilleter un manuel scolaire pour s'en rendre compte. Deux ou trois paragraphes suffisent à décrire le bois et ses industries dérivées, alors que des pages et des pages sont consacrées à l'agriculture, des causes de son insuffisance au coût de ses excédents. Et pourtant, la France s'enorgueillit de posséder la première superficie forestière d'Europe, URSS à part.

L'économie forestière apparaît comme un des ces domaines qui repousse tous ceux susceptibles de l'aborder. Examinée sous microcospe économique, la forêt ne fait pas recette. Le contemporain ne lit plus en elle comme à livre ouvert. Il ne dispose pas, non plus, des instruments qui l'aideraient à la décrypter. Depuis près d'un siècle, la forêt est devenue pour lui un monde étranger.

Et cependant, peu de sujets attisent davantage les esprits que la forêt. La vison se rétrécit mais la passion des arbres est maintenant dans tous les cœurs. Des maux dont ils souffrent, chacun prétend en connaître les motifs et détenir le remède. Il le faut bien puisque tous se sentent atteints. La forêt régresse! La forêt périt! Et bientôt, châtié pour l'avoir si mal gardée, l'homme se traînera sur une terre de désolation. Les lendemains ne chanteront plus, la forêt est morte.

Aujourd'hui même, que d'avanies supporte la malheureuse! N'est-elle pas chaque jour rongée par la ville, les aéroports, les autoroutes? Ne faites pas remarquer que jamais elle n'a été aussi vaste – Vous vous attireriez un coup d'œil incrédule. Ne flambe-t-elle pas chaque été par l'inconscience des fumeurs et la malignité internationale? Que dire alors de ces pluies acides qui métamorphosent en vieux balais les nobles résineux? Ne suggérez pas que ces phénomènes mériteraient d'être mieux expliqués – Vous auriez l'air d'un affreux contestataire.

Des menaces multiples pèseraient sur la forêt. Sa survie constituerait l'antidote du monde moderne. Formidable renversement lorsque l'on songe que naguère c'était son recul qui acquittait le prix du progrès! Conjurer la famine exigeait alors d'en violer ses lisières. Que la forêt doive se plier aux desseins de notre temps ne nous effleure plus. Mais cette approche sentimentale ne s'est imposée qu'à partir du moment où les bois étaient moins nécessaires, où leur transformation obéissait à un processus plus lointain, plus mystérieux. La faille court au travers d'un XIX*e siècle déclinant. Derrière elle, une société où les exigences vivrières impriment leur marque. Devant elle, une société assez riche pour s'éprendre d'autres considérations.*

La forêt cache alors complètement les arbres. Plus personne n'admet l'idée de sa dégradation, encore moins celle de son amenuisement. Attentats, maladies, tout y prend les dimensions d'un désastre national: la France dépouillée de sa parure.

***

Des arbres! Des arbres! Oui, mais la collectivité entend en jouir sans les payer. Et c'est cet étrange paradoxe qui tisse la trame du présent travail de part et d'autre de la grande fracture des années 1850-1880. Comment en est-on venu à souhaiter si ardemment le triomphe des bois? Quels moyens, subtils ou autoritaires, a-t-il fallu déployer pour y parvenir? Quelle empreinte ont-ils laissée au monde d'à présent? Et d'abord, de quelles bases partaient les autorités pour réussir une aussi folle entreprise? Folle en vérité car ni les sciences naturelles d'alors ni la docilité des habitants ne laissaient augurer la réussite d'une aussi extraordinaire gageure : jeter un vert manteau sur tous les terrains d'où refluait une agriculture en pleine mutation.

Deux parties donc dans cet ouvrage. La première, Vivre dans les bois, *concerne l'époque où la forêt s'ouvre aux cultures, fournit le bois de chauffe et le bois d'œuvre, nourrit les bêtes et sauve les hommes quand tout va mal. Elle scrute donc les comportements des paysans jusqu'à ce que les bois cessent d'être ces annexes dont profite la communauté villageoise. Ce système, qui plonge ses racines au tréfonds de notre histoire, devient de plus en plus chaotique à mesure que se disloque l'antique symbiose entre l'homme et l'arbre. Les liens se distendent. Certains sont tranchés. Le divorce est accompli vers 1880.*

D'autres alliances surgissent, moins fortes, plus fragiles, peut-être parce que le bois, pourvoyeur du feu vital, n'est plus en cause. Dans la seconde partie, Regarder les arbres, *les milieux urbains s'interrogent à leur sujet depuis qu'ils ont condamné l'emploi qu'en faisait le monde rural. Une attitude au fond assez récente, suscitée par le spectacle de la montagne et s'étendant peu à peu à la plaine : il n'y a plus qu'un seul discours et une seule politique forestière – celui qu'imposent les notabilités.*

Ces acquis pèsent lourd aujourd'hui : action constante de l'État en faveur de la défense sylvicole; agrandissement continu des surfaces boisées. Ni l'un ni l'autre ne sont le fruit de notre temps. Le premier dérive d'une pratique administrative née au milieu du XVIIe siècle, lorsque le pouvoir place sous sa sauvegarde les biens forestiers, n'épargnant même pas ceux qui relèvent du droit des particuliers. Le deuxième reflète une politique lancée au XIXe siècle et qui s'est traduite par une véritable explosion du secteur privé, l'État se contentant d'introduire l'Arbre où c'était utile mais non rentable.

Mais devant ce double legs, l'homme d'aujourd'hui s'interroge. Comment ne s'inquiéterait-il pas de ce que sera demain son environnement, lui qui est partagé entre l'envie de fréquenter la forêt et le désir, non moins impérieux, de lui conserver son aspect sauvage ? Car, en dépit de tout, il considère toujours les bois comme une enclave de liberté. Et il ne doute pas que ses ancêtres y circulaient, en vivaient sans la moindre contrainte. L'âge d'or ignore le futur pour mieux auréoler un passé imaginaire. Les hommes de jadis ne rêvaient pas différemment. Eux aussi croyaient que leurs pères puisaient à leur gré dans les ruisseaux d'abondance. La Nature n'est avare qu'au présent.

***

Maintes idées ensevelies depuis longtemps surgissent ainsi au fil de ce livre. Bien des jugements émis d'un ton assuré répondent en écho à de vieux préjugés. Quant aux solutions apparemment les plus novatrices, ce sont des concepts, sinon éculés, du moins souvent appliqués et habillés de neuf. Dans ce jeu des réminiscences, la chronologie s'enfuit. Tout bouge et tout demeure étonnamment stable. Au fond, à chaque époque, la forêt offre un miroir à la société. Aujourd'hui comme hier, elle dépend de la commande de celle-ci. Sans doute y a-t-il quelque utopie à vouloir en faire une donnée de la Nature qu'il ne s'agirait que de préserver. Ce fantasme surgit dès qu'une civilisation doute d'elle-même. Le changement fait peur. L'homme essaie alors de fixer les traits de ce qui est le plus étranger et le plus cher. Cela ne l'a pas empêché de séparer la forêt du monde agro-pastoral. Cela ne l'arrêtera pas demain s'il lui faut l'adapter aux clients de la ville.

PREMIÈRE PARTIE

VIVRE DANS LES BOIS

La foi, ils l'avaient tous, ces forestiers superbes,
Audacieux conquérants des grands déserts ruraux
Où le fier paysan mangeait son blé en herbe
Et sacrifiait son sol aux rites ancestraux.

CHAPITRE PREMIER

L'espace nourricier

La peur de manquer semble une fièvre récurrente sous l'Ancien Régime. Elle n'est en fait que le reflet de la vulnérabilité du corps social, à la merci d'une épidémie, d'un déficit céréalier ou d'un passage de troupes. Que la quantité de blés entreposée ne permette pas d'effectuer la soudure jusqu'à la prochaine récolte, et l'affolement surgit. Comment éviter les disettes locales, génératrices de troubles populaires? Comment assurer le réensemencement de demain si, déjà, se consomment les réserves?

Les caprices du temps et les folies des hommes menacent ainsi le fragile équilibre alimentaire de l'époque, qui repose tout entier sur les grains. Notion capitale de l'éphémère car, en peu de jours, s'écroulent avec leur destruction la certitude de manger à sa faim, d'élever une famille, de maîtriser l'avenir. Pour les pauvres gens, ne demeure plus alors qu'une idée fixe : survivre. Dans ces périodes douloureuses, les bois, pourvoyeurs de calories supplémentaires, constituent l'ultime recours.

Personne ne sait depuis quand ils sont là, ni qui les a plantés. Ne seraient-ils pas la marque de la Providence qui met à la portée des miséreux un instrument pour soulager leurs maux? Ces espaces, d'ordinaire, servent à tous : ils reçoivent vastes troupeaux et ateliers d'artisans, fournissent les foyers des environs et ceux plus lointains. Ils servent encore davantage en ces temps où les échanges lointains disparaissent, ce qui renforce d'autant le rôle du voisinage. Sous le couvert des grands arbres, les paysans guettent le moment où la soldatesque aura évacué le village. La chasse et la cueillette leur permettent de suppléer aux vivres qui font défaut. Les étendues forestières ne sont plus alors de simples annexes qui prolongent le terroir cultivé. Si les habitants regagnent un jour ce dernier afin d'arracher à la végétation les parcelles englouties et relever les ruines des maisons dévastées, c'est grâce à leur présence. D'elles dépend le salut.

Ainsi, dans le malheur comme au quotidien, les gens des campagnes espèrent en leurs bois. Leur attente n'est pas déçue, comme le montre l'exemple des habitants de Nôlay (Côte-d'Or), dans une contrée ravagée par les guerres incessantes depuis 1636 [1]. « En 1662, la graine estoit rare et chère, note un témoin, Genreau, on disoit ne l'avoir jamais vu si rare. » Même les blés de Bresse n'arrivent plus à Chalon-sur-Saône. Mais les griottiers sauvages épargnent la famine. Comment, pour ce miracle, ne pas remercier le Tout-Puissant? Genreau ne doute pas que cette intervention divine les a sauvés : « Dieu, tant admirable, hasta si totenement [si vite] les cerises, que je voiois en ce lieu de Nolay recevoir cette manne au peuple, avec tant de louanges à Dieu que cela ravissoit un chacun. » La Nature répond à Sa Volonté , il faut donc s'en remettre à Elle. Que ces bois doivent perpétuer leurs bienfaits, nul ne le conteste. Tous puisent à pleines mains dans les richesses ainsi offertes. Que cette fabuleuse générosité dure toujours, cela est moins sûr. A force de trop y prendre, vient l'instant où le coffre est vide.

Pareil pessimisme ne date que du XVIIIe siècle. Le redressement démographique qui retrouve alors les densités atteintes durant le XVIe siècle, puis les dépasse, montre les difficultés de vivre dans un univers aux ressources limitées. Qu'il était heureux, le temps de l'âge d'or où nulle borne ne venait restreindre l'appétit de jouissance! Histoire mythique qui se crée parce que les paysans entrent dans une période de trop-plein d'hommes, exigeant une régulation de plus en plus étroite des prélèvements effectués en milieu sylvicole. Mythe nécessaire car par lui ils se sentent autorisés à réclamer l'abrogation de toute nouvelle contrainte et à se constituer une propriété dans laquelle ils pourront enfin exercer l'autonomie rêvée.

Le foyer pourvu

Ceux qui prophétisent à l'homme un devenir tragique s'il ne trouve la parade à sa consommation galopante n'appartiennent pas au monde rural. Gens des villes, ils n'examinent pas les espaces boisés sous l'angle spatial, comme font les paysans. Ils raisonnent avant tout en termes de production, parce que les arbres signifient pour eux combustible et bois d'œuvre. Leurs voix s'affermissent dans la seconde moitié du XVIIe siècle. Ce n'est pas un hasard : les prix au détail s'envolent; ceux des ventes sur pied les suivent, mais très en retrait et de manière inégale. L'augmentation concerne surtout les peuplements proches des ruisseaux flottables, car seules les voies d'eau permettent de transporter sans trop de frais les bûches, les charbons et *a fortiori* les grumes *. En réalité, la hausse affecte tous les produits ligneux. N'annonce-t-elle pas, comme c'est le cas lors des chertés de blé, une pénurie imminente contre laquelle il faut réagir au plus vite? Réagir, cela signifie pour ces beaux esprits *agir autrement*, c'est-à-dire épargner un capital que la Nature met des siècles à constituer. Tous se répètent à l'envi « qu'un terrain, dégradé par cent ans d'abandon, se rétablit en trois ans de culture », mais que « cent années ne suffisent pas pour rétablir un bois » détérioré [2].

Si la crise n'est pas plus durement perçue, c'est grâce aux coupes anticipées, « que le dérangement fréquent des propriétaires de bois, même ecclésiastiques, les force de faire journellement, et par la facilité avec laquelle ils en obtiennent permission [3] ». La crise se verrait déjà sans ce dangereux palliatif qu'est la cession trop précoce d'un bien devenu précieux pour cause de gêne financière. Ce que l'on appelle communément manger son blé en herbe! Ce genre de remède ne servant qu'une fois, la rupture des approvisionnements point à l'horizon. Le laxisme ambiant est donc cloué au pilori, à commencer par celui des communautés rurales, accusées de mal ménager leur territoire forestier, qu'il s'agisse de celui possédé en propre ou de celui laissé à leur usage par des tiers.

Ce discours, dont hériteront les écologistes du XXe siècle, n'est donc pas innocent. Certes, il attire l'attention sur les risques qu'encourt la Nature, mais en même temps il exploite celle-ci afin d'imposer des règles qui réduisent l'autonomie communale et permettent aux concessionnaires de récupérer des largesses consenties en d'autres temps. Ce langage revêt de neuf un mécanisme ancien qui fonctionne dès que diminuent les exigences en main-d'œuvre. L'économie domaniale ne tourne pas sans elle. Or son installation à demeure dépend bien évidemment des facilités qui lui sont octroyées.

* On trouvera en annexe un glossaire des mots techniques.

Les présents du seigneur

Au XIXe siècle, accéder aux bois ne prête plus à confusion, du moins aux yeux des juristes. Ceux-ci distinguent commodément le *droit d'affouage communal* des *droits d'usage ordinaires*. Le premier ne se fonde que sur la situation de son détenteur dans la commune propriétaire. L'heureux habitant qui ne saurait quoi faire de sa portion de bois peut donc la céder comme il lui plaît, à qui il veut, quand cela lui convient. La revente de cet excédent semble alors naturelle. L'affouagiste n'est-il pas copropriétaire d'un bien appartenant à la collectivité, dont chaque membre choisit librement le mode d'emploi pour la part de bois qui lui est dévolue ?

Il en va autrement des seconds droits, fondés, eux, sur la matérialité du foyer bénéficiaire, ce qui implique d'ajuster la distribution sur la consommation reconnue et fixée par le donateur. L'usager ne saurait se servir lui-même, quel que soit le besoin en cause. Il doit obtenir au préalable l'assignal du seigneur ou de son gruyer, comme le précise par exemple ce contrat passé entre celui-ci et les manants de Lagney (Meurthe-et-Moselle) : « De laquelle délivrance, il y aura acte, inséré dans les registres de la prévosté de Villey, sans que pour ladite assistance, et enregistrement, on puisse exiger aucun salaire, ni émoluement, desdits habitants [4]. » Se dessaisir du tout ou d'une partie de ce qui est ainsi remis prouverait l'évidente inutilité de la concession, une excellente raison pour revenir sur ses composantes. Bref, au XIXe siècle, le droit d'affouage s'exerce dans les bois dont la commune est propriétaire, et les droits d'usage dans ceux dont elle ne profite que parce qu'ils sont grevés de servitudes. Les définitions respectives sont enfin nettes.

Pourtant, la notion d'affouage communal, qui n'a pris corps qu'au siècle précédent, complique le débat plus qu'elle ne l'éclaircit. Il faut bien dire que, dans cette affaire, les officiers royaux chargés d'appliquer aux étendues boisées l'Ordonnance d'août 1669 ont contribué à obscurcir le problème. Trop souvent, ils ont traité d'un même mouvement bois seigneuriaux et bois communaux, accréditant ainsi l'idée que les premiers, délaissés seulement à titre d'*usages*, pourraient bien devenir *possessions* villageoises. En 1730 encore, le seigneur d'Anstrude (Nièvre) s'en plaint amèrement, estimant que le règlement de 1677, valable pour *l'ensemble des bois* sis dans le finage, est à l'origine de ses démêlés judiciaires avec les gens du cru [4]. « Cette pièce, affirme-t-il, ne peut être regardée que comme un effet arbitraire du pouvoir que s'arrogent les officiers des Maistrises de changer les biens de nature, et d'en dépouiller les véritables propriétaires. »

Propos catégoriques, certes, mais absolument exacts, puisque seuls les bois appartenant aux communautés, tant ecclésiastiques que laïques, sont soumis au nouveau régime forestier. En bonne logique, celui-ci ne concerne que les régions où s'appliquent les Coutumes dites de « franc-alleu ». Les habitants sont alors présumés tenir leurs communes « des mains de nature », selon l'expression traditionnelle, au contraire des autres pour lesquelles le principe « nulle terre sans seigneur » a force de loi. Là, même si le seigneur ne détient point de titre pour soutenir ses prétentions, celles-ci conservent leurs chances d'aboutir. « Tout [y] est censé mué [de lui] », tout, c'est-à-dire « tous les biens qui ne sont possédés par personne [5] ». En prenant les mots au sens strict, le Code colbertien n'aurait pu régenter le patrimoine collectif que dans les rares provinces où existe le postulat contraire.

Depuis le début du XVIIe siècle, on assiste à un véritable laminage des *alleux*, terres tenues en franchise, par opposition aux *fiefs*, biens nobles, et aux *censives*, biens roturiers, qui tous deux impliquent dépendance et redevances envers un seigneur dominant. Pendant longtemps, l'activité seigneuriale s'est donc ingéniée à réduire un système qui allait à l'encontre de son hégémonie. Après l'accalmie religieuse obtenue par le bon Henri, Louis XIII profite de sa toute-puissance retrouvée pour étendre sa directe universelle à tout le royaume. Le Parlement de Bordeaux finit par s'incliner, en dépit de son arrêt du 21 mars 1617. L'alleu sans titre disparaît ainsi de Guyenne.

L'article 383 du code Michau s'empare de cette maxime : « Sont tous héritages ne relevant d'aucun seigneur censés relever de Nous [le Roi], [...] sinon que les possesseurs des héritages fassent apparaître de bons titres qui les en déchargent [6]. » Et ces titres, combien peuvent les exhiber? Bien peu, sans doute. A partir de là, le pouvoir monarchique ne cesse pas, « d'envahir, au nom de sa directe universelle, les pays de franc-alleu ». Seuls lui échappent le Dauphiné, par édit d'octobre 1658, et le Languedoc, avec l'arrêt du Conseil du 22 mai 1667. L'application uniforme de l'Ordonnance de 1669 entraîne donc l'ingérence des officiers de Sa Majesté partout où les étendues communales ne relèvent en théorie que des prérogatives seigneuriales. Cela froisse bien des susceptibilités. Les traces laissées, au-delà de ces mouvements d'humeur, resteront profondes.

A partir de cette confusion volontaire s'ébauchent deux thèses diamétralement opposées. D'un côté, les seigneurs, qui concèdent une partie de leurs bois, aimeraient bien les décharger de droits, car ceux-ci en amenuisent la rentabilité et ne les protègent même pas contre l'intrusion administrative. De l'autre, les bénéficiaires de ces concessions, jusque-là pleins de gratitude, commencent à murmurer que le donataire a grugé leurs pères. Les premiers entendent retrouver une propriété pleine et entière, alors qu'elle est grevée de droits et contrôlée par le Roi. Les seconds réclament cette hypothétique propriété native communale, là où ils ne sont qu'admis.

Les deux camps s'accusent d'iniquités réciproques, par juristes et historiens interposés. Ainsi, en 1759, les gens de Satinges (Nièvre), « quoique possédant une partie de leurs communes dans la haute justice du sieur de Fougis », disent hautement ne pas « tenir de lui cette portion de bois » sous prétexte de franc-alleu. Cette déclaration tombe au moment même où celui-ci entame une procédure de triage destinée à le débarrasser de ces encombrants personnages. Or il ne possède aucun document à leur encontre, ce qui montre sa confiance en l'idée que nulle terre n'est sans seigneur [7]. Les habitants, hier recherchés pour leur force de travail, deviennent indésirables. Quant aux seigneurs, jadis congratulés pour leur générosité que rappelle sans cesse la formule rituelle relative à leur bon plaisir, les voilà en passe d'être inculpés pour abus de bien sociaux!

Il faut verser deux remarques à ce dossier qui n'est pas prêt de se clore. Un, l'analyse dans la longue durée dévoile l'absence d'une évolution linéaire qui mènerait droit vers la propriété communale, à la grande satisfaction des habitants, ou qui, en sens inverse, viserait la propriété seigneuriale, justifiant pour le coup, au travers de la réaction féodale, la vindicte populaire. Deux, l'étude structurale des procès en recouvrement de possessions, sur lesquelles pèse l'hypothèque usagère, renforce ce constat en montrant que les arguments échangés sont contemporains et non successifs.

La fin du XVIIIe siècle n'accepte donc plus un état imprécis qui ne gênait guère les générations antérieures, moins sensibles à la cherté du matériel ligneux. Comme le disent des manouvriers de Beaulieu (paroisse de Saint-Laurent, Indre-et-Loire), c'est le non-accès au bois qui les conduit à le couper en fraude [8]. Ils admettent commettre un délit, mais « c'estoit pour leur chauffage, et qu'il[s] n'avoi[ent] pas les moyens dans achepter ». Ce besoin, même reconnu, ne suffit cependant pas à fonder l'usage. A maintes reprises, depuis le XVIe siècle au moins, les autorités précisent leur position sur ce point, notamment à propos des forêts royales. Les réformations, qu'elles soient générales ou partielles, ne leur offrent-elles pas la faculté de purger les listes usagères de tous ceux – et ils sont légion – qui ne devraient pas y figurer ?

Le manque de suivi dans l'information, normalement recensée au greffe des Maîtrises, rend délicat pareil assainissement. Aussi

Hector de Marle, chargé d'y procéder dans la généralité d'Alençon (Orne) par l'ordonnance du 22 juillet 1666, en demande-t-il une autre, « portant injonction [aux prétendants] de rapporter leurs tiltres [9] ». « Faute d'y satisfaire dans le temps, qui leur sera par [lui] limité, ils [seront] déclarés descheus et privés de plus pouvoir prétendre à l'advenir aucun droitz d'usage. » Cette sévérité n'est pas feinte. Elle subit néanmoins quelques entorses lorsque la satisfaction d'un groupe de mise en valeur, communauté laïque ou ecclésiastique, est en jeu.

C'est le cas en Normandie. Ce l'est tout autant en Bourgogne, où, dès 1662, Bouchu et Mauroy s'affairent à séparer le bon grain de l'ivraie. Ainsi, dans les forêts royales qui dépendent de la Maîtrise de Dijon (Côte-d'Or), aucun particulier, gentilhomme ou non, ne trouve grâce à leurs yeux en ce qui concerne le bois de chauffe. Par contre, ce droit est inégalement réparti entre les villages et hameaux d'une part (17 %), et les établissements religieux de l'autre (83 %) [10]. Le même déséquilibre se rencontre dans la Maîtrise d'Avallon (Yonne) : 33 % et 67 %. Sa Majesté, comme le rappelle Hector de Marle pour la Normandie, respecte les concessions faites par ses aïeux, « dans un esprit de dévotion », aux abbayes et monastères, mais elle s'efforce de juguler l'inflation des prélèvements effectués sur son domaine par les communautés d'habitants. Approvisionner leurs foyers de la sorte n'implique-t-il pas une baisse du revenu des ventes ? Tant pis par conséquent pour les communautés dépourvues de bons titres ! L'usage du bois leur est enlevé, alors que les titres relatifs à son étendue se maintiennent le plus souvent. Les seigneurs adoptent la même ligne. La paix semblant régner pour longtemps dans ces années 1660, leur politique en matière de concession en est facilitée.

Les droits au bois

Commence alors, pour plus de cent ans, l'érosion des droits au bois, bois de chauffage et bois d'œuvre. Elle culmine sans doute durant le dernier tiers du XVIIIe siècle. Bloquée par la Révolution, elle reprendra avec l'Empire. Les maîtres des lieux n'ont pourtant pas toujours manifesté envers les candidats pareille défiance. Ceux d'Aisy-sur-Armançon (Yonne), apparemment dépourvus de titre, ne bénéficient, pour appuyer leur revendication, que d'une jouissance immémoriale [11]. Leur dame, Françoise de Bouchan, l'accueille cependant, sachant que ces gens, « sans avoir droit de pouvoir prendre bois pour leur chauffage et nécessitez en augcuns desdits boys, et [faire] champoyer [paturer] leurs bestes, *ils ne pourroient demeurer* ». Consciente de leurs difficultés, elle consolide même par un acte écrit une pratique déjà fort lointaine. Pour ce beau geste, les villageois lui versent une redevance qui reconnaît son autorité comme seigneur *propriétaire du fonds.* Ils reçoivent en échange la certitude que ce bien ne pourra être ni dénaturé ni aliéné. Les deux parties signataires de ce contrat de 1520 se ligotent donc mutuellement, les habitants par l'obligation de payer, le concessionnaire par celle de conserver en l'état.

Le moyen pour lui de procéder autrement ? Lors de cette phase de convalescence agraire qui commence vers 1475 et s'assoupit en 1540, trop de terroirs sont « en désert ». La folle croissance démographique ne suffit pas à les repeupler. Pas question donc de laisser les tenanciers émigrer sous d'autres cieux où les attendrait mécène plus complaisant. Les exigences en main-d'œuvre ne se satisfont qu'au prix de quelques sacrifices. Madame de Bouchan veille cependant à ce que ce document n'effrite pas son assise foncière. La taxe à acquitter régulièrement, la délivrance des bois à solliciter chaque année et la sanction qui suit tout abus la rassurent. Par ce document, ses manants ne croiront pas qu'elle leur fait présent de cette portion boisée.

Aux confins de la Lorraine, davantage blessée que cette partie de la Basse-Bourgogne, la générosité semble encore plus grande. La charte ne mentionne ni l'assignal ni la redevance. Voilà qui ressemble fort à une translation de propriété et qui pourtant ne l'est point tout à fait. Il y est en effet précisé que les arbres abattus ne doivent l'être que pour le besoin du foyer [12]. En 1486, le seigneur de La Mothe (Meurthe-et-Moselle) octroie ainsi à ses tenanciers, « pour eulx et leurs successeurs, leur *plein usage* [sans restriction], en [son] bois dit le Grand Fayet, pour iceulx couper tous bois, et le mener à La Mothe, *et non ailleurs*, *pour leurs nécessitez*, et en faire tant ainsi que de leurs aultres bois d'usages ». Cet acte comporte des réserves qui portent non sur la nature des sujets coupés mais sur leur emploi. La donation répond aux besoins quotidiens des ménages autant que de l'exploitation agricole, mais ne va pas au-delà. Pas un mot n'est cependant soufflé de ce qu'il adviendrait au cas où ses bénéficiaires oseraient vendre l'excédent, notamment en dehors de la communauté.

La *cession d'un bois* paraît donc avoir la même origine que la *tolérance de sa jouissance.* Il s'agit toujours d'attacher à la terre des familles et leurs descendants. La différence n'est pas de nature, mais dans le degré d'abandon, celui-ci traduisant la plus ou moins grande marge de manœuvre détenue par le seigneur à l'heure de la négociation. La marge est bien évidemment particulièrement étroite lorsqu'il agit comme opérateur en restauration. L'époque des largesses talonne ainsi celle où se déchire le tissu humain. Plus question alors de repousser les doléances paysannes. L'important est d'éviter le départ des survivants. Et de compléter ce potentiel décimé en retenant les quelques réfugiés qui passent là, ayant tout perdu, vivres, semences et bestiaux.

Le processus s'observe fort bien dans la plaine de la Saône, saignée à blanc lors de l'invasion de 1636. Un redressement ne s'amorce qu'après la conquête de la Franche-Comté, reconnue par la paix de Nimègue en 1678. Deux tentatives antérieures ont déjà échoué, laissant derrière elles bien des séquelles de part et d'autre du fleuve : celle née de l'armistice de 1643, mal exploitée par la diplomatie française œuvrant pour le traité des Pyrénées; celle due à la fulgurante avance de Condé, en février 1668, abandonnée dès le mois de juin au profit des villes du Nord. Pendant près de quarante ans, la Bourgogne supporte tous les inconvénients d'une province frontière : passage des troupes, cantonnements des soldats, réquisitions pour l'armée, sans parler des désordres liés au flux et reflux des hommes, bandes de déserteurs, pillages éhontés et malfaisances en tous genres. Beaumont (Côte-d'Or), riche de plus de 1 000 habitants au début du siècle, n'en a pas 240 trente ans plus tard [13]. Le petit hameau de Mitreuil, avec ses trois maisons, représente tout ce qui reste d'une bourgade qui regroupa jusqu'à 250 feux! Or la guérison ne s'effectue que lentement, comme le note Courtépée au milieu du siècle suivant. « Il serait aisé de s'en convaincre par le relevé que nous avons fait sur plusieurs villages, où nous avons remarqué une dépopulation aussi considérable qu'affligeante [14]. »

Les pays souffrent d'autant plus qu'ils sont mieux desservis. La vallée de la Vingeanne, avec, au nord, les enclaves de Meuvy, Merrey et Bassoncourt (Haute-Marne), subit les mêmes ravages que la zone de Fayl-Billot (Haute-Marne), la première parce qu'elle commande la tête de vallée de Meuse, la seconde parce qu'elle chevauche la route de Langres à Vesoul. La région paie donc un lourd tribut à la guerre. C'est la rançon de ses puissantes attaches avec la Lorraine et la Champagne. Dès septembre 1636, Saint-Maurice (Côte-d'Or), presque à la limite du duché, se trouve anéanti après le défilé des soldats de Charles IV et des Croates de Forkhatz [15]. « Et depuis, racontent ceux qui hantent encore ses murs, les malheurs continuèrent par l'armée de Gallas, qui arriva ès lieux de Conblanc, Leffond, Montarlot, et y séjourna six ou sept semaines, pendant lequel temps, tous leurs meubles, chevaux, bestiaux, jusqu'à leurs gerbes, grains, paille, foins et fourrages furent entièrement enlevés. » La vallée de la Bèze, d'accès facile et fort peuplée, ne pâtit pas moins. Mirebeau (Côte-d'Or) ne s'est pas remis en 1645 du siège des Impériaux, neuf ans plus tôt [16]. « De cinq cents feux qui soulloient [pouvaient] estre audict [lieu], ils sont réduits à vingt-sept, tous pauvres et misérables. »

Les enquêteurs d'alors constatent que, cette place tombée, aucun des cinq villages d'aval n'a été épargné. Tous sont « inhabités et ruinés », à l'instar de celui de Noiron (Côte-d'Or), où « estant allés par toutes les maisons, ont recogneu icelles estre entièrement bruslées [...] hors celles de Prinstet, de Morelet et de Moreau [17] ». Trois ménages, qui se terrent, ne subsistant plus que par la chasse et la cueillette! De même, sur les plateaux, le travail de la terre semble avoir cessé. A Argillères, les enquêteurs ne rencontrent qu'un couple, qui s'est « retiré depuis quinze jours » dans les bois, et « ung homme, de fort mauvaise mine, tenant un fusil ». A Fouvent-la-Ville (Haute-Saône), « ledict village [a] esté inhabité depuis la guerre jusqu'à présent [18] ». Quant à Fayl-Billot, les maisons encore debout, 11 sur les 300 que comportait l'endroit, n'abritent plus que « quantité de veuves et orphelins, fort misérables, lesquels couchent sur la paille ». Que dire de plus devant tant de destructions et un tel vide d'hommes? La possession communale chemine ainsi dans ces périodes où l'homme, trop rare, doit être retenu, quitte à ce que lui soient sacrifiées des terres qui deviendraient de toute façon inutiles si ses bras leur faisaient défaut.

Au sortir de la peste noire, des troubles religieux ou de la guerre de Trente Ans, les prétentions communautaires s'affirment partout. Qu'il s'agisse d'implanter un noyau de peuplement ou de coloniser un espace sombré dans l'oubli, la concession ouvre largement aux habitants l'accès aux étendues seigneuriales, « grandes et vastes places », dont les bois ne forment pas l'élément unique mais la fraction la plus précieuse, car multifonctionnelle. L'ensemble, qui peut inclure landes, bruyères, prairies ou vernoies, fournit au « pacage et paturage de leurs bestiaux, et pour la réfection et entretien de leurs bâtimens, ainsi que pour les bouchures [clôtures] de leurs héritages, et autres nécessités [19] ».

Le concessionnaire s'engage ainsi parfois assez loin. Cela reflète déjà une conjoncture sinistre. Mais cela dépend aussi de ce dont il dispose au jour de la signature. Le document peut prendre la forme du bail : des preneurs acceptent alors de valoriser son domaine (cas du contrat d'envillagement). D'une manière plus générale, le document peut également, accorder leurs aises à ses gens (cas, en particulier, de la charte d'affranchissement qui les libère de la mainmorte et les dote de manière plus avantageuse). La Poix de Fréminville, qui ne considère que l'hypothèse d'une concession seigneuriale primitive – il ignore celle relative à une propriété native communale –, s'en explique fort bien [20] : « Comme il ne suffisait pas de leur donner un simple terrain, et qu'il leur falloit des paturages pour la nourriture de leurs bestiaux, et, outre ce, des bois pour se bâtir et se chauffer, ces seigneurs leur *donnèrent* des places pour leurs paturages [et] des cantons de bois. » L'emploi du verbe « donner » ne signifie pas à ses yeux que l'assise foncière seigneuriale se trouve amputée. Ceux qui n'ont pu autant céder, notamment de bois, « accordèrent [à ces gens] leurs usages » sur le domaine, faute de mieux en quelque sorte. Entre la cession, qui n'est jamais tout à fait complète, et l'usage, toujours plus ou moins contrôlé, n'existe qu'une *différence de degré*, non de nature.

Ce point est fondamental, puisqu'il condamne d'avance, pour La Poix de Fréminville, toutes les prétentions à la pleine propriété que pourraient formuler les communautés bénéficiaires de ces concessions. Le seigneur, en apposant son paraphe, ne songe pas à démembrer la seigneurie, mais à lui insuffler vie. Il est partout chez lui, mais l'est davantage dans la partie qu'il accepte grevée d'usages que dans celle confiée définitivement à ses gens. Définitivement... tant que ces derniers respectent les clauses prévues. Lui, par le contrat, renonce à intervenir sur ces biens, eux doivent se garder de tout manquement sous peine de lui voir reprendre sa libre initiative.

Toute faute commise par les tenanciers offre ainsi au maître des lieux l'occasion de retourner à son profit le dispositif. N'a-t-il pas multiplié les précautions pour que ses libéralités ne s'égarent pas? Et cela vaut même s'il paraît avoir renoncé à toutes ses prérogatives. Les manants, partie prenante, n'en jouiront que s'ils résident sur la seigneurie, ce qui implique qu'ils œuvrent pour lui *au moment de l'établissement du contrat.* Que leur capacité de travail diminue, par exemple par le décès du conjoint, et ils perdront un peu de ces droits : les veuves, fort souvent, ne reçoivent qu'une demi-part. Qu'ils aillent s'installer dans le voisinage, et ils perdront tout. Ainsi, à Merrey (Haute-Marne), il est bien spécifié que les membres des cinq familles nouvellement emménagées ne bénéficieront « propriétairement du fonds » que s'ils édifient en trois ans « aux deux tiers leurs habitations [21] ». Cela fait, le seigneur n'a plus d'inquiétudes : ils persévéreront. De même, à Salmaise (Côte-d'Or), les paysans peuvent à volonté quérir leur chauffage dans le canton désigné à cette fin, mais « sans [le] vendre, et sans [en] donner deheors les croix ». L'affouage ne saurait donc franchir l'enceinte de la collectivité.

Cette disposition témoigne de la réciprocité des liens existant entre *l'emplacement* de la maison et *l'emploi* de ce droit et n'est pas près de s'effacer. Encore au XIXe siècle, un *non-résident* acquéreur d'une bâtisse reçoit la portion de bois d'œuvre qui lui est *due.* L'entretien de la maison légitime sa démarche. C'est donc elle, et non lui, qui est créancière, selon la jolie expression de l'économiste Proudhon [22]. Pareille dichotomie entre la propriété et l'occupation du bâtiment ne s'observe évidemment pas à l'heure du contrat. Le tenancier se confond alors avec l'usager. Les facilités qu'il a obtenues pour exploiter son environnement apparaissent ainsi comme des privilèges, qu'il perdrait en renonçant à l'incolat. Dès lors, rien ne sépare le fait de prendre le bois dans l'étendue seigneuriale et celui de le chercher dans celle confiée à la communauté.

Dans les deux cas, seul l'acquittement régulier des redevances peut, en France septentrionale, garantir le repos des bénéficiaires de pareils présents. Il en irait autrement dans le Midi et dans une partie du Centre. Là, c'est le seigneur, et non ses sujets, que le paiement rassurerait. Qu'il n'existe pas de paiement en province de franc-alleu ne signifie-t-il pas que le bien, convoité par le seigneur et la communauté, appartient en fait à cette dernière? Partout ailleurs, l'absence de paiement se retournerait contre elle. Les titres originaux brûlent vite. Une fois volatilisés, seules de bonnes quittances peuvent délimiter les largesses seigneuriales. Que ces papiers ne puissent être exhibés, ou que le texte, confus, n'indique pas clairement qu'ils se rapportent au principe usager, et le seigneur aura beau jeu de protester de la gratuité de la concession. Pour peu que les juges le suivent, la communauté, malheureuse ou étourdie devra se contenter de ce qu'il voudra bien leur laisser dans ce qu'elle croyait relever pour toujours de ses commodités. L'usage se révèle donc un mal *nécessaire* pour celui qui l'accepte et un avantage *fluctuant* pour celui qui le détient.

Tous les désordres, longues famines, incendies surprenants et troubles civils, favorisent sa remise en cause. Pareille attaque ne se conçoit que dans la France de droit écrit, soit que les documents originaux périssent dans la tourmente, soit qu'ils finissent dissimulés nul ne sait où. A ces négligences bien excusables s'ajoutent les violences inhérentes aux guerres. Les villageois espèrent alors en leur maître, peut-être mieux renseigné qu'eux, en tout cas moins démuni. Ils lui demandent aide financière pour loger les soldats, et assistance militaire contre les bandes qui traînent dans le pays. La « montagne » bourguignonne, qui n'avait pas connu d'affrontements entre Français et Impériaux, au contraire de la plaine de Saône, souffre ainsi beaucoup, quinze ans plus tard, par les hommes du Roi et par ceux des Princes. Au cours de leurs étapes s'accumulent donc ruines et craintes, qu'il s'agisse de la route de Champagne, amenant de Langres les régiments royaux et de Rethel ceux des rebelles, ou de celle de l'Auxois par la vallée de l'Ouche, avec Velars, Fleurey, Lantenay, bourgs « fort subjects aux gens de guerre [23] ». C'est pire encore dans les riches vallées de l'Ignon et de la Tille. Les gens d'Avot, par exemple, « sont contrainctz, tous les ans, de se retirer *dans les bois* à cause des fréquents logements des gens de guerre ».

Quand l'épouvante se lève, vers qui aller sinon vers celui qui possède une bastide aux solides murailles, et dont le métier consiste précisément à manier les armes? Le seigneur d'Esnon (Yonne) profite de la panique de ses tenanciers pour leur imposer, à trois reprises, en 1640, 1641 et 1657, une réduction de leurs usages, alors même qu'il avait obtenu d'exercer contre eux son droit de triage, huit ans plus tôt. Les victimes récuseront le procédé, se plaignant de n'avoir signé ces actes que « par la seulle terreur que ledit sieur de Villegagnon avait imprimé dans toutte l'estendue de cette paroisse par l'abord des gens de guerre, commandée par le sieur marquis de Champlost, son gendre ». De telles renonciations abondent durant la Fronde. Le seigneur entend gommer des pratiques qu'il juge maintenant excessives, ou s'avise de reprendre des terrains concédés par ses aïeux voilà bien longtemps.

Ces flux et reflux expliquent combien il est difficile de cerner le statut de ces espaces. Il est à cet égard des plus instructifs de confronter leur état, tel qu'il résulte de l'examen des archives communales, à celui mentionné par les syndics lors de la grande enquête de 1769 portant sur l'ensemble du territoire bourguignon. 47 % des collectivités profitent de bois, sans qu'on puisse discerner le fondement juridique de cette heureuse situation, alors que 20 % seulement admettent ne les utiliser que par tolérance ou indifférence de leur seigneur! Il ressort aussi de cette étude que l'illusion de la propriété précède assez souvent la confirmation de son fait. C'est ainsi que si 37 % des communautés osent se dire propriétaires, aucune ne le mérite vraiment. A l'exception de celles qui, réglant scrupuleusement la redevance, peuvent s'en consoler. N'accédent-elles pas ainsi à la possession légitime? Hélas, possession ne vaut pas propriété, et les habitants s'en aperçoivent dès qu'ils sollicitent de ces espaces autre chose que l'approvisionnement du foyer.

Le gain foncier

Certes, les positions de part et d'autre ne sont pas figées. Pourtant, bien qu'alternent phases de conquête et phases de recul, les concessions attachent l'usage aux bâtiments plutôt qu'aux feux. La maison ne demeure-t-elle pas un outil de mesure, plus sûr parce que identifiable? Son choix empêche qu'en période de croissance démographique ne se multiplient les candidats au bois. Il suffit pour cela de rappeler que seuls sont nantis les emplacements primitifs, ce qui élimine d'office les nouveaux bâtiments.

Les excès dans le prélèvement ligneux risquent d'appauvrir ces étendues, mais surtout gênent la monétarisation de leur récolte. Tenir en laisse les usagers semble donc logique.

Cette vigilance à l'égard du peuplement sylvicole ne se rencontre pas lorsque ces espaces s'envisagent sous d'autres angles, provende des animaux et extension des cultures. Composés de portions hétéroclites, ils supportent en effet tous les inconvénients inhérents aux blocages des techniques agricoles, et ce, au moins jusque dans la seconde moitié du XIXe siècle. Or certaines parties, même rassemblant une population d'arbres variables tant par la qualité, l'essence ou l'âge, pourraient être d'un beau revenu. Il suffit pour cela que la vidange des grumes et leur acheminement vers les centres consommateurs se fassent sans trop de peine. Aussi, dès le second tiers du XVIIIe siècle, les concessionnaires les plus avisés s'efforcent-ils de réorienter des pratiques jusque-là tolérées et même sanctionnées par l'écrit.

Le seigneur de Vézanne illustre cette résistance en acceptant en 1755 le pacage sur la totalité de *ses bois,* afin d'en finir avec ce que prennent en chauffage les habitants de Charmes (Yonne). Ces gens, impatiemment supportés, font donc « cession et transport de tous les droits généralement quelconques qu'ils ont, et peuvent prétendre, au susdit bois des Noisettes, tant en *fonds* que *superficie en usage*, sans en rien réserver [24] ». En brisant net une consolidation usagère qui nuit à ses intérêts, Monsieur le Marquis libère sa propriété, non de toute entrave, mais de celle qui le contrarie le plus. Il n'est pas le seul à agir de la sorte. Au temps des Lumières, les seigneurs parent au plus pressé. Cent ans plus tard, les usages, attaqués jusque-là de manière sélective, le seront sans distinction. Dans la paix générale, le recours aux voies judiciaires s'impose.

La quête de l'herbe

Pour l'heure, il n'est question que d'alléger la pression sur le patrimoine forestier, royal et seigneurial, pression qu'exercent ceux pourvus de droits d'affouage – et ceux qui, ne l'étant pas, se servent de même. Rogner les prétentions des premiers et punir les larcins des seconds, voilà les deux volets de la tactique amorcée dès la seconde moitié du XVIIIe siècle. L'ambiance juridico-administrative de la France septentrionale facilite certainement son essor. Le seigneur y dispose de bien meilleures cartes que dans le Midi ou le Centre. Il appuie son action sur un réseau policier qui relève des Eaux et Forêts et qui est beaucoup plus dense que celui existant dans ces régions peu contrôlées.

Réduire les usages et punir les coupables, ni les propriétaires de la Restauration, ni ceux de la monarchie de Juillet, ne renieront cela. Ils profiteront alors des rééquilibrages administratifs de l'Empire et du Code de 1827, qui leur permettra d'intervenir même en des territoires où la communauté reste vivace. Avec une différence de méthode non négligeable. A leur époque, le pacage, s'il ne constitue pas encore l'ennemi absolu qu'en font les sylviculteurs des années 1880, suscite déjà la méfiance. L'abroutissement se déplorait jusque-là pour l'aspect particulier qu'adoptent les ligneux qui y sont soumis. Or certains ouvrages abordent maintenant ses effets négatifs : sol tassé, croissance des arbres ralentie, reproduction difficile des arbres, etc. En ce début du XIXe siècle, ce n'est pas encore l'hystérie antipacagère en général, et anticaprine en particulier, qui s'emparera des milieux cultivés sous la IIIe République mais ces études atténuent déjà l'indulgence à l'égard de l'entrée des bestiaux.

Cette tolérance semble plus grande sous l'Ancien Régime qu'au XIXe siècle, même commençant, bien plus grande en fait que les dispositions du Code de 1669 ne la prévoient. Très souvent, en effet, les libéralités consenties sur ce chapitre permettent au maître de céans de faire rentrer sous sa directe des biens qui s'en écartaient ostensiblement. C'est ce qu'entreprend de réaliser le seigneur de Vézanne pour récupérer les portions concédées à la fin du XVe siècle et effacer, par la même occasion, des servitudes consenties après les guerres de Religion. La comparaison de tels actes, semblables à celui passé entre le marquis et les villageois de Charmes, avec les pièces, sinon originales, du moins anciennes, éclaire crûment la subtile diplomatie des bienfaiteurs présumés. Elle souligne toujours un *décapage* de la concession usagère de toutes les facilités jugées superflues en matière d'approvisionnement du foyer.

POURCENTAGE DE CONCESSIONS MENTIONNANT		AVANT 1670	APRÈS 1730
droit au bois sec	(+ 23 pts)	15 %	38 %
droit au bois mort	(– 7 pts)	21 %	14 %
droit aux morts-bois	(– 16 pts)	64 %	48 %

Ces bonnes personnes ferment les yeux sur le bois sec ramassé à terre. Elles ne veulent plus, par contre, entendre parler de la bienveillance de leurs ancêtres, dans un temps où le bois mort ne se composait pas uniquement de bois gisant. Ainsi, en 1615, à Ancy-le-Franc (Yonne), il était dit que les habitants « pourront, avec crochets, abattre les branches, mortes et seiches, par tous les bois de mondit seigneur, excepté le bois de Beugne », traité en futaie [25]. Terminé, l'enlèvement des bois morts demeurés solidaires du vif! Proscrite, la coupe des arbrisseaux qualifiés de « morts-bois », tels que genièvres et marsaults, qui ne s'admet plus depuis que les spécialistes critiquent le nettoiement intégral des sous-bois!

Approvisionner le foyer devient un travail patient, obstiné et épuisant : il faut se baisser avant de recueillir branches et brindilles qui iront grossir le tas en bordure du chemin. Besogne de vieux et surtout de vieilles désormais, inutiles aux champs et impropres à la garde des bêtes. Leur silhouette se redresse péniblement, courbée sous un faix énorme qui traîne à terre et dépasse leur tête. L'image, familière, ornera le mois de décembre des calendriers et des almanachs, alliant ainsi aux jours les plus sombres de l'année le soir de l'existence. Mais s'il en va ainsi, ce n'est pas dû aux seuls concessionnaires. Les termes de l'échange flottent dans l'air du temps.

En juillet 1807, le Conseil de Préfecture arrête que « les habitants de la ville et commune de Bourg (-en-Bresse, Ain) demeurent maintenus dans le droit d'envoyer paître leurs bestiaux dans la forêt impériale de Seillon ». Deux conditions toutefois : ni chèvres ni moutons, et sans outrepasser les endroits déclarés défensables par les agents forestiers [26]. Sa mansuétude ne pousse pas au-delà. Le 17 janvier 1811, quatre ans plus tard donc, il leur interdit « de prendre dans la forêt impériale de Seillon le bois mort et le mort-bois, à peine d'être poursuivis comme délinquants ». C'est uniquement par charité, et à titre exceptionnel, que le préfet autorisera, la municipalité en décembre 1816, à collecter les branchages gisants, cédant ainsi à la prière des familles indigentes qui lui « demandaient permission d'y amasser des bois morts ». Satisfaction leur est donc donnée. Elles ne rentreront cependant pas dans la forêt. Ces chauffages, des ouvriers payés et encadrés par la commune le leur distribueront!

Cette renégociation des textes primitifs ne s'est faite bien souvent que sollicitée par les tenanciers en personne. Que la démarche tourne à leur désavantage, n'est-ce pas un jugement qui appartient à notre temps? Cette appréciation reflète les faibles lumières possédées sur l'histoire de la propriété communale, malgré une bibliographie pléthorique sur le sujet. Les principaux intéressés n'y auraient peut-être pas souscrit. Or loin de bouder le résultat de la transaction, ils s'empressent de l'accepter. En fait, par ce marchandage, chaque partie réussit à promouvoir son objectif : des bois à vendre pour l'une, des bois à parcourir pour l'autre. Car la révolution agricole par les plantes fourragères se concrétise avec peine. La luzerne, par exemple, se répand pourtant assez vite en plaine de Saône, donnant, avec quatre coupes dans l'année, un rendement de quarante à cinquante quintaux à l'hectare. Mais les petits paysans ne se lancent pas dans cette culture. Les graines coûtent cher et l'espace manque. Et surtout, la luzerne requérant une bonne fumure au préalable, ne casse pas le cercle infernal. Comme le rappelle G. Garrier, « point de fourrage, pas de bestiaux; pas de bestiaux, point de fumier; pas de fumier, pas de fourrage [27]! » Et si toutes les plantes n'exigent pas autant qu'elle, la plupart ne se répandent qu'après les années 1840, laissant donc intact le problème essentiel qu'est la provende du bétail. Pratiquée par une élite férue d'agronomie, fort expérimentale et très limitée sur le plan parcellaire, semblable innovation demeure un modèle inaccessible aux masses paysannes. Celles-ci restent d'ailleurs assez sceptiques quant à son avenir, en admettant qu'elles soient informées des possibilités offertes par les prairies artificielles.

La litanie se ressemble donc dans tous ces pays où alternent céréales et jachères. L'abbé Samiac, décrivant dans les toutes premières années du XIXe siècle la région prépyrénéenne, estime ainsi que « le foin qui se ramasse ne suffit pas pour l'entretien de la moitié du bétail qu'il faudrait pour la bonification des terres, qui, par ce défaut, ne rendent que très peu [28] ». De cette pénurie alimentaire témoigne l'emploi de substituts, à commencer par la paille. Loin de fournir la litière elle sert de nourriture, à laquelle s'ajoutent, en des bouillies savantes, brindilles hachées, pommes de terre, foin et racines diverses. La recette dévore du combustible, et, inconvénient majeur, ne comble pas l'appétit d'un plus grand nombre de bêtes. Là réside l'impasse. En 1813, la Bastide-de-Sérou (Ariège), pour 1 750 hectares de prés naturels, ne compte que 5,7 % de prairies artificielles. Et les premiers, généralement non irrigués, fournissent moins de 8 quintaux à l'hectare! La situation empire dans la montagne où le pourcentage de celles-ci par rapport à ceux-là frôle l'état de carence avec 1,2 %. Les habitants ne sauraient donc pas, sans ces bois et vacants qu'ils ne dissocient pas, nourrir des bestiaux dont le nombre va grandissant.

Les besoins des villes, et bientôt la commande de l'armée en animaux de trait, rendent compte du processus échangiste dès la fin du XVIIIe siècle, et encore plus au début du suivant. Le troupeau bovin du Rhône compte ainsi 67 000 têtes. Le recensement daté de mars 1830 montre leur répartition presque égale entre les arrondissements de Lyon et de Villefranche. Il en comprenait 45 000 en 1812, aux dires de Grognier, bien informé puisque professeur à l'école vétérinaire et secrétaire de la Société d'agriculture [29]. Cette progression, pourtant considérable, ne répond pas encore aux vœux des autorités. En 1806, le préfet d'Herbouville évoque déjà devant le Conseil général cette « médiocrité générale du troupeau, qui ne peut fournir, à la consommation de la ville et aux livraisons pour l'armée, qu'un nombre dérisoire de sujets [30] ». Vingt ans après, Grognier lui fait écho, s'appuyant sur l'inusable Caton l'Ancien pour affirmer que « le vrai secret de la richesse agricole, c'est *primo pascere, secundo pascere, denique pascere* ».

De cette vérité profonde, le paysan est bien convaincu, lui qui voit d'abord dans sa vache la force de travail et l'engrais de ses champs. Tous ces bovins, mal logés, peu entretenus et quasiment sous-alimentés, constituent des proies faciles pour ces maladies que le monde rural baptise du nom de « charbon » sans chercher davantage. Le charbon pour les animaux, la peste pour les hommes, voilà les deux mots qui impliquent une incontrôlable contamination et le renversement de la prospérité. Dans ces conditions, comment ne pas regretter « l'absence presque totale de vétérinaires dans les parties montagneuses [...] où l'élevage tend pourtant à devenir la ressource essentielle ? » Le préfet du Rhône prononce ces paroles en 1844 [31]. En fait, sa remarque est d'actualité depuis soixante ans en raison de la part grandissante que prennent les bestiaux dans l'équilibre de l'exploitation.

L'attitude adoptée par maints propriétaires forestiers non sidérurgistes aggrave d'ailleurs les difficultés de cette quête. Comme les officiers de Sa Majesté qui préconisent le maintien du taillis au moins jusqu'à sa vingt-cinquième année, ils prolongent l'éducation des peuplements. Or, sous le couvert sylvicole, l'herbe se raréfie à mesure qu'il se referme. Son produit, pouvant atteindre les 600 kg à l'hectare lorsque les bois n'ont pas quatre ans, tombe en dessous du dixième vingt ans plus tard et encore, s'ils ne sont pas trop denses! La récolte fourragère diminuée suppose compensation. D'où les facilités que le concessionnaire propose en matière de pacage, facilités qu'il troque contre un désengagement de la récolte ligneuse. Il lâche ainsi du lest sur les autorisations compliquées à vérifier, telles que celles réglant l'accès au bois selon la saison, l'état du sol ou l'emprunt d'un trajet. Cette simplification accroît donc le sentiment que le concessionnaire se montre fort magnanime.

Cette générosité est cependant plus apparente que réelle. Car si on tolère les bêtes à cornes, les porcs, eux, ne sont pas reçus avec cette belle indifférence. L'accueil qui leur est fait vaut tout de même mieux que le sort réservé aux chèvres et moutons, désormais interdits de séjour. Le tableau ci-dessous résume l'ensemble des changements affectant la morale usagère :

POURCENTAGE DE CONCESSIONS RESTRICTIVES		AVANT 1669	APRÈS 1669
Au sujet des bovins			
pacage prohibé	(+ 4 pts)	31 %	35 %
pacage conditionnel	(– 20 pts)	26 %	6 %
pacage surveillé	(+ 16 pts)	43 %	59 %
Au sujet des porcins			
pacage prohibé	(+ 31 pts)	11 %	42 %
pacage conditionnel	(– 26 pts)	39 %	13 %
pacage surveillé	(– 5 pts)	50 %	45 %

L'errance du bétail ne se supporte plus, même lorsqu'il s'agit de la vacquerie du village. Plutôt que d'espérer dans le respect hypothétique de clauses de sauvegarde, les propriétaires préfèrent s'en remettre à la ferme conduite d'un professionnel. Ainsi, à Ubraye (Alpes-de-Haute-Provence), les habitants ne peuvent introduire leurs chèvres dans le défends de la Gestée qu'en un *seul et même* troupeau, appelé communément la caullane, sous la garde et la conduite d'un gardien communal [32]. A Chateauneuf-Val-Saint-Bonnat, près de Sisteron, le porcher communal vient chaque matin quérir les bestiaux des particuliers en un point donné et les ramène en fin de journée [33]. Cette conception, l'État en hérite au XIXe siècle où l'homme, requis à plein temps, doit œuvrer sous l'œil soupçonneux du garde forestier ou du garde champêtre, ceci pour préserver les récents boisements en montagne.

Cette méfiance, qui colle à ses gestes, tient à la position du berger communal. N'est-ce pas lui « qui dirige le pâturage et fume le terrain », selon l'expression de la loi de 1882 (article 12) ? Ces deux rôles justifient les soins qui entourent la rédaction du contrat le liant à la communauté. Il y est ainsi prévu « qu'il s'engagera *par écrit*, avant [son] entrée en fonction, à accepter toutes les décisions de la commission de surveillance, notamment les retenues sur [son] salaire, que celle-ci croirait devoir [lui] infliger pour négligences », ne justifiant pas des tribunaux. Cela implique donc que, si possible, les habitants le mèneront par devant le juge. Cette sévérité extrême ne résulte pas d'une nouvelle politique, mais, au contraire, d'un passé proche. A Vergons (Alpes-de-Haute-Provence) par exemple, le 17 février 1730, est reçu pour saumalier (garde du gros bétail) Joseph Rouvier, fils de feu son père, qui l'était déjà [34]. « Il gardera *tous les bestiaux du lieu et son terroir*, pendant une année [...] [et recevra] scavoir pour la garde des bœufs, six picotins, [pour celle] du roussatin ou mullets, six picotins, en donnant bonne et suffisante caution, ayant déclaré que le candoul [cet abonnement] rend environ six charges seygle. » Le chevrier, engagé en même temps, n'est rétribué que « quatre charges seygle et cinq livres argent », ce qui traduit bien la hiérarchie pacagère. Le titulaire peut donc appartenir au village, il n'en est pas moins un être à part. Il veille sur le saltus. Il y réside surtout, ce qui le marginalise encore davantage. Comme dans les romans de Pagnol, sa séduction reste ambiguë, plaisant aux femmes et dérangeant les hommes : un capital bien mince pour obtenir une épouse. Condamné au célibat ou choisissant l'enlèvement, le voilà paria du village, et peut-être nécessaire à sa cohésion.

Son embauche ne termine pas pour autant les difficultés qu'occasionnent les bois. Les habitants tiennent en effet à ce que leurs bêtes utilisent largement ceux-ci, alors que le concessionnaire, public ou privé, désire le contraire. Les gardes à son service manifestent leur zèle par des procès-verbaux qui sanctionnent l'allure paresseuse et l'aspect éparpillé du troupeau, qu'ils inscrivent au compte d'une blâmable inattention! Certains vont trop loin dans la minutie réglementaire, comme en témoigne cette lettre du 30 juin 1830, adressée au chef de triage. Le préfet le félicite de contenir les débordements pacagers, mais s'inquiète d'une action trop pointilleuse pour n'attiser pas la colère des usagers de la forêt domaniale de Mende (Lozère) [35]. Ne sait-il pas « qu'un troupeau de moutons ne peut pas se conduire en laisse comme des chevaux, et qu'on ne peut pas précipiter ses pas » ? « Il faut le laisser marcher à son ordinaire, et lui permettre une certaine étendue. »

C'est pour ce motif, presque disciplinaire, que, dans les concessions rénovées de la seconde moitié du XVIIIe siècle, si les bovins sont reconnus de bonne compagnie, les autres animaux ne sont guère supportés. L'ostracisme concerne même les porcs, perçus désormais comme dévoreurs de glands. Le temps n'est pas encore de souligner leur rôle dans la régénération naturelle en tant qu'enfouisseurs de faînes et autres fruits, ceux du chêne inclus. Ils auront alors disparu des bois. Leurs congénères sauvages exerceront donc seuls un talent insoupçonné jusqu'en 1914. Aussi le gavage à domicile les attend bien avant que ne régressent les adjudications de glandée, que le seigneur organise à son profit.

Quant aux chèvres, leur humeur folâtre les condamne sans appel. Boyer de Fonscolombe, dans un *Mémoire sur la destruction et le rétablissement des bois*, rédigé en 1819, regrette ainsi la non-application de l'arrêt du 27 janvier 1731, pris par la Chambre des Eaux et Forêts de Provence à l'encontre des caprins, et confirmé les 27 avril 1751 et 7 août 1773. L'emploi effectif de ces textes reste ignoré. Cette méconnaissance le persuade donc que les caprins demeurent cantonnés « dans les collines et les montagnes stériles », dont la couverture végétale n'est que « de la bruyère, du ciste, de l'arbousier, du chêne nain », etc. [36]. Joseph Fauchet, préfet du Var, ressuscite même cette défunte législation, tant il s'épouvante, en 1805, des dégâts provoqués par quelques 40 000 bêtes folles, dont la « dent meurtrière détruit tous les jeunes arbres ». Son confrère, C.-A. Caffarelli, nommé en Ardèche, n'en pense pas moins de mal, lui qui identifie la chèvre à « l'animal du fainéant et du pillard ».

Tous s'accordent à dire que leur nombre augmente depuis la Révolution, sans doute pour compenser la réduction des vacqueries, réclamées par les transports militaires, peut-être aussi parce que la division des pâtures donne sa chance à un animal qui se contente de brouter le long des chemins. Rien que dans le département du Var, le troupeau caprin aurait progressé de 15 % entre 1795 et 1805! N'est-ce pas là la marque du laxisme ambiant et de l'arrogance plébéienne?

Une seule réponse devant cette horde, encore que certains pensent à la massacrer : l'enfermement. Le citoyen Chancey de Lucenay (Rhône), dans les *Annales de l'agriculture*, le conçoit « dans une écurie, pour y vivre le reste de ses jours ». Son langage évoque assurément davantage la prison que la stabulation. Cette haine des chèvres capricieuses déteint tout naturellement sur les paisibles moutons, naguère adulés sur fond de bergeries. Est-ce que ce ne sont pas des boucs châtrés, les « menants », qui tracent la voie du troupeau? Caprins et ovins ne paraissent-ils pas arrracher plutôt que brouter? Tous deux, grands consommateurs d'espace, ne le rendent-ils pas impropre aux bovins, avec leur haleine putride?

Insensiblement, dès la fin du XVIIIe siècle, le discours accrédite l'idée que ces vastes rassemblements épuisent les communaux, encouragent le petit peuple des campagnes à l'oisiveté, donc au vice, et constituent une agression permanente au principe de propriété. Interdire le pacage, n'est-ce pas ouvrir la porte à d'autres utilisations, sinon à d'autres utilisateurs?

La faim de terres

En fait, les choses ne sont pas si simples car bon nombre de grands propriétaires, seigneurs du lieu et coqs de village, profitent bien davantage de ces terres communes que tous les autres habitants réunis, insuffisamment pourvus de bétail. La faiblesse de leur cheptel correspond d'ailleurs à celle de leurs biens. Le manque de fourrage gêne en effet l'entretien des animaux durant les longs hivernages. Souvent aussi, leur nombre se modèle sur l'importance de l'exploitation. L'égalité entre les familles dans la société montagnarde ancienne n'est qu'un rêve bucolique. Et ceux qui la découvrent, dans la seconde moitié du XIXᵉ siècle, prenant la suite des récits de Forbes, de Smith et de Varnier, ne la perçoivent que rarement sous son vrai jour.

Le sens hiérarchique imprègne les pratiques quotidiennes. Selon la superficie détenue en bien-fonds, ou le degré de participation à l'*allivrement*, c'est-à-dire à la fiscalité royale et seigneuriale, « maîtres », « bien tenants » et « laboureurs » se distinguent et parfois s'affrontent. C'est le cas à Tourtouse, près de Sainte-Croix-Volvestre (Ariège), où un jugement de 1668, en récapitulant les droits antérieurs, explique que n'en jouiront pas les nouveaux ménages ne disposant pas d'au moins cinq arpents [37]. La nuance mérite d'être notée puisqu'elle appose une condition supplémentaire aux exigences de l'incolat. Cet exemple est d'autant plus intéressant que, dans cette partie des Pyrénées, les rapports existant entre la taille du cheptel et celle de la tenure paraissent moins rigides qu'ailleurs, dans les républiques pastorales de l'ouest, Bigorre et Béarn notamment. L'obligation du troupeau communal s'inscrit donc dans un contexte spécifique. Pour le seigneur, elle signifie avant tout une surveillance accrue des animaux qui empêche que ne se détériorent les peuplements véritablement forestiers, désignés par les mots « ban », « réserve » ou « défend ». Pour ses manants, elle évite une surcharge pastorale qui dégraderait ces étendues dont sont tributaires leurs exploitations. Aussi jugent-ils intolérable que le bétail du seigneur fasse bande à part, une protestation qui se répète très souvent dans les cahiers de doléances. La mesure ne devrait-elle pas régir le comportement de tous ?

Cette susceptibilité paysanne néglige pourtant l'essentiel : la logique inhérente à toute concession. Le seigneur conserve de la sorte une formidable *capacité d'entreprendre*, et ce, même dans les provinces où les Coutumes le favorisent le moins. Le *droit de forestage*, qui évoque la *forestae* médiévale, englobant tout terrain inculte, boisé ou non, ne l'autorise-t-il pas, dans tout le Languedoc, à recevoir, sur l'ensemble des hautes pâtures, des troupeaux étrangers ? Il faut que la dislocation du domaine seigneurial soit bien avancée pour que les habitants obtiennent l'équivalent, nommé *droit de pignore*. Ils le défendent du reste jalousement contre d'autres communautés, tentées d'en abuser. Que le bétail de celles-ci s'infiltre au-delà du territoire autorisé, et le sang d'une bête égorgée rappelle l'existence de la frontière pastorale. Il leur est difficile d'en faire autant lorsque c'est le seigneur qui fait sentir son pouvoir. Le revenu qu'il tire de ses prérogatives doit être préservé. Le contrat *de pignore* fixe donc le nombre de bêtes « amontagnées » ou « aforestées », le maximum étant de soixante ovins par famille. Très souvent également, le maître du lieu prélève sa part sur le loyer consenti par les villageois aux propriétaires forains. Dralet, s'étonnant de ne rencontrer ni l'une ni l'autre de ces clauses à Ustou (Ariège), interprète convenablement leur absence. En 1791, le glissement vers la pleine propriété communale a déjà commencé, et cette tendance qui affecte tout le Couserans annonce de futurs conflits.

Cette lecture différente que font des bois concessionnaire et bénéficiaires ne caractérise pas que le Sud-Ouest, loin de là. A Mons-en-Provence (Var) on s'impatiente de voir le seigneur d'Escragnolles déverser sur ses 900 hectares d'herbages quelque 1 200 moutons et chèvres [38]. Il s'abrite pour cela derrière l'accord de 1486, conclu entre son ancêtre et la communauté. La justice ne l'aide-t-elle pas d'ailleurs à terrasser les contestataires ? Le Parlement d'Aix lui donne ainsi gain de cause en appel, par l'arrêt du 25 mai 1725, confirmé au Conseil du Roi quarante ans plus tard. Les villageois ont mobilisé leurs ressources sur le long terme en pure perte! Aussi, dès 1789, reprennent-ils l'offensive, en expliquant que par cette iniquité « l'habitant ne peut plus entretenir son propre bétail, ce qui l'expose à déserter le lieu, et aller chercher ailleurs de quoi l'alimenter ». L'attaque demeure verbale. Un an ne s'est pas écoulé que, « dans un moment d'effervescence », la population, ne se contenant plus « dans les bornes de la liberté », décide de « *s'affranchir par [elle]-même* du droit de M. d'Escragnolles [...] sans que cet affranchissement ait été aimablement traité ». Un doux euphémisme : les gens du pays, accourus en force, creusent une fosse dans la cour de son château, et avertissent le maître sans plus de ménagement qu'ils savent quel corps y enfouir! Cette attitude énergique leur procure une prompte renonciation écrite.

Un fait divers, comme il en est tant à l'époque ? Sans doute. L'anecdote souligne néanmoins comment le seigneur échappe aux précautions que doivent observer les tenanciers, qu'il envoie ses bêtes dans les vacants concédés ou dans les bois qui ne le sont pas. Ainsi, la règle des foins et pailles ne le concerne pas, bien que mentionnée dans toutes les Coutumes applicables aux provinces montagnardes. Cela se conçoit dans la mesure où les réserves seigneuriales en fourrage dépassent, et de beaucoup, celles des manants. Ne possède-t-il pas la plupart des prés ? Cette clause assure une relative adéquation entre les possibilités du finage et celles des paysans, sans laquelle se produirait une surexploitation du territoire commun.

Le nombre de bêtes pâturant ne doit donc pas excéder celui qui « a hiverné et [été] nourry des foins et pailles, provenant des héritages ». C'est à cette disposition que fait allusion une dispute, survenue en 1760, à propos des communaux de Laschamps (Corrèze)[39]. Les gens du Chazal conservent leur possession, en attendant que la part des autres soit déterminée. Tous résident à La Fage-Pinet et La Longeaigne, deux hameaux sis en la paroisse de Saint-Exupéry-les-Roches. Cela s'effectuera selon « les *titres* produits, ou eu égard à la *rente* qu'ils payaient anciennement au seigneur de Charlus, et des *bestiaux* qu'ils peuvent hiverner, des *fourrages* qu'ils recueillent dans leur village ». La cohérence de ces critères est évidente, vu le cadre agraire. Celle-ci exige d'instaurer un certain équilibre entre ce que livre la nature et ce qu'apportent les biens personnels.

La mécanique de la concession poussée à fond, ce sont assurément les *mieux pourvus* en terre, à commencer par le seigneur, qui usent le plus du communal, et cela quelle que soit la coutume. Ceux qui se plaignent de l'exiguïté de leurs parcelles souffrent donc doublement, d'abord parce que la récolte, trop maigre, rend la subsistance précaire sans achats céréaliers complémentaires, ensuite parce que le bétail, contingenté, répond à peine aux besoins de l'exploitation, tant en fumure qu'en travail. Eux ne participent guère à ces grandes remues d'animaux, pris en pension le temps du nourrissage ou hébergés durant la belle saison. C. de Ribbe, reprenant les *Observations sur le commerce des bêtes à laine*, publiées en 1790 par J.-E. Michel, critique ainsi sévèrement la transhumance[40]. Ne perturbe-t-elle pas l'environnement ? Et socialement, elle lui paraît sans intérêt, car ne faisant que renforcer les avantages des nantis.

Les forestiers du dernier tiers du XIXe siècle se rallient à une telle analyse. Eux aussi sont persuadés du rôle que tient cette pratique dans l'exode rural. P. Briot, qui estime nécessaire de lutter contre l'hémorragie montagnarde, propose par exemple de pénaliser ceux qui introduisent des animaux en sus de la possibilité présumée[41]. A-t-on jamais, dit-il, « contesté aux communes, sous l'emprise de ces lois [municipales de 1837 et de 1884], la faculté absolue d'imposer certaines taxes à *caractère prohibitif* » ? C'est y songer bien tard. La dépopulation des campagnes est déjà bien entamée. Le partage des communaux, si souvent présenté comme le remède à cette faim de terres, ne la rassasie pas.

Le XIXe siècle n'hésite pas sur la destination des vacants : à démembrer en plaine; à préserver sur les hauteurs, car rien ne précipite autant l'affouillement des eaux que le dénudement des terrains mis en culture. Aussi, pour ces communaux à vocation conservatoire, les agents forestiers recommandent « deux modes d'utilisation également sûrs : le premier [qu'ils préfèrent] serait d'y *semer*, en tout ou partie, des graines de pin, de sapin et bouleau; le second, de le *livrer* de suite, et à toujours, au pâturage ». Quel regret perce pourtant dans l'emploi de ce dernier verbe!

Cette conception, énoncée dans les années 1830, peut se justifier lorsque l'emprise paysanne se sera desserrée, c'est-à-dire deux ou trois générations plus tard. Elle s'accepte fort mal alors. Les campagnes atteignent en effet la saturation démographique. Et les habitants savent que ces terres communes n'offrent pas d'infinies ressources. Un jour viendra où elles ne suffiront même plus à la pâture. Le constat n'est pas agréable. Et que se passerait-il s'ils ne les avaient même plus? Se prémunir contre leur perte revient à s'assurer. Lorsque manquent les titres, quand bornes et fossés deviennent source de litiges, comment mieux marquer la propriété du groupe qu'en faisant admettre la légitimité du défrichis? N. Lemaître cite ainsi l'attitude des gens de Pellacœur, paroisse de Saint-Setiers, près de Sornac (Corrèze) [42]. Leur acte ne détourne pas la circulation des bestiaux, en particulier ceux du sieur Mazaud, marchand à Morneix, mais arrête la tentative de celui-ci pour usurper le bien commun par prescription. Le défrichement constitue ainsi un point sensible dans la revendication collective face à l'extérieur.

Ce défrichement engendre aussi la discorde à l'intérieur de la communauté, l'usage individuel se révélant incompatible avec la défense du droit de parcours. C'est ce qui se produit à Lindry (Yonne) où les gens des hameaux, installés près des usages, « les ont défrichés, et s'en sont faits des propres [43] ». L'affaire est grave pour ceux du bourg qui prétendent que ces 151 hectares dénaturés relèvent de leurs bois communaux, 151 hectares « dont différents particuliers se sont emparés ». D'ailleurs, le 13 juillet 1779, « les officiers [de la Maîtrise] des Eaux et Forêts [n'ont-ils pas] fait saisir leurs emblures [récoltes], dans ce qu'ils appellent les bruères, qui proviennent de leurs ancêtres »? Le Directoire du département avoue son embarras devant les deux thèses en présence, bois de Lindry ou vacants pour hameaux périphériques. Le plan ne correspond plus à ce qui se voit sur le terrain, « plusieurs bornes ayant été arrachées ». Après tout, pourquoi ces bruyères ne seraient-elles pas le stade ultime d'une évolution régressive? Si les laboureurs de Lindry, 36 au total, reprennent le chemin des tribunaux en 1791, c'est que le grignotage insidieux des débuts, vers les années 1740, vire au fléau, bousculant les habitudes communautaires. Eux non plus ne sont pas riches. Leur domaine n'ayant point de pré, et leur famille pas de capital, combien ne détiennent un train de culture que pour avoir signé un bail à cheptel? Ces communaux, ils en ont donc un besoin vital. L'affaire déclenche en conséquence leur hostilité envers de pauvres bougres, à l'affût du moindre lopin. Et derrière elle, se profilent les modalités d'un délicat compromis entre élevage et culture, entre propriétaires, gros ou petits, et journaliers faméliques.

Toute l'histoire de l'Ancien Régime retentit des clameurs que provoquent ces flux et reflux de l'espace cultivé. Jusque dans les années 1760, les directives officielles visent à contrarier les défrichements, en conformité avec le titre XXIX (article 1) de l'Ordonnance de 1669. Celle-ci ne fait d'ailleurs que rajeunir des textes édictés dans la première moitié du XVIe siècle, en plein essor démographique.

La Chambre des Eaux et Forêts d'Aix décide ainsi, avec cette optique, de proscrire les abattages à moins d'une autorisation de la Marine, et de veiller à ce que ces coupes ne touchent pas les racines (4 juillet 1718). M. de Régusse, président à mortier, auteur des *Arrêts de règlements rendus par le Parlement de Provence*, se félicite de ces scrupules. La Chambre, dit-il, « ne cesse de faire des procédures contre ceux qui défrichent en des lieux penchants et ardueux, *et qui ne lui demandent pas permission* [44] ». Qu'est-ce à dire lorsque celle-ci est sollicitée? La rumeur publique propage que si quelqu'un, particulier ou communauté, souhaite cultiver ce qui ne l'est point, il lui est facile d'obtenir la tranquillité en payant les frais de l'arrêt rendu en sa faveur. Certes, le monde est méchant qui y voit de la corruption là où n'existe qu'une procédure normale. Cependant, qu'aucun individu n'ait cherché à défoncer les biens de Sa Majesté et des collectivités, et ce depuis que la Chambre fonctionne (1704), tiendrait du miracle! Or, en quatorze ans, pas un délinquant ne se trouve sous le coup d'une sentence, alors même que les plaintes ne manquent pas! Il faut donc incriminer de la part des magistrats une complaisance suspecte ou une impuissance caractérisée, au choix. D'ailleurs, pourquoi réussiraient-ils mieux que le chevalier de Daluys? Celui-ci a bien échoué quarante ans plus tôt, avec, pourtant, les pouvoirs très considérables que lui conférait sa mission de commissaire-réformateur.

La leçon de ces insuccès tient en peu de mots selon lui : c'est la « permission de faire des essarts, de brusler la terre qui a fait ruiner toutes les forests de la Provence, [et] rompre tout ce qui était capable de culture [45] ». Dans ces mêmes années 1660, son collègue, L. de Froidour, en tournée dans les Pyrénées, découvre un spectacle similaire. Sur les pentes du Castillonnais (Haute-Garonne), il observe des effrichis, « où les troncs d'arbres sont coupés à hauteur d'homme, [les] vieilles souches décrépites et stériles, les arbres, ébranchés jusqu'à la cime, les rejets, dégradés par le pasturage, un sous-bois encombré de broussailles ». En consultant les dossiers de la réformation précédente, conduite en 1345 par Alméric de Vivonne, le même processus lui serait apparu. Son très lointain successeur, le conservateur des Eaux et Forêts Dralet, constate aussi en 1808 le mitage des étendues boisées : par exemple, dans la seule forêt d'Oust (Ariège), 150 cabanes qui n'y figuraient pas au XVIIIe siècle. La comparaison des cadastres de 1686 et de 1837 éclaire bien cette ultime poussée de la colonisation qui se glisse dans les intervalles négligés lors des phases antérieures. Ainsi, au temps de Froidour, elle effleurait la partie moyenne de la vallée de Bethmale (Ariège). Cent cinquante ans plus tard, voilà franchie la *limite supérieure* de la zone forestière, vers 1 400 mètres. Les chaumières, basses comme des granges-étables, sont au nombre de 1 230, contre 550 jadis. Et que faire pour l'enrayer ?

Le mouvement concerne des miséreux que les poursuites pénales n'effraient pas. Ne possédant rien, ils n'ont rien à perdre et ne peuvent acquitter la moindre amende. Les plaintes des administrateurs devant de tels attentats appellent donc des mesures d'ordre général, car « on ne saurait trop (les) prohiber [...] puisque [leurs auteurs], non seulement abattent les arbres, mais encore *brûlent* tous les rejetons qui les entravent, et détruisent *pour des siècles* l'espérance de les voir repousser ». Tous raisonnent comme si l'avancée des cultures condamnait inexorablement le patrimoine sylvicole à régresser, puis à disparaître. Souvent, pourtant, ces attaques ne sont que des reconquêtes, le bois cachant les plaies de l'histoire. Souvent, aussi, elles ne sont que temporaires, et au bout de quatre ou cinq ans, la récolte ne payant pas l'effort que demande un sol ingrat, le paysan laisse la place à la Nature.

De ces avortés, il n'est jamais tenu compte. La peur de manquer d'un bien précieux laisse entrevoir sa perte fatale. Ce pessimisme explique la sévérité envers l'essartage, sévérité qui contraste avec la relative souplesse manifestée à l'égard de l'élevage. Ce dernier semble n'user que d'un espace, alors que le premier est réputé en anéantir le peuplement.

Les attendus de l'arrêté du 12 juin 1817 méritent attention, tant pour eux-mêmes que pour les réactions qu'ils suscitent. Ceux-ci insistent sur le fait que « les mesures de douceur » étant inefficaces, il convient de « recourir aux voies de rigueur », en « considérant que, si les défricheurs des terrains communaux *sont privés des fruits* de leurs travaux, ils renonceront forcément à leurs funestes spéculations ». Et ce d'autant que « les frais du séquestre emportent ordinairement tous les produits des objets séquestrés[46] ». La fermeté d'un pareil langage n'agrée pas aux maires. Le sous-préfet de Florac (Lozère) informe donc ses supérieurs que certains lui ont parlé de ce maudit arrêté comme étant irréaliste et dangereux. Ne risque-t-il pas d'attirer sur eux « la haine et la vengeance de leurs administrés » – des plus pauvres surtout? Ce texte va « enlever [à la classe des indigents] les *seules* ressources qu'elle a *pour son existence* de l'année courante ». Par ailleurs, si cette récolte illicite n'est pas confisquée, de quel autre moyen de pression disposent les autorités?

Les avertissements pèsent aussi peu que les sanctions en la matière. En fait, pour que les bois ne subissent plus ces outrages, deux conditions sont à remplir : que la communauté préfère la valeur marchande des grumes aux capacités culturales du fonds; que l'aient enfin quittée les candidats à l'essartage. Tant que ceux-ci espéreront dans le feu pour accroître leur bien et se hisser dans la société des cultivateurs, le respect de l'arbre demeurera inopérant. La première condition est en passe de se réaliser aux Temps modernes. La seconde se laisse désirer. Ne constitue-t-elle pas le miroir de la démographie? Quand le paysan sera parti vers les villes, alors seulement l'exploitation s'agrandira plus aisément du champ voisin qu'aux dépens de la lisière des bois. Toutes deux vont bouleverser les rapports que l'Homme entretient avec la Nature. L'enfant qui comptait sur la prodigalité maternelle s'affirmera alors son protecteur.

La manne promise

C'est au XVIIIe siècle que s'esquisse cette mentalité qui, en découvrant le prix de ce que fabrique la Nature, prépare la voie à ceux qui évalueront le coût d'un environnement saccagé. Renoncer, ou plutôt *faire* renoncer aux pratiques dévastatrices, n'est jamais simple, car ceux qui les utilisent n'en perçoivent jamais les effets pernicieux. Ils parient sur la générosité de la Nature, en se disant qu'immoler l'arbre aux besoins de l'agriculture ne peut être grave. Celui-ci n'est qu'un élément parmi d'autres, et de sa destruction naissent des richesses nouvelles. Abattre une parcelle de bois, brûler ses tiges, ensemencer le terrain une ou plusieurs années, avant de le laisser reprendre par la végétation sauvage, cela est fort habituel dans l'agriculture ancienne.

Les flammes bienfaisantes n'offrent d'ailleurs pas à l'Homme que des terrains cultivables. Elles lui permettent aussi d'améliorer la provende de son bétail. La combustion des bruyères procure des pâturages estimés, comme en témoigne la forêt d'Orléans. Les gens de Nesploy (Loiret) y envoient ainsi, en vertu d'une charte de 1405, le troupeau dès la Saint-Jean, « quand aucun brusley a esté faict [dans] lesdites gardes [cantons], au tems d'yver [47]. » Cette pratique leur étant très commode, ils acceptent d'en supporter les revers, lorsque, par un fâcheux concours de circonstances, sa maîtrise s'effectue mal. La solidarité s'impose alors face à l'incendie, battu au balai, bloqué par une tranchée ou mourant d'un contre-feu. Cette méthode vaut toujours au début du XIXᵉ siècle. J.-B. Plinguet la décrit comme une corvée que doivent les riverains de cette forêt, en raison « du bien-être dont ils jouissent habituellement par le pâturage de leurs bestiaux [48] ». Le secours prêté représente en l'occurrence la contrepartie de leur aisance, laquelle provient de la faculté d'écobuer. Cet auteur garde à ce sujet une sérénité assez remarquable, qui ne se retrouve plus guère chez la plupart de ses confrères. L'arbre devient une richesse en soi, et son anéantissement, loin de profiter à l'Homme, l'appauvrit.

Les fruits de l'arbre

Les violentes diatribes qui naissent de l'emploi du feu, fréquentes dès la fin du XVIIIᵉ siècle, ne se rencontrent pas, en effet, sous la plume d'écrivains plus anciens. Certes, eux non plus ne veulent pas du feu, appliqué à un arbre pour en faciliter l'abattage. Cette pratique est blâmée, mais au même titre que le charmage. De tels procédés semblent indignes parce qu'ils détériorent le sujet, coupé moribond au lieu de vif, au contraire de ce qui s'observe avec la cognée, franche et sonore. Ne pas les employer, c'est montrer une déférence à l'égard de l'arbre analogue à celle que manifeste le chasseur envers l'animal. La netteté du geste devient un indice quant à la moralité de l'exécutant. Ces moyens vils, n'est-ce pas les fraudeurs qui les manient ? Les tenanciers malhonnêtes trompent ainsi le propriétaire qui leur a confié le dangereux droit au bois mort.

En dehors de ce cas particulier, tous admettent cependant l'écobuage sur lande, qu'il s'agisse de *mettre en culture*, ou, comme à Nesploy, d'*accroître les herbages*. Quels dommages cette méthode peut-elle causer, alors qu'elle est prohibée entre le début avril et la fin de l'été, ce qui protège et la récolte des céréales sur pied et le gibier ? Un agronome anglais, R. Sommerville, en 1803, explique qu'ainsi « la vieille bruyère coriace et privée de sève est détruite, et qu'une abondante récolte de tendres pousses juteuses » lui succède. Et si les habitants ne sont pas autorisés à l'employer lorsque le feu est passé depuis peu, dans l'hiver, c'est « parce que les gazons dépourvus de leur chevelure ne brûleroient pas... Il faut attendre que cette lande et bruyère soit repoussée suffisamment, ce qui n'arrive ordinairement qu'au bout d'environ deux ans [49] ». Son descriptif révèle donc une technique parfaitement dominée.

De cette compréhension, les textes législatifs portent maintes traces, à commencer par l'interdiction des feux de pâtres. Ces feux dégénèrent et, survenant en hiver, obligent les habitants à reculer la date de l'écobuage. De même, tous conçoivent l'opération comme dérivant de l'essartage, présenté dès lors, avec peut-être quelque excès, comme première forme de l'agriculture. O. de Serres, en 1600, dans son *Théâtre d'agriculture et mesnage des champs*, ne pense-t-il pas que « ceste invention [est] venue des bois essartés et bruslés sur les lieux, desquels, en plusieurs parts [pays], le peuple tire abondance de seigle [50] » ? Pour lui comme pour beaucoup, qu'ils l'aient lu et copié ou précédé et ignoré, l'essartage concerne *les bois* et cède la place à l'écobuage lorsque ceux-ci, sous la pression des consommateurs, se trouvent définitivement *dénaturés*. La différence entre les deux procédés dépend en fait de la couverture végétale sur laquelle vont agir les populations. Pareille entreprise ne choque pas avant la fin du XVIIIe siècle.

Cependant, depuis une trentaine d'années, certains agronomes manifestent de la réticence à son sujet, qu'il s'agisse de Duhamel du Monceau, avec son *Traité de la culture des terres* (1750), de Turbilly, avec le *Mémoire sur les défrichements* (1761) ou de Noël Chomel, dans le *Dictionnaire œconomique* (édition de 1767, article « Brûler »). Ces deux derniers intègrent d'ailleurs dans leur ouvrage des rapports rédigés depuis une quinzaine d'années. Déjà, dans les *Réflexions sur l'état des bois du royaume*, parues en 1723, sous une forme assez confidentielle il est vrai, perce cette même réserve. Réaumur n'y attaque pas encore le procédé en lui-même, mais seulement sa finalité. Il ne doute pas en effet « que les champs [terrains] écobués ne fussent propres aux *semences d'arbres*, comme ils le sont à celles du blé [51] ». D'où son cri en notant l'enrichissement du sol par le feu : « Pourquoi n'écobue-t-on pas des taillis ruinés, mal plantés, pour y semer du gland ! » Il sait bien que si cela n'arrive pas, la faute en incombe au laboureur, qui veut, « dès l'année suivante, le fruit de son travail [...] au lieu qu'il faudroit attendre plusieurs années pour tirer du produit » d'une étendue semée en bois. Le verbe « écobuer » désigne alors le recours à n'importe laquelle de ces techniques du feu, *indépendamment* de leur support.

Dans la seconde moitié du siècle, avec la montée des contestataires, le vocabulaire se précise. Les techniques, étudiées de plus près, sont enfin différenciées. Les périodes antérieures, elles, se moquaient de leur confusion, la malice d'un tel flou ne les dérangeant pas. La conception de Réaumur représente en quelque sorte une étape transitoire dans le refus de l'essartage, refus qui, dès la monarchie de Juillet, englobe également l'écobuage. L'illustre académicien n'ose-t-il pas dire que l'emploi du feu, non seulement corrige les déficiences du sol, mais aussi adapte à bon compte l'espace cultivé aux exigences démographiques ? Ni l'une ni l'autre de ces raisons ne valent le moindre hommage de la part des successeurs.

Cette méthode expéditive crée pourtant, en marge du terroir cultivé, des parcelles qui le sont épisodiquement, avant de l'être pour toujours si la densité rurale se stabilise. Reste alors le problème de maintenir leur fertilité. Le brûlage superficiel y contribue. Essartage jadis, et maintenant écobuage, telle est la vision historicisante des partisans du feu. Ils insistent donc sur les qualités intrinsèques de ce procédé : souplesse et promptitude. Ces deux vertus triomphent en des temps où il n'est jamais question du danger des excédents céréaliers, mais de l'angoisse d'en manquer. L'essartage ne réclame pas en effet une débauche de soins pour livrer la terre aux semailles. Cette préparation rapide contraste avec le labeur qu'exige le fait d'entamer les gazons, surtout lorsque le défricheur ne manie pas la charrue à soc d'acier. Se mesurer aux arbres est alors préférable, un choix effectué quand les deux termes se présentent. L'intérieur forestier d'autrefois s'ouvre aisément à l'agriculteur : la circulation pacagère en supprime les traînants et branches basses; la végétation adventice ne gêne pas non plus, car les pratiques sylvicoles, expurgades et nettoiements, la combattent impitoyablement.

La comparaison entre l'écobuage et l'essartage édifie sur leurs mérites respectifs quant à l'investissement temps. L'écobuage, pour un hectare traité dans les meilleures conditions possibles, absorbe entre 49 et 70 journées d'ouvriers, auxquelles s'ajoutent 53 à 75 jours pour le séchage. C'est beaucoup, même si la participation des femmes et des enfants, lors de la seconde phase, allège la facture. Celle-ci est conséquente, car les ouvriers, eux, se payent fort haut, ce type de besogne s'inscrivant généralement trop près des moissons. Ces parcelles ne doivent-elles pas être ensemencées au plus tôt, en seigle dans le Nord-Est, en froment dans l'ensemble des régions montagneuses du Midi ?

Gagner quelques semaines dans ces conditions représente une économie appréciable, d'autant plus que l'opération s'écarte davantage du cycle de la récolte. Là réside l'intérêt de l'essartage, livrant en moins de temps la place aux graines. H. Laur, dans le *Manuel du cultivateur provençal*, précise ainsi que dans le massif des Maures, en Provence, « dans le mois d'*août,* durant la nuit et par un temps très calme, on brûle [...] les bois abattus, et en automne, on jette quelques grains de froment entre les souches des arbrisseaux coupés, que l'on recouvre en grattant un peu la terre avec une petite pioche [52] ». Ce même travail, mené en Corse, ne demande que 58 jours selon L. Moll, ce qui signifie une économie par rapport à l'écobuage allant de 92 à 173 %! Les résultats ne diffèrent guère dans la France de l'Est.

Cornebois, en tant qu'ingénieur forestier, n'aime guère le feu. Il reconnaît cependant la supériorité de l'essartage. Dans les Ardennes, un hectare peut être débarrassé de la présence ligneuse en moins de 19 jours, la mise en culture nécessitant alors à peine plus de deux mois, 63 jours exactement [53]. Encore calcule-t-il largement pour les besognes qui suivent la coupe. Il compte ainsi 28 jours pour le cherbottage, lequel d'ordinaire se mène avec plus de célérité, et du reste ne se fait pas forcément. De même, prévoir 16 jours pour confectionner des fourneaux et étaler les cendres semble un peu excessif. Au vu de ces données, il n'est pas difficile de comprendre pourquoi les ruraux ne répugnent pas à employer une technique qui, pour une tâche raisonnable, assure une notable progression des volumes récoltés.

Certes, tous ces chiffres sont fragiles, les observateurs étant plus ou moins bien renseignés, plus ou moins partiaux. Il n'empêche que le coût de l'écobuage excède celui qu'exige l'essartage, ce qui revient à dire que le plus grand ennemi des agriculteurs d'antan est non pas l'arbre, mais le gazon. Et si l'essartage aux Temps modernes ne se pratique plus que dans le Nord-Est et la partie orientale du domaine occitan, c'est que partout ailleurs, les plus faciles des forêts sont déjà remplacées par des champs et des prairies. Comme le suggèrent F. Sigaut, et, avant lui, C.-O Sauer, la culture en milieu sylvicole ne résulte pas tant du manque de terres disponibles que des avantages qui lui sont propres. Même avec des outils de pierre, cette opération est possible. Dans les années 1930, le docteur Jacob Friesen coupe ainsi un pin de 17 cm de diamètre en 7 minutes avec une hache taillée, 5 minutes seulement lorsqu'elle est polie [54]. Les études danoises, plus récentes, apportent également beaucoup à la connaissance de l'agriculture forestière. Les arbres de plus de 30 cm sont écorcés, ceux faisant moins, abattus. L'essartage d'un hectare demande alors 250 heures, et deux fois plus en ne maniant que des outils de pierre. En admettant que la forêt primitive d'Europe continentale soit, comme le prétend C. Schott, une futaie régulière d'arbres hauts et minces, assez uniformes, les conditions offertes à la mise en valeur agricole par ce biais semblent optimales. L'extension des défrichements dès le cinquième millénaire de notre ère corrobore son hypothèse [55]. La difficulté ne réside donc pas dans le démarrage du mouvement, mais dans sa longévité.

Le XVIe siècle commence en effet à explorer l'essartage. Turbilly, cent cinquante ans plus tard, se vante de remettre l'écobuage à l'honneur [56]. Les grands déboisements auraient donc cessé après le XIIe siècle, pour ne reprendre qu'avec la multiplication des hommes, au cours ce que J. Jacquart nomme « le beau XVIe siècle ». Que le phénomène ait continué, les contemporains des Bourbons en sont persuadés. Ce n'est pourtant pas certain. Certes, cette faible préparation du sol qui caractérise l'essartage a de quoi plaire. L'outil qui sert le plus au colon est alors la hache ou l'herminette, non la houe. Il ne remue la terre que juste assez pour enfouir les semences. Et cependant, peut-il sacrifier totalement les arbres sans priver son foyer et ses animaux d'une ressource essentielle? Non, bien sûr. L'équilibre entre espace boisé et terre appropriées s'établit ainsi de lui-même et sans doute beaucoup plus tôt qu'il n'est souvent affirmé.

Très fréquemment, les déboisements de l'époque moderne ne sont en fait que des essais pour réoccuper des fronts cultivés, abandonnés soit par insuccès, soit en catastrophe. En 1491, le seigneur de Chatelgérard (Yonne) décide ainsi de relever les masures effondrées du hameau de La Cornée, en les baillant à un certain Pérouseau [57]. Celui-ci trouve « une place, estant pour lors en *bois et buissons*, assis en la forest de Vausse, appelée Les Cornes ». Il accepte, lui et son clan, de s'y installer, « moyennant vingt sols de cens » par an. L'accord ne se conclut qu'à « condition que les tenanciers d'icelle [place] et des édiffices qui y seroient faicts, seroient hommes et bourgeois du Roy, et que ledict Pérouseau, sesdits hoirs [héritiers] et ayants cause, auroient leurs usages en ladites forest ». Cette disposition, qui grève le Domaine illégalement, les avantage beaucoup.

Ces gens échouent pourtant. Démunis de tout, ne parvenant ni à acquitter la rente ni à acheter le bétail, ils repartent. Cent ans plus tard, les bâtiments, bien endommagés, sont repris. Le châtelain les confie à une vaste famille, ainsi que les terres en dépendant. Le contrat est cette fois en métayage, assorti d'un bail à cheptel. L'exemple montre combien il est aventureux de confondre systématiquement *déboisement* et *défrichement*. Il peut y avoir défrichement sans déboisement, ce qui se produit avec l'écobuage. Il peut aussi exister des déboisements qui ne traduisent pas un agrandissement des surfaces cultivées, mais seulement leur remise en état, comme dans le cas cité. Assimiler les deux notions relève ainsi de l'abus de langage.

Cet amalgame influence fortement le discours pré-écologique qu'inspirent les grandes inondations du XIXe siècle. Est ainsi porté au compte du déboisement ce qui n'appartient qu'en partie aux défrichements. Le dernier tiers du XVIIIe siècle, qui voit ceux-ci s'amorcer, encouragés en haut lieu par des ristournes fiscales, a sa part de responsabilité dans l'erreur commise. Les Finances n'accordant pas dégrèvement au premier venu, le candidat doit exhiber une autorisation de défricher en bonne et due forme. L'opinion publique prend ainsi une claire conscience des défrichements, alors qu'elle ignore, dans le même temps, l'ampleur des plantations dont les propriétaires sont seuls juges. Les défrichements se mesurent, bien que leur identité soit floue, et leur contraire, non. Comment les citoyens ne penseraient-ils pas que les premiers dépassent les seconds ?

L'œil enregistre mieux dans un paysage familier l'endroit brutalement dégarni que l'étendue où se développent, lentement, les jeunes pousses. La sensibilité est d'autant plus réceptive à ce phénomène que l'époque discute abondamment des différents moyens d'étendre les emblavures, et d'y parvenir du premier coup. L'écobuage vient donc sur la sellette, et, avec lui, toutes les techniques qui asservissent le feu. Les voilà confrontées avec celles qui le rejettent catégoriquement. Dans le vif du débat, l'essartage comparaît à la barre, aux côtés de l'écobuage, mais aussi de l'étrepage, du déchaumage et de bien d'autres. Il en diffère pourtant, ne serait-ce que par sa caractéristique qui en fait le bonheur des paresseux : une agriculture sans préparation du champ, l'art de cultiver les végétaux sans cultiver la terre !

En vérité, les esprits savants s'alarment de peu, car cette méthode ne survit plus alors que dans des régions arriérées. Elle prolonge en quelque sorte une situation ancienne qui perdure grâce à l'isolement. L'essartage, courant au Grand Siècle dans les Alpes dauphinoises, ne s'y exerce déjà plus à la veille de la Révolution [58]. Quelques traces en demeurent dans les Pyrénées ariégeoises, selon Mercadier. Dans les départements de la Lozère et du Tarn, au début du XIXe siècle, celui-ci est encore mentionné [59]. En fait, il ne se maintient jusqu'à la guerre de 14-18 que là où sa présence remplit une fonction, *commerciale* dans les Ardennes, avec les taillis à tan, *protectrice* pour les Maures et l'Estérel. L'enquête de 1869 montre que ce dernier point retient l'attention des autorités.

A la suite des dépositions faites en ce sens par plusieurs personnalités, une loi spéciale est en effet votée le 6 juillet 1870, afin de consacrer une technique qui a fait ses preuves dans la prévention des incendies. M. de Scolle, par exemple, garantit le procédé intéressant pour nettoyer la forêt domaniale du Dom-de-Bormes (Var) [60]. « Des familles de bûcherons, fixées au milieu des bois », s'en chargeaient. Cela « leur fournissait le blé nécessaire à leur subsistance, [et] l'extraction des souches alimentait la fabrication des pipes à laquelle ils se livraient, enfin les menus produits servaient à leurs besoins domestiques » explique-t-il. Avec leur départ, les morts-bois se développent, transformant cette forêt en foyer d'incendie, une menace pour les massifs voisins. M. de Fonscolombe explique de même que « le procédé permet de produire le blé à bon marché, et de débarrasser en même temps les forêts à peu de frais de tous les morts-bois [61] ». Il ajoute que sa régularité assure une économie importante, car « l'enlèvement par voie de nettoiement coûterait au moins 70 francs l'hectare », une dépense que ne peuvent supporter que les grands propriétaires, une minorité donc, dans la région. Ce rôle compte assurément, et aujourd'hui encore plus qu'hier. Il ne faut cependant pas s'illusionner, les ruraux n'aiment le feu que pour les réalités économiques qui sous-tendent sa pratique. Les cultures temporaires ne constituent en aucune façon cette fatalité destructrice des bois que décriront les auteurs du XIXe siècle.

L'argent des hommes

Dans ces contrées perdues, l'essartage se conserve faute de mieux, sous la pression démographique et la sollicitation commerciale. Lors de l'enquête de 1869, un propriétaire de Sainte-Maxime (Var) déclare ainsi que, dans sa localité, « la demande de lots à débroussailler, avec faculté de cultiver, est *supérieure* à l'offre. Aussi est-il à remarquer que *toutes* les petites propriétés sont bien nettoyées ». Il en va de même dans les Ardennes, où le propriétaire des bois, parfois l'acheteur de la vente, subdivise ce bien en minuscules lopins (un demi-hectare et moins), « et cède, par *adjudication au plus offrant*, la superficie de chaque portion, avec les branches qui la couvrent [62] ». Les deux partenaires y trouvent leur intérêt, l'un parce que le nettoyage de la coupe lui rapporte au lieu de coûter, l'autre, parce que ce bûcheronnage lui offre une belle récolte.

Dans l'*Encyclopédie méthodique*, en 1796, l'article « Essartage », dû au citoyen Bourgeois, explique que les pauvres s'en servent « pour subvenir au défaut de terres labourables, et se procurer leur subsistance ». Au cours de l'hiver, les essences secondaires (bois blancs) sont donc abattues et transformées en bois de feu. Les chênes, par contre, restent sur pied, car « on attend que la chaleur du printemps ait fait monter la sève, pour en arracher l'écorce », destinée aux tanneries. Ce n'est qu'après cet enlèvement que s'achève l'exploitation, abandonnant sur le parquet de la coupe tous les branchages. Quand les chaleurs des mois de juillet et août les ont séchés, le feu prend, avec toutes les précautions nécessaires pour éviter qu'il ne se propage aux bois voisins. Quelques jours après débutent les semailles. Un crochetage léger, avec un hoyau étroit, à manche long, dissimule la semence. Aux dires de l'auteur, « la germination est prompte, la tige devient haute, et la récolte est précoce et abondante [63] ». Ce descriptif ne constitue cependant pas la norme.

Sur ce modèle se greffent en effet d'autres améliorations, qui interviennent *avant* ou *après* le feu courant. Tel est le cas du cherbottage, évoqué par Cornebois. Il consiste à mettre en tas les imbrûlés dans le but de les éliminer complètement. B. Palissy y fait allusion dans un texte de 1580, lorsqu'il précise la façon dont les habitants les « arrangent en terre, en sorte qu'il puisse avoir air par dessous [64] ». Cette préparation du champ, la seule mentionnée dans le cas d'essartage, et encore pas toujours, se déroule par conséquent à *feu couvert*. Sur les monticules dressés, les futurs cultivateurs jettent des mottes de terre. « Puis, explique Palissy, ils font brusler le bois en-dessous desdittes mottes, en telle sorte que les racines des herbes qui sont en ladite terre sont bruslées. » Ce sont ces résidus de la combustion finale qu'ils « épandent par le champ comme fumier, puis labourent la terre et y sèment du seigle ». Le procédé est incontestablement meurtrier pour les appareils radicellaires, ce qui nuit au taillis. Aussi l'administration des Eaux et Forêts l'interdit-elle après 1800.

Elle tolère, par contre, le *feu courant*, estimant que « les souches et les racines ne reçoivent [de lui] aucune atteinte visible, ni celles des bois blancs, quoique traçantes et à fleur de terre ». Comme l'indique Bourgeois, « à la troisième pousse, les taillis sont impénétrables, et, après la cinquième, ils ont assez d'élévation pour se défendre des dégâts des bestiaux ». La dépaissance s'ouvre alors. C'est d'ailleurs pour préserver cette densité des rejets que les paysans ardennais procèdent par bandes, larges d'une cinquantaine de centimètres, et séparées par un intervalle égal, qu'ils n'ensemencent pas. Pour la même raison, ils ne font qu'une seule récolte de seigle, précédée, du moins jusqu'à l'aube du XIXe siècle, par un sarrazin. Cela impliquait d'anticiper la date du brûlage afin de semer dès la fin juin. C'est dire que l'opération suivait de près la montée de la sève, une période où les jeunes lances sont particulièrement vulnérables et les souches en pleine activité. Aussi, dès le Consulat et l'esquisse d'une remise en ordre forestière, la double récolte est supprimée, de même que le cherbottage, que seule justifiait l'exigence d'un enrichissement accru.

Le déclin ne se perçoit pourtant pas avant la seconde moitié du XIXe siècle, bien que ces modifications aient dû y contribuer. En 1881, dans l'arrondissement de Rocroi (Ardennes), les *sarts communaux* ne représentent plus que 350 hectares, répartis entre 4 400 ayants droit. Tous ne tirent plus parti de cette faculté : 35 %

seulement l'exploitent par eux-mêmes ou en la louant. Les prix se ressentent de cette désaffection. La chute atteint ainsi sur quinze ans (1882-1896) près de 80 %. Ils rémunèrent d'ailleurs si mal que, depuis 1895, aucun *particulier* ne propose plus ses bois à d'éventuels sarteurs. Le système ne fonctionne donc plus en forêt privée, et régresse vite dans la propriété communale. Pourtant, cette contraction de l'offre en terres n'influe pas sur la courbe qui demeure à la baisse, faute d'enchérisseurs : l'exode rural décime les postulants.

L'essartage se défend mieux en France méridionale, bien que, là aussi, il joue à la peau de chagrin. C'est qu'il bénéficie d'une législation exceptionnellement clémente. Aucune contrainte véritable n'imprime sa marque au cycle cultural, qu'il s'agisse du calendrier, des plantes ou des outils requis. Les candidats se pressent donc lors de l'adjudication des lots, car ils savent pouvoir arracher au terrain quatre ou cinq récoltes successives, après quoi ces surfaces retourneront à la vie sauvage. Les détenteurs de ces bois, communautés ou particuliers, acceptent un tel traitement, parce que aucune autre façon de les valoriser n'est alors concevable.

Comment, en effet, sortir les grumes hors de ces massifs inextricables que sont les Maures ou l'Estérel ? Le réseau routier ne permet pas le voiturage. Les reliefs de la Provence maritime partagent ainsi ce handicap avec ceux de l'intérieur, pour lesquels le salut ne vient que de la Durance, si capricieuse pourtant. Celle-ci n'assure-t-elle pas, grâce au flottage, l'essentiel de l'exportation des bois ? En fait, l'unique artère décente est celle reliant Digne à Marseille, et encore, pas sur tout le trajet! En 1843, l'économiste Blanqui constate, au cours de son voyage, que les communes de l'arrondissement de Castellane (Alpes-de-Haute-Provence) sont « plus éloignées de l'influence française que les Iles Marquises... Les communications ne sont ni grandes ni petites, elles n'existent pas [65] ».

Le transport des colis, des paquets, est bien malcommode. Que dire alors de celui des pondéreux ? Un article du *Journal des Basses-Alpes* du 14 mai 1837 signale l'absence de liaisons régulières entre Digne, Castellane, Saint-André, Annot et Entrevaux, si bien qu' « il faut attendre l'*occasion* d'un muletier » pour faire acheminer le moindre ballot. « Et cette occasion se paye fort cher, un sou par livre de pays, c'est-à-dire près de douze francs par quintal métrique, ou un peu plus de Paris à Digne. » Ces équivalences dépeignent, mieux qu'un long discours, l'isolement de ces hautes terres. Les hommes y circulent peu, les marchandises encore moins, et les idées, difficilement. Un effrayant immobilisme. Dès lors, comment ne pas estimer indispensable la transformation du matériau ligneux en produits légers ? Seul, en effet, le portage par caravanes muletières permet de leur faire quitter ces pays enclavés! Plaques de liège et charbons de bois, voilà tout ce qui rend monnayables ces peuplements sylvicoles.

L'archaïsme des techniques du feu répond en écho à l'insuffisance de la desserte. M. de Fonscolombe, encore en 1869, souligne les mérites de l'essartage, qui s'effectue avec *dessouchement*, sauf pour le chêne liège. L'essence est donc de la sorte judicieusement favorisée aux dépens des autres, et notamment du pin. Le brûlage stimule en effet sa végétation « en détruisant toute autre espèce autour [de ses] jeunes rejets [...] et en rajeunissant les vieilles souches, dont la surface seule est brûlée, tandis que les racines, demeurées intactes, donnent des drageons abondants[66] ». Que l'homme se fasse plus rare et le réseau routier moins exécrable, alors les cartes de l'économie forestière changeront. Durant toute la première moitié du XIXe siècle, les populations autochtones n'y songent pas et résistent lorsque les autorités y pensent pour elles. Certes, depuis bien longtemps, l'essartage ne tient qu'une place fort effacée dans les modes de défrichement. Et sans doute ne ressemble-t-il pas à cet incroyable vandalisme dont parlent les sylvomanes. Tout cela ne l'empêche pas d'être vilipendé. Ne résume-t-il pas à lui seul la perception que se font les paysans du milieu boisé : un lieu qui prolonge l'exploitation agricole et, au besoin, assure sa survie ?

Dans ces conditions, l'idée que les bois possèdent une valeur indépendante de ces pratiques, une valeur qui dépend du capital qu'ils représentent sur pied, ne s'achemine que lentement. Cet argent dort et grossit à mesure que les arbres grandissent : un placement de tout repos. Ses détenteurs, communautés et particuliers, seront heureux de le dépenser quand viendra le moment de le réaliser. Toucheront-ils jamais pareille somme d'un seul coup ? La récolte ligneuse mérite donc d'être attendue avec patience, et les arbres éduqués avec amour.Or l'agriculture forestière semble doublement incompatible avec cet objectif. D'abord, parce qu'elle jouit d'une mauvaise réputation en ce qui concerne l'entretien des sols : ceux-ci dégradés, comment produire des sujets bien conformés, forts et élancés ? Ensuite, parce qu'elle repose sur les principes du taillis simple, rejetés depuis l'Ordonnance de 1669, à peine admis pour les forêts à vocation sidérurgique : comment, avec un tel régime, obtenir autre chose que du bois de feu ?

Face à ces critiques, l'essartage, qui, hier, allait de soi, devient un monstrueux gaspillage qu'il faut résolument combattre. Que l'essartage disparaisse fort tôt, sauf cas exceptionnel, et que l'apogée des écobueurs, entre 1780 et 1840, corresponde à celle des densité rurales, les esprits éclairés n'en ont cure. D'ailleurs, la plupart condamnent en bloc les deux modes de défrichement. Un vacant ne se définit-il pas, pour eux, comme étant un bois qui a mal fini ?

Ils n'admettent qu'un remède : le restaurer au plus vite en sa forme censée originelle. On impute donc le processus de la détérioration à la nature du taillis sarté. Dans le nord-est de la France comme dans ses marges méridionales, ce système traditionnel se caractérise par la brièveté du cycle, à la différence de celui régnant en Europe scandinave où il excède largement la durée d'une génération. Ainsi, sur les 7 100 hectares sartables que comprend l'arrondissement de Rocroi (Ardennes), tant en forêts communales que privées, presque tous (90 %) s'exploitent vers l'âge de 18 à 21 ans, fort peu au-dessus (7 %), et presque aucun en dessous (3 %). Les abattages à moins de 10 ans, interdits par le Code colbertien et souvent évoqués dans l'histoire de la sylviculture, relèvent en grande partie de la légende. Ils sont, et ont toujours été, très minoritaires, dès que s'étudient les réalités et non pas le discours qui les déforme, en général avec intention. Ces chiffres pour Rocroi datent du second tiers du XIXe siècle. Il n'en allait guère autrement avant.

Cette stabilité contraste avec tous les changements qui surviennent au cours du XVIIIe siècle dans la conduite des peuplements : conversion massive en taillis composés, rajeunissement notable des futaies et surtout recul de l'âge moyen d'exploitabilité des taillis [67]. A titre d'exemple, avant d'être coupés, les bois communaux de Basse-Bourgogne, au début du siècle, attendent leur vingtième année pour 39 % d'entre eux, leur vingt-cinquième pour 48 %. Le décalage se creuse déjà par rapport aux résultats que donne le sartage. Cet écart va grandir encore. A la veille de la Révolution, la première catégorie a perdu ses recrues. La majorité légale – 25 ans – concerne la quasi-totalité de ces bois (92 %). L'étape prochaine se profile même, puisque 8 % ne seraient exploitables qu'au-delà de la vingt-cinquième année. Certes, cet objectif, fixé lors du procès-verbal d'aménagement, ne signifie pas qu'il sera rempli. Les exigences de la vie quotidienne se chargent en effet de l'amender, au prix de quelques dérogations.

L'initiative prise en la matière traduit une volonté nouvelle, peu à peu concrétisée : conserver le taillis, d'abord plus longtemps que par le passé, ensuite le plus longtemps possible. Cette pratique s'emploie dans le cadre du régime mixte (taillis-sous-futaie), afin d'améliorer la qualité des arbres réservés. Elle sert aussi, sur un plan plus général, à préserver les souches mères. Les difficultés grandissantes de la régénération naturelle, c'est-à-dire par auto-ensemencement, mobilisent en effet les spécialistes dès le règne de Louis XVI. Leur regard s'attache à l'émission et au développement des rejets, dont la densité peut seule éviter l'éclaircissement des peuplements déjà envahis par les bois blancs. L'abondante littérature sylvicole publiée alors révèle l'intérêt que suscite la question, d'autant que la polémique s'en mêle!

Les tenants de la futaie, qui comptent bon nombre de responsables forestiers de l'époque, s'opposent ainsi aux partisans des taillis. Les premiers insistent sur la médiocrité de leur production, sans trop se demander si elle ne répond pas tout simplement à la demande locale. Les seconds jurent qu'avec l'allongement des révolutions les tares disparaîtront, ne laissant alors à ce traitement que son principal atout, l'assurance de la pérennité des bois. Au cœur du débat, donc, le devenir du patrimoine sylvicole. Et deux points de convergence : l'utilité de terrains riches et la sauvegarde des souches. Trop sollicité par le fréquent passage de la hache, le potentiel ne régresse-t-il pas? Et cette situation n'empire-t-elle pas avec celui des flammes qui, non contentes de lécher les souches, transforment la substance même de leur nourriture, à savoir l'humus?

Cette crainte surgit durant la décennie 1770, avec les premières expériences scientifiques qui montrent la composition du terreau et son influence sur la pousse des plantes. C'est l'arbre qui le fabrique. Lui abattu, et l'humus volatilisé par le feu, comment l'Homme pourrait-il suppléer la Nature dans son œuvre de fécondité?

L'abbé Rozier, dans son monumental *Cours complet d'agriculture*, en dix volumes, publié de 1781 à 1800, remarque ainsi que lors du brûlage « les yeux cuisent et larmoient ». Il en conclut qu'il s'échappe, avec la fumée, « des principes autres que ceux de l'eau réduite en vapeurs ». N'est-ce pas la preuve qu'il y a bien « une soustraction réelle des principes, dont le sol auroit été bonifié », ces principes étant « les volatils, les plus actifs et les plus spiritueux [68] »? Ne reste donc de cette combinaison, brisée par l'action du feu, donc de l'Homme, que des « sels » – une matière inerte. Et pourtant, l'époque sait l'humus insoluble dans l'eau et pressent que le gaz carbonique joue un rôle important dans la respiration. Les travaux entamés sur ces questions n'empêchent pas de penser que c'est l'humus du sol qui donne à la plante les « sucs » dont elle a besoin.

L'arbre devient alors bénédiction. Sa fin impliquerait l'avènement d'un monde d'épouvante, sources taries et vents brûlants. Sous l'outrance du langage perce enfin tout ce qui sépare la culture forestière de la culture agricole. En forêt, les feuilles, en tombant, ramènent au sol l'essentiel des éléments minéraux absorbés. L'exploitation, qui ne devrait enlever que bois et écorce, n'implique qu'une perte infime de ceux-ci. La fertilité du sol se maintient donc. Au contraire, la culture agricole lui prend, sur un siècle, avec assolement quadriennal, environ 2 400 kg de calcium, 7 400 kg de phosphore et 1 050 kg de potassium par hectare. Durant cette même période, une futaie de hêtres prélève 900, 640 et 120 kg, et une futaie de pins, 500, 220 et 50 kg! Certes, le traitement en taillis consomme davantage de sels minéraux, d'autant plus que les exploitations se mènent à un rythme rapide. Cela reste toutefois sans commune mesure avec ce que réclame la culture agricole. Que l'Arbre féconde la terre n'est donc pas faux. Que sa mort surgisse à l'horizon de la Révolution et signe le malheur des hommes, voilà qui demande explication.

***

Le texte de Rozier ne demeure pas sans descendance, puisque le reprennent l'*Encyclopédie méthodique ou par ordre de matières*, éditée par Panckouke et continuée par Agasse entre 1787 et 1816, et le *Nouveau cours complet d'agriculture du* XIXe siècle, que rédigent en 1809 les membres de la Section d'agriculture de l'Institut de France, et plusieurs fois réédité jusqu'à la monarchie de Juillet. Son influence augmente encore, tant par les citations qui en sont extraites que par les réimpressions des ouvrages les contenant. Pour la première fois dans l'histoire de l'agronomie et de la sylviculture, l'engouement pour la première sert la cause de la seconde.

Les résonances s'en font sentir presque jusqu'à la fin du XIXe siècle, alors même que le progrès scientifique et l'anglomanie ambiante entraînent la révision de bien des préjugés. Ainsi, F. Pariset, dans son livre *Économie rurale, industrie, mœurs et usages de la Montagne noire*, s'appuie sur les assertions de Rozier quand il note que ces techniques du feu ne prêtent « à la terre qu'une fécondité artificielle, achetée au prix de la *diminution* de l'épaisseur de la couche végétale, [...] *récipient* des agents atmosphériques de toutes sortes [69] ». Et lui aussi les déconseille, comme « provoquant un épuisement irrémédiable, si on n'a pas le soin de restituer à la terre, par une fumure abondante, les principes fertilisants, dont elle s'est *appauvrie* ». Apparemment, il ne tient pas compte des mesures faites au sujet du poids de la terre, constant en dépit de ce prétendu prélèvement. La théorie de l'humus soluble, nourriture des végétaux, imprègne décidément ces milieux agronomiques, malgré la parution, dans les années 1840, des recherches de J. von Liebig sur la nutrition minérale.

L'hypothèse d'une nutrition organique, qui domine entre 1780 et 1840, et même au-delà, n'a du reste rien de ridicule, puisqu'une classe de végétaux, les champignons, ne subsiste pas autrement, et que la sylviculture d'aujourd'hui exploite le complexe que forment certains d'entre eux avec les radicelles de l'arbre, complexe appelé mycorhize. Ne transforment-ils pas de la sorte des substances organiques azotées en composés ammoniacaux que l'Arbre peut alors absorber? L'humus devient utilisable. Dans le cas du pin, cette symbiose permet au sujet de s'alimenter, par un mécanisme subtil, aux dépens de l'azote gazeux de l'air contenu dans le sol. Enfin, chez le robinier, le cytise, les genêts ou les aulnes, il existe aussi des radicelles renflées (nodosités), habitées par des bactéries qui se livrent à la même besogne.

Par ce biais, toutes ces espèces peuvent coloniser des terrains presque dépourvus d'azote, dunes sableuses, éboulis pierreux, amas de gravier et escarpements décapés depuis peu. Elles possèdent ainsi des propriétés bonifiantes, analogues à celles que la fin du XVIIIe siècle connaît déjà pour les légumineuses – un atout essentiel avant d'introduire en ces lieux d'autres essences. Les contemporains ne se trompent donc pas tout à fait en croyant que l'humus, solubilisé sous l'action du gaz carbonique de l'air, constitue la principale nourriture des végétaux, à ceci près, qu'il n'est pas soluble, et que le carbone atmosphérique intéresse les feuilles, non les racines!

Que la science n'avance qu'en démontrant la fausseté des idées dans le détail ou en totalité, ce constat n'est pas neuf. Toutes les idées concernant la physiologie de l'arbre apparues entre 1780 et 1840 le montrent bien, qu'il s'agisse de l'origine des matières élaborées servant à son accroissement ou de la circulation de l'eau dans ses diverses parties. Pourtant, la part d'exactitude qu'enferment certaines ne suffit pas à expliquer leur audience. Celle-ci dépend en fait moins de la solidité des arguments que du talent pédagogique avec lequel ils sont exprimés et de la sensibilité du public qui les découvre. Le discours préécologique charrie bon nombre d'images inexactes, mais percutantes, qui vont assurer le triomphe de sa cause, auprès des élites d'abord puis auprès des couches populaires. L'Arbre devient alors l'ultime rempart qui protège l'Homme contre lui-même.

L'Arbre détruit, c'est l'environnement saccagé, pire, c'est la Nature stérile. Refuser le déboisement devient une mesure de sauvegarde. Promouvoir le reboisement, un pas vers le Paradis perdu. Dans la bataille qui commence, les adversaires voués aux gémonies ne sauraient donc être que les paysans, farouches essarteurs, et les industriels, consommateurs impénitents. Les attaquants oublient cependant que les uns ne satisfont souvent leurs besoins qu'en vendant leurs bois et que les seconds se créent et gèrent un patrimoine sylvicole important sans lequel leurs usines chômeraient. L'erreur et le quiproquo président donc aux destinées d'un courant qui n'a pas fini de faire parler de lui, même après sa réconciliation avec le monde rural.

CHAPITRE II

Des nouveaux propriétaires

Durant des siècles, le recul de l'Arbre a été le corollaire de l'avance de l'Homme. Inversement, toute reconquête opérée par le premier signifiait la désertion du second. Il en va encore ainsi dans les Temps modernes, et ce n'est que dans la seconde moitié du XIXe siècle que cette loi cesse en partie de s'appliquer. L'afforestation sauvage reflète toujours le déclin démographique, mais les étendues boisées divorcent d'avec les terroirs cultivés. Elles ne constituent plus cette réserve foncière prête à l'ensemencement, pour quelques saisons ou de manière définitive, dès que l'exigeait la demande agricole. Désormais, en montagne comme en plaine, c'est la *valeur intrinsèque* des forêts qui attirent l'attention des différents partenaires, pouvoirs publics, propriétaires effectifs ou potentiels, communautés possessionnées et usagères.

Certes, plus d'un habitant se contente encore d'y puiser son chauffage annuel et les arbres nécessaires à l'entretien ou à la reconstruction de sa maison, quitte à s'autoriser quelques douceurs en revendant les surplus économisés. Cela importe peu au regard de l'évolution qui se dessine depuis le milieu du XVIIe siècle et tranforme les bois en *source de revenu*, et ce pour tous les intéressés. Comment, pourtant, disposer simultanément de l'emploi en nature de ces bois et des rentrées financières que procure leur vente ? Les contradictions éclatent, et avec elles la discorde. Si l'accaparement échoue, ne reste-t-il pas cependant la possibilité d'acquérir la propriété convoitée ?

Cette idée, les gens des campagnes n'en détiennent pas le

monopole, même si l'initiative leur en revient. Ils se trouvent en compétition avec de nouveaux venus, originaires de la ville et familiers des milieux industriels. La superbe envolée des prix ligneux pendant tout le XVIIIe siècle et surtout sa parfaite régularité, qui contraste tant avec les à-coups dont pâtissent les marchés viticoles et céréaliers, excitent doublement l'appétit des investisseurs. Certains souhaitent participer aux bénéfices que donne le placement sylvicole. D'autres songent plutôt à se garantir contre la hausse, car leurs usines sont grosses consommatrices de combustible. Les voilà donc tous prêts à acheter des étendues boisées. Et si elles ne le sont pas, les plantations faites leur permettront de répondre aux objectifs financiers de l'opération.

Car celle-ci vient à point. A l'aube du XIXe siècle, et cela ne s'arrêtera pas de sitôt, les gouvernements, toujours en quête d'argent frais, bradent les forêts domaniales après avoir expérimenté la méthode sur les biens du clergé et des émigrés. Sur les décombres de la vie politique se bâtit ainsi une forêt détenue par les particuliers qui ne va pas tarder à éclipser celle contrôlée par l'État, directement ou indirectement.

UNE LIBERTÉ CONDITIONNELLE

La politique sylvicole, jusque-là affaire royale et seigneuriale, touche à présent d'autres catégories. Devenues propriétaires, elles entendent conduire l'entreprise à leur gré. Elles refusent donc et les servitudes d'antan, et l'emprise de l'État. Cet esprit d'indépendance, fort louable au demeurant, ne les empêche pas de solliciter l'assistance de celui-ci, tant pour se dégager des droits d'usage que pour maintenir le niveau des cours lorsque s'assombrit la conjoncture dans la seconde moitié du XIXe siècle. Ce n'est pas une incohérence que de désirer ceci et cela, peu compatibles pourtant l'un avec l'autre, mais seulement question d'opportunité. L'État sait faire payer sa bienveillance, en fixant les limites à la liberté de gestion ou du moins en s'y efforçant.

Chacun chez soi

Les bois ne servent donc plus qu'aux besoins de chaque ayant droit *ut singuli*, mais aussi *in corpore* au groupe auquel il appartient. La demande de chaque collectivité, villages proches, bourgades ou hameaux et métairies périphériques, est spécifique à chacun de ses éléments, et pourtant ne saurait être satisfaite qu'en puisant dans le trésor commun. Et l'unanimité sur l'affectation des dépenses ne s'obtient pas si facilement que cela. Du coup, la situation d'indivis, qui ne gênait personne tout pendant que le jeu ne portait pas sur de l'argent mais sur des produits, finit par irriter. Or, pour briser cet indivis jugé contrariant sans se prendre à son propre piège, il faut exhiber de bons titres. Leur perte engendre la contestation, que celle-ci surgisse du côté du concessionnaire ou de celui des voisins qui profitaient, tout comme la communauté étourdie, des libéralités de ce dernier. Les habitants de Marcy (Nièvre) redoutent ainsi le verdict des tribunaux, ce 27 octobre 1789, car « la négligence qu'ont apportée les anciens syndics [...] aux recouvrements et à la production des titres de ladite paroisse, au respect dudit Bois Amont, ne laisse pas de donner plusieurs avantages à leurs concurrents », ceux de Corvol d'Embernard [1]. Pour la défense du bien disputé, il convient donc de rassembler armes et munitions.

Les acquis coutumiers ne rassurant plus assez, les textes prennent la place de choix dans cette bataille pour la propriété forestière. Certes, il arrive à certaines communautés de savoir tirer leur épingle de la partie, soit *en négociant* la cessation de l'indivis, qu'il s'agisse du Roi, du seigneur, d'un particulier ou d'une collectivité rivale, soit *en transigeant* avec le concessionnaire au sujet de leurs droits, de manière à réduire le moins possible la fraction qui leur sera dévolue – en toute propriété ou autrement. C'est qu'un médiocre arrangement vaut souvent mieux qu'un bon procès, coûteux à plaider, d'issue incertaine et lointaine. Aussi n'est-il pas rare que le partage s'effectue à l'amiable entre villages jadis associés pour l'utilisation d'une même surface. Son principe repose normalement sur le cheptel respectivement possédé, surtout lorsque cette étendue est constituée de bois d'usages. Cependant, à mesure que passe le XVIIIe siècle, l'attention se porte de plus en plus sur le nombre de feux, ce qui est logique dans une conception monétariste. Pareille sagesse caractérise les gens de Champlost, Arces et Avrolles (Yonne) [2]. Ne s'accordent-ils pas enfin sur le découpage du « bois des Époisses, commun entre les trois paroisses », afin de « terminer les contestations qui subsistent depuis très longtemps, [...] lesquelles ont empêché que jusqu'à présent, on pût [en] jouir » ?

En fait, les relations ne virent à l'aigre que lorsque s'agite la question de mettre en vente la portion la plus intéressante de ces bois, sur le plan pécuniaire s'entend. Cette réserve, équivalant au quart de leur superficie, procure en effet une somme sans commune mesure avec les maigres recettes ordinaires. Composée de sujets âgés et homogènes, cédée d'un seul tenant, et de meilleure qualité que la plupart des peuplements, elle vaut plus cher à l'hectare que ceux-ci, plus ou moins abroutis et clairsemés. Les projets abondent quant à tout ce qui pourrait être accompli avec cet argent. Car le budget des collectivités locales sous l'Ancien Régime assure à peine les frais que représente le sonneur de cloche ou le garde des champs. Ainsi, en Basse-Bourgogne, il oscille au XVIIIe siècle entre 200 et 500 livres, et souvent moins que plus [3]. Or les rentrées dues à l'adjudication de la réserve dépassent les 60 000 livres dans le cinquième des cas (13 %), les 20 000 livres dans la moitié des cas (56 %)! Que d'espoirs donc en ce pactole!

En l'absence d'impôts locaux, seule cette vente est capable d'alimenter les travaux publics, réfection de la voirie et des ponts, construction d'une école, restauration de l'église et du presbytère, aménagement d'un lavoir, d'une salle de réunion ou du four banal. Sans parler du fonds de secours destiné à aider les habitants sinistrés par l'eau ou le feu. Sans parler non plus de la liquidations des arriérés accumulés! Entre ce que la collectivité doit à l'État (taille), à l'administration (vacations) et à ses créanciers (emprunts), les dettes manquent en effet rarement au chapitre des dépenses. Pourtant, les sommes provenant de l'adjudication ne s'égarent guère de ce côté-là. L'agent tout-puissant de l'exécutif qu'est l'intendant de justice, police et finances dans la province veille au grain. Aussi, à peine 6 % du montant touché se consomme-t-il dans ce genre de remboursement, et généralement – qui s'en étonnera? – au profit du fisc.

Le quart en futaie assume donc en permanence le rôle de *livret d'épargne* et incidemment celui d'*assurance solidarité.* Dans les deux cas, capital et intérêts se perçoivent le jour où ses arbres, convenablement éduqués, entrent en exploitation. Celle-ci, d'ailleurs, ne s'admet qu'après une longue procédure garantissant le bien-fondé de la coupe : maturité de la récolte et urgence des travaux, le tout dûment expertisé! A vrai dire, cet argent alimente infiniment moins le fonds d'indemnisation (11 %) que la caisse d'épargne (81 %), tant le pouvoir central répugne, en la matière, aux abattages précipités. Les baliveaux de la réserve, à la différence de ceux des triages quand le taillis en est offusqué, ne se délivrent pour ainsi dire jamais en nature, sous la pression de l'événement. Ils sont, d'autorité, dirigés vers les circuits commerciaux. Il n'existe donc aucun prélèvement sur cette précieuse partie, sauf exception qui confirme la règle. La réserve est soumise à un régime spécial, et son emploi à une destination extraordinaire. C'est-à-dire qu'elle échappe au système de l'annuité qui rythme la distribution du chauffage, la répartition du bois d'œuvre, l'accès à la glandée, etc.

Les intéressés ne peuvent que se résigner devant son apposition, ordonnée depuis 1669 pour tous les bois communaux après les essais malheureux du XVIe siècle [4]. Le tiers de la surface se trouvait alors soustrait, mais le quart, ce n'est pas rien non plus. Leurs petits-enfants, voire leurs arrière-petits-enfants, recevront le prix de cette économie forcée. La vente de cette futaie en constitue au fond la monnaie d'échange qui permet un programme améliorant l'état des lieux. Le *village* en profite au premier chef. Les *villageois,* qui supportent cette charge, doivent, quant à eux, improviser d'autres solutions pour sortir de l'adversité. D'ailleurs, le Bureau des Incendiés, qui fonctionne à partir de 1770 dans maints diocèses, ne soulage-t-il pas quelque peu ceux qui viennent de tout perdre ? Le quart en futaie, sur lequel la demande individuelle n'a donc aucune prise, se révèle une excellente affaire pour la collectivité, mais à long terme.

Encore faut-il que la communauté s'empare du magot que d'autres contemplent avec une non moins grande envie qu'elle de le croquer! Le *seigneur,* d'abord. La perspective de ce que rapporte la réserve dissipe la torpeur des plus huppés. Prouver la concession gratuite, voilà ce que cherchent les avoués qui travaillent à lui obtenir, sinon la totalité, du moins le tiers de la somme. Les glorieux ancêtres du maître de céans n'auraient-ils pas eu, par hasard, la bienheureuse idée de céder gracieusement à leurs manants ces bois si intéressants aujourd'hui ? Le *voisinage,* ensuite. Les amis d'hier se changent en ennemis. Cela se voit à Anstrude (Bierry-les-Belles-Fontaines, Yonne) [5]. Les habitants découvrent que le Conseil du Roi entend faire partager leur bonheur à ceux d'Etivey et de Chevigny-le-Désert, « en proportion du droit de chacune [des communautés] ». A cet instant cruel, oui, naissent les regrets de n'avoir pas rejeté plus tôt une situation ambiguë. Les uns et les autres s'en arrangeaient volontiers. Il ne s'agissait alors que de circuler dans ces vastes espaces et de vérifier que chaque ayant droit avait bien sa part.

Pas de titre pour repousser l'attaque ? L'emploi des défunts sauve ici les prétentions des vivants. Les gens d'Anstrude se rappellent ainsi fort bien que deux cents ans avant, « tous les sabotiers, alors demeurant dans la réserve de Grange, étoient desservis par les curés et vicaires d'Anstrude. Que les corps de ceux qui y sont morts ont été enlevés par eux, et inhumés dans le cimetière d'Anstrude ». Et de conclure que ce fait balaye les derniers doutes, « car, sûrement, les curés d'Etivey n'auroit pas cédé ce droit à ceux d'Anstrude s'ils en avoient eu la capacité »! Ce macabre argument en valant bien un autre, les syndics imaginent de conjuguer au présent le passé. Le 6 mai 1770, ils organisent ainsi le rapt de Françoise Dignat, épouse d'Edme Coutre, sabotier logeant aux Granges comme de bien entendu.

Son cadavre, en dépit de la famille « inhumé dans le cimetière de ladite paroisse », ne peut-il emporter la décision ? Décidément, cette pauvre femme vient de rendre son âme à point nommé...

L'anecdote reflète l'âpreté de la lutte que suscitent les bois dans cette fin de siècle. Les villageois risquent pourtant moins en se heurtant à leurs voisins qu'au seigneur. Celui-ci dispose en effet d'une feinte imparable : le *droit de cantonnement*, d'application plus rapide et moins restrictive que le droit de triage avec lequel il est souvent confondu. La veuve du ministre Michel Le Tellier se montre donc bien inspirée lorsqu'elle brandit la menace du premier en 1696 [6]. Voilà près de deux ans que les gens d'Ancy-le-Franc (Yonne), bien tranquilles depuis 1615 car pourvus d'une concession en bonne forme, entendent parler « des mésus et dégradations par eux commis, depuis un long tems, et de jour à autre sous prétexte d'un prétendu droit d'usage dans les bois des Seigneurs ». L'expression est en soi troublante. Dérangés dans leur quiétude, les habitants rétorquent que « la meilleure et la plus grande partie d'entre eux se sont toujours comportés en *bons pères de famille*, dans l'exercice et perception du prétendu droit d'usage ». Ils n'ont pas tort.

Les erreurs, imputables à quelques-uns, ne sauraient justifier en effet le fait de priver la collectivité de ces usages. Ce point figure dans la Coutume du Nivernais (chapitre XVII, articles 15, 17 et 18) et acquiert une force nouvelle de l'Ordonnance de 1669, titre XXVII. Tous les juristes le connaissent fort bien, qu'il s'agisse de E. La Poix de Fréminville, dans la *Pratique universelle pour la rénovation des terriers* (tome III, chapitre VII, question 10), publiée en 1753, ou de J. Renauldon, avec le *Traité historique et pratique des droits seigneuriaux* (p. 539 à 556), paru en 1765.

C'est d'ailleurs au nom de ce principe, que dans cette seconde moitié du XVIIIe siècle, l'individualisation de l'amende est recommandée alors que les Eaux et Forêts défendent encore la peine collective, moins onéreuse à recouvrir et frappant davantage l'imagination. Dans ce débat, l'article 265 des anciennes Coutumes de Bourgogne revient plus d'une fois. La *non-solidarité* n'y est-elle pas considérée comme « une judicieuse limitation » ? Et n'y est-il pas dit que grâce à cela, « si une communauté a usage en aucun bois, et si une ou plusieurs d'icelle communauté en mésusent, pour ce, [la communauté] ne perd pas son usage, fors que [hormis] ceux qui ont mésusé à leur vie tant seulement » ? Ainsi, la thèse de l'irresponsabilité du groupe constitue le revers de celle relative à la responsabilité des personnes. Au procureur de poursuivre les coupables en justice !

Les villageois d'Ancy-le-Franc peuvent donc écarter la proposition de la dame qui veut par là alléger les chauffages distribués.

Mais plaider coûte cher, et la puissance du clan Le Tellier rend la partie hasardeuse. Ils reculent donc, renonçant « pour eux, leurs dites communautés, leurs hoirs et ayant cause, à l'avenir, dès maintenant, et pour toujours, à tous droits d'usage de bois mort et morts-bois, [...] dans lesdits bois dépendant desdits seigneurs ». Les termes mêmes montrent avec quels soins l'auteur de ce texte exclut que la querelle ne rebondisse par une interprétation fallacieuse. Le traité ne dépouille cependant pas les vaincus. Ceux-ci obtiennent en effet la possession de quelque 29 hectares. Le resserrement de la concession usagère, par le biais du tirage ou du cantonnement, c'est-à-dire dans le cadre de procédures normales, se traduit donc toujours par l'*octroi d'un bien*. Là, ils sont chez eux, ou presque. La propriété devient incontestable le jour où les députés de la Constituante abolissent les prérogatives judiciaires marquant encore l'empreinte féodale, ou plus exactement ce qui est qualifié comme tel dans les cahiers de doléance. En leur remettant ces 29 hectares, Madame de Louvois procède en fait à un *cantonnement*. Ce n'est pas la même chose qu'un *triage*, bien que tous deux visent à modifier l'assise territoriale sur laquelle s'exercent les droits des habitants. Seul le droit de triage débouche en effet sur un acte de délaissement à titre privatif. Cette formule sert donc peu. Les protestations à son sujet abondent pourtant. L'indignation s'explique par les manigances auxquelles sa pratique a donné lieu avant l'Ordonnance de 1669. Utilisé à plusieurs reprises, en des périodes troublées, ce droit aboutit à une scandaleuse réduction des usages communautaires.

En vérité, en temps de paix et concernant les bois, le triage n'agrée guère au seigneur. Cette méthode exige en effet que soient remplies dès le départ certaines conditions, ce qui restreint singulièrement son emploi, pour peu que les habitants aient l'humeur combative. Elle entraîne de plus la totale rupture des liens existant entre ceux-ci et le concessionnaire. Les premiers n'en seraient sans doute pas fâchés, mais le second les regretterait. Le cantonnement, par contre, se manie sans difficultés et maintient la communauté dans la sujétion. Le seigneur peut donc, grâce à lui, à la fois rabattre les prétentions des importuns et sauvegarder les apparences de l'économie domaniale [7]. La procédure, rappelle J. Renauldon, lui « conserve seulement la nue propriété, la justice, tous les droits qui en dépendent, tels que les amendes, les confiscations. Il conserve pareillement les cens et autres redevances qui lui sont dues pour la concession des usages », comme le montre le tableau ci-dessous :

CONDITIONS PRÉALABLES	TRIAGE	CANTONNEMENT
1) sur la concession	Obligation de titres prouvant la gratuité	Aucune
2) sur le projet	Obligation que les 2/3 de la surface grevée suffisent à la communauté	Modulation selon les besoins de la communauté
RÉSULTATS EFFECTIFS	**TRIAGE**	**CANTONNEMENT**
1) pour la portion délaissée	Les 2/3	Part en usufruit
2) pour la portion restant au seigneur	Le 1/3	Part en toute propriété
3) au sujet des redevances à payer au seigneur	Aucune	Le cens

Aussi est-il prudent de consigner tout cela et d'adjoindre au terrier la grosse du procès-verbal de cantonnement. La veuve Le Tellier n'y manque pas. Elle se réserve de la sorte « sur lesdits bois, par elle abandonnés, tous droits de justice », les mêmes que ceux « luy appartenant auparavant ledit abandonnement [7] ». Rien n'a donc changé fondamentalement, si ce n'est que les indésirables ne se répandent plus partout! Qu'ils dégradent la portion délaissée, c'est *leur* affaire à présent.

La simplicité de cette chirurgie tient à ce qu'elle sait s'adapter aux nécessités des usagers. Elle ne doit donc pas les léser. Comme l'estimation de leur consommation risquerait d'engendrer quelques abus, un tiers extérieur, censé impartial, s'interpose entre le seigneur (demandeur) et les habitants (défendeurs). Selon l'article 19 du titre XXV, la requête seigneuriale est déposée auprès du Grand Maître responsable du département forestier dans lequel se situent les bois concernés. L'instruction sera conduite de manière à calculer au plus juste la superficie requise (article 20).

La précaution est d'importance et l'administration envoie un représentant assister au bornage, précisément pour observer son strict respect. « Les parts et portions qu'on délaisse aux habitants, commente N. Gallon dans son recueil de jurisprudence publié en 1752, doivent être les plus *à leur portée*, les plus *commodes pour eux*, et cependant, les moins dommageables que faire se pourra pour le seigneur[8]. » Comment mieux exprimer la volonté d'éteindre le différend surgi à l'instant où la valeur usagère n'est point seule en cause ? Et de l'éteindre définitivement, parce que nul ne se plaindra de l'arrangement. Les pouvoirs publics mesurent donc l'étendue des moyens de pression dont disposent les seigneurs pour faire pencher la balance en leur faveur.

L'intervention des Eaux et Forêts, tant décriée, rétablit l'équilibre entre les anciens partenaires décidés à divorcer, ou du moins atténue le déséquilibre. J. Renauldon remarque ainsi que « c'est l'esprit de l'Édit de 1667, qu'elles [les communautés] soient toujours dans ces opérations extrêmement favorisées, soit à cause des charges de l'État, soit à cause des charges personnelles qu'elles paient aux seigneurs [9] ». C'est d'ailleurs dans ce but – freiner l'érosion communale – que le Roi déclare irrecevables, par lettres-patentes du 29 juillet 1770, toutes demandes non déposées d'ici... trente ans. Une ère de stabilité attend donc les bois communaux vers l'an 1800. Le Bien-Aimé ne pense pas que les Bourbons d'alors, ou du moins ce qu'il en restera, l'observeront hors des frontières. Les motifs d'une telle décision ne manquent pas de piquant. Le monarque, homme courtois, feint d'ignorer la mauvaise foi des solliciteurs. Il se contente d'invoquer « la négligence notoire des communautés à conserver leurs titres et papiers, et le peu de soin que l'on apporte quelquefois à la tenue des chartriers [terriers] [10] ». Un défaut véridique et un léger euphémisme ! Ces menues erreurs laissent « perdre la preuve d'un triage *déjà exercé* et met[tent] les communautés dans le cas d'en supporter plusieurs ».

Eh oui ! cela se rencontre. Que ce droit s'applique *une fois*, passe encore. Les habitants auront moins d'aisance, mais gagnent sur le plan de la propriété. Que le seigneur, mis en joie par cette réussite, la *réitère*, et les voilà n'ayant bientôt plus ni usages ni propriété. Le « chacun chez soi » tant souhaité se transforme alors en un intolérable « tous chez lui », ce qui ressemble furieusement à une spoliation généralisée. Cela ne signifie pas que les communautés usagères demeurent pieds et et poings liés. Les mutations que connaissent leurs biens soulignent, et leur endurance aux coups, et leur patiente habileté. Même si certaines séparations tournent mal, les candidats au divorce ne renoncent pas. La valeur des bois suffit à justifier l'acharnement juridique de part et d'autre.

Des bois pour tous

Le plaisir d'être propriétaire, les habitants le connaissent avant que l'ivresse révolutionnaire ne le banalise. Ceux d'Ancy-le-Franc (Yonne) se rendent trop vite, en cette fin du XVIIe siècle. Une génération plus tard, la résistance se poursuivrait plus âpre, même avec la perspective d'une défaite.

Les choses bougent cependant. Que l'adversaire ne tienne pas le haut du pavé, que les esprits s'échauffent à discuter politique et de cas semblables, et la communauté tout entière refuse de capituler. L'enjeu le mérite, ne serait-ce que pour atténuer ces désagréables conséquences sur la vie quotidienne.

Ainsi, à Charmoy (Nièvre), en 1789, les syndics proposent à leurs concitoyens d'imiter leurs voisins d'Arnois, en rébellion depuis 1783. Le seigneur réclame son triage, en arguant de la gratuité de la concession. Riposte immédiate! Ils ne paient pas de redevance? Tant mieux! Cela prouve qu'ils ne doivent rien, et donc que la propriété leur revient. « En vain, le sieur de Vathaire prétendoit que les habitants ne sont qu'usagers du bois qu'il revendique. Ils n'ont pas joui comme des usagers, mais comme de *vrays propriétaires* ». Et la définition de cet état est fort intéressante. Quatre éléments le composent : « ils ont *coupé* les bois; ils en ont *vendu* la coupe; le prix a tourné à *leur* profit; *personne* ne le partage avec eux ». Et de conclure que « ce n'est pas ainsy que jouissent les usagers ».

Effectivement, cette situation-là se vit sur un mode passif, au contraire de celle caractérisant les vrais propriétaires : délivrance de la coupe, autoconsommation des bois, et quand, par extraordinaire, ceux-ci arrivent jusqu'au marché, prélèvement du seigneur.

Une ombre au tableau, cependant : un acte de 1560, dans lequel il n'est dit mot que d'usage. Méprisé avec le reste! Pendant deux cents ans, nul ne s'en est servi pour calmer leur appétit. L'arme est à présent émoussée. « La seule possession de jouir en vrays propriétaires suffiroit pour les faire *maintenir dans la propriété*, parce qu'il est de principe que tout ce qui peut s'*acquérir* peut se *prescrire* [12]. » Comme le rappelle E. La Poix de Fréminville dont le *Traité général* paraît à ce moment, il ne faut jamais oublier que s'il est impossible de prescrire contre un mineur – la communauté en l'occurrence –, l'inverse, par contre, survient quelquefois [13]. Douloureuse surprise pour M. d'Arnoy! Celui-ci réalise, mais trop tard, qu'un attaquant peut se trouver assiégé. Il suffit pour cela d'avoir cru faibles des ennemis particulièrement teigneux. Cette fable réjouissante éclaire la suite des événements, la gent seigneuriale n'étant pas la seule à convoiter les étendues boisées.

Les ambitions de l'État ne diffèrent pas de celles des seigneurs, mais il a d'autres moyens de les satisfaire. Les délivrances consenties aux usagers lui pèsent tout particulièrement dans les forêts princières, situées en des provinces fraîchement annexées à la Couronne, et devenues nationales par la Révolution. Certes, sous l'Ancien Régime, l'existence de telles servitudes n'enthousiasme pas non plus. Les administrateurs les dégraissent donc autant que possible, mais veillent à ne pas déchaîner la hargne des populations, françaises depuis peu. Vaille que vaille, l'habitude de pactiser consolide les acquis. Elle permet à ces dignes officiers d'ajourner les excellentes résolutions qu'ils prennent lors de leur entrée en charge. Le calme demande parfois de telles entorses à la pureté des principes!

Cela se gâte au XIXe siècle, la modernisation des techniques sylvicoles forçant à réviser les anciens aménagements et à prévoir la conversion des peuplements en futaie pleine [14]. Certaines de ces opérations sont exclues du fait de l'existence usagère. La distribution du chauffage, la présence du bétail, tout cela entraîne des obligations qui s'accordent mal avec la rationalité souhaitée. En outre, comment oser « appliquer les ressources du Trésor à l'exécution des travaux [routes, ponts, assainissements] qui auraient pour objet d'augmenter des revenus dont le Trésor ne profite pas »? L'auteur de ce rapport, adressé au ministère des Finances en 1860, ne doute évidemment pas du rejet d'une semblable horreur [15].

Une nouvelle politique dont le maître mot devient la rentabilité ne saurait qu'écarter tous ceux jugés responsables de l'archaïsme et de l'inertie antérieurs. Un exemple : en Ariège, la valeur des prélèvements représente le quadruple de ce que rapportent les ventes domaniales! Inverser cette proportion semble donc un objectif à réaliser avant d'entamer toute autre entreprise. Hélas! le méticuleux réexamen des titres en vigueur ne donne pas ce qu'en espéraient les forestiers. La plupart des procès engagés jusque dans les années 1840 tournent mal. Les usagers reçoivent confirmation de droits contestés. Certains en retirent même la propriété des étendues sur lesquelles s'exerçaient ces droits! La malheureuse aventure du sieur de Vathaire arrive ainsi à l'État, ce qui est plutôt bon signe quant à l'indépendance des magistrats. Les droits sont et demeurent, il faut donc faire avec.

L'Administration, écœurée par ses échecs, regarde alors vers la procédure de cantonnement, qui transforme *une* forêt domaniale, *grevée* de servitudes en *deux* forêts, l'une domaniale, l'autre communale, chacune possédée en *pleine* propriété. La Révolution est passée par là. Une loi du 28 mars 1790, complétée le 27 septembre 1790, confie aux tribunaux le pouvoir de prononcer les cantonnements demandés par les propriétaires. Mieux encore : cette faculté est également consentie aux usagers dans l'euphorie du 28 août 1792, rendant de la sorte possible le divorce pour torts réciproques. Inutile de dire que cette loi, qui tend à démembrer la notion de propriété, ne survit pas au gouvernement de Charles X. La Chambre des Pairs, le 8 mai 1827, opine donc vigoureusement à sa suppression. Le projet l'enterrant lui est présenté comme

« conforme à la nature du droit d'usage, qui n'est qu'un *droit de servitude* [et] à celle du cantonnement, qui n'est qu'un *acte de rachat* destiné à opérer la libération du fonds [16] ».

Au reste, plus d'une fois, lors des réformations tentées sous l'Ancien Régime, les commissaires royaux ont songé à indemniser les usagers pourvus de titres. N'était-ce pas la seule façon de leur faire lâcher prise ? La situation des finances a toujours empêché de réaliser ce vœu. Les traces ne s'en effacent cependant pas.

Les ravages de ce raisonnement strictement juridique se manifestent bientôt. Pour l'Administration, en effet, le cantonnement, qui suppose l'État ou tout autre successeur des ci-devant seigneurs propriétaire du fonds, constitue une faveur faite aux communes. Ce que celles-ci perdent en superficie, ne le gagnent-elles pas en droit, la pleine propriété remplaçant l'usage ?

Ce langage, les ruraux ne le décryptent pas pour deux raisons. La première vient de ce que les habitants conçoivent ces étendues comme un espace *collectif*, à statut indéterminé. Ils se déplacent dans un univers familier, dans lequel les frontières reflètent une pratique pastorale et non le strict compartimentage des fonds. La seconde dérive de l'*extensivité* des systèmes d'exploitation. Ses habitants n'emportent qu'une mince part de ce que produisent ces surfaces, mais sur une vaste contenance. Comprimer brutalement celle-ci, n'est-ce pas déséquilibrer l'organisation agraire ?

Aussi le premier tiers du XIXe siècle inaugure-t-il des temps difficiles pour toutes les contrées n'ayant pas connu, sous l'Ancien Régime, d'aménagement des bois communaux, et partant, de distraction de la réserve : France méridionale, France des montagnes, essentiellement. Les communautés répugnent à sortir d'un indivis qui leur plaît. Quant à devenir propriétaires par la vertu du cantonnement, cela suscite chez elles plus de colère que de transport. Les ingrates, qui doivent à cette décision de posséder aujourd'hui des biens si intéressants qu'ils les dispensent de lever des impôts locaux! De leur indifférence, sinon de leur hostilité, l'attitude du maire de Gestiès (Ariège) est révélatrice. Bien poli, il avoue en 1853 ne pas percevoir l'utilité « d'essayer d'un autre état de choses [17] ». « [Leurs] pères [eux]-mêmes [ont] toujours joui en commun [dans la vallée de Siguer], sans que la paix des trois communes ait jamais été troublée », remarque-t-il. Le cher homme n'a pas compris que tout cela était dépassé, et que bientôt la société industrielle les considérerait, lui et les siens, comme des fossiles vivants.

L'action de l'État est en effet irrésistible. En trente ans, de 1827 à 1857, les trois quarts des forêts domaniales sont délestées de ces « dévorantes servitudes » dont gémissait Martignac! Reste le dernier carré, lequel couvre près de 319 600 hectares, tous en zone sensible. La phase I, qui concerne les forêts de plaine, s'achève donc. L'Administration s'est ainsi occupée des biens les plus rentables, ceux également où le cantonnement rencontrait le moins d'obstacles. La phase II risque de se révéler plus ardue, si la grille d'analyse n'est pas rectifiée. En fait, l'Administration n'en vient à bout que sous le couvert d'une politique prenant la défense de l'environnement tel que l'époque le définit. Ce qui ne signifie pas que ce discours écologique – car, pendant près de cinquante ans, elle en a l'exclusivité – ne soit qu'un alibi aux yeux de ses membres.

Les opérations se continuent donc mais, dans cette seconde moitié du XIXe siècle, la procédure rôdée par une expérience plus que centenaire s'accélère enfin. Jusque-là, en effet, chaque projet est dressé par un collège de trois sages que désignent le préfet, le conservateur des Eaux et Forêts et le directeur des Domaines, ces experts agissant dans le cadre du département. Les usagers prennent connaissance de ce rapport. Ils peuvent le récuser, auquel cas l'affaire s'embourbe dans la voie judiciaire. Arguties et renvois étirent alors les délais. Et le temps du sursis, les habitants ne se gênent pas pour piller les bois où bientôt ils n'entreront plus. Aussi faut-il raccourcir la longueur de la procédure en court-circuitant les intermédiaires.

Le décret du 12 avril 1854, en confiant l'étude à deux agents forestiers, va dans ce sens et accroît du même coup l'emprise administrative. Trois ans plus tard fonctionnent trente commissions de cantonnement habilitées si nécessaire à transiger avec les usagers. Toujours avec cette même idée – clôre le contentieux afin de lancer l'œuvre technique –, les communes concernées reçoivent en 1857 l'estimation quant à la valeur pécuniaire de leurs droits. Un beau geste de la part des Finances! L'offre faite pour compenser les inconvénients afférents au cantonnement excède même de 25 % celle qui figurait dans le texte de Chevandier de Valdrôme, lu au Congrès central d'agriculture [18].

Ce personnage, grand propriétaire forestier et ayant des intérêts dans les verreries de la Meurthe, s'oppose pourtant aux cantonnements comme aux aliénations. Il n'est pas encore ce cauchemar des étatistes qu'il deviendra avec le titre de président de la puissante Société forestière. Car lui, dans l'un et l'autre de ces procédés, ne voit qu'une chose : la *constitution d'une propriété collective*, soit par mutation usagère, soit par achat. Et celle-ci lui semble aussi détestable que la propriété de l'État! Les libéraux mènent donc le combat contre le décret de 1854, non à cause du dédommagement, mais en raison des conséquences qu'a cette mesure sur le transfert foncier.

Grâce à celle-ci, les cantonnements prolifèrent. Leur multiplicité égare un peu quant à l'importance réelle des superficies. Est déjà réglé en effet le sort des grandes forêts feuillues en plaine, dans lesquelles d'ailleurs ne s'exerçaient même plus les droits de parcours. Les étendues domaniales véritablement productives à cette date de 1857 ne sont pas aussi considérables que le nombre d'opérations le fait penser. Les chiffres témoignent cependant de l'impact de la loi dès la troisième année, avec 40 % de projets ratifiés et 26 % en passe de l'être. A titre comparatif pendant la période 1830-1857, sur plus de vingt-cinq ans donc, les services forestiers n'en ont mené à terme que 60, dont près de la moitié (46 %) à l'issue de procédures judiciaires! Là, avec un total de 454 cantonnements pour la décennie 1858-1867, l'affranchissement total couvre 142 000 hectares et, partiel, 58 000 hectares. Il y a de quoi pavoiser. Mais cette vague d'épuration usagère balaye inégalement le territoire national. L'est de la France, terrain de prédilection pour les Nancéiens, bénéficie d'une sollicitude toute particulière. Les départements des Vosges, de la Moselle, de la Meurthe et du Jura ne concentrent-ils pas les deux tiers (63 %) de ces actes? Dans l'avancée de cette politique, la lanterne rouge revient incontestablement au cas pyrénéen. Les quelque 119 400 hectares de forêts domaniales non encore dégrevées lui appartiennent en grande partie. La fureur des populations, leur renommée exécrable et la fréquence des séditions dissuadent l'Administration de s'y frotter.

D'ailleurs, pareille entreprise justifierait-elle la peine donnée? Les droits au bois sont en effet seuls *cantonnables.* Les autres, pâturage, pacage et panage, toujours vigoureux sur ces hautes terres, sont *rachetables.* A quoi bon une telle dépense pour un espace dont la vocation productrice semble assez incertaine? L'intervention salvatrice ne se commande *pour l'heure* qu'au sujet des forêts domaniales qui importent au Trésor public. Aussi, malgré les efforts déployés durant tout le second Empire, les servitudes, à 75 % pacagères, s'accrochent encore aux biens de l'État. La moitié ou presque d'entre eux en supportent. Cela représente 510 000 hectares. En profitent donc quelque 840 communes et 172 sections [19]. A défaut d'éteindre ces servitudes, les Eaux et Forêts assistent à leur lente agonie, après la Première Guerre mondiale, lorsque, dans ces régions vieillissantes, s'éclaircissent les rangs de ceux pour lesquels elles avaient été conçues en des âges reculés.

L'État forestier, sur ce point comme pour d'autres, ne fait qu'anticiper sur un processus, tant économique que démographique, qui résoudra le problème à sa place. L'ignorance du futur conditionne ainsi l'action présente. Déjà se profile la limite de toutes ses ambitions, celle que lui ordonnent les Finances. Comment marcher à larges enjambées avec des souliers trop étroits? Un peu d'astuce et beaucoup de propagande lui seront demain nécessaires pour embrasser tout ce qui lui reste inaccessible dans cette première moitié du XIXe siècle : bois communaux ou bois d'usage. Les uns parce qu'ils ne sauraient être confisqués, les autres parce que le cantonnement ne résout qu'une partie du problème.

La pratique domaniale, se guidant sur un concept juridique hérité et maintenu, agit donc de manière sélective. D'un côté, les étendues encore plongées dans un passé récent, de l'autre, celles qui regardent l'avenir. Les premières, par la nature de leur peuplement, les carences de leur desserte et leurs liens avec l'agro-pastoral, se classent d'office hors jeu. Elle ne subissent donc pas un décapage intégral et uniforme. Ces bulles d'archaïsme s'incrustent et le temps seul les enlèvera. En 1904 encore, le conseil municipal de Grandrieu (Lozère) ne s'affole-t-il pas à cette évocation?. Il insiste sur le fait que « priver la section de Bellelande de la dépaissance, [...] c'est compromettre gravement les propriétés agricoles, en obligeant les cultivateurs à réduire du tiers, au moins, le nombre de leurs bêtes pendant l'été [20] ». Les secondes, en revanche, supportent plus aisément ce décapage, l'essentiel de la besogne étant déjà accompli : le bétail n'erre plus dans les bois parce qu'il se nourrit ailleurs et autrement.

Achever ce travail conditionne donc l'avènement d'une sylviculture productiviste. Pour atteindre cet objectif, deux chemins sont possibles, et tous deux procurent de si intéressants aperçus au Trésor public qu'aucun ministre des Finances n'hésite vraiment à les explorer, certains profitant même de la famine budgétaire pour les emprunter parallèlement! Dans un cas, les officiers forestiers conservent la haute main sur la direction des forêts domaniales. L'État encaisse alors le résultat des ventes annuelles de bois, ce qui le rend tributaire des froidures hivernales – et l'oblige à concurrencer les producteurs particuliers! Situation depuis longtemps classique sur le marché ligneux. Dans l'autre, ces malheureux gestionnaires perdent de leur utilité en raison du transfert des biens qu'ils contrôlaient au secteur privé. Le patrimoine national ainsi cédé alimente en une fois le budget des gouvernements, lesquels, ravis d'en tirer de substantielles rentrées, éprouvent de plus le rare plaisir d'économiser les frais de personnel! Situation apparemment nouvelle, puisque, sous l'Ancien Régime, il ne saurait y avoir d'aliénation du Domaine, mais seulement engagement temporaire, ce qui est tout différent. Les financiers qui se lancent dans cette opération, pour eux-mêmes ou pour d'autres, riches et discrets, le font parce qu'ils flairent de gros profits. Pourtant, ils ne peuvent pas *tout faire*, c'est-à-dire ni changer la nature du fonds, ni en couper les futaies, et lorsque ces biens regagnent le giron royal, les sanctions les guettent pour abus de jouissance. Rien de tel au XIXe siècle. L'affaire conclue, il appartient aux acquéreurs de savoir s'il vaut mieux leur garder la forme forestière, ou, une fois le peuplement abattu, imaginer un autre genre d'affectation, à moins... A moins que les pouvoirs publics ne les empêchent de savourer jusqu'au bout des délices du libéralisme ?

Car le législateur détient toujours la capacité de concocter un code de bonne conduite susceptible de brider leurs initiatives. Oui, mais comment négliger le fait que les acheteurs potentiels détiennent, eux, celle de bouder des adjudications de biens dans lesquels ils ne seraient pas maîtres d'agir à leur guise ? Introduire de telles contraintes peut les faire fuir. Laisser celles qui constituent un legs du passé ne se conçoit pas davantage. Il n'est pas besoin d'être grand clerc pour deviner que les candidats à la propriété la préfèrent libre de toute hypothèque plutôt que mangée de servitudes [21]. D'où l'affreux soupçon qui ternit l'histoire des cantonnements : n'auraient-ils pas quelque peu contribué à la braderie domaniale ? De là à insinuer que l'État ne s'avise de cette procédure que pour agréer aux particuliers, la frontière se franchit aisément.

Les méchantes langues, car il y en a – même dans l'Administration forestière –, murmurent ainsi que J.-L.V. de Forcade-La Roquette, directeur général des Forêts entre 1857 et 1859, n'a « voulu dégrever les forêts domaniales de toute servitude usagère qu'afin d'être mieux à même de leur appliquer ensuite le fameux projet d'aliénation, caressé par le ministre des Finances, M. Fould [22] ». L'extension de la propriété particulière renvoie donc à la remise en cause de l'inaliénabilité du Domaine. La constitution d'une propriété communale pose seulement celui de son coût pour le Trésor public. Toutes deux impliquent d'apprécier quelles restrictions s'accommodent, pour l'une, de la notion de profit, pour l'autre, de la survie du pastoralisme.

Une tutelle pour certains ?

La question remonte à 1790, lorsqu'est prise la décision de vendre des biens nationaux. Les bois doivent-ils, oui ou non, figurer au menu des adjudications ? La réponse se complique du fait que l'époque refuse d'emblée d'assujettir les acquéreurs éventuels à la moindre obligation. La loi du 29 septembre 1791 établit en effet que « les bois, appartenant aux particuliers, cesseront d'y être soumis [au contrôle de l'administration], et [que] chaque propriétaire sera libre de les administrer à l'avenir, *comme bon lui semblera* [23] ». A cette première difficulté s'en ajoute une autre qui tient au flou statistique, tout à la fois gênant et utile dans l'occurrence. Gênant, parce que les contemporains ne savent comment estimer la proportion domaniale à sacrifier sur l'autel des Finances sans compromettre la production de bois de futaie et l'approvisionnement des chantiers navals. Utile, car cela autorise pour la suite toutes les élucubrations sur la crise forestière et l'énorme gaspillage révolutionnaire. Le personnel politique de la Restauration ne s'en privera pas. Ses historiens encore moins. Personne, ni aujourd'hui ni hier, ne peut se vanter de connaître la superficie réelle des forêts nationales dans cette extrême fin du XVIIIe siècle, ne serait-ce qu'en raison des variations dues aux techniques d'arpentage et des définitions fort élastiques dont souffre toute parcelle boisée!

Quelques exemples suffisent à démontrer cet extraordinaire embrouillamini, qui ne saurait être tranché que par la multiplicité d'études régionales, fines et scrupuleuses [24]. En 1791, le rapport du Comité des Domaines à la Constituante parle de 1 704 000 hectares pour les forêts nationales (État, Couronne et apanages). Cinq ans plus tard, sans que soit précisée la part imputable aux confiscations, la Commission d'études du projet d'aliénations au Conseil des Cinq-Cents porte leur surface à 2 592 000 hectares. Cette évaluation impressionne tant, que, par la suite, bon nombre en feront celle caractérisant le Domaine sous l'Ancien Régime. Le relevé effectué par le département de la Marine la réduit pourtant à 2 444 000 hectares. Cela n'intimide pas le ministre de l'Intérieur qui, se fondant sur d'étranges travaux, affirme sans broncher, devant le Corps législatif de 1813, que tout va pour le mieux avec 2 653 000 hectares!

Il est vrai qu'en la matière, nul ne s'arrête plus à ces détails mesquins. Ainsi, la contenance des bois communaux et des établissements publics, qui, elle, n'est pas pervertie par le problème des biens du clergé et des émigrés, perd presque 9 % entre 1791 et l'an IV, mais double quasiment entre l'an IV et l'an XIII où elle atteint 2 042 000 hectares. Ce bel embonpoint, reflet de la consolidation usagère, ne disparaît pas de si tôt. En 1813, le ministre estime que les communes – les établissements publics ne retiennent pas son attention – possèdent 3 546 000 hectares : une progression de 73 % en sept ou huit ans, n'est-ce pas fabuleux?

Hélas, vient la Restauration qui ne porte pas bonheur à cette propriété collective. La cure d'amaigrissement diminue sa contenance de 46 % rien qu'entre 1813 et 1822. Après quoi, l'ensemble forêts communales-forêts des établissements publics, de nouveau solidaires dans la présentation (mais les chiffres des secondes sont insignifiants), bénéficie d'une relative stabilité. En 1827, 1 896 000 hectares; dix ans plus tard, 1 803 000 hectares. La pratique des cantonnements ne regonfle donc pas les voiles à ce moment-là où, pourtant, les thuriféraires de l'aliénation déploient une activité vibrionnaire! De tout cela, que retenir sinon des ordres de grandeur – ce qui est loin d'être négligeable – et, peut-être, certaines tendances *à la hause*, amplifiée quand se prépare la braderie domaniale, ou *à la baisse*, accentuée lorsqu'est clouée au pilori la gestion communale.

En fait, les gouvernements, en mal d'argent sous la Révolution comme sous l'Empire, ne s'écartent guère du choix conservateur décidé le 25 juillet 1790. Aucun des textes organisant l'adjudication des biens nationaux n'y inscrit les grandes forêts domaniales. Saigner celles-ci par des coupes extraordinaires pour soulager les Finances semble moins grave qu'en vendre le fonds. Louis XVIII, ne pouvant les renflouer par quelques coups d'éclat à l'étranger et devant par contre combler un gouffre budgétaire estimé à 1,3 milliard de francs, ne saurait trop être regardant quant aux moyens. Il le peut d'autant moins que le crédit de la France ne vaut rien sur la place internationale, et que celui des Bourbons ne saurait imposer aux Français un tour de vis fiscal supplémentaire. Le baron Louis propose en conséquence, le 20 juillet 1814, d'émettre des obligations portant un intérêt de 8 %. Elles seront remboursées en trois ans sur le produit de 300 000 hectares vendus. Les forêts de l'État alimenteront ainsi une caisse destinée à éponger la dette. La situation politique exige le vote rapide du budget. Le recours à la question préalable évite donc l'examen des amendements déposés, si bien que rien n'est dit sur l'accroc que subit le principe de l'inaliénabilité [25].

Les effets s'avèrent pourtant limités. En deux ans, moins de 42 000 hectares sortent du Domaine, sept fois moins que ce qu'autorisait la loi. Et les sommes rentrées ne représentent pas 3 % du montant de la dette! Aussi, la Chambre « introuvable » décrète-t-elle la pause, le 17 avril 1816, en attendant plus ample information. Les aliénations se déroulent donc au ralenti, ce qui évite le pire. Il y a eu l'épisode des Cent-Jours. Il y a, surtout, les réticences des administrateurs, malgré la prime de 2 % sur le montant, censée les stimuler. Et le gouvernement qui demande la vente de 100 000 hectares supplémentaires! Les députés entendent réfléchir au bon emploi de cette nouvelle méthode. A quoi serviraient des transactions si elles rapportent si peu au Trésor? Deux appâts pour les acheteurs naissent de cette intense cogitation : 1817, possibilité pour eux de revendre avant même le paiement de la parcelle acquise; 1820, élaboration d'un contrôle parfaitement inepte des défrichements. Bref, l'instant ne semble guère propice à l'énoncé de garanties protégeant le patrimoine sylvicole [26]. Vive donc la spéculation grâce aux lotissements!

Les résultats ne tardent pas. De 1818 à 1826, ces cessions – 121 000 hectares – procurent au Trésor la bagatelle de 88 millions de francs. Certes, le pouvoir n'a pas vendu autant qu'il aurait pu, ni tout ce qu'il voulait, ni comme il le désirait. Le mal est fait néanmoins. Durant presque cinquante ans, les forêts de l'État vont ainsi servir de bouche-trou financier à chaque régime qui survient – et il en survient beaucoup.

Le XIXe siècle tire donc sans complexe des chèques sur la banque verte. A chaque époque son discret financier. Le père de Peau d'Ane en avait un, tué sottement. La Ve République en a embauché un autre. Ne ponctionne-t-elle pas l'automobiliste avec une rare habileté ? Celui-ci, inconscient, ne mesure pas tous les raffinements dont il fait l'objet : de la vignette à l'essence, la gamme est variée. Au temps des ancêtres, évidemment, les moyens de transport ne fournissent pas tant de commodités. Les grands argentiers se rabattent sur les arbres en tablant sur le fait que s'il n'y en a plus là, il y en aura bien ailleurs. L'anse du panier danse donc gaiement, surtout lorsque personne ne proteste ou, ce qui revient au même, lorsque les victimes n'ont pas voix au chapitre. Entre le retour des Orléans et la catastrophe de Sedan, le secteur public perd de la sorte plus de 200 000 hectares, raflés essentiellement par les acquéreurs individuels et les compagnies capitalistes.

Le législateur aime mieux les premiers que les secondes, se souvenant encore des scandales provoqués, au début du siècle, par l'entente des maîtres de forges, notamment dans la Nièvre. Les relations plus qu'amicales qu'entretenaient certains forestiers avec ces « bandes noires » n'avaient du reste pas peu contribué à dégrader l'image de leur administration. Faire la fine bouche demeure pourtant un luxe. Si les propositions de ces groupes déçoivent parfois, elles évitent en effet les surprises qui se produisent aux enchères. Celles-ci peuvent monter fort haut le prix, mais aussi l'entraîner plus bas. Et surtout, les sociétés règlent vite et bien le montant de leurs acquisitions – un atout considérable quand s'évanouissent les liquidités. Trop de particuliers ne s'attaquent-ils pas à de semblables affaires en n'ayant pas un sou vaillant ? Des mois, voire des années, s'écoulent alors avant que ne soient revendues les différentes parcelles, ou qu'ils parviennent à céder l'ensemble à plus solide qu'eux. Ces délais trop longs ôtent tout avantage aux distractions domaniales, du moins pour le Trésor public, car eux, en tirent parti !

En confiant ainsi ces biens à la Caisse d'amortissement, la Restauration, sans y prendre garde, modifie insidieusement leur statut. Ne deviennent-ils pas des *gages* que l'État remet, au fur et à mesure des échéances, à ses créanciers ? Cela ne signifie pas un inéluctable dépouillement, mais la chose peut survenir et doit en tout cas être envisagée. Parce que les gouvernements leur confèrent comme *fonction principale* celle d'une équivalence monétaire, le principe même de leur inaliénabilité se trouve jeté aux orties [27].

Cette faible barrière renversée, comment résister aux tentations ? Louis-Philippe arrive et Charles X embarque à Cherbourg. Paraît alors le texte du 25 mars 1831 qui envisage d'aliéner le tiers des forêts domaniales. En cinq ans, ce transfert vers le privé retire au Domaine quelque 116 000 hectares. La recette s'élève à 115 millions de francs, presque autant que le revenu des coupes ordinaires durant ces années 1831-1835. Là aussi, les gracieusetés consenties aux candidats raniment des enchères qui sinon languiraient : dès 1833, morcellement des lots et tolérance des défrichements. Louis-Philippe quitte-t-il subrepticement le palais des Tuileries ? Le gouvernement provisoire découvre qu'il lui faut glaner quelque argent. Le 9 mars 1848, il prévoit de jeter dans la bataille, si nécessaire, 100 millions de francs. Les bois de l'ancienne liste civile supporteraient la plus grande partie de cette décision. La tournure restera conditionnelle. L'impossibilité de redresser vite les finances et l'incertitude quant au marché foncier – une telle offre ! – font renoncer provisoirement à cette ressource. Ce n'est pas en quelques heures ou en quelques jours que l'Administration peut désigner les bois faciles à écouler. En 1849, 2 100 hectares partent enfin, moyennant 2 millions de francs ! Le Trésor, aux abois, exige davantage.

En effet, l'encaisse, de 192 millions avant les événements, tombe à 18 au début mars : retraits de fonds des villes, paiements anticipés de coupons afin de rassurer l'opinion et avances consenties pour le démarrage des ateliers nationaux occasionnent cette chute brutale, alors que les troubles révolutionnaires tarissent les rentrées d'impôts et le renouvellement des bons. Pareille détresse se répercute sur la Banque de France [28]. Celle-ci, voulant assumer ses engagements et n'osant poursuivre le règlement des escomptes échus, voit fondre ses réserves de 64 % en quinze jours. A la mi-mars, restent alors 50 millions pour affronter l'afflux des demandes.

C'est sur cette toile de fond que le nouveau titulaire des Finances, Garnier-Pagès, garantit à la Banque de France 75 millions sur les forêts domaniales, avec permission de vente au détail. Le mécanisme de cette dotation étant dangereux – quelle superficie céder pour atteindre un tel montant ? –, son successeur rectifie l'accord : près de 85 000 hectares lui sont donc attribués. Ainsi, en Lozère, les forêts de Gourdouze, de Mercoire et de l'Aigoual, soit 1 150 hectares environ, reviennent à la Banque de France. Elles ne demeurent donc sous régime forestier que le temps d'organiser les enchères. Le garde général s'insurge en vain. Réduire la part domaniale et soustraire ces biens à la tutelle administrative lui semblent également grave, en raison des conséquences néfastes qu'impliquent *infailliblement* de tels actes sur le couvert sylvicole. Et donc sur l'environnement.

Sa lettre, courageuse, contient toutes les composantes qui feront le discours préécologique jusque dans les années 1870-1880 [29]. Cette vente ne saurait, selon lui, « [qu'] amener la destruction de ces trois forêts, par suite d'exploitations abusives ». Ces dernières seraient introduites par « les particuliers qui vont s'en rendre acquéreurs, d'où résultera un surcroît de misères pour les populations avoisinantes », menacées alors d'une pénurie de combustible. Jamais ne l'effleure la pensée que ces nouveaux propriétaires souhaiteraient les garder, ne serait-ce que par esprit de lucre, l'amour de l'Arbre comptant peu dans ces sortes d'affaire. L'inévitable dénaturation porte en germe la ruine des liens subtils qui se tissent entre températures et pluies. Ces forêts ne constituent-elles pas « une sauvegarde de l'équilibre des saisons », une défense « contre ces épouvantables orages, qui, trop souvent dans ce département, détruisent les espérances du cultivateur » ? Ces propos, le Conseil général les adopte d'ailleurs, bien qu'il ne croie guère en l'efficacité de son intervention [30]. Il recommande ainsi qu'au « cas où l'État croirait ne pas devoir s'arrêter à [son] avis, il faut imposer à l'acquéreur la *condition qu'il ne défrichera pas* ».

L'adjudication se déroule à Mende, le 23 décembre 1853. Deux non-Lozériens, F. Vacquier et J. Pin, l'un et l'autre du Gard, et non-marchands de bois de leur état – le premier vit de ses rentes et le second est inscrit au barreau –, l'emportent. Or ces forêts, ce n'est pas la seule fois qu'elles connaissent le feu des enchères, mais la seule où celui-ci soufflé, elles changent de maître : ni en 1814 ni en 1817, et pas davantage en 1833, les candidats ne se sont précipités pour les acheter. Les droits d'usage amenuisaient tant leur produit que ce qu'il reste de ce revenu payait mal les gardes et couvrait tout juste les autres charges! Le dégrèvement, conduit pour Gourdouze et Aigoual au printemps 1853, bouleverse donc les données puisque, globalement, les valeurs d'estimation sont dépassées, en dépit de la faible productivité connue pour ces deux-là.

Le secteur privé pense donc en tirer plus que l'État. Ainsi, celui-ci ne réussit à placer le non rentable qu'en le mettant en situation de le devenir. Il pourrait le faire pour son propre compte. N'a-t-il pas déjà une longue expérience en la matière? Agir de même dans les années critiques qui suivent 1848 est impossible : l'urgence commande. Bref, à lui d'enlever les marrons du feu, à d'autres le plaisir de les manger, car il se hâte de battre monnaie! La forêt de Mercoire, qui n'a pas eu l'honneur de cette opération, et dont les deux tiers sont interdits de défrichements, lui reste. Pour ces motifs, personne n'en voudra, en 1854 comme en 1868.

Les servitudes usagères protègent donc, par un détour inattendu, la propriété domaniale au moment où l'État ne le désire pas. Quant aux clauses limitant le défrichement, elles répondent peut-être aux vœux de l'opinion publique en général, mais ne conviennent ni aux agriculteurs ni, *à cette date*, aux acquéreurs potentiels. Qu'on les mentionne dans le cahier des charges, au tournant du XIXe siècle, et l'adjudication rate presque à coup sûr. S'exposer à pareil déboire n'est pas dans l'intérêt de l'État. Les gouvernements s'octroient par conséquent la facilité de céder de vastes étendues, n'en usent que modérément et, pour ce qu'ils parviennent à vendre, laissent faire. La braderie satisfait donc tout à la fois son objectif financier et les exigences du libéralisme. Et pourtant, dans ces années 1850, il est déjà trop tard pour en espérer d'importantes ressources. Pourquoi?

LE FILON VERT

La dette flottante prend des proportions assez alarmantes pour que la loi du 7 août 1850 prescrive de nouvelles aliénations jusqu'à concurrence de 50 millions de francs. En fait, ces ventes, menées à la va-vite entre 1852 et 1855, ne vont rapporter que 33 millions de francs pour une superficie de 35 000 hectares. Le mouvement s'essouffle donc. Entre 1814 et 1870, 352 000 hectares de forêts domaniales passent en d'autres mains. Le transfert concerne tout de même *près du quart du patrimoine public!* La Restauration, avec 46 %, puis la monarchie de Juillet, avec 33 %, exécutent l'essentiel du programme. Cette privatisation continue pourtant sous le second Empire, mais se ralentit (21 %). La majorité des acquisitions (58 %, soit 72 000 hectares) faites à cette époque par les particuliers s'inscrit d'ailleurs dans la décennie 1852-1861, et notamment durant les toutes premières années du règne. C'est donc davantage l'effet des désordres antérieurs que la volonté du Prince.

Les prix à l'hectare, oscillant entre 760 et 830 francs, déçoivent [31]. Ils décrochent en effet assez nettement de ceux recueillis pendant les vingt années précédentes. La barre des 1 000 francs était alors régulièrement atteinte et le plafond des 1 200 parfois crevé. Ce relatif marasme n'annonce-t-il pas une certaine saturation? Le bilan, dressé à la suite de la loi des finances en date du

5 mai 1855, montre la nécessité de ne pas persévérer. Les bois, invendus depuis 1850 sont remplacés par d'autres, plus « attractifs ». Et la moyenne à l'hectare se ressent de ce qualificatif, puisqu'elle s'élève de 200 francs environ. Avec cette substitution, le montant escompté devrait avoisiner les 15 millions de francs. Le Trésor public en reçoit moitié moins, et encore! La désapprobation de cette méthode par les Conseils généraux a porté, cette fois. Les structures politiques ne sont plus les mêmes et la conjoncture économique non plus, si bien que le gouvernement n'ose pas aller au-delà de 6 000 hectares.

Le filon vert s'est tari pour lui, mais aussi pour d'autres. Certains commencent à dire tout haut qu'en plaine il y a bien trop d'étendues boisées qui enrichiraient davantage leurs propriétaires s'ils en faisaient autre chose. C'est dans ce contexte où s'accumulent les menaces contre l'Arbre que prend forme le discours pré-écologique. Celui-ci désigne à la vindicte des générations un ennemi implacable, le paysan essarteur mais n'en néglige pas pour autant les renégats qui désertent la cause de l'Arbre dès que le sujet ne rapporte plus. Ses partisans récusent donc la loi du marché et la pression des événements. D'emblée, leur perspective, non économique, se veut conservatrice au sens le plus fort du terme. La permanence de l'État et l'autorité de ceux qui l'incarnent leur paraissent seules en mesure de faire admettre l'importance du milieu forestier dans la défense de l'environnement.

L'industrie dévoreuse

Il existe incontestablement un courant anti-industrialiste bien avant la seconde moitié du XVIIIe siècle, encore que les fervents des bergeries trianonesques lui aient conféré une saveur particulière. Cette volonté de rejoindre la Mère Nature par le biais d'une vie bucolique en un gentil désert, loin de la société corruptrice qui en a violé les saintes lois, est certes, nouvelle. Elle reste cependant, soit l'utopie de philosophes courant le cachet, soit un luxe à la portée de cette élite financière honnie et enviée. D'une façon plus générale, ce mouvement s'inquiète de la hausse des prix et prophétise que, d'ici peu, les bois manqueront, dévorés par les usines. Les adhérents parlent d'ailleurs d'autant plus fort que la conjoncture est bonne, qu'il s'agisse du début du XVIe siècle, des premières années du ministériat de Colbert ou des heures joyeuses de la Régence. La logique veut donc que l'écho en parvienne jusque dans les cahiers de doléances, expédiés avec les députés aux États généraux de 1789. Ainsi, les habitants de Longpré-le-Sec (Aube) n'hésitent pas à proposer « la suppression d'usines, telles que forges, verreries, etc., dont la trop grande multiplicité aggrave le joug déjà pesant du malheureux, le prix du bois étant excessif, et le pauvre, réduit à l'impossibilité de s'en procurer, *quoique près des bois* [32] ».

Deux arguments dominent donc, la *valeur intrinsèque* du produit et les *incidences sociales* d'une telle estimation. Le coût du combustible rend en effet des plus inégalitaires l'accès à une marchandise « de première nécessité », à laquelle, par conséquent, tous ont droit. L'expression revient très souvent dans les plaintes, car cet état est jugé proprement scandaleux. Il justifie donc que les individus déshérités se servent eux-mêmes, ne pouvant se fournir au marché. Il est donc clair que, dans l'opinion publique, la délinquance en la matière n'existe qu'à partir de l'instant où le foyer n'est pas concerné. Passe encore de se priver de pain, mais de chauffage ? L'un dépend des blés, et ceux-ci, chacun le sait, ne poussent que par le travail du cultivateur. En outre, par la faute des hommes et des cieux, la récolte peut se trouver détruite. Certes, en manquer consterne, mais cette pénurie céréalière, elle se comprend. Pas l'autre. Les bois ne sont-ils pas là de toute éternité ? N'appartiennent-ils pas à tous en ce sens ? Demeure ainsi vivace une conception de leur usage qui implique, et le *refus* de payer pour ce qui devrait être gratuit, et l'*horreur* de les savoir monopoliser pour autre chose que le besoin domestique.

Dans l'économie précaire des siècles d'antan, se maintenir au niveau d'autosubsistance constitue un tel exploit pour la plupart que la simple idée que soient accaparées des ressources vitales déclenche la panique, voire l'émeute, comme ce fut le cas avec la guerre des Farines. L'édit de Turgot, en septembre 1774, n'accordait-il pas la libre circulation des grains à l'intérieur du royaume ? Il a engendré aussitôt la peur dans certaines régions de voir leurs réserves vendues à d'autres. Un processus mental similaire joue à l'égard des bois, qu'ils soient exportés vers les villes par flottage ou engloutis par les usines. Que dire lorsque leur installation date de peu, troublant de la sorte, par des bâtiments saugrenus, un paysage immuable depuis des générations ?

Ainsi, à Doulancourt (Aube), dans un triangle dont les côtés ne font pas dix kilomètres, « il se trouve une quantité d'usines à feu, entre autres trois verreries *mises en action tout récemment* [33] ». Celles-ci assument tous les péchés car la concentration, qui se tolérait jusque-là, devient alors inacceptable, « port[ant] le bois à un prix quadruple depuis environ vingt-cinq à trente ans ». Ces chiffres n'émanent pas d'une rigoureuse statistique. Ce sont ceux que *perçoivent* des gens, au travers d'une angoisse qui les conduit à faire intervenir les pouvoirs publics. A Châtillon-sur-Broué

(Marne), on joue aussi sur ces deux cordes – l'extravagance du coût et la carence du produit – pour réclamer que baisse « la consommation *excessive* de bois que font les forges, ce qui le rend très *rare* et le porte à un prix *exorbitant* [34] ». N'a-t-il pas « augmenté depuis dix ans des deux tiers, ce qui met le pauvre peuple dans la plus grande disette » ?

Les gens de Bligny, près de Bar-sur-Aube, se lamentent de même contre les verreries, et surtout contre les deux en train de s'établir dans les paroisses voisines, à Bayel et à Eclance (Aube). Elles ne répondent pas, paraît-il, à la règle établie par l'ordonnance de 1723 qui force toute nouvelle usine à s'assurer d'un approvisionnement indépendant, en tout ou en partie, du marché [35]. Cela peut se faire de diverses manières, *affectation* dans les forêts royales, *affouage* annuel prévu dans le bail de l'usine ou, plus simplement, *détention* d'un patrimoine forestier. En fonction de ce texte, selon eux, seule a droit de marcher celle contruite sur *leur* territoire [36]. Ils souhaitent donc « que les deux [autres], n'ayant point d'affouages, soient supprimées à cause de la trop grande rareté du bois ». Cette présentation des faits semble tendancieuse, comme le révèle l'enquête de 1778. Menée par le subdélégué, elle conditionne les implantations respectives. L'ancienneté constitue toujours un privilège, mais, en l'occurrence, le dit privilège n'appartient pas à la verrerie de Bligny mais à celle de Bayel ! De plus, celle d'Éclance, à moins de douze kilomètres de cette dernière, n'est en vérité qu'une annexe de la première, annexe qu'apparemment les habitants de Bligny auraient aimé conserver.

M. le Marquis de Sauvebœuf en a tranché autrement, car son épouse vient d'hériter de 675 hectares de bois qu'il lui faut bien rentabiliser. Le subdélégué reconnaît ainsi « que l'établissement de cette verrerie ne peut que lui être avantageux pour la consommation de *ses* bois, dont il est obligé de convertir partie en charbon, faute de débouchés faciles pour leur débit [37] ». L'absence de ruisseau flottable ne permet en effet de les valoriser qu'en les intégrant à un processus industriel.

Le langage change alors radicalement, puisque de la famine ligneuse il n'est plus question ! Apparaît, par contre, le débat quant à la meilleure utilisation possible de ces bois. Sur ce point précis, seigneur et habitants ne partagent pas la même analyse : l'un cherche, en tant que producteur de bois, à ne pas dépendre des autres ; les autres, en tant que consommateurs, s'efforcent d'obtenir un monopole qui garantirait soit des prélèvements abondants, soit des prix fort bas. En fait, la demande industrielle se trouve d'autant plus critiquée qu'elle émane d'une usine plus lointaine, voire hypothétique. Les protestations qu'elle suscite présentent une tournure très répétitive, véritable défilé de lieux communs, que contredit l'examen des réalités locales. Les habitants marquent ainsi leur hostilité à l'égard des empiétements venus de l'extérieur. A ce colportage de ragots s'ajoute aussi, comme dans le cas de Bligny, le souci de se réserver les avantages résultant d'une telle implantation, ouvriers à héberger, charrois réguliers assurés, sans parler des promesses d'embauche.

La lecture des cahiers de doléances, réunis pour les départements de la Côte-d'Or, de la Saône-et-Loire, de la Nièvre et, pour l'Yonne, de la vallée de l'Armançon, confirme cette impression, car leurs indications peuvent être recoupées par les renseignements que livrent les enquêtes administratives de 1666, 1698 et 1790. La crainte qu'y expriment les populations n'est pas si fréquente que le laissent penser les écrits des sylvomanes du XIXe siècle. Elle se traduit de façon plus ou moins diffuse par des considérations générales communes à ce type de documents, mais s'évanouit à l'échelon villageois, là où les données précises tuent le fantasme. Lorsqu'elle émerge, c'est par l'intermédiaire d'une commune située à l'écart du problème, et souvent dans une zone de faible densité sidérurgique. Ceux qui vivent près de la forge n'en brossent pas un tableau apocalyptique même si, ponctuellement, elle exacerbe les prix. Et pourtant, quel plus grand gouffre imaginer que ces « bouches à feu »?

Dans l'histoire de ces établissements, dès le départ, se dessine en effet une stratégie en tous points comparable à celle suivie par le marquis de Sauvebœuf sur ses terres de Bligny, Couvignon et Urville (Aube). Leurs créateurs, grands propriétaires forestiers, nobles ou religieux, entendent par ce moyen compenser les handicaps nés d'un réseau de communication déficient. C'est, par exemple, le calcul que font les religieuses de l'abbaye d'Étival (Sarthe), choisissant d'édifier la forge de la Cosnuère, à Chemiré-en-Charnie, vers 1650, vu « la quantité de boys taillis et de haulte futaye qu'elles ont, et [...] faute de les pouvoir vendre et débiter, à cause de l'éloignement des villes et des rivières [38] ». Les bois ne manquent donc pas. C'est d'ailleurs le premier critère à remplir pour que le Roi réponde favorablement à toute requête sur ce genre d'installation. Les approvisionnements antérieurs ne doivent pas en souffrir, qu'ils soient particuliers ou collectifs, passant par la voie commerciale ou recourant à la délivrance. Annuler les facteurs de compétition semble un gage de paix sociale, ne serait-ce qu'en raison de la stabilité des prix qu'induit pareille attitude.

Le Roi lui-même est confronté dans ses domaines à la difficile recherche de débouchés. Les communautés usagères n'absorbent pas à elles seules toute la production, et revendre les excédents leur est interdit. Au demeurant, le pourraient-elles qu'elles en seraient empêchées. Les biens de la Couronne n'ont-ils pas pour vocation de contribuer, par leur revenu, et bientôt en capital, au budget de l'État? Des coupes sont à vendre. Encore faut-il qu'il y ait des amateurs. Déjà, en 1663, le commissaire-réformateur, visitant les Maîtrises d'Alençon et de la Ferté-Macé (Orne) regrette que les achats opérés par les maîtres de forge profitent davantage aux particuliers qu'à Sa Majesté. C'est que les forêts domaniales se traitent en taillis composés et en futaies, bois âgés par conséquent, alors que ceux des propriétaires privés ne le sont guère, ce qui convient mieux à l'emploi sidérurgique. Qu'à cela ne tienne! Une amende pénalise les adjudicataires qui ne font pas le bon choix, et cela vaut pour les détenteurs de forges comme pour ceux qui possèdent verreries ou tuileries [39].

Aussi l'Administration ne s'oppose-t-elle pas de façon systématique aux usines à feu, dès que l'écoulement annuel s'avère insignifiant. La forêt de Bercé, presque à mi-chemin entre Le Mans et Tours, en est ainsi exempte, d'autant que, par flottage, elle alimente également Nantes et ses chantiers navals. Celle de Perseigne, en revanche, moins bien située près du cours supérieur de la Sarthe, ne saurait se contenter des marchés de Mamers et Alençon. Elle fournit donc du charbon à deux forges de l'Orne, « qui sont éloignées de quatre lieues », à la fin du XVIIIe siècle, et bientôt à six : trois dans l'Orne (Saint-Denis, Longny, Randonnet) et trois dans la Sarthe (Antoigné, l'Aune et la Gaudinière) [40]. Cela est encore vrai au XIXe siècle, le maintien de leur activité soutenant seul les cours. Le produit des bois domaniaux dans le ressort de cette Inspection d'Alençon, qui inclut les massifs d'Écouves et d'Andaine, reste invendu pour plus du tiers. Que se passerait-il si les forges, qui en brûlent 28 %, venaient à disparaître?

La forêt semble ainsi, dans bien des cas, liée étroitement à leur présence. Sans cette dernière, elle perd sa raison d'être, ce qui l'expose à l'action des défricheurs. Contrairement au titre de l'ouvrage de F. Dornic, *le Fer contre la forêt*, l'exploitation sidérurgique conditionne l'exploitation sylvicole et, de ce fait, conserve l'état forestier. Les relations ne marchent cependant pas à sens unique, la réciproque étant tout aussi vraie. Que le couvert s'éclaircisse parce que les prélèvements deviennent excessifs, et voilà condamnés ces établissements. Le charbon de bois, trop fragile, ne saurait être transporté à plus d'une journée de son lieu de fabrication, sauf cas rarissimes [41]. Comme le dit joliment D. Woronoff, « les basses et les hautes pressions ne se compensent pas ». Certains massifs restent donc indemnes, alors que d'autres, voisins, s'appauvrissent.

La Franche-Comté illustre parfaitement ces rapports étranges où la complémentarité est éclatante mais dangereuse. Globalement, la situation de 1784 n'a rien d'alarmant, alors que l'opinion l'estime telle [42]. La production couvre en effet les besoins et dégage même un excédent de 5 %. Les foyers domestiques, qui sont de loin *les premiers consommateurs* – et cela caractérise toutes les régions pour lesquelles ont été faites de semblables études –, en utilisent plus de la moitié (52 %) [43]. La métallurgie consomme, bon an mal an, 400 000 cordes, une quantité en soi énorme, mais qui, en pourcentage, n'absorbe que 37 % de l'ensemble. La part des autres usines, verreries, tuileries et salines, est insignifiante (6 %). Ces dernières ne dévorent donc pas les forêts, et notamment celle de Chaux (Jura), comme il est communément dit.

Hélas, ce tableau idyllique appelle quelques ombres. En effet, si certains secteurs jouissent de l'abondance – la surproduction atteint les 40 % dans le bailliage de Salins (Jura)! –, d'autres, en revanche, enregistrent un grave déficit, plus aigu encore par la montée en puissance de la sidérurgie après les difficultés du début du XVIIIe siècle. Les prix accusent le coup. Ainsi, dans la Maîtrise de Gray (Haute-Saône), l'hectare de bois, qui se négociait en 1722 à 142 livres, ne part pas à moins de 746 livres quarante ans plus tard. Une croissance de 10,8 % par an et qui se poursuit : peu de placements procurent semblable intérêt. Là, oui, il convient de parler de « crise forestière », ponctuelle et dramatique, dont s'empare l'imagination du public et des autorités qui la projette en une effroyable pénurie, étendue à tout le territoire national. Et pénurie imputable aux seuls méfaits des industries du feu!

C'est oublier que cette crise n'est pas vécue par les propriétaires des bois, mais par *ceux qui les utilisent*, au premier rang desquels figurent les maîtres de forges. S'impose à eux, en effet, l'obligation de se procurer le maximum de combustible au plus près de l'usine, sous peine de la voir mourir, asphyxiée par manque ligneux. Économiser le combustible n'accorde qu'un sursis. La forge d'Orthe, à Saint-Martin-de-Connée (Sarthe), dispose ainsi en 1749 de « soixante arpens de bois de dix-huit ans » dans la forêt de Charnie. Cet affouage, livré par lesdits 25 hectares, reste stable [44]. Or, sous la Restauration, la forge réclame quelque 10 500 cordes de bois pour couler 1 600 à 1 800 tonnes de fonte et 120 tonnes de fer par an, et ce malgré l'emploi, dans le haut fourneau, du gaz récupéré à la sortie du gueulard de la soufflerie. Il est clair que ses 25 hectares ne couvrent plus les exigences. En adoptant les hypothèses de G. Houzard, un hectare ne fournit guère plus de 40 cordes de bois à charbon s'il est traité en taillis à moins de 20 ans [45]. Pour s'alimenter, il faut donc à cette forge dix fois ce que lui apporte l'affouage annuel! Les halles énormes, qui abritent sur le site industriel la réserve en bûches et sacs de charbon, témoignent bien de cette nécessité d'entreposer des stocks considérables de combustible afin que fonctionne sans à-coups l'entreprise.

Comment, dans cette quête, ses dirigeants ne heurteraient-ils pas des intérêts concurrents, alors que s'élargit sans cesse l'aire d'approvisionnement? Les conflits fleurissent donc, et pour cela, il n'est pas besoin que le maître de forges soit aussi celui du lieu, encore que cette double identité tende un peu plus les rapports. Ainsi, celui de Pellerey, près de Saint-Seine-l'Abbaye (Côte-d'Or), suscite la fureur des habitants lorsqu'il décide, en tant que résidant à Lamargelle, d'exporter par bannes entières les charbons façonnés dans les bois du village [46]. Celui d'Essarois, lui, pleure ses biens, saisis et vendus à la suite du malheureux procès qui l'opposait aux gens de Lucenay-le-Duc (Côte-d'Or), ulcérés de constater le pillage du quart en futaie dont il était l'adjudicataire [47]. Toutes ces affaires renforcent la certitude que la métallurgie achève de manger les dernières ressources. Les rivaux industriels se servent du reste de ces inévitables tensions, quitte à manipuler quelques autochtones naïfs. N'est-ce pas là un bon moyen pour amener les pouvoirs publics à refuser tout projet de création ou d'extension qui les gênerait, eux?

Devant un tel concert, le gouvernement adopte volontiers une attitude malthusienne, totalement irréaliste. En 1723, un arrêt du Conseil étend aux bois des particuliers les mesures qui protégeaient les forêts royales [48]. Toute nouvelle construction ou extension devient donc tributaire de l'octroi de lettres patentes, après enquête des Eaux et Forêts. En 1726, les Élus reçoivent mission de vérifier les dates de naissance des entreprises, puisqu'il est envisagé de proscrire « celles établies récemment », sans autre précision. C'est utiliser les facilités de renseignement de ces petits officiers en cours de tournée dans la circonscription de leur tribunal. Ceux-ci jugent sur le fait de la taille, des aides, etc. En interrogeant les habitants sur les capacités contributives de chaque paroisse, les changements survenus depuis leur dernière chevauchée et les abus constatés, ne peuvent-ils pas obtenir de telles informations? Ces mesures ne servent peut-être pas le progrès, mais répondent parfaitement aux frayeurs du populaire. Un brin de démagogie et beaucoup d'ignorance les expliquent. En d'autres temps, certains ne conseilleront-ils pas de bloquer la croissance économique afin de juguler la hausse des produits énergétiques et éviter de la sorte le recours au nucléaire? Il en va de même ici, le bois tenant le rôle rempli aujourd'hui par les hydrocarbures. Et de la polémique qu'engendre l'essor ou l'interruption des industries du feu, les populations retirent le désagréable sentiment que, bientôt, elles n'iront plus aux bois, car tous seront coupés.

Le capital volage

La thématique forestière occupe donc au XVIIIe siècle une place capitale dans le processus d'intercession. De cette manière, elle conforte les autorités supérieures dans l'impression que reboiser constitue une œuvre d'utilité publique, et que déboiser, c'est commettre un péché mortel contre la société des hommes. La faute en retombe sur les épaules des paysans et des métallurgistes, déjà parce qu'ils s'en accusent mutuellement, mais aussi parce que l'opinion étend au territoire national soit des pratiques assez limitées sur le plan géographique, soit des difficultés d'approvisionnement potentielles.

Toutes ces craintes affluent dans la gigantesque prise de paroles qu'est le printemps 1789. Les nobles, grands propriétaires forestiers, oublient que nombreux sont parmi eux ceux qui possèdent des forges ou afferment leurs bois aux métallurgistes [49]. Les communautés d'habitants négligent que dans les régions sidérurgiques, les industriels constituent l'essentiel des acheteurs et que c'est grâce à cette demande que le droit de couper les réserves leur est accordé. Formidable convergence, dans laquelle se mêlent la *mode du temps*, fascinée par l'approche agronomique et méfiante envers tout ce qui viole la Nature et le *ressentiment* des petites gens devant la hausse du fagot et la restriction des usages. La politique suivie dans les débuts de la Révolution excluant que soient accusés les gens des campagnes, la prétendue crise forestière n'est plus imputée qu'à la sidérurgie. Or, dès avant 1780 pullulent les mémorandums proposant d'égorger ce bouc émissaire : fermer les usines ayant moins de trente ans, éliminer les entreprises superflues, interdire les établissements parasites, c'est-à-dire non autarciques, etc. Tous ces projets encensent l'immobilisme et, réalisés, donneraient une prime à la vétusté !

Les impératifs de la guerre en 1793 sonnent le glas de ces chimères. Le concret, c'est qu'*au niveau hexagonal* le prélèvement sidérurgique, en année commune, mobilise onze millions de stères, une donnée à laquelle peut faire face le patrimoine sylvicole, mais qu'*au niveau local,* la concentration en grappe, là où se recoupent les cercles de ravitaillement des diverses usines, fait que la demande excède quelquefois le stock disponible. La mobilité industrielle, loin de traduire une carence ligneuse globale, reflète l'adaptation du secteur productif aux fluctuations de celui-ci. Ainsi, en Côte-d'Or, des établissements entrent en sommeil à titre définitif ou temporaire dès 1760, tels ceux de

Marandeuil à l'est de Dijon ou de la Motte-Bouchot, près de Saint-Sernin, mais d'autres surgissent, mieux armés pour drainer le combustible, qu'il s'agisse des forges de Nod-sur-Seine (1762), Is-sur-Tille (1763), Le Mesvrin (1764), Buffon (1768) ou Sainte-Colombe (1776) [50].

Éclipses et disparitions ne reflètent pas que l'échec de cette opération, mais aussi sa plus ou moins grande difficulté selon la productivité du taillis. En Franche-Comté comme en Haute-Marne, un rendement devient satisfaisant à partir de 240 stères à l'hectare. Il le serait en Ariège avec 100 stères seulement, alors qu'en Nivernais ou en Côte-d'Or, 150 est concevable. Sa médiocrité oblige donc l'entrepreneur à étirer le rayon de fourniture jusqu'aux limites du rentable, et celles-ci s'imposent vite à lui [51]. Le seuil franchi, mieux vaut songer à explorer un autre site.

Comme le note justement D. Woronoff, au moment où la dénonciation de cette razzia sylvicole acquiert une virulence particulière, la sidérurgie au bois, loin d'être moribonde, connaît son apogée. Sa capacité ne double-t-elle pas entre 1789 et 1809, en raisonnant, bien sûr, sur des bases territoriales identiques ? Devant elle, encore trente ans d'expansion, et pourtant peu de perfectionnements : les fructueux échanges avec l'Angleterre s'interrompent pour longtemps du fait des guerres de la Révolution et de l'Empire, et ceux avec l'Allemagne ne les valent pas. Cette belle santé se poursuit du reste dans le siècle alors que, dès la fin de la monarchie de Juillet, chemins de fer et canaux commencent à pénaliser les entreprises à l'écart de ces nouveaux axes. Et sous le second Empire, l'enkystage à portée de forêt pardonne rarement parce qu'il accroît le coût de revient, notamment pour la commercialisation du produit fini. Malgré cela, les fourneaux de Mareuil-sur-Arnon, Meillant, Grossouvre et Thaumiers (Cher) résistent à la concurrence jusqu'à la Belle Époque [52]. L'initiative de les implanter, à contre-courant pour ainsi dire de l'évolution économique, est prise sous Charles X. De grands notables trouvent là un moyen d'employer leurs bois dont la vente, pénible, rémunère mal le capital. Leur situation – un excédent ligneux – les oblige à regarder *vers l'aval*.

Bon nombre de maîtres de forges souffrent pourtant du mal contraire, même dans la contrée. L'un d'eux, C. Gallicher, estime ainsi le déficit en bois dans l'Indre et le Cher au moins à 15 000 hectares, compte tenu de la sidérurgie de ces deux départements. L'ingénieur des Mines en poste à Vierzon partage ce pessimisme. Lui aussi recommande aux industriels d'adopter la houille dès que leurs établissements pourront la recevoir [53]. A plus ou moins long terme, son utilisation reviendra meilleur marché que celle du combustible végétal, dont il appréhende la disette et ses répercussions sur les prix. Il reproche donc aux fondateurs de Thaumiers de ne considérer que l'enchérissement de ce produit. Ne négligent-ils pas les aspects financiers et techniques inhérents à ce genre d'entreprise ? Semblable gestion n'est que routine. La métallurgie pèse moins dans leurs décisions que la sylviculture. « L'existence des bois est alors subordonnée à l'existence des usines sidérurgiques. »

Cette formule, prononcée en 1858, traduit bien l'anomalie du cas. Pour la plupart des métallurgistes, les usines ne restent en vie que s'ils parviennent à les alimenter. Aussi, à la différence des propriétaires de Thaumiers, s'orientant vers la sidérurgie parce que trop bien nantis en bois, deviennent-ils forestiers pour que continue la forge. S'orienter *en amont* relève ainsi d'une stratégie de survie. Au même moment, d'autres qu'eux choisissent également le placement énergétique. Celui-ci n'est-il pas excellent ? Jusqu'à ce que survienne un ersatz : le charbon de terre...

Ce calcul, bien des maîtres de forges en ont examiné le pour et le contre avant 1789, et la plupart détiennent déjà des forêts en toute propriété. Celle-ci satisfait entre le tiers et la moitié des besoins, qu'elle ait précédé la vocation sidérurgiste ou qu'elle en soit la résultante. Ce n'est pas suffisant, même avec l'apport des affouages et le jeu des affectations. Ce l'est encore moins avec la Révolution, qui perturbe ces trois modes d'approvisionnement. Pareil désordre ne saurait manquer de rejaillir sur le quatrième, l'appel au marché.

Tout d'abord sur la *propriété* : les communes exploitent un climat insurrectionnel pour récupérer ce dont elle s'estiment spoliées. Quelquefois le départ du seigneur, en dépit du placement sous séquestre de ses biens, facilite souvent leur tâche. Les habitants d'Esplas-de-Sérou (Ariège) se vengent ainsi de leurs maîtres, Messieurs de Durban et de Sentenac, qui rendaient vains la pratique usagère, « en faisant arracher les troncs et racines des arbres, en y plaçant continuellement un grand nombre de charbonniers, qui font main basse sur tous les arbres [54] ». Dans l'occasion, ressortent donc les vieilles rancœurs. C'est le cas à Tarascon-sur-Ariège, où les syndics protestaient, lors de l'enquête de 1667, contre M. de Gudanes, qui réservait toute la production « pour l'usage des cinq forges qu'il fait faire, et qui incessamment travaillent [55] ». Lesdites bouches à feu chôment donc en 1791, faute de combustible. Spectaculaires revanches qui donneront plus de poids, lors du grand retour des notables à la vision caricaturale de la gestion municipale.

Ces incidents comptent donc beaucoup sur le long terme de l'histoire forestière. Ils gênent peu dans l'immédiat les maîtres de forges – qui ne sont pas tous des ci-devants. D'ailleurs, la plupart n'ont pas quitté la France, non pas tant par patriotisme que par intérêt. Les contrarient bien davantage les mesures prises à propos des *affectations et des affouages publics*, les affouages particuliers n'étant pas, eux, affectés par ces circonstances. L'affectation désigne le *droit* que reçoit un entrepreneur d'exploiter, à tarif convenu, une certaine surface dans les forêts domaniales. L'affouage est par contre une *dotation* en bois que touche chaque année le maître de forges en vertu du bail signé avec un propriétaire forestier. Le coût de cette délivrance et les quantités prévues figurent bien entendu dans ce document.

La désorganisation de ce double système s'explique par les réticences à comprimer les revenus domaniaux pour renflouer le Trésor – une réaction contre la méthode des engagements pratiquée sous le feu Roi au profit de son entourage. Or, n'est-ce pas ce qu'il adviendrait, soit en écoulant comme biens nationaux des forêts excédant 100, puis 300 arpents, même intégrées à un ensemble métallurgique (cas des *affouages*), soit en laissant des forêts nationales grevées par un mode d'allocation consenti par l'Ancien Régime (cas des *affectations*)? Aussi les baux venant à expiration ne sont-ils pas renouvelés. Quant aux adjudications d'usines à feu, confisquées parce que leurs dirigeants sont en fuite à l'étranger ou condamnés, elles se déroulent sans inclure la portion boisée prévue au contrat initial. Tant pis si le niveau des enchères s'en ressent! Ainsi, l'étendue forestière demeure à l'État. L'entreprise, elle, change de propriétaire.

Ce mouvement s'amplifie peu à peu avec la décision gouvernementale de révoquer les affectations concédées, y compris les dernières en date qui ne remontent qu'à l'an IV. Le couperet tranche donc le 8 janvier 1800 les liens existant dans le Domaine entre exploitation sylvicole et établissement sidérurgique. En fait, cette solution était en germe depuis près d'une dizaine d'années [56]. La Commission des revenus nationaux, en frimaire de l'an III, ne prépare-t-elle pas le terrain, en déclarant ces deux méthodes « contraires aux intérêts de la République en ce qu'elle ne connaît jamais par là, ni le véritable *produit* de ses bois, ni la mesure de la *consommation* de ces usines »? Ce genre de propos se tenait déjà au temps de Colbert, les maîtres de forges étant accusés de gonfler l'évaluation de leurs besoins afin de revendre le surplus, d'où le caractère excessif des coupes menées sous leurs ordres. C'est qu'il est tentant de ne pas ménager le bien qui ne vous appartient pas. Le gouvernement, au moment où il s'efforce de restaurer un patrimoine sylvicole éprouvé, choisit donc la bonne voie pour que ces entrepreneurs ne succombent pas aux vieux démons! D. Woronoff décrit avec raison ces anciens bénéficiaires comme « poussés vers le marché [57] ».

Une telle tendance concerne surtout les régions touchées par de vastes transferts de propriété. Ainsi que le remarque, en 1811, le maître de forges de Bérou (Eure-et-Loire), pareil report n'est pas sans influer sur la conduite des affaires [58]. Le marché ne ressemble plus, note-t-il, à celui d'antan, du fait de l'emprise de l'État sur les forêts jadis détenues par les émigrés et le clergé. Alors, « les intendants des princes du sang, les intendants des abbés ou abbayes, ou les abbés eux-mêmes, les agents d'affaires des grands propriétaires ou les particuliers eux-mêmes » composaient une masse suffisamment importante pour que la concurrence entre *vendeurs* contienne les prix dans une juste proportion. Ce verrou a sauté au tout début du XIXe siècle.

Les Domaines tiennent désormais la forêt, devenant ainsi les principaux fournisseurs de la sidérurgie. Trop de bois privés, en effet, cessent de la pourvoir dans cette période. Le raccourcissement exagéré de la révolution de leurs coupes qui s'observe durant la phase précédente fait qu'ils n'ont à céder que des tailles trop jeunes [59]. Il leur faut donc se rétablir, et l'État propriétaire en profite. Ses ventes n'attirent d'ailleurs pas que les métallurgistes, mais aussi une foule de marchands et artisans. Ceux-ci ne se glissaient pas autrefois dans la bataille : les morceaux étaient trop gros pour leur bourse! Désirant valoriser au mieux les bois gérés, l'Administration divise désormais les lots en parcelles menues. Chacun ayant sa chance, et plus d'un ne répugnant pas à l'entente contre les maîtres de forges, les enchères s'animent.

La dispute porte donc les prix sur une courbe ascendante, lesquels deviennent ensuite référence pour les responsables. Aussi les estimations s'élèvent-elles nettement sous le Consulat. Et pour acheter, il faut bien en passer par là. Sinon, l'exercice du retrait renvoie l'offre à la session suivante. La récolte de bois se diffère aisément dès qu'il convient d'éviter le freinage des prix. Les sidérurgistes, eux, ne sauraient manifester une telle patience. Ne forment-ils pas une *clientèle captive*? Quitte à s'étrangler les uns les autres, ces bois, ils doivent les avoir. Le dernier enchérisseur ne terrasse ainsi ses rivaux qu'en proposant de payer pour l'hectare une somme qui aurait été, il y a peu, jugée extravagante. Les vaincus ne peuvent cependant pas compenser leur défaite en se rabattant sur le secteur privé libre. Ce dernier comprend en effet assez peu de surfaces qui ne soient déjà associées à la sidérurgie. De plus, les particuliers, disposés à mettre leurs coupes aux enchères, ne les cèdent pas à des cours inférieurs à ceux atteints par les bois domaniaux.

Pour la masse des industriels, désormais confrontés à la loi du marché, l'obtention des arbres pèse donc plus lourd sur la facture du combustible. Celle-ci s'accroît aussi des frais de main-d'œuvre.

Confection et transport, tout cela devient plus onéreux en ces temps de guerre et d'inflation : les hommes se font rares et l'armée réclame bœufs et mulets. A Bélâbre (Indre), les indices relatifs à l'exploitation des coupes, au dressage et à la cuisson de la meule et au voiturage des bois et charbons prennent respectivement 40, 10 et 40 points entre 1789 et 1801 ! Et cette progression semble moyenne, vu celle qui se rencontre dans d'autres départements [60].

La situation préoccupe certains, même si le secteur dans son ensemble vit plutôt de beaux jours. A la fin de l'Ancien Régime, pour l'entrepreneur jouissant d'un affouage normal, les trois rubriques, achat des bois, charbonnage et cheminement, entrent dans le coût terminal à raison de 48 % pour la première et 52 % pour les deux autres. Tout bascule dès qu'il le perd. Les deux derniers postes s'effacent alors, et le ravitaillement ligneux vire à l'obsession. Les maîtres de forges subissent ainsi un choc charbonnier sans précédent : le prix quadruple sur une génération – de quoi s'interroger sur l'avenir d'un tel combustible dans la profession ! Une sidérurgie en vase clos peut se permettre de le garder. Difficile, pourtant, d'imaginer que cela puisse durer, la paix revenue. Et toujours cette peur d'en manquer un jour...

L'État complice

Aux yeux du public, les fauteurs de hausse, ce sont les maîtres de forge. Pour ceux-ci, les responsabilités en incombent à l'État. La balle rebondit ainsi dans son camp. Son action peut être *directe* – interdire l'usage du bois au moins dans les foyers urbains – ou *indirecte* – rendre moins chers, et la houille, et les fers étrangers. L'Ancien Régime avait brièvement tâté de cette première forme sans trop y prendre goût, et trop tard pour que l'expérience tente les successeurs. Quant à la seconde, le moment semble inopportun. Après 1815, le domaine douanier reste presque le seul où l'intervention économique de l'État se conçoive sur le mode restrictif. S'ouvre en effet une période d'argent rare et de baisse tendancielle. Les entreprises – qui sont toutes alors de type personnel, donc à moyens financiers limités – se procurent donc avec peine le crédit que requièrent leurs investissements. Elles conservent par force des prix de revient élevés et font avec, c'est-à-dire défendent leurs profits en se réservant l'exclusivité du marché national. Résultat de ce protectionnisme industriel : les lois du 21 décembre 1814 et du 28 avril 1816 frappent l'importation de produits sidérurgiques d'une taxe de 50 %, portée à 120 % en 1822. Le budget, qui a suivi la déroute des armées napoléoniennes, s'en arrange fort bien, et les métallurgistes encore mieux !

Les pouvoirs publics n'aidant pas à passer au combustible minéral, ce qui ferait s'écrouler le revenu des ventes domaniales, chaque industriel doit conquérir son autonomie en charbon de bois, quitte à immobiliser dans cette opération des capitaux qui manqueront à l'heure de l'innovation. La crise antérieure éclaire la voie à suivre. Certes, la fulgurante ascension des prix depuis 1789 s'essouffle vers 1811. Cela ne témoigne-t-il pas d'une ardente spéculation sur cette marchandise de première nécessité ? Un tel phénomène peut se reproduire, et même s'il ne faut pas se laisser obnubiler par cette perspective, il n'en est pas moins évident que le mouvement en hausse se nourrira encore longtemps d'une forte demande en bois de feu.

Pendant cette période de doute qui s'achève tout juste, le bois s'affirme bien comme valeur refuge, une des plus sûres qui soit, alors que mandats et assignats brûlent les doigts de leurs détenteurs. Se débarrasser de ces biens incertains en échange d'une propriété que les ans feront fructifier et dont la récolte compte tant dans l'immédiat constitue ainsi l'analyse sensée de toute personne ayant du répondant. Quant aux maîtres de forges comment, sans acquérir un fonds forestier, pourraient-ils s'épargner les affres qui accompagnent d'ordinaire la quête de l'or vert? L'excellence de ce calcul porte aussi sur le long terme, comme le démontrent les travaux de D. Woronoff [61].

L'emploi de la houille en sidérurgie ne reflue en effet que lentement vers l'amont, de la taillanderie à l'affinerie, en attendant le saut qualitatif qui consistera, pour réduire le minerai, à recourir au coke. Or cet acte décisif tarde, et cependant, sous Louis XVI, son imminence semblait évidente, trop, sans doute. L'impatience des théoriciens croise ainsi souvent l'inertie des faits. C'est que, durant ces années cruciales de la Révolution et de l'Empire, bon nombre de décideurs jugent le bois inégalable, sous forme de charbon, dans la métallurgie primaire. Pourquoi essaieraient-ils d'acclimater la houille alors que les expériences constituent, dans ce contexte militaire, un luxe pour leurs entreprises ? Ils espèrent donc que la mutation se réalisera soit à la périphérie de leurs entreprises, soit à l'extérieur de ce secteur. Que les foyers, domestiques et artisanaux, se convertissent d'abord! Cela résorbera une partie du déséquilibre qui s'observe dans certains endroits entre la fourniture et la consommation du combustible végétal. Ils croient aussi beaucoup dans l'avancée du minéral à tous les stades de la métallurgie fine. N'est-ce pas autant de gagné pour leurs forges et fourneaux ?

Les gens de l'art rejoignent de la sorte le quidam banal pour parier sur les lendemains heureux de la sidérurgie au bois. C'est dire si, dans ce tout début du XIXe siècle, la conjoncture sourit aux candidats à la possession forestière. L'industrie et la ville n'exigent-elles pas sans cesse davantage de bois ? Aussi son prix, qui a déjà doublé entre 1770 et 1789, progresse-t-il toujours plus vite que celui des autres matières premières. Une action de tout repos, oui, en vérité, que le fait d'investir dans l'Arbre!

La propriété *privée* sylvicole, du coup, tombe en roture, ce que personne n'aurait envisagé vingt ou trente ans auparavant. Celle-ci était alors essentiellement nobiliaire et ecclésiastique[62]. L'après-1789 occasionne donc son brutal laminage, en raison de sa confiscation, soit totale (cas des bois du clergé), soit partielle (cas des bois des transfuges). Laminage ? Le terme traduit imparfaitement la réalité, et surtout ne s'applique que le temps d'un entracte. En effet, ce que l'État ôte aux uns, d'autres se hâtent de le recueillir.

De plus, une fois calmés les soubresauts révolutionnaires, l'Empire, puis la Restauration, redonnent aux émigrés les biens non encore vendus, les dédommagent de ce qu'ils ont perdu, tandis que, par voie judiciaire, leur revient une part des étendues déclarées communales sans autre forme de procès. Ces restitutions démarrent d'ailleurs dès le premier Empire. Napoléon sait se concilier ceux qui acceptent le nouveau régime et regagnent sagement la France. Quant aux allergiques, ils seront « rendus à l'état civil » par la plume de Louis XVIII (21 août 1814). Une loi du 5 décembre de la même année récompense cette fidélité aux Bourbons : enfin, ils récupèrent leurs avoirs, ou plutôt ce qu'il en demeure. La morale politique rayonne mais cela ne garnit pas une bourse vidée par tant d'années d'exil. Afin de rétablir des fortunes ébranlées où pèsent les dettes et les réparations, maintes familles nobles songent donc à aliéner une partie de leurs bois. Jusqu'en 1818-1820, les affiches publiques sont pleines de telles offres. Et lorsque la Restauration entame la braderie domaniale, l'aristocratie est absente, ne reprenant sa place dans les ventes qu'après avoir passé ce cap délicat de l'assainissement. Les d'Anthès, seigneurs de Vernot (Côte-d'Or), possédaient ainsi 1 330 hectares boisés avant 1790, tant sur Vernot que sur Poiseul-la-Grange, Saulx-le-Duc, Saussy et Avot[63]. Ils retrouvent dans un premier temps l'essentiel de ces biens séquestrés et, dans un deuxième, se battent contre leurs manants. Ceux-ci ne leur ont-ils pas enlevé 112 hectares ? Les maîtres finiront par en acheter 60 sur Villecomte, mais en 1819.

La forêt privée émerge donc de ces turbulences intacte en superficie, mais différente de caractère. Ne concerne-t-elle pas à présent, en plus de l'aristocratie, d'autres catégories sociales ? Elle change en partie de mains, moins cependant qu'il n'est généralement écrit[64]. Les contemporains de Louis XVI à Louis XVIII assistent en fait davantage à sa résurrection qu'à son transfert, en dehors de ce qui concerne l'ancien ordre du clergé. Leurs descendants, par contre, enregistrent en simultané deux phénomènes, dont l'un explique l'autre : l'*extension* de la forêt privée et la place grandissante qu'occupent dans sa gestion les *bourgeois citadins*, nouveaux propriétaires.

C'est par son accroissement qu'elle se fait roturière, et non par la saisie des ci-devant. Entre 1790 et 1870, les particuliers s'emparent ainsi de presque 700 000 hectares. Ils se sont abattus sur les biens nationaux. Ils vont agir de même avec les forêts de l'État. Les statistiques dressées sur le rapport des conservateurs montrent ainsi que la propriété privée, qui couvre déjà 51 % (3 489 000 hectares) de la surface forestière française en 1827, atteint 61 % en 1834, 65 % en 1865 [65].

Ces données paraissent, certes, quelque peu exagérées pour la cause, le gouvernement désirant à cette date libéraliser le défrichement. En outre, elles dérivent des renseignements cadastraux, assez contestables aussi, car les enquêteurs ont souvent classé comme bois ce qui méritait à peine le nom de broussailles. Elles soulignent néanmoins l'extension considérable que prend à cette époque la propriété privée forestière. Son développement se renforce d'ailleurs d'ici la fin du second Empire, avec les plantations des Landes de Gascogne (près de 600 000 hectares), de la Champagne pouilleuse (80 000 hectares environ) et de la Sologne (80 000 hectares aussi). Ces surfaces rentreront en production avant la fin du siècle, le télégraphe, la mine et la chimie garantissant à leur récolte de substantiels débouchés. Leur total s'élève à près de 760 000 hectares : celui obtenu entre 1803 et 1859 à 420 000 hectares. En l'espace de trois générations, *plus d'un million d'hectares* sont boisés par la volonté des particuliers. Une initiative impressionnante, qui n'empêche pas l'historiographie sylvicole traditionnelle d'imputer à l'État le reboisement de la France, mais durant la seconde moitié du XIXe siècle, et en zones montagneuses. Or ses réussites, car il y en a, ne se marquent vraiment qu'après la Première Guerre mondiale, et justement parce que l'action privée se détourne de ces secteurs réputés difficiles et donc non rentables. L'érosion des forêts domaniales en plaine répond de la sorte par avance à l'élaboration des séries domaniales en altitude [66]. Mais qui aurait imaginé, dans ces années de pression financière extrême, que pareille équivalence se réaliserait ?

Contrairement à ce qui se passe aujourd'hui, le développement de cette forêt privée n'affecte pas sa structure. Loin d'être émiettée, pulvérisée même, dans l'anarchique conquête de l'Arbre sur des champs abandonnés, elle reste, en effet, une *grande propriété* nobiliaire et bourgeoise. Les ruraux boudent donc le placement sylvicole, n'ayant ni les fonds pour ce genre d'investissement, ni la faculté de l'intégrer au circuit industriel. Ainsi, en Côte-d'Or, ils n'acquièrent pas 5 % (4,2 % exactement) des forêts domaniales proposées dans le département entre 1814 et 1856 [67]. Proportion dérisoire, effectivement, et qui témoigne de deux faits : un, l'organisation des enchères les met d'entrée hors jeu; deux, les résultats prouvent que ce n'est certes pas avec ce moyen-là qu'ils arrondiront leur lopin de terre, en un temps où la densité rurale atteint son maximum.

Et pourtant, cette non-participation, qui indique davantage l'impécuniosité que l'indifférence, n'attire pas l'indulgence des censeurs. Elle les confirme même dans cette idée, tellement ancrée dans les esprits éclairés du XIXe siècle, que la paysannerie éprouve une horreur profonde envers tout ce qui rappelle l'Arbre, qu'il s'agisse de la production sylvicole ou de sa représentation esthétique!

Deux groupes se taillent la part du lion dans le groupe d'acheteurs, d'un côté les industriels, de l'autre les citadins. Dès Louis XVIII, les descendants de la noblesse d'affaires, dont la gloire au siècle des Lumières tient aux activités ne dérogeant pas, forges et verreries, consolident donc leur assise foncière. Celle-ci, par la même occasion, contribue à l'affouage offert dans le cas d'usines affermées. Ainsi agissent, aux confins de la Haute-Marne, vers 1823, les Mandat-Grancey, ou les Le Compasseur de Courtivron, en 1818, près d'Is-sur-Tille (Côte-d'Or) [68]. Leur attitude se calque sur celle des industriels qui utilisent le bois comme combustible et se protègent contre les aléas du marché en étoffant – ou en créant – une propriété forestière. Le rythme de leurs achats, d'abord modéré (110 hectares par an en Côte-d'Or au tout début de la Restauration), quintuple entre 1818 et 1824 (550 hectares par an, en moyenne), puis se stabilise (environ 300 hectares par an) jusqu'en 1856. Parmi eux dominent les maîtres de forges, avec les Thoureau, les Noël, les Couturier, les Caumartin de Lacanche, les Magnin-Philippon et tous les métallurgistes du Châtillonnais. En cinquante ans, dans ce département, ils raflent le tiers (32 %) des biens vendus par l'État. Cette proportion est considérable. Elle l'est encore plus en tenant compte des phases. Leur participation porte sur les deux tiers (63 %) de l'ensemble offert en 1814-1815 et décline de 1818 à 1824 (39 %), ou plutôt en donne l'impression car il convient de lui adjoindre l'essentiel de celle des aristocrates (18 %), nombreux à acheter durant ces années, et pour le même motif qu'eux. Les intérêts, alors imbriqués, se dénouent néanmoins peu à peu.

La noblesse se retire du secteur métallurgique, laissant aux banquiers le soin d'assister les maîtres de forges qui se débattent dans la crise. Le schéma du Dauphiné ressemble fort à celui de la Bourgogne, où s'éclipsent ceux qui n'entendaient que valoriser leurs bois [69]. Vient sur le devant de la scène une nouvelle race de patrons, qui doit oser l'innovation ou mettre l'usine en faillite. La présence des nobles industriels décroît brutalement dans ces ventes, tandis qu'y demeurent actifs quelques attardés, cramponnés aux anciennes méthodes, jusqu'à Napoléon III inclus : 23 % et 11 % entre 1831 et 1835, mais 32 % contre 3 % seulement de 1852 à 1856. Elle devient alors aussi discrète que celle des ruraux : leur part n'est que de 2,3 % à ce moment-là.

L'intérêt aristocratique s'effrite donc à mesure que la sidérurgie au bois finit d'explorer les possibilités de son système technique. S'impose dès lors aux propriétaires forestiers la nécessité de penser la *conversion* de leur patrimoine. Cette opération est délicate. Obtenir du bois d'œuvre, c'est éduquer les peuplements en futaie, ce qui implique d'immobiliser longuement le capital. Alors, que faire ? Les enrichir en résineux, qui produiront plus vite que ces feuillus vieillis, représente peut-être une solution. Ou tout raser et tenter la *reconversion,* mais en optant pour quelle culture ? Dans l'expectative, ils cessent d'étendre un bien qui, en la circonstance, leur rapporte peu et les encombre plutôt.

Ce raisonnement, les citadins ne le tiennent pas encore, bien qu'au départ les perspectives d'un solide bénéfice, étant donné la demande des ménages et des industries, aient excité leur appétit. L'argument mérite réflexion. Compte aussi, dans leur choix, la conscience qu'il n'existe pas de notoriété régionale sans ces relations, utiles et agréables, des rendez-vous de chasse. Ceux qui marient argent frais et ambition pointue y occupent habilement le terrain. Quant aux parvenus, ils y reniflent comme une odeur de féodalité. Tous plaideront en 1883 pour que soit aboli le permis de chasse dans leur propriété. Grosse déception donc lorsque, trois ans plus tard, le Parlement repousse cette requête. S'y opposent, en effet les Eaux et Forêts, craignant qu'en l'absence d'un tel document les gardes n'aient du fil à retordre avec le braconnage. Cette liberté, dont useraient quelques privilégiés, ne risque-t-elle pas d'égarer ceux qui ne l'ont pas ?

Argument de façade, car l'incident prélude à cette longue lutte qu'entreprend l'Administration pour scinder l'emploi de la récolte ligneuse et celui du fonds. Elle abandonne le premier au gré d'une *conception privative,* mais entend contrôler, au nom d'une *conception sociale,* le second, et avec lui, tout ce qui conditionne la récolte, faune et flore. Le débat ne fait que s'ouvrir sur la nécessité de *restreindre les prérogatives liées à l'exercice du droit de propriété.* Toute la défense de l'environnement en est issue.

L'épisode du permis de chasse ne constitue donc qu'une menue péripétie dans une vaste cause. Quel regret cependant pour les nouveaux propriétaires de devoir y renoncer! Être maître de ses bois, si vite accordés par la Révolution, devrait aussi signifier l'avantage d'y régner. Ah, pourquoi le plaisir d'exterminer le gibier sur ses terres, qui n'est pas moins grand que celui de l'interdire aux autres, s'est-il éteint avec l'Ancien Régime?

L'acquisition en bloc d'un domaine forestier couronne donc la recherche des honneurs. Elle attire même de plus en plus une bourgeoisie qui en attend, fortune faite, l'éclatante confirmation de sa réussite sociale. L'invite au bois ne précède-t-elle pas souvent la conversation au salon et, qui sait?, l'alliance des familles. Cette classe aisée, qui fournit le personnel de Louis-Philippe, succède ainsi dans les ventes publiques aux groupes d'antan, nobles d'affaires et gens d'industrie, désormais comblés. Pour les premiers, des bois, ils en ont assez. Quant aux seconds, ils s'en servent moins et bientôt ne sauront plus quoi en faire. D'ailleurs, avant même qu'ils aient atteint le seuil de satiété, avocats et magistrats, commerçants et banquiers, tous tant qu'ils sont, participent très largement à la braderie domaniale. C'est dès la Restauration que se manifeste leur engouement pour l'Arbre, ou plutôt pour ce que symbolise sa possession. Pour reprendre l'exemple de la Côte-d'Or, dans ces années 1825, n'acquièrent-ils pas 33 % de ce que propose l'État? Cette passion ne les abandonne pas de sitôt. Elle s'affirme même davantage à mesure que s'effacent les preneurs traditionnels : 57 % sous la monarchie de Juillet, encore 52 % sous le second Empire.

Certes, les surfaces offertes ne se comparent plus à celles du passé, mais aux adjudications domaniales font place celles du secteur privé. Ces acheteurs enragés reprennent les portions boisées dont se défait la vieille aristocratie, au fil des héritages, et parfois faute de moyens. Au milieu du XIXe siècle, la forêt privée dépend dans une large mesure des plus grands propriétaires fonciers. Ainsi, dans le canton de Verdun-sur-le-Doubs (Saône-et-Loire), en 1844, lors de la confection du cadastre, la forêt ne concerne pas 8 % des propriétés moyennes, qui sont en terres et prés, et fait totalement défaut, ou presque, dans celles inférieures à 15 hectares. Et pourtant, elle couvre 24 % de la surface totale et dépend pour les deux tiers (61 %) des particuliers. Une situation doublement prémonitoire, en quelque sorte.

Cette privatisation, rien ne va en effet briser son élan. Quant à la grande propriété, envers et contre tout, ses positions demeureront intactes. A Verdun-sur-le-Doubs, comme dans la plupart des contrées françaises, le revenu forestier n'importe qu'aux propriétaires d'un domaine de taille respectable. Corollaire : trop marginal dans les autres exploitations, il ne justifie pas les dépenses qu'impliqueraient l'aménagement et l'enrichissement de son capital – le peuplement sylvicole. Les grandes propriétés de type nobiliaire, à Verdun, comprennent en moyenne 53 % en bois; de type bourgeois, 62 %, un cas exceptionnel du fait d'une très vaste propriété, qui fausse un peu le résultat [70]. A l'échelon en dessous, la répartition locale correspond par contre au paysage national. Avec 37 % contre 12 %, l'aristocratie marque son originalité terrienne par rapport à la bourgeoisie : l'héritage forestier s'avère plus conséquent. La *Statistique Daubrée* dressée à partir de 1904 confirme que ce bastion tient solidement [71]. Les propriétaires possédant plus de 200 hectares ne constituent peut-être qu'une infime élite (0,2 % du total des propriétaires forestiers), ils n'en contrôlent pas moins près du quart (22 %) de la forêt privée!

A cette occasion – bien tard, donc – les autorités mesurent l'étrange structure de celle-ci, extrêmement concentrée d'un côté, et extrêmement dispersée de l'autre. Le premier caractère tient à l'héritage seigneurial et à son imitation bourgeoise. Le second dérive de la mévente des bois de feu et des mutations foncières qu'elle entraîne.

Au XIXe siècle, l'ascension sociale ne s'effectue pas sans exiger, à partir d'un certain stade, cette rente de prestige qui définit la forêt, mais cela ne rend pas pour autant ses détenteurs sourds aux impératifs économiques. Dans l'arrondissement d'Autun, en 1912, une trentaine de propriétaires se partagent ainsi 350 hectares sur les 700 achetés par le sieur Lebaudy quelques années plus tôt [72]. Et il n'est pas seul. Depuis plus de vingt ans, parmi les premiers acquéreurs, certains revendent, déçus par la minceur du rapport. Certes, la clientèle des bourgs réclame toujours bois de feu et charbon de bois, et bien des marchands deviennent forestiers justement parce que ce débouché, dans un rayon restreint, leur est assuré. Mais les autres? La houille se révèle une rude concurrente. Sa consommation à Paris, proche des 30 kg par personne en 1811, s'évalue à plus de 330 kg en 1858! Pendant la seconde moitié du XIXe siècle, cette transformation du chauffage entraîne une poussée des ventes et échanges de propriétés, accentuée par la crise économique des années 1880. Divisées afin d'en faciliter le négoce, beaucoup passent ainsi de l'aristocratie à la moyenne, puis à la petite bourgeoisie.

Cette démocratisation n'est donc pas un signe de santé. En 1912, les propriétés forestières inférieures à 10 hectares représentent déjà plus du tiers (35 %) de la forêt privée! Chaque propriétaire en a trop peu pour en obtenir un revenu intéressant. Puisque la conversion, coûteuse, lui est fermée, pourquoi ne pas utiliser ce fonds à d'autres fins? L'aide aux propriétaires forestiers risque fort alors d'entraîner le sacrifice de la Forêt [73]. Reste aux autorités à savoir jusqu'où leur assistance peut aller.

Dans cette crise forestière, l'État est partie prenante, et à plus d'un titre. Ayant contribué à développer cette propriété privée, ne la précipite-t-il pas dans les difficultés, et cela sans même le vouloir? La rançon en quelque sorte d'une politique de modernisation... Avec l'allègement des coûts de transport, partout se marque le passage du charbon de terre au charbon de bois. Le traité du 23 janvier 1860, conclu pour dix ans entre la France et l'Angleterre, et renouvelable par tacite reconduction, accélère cette mutation. Le gouvernement ne s'engage-t-il pas, entre autres, à abaisser les droits sur le charbon anglais de 0,33 à 0,18 franc par quintal, sur la fonte anglaise de 10 à 6 francs par quintal? Ce changement radical se résume en deux chiffres. A cette date de 1860 fonctionnent encore 280 fourneaux au bois, produisant 36 % des fontes, soit 324 000 tonnes. Dix ans plus tard, 82 subsistent encore. L'histoire de celui d'Allevard (Isère) illustre ce bouleversement [74]. N'implique-t-il pas la mise hors circuit de quelques 2 600 hectares de bois? Or ceux-ci représentent alors plus de la moitié des valeurs immobilisées! Un patrimoine devenu superflu pour les maîtres de forges ne tarde pas à se déprécier.

L'État et les particuliers en font l'expérience avec le chômage des forges à la catalane sous le second Empire. Les peuplements sylvicoles de l'Ariège ne servent plus qu'aux délivrances usagères, aucun preneur ne voulant plus de coupes bonnes seulement à charbonner. L'évacuation des arbres, si pénible en cette région, rend les frais exorbitants. Un rapport, étudiant la question en mars 1851 pour Ax-les-Thermes, montre que le transport d'un sapin de 2 m^3 jusqu'à la scierie coûte 16 francs, alors que, sur pied, il n'en vaut pas le tiers! Cela n'a guère changé depuis le temps où les habitants de Varilhès confessaient « qu'il ne leur vient aucun bois des forêts qui sont dans la montagne, sinon le bois de sapin, qu'ils tirent avec grand peine pour leurs bâtimens »: réponse recueillie par les enquêteurs de 1669! Tout le système doit donc être révisé, l'exploitation forestière exigeant avant tout la construction de routes. Car si les arbres de ces ventes n'agréent pas au commerce, comment croire que les fonds qui les portent vont, eux, attirer le chaland?

Des candidats, il en existe pourtant : les usagers, contraints au resserrement moins d'une génération auparavant, et découvrant à présent des possibilités d'expansion jusque-là interdites. Les habitants d'Aulus-les-Bains (Ariège) ont dû s'incliner devant une décision de justice prise en 1828? Douze ans plus tard, ils s'endettent avec joie pour régler M. de Sirgant, maître de forges [75]! Ceux de Lassur (Ariège) feront de même sept ans plus tard, et expliqueront « n'[avoir] eu pour but que d'améliorer leur situation *par le libre parcours* de leurs bestiaux, sur lesquels ils n'avaient qu'un simple droit d'usage [76] ». Ils avouent donc hautement ne pas avoir d'intention quant à la conduite de ces bois, traités par eux comme un complément de leur domaine pastoral. Cette conception n'est pas recevable pour les pouvoirs publics, qui envisagent des travaux coûteux, non seulement afin de désenclaver les massifs isolés, mais encore pour regarnir ce que les pratiques traditionnelles ont éclairci.

L'épicentre des incompréhensions réciproques se déplace donc. Depuis le XVIIIe siècle, il se situait dans le dialogue exaspéré entre seigneur et manants. Dans la seconde moitié du XIXe siècle, ce conflit tourne au règlement de comptes entre les agents de l'État et les populations en dissidence. Comment celles-ci supporteraient-elles l'idée du reboisement de leur territoire, alors que les défrichements vont grand train dans la plaine ?

***

D'éclatantes contradictions fondent donc le discours préécologique, hostile tout à la fois *aux communautés* de ces hautes terres parce qu'elles refusent de voir l'Arbre coloniser des terres ayant d'autres emplois, et *aux gouvernements* qui passent et abdiquent devant les forces de l'argent. Cela lui confère deux caractéristiques, qu'il gardera jusqu'au renversement de ses propositions initiales : le goût d'un pouvoir fort, défini comme le contraire du libéralisme, et un penchant marqué pour l'utopie, référence du passé et de l'avenir.

L'incohérence dénoncée enferme cependant une logique qui, pour n'être pas la sienne, n'en mérite pas moins considération. L'État s'engage dans des travaux coûteux. Pour les financer, les ventes domaniales doivent continuer. La privatisation fournit ainsi le moyen de préserver une partie de ce patrimoine tout en alimentant le Trésor. Les deux volets ne se séparent donc pas. Seule l'autorisation de défricher assure à l'État la certitude d'attirer les preneurs, et aux propriétaires celle de rentrer dans leurs frais. N'est-ce pas la bonne manière de promouvoir en même temps la cause de la forêt et celle des particuliers ? L'État aura ainsi moins de bois, mais ils rapporteront plus parce qu'ils seront mieux aménagés et bien desservis. Le secteur privé gérera ceux qui en valent la peine, et supprimera l'excédent, devenu inutile avec la révolution énergétique.

Les adjudications publiques changent donc de signification. Jusqu'à la loi du 5 mai 1855 comprise, elles ne sont qu'expédients, servant à colmater les brèches budgétaires. A partir de 1860, elles ne visent plus qu'à auto financer les Eaux et Forêts : la morale est sauve! Un fonds régulier d'équipement forestier s'impose. Le projet sur le reboisement des montagnes, soumis au Corps législatif le 25 mars 1860, affecte en conséquence 5 millions de francs pour l'aménagement de voies forestières et chemins vicinaux là où les coupes domaniales restent invendues, faute de transport [77]. Forcade-La Roquette, son défenseur devant les députés, insiste d'ailleurs, à l'usage de ceux qu'inquiètent la rumeur d'une immense braderie domaniale, sur le fait que l'État ne se sépare que des bois de plaine, exigus et mal situés! Ils seront donc moins utiles à la collectivité que ces bois d'altitude, dont la restauration vient enfin à l'ordre du jour. L'argument, nouveau, fait mouche. Un tel principe ne se laisse pas enterrer : de 1852 à 1870, les aliénations portent sur quelque 71 000 hectares, et font rentrer 68 millions de francs! Une goutte d'eau dans le budget, diront certains, et empoisonnée, par-dessus le marché! Les nouveaux propriétaires n'endossent-ils pas maintenant l'habit du défricheur? Un pactole sans précédent, rétorquent les responsables. N'est-ce pas la première fois qu'est lancée une politique de l'environnement digne de ce nom, et pourvue, en plus, d'abondants crédits?

CHAPITRE III

Les coureurs de bois

La forêt privée, ainsi développée au XIXe siècle, demeure en marge de la campagne. Les ruraux ne la visitent plus guère en raison des cantonnements : chacun reste chez soi. Ils ne cherchent pas non plus à en ramasser les miettes lors des adjudications : les morceaux leur paraissent alors trop gros, et le prix hors de portée. Non qu'il n'existe pas de propriété forestière paysanne. Déjà au Moyen Age, les villageois détiennent dans leurs manses quelques petites tenures, réglées en taillis de maigre valeur. A partir du XIIe siècle, cette surface s'étend par acensement de biens seigneuriaux. Le résultat ne ressemble pourtant que de loin à la pleine propriété. Le manant peut ainsi se constituer sans bourse délier un revenu, mais son maître conserve à la fois la rente foncière et les droits de mutation attachés au fonds.

Avec le temps qui passe, l'utilisateur de la forêt va oublier qu'il n'est qu'usager. Il n'empêche que, même s'il se sent propriétaire, sa part des bois n'est pas bien grande. L'effondrement de l'Ancien Régime lui offre enfin une chance inespérée de l'accroître, grâce aux mesures adoptées en 1790 et 1793. Dans le district d'Autun (Saône-et-Loire), entre septembre 1791 et frimaire an VI, 418 hectares se vendent en lots moyen de 12 hectares [1]. De même, dans celui de Mâcon (Saône-et-Loire), les 500 hectares provenant des possessions de l'abbaye de Cluny sont découpés en une trentaine de lots, ce qui porte chacun à une quinzaine d'hectares environ : 18 communes sont concernées [2]. En réalité, la proposition n'est pas aussi mirifique qu'elle en a l'air. Les bois, tant en superficie qu'en valeur, n'occupent en effet qu'une place secondaire. Dans le département de la Saône-et-Loire où les biens ecclésiastiques couvrent des superficies considérables, ils représentent à peine 26 % du produit total des ventes. La volonté de garder le patrimoine forestier sous l'égide nationale laisse donc à demi fermées les portes de la privatisation. Les enchérisseurs d'alors résident soit dans la localité où se déroule cette cérémonie, soit dans un proche village, assez rarement en ville. Mais ces ruraux, en faisant acte de candidature, ne souhaitent qu'arrondir leur bien. Les parcelles acquises, voisines de leurs terres et prairies, boisées ou non – et souvent, elles ne l'étaient pas –, sont donc vouées au défrichement. Plus tard, quand la propriété sylvicole, détenue jusque-là par les élites sociales, commence à se fracturer, et le prix de l'hectare à décroître, ils manqueront cet ultime rendez-vous. L'exode est là.

Avec ce mouvement qui s'amplifie vers 1880, le reboisement des champs, souvent naturel, engendre bien une très petite propriété forestière. Mais le tableau n'est guère modifié car ses maîtres ont répudié le monde paysan. Cultivateurs partis, ou fils de cultivateurs explorant des voies auxquelles le père ne songeait pas, n'appartiennent-ils pas, eux aussi, à la ville ? La gestion des bois privés s'effectue ainsi par une sorte de *téléguidage urbain*. Il en est ainsi pour l'aristocratie sous la Restauration, et davantage encore pour les classes bourgeoises qui accèdent à la propriété sylvicole pendant la monarchie de Juillet et le second Empire.

La situation n'a guère changé aujourd'hui, alors que l'extrême pulvérisation d'une partie des surfaces boisées leur enlève tout intérêt financier. Combien sont-ils de possédants à avoir oublié qu'ils détiennent quelques méchantes broussailles dans la contrée de leurs pères ? Ceux qui demeurent au pays savent bien que ces arbres, ces buissons, ces taillis, ce sont les « étrangers » qui les ont reçus en héritage.

Étrangers, ils le sont par leur mode de vie, sans doute, mais aussi par le regard qu'ils posent sur la Nature. Celui qui ne pénètre que rarement dans une forêt s'irrite souvent du bouleversement qu'y entraînent les coupes. Le villageois ne le voit pas du même œil. Lui incarne une certaine permanence : l'histoire de ces peuplements boisés sur plusieurs générations, il la connaît. Ses parents la lui ont dite. L'abattage conditionne pour lui le renouvellement. Pour le visiteur qui a l'âme poète, cette rupture signifie saccage d'une précieuse harmonie, ou tout simplement ruine d'un paysage qu'il croyait familier. Le savoir des anciens ruraux dépasse infiniment celui des citadins actuels. Et c'est cette expérience que l'Homme d'aujourd'hui envie.

LES GENS D'ICI

Pour percer les secrets des arbres et des bois, sans doute ne suffit-il pas de vivre à leur proximité. Il faut encore les fréquenter avec assiduité, soit parce que le besoin le commande, soit parce que la profession ne s'exerce qu'à leur abri. De ce point de vue, il est incontestable que les villageois cernent beaucoup mieux la réalité forestière que les urbains, même s'ils négligent certaines de ses composantes. Maintenant plus qu'hier, d'ailleurs, car les plantations résineuses – une iniative venue de la ville – brouillent quelque peu la sûreté de leur jugement. L'hypertrophie de la privatisation accompagne donc, en cette fin du XIXe siècle, le déclin d'un monde dans lequel s'affirmait tous les jours la solidarité entre l'Arbre et le Paysan. A mesure que s'accomplit la dissociation s'amenuise une connaissance forgé par expérience, transmise de père à enfant, et par là inappréciable. Avec elle, ce sont des parlers, des gestes, des comportements, qui meurent. Faute d'avoir été recueillis à temps, bien des faits constatables au détour d'un chemin, au coin du village, s'obscurcissent ainsi pour toujours.

On peut parfois regretter cette évolution. Qui mieux que ces anciens ruraux saurait soigner ces forêts du XXe siècle, parcourues chaque année par le feu incontrôlé ? En proposant d'exhumer les pratiques d'antan, les conseillers nostalgiques oublient que ces médecines ne se déployaient que dans le cadre d'un système agro-pastoral contraignant, mettant en jeu toute une collectivité. Il est vain de tenter de détacher quelques éléments de l'ensemble. Les hommes qui le faisaient fonctionner ne sont plus. Et personne n'aspire vraiment à reprendre leur succession. Les actions que cela impliquerait auraient des conséquences salutaires sur la propreté des sous-bois, mais les objectifs qui les sous-tendent – chauffer la maison, alimenter le four, accumuler des provisions – n'ont plus leur place dans la civilisation actuelle. Alors, à quoi bon ? Elles ne reviendront plus, à moins de leur conférer une artificielle survie en subventionnant des gestes dépouillés de leur raison d'être.

Monter au bois

Tous les habitants ne participent cependant pas aux bienfaits des bois, notamment en ce qui concerne la fourniture ligneuse. Les critères auxquels doivent satisfaire ceux qui y prétendent semblent clairs de nos jours. Ce n'est pourtant que le fruit du XIXe siècle. C'est surtout le fait d'une moindre nécessité. Il n'est plus besoin de s'embarrasser de certains de ces critères, imaginés précisément afin de réduire le nombre des postulants, et variables d'une région à l'autre, d'une communauté à l'autre, selon les coutumes du lieu et la conjoncture du moment. De tous ceux-là, le Code de 1827 n'en veut plus, ne gardant que les conditions relatives au *mode de partage*. Sont donc abolies celles fixant l'admission des candidats à l'affouage.

Cette volonté conciliatrice se retrouve dans la loi de 1883, dont le caractère ambigu, parce qu'il donne lieu à des interprétations abusives, sera corrigé par celle du 19 avril 1901. Pour près d'un demi-siècle, sont donc déclarés affouagistes chefs de famille *ou* chefs de maison, sans autre forme de procès. La définition est floue, assurément. Ne s'applique-t-elle pas à « tout individu possédant un ménage ou une habitation à feu distinct, soit qu'il y *prépare la nourriture* pour lui et les siens, soit que, vivant avec d'autres à une table commune, il *possède des propriétés divisées*, qu'il exerce une industrie distincte, ou qu'il ait des intérêts séparés » ? Être dûment possessionné au village, d'une maison ou d'autre chose, livre donc la clé des bois.

Le législateur arrête ainsi une formule qui paraît conservatrice, et l'est en effet. Gare au manouvrier qui loge chez autrui et ne vit que de ses bras! Lui peut aller travailler au bois, mais non en jouir. Une différence fondamentale dans la société d'autrefois. Elle explique l'ardeur que chacun met pour tenir *sa* terre. Elle explique aussi pourquoi ces gagne-deniers abandonnent si tôt la partie. C'est que la reconnaissance d'une certaine dignité ne se mesure pas que sous l'angle honorifique. Les incidences matérielles s'avèrent en effet des plus notables. Pourtant, malgré son caractère rigoriste, le texte de 1827 n'en consacre pas moins l'innovation révolutionnaire au sujet des ayants droit. Ne libère-t-il pas pour toujours sa détermination du facteur censitaire ?

Cela ne s'effectue pas sans peine, tant est puissante l'envie des moins pauvres de subordonner l'accès des communaux à l'attitude devant l'impôt. Un écho assourdi d'une époque où cette clause formait la contrepartie de la solidarité collective en matière de taille ? Oui, car leur bourse accusait alors l'impact d'une pareille disposition, garante de la bonne rentrée fiscale. Se substituant par force aux insolvables, comment ces payeurs n'estimeraient-ils pas normal que les indigents – et le terme recouvre une large gamme de situations! – soient d'office éliminés de l'affouage ? A Villiers-les-Hauts (Yonne), leur indignation éclate en conséquence, ce 23 octobre 1792 où la municipalité rompt avec cette tradition [3]. N'est-ce pas, protestent-ils, « de principe et d'équité que les habitants qui supportent les charges de ladite communauté doivent en partager les avantages » ? Il leur semble donc juste que ceux qui n'assument pas les premières ne reçoivent pas les seconds.

Cette réciprocité entre devoirs et droits se discute encore lorsque E. Meaume publie, en 1847, son ouvrage *Des droits d'usage dans les forêts, de l'administration des bois communaux, et de l'affouage*. La question s'éteint alors pour les bois dont la communauté est investie. Elle se pose encore, par contre, au sujet de ceux grevés d'usage et ce, dans l'optique des cantonnements. Juridiquement, ces deux états ne se confondent plus. De même n'est-il plus concevable d'assimiler ce que chaque citoyen verse à la Nation et ce qui doit l'être au concessionnaire. Dans un cas, le paiement résulte d'une obligation à laquelle nul ne saurait échapper. Dans l'autre, il résulte d'un acte librement contracté et toujours renégociable.

Ces clartés nouvelles n'évitent pourtant pas les confusions volontaires. Durant tout le XIXe siècle, plus d'une municipalité tente ainsi d'utiliser le non-acquittement fiscal pour récuser certains affouagistes. Elles se comportent donc à l'instar de ces propriétaires qui exploitent l'irrégularité des redevances, voire leur absence, dans le but de dégager leur bien de servitudes gênantes!

La loi ne souffre pas cet amalgame. E. Meaume affirme ainsi nettement que « l'affouage communal est un droit *inhérent* à la qualité d'habitant *et* de chef de famille, dans une commune propriétaire de bois, et en vertu duquel chaque habitant, chaque chef de famille, peut participer aux produits d'une partie des forêts communales [4] ». D'une partie seulement. Les futaies, qu'il s'agisse de la réserve ou de celles éparses au-dessus du taillis, ne se délivrent en effet que pour réparer les bâtiments. Peu importe alors l'endroit où résident les propriétaires. Bois de feu et bois d'œuvre n'obéissent pas encore pour lui aux mêmes règles, l'un suivant celles de l'annuité, l'autre conservant l'empreinte de l'extraordinaire, tel que l'entendait l'Ancien Régime.

La véritable concession à la modernité porte donc sur le fait de libérer la pratique affouagère des pesanteurs fiscales. L'impôt peut être un *indice*, permettant de savoir si le postulant est chef de famille vivant audit lieu. Il cesse d'être une *condition* d'aptitude. Deux raisons à cela : une erreur sur le rôle d'imposition, et voilà un contribuable omis; le pauvre n'y figure pas, et manque sur la liste d'affouage. Dans un cas joue le pragmatisme, dans l'autre la justice.

Cette analyse se profile déjà dans l'avis que donne le Conseil d'État, le 26 avril 1808 : « Le seul mode *équitable* de partage en matière d'affouage est la distribution par feu, puisqu'elle proportionne la distribution aux *vrais besoins* des familles, sans favoriser exclusivement, ou les plus gros propriétaires, ou les prolétaires [5]. » Pas de prime donc, sous l'aspect de lots supplémentaires, octroyés ici aux plus imposés, là aux plus modestes. Ni la considération sociale ni la charité publique n'interfèrent donc sur le partage.

Cette remarque reflète le sentiment populaire. La Nature s'offre à tous. Chacun peut compter également sur sa générosité. Au demeurant, la refonte du code des impôts, avec l'abrogation de la solidarité, condamne toute autre analyse. Et les exclus d'autrefois veillent à ce que triomphe leur thèse. Ainsi, en avril 1793, à Chassy (Yonne), il est dit que « ceux qui n'ont pas acquis la condition de l'incolat ne peuvent avoir droit à une portion qui n'appartient qu'au *maître du feu*, et que ceux qui ne payent pas de contribution ont des droits d'autant plus incontestables [...] que la Révolution française a établi le *règne de l'égalité* [6] ». Expression capitale!

Le mot « égalité » est cependant plus facile à écrire qu'à instaurer. En témoignent tous les tâtonnements qui ont suivi. Les députés de la Constituante remettent à des jours plus sereins un débat qu'ils savent inévitable. La loi du 21 mai 1790 préserve l'intégralité des habitudes locales. Leurs successeurs s'efforcent par contre d'unifier la pratique. Les atermoiements précédants n'engendrent-ils pas trop de désordres et de plaintes? Le décret du 26 nivôse an II tranche donc dans le vif. Les bois coupés provenant des biens communaux seront désormais répartis *par tête* entre tous les membres d'une même communauté, ce qui gomme une fois pour toute les discriminations antérieures. Cette méthode, qu'autorise derechef la loi de 1901, comble les familles nombreuses, tous les habitants obtenant des lots égaux, quel que soit l'âge ou le sexe.

Et cependant, une telle finalité s'obtient pour ainsi dire, par inadvertance. Le législateur ne songeait en fait qu'aux biens communaux (lois des 14 août 1792 et 11 juin 1793). Les villageois ne distinguant pas entre ceux qui sont boisés et ceux qui ne le sont pas, les décrets du 26 nivôse et 28 ventôse de l'an II interdisent *pour les premiers uniquement* de diviser de la sorte leur surface, mais l'admettent, par contre, quant à leur produit. Il est parfois fort difficile de se faire comprendre! Cela n'enraye pas totalement la dilapidation, d'où le coup de frein brutal donné par le décret du 18 brumaire an XIII. Les excès auront duré près d'une quinzaine d'années, tant il est vrai que les paysans regardent les étendues boisées du même œil que leurs autres possessions. Et cela après que l'Ordonnance de 1669 eut changé les modalités de leur jouissance par des coupes réglées et un abattage professionnalisé!

L'intermède a du moins le mérite d'abolir en maintes contrées la ségrégation dont pâtissaient les conjoints ayant eu le malheur de survivre à leur moitié. La collectivité se montre parfois féroce à l'égard des femmes. Une moindre utilité lors des gros travaux agricoles, une espérance de vie supérieure à celle des hommes, expliquent cette sévérité. Pareille attitude ne s'observe pourtant que dans le cas de l'affouage. A Béon (Yonne), celle-ci résiste jusqu'à ce que les députés en décident autrement [7]. Elle vise exclusivement l'*entrée au bois*, comme en témoigne le partage des terres défrichées en 1791. Il se fera en effet « par égale portion entre tous les chefs de ménage, veufs et veuves, existants, pour, par eux, en jouir, à la charge seulement de payer toutes les impositions auxquelles chaque portion pourra donner lieu ». Les habitants le refont tous les dix-huit ans – pour eux, une génération – car « *l'égalité*, qui avait été observée [...] dans la première distribution de ces communes, faite en 1772, ne subsiste plus par l'augmentation des ménages » Vingt-cinq qui sont inscrits dans la division des communaux ne bénéficient pas « de ce soulagement » qu'est l'affouage. L'exemple souligne combien varie le comportement, selon qu'il s'agit de la récolte ligneuse ou des surfaces communes, boisées ou non, mais toujours susceptibles d'être mises en culture. Toute adaptation à la croissance démographique est exclue lorsque se répartit la première, au contraire de ce qui se fait pour les secondes. Quand l'équilibre entre production et consommation devient précaire, les habitants se montrent donc plus avares de leurs bois que de leurs champs. La communauté, en tant que propriétaire forestier, traite ses ressortissants avec l'esprit de parcimonie qui caractérise aussi seigneurs et particuliers en face d'usagers dévorant leur bien.

Ainsi, le cadre législatif qu'impose l'État – partage par tête ou partage par feu – s'apparente fort à une leçon de conduite infligée aux titulaires de l'affouage, habitués jusque-là à réguler selon leurs vœux cette pratique essentielle dans la vie communautaire. Et si le principe de la distribution individuelle ne dure guère, c'est justement parce que, avec lui, il leur est impossible de bloquer la liste des affouagistes. Que le village grandisse, et de nouveaux noms s'inscriront à la suite des anciens, comprimant ainsi leur part. Son retour en 1901 – et encore n'est-il que facultatif! – ne se conçoit qu'en raison d'une pression déclinante. L'exode rural éclaircit les rangs.

S'y ajoute le fait que le partage des bois après abattage et façonnage ne soulève plus les réticences d'autrefois, bon nombre d'habitants *ne faisant plus leur bois* eux-mêmes. Le répartir sur pied conserve encore les faveurs de la population. Seule cette méthode permet en effet de conjuguer le principe de l'égalité avec la réalité de la différence, différence des besoins et des capacités de chacun, qui s'ajustent à travers le jeu de l'échange et de l'entraide, sur la coupe même, en forêt.

Tous les prétextes sont donc bons pour récuser la distribution par individu, au lieu des feux. La municipalité de Minot (Côte-d'Or) va même jusqu'à prétendre que les manouvriers n'en veulent pas, et avec eux, « beaucoup d'autres habitants auxquels la répartition par tête augmenterait leur portion de bois dans l'affouage ». Car ils « sentent bien qu'ils seraient obligés de rapporter leurs contributions [leur taxe affouagère] au prorata de la répartition, et ils préfèrent leur portion *égale* comme les années précédentes [8] ».

Le droit du feu encourage singulièrement l'autocensure communautaire. Et pourtant, son descriptif de 1827 ne satisfait personne en désirant plaire à tous. Migneret, dans son *Traité de l'affouage dans les bois communaux*, publié en 1840, signale par exemple qu'avec cela « il n'est pas indispensable [...] d'avoir un feu séparé et de vivre isolément ». Car « on peut ne pas avoir de *feu de cuisine* et manger, soit hors de chez soi, soit avec un autre ménage résidant sous le même toit, sans perdre la qualité de chef de maison [9] ». E. Meaume réagit de même devant cette dissociation qu'opère la loi entre le feu fiscal et le feu domestique, seul le premier important désormais, alors que les textes d'autrefois n'acceptaient la délivrance usagère que s'il y avait superposition [10].

C. Guyot, dont le magistral *Cours de droit forestier* sort entre 1908 et 1911, récapitule les difficultés qu'engendre une approche trop extensive. « Au moyen d'actes fictifs de partage ou location », il estime « facile de se mettre en règle avec la loi, et d'obtenir, pour une même famille, des parts de plus en plus nombreuses [11] ». Les bénéficiaires patentés défendent cependant leur intérêt avec une touchante ardeur. C'est grâce à ce zèle qu'en 1863 deux vieilles de Faverolles (Haute-Marne) se trouvent déboutées de leur prétention. La raison en paraît mince, mais l'efficacité, remarquable : « La porte de communication, qui existe entre les chambres habitées par leurs enfants, empêchait de former *deux* ménages séparés, et leur ôtoit par conséquent le droit à l'affouage [12] ! » Le feu n'acquiert donc de contenance juridique que si la collectivité possessionnée admet son autonomie. Ses mandants exploitent ainsi au maximum les commodités que leur offre l'imprécision du mot « feu ».

Le XIXe siècle, devant les interprétations divergentes que celui-ci suscite, remet sans cesse l'ouvrage sur le métier, répondant ici aux critiques et retranchant là ce qu'il avait trop vite concédé. La loi de 1827 connaît ainsi quatre remaniements successifs : 1874, pour l'admission limitée des étrangers; 1883, pour l'homogénéité distributive du bois de chauffe et du bois de construction; 1901, afin d'introduire en option le partage par tête; 1908 enfin, afin d'uniformiser la durée de séjour requise en pareil cas.

C'est au *chef de famille* que revient la portion. Ce libellé porte en soi plus d'une dispute qui remonte jusqu'aux oreilles des magistrats! Ce principe, employé bien avant 1789, resurgi en 1808, conquiert donc l'exclusivité jusqu'à la fin du siècle, moyennant un énergique dépoussiérage. Sa nouveauté n'ébouriffe pas, et pourtant, que de grincements! Lui adjoindre, dans un élan réconciliateur, « *ou* chef de maison », brouille d'emblée le jeu que l'expression était censée clarifier. Faisant office de *synonyme,* elle élucide, certes, les doutes qui se lèvent au moment où il faut dresser la liste. Et tout va alors pour le mieux. Considérée comme une *alternative* – ce qu'elle est souvent –, voilà accru le nombre des candidats valables.

Les contentieux hérités de l'Ancien Régime s'éteignent alors, mais d'autres s'allument. C. Guyot remarque par exemple qu'avec cette disposition, la jurisprudence accorde une part d'affouage à l'étranger au même titre qu'au citoyen français. Situation douloureuse après la guerre de 1870 et l'immigration d'ouvriers italiens ou polonais! Aussi la loi du 17 juillet 1874, votée à la demande des communes de l'Est, restreint-elle ce don aux individus admis à résider en France, par décret et pour une durée de cinq ans seulement!

Ces embarras s'estompent avec le texte de 1901. Celui-ci permet aux communes qui en ont les moyens sylvicoles de satisfaire chacun de ses membres, et en particulier de gâter ceux ayant une vaste progéniture. Il évite aussi à celles moins bien pourvues d'hésiter entre une bienveillance ruineuse et une injuste économie. La condition nécessaire pour être déclaré chef de famille ne souffre plus alors de réplique. Elle « consiste en ce que l'individu considéré doit être juridiquement maître de sa personne et de ses biens ». Ce qui assure désormais aux célibataires majeurs l'inscription sur la liste, qu'ils soient ou non fonctionnaires.

Juste avant l'arrivée d'E. Combes à la présidence du Conseil (1902-1905), la querelle entre villageois au sujet des desservants paroissiaux retombe donc. E. Meaume, dès la monarchie de Juillet, note en effet combien la rédaction choisie rend contestable leur droit. Seul ne l'est pas celui du presbytère, puisque l'édifice reçoit l'affouage nécessaire à son entretien sous forme de bois de construction. Aussi, pour éviter une source de dispute, l'éminent juriste suggère de rendre équivalents les termes de « chef de famille » et de « chef de maison ». La solution proposée règle effectivement dans ce cas le problème du combustible, car, là, c'est la personne qui en profite, et non le bâtiment! Les mal-intentionnés à l'égard de M. le curé connaissent donc bien l'art de lui causer du tort, eux qui exigent que les deux critères soient remplis. Leur victime peut satisfaire à l'un – et encore! – mais non à l'autre, à moins d'héberger enfants ou neveux en sus de la gouvernante.

Cette question n'est d'ailleurs pas née avec l'anticléricalisme grandissant du XIXe siècle, bien enraciné dans la Révolution. Elle lui est bien antérieure, car, au lavoir comme au cabaret, depuis la seconde moitié du XVIIIe siècle, on en parle. Faut-il y voir une désaffection générale envers tout ce qui approche, de près ou de loin, le culte?

Certes, dans toute communauté vivent et prospèrent des mécréants avoués, qui disent bien haut que les dîmes perçues sur l'ensemble des terres et des productions contribuent assez au bien-être du clergé sans que, en plus, une part de la récolte ligneuse lui soit réservée. Ce serait pourtant fort exagéré d'imputer pareille signification à ce débat. La controverse, quand elle existe, ne s'attache jamais seulement au prêtre du lieu. Elle vise aussi *tous les célibataires* qui s'y trouvent, filles ou garçons. De l'utilité du mariage! Comment prétendre, sinon, à la respectabilité du chef de famille? Cela ne se peut, même si ces célibataires, règnent en maîtres au logis.

Le débat atteint ainsi le postier, le gendarme, l'instituteur et le garde forestier, toutes personnes dont le logement ne résulte que de la fonction. Comment se dire chef de maison alors que celle-ci ne les abrite que par le bon vouloir de la municipalité ou de l'État? Et si les uns contractent légitime union, et si les autres sont imposés par les pouvoirs publics, il restent encore aux rédacteurs de la liste toutes les finasseries que leur offre la notion de feu séparé!

« Chef de ménage », voilà qui est d'une rassurante prudence et refoule toutes les objections. La statistique va adorer cette banalité qui convient aussi bien à la personne solitaire qu'à la tribu familiale. L'expression n'obtient cependant un franc succès qu'au temps où la houille succède au bois. Manier avec tant de subtilité le vocabulaire ne reflète cependant pas la perversité rurale. Cela traduit simplement le fait que, du chauffage gratuit, il ne saurait y en avoir pour tout le monde. D'ailleurs, gratuit, l'est-il vraiment?

Faire son bois

Le droit du feu confie à chaque village pourvu de bois le soin de définir ses ayants droit, et, partant, de les désigner. Deux opérations distinctes, car si la première s'appuie sur un usage immémorial à présent sanctionné par le législateur, la seconde ne saurait, en revanche, qu'obéir à la conjoncture. C'est que le volume ligneux offert à chaque foyer bénéficiaire ne traduit jamais que l'étendue forestière dont dispose la communauté. Travail de haute diplomatie, donc, que celui de ses représentants, qui doivent équilibrer les justes demandes des individus avec les exigences, non moins essentielles, de la collectivité dont ils ont la charge. Dans une région où les bois communaux ne représentent qu'un pourcentage modeste, il leur faut donc sacrifier quelques candidats, mais à bon escient, le degré d'insatisfaction se répercutant sur celui de la délinquance.

Dans ce contexte, l'établissement de la liste des élus s'apparente bien à un acte politique, et les syndics peuvent s'applaudir si le jour de son affichage ne retentissent pas d'aigres querelles. Lorsque sa parution ne déclenche pas l'hostilité du tout-Clochemerle, le rôle sert plusieurs années de suite. A Cry (Yonne), par exemple, aucune retouche ne l'altère durant sept ans, et ce malgré l'inscription à demi-part de certains quidams, qui se soumettent sans piper mot [13]. Le regard des autres exerce ici pleinement son pouvoir coercitif, pouvoir par lequel le groupe maintient sa cohésion.

En fait, ces *techniques discriminatoires* agitent beaucoup moins le microcosme villageois que l'*inégalité* constatée entre les partageants. La quantité distribuée à chaque feu se calcule normalement en divisant la superficie de l'ordinaire par le nombre de foyers retenus. Toute violation de cette méthode provoque des criailleries : les affouagistes alors se « volent réciproquement [14] ». Rien n'est pire dans une société agraire. Le superflu s'y révèle toujours trop maigre pour que soit tolérable un accroc à l'honnêteté. Le viol, les coups et blessures, comptent moins que de semblables indélicatesses, ressenties comme autant de trahisons.

Agissant si besoin auprès des autorités, les ayants droit exigent que toutes les parts puissent s'interchanger, ce qui implique qu'aucune ne se distingue dans le triage de l'année. Le silence semble ainsi le refuge des candidats recalés, tandis que les reçus, eux, montrent une indignation bien prompte. Ils ne parlent d'ailleurs si haut qu'en raison des difficultés d'introduire, au XIXe siècle, un recours contre les décisions prises en la matière. Ne donnent lieu en effet à des réclamations gracieuses que les actes de la municipalité pourvus d'un caractère discrétionnaire : le choix entre la vente et la délivrance, l'imposition d'une taxe affouagère et son montant, l'option de tel ou tel mode de partage après 1901, et la fixation de la durée de séjour requise. Que la pétition s'adresse au Conseil municipal ou atterrisse sur le bureau du préfet ou du ministre, cela ne modifie pas l'essentiel. Pris dans les limites de la loi, l'arrêté du maire est souverain. D'où l'utilité d'une intervention préalable. Heureux d'accéder à l'affouage, tous les élus entendent donc se classer au même rang. Certes, leur situation varie en dignité, fortune ou occupation, mais ces différences s'abolissent dès qu'il s'agit de monter au bois. Les *feux se valent*, et seul le hasard livre telle portion plutôt que celle contiguë.

Tous les foyers n'obtiennent donc pas l'investiture requise pour bénéficier de l'affouage. Tous ceux qui la recueillent profitent en revanche *également* de cette possibilité. Voilà les deux lois fondamentales. Et si la première déconcerte le juriste d'aujourd'hui, elle ne fâche nullement les gens d'autrefois. Chaque habitant sait qu'il est impératif de réguler la fourniture en combustible, quitte à soulager par un beau geste individuel, les isolés en état de manque. La seconde, au contraire, qui va de soi aujourd'hui, se discute sous l'Ancien Régime et s'instaure à mesure que se précise le statut de la propriété forestière. Elle marque en effet l'appropriation communautaire sur des espaces qui, jadis, relevaient du potentat local. Le maître du lieu, cette métamorphose faite, n'est plus le *principal* habitant, mais *un* résident qui possède au pays des biens où les voisins n'entrent pas, et qui jouit, au même titre qu'eux, des communs... procurés, peut-être, par un de ses ancêtres!

C'est le cas à Joigny [15]. La veuve de Jacques Brideau, seigneur de Saint-Aubin-sur-Yonne, cède, *par donation*, quelque 84 hectares. Cet abandon, donnant l'indépendance à l'approvisionnement villageois, ne lui confère pourtant aucun privilège. Chaque début d'automne, les deux responsables que désigne le corps de ville « laisseront à ladite dame, ou à ses successeurs, [...] *une portion* de bois taillis, *semblable* à celle appartenant à l'ung des habitans dudit Joigny ». Deux siècles s'écoulent sans que nul ne conteste l'accord, en dépit des vifs regrets de la descendance Brideau! Ce qui est fait est fait, et tant pis pour le quart de futaie englouti dans la caisse municipale à cause des bontés de la trisaïeule! Pas d'avantage donc, ni pour le concessionnaire ni pour les notables, même afin de rétribuer les services passés et restaurer des bâtisses délabrées.

Le tirage au sort s'impose à tous, humbles et moins humbles. Ce n'est qu'après s'être réunis « au son de la cloche » que les gens de Collonges-lès-Béry (Côte-d'Or) se déplacent en forêt, « dans le besoin de se partager un peu de bois [16] ». Le syndic de Cry (Yonne), lui, fait battre tambour la veille de ce grand jour et, le matin, envoie le garde communal frapper de porte en porte, « pour qu'ils eussent à s'assembler ». Il en va de même à

Commissey (Yonne) où, devant le juge-prévôt, sont vérifiés « quatorze billets, quy ont esté pliés et mis dans un chapeau », les bénéficiaires promettant de garder « par chaque arpent, seize balliveaux et les anciens [avec les] modernes [17] ».

Les intéressés peuvent, dans cet instant solennel, recevoir *directement* le numéro de la part que leur adjuge le hasard. Ce procédé expéditif a l'inconvénient de confier à chacun le soin d'exploiter, d'où des retards gênants pour le recolement et, de ce fait, quelques propos peu aimables envers ceux qui entravent ainsi le cycle affouager. Ils peuvent aussi toucher le lot *à plusieurs*, auquel cas les membres du groupe procèdent à l'abattage sous la conduite d'un des leurs, baptisé selon l'endroit « dixemier », « dizainier » ou « disenier ». La concertation qui règne en son sein explique peut-être qu'avec cette méthode il y ait deux fois moins d'incidents qu'avec l'autre [18]. Etymologiquement, la dizaine inclut dix ayants droit, mais en fait, cette contenance idéale se rencontre rarement. Le nombre est plutôt un maximum qu'une moyenne.

Cette souplesse offre à la bienfaisance des participants la possibilité de soulager les déshérités. Ainsi, à Perrigny-sur-Armançon (Yonne), chaque tranche n'approvisionne que trois feux, mais en 1785, sur les 29 dixeniers correspondant aux 29 parts tracées, 17 acceptent d'intégrer un exclu [19]. Celui-ci ne travaille pas sur le chantier, mais reçoit quelques bûches. Grâce à ce geste, ne seront pas démunis, quand la bise sera venue, un milicien, le sonneur et surtout quinze veuves, obligées sinon de ramasser au bois, une fois la coupe faite.

Le système s'applique justement là où existent des lambeaux épars, des pentes rocailleuses, bref, là où la configuration empêche d'établir un parcellaire équitable. A Lucey (Côte-d'Or), cela se pratique sous la Restauration comme au temps de Louis XV. En 1824, le Conseil municipal ne déclare-t-il pas, à propos de l'ordinaire sis aux champs Dubois, que « vu la difficulté de distribuer *individuellement* la coupe, [...] attendu les sinuosités qui y existent, elle sera conséquemment divisée et partagée en onze dizaines, qui formeront et composeront chacune huit portions, et une autre sera de neuf portions, ce qui fait un dénombrement de 89, tel qu'a été formé l'estat des co-partageants » ?

Certains groupes se sentiront mieux pourvus que d'autres en regardant la qualité du taillis. Et alors, si une majorité le souhaite, ils pourront faire profiter de leur chance ceux demeurés en dehors du tirage. Cela reste pourtant une éventualité. Rien ne garantit qu'un tel repêchage existera l'année suivante! L'esprit convivial se tempère toujours à l'ombre de la nécessité...

Les Égaux, ou plus exactement ceux qui voudraient l'être,

suivent de près les travaux préliminaires qui donnent forme au chauffage de l'année. Dans cet ordinaire – quelle puissance d'évocation a ce mot simple pour désigner une surface! –, les limites des tranches le composant deviennent apparentes grâce aux *filets,* c'est-à-dire à des lignes matérialisées par un débroussaillage et ponctuées de quelques perches à demi sectionnées. Cette découpe du terrain s'efforce d'égaliser les différentes portions. Ne sont-elles pas arpentées à maintes reprises par le porte-perche, le bonhomme officiant sous l'œil scrutateur des ayants droit? Une fois le tirage effectué, le numéro obtenu est inscrit à hauteur du regard, bien visible, et comme deux précautions valent mieux qu'une, chaque dixenier enfonce aux quatre coins de la part un coudrier décapité, pelé à blanc sur deux côtés, et portant aussi l'indication de sa brigade. Ces *pieds carrés* sont désormais inamovibles, les gardes communaux vérifiant « qu'ils soient conservés, afin qu'en cas de mauvaise exploitation ou de délit, [on] puis[se] reconnaître les auteurs desdicts délicts, ou ceux qui auront mal exploité, aux peines de droit contre les uns et les autres [20] ». Et leur surveillance n'est pas vaine, car le calendrier impose son rythme.

Mauvaises volontés et intempéries persistantes retardent parfois l'achèvement. A Vaux-Saules (Côte-d'Or), « la rigueur de l'hivert et la trop grande quantité de neige [interdit] de vuider le triage [21] ». A Bèze (Côte-d'Or), « la mutinerie de quelques habitants » bloque la sortie des bois, un arrangement n'intervenant qu'au début du printemps. Ces retards enfièvrent toujours plus ou moins une délinquance à la petite semaine. Chacun conjure comme il le peut la pénurie qui approche dès que se vide le bûcher. On tond les haies au plus près, on étête discrètement les saules, on court les bois des alentours, et, lorsque tombe le soir, on monte vers les siens, fort heureux si le voisin ne tente pas sa chance au même instant. Or l'Administration n'apprécie pas davantage le maraudage nocturne qu'un prélèvement anticipé. D'autant que ce qui semble dû maintenant peut en définitive incomber à d'autres. Le litige rebondit alors! En pareille circonstance, la communauté risque fort de se trouver coupable.

Les habitants d'Asnières (Yonne), pour n'avoir pas préservé « quarante-trois anciens, [...] vingt-sept avant l'exploitation de ladite coupe, et seize pendant icelle, et soixante balliveaux de l'âge du taillis », acquittent ainsi 60 livres de dommages et intérêts [22]. D'une telle rigueur, ils se dispenseraient volontiers. Quitte à concéder, en tête-à-tête, le bien-fondé de ces mesures qui facilitent une belle repousse à la fin mars, et à critiquer – naturellement – ceux qui les négligent. Les marchandises non évacuées à cette date signifient pour plus tard, c'est vrai, un piétinement préjudiciable au recrû, lorsqu'elles devront l'être.

Le temps de sève implique donc le départ des bûcherons. Chaque affouagiste doit en conséquence avoir vidé son lot pour le premier avril de l'année qui suit le tirage au sort. Ainsi, à Perrigny-sur-l'Ognon (Côte-d'Or), l'attribution ayant traîné jusqu'au 14 décembre 1886, les bénéficiaires ne disposent plus que de trois mois, ou presque, pour accomplir la tâche. Ce délai expiré, non seulement l'accès des bois leur sera fermé, mais encore le loisir de s'y rendre, interdit : les gros travaux agricoles ne recommencent-ils pas avec le réveil de la campagne ?

Les gens qui possèdent un bien, même modeste, ne vont là-haut que pendant le repos hivernal. Ne hantent le bois toute l'année que ceux qui ne sauraient vivre autrement, cueillant et chassant pour leur compte, mais ne répugnant pas non plus à aider les exploitants occasionnels, moyennant rétribution. C'est que la besogne requiert une disponibilité considérable. Abattre, scier et empiler un stère de bois de feu demande en effet plus de sept heures à un bon ouvrier. En supposant que l'ayant droit obtienne une quarantaine de stères – et il les lui faut bien, compte tenu de la nature du bâti, des méthodes de chauffe et de la cuisson des aliments, y compris ceux du bétail –, cela représente plus de 300 heures passées au bois, sans parler des trajets quotidiens et du bûcher confectionné. Remplir ce dernier exige ainsi, à raison de 40 heures par semaine, de s'organiser pour sept à huit semaines, durant lesquelles on s'interpelle, on se côtoie, on mange ensemble. Le garde communal ne cesse pas ses rondes, devisant tantôt avec l'un, tantôt avec l'autre, et rompant le pain de tous.

Pendant près de deux mois, le village migre et se réduit à un microcosme masculin. Les femmes n'apparaissent qu'au déjeuner, brièvement, et vont parfois, le soir, à la rencontre, qui de l'époux, qui du frère. Leur rôle ne devient vraiment utile qu'en fin d'opération, quand il s'agit de rendre propre le parquet de coupe. Jusque-là, seuls les hommes occupent la scène. Deux à trois fois par jour, le bois est réuni pour constituer une *javelle,* c'est-à-dire une pile établie sur un espace libre, appelé la *coulée.* Le façonnement se réalise en effet sur place, et même s'il mobilise moitié moins de temps que l'abattage, ce travail ne ressemble pas à une sinécure. Aussi veuves et vieillards admis à l'affouage ne l'exécutent-ils pas eux-mêmes. Ils s'arrangent avec quelqu'un du pays pour faire exploiter leur part à moitié fruit. Aucun argent n'est déboursé, et l'égalité entre les élus demeure respectée. Cette entente arrange donc tout le monde, et le travail va son train.

« *Glaner le bois* »

Le labeur réclame du muscle et de l'endurance, car l'arbre est pugnace, l'entaille fort basse, et les tiges nombreuses, surtout lorsque le taillis manque de maturité. Les bûches faites se distinguent de celles du commerce par leur dimension, calquée sur le bras tendu, afin de ne pouvoir être détournées vers le négoce. Dans le circuit marchand, en effet, celles dont le diamètre excède les 10 cm sont longues de 114 cm et ne se confondent donc pas avec la charbonnette, de calibre inférieur et plus courte : 66 cm, comme pour le bois d'affouage. Les lances, qui sont minces (moins de quatre centimètres) et vont former le *chiquetage,* s'enlèvent, elles, à la serpe, et non à la goué. Pour ce, l'ouvrier se sert d'une *bique,* qui est une tête d'arbre s'apparentant à un trépied. Au-delà de cette rotondité, il scie le tronc sur un chevalet qu'il déplace à mesure que la besogne avance. Et malgré le froid mordant et la pluie qui glace, il ne s'arrête pas. Trier, empiler, sont des tâches tout aussi pénibles qui cassent bras et reins.

Reste encore le nettoyage auquel collabore le village entier. Les déchets sont regroupés avec une fourche improvisée. Un charme bien profilé convient. Cette essence ne comportant pas de nœuds, l'outil n'accroche pas de branches lorsqu'il pique les broussailles. Au fond, à l'exception des lames tranchantes, le bûcheron se contente de puiser dans le milieu naturel dont il tire l'appareil approprié. Cela valorise d'autant tous les instruments comprenant une partie métallique, telle que serpe, goué, hache ou cognée, et transforme leur saisie en catastrophe.

Une fois la vente propre, le feu est mis à ces tas, échelonnés de huit à dix mètres. Et pendant que crépitent et se tordent les flammes dans la fumée odorante, les hommes demeurés en la place, bientôt déserte, s'emploient à ravaler les estocs et à recéper les souches. Les familles venues chacune apporter la provende, cuite sur les brindilles et mangée en commun, sont reparties vers le village. Ainsi, après avoir divisé les habitants lors de la désignation des bénéficiaires, l'affouage marque leur solidarité dans l'exploitation.

Jusqu'à l'année prochaine, le canton retombe dans le silence. Tous ont fait provision, et plus que cela, car, dans ces moments intenses où la solitude s'enfuit, le pacte communautaire semble renforcé : « Pour dîner, on s'appelait, on mangeait tous ensemble, on se réunissait autour du feu, on faisait la ch'veusserie [23]. » Quelle saveur conserve encore dans la mémoire ce lard ou ce hareng ainsi cuit sous la braise ! Peut-être est-ce là le secret d'une pratique qui survit, alors qu'elle s'impose de moins en moins.

La loi finit même par admettre, le 21 juin 1898, ce partage sur pied, tant aimé. Les pouvoirs publics se sont efforcés en vain de l'extirper depuis 1669, et encore dans les textes du 29 septembre 1791 et du 18 juillet 1837 ! Seules la mutation quant au mode de chauffage et la montée de l'individualisme en sonnent le glas dans les années 1960. Ce qui s'éteint là, ce n'est pas l'affouage, mais les traditions collectives auxquelles il était lié. Elles ne renaîtront pas de la crise pétrolière. Pendant longtemps, ce système, admirablement décrit dans *La Billebaude,* parce que vécu à l'heure où la civilisation industrielle le menace déjà, semble figé.

Pourtant, sous cette immobilité apparente, des courants naissent qui préludent au changement. Ne serait-ce que pour apaiser l'ire administrative, les habitants devancent ses vœux. Voilà sensiblement altérée la sociabilité affouagère. Un jour vient où, comme le souhaitaient les Eaux et Forêts, ils ne vont plus guère au bois, parce que d'autres s'en chargent pour eux et portent alors la responsabilité de son exploitation. « Maintenant, disent-ils, c'est une sorte de *glanage.* Les marchands de bois, ils laissent tous les branchages dans la coupe, les têtes d'arbres, tout... C'est à qui veut les prendre. *On glane au bois,* quoi [24]. » Et ce délaissement à l'initiative individuelle est bien ressenti comme une perte. Sans doute cette situation reste-t-elle assez minoritaire dans la seconde moitié du XVIIIe siècle. Elle n'en indique pas moins une importante transformation.

Les rapports tissés entre l'Arbre et le Paysan se détendent peu à peu. Certes, que les villageois assument en personne la récolte ligneuse colle tellement au schéma d'autosubsistance qui s'attache aux sociétés dites « traditionnelles » qu'il est difficile de les imaginer agissant autrement. L'étiquette adhère si bien qu'y renoncer dérange profondément la plupart des ruralistes et, sans doute, certains des sujets qu'ils étudient! Par ce qualificatif, les uns postulent l'absence d'innovations, les autres, leur médiocre désir d'en faire. Et pourtant, ces greffes étranges, qui ne devraient pas se produire, se constatent. Elles dissolvent même les liens les plus solides. Il en va ainsi des menues retouches qui affectent le système affouager dans la seconde moitié du XVIIIe siècle. Il n'est pas sûr, en effet, que les ayants droit portant serpe et hache, la scie sur l'épaule, se soient toujours plu au rite exténuant que réclame, l'automne venu, l'approvisionnement du foyer.

Cette attitude se maintient là où les bois apparaissent de médiocre étendue et de piteux rapport. La valeur de chaque portion ne supporterait pas alors d'être obérée par la moindre charge. L'exploiter soi-même ou acheter le nécessaire, voilà les termes du dilemme. Or le dernier semble une atroce anomalie jusqu'à la fin du XIXe siècle. L'affouagiste se résigne donc et monte au bois. Partout ailleurs, dès les années 1770, se multiplient les cas où il y a renonciation au partage sur pied. Les communautés en appellent au service d'un *entrepreneur*, qui dirige les habitants comme s'ils étaient ses salariés, mais qui peut aussi recourir à sa propre équipe de bûcherons. Responsable de toutes les fautes liées à l'abattage, devenu en quelque sorte l'intermédiaire patenté entre l'administration de tutelle et les ayants droit, cet homme providentiel épargne aux syndics de désigner – ce qui est toujours délicat – deux individus solvables, certifiés garantir pour tous... le paiement d'une amende éventuelle! L'avantage fait réfléchir lorsque l'Administration resserre sa surveillance sur des communaux reboisés de frais. Cela joue aussi bien sous le règne de Louis XV que sous celui de Napoléon III.

Hélas! le système n'est pas sans inconvénient, et cela suffit parfois à refréner ce premier mouvement. C'est que ni cet intermédiaire ni ses coupeurs n'œuvrent gratis. Se pose alors le problème de leur rétribution. L'acquittement d'une somme au préalable, si petite soit-elle, corrige en effet la donne initiale, puisque désormais l'accès au bois se trouve conditionné par le versement d'un droit d'entrée. A Stigny, à Malay-le-Petit, comme à Villon (Yonne), chaque ayant droit, depuis les années 1770, n'emporte sa portion que moyennant 3 livres 5 sols. Le cercle des égaux devient ainsi un club payant.

Certes, pareille formalité serait refusée si la valeur du combustible ainsi obtenu ne couvrait pas largement cette dépense. Et cependant, celle-ci gêne les plus pauvres. Pour eux, c'est toujours sacrifier un argent rare à une denrée répandue, partout « visible » et, semble-t-il, à portée de main. Même s'il ne s'agit que de régler l'entrepreneur, et non d'acheter ce bois précieux, ils perçoivent la chose comme anormale. Évidemment, prendre l'affouage ne constitue pas une obligation. Y renoncer se conçoit donc, mais une telle abnégation n'allant pas jusqu'à ne plus se chauffer et ne pas cuisiner, force leur est faite d'emprunter le chemin de la délinquance. Le vol sera discret s'ils ont un sentiment de culpabilité. Il sera ostentatoire s'ils entendent protester contre une situation jugée scandaleuse. D'ailleurs, celle-ci comporte quelque ambiguïté sous l'Ancien Régime. C'est qu'il est délicat de concilier la volonté des pouvoirs publics de ne plus laisser les habitants couper eux-mêmes leur bois, et celle de préserver leur potentiel fiscal! L'auto-imposition est en effet prohibée, d'une part afin d'empêcher les communautés de contracter des emprunts qu'elles auraient le plus grand mal à rembourser ensuite sans aliéner en partie leur patrimoine, de l'autre parce que la taille et les impôts divers rentrent avec suffisamment de peine sans leur susciter la moindre concurrence.

Aussi l'Administration, qui recommande l'emploi d'un entrepreneur – celui-ci n'étant pas un choix mais un ordre, selon la loi –, manifeste-t-elle son embarras en n'intervenant guère sur le sujet. Carte blanche est ainsi donnée aux municipalités. Comme l'écrit le maire de Diénay (Côte-d'Or), s'adressant au préfet en 1827, les Eaux et Forêts « ayant senti que l'extrême rigueur n'est un bien ni pour les administrés, ni pour les administrateurs, *usant d'une tolérance éclairée*, avai[ent] concilié la loi et les intérêts privés [25] ». La litote est joliment tournée. Le juriste C. Guyot signale que le label de légalité ne couronne que fort tard cette pratique, déjà courante au XVIIIe siècle. Elle n'apparaît en effet comme telle qu'à partir de la loi du 7 août 1828. Et il y est bien spécifié que son objectif se limite au *remboursement* des frais consécutifs à l'exploitation, façonnage et distribution des affouages – rien de plus! N'est-ce pas conforme aux clauses du Code de 1827? Celui-ci charge les communes de régler la facture afférente aux bois gérés. Tous les ans, en conséquence, le responsable dresse l'état des coûts divers qu'entraîne leur propriété : garde, régime, contribution, entretien, repeuplement, etc. La taxe se calcule en divisant leur montant par le nombre d'affouagistes inscrits. Reste alors à M. le Préfet à donner son aval. M. le Maire, lui, devra veiller à l'affichage de la liste.

La corvée du recouvrement incombe au percepteur. Cela rend le procédé odieux à plus d'un : puissance des sentiments antifiscaux du Français en général et du Paysan en particulier! Aussi les retardataires ne font-ils jamais défaut. Il arrive même que des municipalités déploient en leur faveur un talent diplomatique insoupçonné. A Pourlans, près de Pierre-de-Bresse (Saône-et-Loire), les vignerons ont l'habitude de ne verser l'argent aux salariés qu'une fois le vin vendu. Ils agiront de même à l'égard de cette taxe. Et comme les manouvriers attendront pour la payer d'avoir touché leur dû, les bois risquent fort de n'être pas répartis au nouvel an, ce que le maire comprend beaucoup mieux que ce respectable fonctionnaire! La négligence d'un seul individu ne bloque-t-elle pas l'octroi du permis d'exploiter? Ce n'est que tout à la fin du XIXe siècle (1899) que chaque affouagiste est autorisé à enlever sa part, en présence du garde ou de l'entrepreneur, sur production de sa quittance, dans la quinzaine qui suit la constitution des lots.

Cette facilité enfin admise reflète la dislocation collective, mais aussi la précipite. L'affouage, symbole de l'allégeance communautaire, devient facteur de désunion : d'un côté, les catégories sociales qui se libèrent sans attendre, de l'autre, celles dont le mauvais vouloir paralyse le système... L'abandon du partage sur pied se voit en effet doublement critiqué par certains. D'abord, parce qu'il rend onéreux ce qui ne coûtait rien. Ensuite, parce qu'il amenuise les possibilités d'emploi qu'offraient les communaux à toute une frange d'habitants un peu marginaux, presque nomades, en tout cas fort démunis.

Les municipalités tiennent compte des réticences qu'expriment maints villageois placés en face d'un tel chambardement, même s'ils peuvent l'affronter, sur le plan financier s'entend. Ainsi, très souvent, au début, elles se contentent de confier l'abattage à l'entrepreneur désigné, gardant aux habitants tout le processus de transformation. Le prix de son service en est diminué d'autant. Cela permet en outre à chacun de faire ce qu'il veut de la part échue, encore que sa vente soit fort mal considérée. C'est là un souvenir de l'affouage ancienne mode : l'un a besoin de paisseaux pour sa vigne et l'autre ne demande que bûches et fagots.

Le cas du Verdonnet (Côte-d'Or) illustre cette phase transitoire car, pendant longtemps, l'ayant droit conserve la liberté du façonnage, toutes les autres opérations ne relevant plus que de l'entrepreneur [26]. Encore en 1831, il doit former avec le taillis « 94 lots, égaux en quantité, numérotés depuis 1 jusqu'à 94, qui seront tirés au sort. Le tirage au sort étant exécuté, l'entrepreneur abattra de suite la futaie, qu'il mettra en lots de la même manière ». Chacun fera « façonner [...] comme il l'entendra, pour son *avantage particulier*, les bois qui lui seront échus ». Le voilà donc qui échappe au regard de la collectivité : libre à lui d'affecter sa part à l'usage qui lui convient – et il peut préférer la monnayer; libre à lui, dans l'hypothèse contraire, de désigner l'auteur du façonnement – pourquoi pas un étranger? Une telle autonomie ne se conçoit qu'en raison d'une répartition fondée sur le *volume ligneux* que livre l'affouage, et non sur la superficie de chacun des lots le constituant. L'entrepreneur fournit en quelque sorte un produit semi-fini, dont l'accommodement dépend de l'acquéreur.

Si au Verdonnet, les marchandises se fabriquent encore sur le parterre, ailleurs pareille contrainte sombre déjà dans la désuétude, et avec elle, la dernière restriction imposée quant à l'emploi des bois. Dans d'autres villages, écouler au marché un combustible jugé superflu, ou du bois de construction inutilisé, n'excite même plus le qu'en dira-t-on. En fait, cette action ne motive plus à présent la radiation de son instigateur. Et lorsque cela se produit – la chose se constate encore sous la monarchie de Juillet –, la victime obtient toujours gain de cause auprès des autorités! Les temps ont décidément bien évolué.

Les pendules se mettent complètement à l'heure durant la seconde moitié du XIXe siècle. Jusque-là, les procédures de cantonnement sont trop récentes pour qu'il n'y ait pas des comportements anachroniques. Les communautés se veulent propriétaires *et le deviennent*, mais l'autocensure fonctionne comme si leurs membres étaient co-usagers, et non copartageants. Mais les bonnes manières s'apprennent vite. Les habitants les plus déshérités éprouvent parfois quelques bouffées de nostalgie au rappel de la situation de leurs aïeux, parce qu'ils l'auréolent d'idéal. Ah! jouir d'une immense étendue et, qui plus est, en disposer sans devoir sortir quelques sous, quel rêve! Ils oublient effectivement les impératifs de la délivrance et le versement de la redevance annuelle. De tels regrets ne se justifient donc pas. Il faut cependant les considérer avec attention.

Cette attitude passéiste exprime en effet leur désapprobation devant la tournure qu'adoptent bon nombre de municipalités. Certes, souvent la taxe demeure faible : quelques francs par an, comme à Préty (Saône-et-Loire), avec 4,25 francs par affouagiste, ou comme à Collonges-lès-Bévy (Côte-d'Or), avec 7,30 francs par affouagiste. Son accroissement n'en reste pas moins préoccupant [27]. Trop peuplées et peuplées de pauvres gens, les communes rurales ne disposent pour toute richesse que de leurs bois. Comment n'éprouveraient-elles pas la tentation de reporter la charge des dépenses, *même non forestières*, sur les bénéficiaires de la coupe annuelle? Recourir aux impositions extraordinaires s'avère pour elles si compliqué! Cette taxe, à l'origine qui ne devait financer que la préparation et l'exploitation du triage annuel, finit par alimenter des postes n'ayant plus aucun rapport avec les bois communaux. Le budget du Verdonnet (Côte-d'Or) illustre bien cette tendance puisque, dès la fin du XVIIIe siècle, l'entretien des ordinaires et le salaire des gardes ne consomment plus que 61 % de ces recettes.

L'affouage, autrefois fédérateur de la société villageoise, opère maintenant un clivage. A droite, ceux qui alimentent le budget et, du coup, discutent de ses orientations; à gauche, ceux qui ne le peuvent ou ne le veulent : une mise hors jeu du circuit financier faisant d'eux des spectateurs. A Châtel-Censoir (Yonne), les 41 habitants, laissant impayée leur cotisation de 1790, perdent la part qui leur serait revenue sans peine, quelques années plus tôt [28]. Un étrange retournement de situation, si l'on y pense. Car, au moment où les pouvoirs publics font litière de tous les obstacles fiscaux placés sur la piste affouagère, la préoccupation censitaire, chassée d'un côté, pointe le nez de l'autre! On observe ainsi en maints endroits, avant que n'interviennent les députés de la Législative, comment, « la division annuelle des bois communaux, *produisant un revenu* à peu près de cinq livres, année commune, *par chaque personne*, ayant feu et lieu indistinctement, [les] municipalités [consacrent] l'usage de comprendre au rôle des impositions *tous ceux qui participent* à cette disposition ».

Les administrés se rangent donc en deux catégories : première et seconde classes. Dans la première, tous ceux pour lesquels l'acceptation des devoirs fonde l'exercice des droits et réciproquement. Dans la seconde, ceux qui, incapables de se charger des uns, ne prétendent pas aux autres, ou plutôt ne devraient pas les revendiquer – une nuance qui compte! L'écart entre les deux s'esquisse dès que surgit la taxe affouagère. Sans doute celle-ci souligne-t-elle davantage les fissures communautaires qu'elle ne les occasionne. Elle n'en focalise pas moins le mécontentement des petits, des obscurs, ceux qui ne survivent qu'immergés dans les traditions collectives. Eux qui vont et viennent constamment du bois au village, redoutent la tarification de son emploi. De même appréhendent-ils de le voir vendu pour la prospérité des finances communales. Les gens d'ici, qui les fréquentent parfois et les embauchent souvent, commencent à les trouver bien encombrants. C'est nouveau.

DES MINES PATIBULAIRES?

Dans ce premier tiers du XIXe siècle, prolifèrent les menus conflits sur la question affouagère, montrant que le maire ne sait trop s'il doit faire figurer sur la liste certains quidams dont le domicile semble aussi vague que le délai depuis lequel il est occupé. La durée d'un an et un jour doit-elle partir de celui où l'individu déclare son installation, ou de celui de son emménagement effectif? Certains responsables ont l'embarras aisé, mais leur doute, plus ou moins réel, cache mal une méfiance profonde à l'égard d'une population de manœuvres dont beaucoup se déplacent sans cesse, en quête d'un travail, même provisoire. Nomades par besoin, ne vont-ils pas, ces mauvais bougres, en multipliant les demandes dans les lieux où ils exercent un temps leurs savoirs et leur force, cumuler plusieurs affouages? Et ceux-ci apportent tant! La faille grandit à mesure que l'équipement de la collectivité exige des ressources supplémentaires, ressources qui se cherchent du côté de la taxe, laquelle augmente peu à peu.

Dans l'arrondissement de Beaune (Côte-d'Or), étudié par A. Brosselin à la fin du XIXe siècle, 27 % des communautés restent certes fidèles à la logique égalitaire, mais cela pèse peu au regard des autres – les trois quarts – qui l'ont répudiée [29]. L'expression « faire feu de tout bois » résume admirablement leur conduite. La taxe affouagère ne représente-t-elle pas fréquemment, dans ces communes rurales, la moitié et plus du revenu annuel? C'est dire combien elle leur est précieuse : 43 % l'imputent au service des dépenses courantes, 23 % pour faire face à l'extraordinaire, gros travaux ou grandes catastrophes, et 7 % n'hésitent pas à combiner les deux objets! Le pli est pris, et il n'existe pas de retour en arrière : l'essayer, c'est l'adopter!

Après tout, depuis longtemps se pratique la vente du quart en futaie. Et grâce à elle, que d'améliorations apportées à la vie du villageois! Pourquoi ne pas en faire autant avec ces triages? Il suffit de les économiser plusieurs années de suite. L'ensemble adjugé aux marchands fournirait une somme bien plus conséquente que cette taxe. Celle-ci vaut mieux que rien, mais ce mieux ne satisfait plus. Les coupes commercialisées possèdent en effet une dimension financière que ne sauraient égaler des coupes délivrées. Ce qui se murmurait jusqu'à présent tout bas se dit maintenant tout haut. Les forestiers, dès la seconde moitié du XVIIIe siècle, osaient s'interroger sur le bien-fondé des délivrances, tant dans les régions de plaine que de plateau, la montagne offrant, elle, des conditions nettement moins favorables au négoce. Quelques générations plus tard, à la question succède la certitude, et une certitude largement partagée. Pourquoi les communes ne se comporteraient-elles pas à l'égard de leurs biens comme n'importe quel propriétaire forestier? Et si elles ne le font pas, ce respect de la tradition s'inscrit comme preuve dans le procès fait à la gestion collective. Du pain bénit pour les libéraux qui rejettent allègrement tout ce qui émane de l'État et des communes!

Le cher E. About ne publie-t-il pas, en 1855, un véritable plaidoyer en faveur de la privatisation des communaux landais, roman dont le titre ne s'embarrasse pas de détour : *Maître Pierre, ou l'assainissement des Landes*? En voilà du réalisme! Car il ne s'agit pas que de la salubrité du milieu physique, mais aussi de la nécessaire restauration des valeurs morales affaiblies. Dix ans plus tard, il reprend ce thème, cette fois dans une de ses *Causeries du samedi*, chronique hebdomadaire du journal *L'Opinion nationale*. Là aussi, les gracieusetés abondent sur les forêts publiques. Partout où elles sont, le parasite prospère : « Une population de fainéants, de vauriens, de maraudeurs, de braconniers, de délinquants incorrigibles, qui, sous prétexte de ramasser du bois mort, s'attaquent aux arbres vivants, au gibier et quelquefois au garde lui-même [30]. »

Décidément, les coureurs de bois, héroïcisés par l'écologie moderne lorsqu'ils ne seront plus, arborent alors une bien sinistre figure. Comme l'indique le bon sens populaire, on n'aimerait pas les rencontrer au coin d'un bois. Est-ce vrai de tout le monde?

Ceux qui baraquent

En fait, dans l'encrier des moralistes, les termes péjoratifs ne manquent pas à l'encontre de ces marginaux, qui s'offrent le plaisir d'un pied de nez aux autorités justement parce que celles-ci ne sauraient les châtier. L'extrême dénuement qu'ils revendiquent ne leur garantit-il pas l'impunité ? Aucune sanction n'y résiste ! Pourquoi, dès lors, ces insolvables par vocation – certains diraient par méchanceté – n'exploreraient-ils pas les sentiers interdits ? Sur ce thème, que de broderies dans la gamme des qualificatifs malsonnants ! Les uns insistent sur la brutalité des mœurs, les autres, sur la misère de leur condition. Les thèmes sont anciens, et le XIXe siècle établit entre eux un lien de cause à effet. Un point commun dans ce dédain des bien-pensants : la malfaisance de tels personnages qui se révèlent ainsi, au sens fort, infréquentables.

De cette mise à l'index, eux-mêmes paraissent conscients. En témoignent, par exemple, les paroles d'une chanson née des grèves de 1891-1892 :

> *Les* parias de la forêt
> *Ont quitté taillis et futaies*
> *Dans le Berry, dans le Loiret*
> *Dans les Ardennes et en la Puisaye*
> *On n'entend plus les durs tranchants*
> *Frapper les troncs à coups rapides*
> *De l'aurore au soleil couchant*
> *Les bois sont morts, les bois sont vides* [31].

Qu'il s'agisse de « bougre », toujours accolé à « mauvais » bien sûr, de « malandrin » et autre « fieffé coquin », de « sans-Dieu », ce qui sous-entend « sans-loi », de « va-nu-pieds » ou de « pauvre hère », toutes ces amabilités convergent vers des hommes ne tenant à rien, et n'ayant donc rien à perdre. Pourtant, chaque expression enferme sa parcelle de vérité, une parcelle seulement. Les condamner en bloc semble facile, le dos calé dans un bon fauteuil, et des papiers s'entassant sur le bureau. Des gueux, voilà ce qu'ils sont.

Pis encore : gueux, ils le resteront, la situation leur plaît trop. Ne correspond-elle pas à une psychologie particulière, rétive aux ordres et insouciante des lendemains ? Tous l'avouent. « Dans les bois, j'étais mon maître. C'était la belle vie, et je la regrette, reconnaît un retraité malgré lui [32]. » De là à les taxer de fainéantise, il n'y a pas loin. La paresse, n'est-ce pas ne travailler que le strict nécessaire pour le jour même ? Une vie sans ordre, sans épargne, l'opposé, en quelque sorte, du rêve villageois : « On vivait sur soi, on ne faisait pas d'argent [33]. » Un habitant de Minot (Côte-d'Or) décrit ainsi leur relative indolence : « Les stères de bois, ils en faisaient pas beaucoup. Vous pouviez toujours aller leur demander une journée ! Ils mettaient des années pour faire une coupe à eux tous! » Et de résumer leur caractère d'une formule lapidaire : « C'était l'homme des bois, quoi! », comme s'il désignait là une espèce singulière chez l'Homo sapiens [34]. Avec, peut-être, une pointe d'envie dans l'intonation.

Une telle existence se moque apparemment des contraintes matérielles et morales qui retiennent d'ordinaire la plupart des individus. Au travers de la mémoire déformante, ces travailleurs revêtent un peu la belle simplicité d'un Robinson qui se déferait volontairement du superflu que traîne derrière elle toute société civilisée. Quel petit garçon ne songe pas à partir un jour vers l'aventure, libre de toute entrave? Plus d'un témoin interrogé par T. Jolas se rappelle encore le choc de la première visite : un goût de découverte, la saveur de la différence. « Moi, raconte l'un d'eux, j'étais entré dans la baraque, je m'y étais plu [35]. » L'escapade lègue souvent une vision idyllique : « Oh! ils étaient heureux comme tout! ils n'avaient pas froid, ils n'avaient pas besoin de fuel, *rien du tout.* Ils étaient heureux [36]... » Sans doute l'étaient-ils, en période faste, lors des longues soirées oisives et au moment de la paye. Les temps de repos ne correspondent pas à ceux des gens de la terre, si bien que ces derniers perçoivent du loisir là où il y a chômage saisonnier.

L'attitude à l'égard des sous amassés occasionne de même le quiproquo. Leur errance les protège du fisc autant que leur insolvabilité chronique. La forêt leur procure des fruits et du gibier, l'abondance estivale. Ils n'appréhendent ni la saisie ni la perte des récoltes. L'alternance ripaille-pénurie, tant redoutée des campagnards, ne les effraie pas : ils font avec. Aussi ont-ils la réputation d'être prodigues, ce trait allant de pair avec l'imprévoyance. Bref, une psychologie qui les exclue du marché matrimonial. Qui irait donner sa fille à un bon à rien, ou plutôt à quelqu'un qui ne vit que dans le présent? Mépriser le revenu du labeur, cela ne plaît guère, en effet, au pays. « Les anciens bûcherons, ils jouaient de l'argent, ils jouaient un mouton; puis, des fois qu'ils n'avaient plus rien, ils jouaient leur carnier qu'ils allaient au bois [35]. » Décider ainsi de l'ouvrage, en le considérant comme enjeu, oui, pareille désinvolture irrite. S'échiner à la besogne ne serait pas le lot de tous? Certains y verraient une source de plaisanterie, et non une âpre nécessité?

Ce laxisme indigne d'autant plus que, depuis la Contre-Réforme, le clergé se gendarme contre le jeu, et donc contre la boisson, son associée, et pas seulement dans les innombrables tavernes qui quadrillent déjà l'hexagone – de rudes concurrentes pour les offices! Et comme les bougres ne sont pas renommés pour leur assiduité religieuse... Certes, il ont l'excuse d'un habitat excentrique dans la paroisse, mais la raison ne désarme pas les tenants de l'ordre moral. Le fléau sévit pourtant dans toutes les couches sociales, mais, scandaleux, il est surtout dénoncé comme tel pour les plus modestes. Gaspiller au vent de la chance un gain qui ne semble pas si gros, n'est-ce pas disloquer la famille et la mener vers la mendicité ? Cela choque encore plus au XIXe siècle qu'aux précédents. Le vice reculerait-il partout, ne se maintenant que dans ces têtes écervelées ? On le croit, en tout cas. La ville possède ses classes dangereuses, le monde des champs aussi.

Ces trublions, ces galeux, dérangent incontestablement. Ils n'en fascinent pas moins par leur aisance à tirer parti d'un milieu bien différent de celui sur lequel s'exerce l'emprise des cultivateurs. Leurs histoires au cabaret passionnent, et la légende s'empare des meilleures pour les amplifier. Cela dit, si le célibataire peut inspirer quelque défiance, le chef de famille suscite plutôt la pitié.

A l'époque des froidures, lorsque chacun se calfeutre dans sa maison de pierre, plus personne n'évoque l'ivresse de la liberté, et tous s'inquiètent de ceux restés seuls dans une légère cabane de branchages et de mousse. Une femme se souvient encore, « quand il y avait de la neige », combien ses parents les plaignaient alors. Les enfants surtout, « tous ces p'tiots-là, on se disait : " qu'est-ce qu'ils vont manger ? " » La grand-mère décidait : « Va donc leur porter du lard ou un sac de pommes de terre », et elle obéissait. Pourtant, ces gens ne leur étaient rien, puisqu'ils « n'étai[ent] pas des voisins [36]. » Liens sacrés qui naissent de la proximité, et dont l'absence, ici, rend le geste de l'aïeule encore plus beau ! La pure charité. N'est-il pas du devoir d'un chrétien de secourir plus malheureux que les siens ? La compassion envers les pauvres balaie ainsi, dès que souffle l'aigre bise, les réticences que provoque une catégorie, somme toute, assez mal définie.

Les « baraquins », voilà le terme qui les désignent, qu'ils soient bûcherons, manouvriers, charbonniers ou scieurs de long. Ce vocable insiste, et sur la *spécificité* d'un habitat végétal, et sur l'impact qu'il a quant à *la manière de voir* ses occupants. L'un d'eux explique la confection de la loge, vers la fin de septembre, lorsque la perspective de plusieurs mois de travail les fixent au bois. « On cherchait une place, au milieu de la coupe, qu'on nettoyait, que ce soit propre, parce qu'on n'avait pas de plancher. C'était de la terre [37] ». La construction s'élève vite, et aboutit à une forme bien éloignée du parallélépipède que donnent des murs de pierre ou de torchis. « On mettait un piquet qui restait au milieu, un petit arbre, quoi. On dressait les perches à mesure, tout autour : ça faisait tout rond et pointu. » Les parois sentent bon, car bâties en grosses motes, « le côté herbe dedans ». L'isolation est bien meilleure qu'il n'y paraît, d'où l'étonnement de ceux qui entrent pour la première fois dans cet édifice. « On colmatait tout en montant le long de la baraque, *ça faisait comme un toit.* » Intéressant emploi du verbe, qui désigne ici tout autant le tour de main, acquis par une expérience millénaire, et son résultat, la protection. Certes, la loge se présente comme un abri sommaire, primitif serait plus exact. Qu'importe, puisqu'elle offre tous les attributs d'un *vrai* foyer : le poêle au centre, qui remplace le brasero de jadis; la couche au fond – et les sybarites possèdent même des draps à « mettre sur le matelas de feuilles de fayard [hêtres] »! – une fenêtre, fixe bien sûr, simple « châssis avec une vitre ou bien du papier huilé », calé par de la mousse; enfin la porte, une « véritable porte, souligne le narrateur, qu'on pouvait fermer à clef ».

L'allure générale a tout de même quelque chose d'exotique aux yeux du passant non prévenu. « Des huttes sauvages », dira Désiré Monnier, en les remarquant au cours d'une promenade, dans la forêt d'Ormoigne, près de Luxeuil-les-Bains (Haute-Saône) [38]. Par l'extérieur, déjà. Le logement s'enfonce en effet jusqu'à mi-hauteur dans une grande fosse, creusée sur un terrain en pente douce. Cette situation facilite l'écoulement des eaux et, surtout, retient au maximum la chaleur du fourneau, une précaution fort utile durant les hivers terribles. Aimé D., de Péroy-les-Gombries (Oise), se souvient de la manière dont son père dressait sa cabane, au tout début du XXe siècle, avec « la charpente *exactement comme une maison,* avec des pignons, tout en rondins et bois fendu ». Toujours cette volonté de démontrer que le logis n'est pas un ersatz, mais bien l'équivalent de ce qui se voit au village [39]. L'habile artisan y montre presque de la coquetterie! Ce modèle, plus élaboré que d'autres, doit cependant résoudre le même problème, vaincre les faibles températures, d'où le recours aux deux procédés traditionnels : parois enfouies et plafond imperméabilisé. « On montait la terre jusqu'au haut du faîtage pour avoir chaud, explique son fils; sur le toit, on mettait un papier goudronné. » Un siècle plus tôt, il en allait de même, tant ce type d'habitat évolue peu, comme en témoigne la cabane des Bouchey. Eux ne sont pas bûcherons. Leur fils, devenu abbé, se les rappelle, charbonnant en Franche-Comté, de 1827 à 1842 [40]. Leur domicile, plus fruste que le précédent, constitue lui aussi un havre de paix.

L'enfant, qui vécut à leurs côtés tant de pérégrinations, en garde un joli souvenir, même si l'inconscience propre à l'âge tendre pare cet hébergement d'une douceur qu'il n'avait pas. « Une habitation ainsi construite, remarque l'abbé, avec des bois ronds tout verts, avec de la mousse et des feuilles humides, n'est guère chaude, surtout au commencement, d'autant plus que les baraquements se font à la fin de l'automne. » Heureusement que « dans la forêt, on a du bois pour se chauffer qui ne coûte rien ». Aussi, écrit-il, « il fallait voir les feux d'enfer qu'on y faisait, jusqu'à rendre les poêles tout rouges semblables à des fournaises! » Ne pas laisser s'enfuir cette bonne chaleur sèche est vital. Lorsqu'en 1825, Désiré Monnier pénètre dans une de ces loges, lui aussi note que « le toit de la hutte s'appuie sur la terre de tous côtés » si bien que la porte « toujours ouverte à tout venant » – sa visite est estivale – est en fait « taillée dans ce toit [41] ». Une bizarrerie pour le passant, une nécessité pour l'habitant.

L'isolation ne suffit cependant pas à préserver du froid glacial qui émane du sol, même jonché de feuilles, d'herbes ou de fougères. C'est pourquoi l'intérieur, autre cause de surprise, s'il déconcerte par sa nudité, exploite en fait au mieux les potentialités du chauffage. Y règne soit « le fourneau à quatre tampons, avec un système de tuyaux savamment montés », soit le « brasier de menu charbon ou de mouchost ». Tous les objets se disposent en fonction de ce poste essentiel : coffre ou armoire, sièges – souvent « une bille de hêtre, appelée patout, sur laquelle on s'assied et fume sa pipe » – et, surtout, la couche, le cœur de la tanière. Chacun s'y réfugie dès les premiers frimas, profitant de la moindre pause. Réflexe de l'animal qui recherche tiédeur et sécurité, en une saison où cela n'existe plus.

Tous ceux qui ont tâté de cette âpre condition se plaisent à dépeindre ce lit, le meilleur des abris. « On y dort le mieux du monde, déclare l'abbé Bouchey, on n'y a qu'un seul regret, c'est de n'y pas dormir assez longtemps... » Hiberner ne se conçoit pas au moment où le travail presse le plus. Là-aussi, un aspect qui étonne, dans une époque où la literie paysanne se complique et s'enrichit. Ce meuble ne devient-il pas l'objet le plus onéreux dans n'importe quel inventaire? « Trois rangées de pieux enfoncés dans la terre à coups de masse, et entrelacés les uns dans les autres par des tiges de noisetier », voilà pour les trois côtés, le mur du fond formant le quatrième. Tant pis pour l'éclairage! « Un sac rempli d'avoine y servait de coussin. » C'est que ce lit revêt une importance particulière, ne serait-ce que parce qu'on s'y allonge « jusqu'à trois ou quatre, pour dormir tout habillé [42] ».

A l'idée de cette promiscuité, avec tout ce qu'évoque la transpiration des corps étendus, jamais lavés, noirs de suie et de terre, les nez délicats frémissent de dégoût. Les bien-pensants, au XIXe siècle, ont moins pitié toutefois de leurs narines offensées que de la morale trahie! Comment la fragile vertu des filles pourrait-elle résister à un tel coucher, elles qui sont trop vite et trop tôt renseignées sur les mystères de la chair? Entre la puissance des odeurs et le dévergondage en famille, les esprits prudes ne manquent donc pas d'arguments pour clamer que ces gens du bois se comportent pis que des bêtes. Ils oublient alors que la structure du lit est une chose, et le sommeil en commun, une autre. Les gens du finage, qui vont à confesse régulièrement, et donnent tous les dimanches à la quête, n'agissent pas autrement, encore au temps de la Restauration. Dormir ensemble tient chaud et économise le combustible. Les changements qui affectent alors l'habitat rural, en modifiant peu à peu gestes et attitudes, entraînent insensiblement le refus de ses variantes les plus élémentaires. Vivre au bois devient ainsi synonyme de rejet social. Et pourtant, ces exilés n'y résident que par la force du travail.

Ceux qui travaillent

Un isolement relatif contribue certainement à rendre ces hommes farouches. Ce qui se traduit, dans l'opinion publique, par méfiants, voire craintifs – la caractéristique de leur progéniture –, peu loquaces, d'humeur sombre. Se lier avec eux paraît difficile. Et peut-être cela vaut-il mieux. C'est qu'on les dit volontiers susceptibles, dominés par l'instinct et la passion, capables de redoutables excès où la violence des coups supplée à la carence du discours. Des brutes, rendues telles par la non-fréquentation du genre humain. Pourtant, à en croire plus d'un habitant, pareille solitude ne manque pas de charmes, quelquefois. Ce sentiment s'exprime souvent au détour d'une conversation. Ainsi, à Minot (Côte-d'Or) on affirme : « Ils étaient heureux comme tout... Pas de voisins, rien du tout! »

Figure donc en bonne place, parmi les composantes de cette liberté toujours attribuée aux gens du bois, le bonheur de respirer loin du regard d'autrui. Au bourg, tout se sait, tout se colporte. Les murs sont transparents. Et tant de gestes s'effectuent en commun, de la cuisson du pain au lessivage printanier, en passant par la confection des bûchers! Jalousies et rivalités reflètent la longue connaissance que chacun possède des antécédents de l'autre. Elles empoisonnent les rapports quotidiens. D'où l'impression qu'à l'ombre des grands arbres, sans ragots quant au passé, sans projets pour l'avenir, l'atmosphère ne peut que gagner en sérénité.

Et cependant, pour œuvrer à l'écart des villageois, les hommes des bois, qu'ils soient *professionnels* ou *occasionnels,* ne s'apparentent pas à des ermites. Dans le premier cas, il est rare en effet qu'un seul ménage conduise tout l'ouvrage. Deux ou trois se réunissent, et la cellule ainsi constituée donne au groupe l'apparence d'une contre-société. Désiré Monnier ne parle-t-il pas, à propos des loges installées à Ormoiche (Haute-Saône), d'une

« multitude de familles de coupeurs et de charbonniers »? Il remarque même qu'autour de ces huttes sont disséminés, « pour s'asseoir, des troncs d'arbres, sciés à la hauteur d'un siège ». Quelle meilleure preuve trouver de la pratique des palabres? Aimé D., à Péroy (Oise), signale de même que, lorsque « la coupe était grande, on était plusieurs en cabane, pas loin des autres [43] ». La besogne achevée, avant de se disperser vers d'autres chantiers, « on faisait un repas, chacun mettait du sien, un lapin, un canard, un petit cochon, et on mangeait tous ensemble ». Une sociabilité existe donc. Elle se distingue cependant de celle qui règne au village.

En fait, ce qui sépare les habitants de ces individus tient à la nature des attaches, notamment celles liées à l'habitat. Eux modifient leur environnement en restant fidèles à une maison, transmise de père en fils, améliorée au fil des générations. Pas les autres. A la fin du travail, les gens du bois désertent le logis. Celui-ci, fragile, ne tarde pas à se détériorer, même si les traces de terrassement, la marque du feu, demeurent encore visibles cinquante ans après. Sur un grand chariot, ils entassent alors leur pauvre mobilier, quelques hardes, des ustensiles de cuisine, au-dessus duquel prennent place femme et enfants. L'attelage, tiré par un ou deux bœufs, les mène ainsi vers une forêt, peu importe laquelle. Les relations nouées se dénouent enfin, car il y en avait, non entre eux et ceux du pays, mais à l'intérieur de leur groupe, les baraquins.

Pendant des mois, deux univers vont donc se côtoyer en s'ignorant presque. Puis l'un s'en va vers un ailleurs semblable et l'autre constate, un matin, ce départ. Même leurs rejetons n'auront pas eu le loisir de se rencontrer. Ni amitié ni empoignade. L'aide aux parents, les effets de l'errance, tout cela n'encourage guère la fréquentation. Et les bancs qu'offrent à ces chers petits les lois scolaires de Jules Ferry (1881-1882) ne les rapprochent pas. L'un d'eux, qui galopinait aux lendemains de la Grande Guerre, le regrette, mais s'en accommode. C'était comme ça : « On n'allait pas souvent à l'école, en ce temps-là c'était pas obligatoire (!), et puis, *falloit manger.* J'ai commencé à taper à la hache à onze ans, j'avais juste la force [44]. » Nul doute que là gît le motif de l'abstinence écolière, un handicap grave pour échapper plus tard à sa condition. Manger! Et par voie de conséquence, gagner autant que possible, ne rien acheter qui puisse être produit.

Aux abords de la cabane, la fertilité d'anciennes places à feux permet en effet de se livrer à une petite agriculture sur brûlis, salades, haricots, navettes. Avec le consentement du propriétaire, se rappelle l'ancien, « on trouvait un petit rond pour faire un jardin, avec du grillage contre les lapins, de la volaille autour ». Un siècle plus tôt, Monnier contemplait ce même tableau, avec « un rucher pour les abeilles, un “ tec ” à porcs, un petit abri pour les poules, un coin de jardin où croissaient péniblement des choux communs, et, parfois, des fleurs à haute tige, telles que la crête de coq et le tournesol [45]. » Il faut bien remédier à l'insuffisance de l'ensoleillement. « Les poules, c'était contre les vipères – des grises, car les blanches étaient prises par les buses ou le tiercelet. » Avec la provision de lard dans de grands sacs, des pommes de terre et un baril de harengs, c'est l'économie de subsistance la plus complète qui se puisse concevoir. Certains produits manquent, mais les gens du bois s'en moquent. La diététique, un mot inconnu pour eux : « Le lait, ça, on ne savait pas ce que c'était, on en buvait *par hasard,* les jours de fête » [46]. Aussi, pourquoi se rendre au village ? Même l'eau ne constitue pas un problème : « On avait un petit tonneau sur une brouette » pour le remplir à la fontaine, si le lieu ne comporte pas de source. Et encore, souvent, ce va-et-vient se révèle superflu. La récupération compense son défaut – « ça goutte tout le temps sous les arbres ». Pour cela, « on mettait un cercle autour des arbres, et on laissait une petite goulotte, puis ça coulait dans les seaux, quand ça pleuvait, ou le matin qu'y avait du brouillard, de la buée [47]. » Ils semblent ainsi repousser la société, refuser son contact. En fait, de par leur mode de vie, leurs relations avec les gens du finage ne peuvent être qu'épisodiques. Ces derniers circulent dans un espace policé, « fini, nommé, ordonné », selon l'expression de T. Jolas, parce que impliquant une juste proportion entre l'approprié et le communal. Eux, par contre, ne détiennent pas en propre un lieu de subsistance. Les habitants du pays remarquent ces différences et se méfient de certains.

Et cependant, pour les connaître de vue, traiter parfois avec eux et les croiser en maintes circonstances, leur jugement est loin d'être aussi négatif que celui prononcé sur un plan général. Un maçon de Minot (Côte-d'Or) déclare qu'ils « étaient pas plus sauvages que les autres. C'était pareil ». Et de répéter, en pensant à ce qu'était cette époque, point si reculée pour lui : « *Pareil.* Des gens que c'était leur métier que d'être au bois. » Ces travailleurs ne montent pas au bois, comme les villageois lors de l'affouage. Ils y demeurent. Leur présence en ce lieu constitue à la fois une manière d'être et le moyen de subsister. Et le charbonnier, qui participe à l'entretien, lui fait écho : « C'était qu'*avant* tout le monde était pareil. » Il sait bien que les temps ont changé. Ces étendues, où se déplaçaient hommes et troupeaux, bruissaient d'activité. Aujourd'hui, elles deviennent oppressantes de silence. Seul un goût étrange ou une raison inavouable pourrait inciter à y venir rôder. Une crainte diffuse s'élève à cette perspective. Une femme l'exprime, en avouant ne plus s'y aventurer par « peur, maintenant, des mauvaises rencontres. Les bois ne sont plus sûrs », ajoute-t-elle [48]. Leur étendue cesse ainsi d'être familière, notamment pour la nouvelle génération. « Dans les années entre les deux guerres, les jeunes traversaient encore la forêt pour aller à la fête à Ormoy », soupire un vieux de Lézinnes (Yonne) [49]. Nul ne l'ose à présent, ou plutôt ne pense à se servir d'un tel chemin. De même, nul n'aborde les ouvriers qui s'affairent sur la coupe, et ne se propose de partager avec eux les pommes de terre cuites sous la cendre. Cela se faisait jadis. C'est qu'alors « on n'avait aucune méfiance de personne. Tous ceux qu'on rencontrait, c'étaient *des familles du cru.* C'étaient pas des gens venus échouer là [50] ». Le mot est cruel. Il a l'avantage de montrer que tous n'exhibaient pas une mine patibulaire, bien au contraire.

Sans doute cette considération des anciens pour le travail du bois, et partant, pour ceux qui l'exercent, tient-elle en grande partie à ce qu'il conserve, au moins jusqu'aux lendemains de la Grande Guerre, l'apparence d'un *vrai* métier, c'est-à-dire un métier qui se mène avec soin, réclamant endurance et dextérité, ce que le bon sens qualifie de « don », de « tour de main ». Et chaque corporation a le sien. Aujourd'hui, insinue-t-on, « ils ont plus à se tromper, puisque le bois, c'est tout de la pâte à papier [...] On scie à un mètre. Si c'est un gros morceau, on le fend en deux. C'est tout. *Y a pas de cassement de tête!* » Mépris de l'intonation. Paroles nostalgiques, jugements excessifs, oui.

Pourtant, cette déqualification, plus présumée que réelle, jointe au recrutement des gens du bois – des immigrés, Portugais, Espagnols, Italiens, Yougoslaves –, entraîne un changement d'attitude à leur égard. D'abord, une hostilité soupçonneuse : ils ne sont pas comme nous. Ensuite, une indifférence qui marque le divorce entre la terre et le bois : pourquoi sont-ils là? N'y échappent que ceux qui forcent l'estime. En témoigne le cas des Italiens venus à Bure-les-Templiers (Côte-d'Or) après la Grande Guerre, « des gars qui faisaient des traverses [51] ». « C'était des groupes de cinq, six jeunes [...] C'était un travail très, très dur [...] Ils avaient des haches spéciales, le passe-partout pour découper les traverses, et la fameuse grande scie, presque deux mètres, pour découper les gros troncs. Les chevalets étaient très grands. » Le spectateur s'en souvient encore. La lame est retenue, en effet, selon la grande médiane d'un cadre rectangulaire, long d'un à deux mètres, avec deux poignées sur les côtés. Aussi, pour mettre la bille sur deux chèvres hautes, fabriquées sur place, faut-il crics et échafaudages. Le sciage demande en outre que l'engin soit mû par deux hommes, l'un au sol, sous le tronc, l'autre, debout sur celui-ci. Le va-et-vient épuise. Le scieur du haut, déjà, qui œuvre en équilibre instable afin de remonter tout le poids de la scie. Son compagnon en contrebas, de même, car la sciure lui ruisselle au visage pendant qu'il s'efforce de combattre la résistance du bois. Pas de répit depuis l'aube. Quand le jour devient trop sombre pour que se discerne encore le trait sur la grume, il leur reste à empoigner le passe-partout afin de couper les billes de longueur.

Oui, pour être pénible, la besogne l'était, et tous méritaient l'argent touché. D'ailleurs, la considération collective récompensait ce labeur acharné : « Ils se sont mariés avec tout ce qu'il y avait de mieux au pays, et *pendant qu'ils étaient encore scieurs de long*! » « Puis, ils ont acheté une coupe. » Et, laconique sur leur destin ultérieur, après 1939-1945 : « Ils ont tous fini marchands de bois. » Une réussite remarquable : fonder un foyer, d'abord, grimper dans la société, ensuite. Et un exemple assez exceptionnel en fait, même pour cette période.

Quelques années plus tard, s'intégrer au pays devient difficile, compte tenu, non seulement de l'exode rural qui contracte le marché matrimonial, mais aussi de l'évolution de ces métiers. Séduire les filles se complique dès lors que les parents guignent d'autres alliances. Domine ainsi une version modernisée de l'antique lutte contre l'Étranger, le « horsain ». Hier, ce réflexe visait à protéger l'ensemble communautaire. Il se limite, de nos jours, à quelques réparties individuelles, certes malsonnantes aux oreilles de l'intéressé, mais inoffensives. Pas de conduites forcées! Pas d'expulsions feintes! Le village tout entier ne s'engage plus derrière un des siens, lésé par ces unions contre nature entre homme des bois et femme de la terre. Encore que ces charivaris, par leur aspect festif, valussent certainement mieux que ces rixes où l'un ne se relevait pas. Comme les mœurs se font paisibles dans la seconde moitié du XIXe siècle! A croire que se sont expatriées vers la ville têtes chaudes et têtes brûlées. Il faut dire que les ruraux d'aujourd'hui traitent les intéressés avec un égal détachement. Peu leur importe désormais qu'ils soient travailleurs occasionnels ou permanents.

Encore au début du siècle, la distinction s'imposait. Lorsque, dans certains cas, il y avait ostracisme, cette procédure ne visait que les derniers. Quant aux autres, ils pouvaient faire des gendres convenables. Bref, il y a ceux qui travaillent à la journée – « on partait matin, on revenait à la nuit » – ou pour la semaine – « on baraquait, on rentrait le samedi soir *pour faire le pain*; on repartait le lundi même » – et ceux, charbonniers et scieurs de long, qui ne reviennent que de loin en loin. Tous ont en commun de devoir s'abriter dans la légère cabane de bois ou de mousse. La plupart, à la fin du XIXe siècle, jouissent d'une petite maison au bourg, y vivant et passant au rythme de leurs occupations. Celles-ci conditionnent donc le jugement des concitoyens.

Certes, les villageois éprouvent quelque difficulté à reconnaître comme étant des leurs l'ouvrier sans cesse appelé au terroir sauvage, selon l'excellente formule de T. Jolas. N'ayant au village qu'un bout de jardin, à l'orée du bois quelques effrichis parfois, il ne fréquente en fait le territoire communal que médiatement, soit par personnes interposées, lesquelles le demandent de temps à autre pour de menus travaux, chaises à réparer, clôtures à redresser, déchargements à effectuer, soit en vertu des usages collectifs, dont il lui faut profiter au maximun. Pourtant, cette vocation, presque exclusivement consacrée à cet espace de liberté, reste minoritaire. La plupart des baraquins, même vivant au contact de la ceinture boisée, vont et viennent sans cesse du centre à la périphérie. En 1891, un sénateur du Cher ne définit-il pas le bûcheron type « comme l'ouvrier agricole, qui, pendant huit mois de l'année, est occupé aux travaux des champs, et qui, pendant les quatre mois d'hiver, est occupé au bois et aux quelques travaux d'hiver qu'il peut se procurer [52] »? Avec lui besognent des artisans (charrons, sabotiers), des laissés pour compte d'une industrie rurale en pleine mutation (poteries, tuileries, forges), mais aussi des agriculteurs.

Beaucoup désertent le bois dès que reviennent les beaux jours. Certains y restent ou y retournent en avril-mai, les mois où s'écorcent les chênes. Les bottes d'écorces seront rassemblées par les charretiers chargés de les amener aux tanneries. La frappe des maillets sur les troncs annonce alors que bientôt seuls les gardes se rendront au bois, puisque sera venu le temps des marquages. « En été, ils faisaient les foins et les moissons, puis ils arrachaient quelques betteraves; puis arrivait la Toussaint, ils remettaient ça », ainsi les anciens restés à la terre décrivent-ils le cycle des gens du bois [53]. Encore durant les années 1950, à Minot (Côte-d'Or), la pratique ne se perd pas. « On était moi, mon frère et mon beau-frère, explique l'un de ses vieux. On travaillait pour un marchand de bois du côté de Reims [Marne], qui achetait les coupes. On partait le matin, avec son manger. On avait la serpe, le passe-partout, le tue-bois, puis le merlin pour fendre. On sciait les gros arbres. Les pieds lavés, ils restaient sur la coupe. Ceux qu'avaient pas de nœuds, qu'étaient tout lisses, ils partaient en scierie. » Ces hommes entament donc la *première phase* de la récolte ligneuse.

Ceux qui les suivent commencent leur activité avec le printemps. Leur rôle tient à la *transformation du bois* en produits élaborés, l'essentiel de celle-ci s'effectuant sur place autrefois.

Œuvrant en accord avec le négoce, ils apparaissent bien comme des professionnels, que ce soit à mi-temps ou à plein temps. Mais ce terme, justement, eux qui font du bûcheronnage ne se l'appliquent guère. Ainsi, lors du recensement de 1896, à Uzay-le-Venon (Cher), sur les 98 habitants classés comme tels, un seul s'inscrit en tant que bûcheron [54]! Peut-être ne pouvait-il effectivement alléguer une autre tache que celle-là? Les 97 spécialistes figurant dans la même rubrique que lui – « travail du bois » – se disent fendeurs, charbonniers ou dresseurs. Cet unique individu ne pouvant prétendre à lui seul faire tomber tous les arbres du voisinage, la logique conduit à penser que bon nombre d'intérimaires se recrutent parmi les 69 journaliers et cultivateurs du lieu.

Le finage l'emporte donc, dans le processus d'identification, sur le bois, comme si l'un offrait toujours plus d'honorabilité que l'autre! Et pourtant, à plus d'une occasion, les villageois manifestent leur respect envers un savoir qui diffère du leur, mais qu'ils admirent et envient. En obtenir communication, ce n'est pas donné à tous.

Ceux qui savent

En fait, cette civilisation du bois imprègne à des degrés divers tous les acteurs du monde des champs. C'est que, côtoyant les salariés des marchands, viennent aussi en forêt tous ceux qui, au village, « n'ont pas bien le métier, qui aident à droite, à gauche, font la *bricole* », c'est-à-dire tout ce qu'ils peuvent. En échange du service rendu, « ils prenaient les légumes chez les cultivateurs, deux sacs de pommes de terre, une moitié de cochon [55] ». A la belle saison, ces manouvriers « donnent la main » aux propriétaires pour les gros travaux. Dès les premiers froids, « ils vont au bois pour les autres », les affouagistes, qui ne se sentent plus la force de le faire ou n'en ont plus le loisir.

Les réponses recueillies par les gardes quand surgit une contestation ou lorsqu'éclate la fraude n'éclairent-elles pas le principe selon lequel se répartissent les tâches? Aux uns le labeur, aux autres le charroi, ceci compensant la faiblesse du dédommagement. Dans les années 1900, celui-ci ne pesait pas lourd : « On gagnait si peu qu'on travaillait tant qu'on voyait clair [...] Il fallait bien travailler pour faire un stère de bois, surtout quand les jours n'étaient pas bien grands et qu'on avait un franc du stère [56]. »

Cent cinquante ans auparavant, l'argent ne figurait souvent même pas dans le contrat. Ainsi, à Stigny (Yonne), en 1758, le syndic explique la non-vidange par le fait que « les arbres de triage, n'ayant été partagés que lontemps après la délivrance d'iceux, les manouvriers n'avoient pas trouvé suffisamment de voitures pour sortir leur part, à cause des ouvrages de campagne, qui sont survenus [57] ». Car tâcherons et laboureurs, s'ils remplissent les critères d'admissibilité, reçoivent le chauffage annuel et des tiges en plus, pour les réparations aux maisons. Et cela sans qu'interfère la moindre notion tenant à la position sociale ou à la fortune foncière.

Les techniques discriminatoires, quand s'impose leur recours, ne visent donc que les non-producteurs et les installés récents. Elles écartent ces nomades enragés que semblent être ceux qui ne subsistent que par le bois. Ne manquent-ils pas à l'heure où s'acquittent les charges? N'étant pas de la peine, ils ne jouiront pas de la fête, et leur mise à l'index durera autant que leur errance : leur rangement, dans le dernier tiers du XIXe siècle, indique que l'industrie métallurgique se passe déjà du charbon de bois et que la confection des marchandises ne s'effectuera bientôt plus sur le parquet de la coupe. Ces méthodes sévères ne sauraient par contre, toucher ceux qui cherchent au bois un revenu complémentaire, maigre certes, mais indispensable. Raison de plus pour ne pas se proclamer étourdiment coureurs de bois! Un jour, peut-être, ils seront traités en producteurs, et non en gagne-deniers. Un jour prochain, ils obtiendront une pleine et entière indépendance. En attendant, leurs femmes « font des journées », et les enfants, « ils allaient chez les cultivateurs; toute l'année, ils gardaient les bêtes [58] ».

Bon nombre de ces occasionnels jugent d'ailleurs leur état transitoire. En reprenant le cas d'Uzay-le-Venon (Cher), ne voit-on pas que 93 % des paysans de moins de 25 ans ne sont pas à leur compte? Le pourcentage des journaliers décroît brusquement, franchie la trente-cinquième année : 36 %! Leur établissement d'ici là rendra peut-être, en effet, superflu l'apport du bois. Pourtant, que la ferme nourrisse mal son homme, et celui-ci reprendra la cognée de novembre à mars. Aussi cette main-d'œuvre ne circule-t-elle pas d'un canton à l'autre.

Les bûcherons s'embauchent donc sur des coupes à moins de dix kilomètres de chez eux, afin de retourner dormir chez eux, même quand la nuit descend vite. Leur troupe marche, chantant, blaguant, dans l'aube et à la tombée du soir. Le matin, dès l'arrivée, un grand feu. A midi, ils s'y retrouvent pour déjeuner de pain et de hareng. P. Chavanne, natif de Mareuil-sur-Arnon (Cher), raconte dans ses *Mémoires* comment les langues ne chômaient pas, alors que tous discutaient des effets de la crise de 1880. Le phylloxéra les préoccupait car certains détenaient « de petites parcelles qu'ils avaient plantées [en vigne] et qui les assuraient [...] contre l'avilissement des salaires [59] ». Rien n'allait plus. Et les paysans aisés qui réduisaient leurs frais de main-d'œuvre en différant les travaux qu'ils faisaient d'ordinaire, tels que chaulage, drainage ou nivellement! « Là, dit-il, nous parlions des affaires du pays, des élections, des réunions, du journal *l'Émancipateur* », tout un programme [60]! Cette bonne entente tient chaud au cœur, à défaut du reste. La pitance est légère, le métier rapportant peu. Le juge de paix à Meillant (Cher) signale en 1914 que celui qui l'embrasse « vit dans un continuel besoin : il n'achète de la viande de boucherie que trois ou quatre fois l'an; il mange quelques lapins qu'il a élevés, mais point de volailles : il les vend pour augmenter ses trop modiques ressources [61] ».

Cette solidarité, elle s'exprime aussi chez eux, dans leurs bois. Les ateliers se raréfient progressivement, après avoir proliféré sous la Révolution et l'Empire. C'est que la demande était forte alors en piques, crosses et sabots! En se repliant au village, les artisans n'en renoncent pas pour autant à sélectionner le matériau futur sur pied. Ils choisissent en conséquence leurs arbres, les abattent et découpent eux-mêmes, et en confient le convoyage aux laboureurs avec lesquels se troquent biens et assistances.

Le lieu d'affouage sert ainsi d'aire d'approvisionnement. « Comme voilà, raconte un des protagonistes, le sabotier, il avait un chêne impropre à faire des sabots, il échangeait avec un hêtre [62]. » Le charron, lui, préfère les acheter « aux affouagistes, qui n'en avaient pas l'usage. Ils gardaient les branchages, et ils nous vendaient la bille [63] ». Il se rappelle, « la surbille, c'était pour les traverses », donc pour les scieurs de long, qui débarquaient bien après. Le cerclier, de même, s'arrange avec le voisin. Ne lui recommande-t-il pas : « Tu me détourneras les coudres que tu voudras dans ta portion. » Après, « il allait les couper l'hiver, et les laissait sur place, en bottes cerclées avec une mancenne ». Tant de semaines vécues côte à côte! Tant de gestes accomplis en commun! Comment toute la communauté ne ferait-elle pas bloc lorsqu'un des siens, lorsqu'une de ses composantes, paraît menacé? Ce peut être un paysan dont les gardes confisquent le bétail pris en délit. Ce peuvent être les bûcherons, au chômage parce que le marchand embauche ailleurs, espérant payer moins cher une main-d'œuvre plus docile. Alors commence la mobilisation.

Les nécessités du labeur, la fréquence des trajets, l'enjeu des revenus, l'apport des migrants et, dès la seconde moitié du XIXᵉ siècle, des étrangers, tout cela transforme l'espace boisé en un puissant centre d'acculturation. Les nouvelles s'y propagent aussi vite que le son de la cognée. Les arrivants, venus d'autres régions, d'autres pays, dévoilent des méthodes, des comportements inconnus jusque-là. Le microcosme villageois s'ouvre enfin vers l'extérieur. Ces gens sont *spectacle,* quand les jeunes vont les voir à l'ouvrage, mais également lorsque le dimanche les conduit au bourg : le geste dans le travail compte au moins autant que la tenue de fête. Un vieux n'a pas oublié combien, petit garçon, il se plaisait à observer les scieurs de long, officiant dans la clairière de Bure-les-Templiers (Côte-d'Or). Il évoque comment « pour marquer la ligne, il y avait la corde trempée dans de l'ocre. Ils l'attachaient à chaque bout [de la poutre], et ils soulevaient, puis lâchaient [64] ». Cela vibrait dans l'air. Le procédé l'émerveillait : « La corde retombait en traçant la ligne. » Et de conclure : « *Moi, j'aimais bien voir ça.* » Il est clair qu'il ne s'en lassait pas.

Jubilation de l'enfant. Saveur acquise par l'adulte aussi : « Ces anciens Italiens, ils venaient avec leurs pâtes, qu'ils faisaient à la main [...] C'est les Italiens qui m'ont fait goûter le basilic. *Ils n'ont pas fait la potée. C'est la cuisine italienne qui a pris* [65]. » Constat des différences, oui, forcément, mais qui enrichissent ici la collectivité. Sans doute cela n'est-il possible que par la popularité de ces hommes courageux, venus d'Italie, l'un des Alliés de la Grande Guerre, et réputés poursuivis pour antifascisme! La sympathie qui les entoure prépare ainsi leur naturalisation française. Ce cas, contemporain ou presque, n'en est pas moins plein d'enseignements. L'intégration, qu'elle soit un fait acquis (cas des manouvriers) ou en passe de l'être, comme ici, conditionne toujours les rapports culturels. Sinon intervient le rejet et, peut-être la rupture, avec tentatives d'expulsion.

Cette figure se rencontre avec le seigneur qui commande d'abattre pour son compte, avec le négociant qui envoie flotter les bûches vers la capitale, avec le maître de forges qui convertit tout en charbons, de même avec le marchand prêt à engager des briseurs de grève afin de baisser les tarifs. Les gens du bois n'incarnent plus alors qu'un pouvoir détesté, qu'il convient de terrasser pour que la vie reprenne son cours. J.-A. Gréau, commerçant à Villeneuve-sur-Yonne, subit de telles pressions, entrepôts pillés, ouvriers malmenés, chantiers cassés, baraques démolies, le jour où il décide de ne plus employer dans ses coupes les hommes d'Armeau, Villevallier et Dixmont (Yonne) [66]. Ceux-ci réclament en effet « qu'il leur abandonne les ramilles de la vente », en sus de leurs salaires, alors que celles-ci servent à fabriquer des charbons! Le 4 janvier 1791, face à trois cents énergumènes occupant les ventes et maintenant leurs exigences, il capitule. Ils auront donc « ce qu'ils appellent le bâton », et pourront même « faire des brognons ou souchons »! Les horsains qu'il avait fait venir de la Région parisienne ne se montrent pas. Prudence! Car, dans ces circonstances, les pires calomnies courent sur ces êtres. La réserve qu'ils suscitent d'ordinaire se mue en haine véritable, et mieux vaut alors éviter le contact.

Tout se passe en effet comme si la triste renommée faite aux charbonniers déteignait sur l'ensemble de ces travailleurs professionnels. M.-C. Rousselet, auteur des *Chroniques populaires du Berry*, sous la Restauration, si utiles par la suite à George Sand, ne s'en fait-il pas l'écho complaisant? Il les dépeint ainsi comme « adonnés à la magie, vivant au milieu des bois, fuyant les villes, dédaignant même de se bâtir des maisons, et formant une espèce de république, que ses habitudes nomades faisaient échapper aux lois de la société [67] ». Une fort méchante engeance, surnommée *Les Horlopes*, qui se glisse hors des fourrés quand disparaît le soleil, et avec laquelle traiter s'avère prudent, sous peine de voir flamber la moisson! Il est clair que leur maîtrise du feu et surtout le fait que ces travailleurs veillent à l'heure où dorment les personnes honnêtes, n'aident pas leur réputation.

Noirs de visage, et l'âme aussi sombre que celui-ci, voilà le portrait que s'en fait le peuple des campagnes, d'autant que l'Église n'est pas tendre sur leur compte. Il y a du diabolique en eux. Ne se rassemblent-ils pas pour des rites infâmes? Car tel est le sens de l'anathème que lance, en 1673, l'évêque de Nevers [68]. Le digne prélat ordonne ainsi à tous les curés, affligés de semblables ouailles – charbonniers et forgerons, c'est tout un – de « leur remontrer [...] l'horreur du crime qu'ils ont commis [...] Et si, après ce monitoire, il s'en trouvait d'assez opiniâtres pour ne pas obéir, de les déclarer publiquement *excommuniés* ». Le plus atroce des châtiments dans une société chrétienne! Nul ne saurait en effet risquer son salut en adressant la parole à un individu de la sorte accommodé. Même si le principal intéressé feint d'en rire, les adversaires, eux, ne plaisantent pas. L'époque de Louis XIV, pour indulgente qu'elle soit en la matière, comparée à ce qui se fait aux siècles antérieurs, n'apprécie guère la sorcellerie. Mitonnée dans les scandales de la Cour, à la rigueur, et encore! Bientôt, pourtant, les magistrats admettront que la malveillance, et non Satan, dirige ces étranges conduites.

Autour de ces êtres à part traînent toujours quelques relents sulfureux. Les descriptifs maçonniques, accompagnant les compagnons du bois, insistent en effet sur le langage manié. Est-il civilisé, puisque sans vocabulaire? J.-M. Roland de la Platière, dans son *Voyage en Nivernais*, publié en 1769, se régale ainsi d'évoquer leurs « signes, qui leur sont communs à tous, mais inconnus des autres [69] ». Et celui qui ne connaît pas ce code primitif est traité en « bâtard par les frères, qui se prêtent tous la main pour le chasser au plus vite de la famille et de ce qu'ils regardent comme leur héritage ».

L'inquiétante cohésion de cette tribu la rend donc imperméable aux éléments extérieurs. Les villageois la redoutent, mais elle se défend contre leur influence. Cette réciproque défiance laisse une trace indélébile. A la veille de 1939, certains ne les soupçonnent-ils pas de dévorer l'immangeable, rats, mulots, chats et renards? « Des carnassiers! C'est pire que des bêtes » : un préjugé tenace envers quelques-uns du bois, de vieux originaux pourtant [70]. A cette date-là, les uns après les autres oublient leur spécificité et rentrent dans le rang. Ils jettent enfin l'ancre.

La crise des années 1880, reflet tant du marasme agricole que de la mutation énergétique, précipite les événements. Le bois comme combustible décline alors rapidement, même s'il continue à chauffer les foyers ruraux. Les prix s'en ressentent. Moindres rentrées pour le propriétaire, moindres bénéfices pour l'exploitant et, au bout de la chaîne, moindres salaires pour les ouvriers. Les temps sont durs, qu'ils soient spécialistes ou non. Sans compter tous ceux qui restent sur le pavé, du fait de la conversion des usines à feu! Pas d'emploi. Et il y a tant de candidats! Il faut partir, ou se procurer des ressources subsidiaires, et où les dénicher, sinon en imitant ces journaliers d'autrefois? Ils « bricolaient », et maintenant prennent la clé des champs, ou, du moins s'y préparent. Le groupe des forestiers sédentarisés progresse donc à mesure que diminue la population globale.

Minot (Côte-d'Or) illustre encore une fois ce renversement d'équilibre [71]. Au recensement de 1836, les gens du bois installés au quartier du Mont semblent bien peu pour l'époque : 2 bûcherons, 1 scieur de long, 1 fendeur de merrain. Trente ans après, outre ceux notés « au bois de Minot », de 4, leur nombre s'élève à 33, des migrants pour la plupart, mais aussi des descendants de vieilles familles locales, survivant de la sorte. Dans le même temps, le bourg perd 37 % de ses résidents, et ce n'est pas fini. Ceux-ci ne sont plus que 360 en 1931, moins de la moitié des effectifs qui existaient cent ans plus tôt. D'abord les ouvriers agricoles, ensuite les commerçants, puis les artisans, l'hémorragie se poursuit. La ségrégation sociale devient alors un luxe que les villageois ne peuvent plus s'offrir. L'exode opère ainsi le nivellement qui efface les antagonismes de jadis. « Il y avait les bûcherons, il y avait les cultivateurs. C'était à peu près tous les corps de métiers qui étaient ici. [72] » De cette diversité, seul demeure le souvenir – et des maisons vides. Même lors de la coupe annuelle, la joyeuse animation d'antan ne se retrouve pas. « Ça n'intéresse plus personne. La dernière fois, on n'était plus que deux : on a mangé chacun de son côté, aux deux bouts de la coupe. » L'épilogue rend un son funèbre. Les coureurs de bois ne sont plus, et rares sont ceux qui montent encore au bois.

***

Au fond, les hommes des bois cessent d'exister le jour où se volatilise leur mystère. En fait, dès la fin de l'Ancien Régime, l'essentiel est accompli. Les artisans du bois ne se sont-ils pas repliés au bourg, près de leurs clients, chassés des forêts royales à coup d'ordonnances et d'amendes, avant de l'être de n'importe quel espace boisé ? Il faut des circonstances bien dramatiques pour qu'y renaisse leur bruyante activité. Ne continuent à les hanter, pendant tout le XIXe siècle, que les individus élaborant un *produit fini*, non destiné à la consommation locale, et intégré à un circuit de transport à longue ou moyenne distance. D'ailleurs, même pour cela, la Belle Époque n'a pas commencé que, déjà, ils délaissent la partie. Par l'achat d'une masure, d'un peu de terre, ils viennent rejoindre les gens du finage, et là, ceux-ci les découvrent semblables à eux. Ils ont donc bien quitté ces zones d'ombre, propices à l'éclosion de tous les fantasmes, des rumeurs les plus folles, les plus inquiétantes aussi.

Du coup, les voilà point assez différents des autres pour justifier les antagonismes d'antan. Tombent alors les barrières qui séparaient travailleurs occasionnels et travailleurs permanents, se disputant l'embauche souvent, et toujours en conflit quant à l'emploi de la récolte ligneuse. Jalousies devant l'écart des rémunérations, crainte de perdre le monopole d'un produit, d'une façon, d'un profit, incompréhensions en face de modes, de comportements, de gestes, sinon nouveaux, du moins importés, que de rancœurs accumulées ! Et combien de querelles mettant aux prises bûcherons et flotteurs, bûcherons et charbonniers, bûcherons et scieurs ! Dès le second tiers du XIXe siècle pointe l'accalmie, et bientôt l'amitié, entre ces groupes. L'évolution économique homogénéise le prolétariat rural, facilite aussi son renouvellement par l'afflux des laissés pour compte de la métallurgie ancienne.

Dans ces conditions – « on était tous pauvres, les cultivateurs n'étaient guère mieux lotis que les manouvriers » –, le rapprochement ne tarde pas [73]. Il est une réalité lorsque ces particuliers, réputés sauvages, deviennent, non un sujet de crainte pour les habitants, mais *leurs alliés* dans tous les combats que mène la communauté, pour la défense de son autonomie, pour la défense de son revenu, pour la défense de son environnement. Pour tous, les bois offrent un espace d'abondance, permettant de satisfaire aux exigences du quotidien : avoir chaud et se nourrir. La chanson le dit bien :

Et si nous avons froid cet hiver
Les grands bois seront à notre porte
Et nous irons sous leur couvert
Chasser chevreuils et gibelottes [74].

Gens du bois et gens du finage revendiquent également la liberté de puiser dans les richesses que la Nature crée pour tous les hommes. Ils braconnent donc avec une même ardeur. « C'étaient souvent des gens qu'on connaissait, qu'avaient beaucoup d'enfants, et besoin pour faire bouillir la marmite [75]. » Pas des fainéants, comme le prétendent les bourgeois, car « c'était un travail de poser les collets ». Quelques-uns ne vivent que de cela, des professionnels – les vrais coureurs de bois –, des êtres « frustes, qui couchaient dans les granges ». Mais – et ce mais là est essentiel – « *ils étaient du pays* ». D'ailleurs, « des fois, ils travaillaient un peu dans les fermes ». Ces petits boulots ne leur ouvraient-ils pas le monde paysan ? Car c'est tout cela, la chasse clandestine, mieux tolérée de ce fait par les gardes communaux que par n'importe quel autre : pourvoir à la subsistance. Devant cette nécessité, pas une voix ne s'élève dans la campagne. D'ailleurs, satisfaire ce besoin n'est-ce pas atténuer l'excès de gibier qui nuit aux récoltes ? « Ils braconnaient intelligemment », reconnaît un vieux garde [76]. Plus d'une fois il a dû fermer les yeux. Non seulement la famille en bénéficie – « On ne manquait jamais de viande. Le père, il tuait des sangliers, du chevreuil » – mais toute la communauté avec elle.

Les plus marginaux d'entre eux parviennent à s'insérer dans le circuit d'échanges. Une femme se rappelle « qu'au moment des communions, on disait au père Mazurot : tiens, je veux un lièvre. Il vous l'apportait, *il demandait rien* », c'est-à-dire que le service ne s'estimait pas en termes monétaires » [77]. « On lui donnait un litre de goutte, quoi », ou on l'invitait à la fête. Cela n'exclut du reste pas l'argent, mais celui-ci ne rentre en ligne de compte que dans les rapports extra-communautaires.

Le héros des *Paysans* de Balzac, le père Fourchon, « tenant sa loutre à la main, pendue par une ficelle nouée à des pattes jaunes », sait bien la vendre aux maîtres, c'est-à-dire au Château, après l'avoir déjà fait payer à ce naïf de Parisien qu'est Blondet [78] ! Il n'est pas le seul. « Certains rôdaient des journées entières dans la neige. Le Louis Jaume, il allait à Châlons (-sur-Marne), avec son lot, deux ou trois martres, trois ou quatre renards. Pendant la guerre de 1914, ça valait cher. » Oh oui! Et même après : en 1921, une martre vaut soixante à soixante-dix francs, soit plusieurs mois de salaire de bûcheron. Ce n'est pas rien. Aussi, réglementer ce qui ne doit appartenir qu'aux plus habiles semble une insulte au pauvre monde : des ressources complémentaires, les déshérités ne risquent pas d'en avoir jamais trop. La forêt, espace de subsistance, espace de liberté, devient alors terrain où s'exprime la colère collective. L'état d'esprit tient de la résistance à l'oppression.

Les hommes des bois incarnent alors plus que tous autres une logique du défi. Au premier plan figurent ces braconniers qui narguaient, il y a peu, le seigneur. Chaque proie abattue ne représente-t-elle pas une victoire sur le privilège féodal? Comment ne séduiraient-ils pas les villageois qui, souvent, n'agissent pas autrement qu'eux? Audacieux par habitude, armés par nécessité, les voilà de toutes les émeutes. En explorant les chemins de la révolte, ne symbolisent-ils pas une dignité paysanne que bafouent la prétention des hobereaux et les visées de l'État? *Jacquou le Croquant* ne date que de 1899 mais s'impose d'emblée dans le rôle du redresseur de torts. Le paysan-braconnier devient ainsi celui par qui s'opère enfin l'alliance entre l'homme des bois et l'homme des champs. La forêt ouverte à tous et comblant chacun de ses bienfaits, ce rêve est-il donc si difficile à réaliser? Le cultivateur, attaché à la glèbe, voit en elle la générosité du Créateur. Un jour, le citadin, fuyant la ville, croira y retrouver les réactions de ses ancêtres.

CHAPITRE IV

Le quotidien répressif

Que la contestation forestière se propage en période de troubles ne surprend guère, bien qu'il ne faille pas toujours prendre ces temps pour ceux d'un affaiblissement du pouvoir central. L'agitation accompagne souvent l'entrée en application d'un texte nouveau, rigoureux – et mal compris. C'est le cas du premier tiers du XVIIIe siècle, où se combinent, dans un dosage explosif, l'activité réformatrice, déjà pourtant sur son déclin, la mise en pratique – ô combien tardive! – du Code de 1669, et le doute quant à la légitimité des Eaux et Forêts. Il n'est bruit en effet que de rénover cette administration, assez récente alors, et la concurrence des juridictions seigneuriales sur cette matière nuit considérablement à l'efficacité répressive [1]. Certes, l'édit de 1715, qui conforte l'administration royale dans ses pouvoirs, un moment ébranlés, raffermit les esprits et les cœurs. Pas au point, cependant, de remettre à l'ouvrage les subalternes chargés de la coercition. Bref, la situation s'assainit, mais cela ne ramène pas à la raison ceux qui récusent les contraintes.

Sous la bourrasque, l'Administration plie sans jamais rompre, concentrant ses effectifs sur l'objectif prioritaire, l'apposition du quart en futaie dans les bois communaux. Cette mesure ne doit-elle pas compenser le rajeunissement notable des peuplements opéré d'abord dans les forêts de Sa Majesté? On reporte donc à des jours meilleurs la discipline recherchée dans l'exploitation des bois et la régularité dans la fourniture des foyers. Au XIXe siècle, avec la promulgation du Code forestier, en 1827, le même dilemme apparaît. Là encore, au lieu de disperser ses forces au vent d'une colère générale, l'Administration choisit de se battre sur un front bien circonscrit. Elle s'oriente donc vers quelques secteurs montagnards des Alpes et des Pyrénées, où l'État entend restreindre le pâturage. Dans les deux cas, l'effet est volontairement confondu avec la cause. Les Eaux et Forêts estiment ainsi que c'est la nature perverse des délinquants qui explique l'infraction, horrible péché! Encore en 1892, un de ses responsables, au moment où le gouvernement souhaite adoucir les sanctions, déclare que « les délinquants, si insolvables qu'ils soient, constituent une catégorie d'individus fort peu intéressants [2] ». Cela implique donc un maintien de l'ordre absolument indépendant des conditions économiques et des rapports sociaux.

Et pourtant, quel démenti reçoit cette thèse dès l'Ancien Régime, puisque le règlement des coupes, qui devait tarir les infractions commises dans les bois communaux, ne semble pas le remède espéré! Or, cette position adoptée face aux émois populaires, l'Administration la fait sienne dans les difficultés quotidiennes. Rude tâche alors que celle des contrevenants! Et la besogne des agents ne l'est pas moins, face à des populations qui ne voient que mesquineries tâtillonnes dans un quadrillage visant à protéger les bois.

La conduite des coupables

Passé le coup de sang qu'engendrent les lois forestières, l'agitation reflue. La disparition de ces violences, éteintes en apparence, ne signifie pas que les habitants s'inclinent devant l'avènement d'une forêt de type moderne, c'est-à-dire échappant aux circuits locaux pour s'intégrer au marché national. La recherche de fortes densités sylvicoles et la restriction des usages heurtent profondément leurs exigences immédiates. Aussi essaient-ils d'agir comme si n'existaient pas ces nouvelles contraintes.

Les forestiers apprennent ainsi que « la conservation des bois est essentiellement dépendante de la punition des délits [3] ». Et ce bel axiome, mentionné en 1792, au moment où les populations s'imaginent reconquérir leur indépendance d'antan, deviendra le credo du XIXe siècle, parti en guerre contre les pratiques communautaires. Le droit individualiste, qui cherche à promouvoir une exploitation capitaliste des bois, s'oppose donc à l'usage collectif de leurs étendues. De ce conflit sourd en grande partie le délit forestier, qui n'est délit que pour l'Administration et le propriétaire, et n'est que rarement reconnu pour tel par son auteur.

Les gammes de la contestation

Il est vrai que, dans bien des cas, la structuration de l'espace boisé, en visualisant les ordinaires destinés au chauffage de l'année, est loin d'avoir rendu les services escomptés. C'est qu'en révélant la possibilité qu'offrent ces surfaces, l'opération permet surtout à chacun de réaliser la médiocrité de son lot. Dès lors, comment ne s'efforcerait-il pas de trouver, par la contravention, le moyen d'y remédier ? Les responsables ont conscience du caractère fatal d'un tel processus et, lorsqu'ils le peuvent, réduisent la part en futaie afin d'accroître celle consacrée à l'alimentation du feu. C'est ce qu'ils décident, par exemple, pour les bois de Précy-sous-Pierre-Perthuis (Yonne), sachant qu'une fois la réserve distraite, la communauté ne jouira plus que de 1 845 cordes, soit 3 cordes par an et par habitant, quantité insuffisante « pour le chauffage, les chevrons, les lattes, les réparations, les échalas, les perches et les pieux [4] ». Encore est-elle favorisée par le fait même de cette possession.

Que dire alors de celles situées dans des régions où la pression démographique est forte et la superficie forestière insignifiante ? Peu importe que cette dernière le soit en raison de l'appropriation seigneuriale ou par excès de défrichement. Le fait seul ici compte. Dans ces conditions, la faute individuelle ne saurait s'éviter. Elle ne supprime pas la pénurie, mais l'atténue quelque peu, et y recourir ne paraît pas un bien grand crime. Tant que l'emprise paysanne se maintient, entretenue par la croissance des populations et leur extrême pauvreté, l'infraction forestière reste, selon le mot de M. Agulhon, « le délit majeur [5] ». Vers le milieu du XIXe siècle, le quart des causes jugées ne l'est-il pas pour contravention aux lois forestières ? Ainsi, pour la seule année 1857, cela ne concerne pas moins de 47 000 cas sur un total de 185 000 affaires traitées. Cela explique que, si d'un côté l'efficacité de la répression est objet d'études et de controverses, de l'autre, plus d'un juriste songe à rétablir des tribunaux spécialisés, à l'instar de ceux qui fonctionnaient dans le cadre des ci-devant Maîtrises, supprimées dès le début de la Révolution ! Et comme sous l'Ancien Régime, bon nombre de ceux qui sont traînés au banc d'accusation, en plein XIXe siècle, se demandent les raisons de leur présent malheur. Même si leur sincérité offre des degrés variables, la permanence d'une telle attitude n'en est pas moins troublante.

Sur plus d'un siècle et demi, et sans doute beaucoup plus à mesure qu'avanceront les dépouillements d'archives, le comportement adopté banalise le délit commis. En 1862, bien loin donc de l'Ordonnance de 1669, J. Clave, dans ses *Études sur l'économie forestière*, souligne ce qu'ont de courant pareilles réactions [6]. Il note ainsi que « des gens trop scrupuleux pour prendre un épi dans un champ cultivé, n'hésitent pas à abattre et à s'approprier les plus beaux arbres de la forêt voisine ». Il écrit pourtant sous le second Empire. Une génération à peine le sépare du Code de 1827. Jamais ces individus ne se laisseraient aller à commettre le plus petit larcin, ayant l'orgueil de leur honnêteté. C'est bien la marque que, dans leur pyschologie, le délit ne se confond pas avec le vol. Leur conscience cependant ne s'effarouche pas à l'idée de prendre du bois. Ce geste ne leur paraît exprimer qu'une innocente simplicité. Cela s'est toujours fait. Pourquoi donc cesser de le faire? L'habitude finit ainsi par servir de justificatif, et, comme l'explique Clave, cela « remonte sans doute à l'époque où les forêts étant la propriété commune, chacun allait chercher le bois dont il avait besoin [7] ». Vision idéale d'un univers d'abondance dans lequel la coercition était superflue! En réalité, celle-ci a peu ou prou toujours existé, ne serait-ce que pour régler la demande usagère sur la capacité sylvicole, l'appauvrissement du milieu forestier menaçant à terme les intérêts du groupe.

A l'aube de la Modernité donc, les bois, cessant d'être cette réserve de terres disponibles qui fut longtemps leur principale définition, sont jugés autres que le restant du saltus. La consécration sylvicole ainsi affirmée demeure néanmoins fragile. La défense du fonds et l'éducation des peuplements requièrent en effet trop de soins pour ne pas léser bien des coutumes, tant en matière d'approvisionnement que de pacage. Ce dernier demeure le cauchemar des sylviculteurs. Il l'était tout autant jadis, comme le montrent les écrits de Perthuis de Laillevault, regrettant l'indulgence dont bénéficient les bestiaux en territoire communal [8]. Les dispositions du Code de 1827 relatives à ce point l'auraient comblé de joie.

Le laxisme hautement critiqué ne signifie cependant pas la libre circulation du bétail avant cette date de 1827, la notion de mise en défens intervenant en la matière avec plus ou moins d'efficacité. Celle-ci s'applique à trois cas. Pour le premier, elle est *définitive*, puisque concernant des surfaces apposées en futaie. Elle est *temporaire* dans les deux autres, qu'il s'agisse de ventes en cours d'exploitation – l'interdiction dépend alors des conventions passées entre le marchand et le vendeur – ou de portions devant être recépées. La durée n'excède généralement pas les cinq ans. Les jeunes pousses sont donc supposées aptes à résister à la dent du bétail, ce délai écoulé. L'expression « mise en défens » ne devrait *stricto sensu* concerner que cette dernière situation, mais le langage forestier d'autrefois, plus accommodant que celui d'aujourd'hui, ou oublieux de ses origines historiques, vaut pour l'ensemble.

Ce souci de préserver le recrû justifie la sévérité du barème. Il faut bien épouvanter le candidat à l'infraction : 20 livres par cheval, bœuf et vache, 5 livres si ce n'est qu'un veau et 3 livres pour mouton et brebis. De quoi faire hésiter, car cela représente aisément le sixième de la valeur de l'animal ! D'autant que le texte prévoit en outre « le double pour la seconde fois, et le quadruple pour la troisième, dont les *maîtres et chefs de famille* seront responsables », ce qui devrait stimuler leur attention quant au choix du pâtre ou du berger [9].

Il est d'ailleurs clair dans l'article 10 du titre XXXII que l'amende ne constitue qu'un pis aller : la saisie des animaux et leur mise aux enchères, par leur immédiateté, doivent être préférées à un châtiment sensible sur le long terme. Celui-ci ne saurait être que médiocre sur le plan de l'exemplarité. Cela semble hautement dissuasif, mais ne l'est guère, attendu le besoin vital en pâture. Ainsi, à Seignelay (Yonne), les bois du duc de Montmorency, dans ce XVIIIe siècle finissant, contribuent si bien à la nourriture du bétail que, de guerre lasse, le puissant seigneur concède en 1787 ce qu'il ne parvient pas à empêcher. Il n'espère donc plus qu'en un strict encadrement de cette pratique, et son abdication témoigne d'un état d'esprit fort répandu.

Les précautions prises dans le cadre de ce domaine figurent dans la plupart des conventions passées alors : « Ne pourront les bestiaux être conduits dans les bois après un dégel ouvert ou une grande pluie... Ne pourront non plus être conduits à l'instar de la sève et du premier bourgeon [...] Et il est défendu de conduire ou faire conduire des bestiaux pendant la nuit dans aucune partie desdits bois [10]. » Tant de précautions donnent la mesure du problème. Dans le dernier tiers du XVIIIe siècle en effet, les auteurs de manuels forestiers insistent tous sur la disparition précoce des plantes rudérales dès que se reconstitue le sous-bois. Ainsi, L. Perthuis de Laillevault, dans son *Traité de l'aménagement et de la restauration des bois et forêts de la France*, note qu'à « cinq ans, et au-dessus, il pousse peu d'herbes sous le bois, et celles qu'on y rencontre sont, à cause de l'ombrage, sans saveur et sans qualité. Aussi, en y entrant, les bestiaux commencent par brouter les bourgeons, ou plutôt, les pousses de l'année, et ne paissent l'herbe de ces bois que lorsque la première ressource est épuisée [11] ». L'observation enlève donc tout avantage à l'entrée du bétail, celui-ci ne pouvant se satisfaire que dans l'hypothèse de taillis à très courte révolution, en principe exclus par l'Ordonnance de 1669, l'âge minimum requis pour l'exploitabilité ayant été fixé à dix ans. Est-ce cette sagesse qui se reflète dans la régression en pourcentage de ce type de délit ? Ce n'est pas certain.

Certes, le fléchissement d'une telle infraction accrédite volontiers la thèse d'un notable progrès. Sa part dans les procès-verbaux recensés pour l'ensemble bourguignon ne passe-t-elle pas de 40 %, à la fin du XVIIe siècle, à moins de 19 % cent ans plus tard ? Il s'arrête là, le XIXe siècle ne prolongeant pas ce mouvement. Les données demeurent étales, et la remarque sur cette région vaut pour la France entière. En 1857 comme en 1876, les délits de pacage avoisinent ainsi 20 % du nombre total de procès-verbaux dressés par le personnel forestier.

Il faut cependant s'épargner un optimisme béat. Ce recul, observé au niveau de la verbalisation, reflète peut-être davantage l'indulgence administrative, après les ardeurs postréformatrices, que la docilité des populations. Le délit n'est d'ailleurs pas appréhendé directement par le chercheur. Celui-ci ne le voit qu'au travers du filtre que représente la sélection, préalablement effectuée, par le garde forestier. Ainsi, à l'occasion de deux affaires de coupes de bois survenues en 1768 et 1769, le plaignant a beau faire état d'une double infraction, arbres dérobés et abroutis fréquents, les Eaux et Forêts ne mentionnent dans le chef d'accusation que le vol de bois, et conduisent l'interrogatoire en ce sens, si bien que les témoins n'abordent presque pas, dans leurs dépositions, le dommage créé par l'errance du bétail [12].

Deux séries de remarques viennent étayer le pessimisme de cette hypothèse. Tout d'abord, la *résistance* des habitants au principe du troupeau communal. Les animaux, en dépit des engagements écrits et des avertissements réitérés, broutent égaillés dans le sous-bois. C'était le cas à 83 % dans le premier tiers du XVIIIe siècle. Ce l'est toujours à 77 % dans sa fin [13]. Le refus des notables, à commencer par celui du seigneur, de mêler leurs bêtes à celles des manants, ne facilite pas un tel groupement. Il n'est d'ailleurs pas certain que les effets en seraient particulièrement heureux, le piétinement aggravant les inconvénients du pacage. Ensuite, la *réorientation* du troupeau, délaissant les taillis depuis peu rajeunis au profit des biens d'autrui, manifeste à l'évidence que si le gardien veille à préserver les bois des siens, il ne peut s'empêcher de violer celui des voisins. En la matière, 63 % des procès-verbaux relevés entre 1700 et 1730 concernaient des infractions ayant lieu dans des taillis recépés. Soixante ans plus tard, un pourcentage comparable (54 %) se rencontre à propos des bois étrangers, montrant la prise de conscience des dégâts commis et l'impossibilité de les supprimer pour autrui [14].

La qualité de la conduite, accrue par la présence d'un adulte responsable, notée dans 38 % des délits à la fin du siècle, contre 26 % à son début, n'empêche donc pas la contravention. Elle en déplace le lieu, c'est tout. Ainsi, Jean de Solmignac veille à bien conserver ses bois dont il escompte un avantageux revenu. Il ne peut cependant que constater que « malgré cela, les habitants circonvoysins, singulièrement ceux du village de Fontvotte (Dordogne) en la même paroisse, ont la manie d'y amener leur bétail et les y garder *à garde faite* sans qu'on ayt pu les surprendre [15] ». Son propos souligne bien le caractère accidentel de ce genre de délit.

Ceux qui ont eu la malchance d'être pris sur le fait ne sont pas les seuls, loin de là, à laisser leur bétail errer de la sorte. Le mauvais sort s'abat sur eux uniquement parce que le propriétaire, lassé de voir les riverains abuser de sa mansuétude, décide qu'il est temps d'en rappeler les limites. Et cela, même si l'invocation ne doit laisser que des traces superficielles dans la mémoire des intéressés, lesquels d'ailleurs, ne manquent pas de contester le bien-fondé de sa plainte, soit en accusant les gens de son service de dégrader le bois plus qu'eux-mêmes ne le font, soit en réduisant à l'insignifiance les prétendus dommages causés par des bestiaux, naturellement échappés à leur vigilance.

De là à rejeter la faute sur le caractère ombrageux des animaux en cause, et sur l'inattention proverbiale de la jeunesse attachée à la surveillance, il n'y a qu'un pas, vite franchi. La victime devient alors l'accusé par un savant retournement de situation. C'est ce que réussit à faire Pierre de Poulard, en 1773 [16]. N'avait-il pas « mis un drolle à la tête de son bétail, qui, voyant le meunier du plaignant entrer dans la forêt de luy [Poulard] qui répond, passa dans celle du plaignant, sans que luy qui répond lui eut donné cet ordre » ? Les échanges demeurent verbaux à l'audience. Sur le terrain, les paroles ne suffisent pas toujours, et le geste les appuie considérablement. Pourtant, les coups ne viennent que lorsque s'affirme la défaite de la diplomatie.

Le jeu des séducteurs

La manière douce vaut bien la manière forte lorsque l'enjeu porte sur la préservation des bestiaux. Tous les inculpés, cependant, ne désavouent pas leurs domestiques, encore moins leurs enfants. Ils choisissent alors de nier le fait, ou plus exactement, la *réalité des dégâts*, arguant de l'âge des taillis ou de la nature du bois. Les bêtes y étaient – comment dire le contraire quand il y a flagrant délit ? – mais n'ont rien fait de mal. C'est ce que rétorque une des sœurs Gérard, ironisant sur la valeur du peuplement prétendument ravagé [17]. « Elle scait que le plaignant a une petite poignerée de taillis, [...] sur laquelle peut y avoir de sept à huit souches, [...] preuve que c'est un mauvais fonds, puisque ledit Barrès l'a voulu laisser pour une paire de souliers ! » Barrès ne manque donc pas d'audace d'aller se plaindre pour cette misère.

Semblable attitude reste néanmoins l'apanage d'une minorité. C'est que les conséquences sont trop graves pour permettre la passivité, qui admet tacitement l'existence du délit, ou la plaisanterie, tournant en dérision la partie adverse. Le détenteur des bestiaux égarés, ou prétendus tels, ne dispose donc que d'une étroite marge de manœuvre afin d'éviter leur placement sous séquestre, prélude à la saisie et mise aux enchères. S'il ne parvient pas à attendrir le protagoniste, il n'a plus qu'une carte à abattre : la violence.

Le fait que le troupeau demeure, dans près de deux cas sur trois, sous le contrôle de mineurs, réduit également l'éventail des choix dans la conduite à adopter. Jeunes garnements, filles délurées, garçons obéissants ou sages donzelles, attendent pour répondre que les adultes soient là, à moins que leur empressement à expulser les bêtes du recrû, ou le charme de leurs sourires, n'ait suffi à désarmer la colère des gardes et des propriétaires. Comment se montrer sévère envers le jeune frère de Pierre Laroumanie, âgé de dix ans, qui demande au propriétaire de lui pardonner ? Il craint l'aîné qui lui recommandait « toujours, et notamment depuis le procès que sa famille a soutenu avec le plaignant, de ne point entrer dans ses possessions [18] ».

Lorsque la candeur et la bonne volonté ne dissuadent pas de poursuivre lesdits coupables, l'action s'impose afin de défendre le bétail. Or repousser les agents qui se préparent à enlever les animaux pris suppose l'arrivée du clan familial, voire de la communauté tout entière. L'attroupement modifie assurément les circonstances de la verbalisation. La résolution des habitants concernés par la saisie est d'autant plus vigoureuse qu'ils bénéficient d'un public gagné d'avance. C'est ainsi que Jean Blanc, « voulant les conduire [les bœufs] au parc de justice, et les ensequestrer entre les mains de la justice », a maille à partir, en 1761, avec les gens de Champeignac (Dordogne) [19]. Aussi, « ayma-[t-il] mieux leur céder que se mettre en danger de perdre la vie, voyant qu'il n'étoit pas en seuretté vis-à-vis de toutes ces femmes, très indignées contre luy [20] ». Certes, la prudence parfois est bonne conseillère. Ici, les villageois ne parlent-ils pas de « luy casser la teste » et ne le serrent-ils pas de fort près, en le traitant « de bougre, de gueu et d'autres paroles ingnominieuses », pour qu'un pareil souci à l'égard de sa personne ne prête pas à rire ?

L'échantillonnage des attitudes manifestées par les auteurs du *casus belli* offre de la sorte un regroupement autour de deux pôles, paix ou guerre, c'est-à-dire justification d'un côté, insurrection de l'autre. Tous les comportements intermédiaires se voient laminés au profit de ces deux extrêmes, comme en témoigne le tableau ci-dessous :

TYPOLOGIE DU COMPORTEMENT LORS DE L'INTERPELLATION	ATTITUDES OBSERVÉES	1700-1730	1760-1790
Individus se soumettant	Fuite Contrition	0 % 4 %	0 % 6 %
Individus s'obstinant	Contestation Inertie Moquerie	4 % 2 % 5 %	4 % 2 % 3 %

La séduction et la violence aux deux bouts de la chaîne psychologique? Oui, car cette dernière se présente toujours comme l'ultime recours. Celui qui débute par l'agressivité brûle d'un coup les munitions qui auraient pu lui éviter de voir ses bêtes partir sous bonne escorte. Il existe donc bien, dans cette occasion, un dessin contrasté des comportements qu'elle sollicite. Cette dualité est remarquable; la permanence des attitudes ne l'est pas moins. Ce second trait, aussi significatif que le premier, contribue à différencier ceux qui utilisent l'étendue des bois à des fins pacagères de ceux qui ne répugnent pas à le voler. Le détenteur de bestiaux et le pilleur de bois très souvent sont un même homme, mais, nouveau maître Jacques, ses réactions changent selon la casquette du jour.

TYPOLOGIE DU COMPORTEMENT LORS DE L'INTERPELLATION 1760-1790	ATTITUDES	INFRACTION PAR RAPPORT À L'ESPACE	INFRACTION PAR RAPPORT AU PEUPLEMENT
Individus se justifiant	Explication Minimisation	25 % 30 %	19 % 21 %
Individus s'insurgeant	Injure Menace Agression	12 % 11 % 7 %	4 % 4 % 2 %

Celui qui pénètre en forêt pour ramasser un fagot ou se confectionner un timon de charrette se caractérise donc par une conduite infiniment plus nuancée que son homologue venu revendiquer le droit au pacage [21]. Les réactions traduisant son effacement devant la personne du garde ou sa volonté de discuter calmement avec lui ont en effet la part belle; elles atteignent respectivement, à la fin du XVIIIe siècle, 20 % et 40 % du matériel réactionnel recensé. L'enjeu, des objets insignifiants, ne mérite pas que soit livrée bataille pour lui. Les délits, qu'ils soient découverts ou passent inaperçus, ne témoignent après tout que de l'importance du bois dans la vie quotidienne.

Comme, à la fin du XVIIIᵉ siècle, le milieu sylvicole devient mieux contrôlé, les abus se perçoivent davantage et se trouvent pourchassés en conséquence, ce qui ne veut pas dire que les infractions augmentent réellement. Leur relevé manifeste surtout la volonté de ne pas les laisser dégénérer. C'est pourquoi, en 1774, le sieur Marc Peyronnet entame une procédure d'identification de ses voleurs, excédé qu'il est de voir emporter les plus beaux sujets d'un héritage possédé à Vanxains (Dordogne) [22]. « Le 11 janvier, [...] n'y fut-il pas encore coupé, pris et enlevé douze arbres, chesnes d'une grosseur assés considérable, sans que le suppliant ait pu scavoir qui l'a faict ? »

Paradoxalement, les registres de procès-verbaux ne mentionnent qu'assez peu la confection des fagots de bois, sauf lorsqu'ils concernent des forêts royales, pour lesquelles les gardes veillent à ce que des lances saines et vertes ne figurent pas dans ces amas. Certes, de tels larcins ne méritent pas les frais de justice qu'entraîne leur dénonciation. Souvent, ils s'effectuent d'ailleurs avec tant de soins qu'ils échappent à la vigilance des agents, à moins que ceux-ci ne soient renseignés par un témoin peu complaisant. Même dans ce cas, il ne se passe pas grand-chose. Il n'y a qu'à observer Mathilde Devideau, surprise par un garde de Jean-Charles d'Augeard, dans la forêt de Saint-Sauveur, avec un fagot « gros comme le bas de la jambe ». Elle jette promptement son fardeau à terre et s'enfuit fort vite [23]. Le garde préfère courir après un autre délinquant avant de s'occuper d'elle. « Lorsqu'il l'eut trouvé, ils vinrent ensemble sur le lieu où le fagot avait été laissé, mais cette femme ayant été le reprendre, ils ne l'y trouvèrent plus! » Bruits furtifs dans le sous-bois, rapidité des réflexes, connaissances des lieux, les contrevenants sont le gibier des gardes, mais dans cette chasse règne l'égalité entre celui qui mène la traque et celui qui en est l'objet.

En fait, dans le cas du vol de bois, les relations entre les deux antagonistes n'ont jamais été très tendues. La brutalité du geste et du verbe n'appartient qu'à une minorité (10 %), alors que près du tiers (30 %) n'hésite pas à y recourir dans la situation précédente. Elles s'apaisent même, la colère du contrevenant interpellé choisissant de s'exprimer par le mot plutôt que par la force. Au pire, d'ailleurs, celle-ci malmène quelque peu le chapeau ou la bandoulière du garde, et laisse sa personne intacte. Cela lui permet de conter au cabaret combien rude fut l'échauffourée. Ainsi, d'un côté, la tension reste latente, prompte aux déchaînements générateurs de suites incompressibles, de l'autre, les mœurs s'adoucissent et la présence des agents est, sinon ignorée, du moins assez bien supportée. Il est vrai que beaucoup d'inculpés agissent à la dérobée, dans la solitude du soir, à l'heure où le garde cesse sa tournée. Ils coupent précipitamment, veillant à assourdir leur méfait. La scie s'entend de trop loin, la cognée résonne. Ils privilégient en conséquence la serpe, la goué ou le achurreau. Tous leurs mouvements respirent la discrétion, comme ces trois délinquants de Saint-Saud (Dordogne) qui abattent « nuittamment un chesne », le soulèvent, l'« étaussent [ébranchent] dans une terre à eux appartenant, et ensuite le portent chez eux, le répondant portant la teste, son domestique, le reste, le frère du répondant marchant devant avec deux haches ». Une procession qui n'a rien d'étrange [24]. Cette différence dans le comportement explique peut-être l'illusion que sécrète l'examen des registres de verbalisation. Le lecteur imagine un reflux des délits pacagers, alors que celui-ci, loin de refléter l'obéissance des habitants, ne dévoile que l'esprit précautionneux des sergents!

Ainsi, à la veille de la Révolution, c'est par *le vol de bois* que se détermine le contrevenant, et cela dans la proportion de deux cas sur trois (65 %) [25]. Le contrevenant pénètre en forêt dans le dessein de remédier à un approvisionnement qu'il estime défectueux. Certains le font avec la bonne conscience que donne le sentiment de son droit – et le besoin ne fonde-t-il pas, précisément, ce bon droit? D'autres prennent le parti héroïque de mettre entre parenthèses les objections qu'ils se font. Et quelques-uns tremblent de tous leurs membres, mais se décident tout de même. C'est le cas à Pontours (Dordogne) de Gérard Fontoyne qui, « après avoir jetté les yeux de costé et d'autre, et croyant n'estre poinct surpris, a coupé à pied et ras de terre l'un des plus beaux arbres [...] Il en a couvert la souche de terre, et après avoir (fait) quelques tours, pour (voir) ceux qui l'auraient peu soupçonner, il a traîné cet arbre... dans sa maison, en a coupé les branches, et en a refendu la tronse en carasson [morceaux], aidé de sa femme [26] ». Tant de soins montrent que les interdits ne pèsent pas lourd devant les nécessités de l'emploi ligneux. Alimentation du foyer (46 %), réparation de l'habitat (10 %) et confection du matériel (9 %), voilà trois bonnes raisons de les enfreindre [27]. Il n'en allait pas autrement à l'époque colbertienne. Ce type de larcin inspirait déjà plus de la moitié (58 %) des mauvaises actions [28]. Ce n'est pas que le bois se vole davantage, c'est que ce pillage insidieux se tolère moins bien.

La coutume tend désormais à n'être perçue que sous l'angle de l'abus. Catherine de Belrieu, propriétaire de la forêt de Clérans, Saint-Sauveur et Mouleydier (Dordogne), ne disait trop rien contre ses manants, et ne poussa même pas son avantage en 1766, lorsque ses hommes d'affaires se plaignirent d'eux. Pareille indulgence ne caractérise pas son descendant, Jean-Charles d'Augeard, qui regrette de voir partir ce qui se vend, et se vend même de plus en plus cher [29]. Il attaque donc en justice. Et il a de quoi faire, car c'est « une foule de personnes, hommes, femmes et filles, qui en sortaient, chargées aucune [de] son fagot de bois, qu'à la vue de l'huissier et de sa troupe, dont ils furent épouvantés, ils auroient jetté leur fagot par terre » afin de s'égailler plus vite dans les fourrés. Cela se passe en 1786.

La question forestière ne tarde pas à se poser aux gouvernements révolutionnaires. Certes, ils sont tentés de satisfaire les communautés villageoises en leur donnant ce dont elles ne jouissaient qu'à titre d'usages. Ils s'inquiètent néanmoins des risques de dérapage que peuvent également entraîner le maintien et la suppression des mesures coercitives. Au nom de quoi s'engager dans la répression de ces coupes clandestines, destinées au seul foyer, et ne portant pas sur un nombre tellement élevé de pieds que le couvert en soit menacé ? Le système punitif de l'Ancien Régime n'est guère édifiant sur l'efficacité d'une telle méthode. Reste à savoir si en faire l'économie est possible. Ses détracteurs comme ses thuriféraires vont sous peu réaliser que la réponse n'a rien d'évident. La délinquance ne fléchira que lorsque le délit aura changé de nature, c'est-à-dire lorsqu'il aura cessé de pourvoir au besoin primordial des hommes : *le feu*. La répression s'attache donc en vain à poursuivre le vol de bois : plus des trois quarts des infractions recensées dans la première moitié du XIXe siècle. La décrue attendra pour se faire le second Empire, bien qu'elle reste encore modérée : 57 % des procès-verbaux alors dressés [30].

Les figures d'autorité

Colbert, dès le lancement de la grande Réformation, s'est occupé des difficultés que soulevait la mise en place d'un système répressif, jusque-là attentif aux seules forêts royales. Le ministre croyait, ou feignait de croire, que les dilapidations forestières, déplorées depuis le début du siècle, incombaient au laxisme du personnel administratif et se trouvaient grandement facilitées par la complicité des gardes. C'était reporter avec ingéniosité, la responsabilité des engagistes, dont les finances maintenaient à flot le Trésor public, sur des subalternes, pas toujours innocents, certes, mais point si coupables.

Cette période délicate, au terme de laquelle ne rendront gorge que les affidés du Surintendant déchu, a du moins le mérite d'orienter le système répressif vers l'abandon de l'office [31]. La commission qui le remplace présente le net avantage de permettre un renvoi rapide des gardes indélicats, sur simple décision du Grand Maître. Il lui suffit pour cela de repérer durant sa tournée un manquement grave au service. Les commissaires-réformateurs en donnent d'ailleurs largement l'exemple au point de sombrer parfois dans l'excès [32]. Ainsi, en 1666, Bouchu et Mauroy, examinant l'encadrement bourguignon, dénoncent « l'établissement que les officiers ont fait par le passé de gardes ignorans, insolvables, et qui contribuaient à la ruine des forêts », et annoncent en conséquence « leur dessein [qui] est de n'en conserver aucun et de punir les coupables ».

L'intention paraît louable, car de quelle utilité peut être un vigile à peine instruit du code pénal, et complètement ignare en science sylvicole, alors qu'il doit collaborer, voire remplacer, arpenteur et garde-marteau ? Et quelle sanction lui appliquer s'il est insensible aux aléas du porte-monnaie, n'ayant ni fortune personnelle ni cautions, familiales ou autres, susceptibles de lui rappeler les dangers que comporte son devoir ? Exiger un minimum de connaissances et s'assurer de solides répondants relève donc du simple bon sens. La purge, selon les départements et le courroux des inspecteurs, manifeste une sévérité variable. Les indésirables expulsés, reste à combler les vides, et là surgit le problème. Les candidats ne se précipitent pas, et ceux qui attendent d'être nommés ne valent guère mieux que ceux qui viennent de démissionner. Le mal serait-il partout ? Lorsque toutes les qualités se rencontrent en un homme, son niveau social est trop élevé pour qu'il postule. Et s'il accepte cet âpre métier, c'est qu'aucun espoir de promotion ne lui est ouvert. Encore en 1820, Fliche, auteur d'une *Instruction générale* à leur usage, estimait que « les dilapidateurs profitent des moments où ils les savent au cabaret, pour porter la cognée dans des bois confiés à leur surveillance [33] ». Et de conclure avec des accents qui montrent que l'administration forestière ne badine avec la morale : « Vivre familièrement avec les délinquants, c'est faire supposer qu'on leur ressemble. » Mais justement, sont-ils si différents que cela d'eux ?

L'œil du maître

Ces épines auxquelles personne n'avait songé en taillant le rosier ne tardent pas, en effet, à piquer. Six ans ne se sont pas écoulés depuis les fermes propos de 1666 que tous les proconsuls forestiers, expédiés par Colbert jusque dans les provinces les plus éloignées, avouent l'échec du recrutement. Les préposés à la police des bois, qu'ils avaient rêvés probes, cultivés, dévoués et dans une aisance relative – par eux-mêmes, et non grâce à leurs gages! – s'avèrent une espèce rare. Ces diligents commissaires-réformateurs avaient tout prévu, sauf que les candidats feraient défaut [34]. Colbert s'impatiente, et les « prie de chercher avec soin les personnes capables de les remplir, et de [lui] en envoyer un estat à mesure qu'[ils] en trouver[ont], pour leur faire deslivrer les expéditions nécessaires ». C'est qu'à la perspective alléchante de porter une bandoulière fleurdelisée, et, bientôt, un coquet uniforme sorti de la manufacture de Sens, propriété du Contrôleur général, celui-ci ne doute pas que l'afflux des postulants permettra de trier les candidatures.

Eh bien non! tout cela ne flatte pas assez l'amour-propre pour faire oublier les désagréments de la fonction, et les prétendants à la surveillance des bois de Sa Majesté la boudent après s'en être enquis. Ainsi, dans la Maîtrise de Quillan (Aude), durant fort longtemps, tout le service repose sur sept hommes seulement, un à Belvis, quatre à Niort, un à Bessède, sur le plateau sud du pays de Sault, un au Bousquet, dans le Roquefortes [35]. Ce n'est qu'en 1738 qu'un second apparaît dans cette dernière contrée, et il faudra encore attendre quatre ans pour qu'un autre garde vienne renforcer l'effectif à Niort. Ces problèmes d'embauche sont d'ailleurs suffisamment sérieux pour que le procureur du Roi dans ce secteur, remarque que « depuis l'établissement de la Maîtrise, on n'a jamais fait de procès à aucun garde, de crainte que tous les autres n'eussent fait leur démission, et qu'on s'est contenté de tous les temps de les destituer, dès qu'on connaissait qu'ils prévariquaient [36] ». Le règlement de 1754, qui fixe leur nombre à seize, n'a reçu que lentement satisfaction.

La montée en régime de la nouvelle administration a donc été progressive et assez lente, même là où l'importance des possessions domaniales semblait offrir de meilleures conditions. C'est le cas avec les 19 890 hectares de la forêt de Chaux, dépendants de la Maîtrise de Dôle (Doubs) [37]. Entre 1730 et 1764, le nombre des gardes s'établit à quarante, dont cinq gardes à cheval à partir de 1737. Et pourtant, six ans après ces lettres-patentes du 22 avril 1730, à peine les postes sont-ils pourvus, et cela malgré un salaire nettement supérieur à celui que reçoivent les collègues des autres forêts, dans la même Maîtrise. Comment rendre compte d'un pareil attentisme?

Le garde doit en effet enregistrer tous les faits et gestes du délinquant qu'il a appréhendé. Il peut estimer bénigne la faute de celui-ci. Il se doit néanmoins de la noter, quitte à restreindre son action : ni saisie ni séquestre, mais seulement une assignation à comparaître lors de la prochaine audience de la Maîtrise ou de la Gruerie royale. C'est que ce constat dressé lui épargne les remarques désobligeantes de ses supérieurs, tenus de tout vérifier à chaque tournée. Il le décharge surtout de toute responsabilité. Aussi lui faut-il prouver qu'il note bien toutes les fautes commises dans son triage, celles que dénoncent les traces restantes, la souche notamment, comme celles qu'il est le seul à connaître, telles que la constitution d'un fagot ou l'étêtage d'un arbre. La besogne ne manque pas, d'autant que ce travail s'étend sur une vaste surface et ne conduit pas toujours à croiser des gens d'humeur irénique. Le sergent, qui jouit pour cela de l'exorbitant privilège de l'arme à feu (Ordonnance de 1669, titre X, article 3; titre XXX, article 6), ne peut prétendre, en sus, avoir une bonne réputation. Encore en 1805, cet avantage, bien que visant la sécurité de leur personne, est fort discuté. La bonne société réunie autour de l'agronome M. d'Ourches s'accorde ainsi pour dire que les pistolets ne conviennent pas à cet usage [38]. « La hallebarde ou la pique », voilà tout, et l'un des assistants d'ajouter que si ce choix s'imposait, comme « ils sont tellement braconniers », il est certain que « la moitié quitterait le métier, et les forêts y gagneraient beaucoup »!

Les langues vont donc bon train, accusant ces agents d'empocher les amendes et de maltraiter les pauvres gens. Ces reproches reviennent très souvent dans les cahiers de doléances, et semblent particulièrement mal fondés, ce qui ne signifie pas que d'autres ne le soient pas. En effet, il est interdit aux officiers royaux de disposer de ces amendes, et ce n'est que par leur intermédiaire – puisque c'est à eux, et plus exactement au receveur de la Maîtrise, qu'elles sont versées – que le verbalisateur pourrait recueillir une parcelle du fruit issu du constat. Or seuls les Grands Maîtres, supérieurs hiérarchiques de ces beaux messieurs, peuvent prélever sur le montant des amendes, et ce à une fin bien précise. Eux, et eux seuls, ont le droit de taxer « sur les deniers de cette nature les vacations et journées extraordinaires des officiers des Maîtrises et autres personnes qu'ils emploieront, tant aux réformations que pour notre service dans les Eaux et Forêts, selon leur travail [39] ».

Cette disposition, dont le maniement ne se révèle pas très commode, donne le moyen au pouvoir central de resserrer les liens de subordination nécessaires entre le Grand Maître et les membres de la Maîtrise, volontiers frondeurs à l'occasion. La méthode de la commission rend inutiles ces soins jaloux, le serviteur indiscipliné se voyant promptement remis au pas par la menace du renvoi. Aussi la précaution ne compte-t-elle vraiment qu'à partir du moment où le retour à la pratique officière, nécessité par les besoins financiers inhérents à l'état de guerre, menace de les distendre [40]. Par conséquent, les sanctions pécuniaires ne profitent qu'au Roi, même si leur perception emprunte d'étranges avenues par le biais de l'affermage! Il en va des impôts comme des amendes : les fonds sont parfois avancés par des maltôtiers bien avisés, qui savent trop bien comment se rembourser. Le sergent peut prévariquer, mais il n'a aucune chance d'être concussionnaire. Les mauvaises renommées s'alimentent parfois de l'injustice...

Ne pas tirer parti directement des amendes, le sergent peut le regretter, car ce serait une douce compensation aux menaces qui l'environnent. Certes, elles se concrétisent rarement et même de moins en moins, si bien qu'au XIXe siècle, les gardes ayant souffert dans l'exercice de leurs fonctions se verront célébrés comme héros de la cause forestière! La statistique devrait les rassurer, mais les mines patibulaires qu'ils rencontrent au détour des chemins leur ôtent l'envie de plaisanter. La hargne qu'ils suscitent tient à leur spécialité, et par là les hommes du Roi se différencient avec vigueur de leurs collègues nommés et payés par la collectivité villageoise. Ils ont ainsi le quasi-monopole des confiscations en tous genres, bétail, chariots ou instruments divers : 82 % des cas où se déploie cette méthode leur sont dus [41]. Ce zèle dévastateur grandit bien évidemment dans les étendues domaniales où la lutte contre la délinquance constitue une priorité. Dans la forêt de Chaux, ne reçoivent-ils pas le tiers des sommes provenant de la mise en vente de tous « ces ustensiles », selon le mot du temps, qui désigne ainsi ce qui a servi à commettre la faute? Ce beau score explique aisément les relations tendues qu'ils entretiennent avec leurs administrés [42]. D'autant que les perquisitions domiciliaires, traumatisme durable pour la communauté tout entière, demeurent leur apanage à 91 %. Les justifier par l'obligation de découvrir le lieu du recel ne réconforte en rien les habitants qui ont contemplé l'affront fait à l'un des leurs. Leurs humbles confrères, en ménageant les susceptibilités de chacun, préservent mieux, assurément, leur popularité. Il est vrai que, vivant au village et n'étant point intéressés à la chose, ils ne peuvent guère adopter une autre ligne de conduite [43].

Il ne faut donc pas s'étonner de voir les sergents plus souvent victimes que bourreaux, contrairement à une opinion fort répandue qui veut en faire des assassins doublés de fripons. Après cela, comment certains ne connaîtraient-ils pas quelques ennuis à la Révolution, les rancuniers étant passablement nombreux? Ce n'est que le dénouement d'un face-à-face exaspéré dont la mise en place ne remonte guère au-delà du premier tiers du XVIIIe siècle : ainsi, sur une centaine d'affaires relatives à la forêt de Chaux, et jugées à la chambre des Eaux et Forêts de Besançon (Doubs), quinze concernent, entre 1738 et 1744, des violences contre des gardes [44]. La densification du réseau coercitif peut être dérisoire, qu'importe : son existence même suffit à polariser les tensions.

Ces mal-aimés du public sont cependant indispensables, car ils ne s'inquiètent pas que des forêts royales. La répartition des procès-verbaux rédigés montre leur intervention dans les bois communaux, du moins dans le début du XVIIIe siècle, peu de communautés ayant alors désigné celui qui sera censé les défendre – contre elles-mêmes et les pillards venus d'ailleurs. Ainsi, pour la période 1700-1730, en Bourgogne, 62 % des constats concernant cette catégorie émanent de leur plume. Cette sollicitude s'étend largement aux autres bois : 86 % des actes qui leurs sont relatifs viennent de là. Elle explique en grande partie la réussite de l'implantation des Maîtrises, indiscutable dans la seconde moitié du XVIIIe siècle.

En témoigne par exemple le cas du Nivernais, qu'il s'agisse des déclarations de coupes ou de la composition sociale des plaignants[45]. Pour les premières, sous le règne de Louis XV, non seulement leur volume double, mais encore se produit un net élargissement de l'espace géographique couvert : 55 % proviennent d'une localité en dehors de l'arrondissement de Nevers, contre 30 % cinquante ans plus tôt. Quant à la seconde, il est clair que si le monde paysan se tient à l'écart, il n'en est pas de même des autres catégories qui apprécient les services de la Maîtrise. Passées les années 1750, les privilégiés représentent plus de la moitié des demandeurs, seigneurs laïques ou ecclésiastiques, suivis de tout ce que la société rurale compte en notabilités, marchands, bourgeois et avocats. Tout ce beau monde peut à l'occasion commettre quelque délit, devenant ainsi défendeur au même titre que les petites gens du cru. L'infraction n'est pas que le fait de ces derniers, loin de là, même en matière de chauffage. Qui ne serait tenté, en effet, par sa gratuité ? L'irrespect des lois se révèle partagé, mais non l'habileté à s'en servir. Du coup, les travailleurs du bois et de la terre ne les ressentent que sous l'aspect coercitif. Elles ne les protègent pas parce qu'ils n'appellent pas à leur secours ceux chargés de les appliquer. Elles les briment donc, et c'est pourquoi la lente émergence d'une autre figure d'autorité, celle du garde communal, va constituer une étape essentielle dans leur apprentissage des méthodes conservatoires.

Un humble auxiliaire

Au cours du XVIIIe siècle, alors que ne se dément guère l'intérêt que les sergents portent aux bois particuliers, un net repli de leur vigilance s'observe quant aux étendues villageoises. Ces dernières, entre 1760 et 1790, deviennent l'objet exclusif, ou peu s'en faut – 88 %! –, des gardes communaux. L'activité un temps extensive des sergents se recentre donc sur le Domaine, des raisons budgétaires expliquant en grande partie cette orientation. Continuer à tout faire, et vouloir le faire bien, supposait en effet une multiplication de leurs personnes, ce que personne ne souhaitait. L'affaire était à la fois onéreuse et antipathique, deux adjectifs qui suffisent à condamner n'importe quelle politique, fût-ce la plus utile! Il fallait donc trouver un autre biais.

A dire vrai, ce problème n'est pas neuf. Il découle de la crise persistante des vocations en milieu forestier : ceux qui entrent dans le système répressif manquent d'enthousiasme et se hâtent souvent d'en sortir. Ainsi, les gardes de la Maîtrise de Dôle désertent avant la dixième année : 7 % demeurent encore en activité au bout de ce temps [46]. Et ce pourcentage, valable au milieu du XVIIIe siècle, s'améliore tout juste durant une vingtaine d'années – 10 % de ceux qui tenaient leur poste en 1765 l'occupent encore en 1774 – avant que les titulaires ne sombrent dans la morosité prérévolutionnaire. Les bruits de réforme qui courent alors sur l'administration des Eaux et Forêts ne rendent guère attrayantes de telles carrières. La situation existant cent ans auparavant se redessine donc à l'horizon. Le commissaire-réformateur Mauroy s'en était préoccupé. Il suggérait ainsi en 1662 tout le parti à tirer de l'habitude où étaient certaines communautés d'élire – et de dédommager – un garde afin de préserver leurs biens [47]. Pourquoi ne pas généraliser ce procédé excellent, moyennant quelques retouches et fioritures qui rendraient cet instrument dépendant de la Maîtrise tout en le laissant à la charge de ses concitoyens ?

Incontestablement, une voie s'esquisse là, même si nul n'imagine alors toutes les répercussions positives qu'aura cette idée. L'Ordonnance de 1669, en l'article 14 du titre XXV, recueille son écho. Elle enjoint par donc « aux habitants de préposer annuellement un ou plusieurs gardes pour la conservation de leurs bois communs, faute de quoi, le juge des lieux y pourvoiera, et *taxera d'office* les salaires qui seront payés par la communauté [48] ».

Reste à exploiter toutes les potentialités que renferme ce texte, et les autorités ne s'en priveront pas. En rappelant aux communautés leur situation d'éternelles mineures, l'État fait en effet coup double. Un, il bloque par l'édit de 1667 adopté dans ce climat les revendications d'une autonomie municipale, notamment sur le plan des dépenses. Pour plus d'un siècle, ces dernières se verront de la sorte refoulées. Le centralisme monarchique, en empêchant l'auto-imposition des habitants, entend drainer à son seul profit les liquidités disponibles. Deux, il impose par le Code de 1669, et celui de 1827 prendra la succession, les normes d'une gestion sylvicole concoctées à l'origine en l'honneur des espaces domaniaux [49]. Le gouvernement obtient ainsi l'assurance de disposer en permanence d'une portion en futaie susceptible de contrebalancer l'abaissement notable des révolutions observé dans ces mêmes forêts royales. Il a donc placé sous haute surveillance le fonds et son revenu. Par là, il écarte peu à peu ceux qui pouvaient prétendre y exercer un droit de regard, c'est-à-dire les seigneurs, concessionnaires réels ou prétendus de ces bois communaux. De ce point de vue, la mise au pas des gruyers seigneuriaux, après les fausses espérances de 1708, forme une étape décisive. Progressivement, la pièce vire ainsi au dialogue. Deux personnages s'observent et se mesurent – *l'État* et *la Collectivité.* L'obtention et la docilité du garde communal peuvent paraître de bien menues péripéties dans l'histoire de leurs rapports? Il n'en est rien, car toutes deux sont hautement symboliques de cette évolution.

Dans un premier temps, la communauté d'habitants fait la sourde oreille. La résistance à la désignation du garde reflète d'ailleurs souvent le refus de faire démonstration des bois [50]. Ainsi, entre 1670 et 1700, 78 % des plans qui devaient être dessinés avant l'arrivée des officiers sont dits manquants ou inachevés. Les pourcentages marquant l'impossibilité de recrutement d'un vigile ou son absence, sous quelque prétexte que ce soit, partent du même mouvement. Dans ce dernier tiers du XVIIe siècle, à peine 9 % des villages visités par les autorités forestières peuvent leur présenter celui qui veillera sur leurs bois. Le risque pris est gros. Il suffit que quelques habitants énervés outragent la partie réservée et s'y octroient quelques beaux arbres pour que fonde sur l'ensemble villageois une amende colossale : 6 000 livres, c'est beaucoup, surtout lorsque les recettes du lieu n'excèdent pas les 200 livres! Dans ces conditions, la communauté s'efforce de transmettre le fardeau de ses péchés à un malheureux désigné par la voix publique. Le bougre se dispenserait bien volontiers d'une popularité aussi malsaine. Comment ne pas le comprendre en lisant le contrat que lui montrent les habitants d'Annoux (Yonne) [51]? Ces derniers insèrent avec malice qu'il « demeurera responsable des desgradations qui seront faites dans lesdits bois pour l'avenir, et sera obligé de se transporter par devant Messieurs les officiers de la Maîtrise particulière ». Cela ne convient pas du tout à celle-ci. Elle sait bien qu'un individu est plus moins aisément solvable qu'une collectivité : nul, alors, ne répondrait des méfaits commis?

Impensable! L'impunité encourage toujours le vice, le refrain est connu. Pour que l'amende ait une finalité pédagogique, il faut bien sûr qu'elle soit *acquittée,* sinon par les vrais auteurs de l'infraction, du moins par ceux qui s'en sont rendus complices en fermant les yeux. Le procureur de la Maîtrise rectifie donc cette clause, en spécifiant que « la communauté demeurera civilement responsable de ses faits [52] ». Attitude intelligente : sans cette précaution, il est vraisemblable que l'engagement des gardes communaux aurait eu un démarrage encore plus laborieux. Au début du XVIIIe siècle, le tiers seulement des collectivités possède un garde. Elles sont 70 % à en avoir un, soixante ans plus tard. L'administration de Sa Majesté pousse ces précieux auxiliaires vers la professionnalisation. Celle-ci ne se marque pas tant par le notable progrès de leur salaire que par le *cumul fréquent des fonctions policières.* L'homme se trouve ainsi au service simultanément du seigneur, de ses manants, voire des marchands qui exploitent les bois des environs et, à l'occasion, ceux du village. Cette position, qui en fait un spécialiste de la garde, caractérisait entre 1700 et 1740 12 % de ces individus. La proportion passe à 29 % dans la seconde moitié du siècle, et ne cessera pas de progresser au XIXe siècle, jusqu'à ce que se pose la question de leur assimilation au corps des domaniaux. Ce n'est donc que le tout début d'une lente dérive qui conduit ce personnage à divorcer d'avec un monde rural dont il reste étroitement dépendant.

La position manque toutefois de confort. Aussi la pratique déroge-t-elle fréquemment à l'idéal projeté : un mercenaire rétribué par la communauté et se dévouant corps et âme pour la bonne exécution des directives administratives. Trois motifs rendent compte d'une telle distorsion. Tout d'abord, une image assez négative colle à cette fonction. Du coup, son occupant n'a qu'une hâte : s'en débarrasser au plus vite. Ainsi, trois mois avant que n'expire son mandat, Claude Auger avertit ses compatriotes « qu'ils eussent à prendre leur parti pour en nommer un autre », ce qui indique bien qu'il juge avoir assez consacré de temps à cette besogne [53]. La rotation se caractérise donc par une grande rapidité successorale : 77 % des gardes ne résistent pas plus de trois ans entre 1700 et 1740, pourcentage presque inchangé (72 %) à l'extrême fin du siècle [54]. Bon nombre d'ailleurs quittent le métier dès le service annuel accompli : à la veille de la Révolution, 35 % démissionnent au bout d'un an. Ensuite, la fonction vise avant tout, pour la plupart des habitants, à repousser les incursions des étrangers venus des villages voisins ou de hameaux dépossédés de leurs droits. Cette conception se veut résolument limitative. Ils n'entendent pas que celui qui est à leur solde s'avise de contrarier leurs libertés. La chose ne satisfait pas les officiers de la Maîtrise, d'autant qu'elle aboutit à une quasi-négligence en matière de répression pacagère! A ces deux premières déformations, très liées au reste, il convient d'en ajouter une troisième, ne s'observant que dans les bourgs de quelque importance. Là, ce n'est pas l'activité coercitive qui intéresse, même si souvent elle paraît lourde à celui qui en est investi, mais seulement les subsides promis. Il est alors tentant de ne faire que le nécessaire pour conserver une place médiocre peut-être, mais enfin, rémunérée! Tout cela ne contribue évidemment pas à une productivité verbalisatrice digne d'éloges, ce qui ne déplaît pas trop aux communautés, peu convaincues de l'utilité de réformer leurs mœurs.

En fait, la nomination au poste de garde n'a quelque chance d'être efficiente que lorqu'elle récompense la fidélité à la cause des habitants, et dans l'hypothèse heureuse où ceux-ci sont conscients de la nécessité de défendre leurs bois contre les autres et... contre eux-mêmes! Cette qualité, hélas, ne s'affirme qu'à l'issue d'une longue carrière, ce qui fait qu'en la matière le meilleur candidat ne saurait être qu'un homme d'un âge certain. Il est vrai que la tâche réclame une endurance et à l'occasion une force qui ne se rencontre guère chez les vieillards, et ce stade vient vite sous l'Ancien Régime. Tout s'arrange lorsque le vieil homme désigné est pourvu d'un fils affectionné : l'un garantit le respect du devoir et l'autre réalise le travail pénible. Car les tournées sont longues, parfois, bien que le garde réside généralement au lieu où il exerce sa vigilance. Prendre quelqu'un de l'extérieur ne se rencontrait que dans 4 % des cas au début du siècle. Et si cette situation progresse – 13 % – dans la seconde moitié, c'est en relation avec la spécialisation qui commence seulement à s'esquisser.

Le gardien des vertus communautaires reste donc placé sous le regard de tous. Et tous lui sont familiers : cela facilite singulièrement l'identification des contrevenants, mais comporte aussi quelques risques, ne serait-ce que celui de l'indulgence, pour ne pas parler de l'entente éventuelle, voire du racket sous couvert de protection. C'est pourquoi les habitants véritablement soucieux de lutter contre la délinquance et n'ayant pas sous la main le couple parfait père-fils utilisent des arguments vulgaires, peut-être, mais solides. Ils proposent ainsi tout crûment à leur agent de l'intéresser au volume délictueux réprimé! Étienne Miton, vigneron de son état et paré du titre de « praticien » au jour de sa réception, reçoit un maigre salaire annuel, certes, mais touche « trois livres pour chaque prise », ce qui efface sa déception devant les 40 livres remises par quartiers [55]. Rien de tel qu'une pareille stimulation pour accroître le dévouement et renforcer la bravoure.

L'auxiliaire communal efficient traque en effet *tous* les contrevenants avec la même ardeur. Peu lui chaut que ces derniers lui soient indifférents ou relèvent de sa parentèle. Ainsi, résister aux pressions diverses et répétées, qui vont du pot de vin à la menace en passant par le mot aimable dit à l'épouse, suppose une exceptionnelle force d'âme! Sa liberté bute toujours sur les difficultés qui naissent de sa complète immersion dans le microcosme villageois. Il peut faire partie de la race des incorruptibles – il y en a – mais rien ne dit que cette rigueur admirable soit fort appréciée par ses concitoyens qui sont toujours ses employeurs. Pour ceux-ci, le remède à trop de zèle peut se trouver dans la désignation d'un analphabète. Celui qui écrira les actes sous sa dictée filtrera comme il convient les informations. C'est beaucoup plus délicat autrement. Un jour ou l'autre, des fuites se produisent et la normalisation vient enfin. Ainsi, à Taingy (Yonne), les officiers de la Maîtrise finissent par rencontrer le garde du lieu [56]. Et celui-ci de leur expliquer que si le tiers de la réserve est abattu sans qu'aucun avertissement ne leur soit parvenu, il ne faut point s'en prendre à lui : « *N'estant reçu que devant le juge des lieux*, voyant que c'estoit l'intention générale des habitans, il leur a laissé faire, et n'auroit pas cru debvoir prévenir du délict. » Afin de mieux le tenir sous leur coupe, jamais ses compatriotes n'avaient voulu lui payer les frais de réception à la Maîtrise, qui ignorait de la sorte jusqu'à son existence!

L'administration des Eaux et Forêts, si elle veut réduire ce genre de tentatives, est donc obligée d'interférer entre la communauté et son agent. Certes, lutter contre la non-verbalisation n'est pas simple. Éviter la soustraction de documents l'est davantage. *Par la cérémonie du serment,* elle le libère des attaches communautaires. Seront en effet écartés de ce poste stratégique imbéciles, illettrés ou ignorantins, *a fortiori* ceux qui sont les trois à la fois! La connaissance de l'écriture, jointe à un vernis juridique quant à l'Ordonnance, est donc censée le dégager de toute influence pernicieuse. Le raisonnement témoigne d'ailleurs d'une confiance touchante dans les effets moraux de l'instruction. Il méprise par contre tous les facteurs économiques et sociaux qui règlent la vie du garde sur celle de la communauté. Au reste, combien sont en état de tenir la plume eux-mêmes? Bien peu, sans doute, comme le montre l'insistance avec laquelle depuis 1667 cette condition est reprise. La Table de Marbre de Dijon signale ce thème dans divers arrêts, le 13 mai 1721, le 9 décembre 1730, le 10 août 1763. Il en sera question au moins jusqu'à ce que les lois scolaires de 1880 apportent une solution définitive [57]. Cela atténue sans doute quelque peu les pressions qui s'exercent sur sa personne, mais est bien loin de les faire disparaître.

L'Administration dispose cependant de deux autres cartes dans son jeu. *Par l'inspection lors des tournées*, elle le contrôle. Distingué du populaire, une destitution ne peut-elle l'y faire retomber ? Hélas, ce châtiment ne retient sur la pente fatale que ceux qui font de cette activité un métier, et, sous l'Ancien Régime, bien peu sont dans un tel cas. Cela enlève donc un peu de son intérêt à l'arrêt du 15 août 1752 qui permet aux Grands Maîtres de les remplacer sans la participation de la collectivité. Enfin, *par la proximité de son siège*, elle lui épargne de passer par une série de relais pour acheminer ses constats. Le réseau d'expédition s'avère en effet coûteux et, surtout, aléatoire, chaque maillon s'arrogeant un droit de regard sur le contenu des actes. Bref, lorsque ces trois critères sont remplis, se crée enfin la complémentarité entre les deux systèmes répressifs, le communal et le royal.

La puissance de l'imaginaire

La difficulté n'est d'ailleurs pas tant de les réunir que de les conserver, ce qui privilégie incontestablement un cercle étroit, centré sur le siège du tribunal. Aussi, à mesure que les gardes officient loin de cet épicentre grandissent les forces de dispersion qui les obligent à se taire, à tricher ou à déformer : la menace, la concussion autant que l'indifférence dissolvent leur bonne volonté. Il y a donc quelque chose de paradoxal dans les débuts de cet auxiliariat, puisque, mis en place pour soulager un personnel numériquement étriqué au nom d'impératifs budgétaires, il ne saurait fonctionner qu'avec une administration des Eaux et Forêts équitablement répartie sur tout le territoire national et honnêtement étoffée !

Il n'est donc pas simple d'obtenir les résultats tant espérés. Il est encore moins commode de les maintenir. Il suffit pour cela que la commune, lassée des scrupules que manifeste son agent, l'envoie méditer sur l'ingratitude du monde et choisisse un remplaçant plus conforme à ses goûts, c'est-à-dire ne voyant le délit que lorsque l'étranger le commet. A cette versatilité des habitants, prompts à répudier celui considéré naguère comme étant le meilleur des paratonnerres à l'encontre des foudres administratives, un seul remède : la titularisation.

Cela ne va pas sans heurter l'esprit d'économie qui anime le ministère des Finances. Les préposés communaux ne l'obtiennent qu'en 1919, dans l'euphorie budgétaire de l'après-guerre. Comment, au reste, ne pas l'accorder, alors qu'elle constitue maintenant la marque de leur indépendance à l'égard des collectivités locales ? Depuis le milieu du XVIIe siècle, l'État entend contrôler leurs bois, et, à défaut d'établir sur eux une tutelle stricte, du moins les a-t-il déjà astreints à certains règlements qui justifient l'instauration d'un personnel de gardiennage. Par la suite, il resserre encore son emprise sur ces espaces, ce qui implique pour lui d'avoir la haute main sur ceux qui les surveillent. Même la Révolution ne dévie pas cette ligne. Ces préposés sont en effet maintenus par la loi de septembre 1791, qui envisage même de placer nomination et destitution dans l'obédience des Eaux et Forêts. Bien que demeurée lettre morte, cette décision n'en est pas moins reconduite dans son principe par la loi sur les défrichements de floréal an XI, qui apporte sur ce sujet maintes précisions. Lesdits vigiles se retrouvent choisis par les municipalités, qui les rémunèrent comme aux beaux jours de Louis XIV. Leur personne toutefois doit être au préalable agréée par les conservateurs des forêts. Ceux-ci sont donc chargés de délivrer les commissions, en dignes héritiers des officiers des ci-devant Maîtrises!

Cela n'empêche pas les modalités de leur paiement de rester dans l'ombre. La confusion règne en la matière, la direction forestière les faisant modifier à diverses reprises. Elle sait bien qu'en intervenant dans ce processus, elle domine mieux ces gens tout à la fois indispensables et méprisés. Il faut attendre cependant le décret du 3 février 1809 pour que les communes se voient autorisées à ajouter à leurs contributions des centimes additionnels nécessaires à l'acquittement de cette charge! Ainsi, jusqu'à la fin du XIXe siècle, avec « un traitement inférieur à 500 francs en moyenne, et, le plus habituellement, pas de chauffage, pas de logement, pas de terrain à cultiver, pas d'indemnité d'aucune sorte », les communaux, contrairement à leurs collègues domaniaux, échappent au pouvoir de l'administration centrale, en dépit de tous ses efforts [58]. Encore en 1881, J. Falque, écrivant dans la très officielle *Revue des Eaux et Forêts*, se demande ce qui peut être exigé de malheureux, « n'arrivant pas à joindre les deux bouts », et qui « n'attendent parfois qu'une occasion, une réprimande de leur chef, une corvée pénible, pour quitter l'Administration et retourner au travail de la terre » : elle, au moins, leur procure du pain [59]. Leur revenu ne diffère guère de celui des bûcherons et, parfois, vaut moins que ce que rapporte le braconnage. Dans ces conditions, la réalité de la répression policière retombe sur les épaules de leurs collègues, même si ceux-ci peuvent se plaindre à juste titre du sort mesquin qui leur est fait. La charge est lourde dès la promulgation du Code colbertien, et ne s'allège que bien lentement, les impératifs financiers n'ayant pas permis d'exploiter intelligemment les facilités qu'offrait la collaboration des communaux.

Une inadaptation chronique

Les esprits éclairés de l'Ancien Régime finissant ont d'ailleurs conscience des inconvénients d'une organisation coercitive polarisée sur les forêts royales, prodigue en coups d'éclat, oui, mais négligente des lendemains, contente d'un déferlement verbalisateur, certes, mais au bout du compte incapable d'en digérer les données. Certains vont même jusqu'à douter de l'utilité de tels soins en faveur du développement policier. Cette activité joue peu, selon eux, dans la qualité des peuplements sylvicoles, au regard de ce que procure une bonne et saine gestion. J.-B. Plinguet, administrateur de la forêt d'Orléans, partage ce point de vue lorsqu'il affirme que « la conservation journalière des forêts n'est qu'un accessoire, au fond, de leur sort essentiel et principal [60] ». Et il s'en explique, disant que « le plus souvent, lorsque [le garde] est paresseux, il affecte de faire beaucoup de procès-verbaux, mais [qu']un bon garde, qui se montre souvent, [...] en fait très peu [61] ». C'est mettre le doigt sur la plaie. La Maîtrise ne dispose en effet que de deux armes, dont ses agents usent abondamment par le biais de la verbalisation : l'*amende* et *la saisie*. Leurs performances ridicules excitent la moquerie, même de la part de ceux qu'elles intéressent au premier chef, qu'il s'agisse des responsables forestiers ou des délinquants récidivistes. Ces derniers ne manquent pas d'expliquer à qui veut les entendre qu'ils ne risquent rien à s'obstiner dans l'erreur tant est grande la distance séparant les condamnations théoriques, résultats de leurs méfaits, et les accommodements sur ce sujet, bien des années plus tard. L'impunité ou presque, voilà ce qu'ils garantissent à leurs imitateurs, et cette promesse pousse plus d'un sur le chemin de l'infraction.

Les défauts du système répressif s'intègrent ainsi à la vision qu'ont les administrés de la faute. Celle-ci est rarement décrite comme telle puisque le besoin exprimé en lave le caractère illicite. La réponse que fait au matin du 7 janvier 1789 Marc Boutet, pris avec sa fille en train d'abattre deux arbres morts sur pied, reflète bien cette opinion. Pourquoi en effet le sergent royal, patrouillant vers Saint-Oudes (Indre-et-Loire), vient-il les distraire de leur labeur ? Ce délit, « c'étoit la missaire qui leur fesoit faire, et qui[ls] ne pouvest faire auxtrement. Que, sans ce bois, il mourroit de faim », avec ses enfants [62]. Le bois, unique pourvoyeur du feu vital, sans lequel il n'est ni cuisson ni chauffage !

Tous ces misérables gueux se sentent innocentés par la générosité d'une Nature qui ne peut avoir créé les arbres pour que l'homme interdise à d'autres hommes la jouissance de ses bienfaits. Ils affirment en conséquence agir dans leur droit. Et comme flotte au-dessus de cette bonne conscience l'agréable sensation que ce droit, il ne coûte rien de l'exercer, l'agent de l'État ne parvenant pas à concrétiser la sanction brandie, ne pas se servir traduirait dans ces conditions une bien étrange pusillanimité. Y mettre des formes doit calmer le garde, et le retenir de verbaliser inutilement. Ce document ne se perd-il pas dans le labyrinthe du circuit judiciaire ? C'est la démarche suivie par la femme Dérouet, à Saint-Quantin (Indre-et-Loire) [63]. Un 12 décembre, il fait froid, surtout dans cette année 1735, et les bois dérobés sont tout juste bons à fagotter. Il n'est point question de les vendre et « non point ouvrage » ne sera tiré d'eux. Elle répète que « c'estoit pour se chaufer » mais l'argument ne porte pas. Le censeur qu'appelle son geste ne fléchit pas. Il lui déclare donc son intention de l'assigner. Il note qu'au « moyen de quoy, nous leur avons *remontré* qu'il ne leur étoit pas permis [aux habitants de Saint-Quantin] de coupper dans la forest de Sa Majesté de quelque espèce [de bois] que ce soit, à peine d'amende ». Se dessine ainsi une évidente volonté pédagogique. Cela ne suffit cependant pas à fonder la valeur de cet enseignement. Quelle peut en effet être sa portée dissuasive si, précisément, la perception de cette amende n'apparaît pas ?

La logique condamne une telle méthode et donne raison aux contrevenants de ne pas se gêner dans la satisfaction de leurs appétits ligneux. La pratique délictueuse se renforce donc lorsque se révèle inopérant le recours aux deux armes, l'amende et la saisie. Dans le premier cas, c'est la longueur de la procédure de règlement qui banalise la faute : celle-ci est oubliée depuis longtemps quand se présente la sanction pécuniaire, réduite au-delà des espérances, et justifiant après coup le risque encouru. Dans le second, c'est le recul de l'autorité investie de ce pouvoir de saisir et la facilité avec laquelle s'obtient mainlevée des objets confisqués qui accréditent l'idée de la faiblesse administrative, faiblesse dont il convient de profiter. Améliorer la capacité répressive, cela implique d'accroître les démonstrations de force et d'accélérer les opérations de paiement. Tous ceux qui pensent ne jamais être saisis parce qu'ils se croient capables d'en empêcher les responsables constituent des délinquants potentiels. Tous ceux qui colportent les mêmes anecdotes illustrant les embouteillages de la justice et les arrangements toujours possibles participent de ce climat où le héros ne saurait être qu'un voleur, pendant que gendarmes et juges endossent le costume du fripon. Le garde communal reste trop lié à la communauté jusqu'à la fin du XIXe siècle pour se retrouver sous cet habit fâcheux.

Le Code de 1827 accentue cette situation en confiant aux communes et aux préfets la charge conjointe des nominations, qui était, moins de vingt ans avant, du ressort des conservateurs. Cette mesure ne saurait améliorer leur situation, bien au contraire. Les salaires restent donc variables, versés avec des retards considérables, parfois impayés et toujours dérisoires. « L'insuffisance des traitements est telle, dans un grand nombre de localités, affirment les *Annales forestières* en 1843, que l'Administration s'est vue obligée à tolérer que les gardes communaux fussent *en même temps* gardes champêtres, nonobstant les dispositions de l'article 4 du code forestier [64]. »

En renouant avec une pratique qui existait sous la Révolution et l'Empire, les Eaux et Forêts, malgré qu'elles en aient, perdent momentanément l'espoir de transformer ces préposés en supplétifs véritablement utiles. Le même auteur explique que, dans le cadre de ce cumul, les municipalités « font assez ordinairement passer au traitement champêtre une partie du traitement forestier, afin que, le service forestier n'étant plus qu'*un accessoire* du service champêtre, le garde qui en est chargé se trouve absolument sous leur dépendance [65] ». Une tactique machiavélique, car dès que la rémunération accordée pour la garde des bois tombe en dessous d'un certain seuil, quelle influence peuvent espérer avoir les administrateurs forestiers ? « La suspension, la révocation même, déclare-t-il, devenaient illusoires pour le garde forestier tant que le garde champêtre était maintenu. » Le pauvre bougre demeure pieds et poings liés au service de ses concitoyens.

Les agents de l'État, sergents royaux aux temps monarchiques ou préposés domaniaux lorsque l'époque en est révolue, s'ils ne supportent plus tout le poids de la verbalisation, n'en concentrent pas moins sur leur modeste uniforme celui de la réprobation populaire. La complémentarité instaurée entre sergents-gardes et gardes communaux au cours du XVIIIe siècle ressemble donc fort à un leurre. Pour les habitants, il est incontestable que les desservants des Maîtrises s'identifient seuls aux contraintes haïssables qui viennent du Code de 1669.

Le même phénomène se rencontre dans le premier tiers du XIXe siècle avec le démarrage des opérations de cantonnement dont souffrent tout particulièrement les populations de montagne. Cet antagonisme est tenace, la politique de reboisement lancée à grands fracas sous le second Empire, et souvent mal comprise, cristallisant une nouvelle fois les oppositions [66]. Le XIXe siècle aura à cœur d'en mieux répartir les désagréments en encourageant les gardes communaux à user de plus d'initiative. La sympathique image du garde champêtre qui colle à leur blouse freine cependant un tel processus. Il n'y a donc que les Raboliot, à l'affût dans chaque village, pour détester sans remords ces braves gens. Le service de l'État, sous ses jours les plus déplaisants, ne rapporte jamais en popularité ce que procure celui de la collectivité. La colère qu'engendrent fouilles domiciliaires et séquestres ne se dissimule pas. Elle explose, mais, tout bien considéré, là se limitent les démonstrations que la pauvreté des effectifs policiers serait pourtant incapable d'enrayer. Au reste, les habitants perçoivent bien ainsi ces tentatives. N'est-ce pas en cet instant précis que se situe toujours leur mobilisation extrême : repousser les intrus ? La tension qui monte alors renvoie les protagonistes à une double question. Les sergents-gardes ne peuvent-ils faire l'économie de ces coups d'éclat, stériles au demeurant ? Les habitants, quant à eux, ne s'inquiètent-ils pas à contretemps, craignant les préliminaires de la verbalisation, et non le fait en lui-même, convaincus d'échapper toujours à l'acquittement de l'amende ?

L'erreur de cible

Le nombre de procès-verbaux relatant des *perquisitions* apparaît pourtant assez modeste, montrant par conséquent qu'une faible part de l'activité policière se consacre à cette recherche : 8 % au début du siècle et 3 % sur la fin [67]. Il s'agit donc bien d'une *technique d'intimidation* qui ne s'emploie que dans les périodes où se met en place une nouvelle législation qui trouble les habitudes, et parfois plus encore. Le même phénomène se rencontrera au début de la monarchie de Juillet, puis sous l'Empire autoritaire, avant de régresser, cette fois définitivement, car les enjeux forestiers se déplacent alors de la campagne vers la ville. Le citadin, propriétaire ou promeneur, ne dépend pas de ce milieu boisé au point de prendre le fusil pour le défendre : il dispose d'autres moyens de pression que le paysan de jadis, moins compromettants – et plus efficaces ! La prudence avec laquelle l'Administration se sert de sa force montre qu'elle ne tient, ni à ruiner le contrevenant par la privation de son bien, outils et transports ayant servi à commettre le délit, ni à le mécontenter de manière définitive pour avoir violé son domicile. Il n'empêche que ce procédé, bien que fort marginal dans l'ensemble des méthodes coercitives, signe aux yeux des habitants la spécificité de ses émissaires.

Verdict injuste, car les sergents royaux, comme plus tard les domaniaux, mesurent le danger encouru. Ils n'entrent donc qu'à bon escient dans les maisons des receleurs présumés et voleurs impénitents. Rares sont les fois où ils s'y hasardent; et plus rares encore celles où ils ressortent bredouilles ! Les traces sont claires au sol, surtout lorsque les charrettes pesamment chargées creusent de profonds sillons, sans parler des renseignements qui se chuchotent dans les sous-bois obscurs. Les rivalités entre communautés, entre familles, alimentent aussi le réseau d'informations. Ainsi, à la veille de la Révolution, évitent-ils savamment les affrontements inutiles.

C'est que sur 100 *intrusions*, 42 donnent encore lieu à de vives réactions verbales, et 28 joignent le geste à la parole. Les habitants prennent très mal le droit qu'ont les gardes de vérifier chez eux l'emploi qu'ils font du bois acheté ou la présence de bois de délit. Certes, en principe, ils ne peuvent opérer que sous le regard d'un officier du lieu, mais cette garantie offerte au propriétaire de la maison n'est pas toujours respectée. C'est ainsi qu'en août 1756, sur le chemin de la forêt du Basquy (Aude), les gardes sont « montés par la fenêtre pour procéder à la visite » de la métairie appartenant à la veuve de Mathieu de Comus et, tant qu'à faire, en ont profité pour jeter un coup d'œil chez le voisin, rentrant sans plus de façons dans la « métairie du marchand » qu'ils ne connaissaient pas plus que cela [68]! Ces mauvaises manières déplaisent, c'est évident, même si elles perdent du terrain au fil des ans.

Cette évolution régressive ne s'observe pas dans le cas de la *confiscation*, qu'il s'agisse des animaux appréhendés en pacage illicite ou des outils ayant servi à la coupe délictueuse. Le taux se stabilise très précocement et se retrouve au XIXe siècle dès que la qualité archivistique, fonction de l'apaisement postrévolutionnaire, permet de reconstituer les agissement répressifs. Il est donc bien tentant d'en conclure que leur énergie ne reste intacte que lorsqu'il convient d'empêcher le contrevenant de nuire. Cela vaut aussi quand celui-ci les brave par son insolence. Le raisonnement peut d'ailleurs être poussé plus loin. Dès qu'il s'agit d'identifier le coupable, l'ardeur des gardes décroît nettement, tant et si bien que la répression s'achemine vers une benoîte reconnaissance du flagrant délit. Son auteur, ne risquant plus alors ni danger ni reproche, n'arrête donc plus sa besogne illégale.

Le beau résultat de tout cela ? Une véritable crue verbalisatrice dans toutes les Maîtrises où la présence de forêts royales active la surveillance. Cette caractéristique se marque aussi au XIXe siècle, mais le stimulant a changé de nature : les zones concernées par ce flot scriptural sont désormais celles déclarées prioritaires dans l'objectif du reboisement. Le nombre des procès, circonscription par circonscription, ne semble pas déraisonnable. En fait, ces données sont au contraire énormes, comparées à ce qui s'observera à l'extrême fin du XIXe siècle, et, surtout, elles paraissent telles aux yeux des populations, accoutumées à une grande tolérance sur ce chapitre.

L'indignation se nourrit donc de la *nouveauté* du phénomène répressif. C'est qu'il se développe d'autant plus fort qu'était souvent fort bas l'étiage initial. A titre d'exemple, en la Maîtrise d'Auxois, modèle d'un état médian, le produit rédactionnel double presque en moins d'un siècle. Et cette performance n'est rien, comparée à la récolte qu'exhibe celle de l'Auxerrois (Yonne), où le multiplicateur s'élève à 7, et même à 24 en isolant de l'ensemble les seuls cas d'abattage clandestin. De quoi effectivement faire croire que le délinquant ne saurait être qu'un voleur de bois, alors que c'est *sous cette forme-là* qu'il est le plus traqué! Qui irait établir la faune d'un milieu à partir du gibier que ramène le chasseur? Celui-ci tient compte des exigences du commerce et des espèces protégées. Il en va de même ici. L'optique se révèle trompeuse puisqu'elle donne l'impression que l'homme ne rentre aux bois qu'une serpe ou une cognée en main.

Cette remarque ne se limite d'ailleurs pas à l'aspect quantitatif du problème. Elle attire en effet l'attention sur un fait assez curieux. N'est-ce pas étrange cette image négative qui s'attache aux pas de ces agents, alors qu'au fond ces préposés restreignent leur action au Domaine, et plus tard, aux zones sensibles, et que leur comportement, sur un plan statistique, ne diffère qu'imperceptiblement de celui des gardes communaux? Le peu fait parfois toute la différence! Les données sont pourtant là, irréfutables : sur 642 constats de coupe, ils ne se sont emparés que 35 fois de l'instrument tranchant; sur 199 procès-verbaux de pacage, ils ne se sont efforcés que 12 fois d'emmener le bétail – ceci dans le cadre d'une Maîtrise, et sur plus de cent ans [69]. En vérité, dans ce dernier tiers du XVIIIe siècle, ces 47 cas de confiscation ne motivent pas, même s'ils l'expliquent, la triste réputation qui leur est taillée, et que leur tardive volonté conciliatrice ne parvient pas à redresser. Après tout, la verbalisation ne grandit-elle pas sans tirer à sa suite le cortège vexatoire que constituent fouilles et privations? Celles-ci demeurent en effet constantes en valeur absolue, ce qui signifie un effondrement de leur pourcentage, vu la progression des procès-verbaux dans lesquels n'interviennent pas ces deux méthodes d'intimidation. A quoi bon s'accrocher à elles alors que cela n'aboutit qu'à crisper les intéressés dans une opposition irréductible? Les bêtes saisies supportent d'ailleurs parfois la folle colère qui s'empare de leur maître en les voyant emmener. Pierre Ménard, garde de la forêt de Loches (Indre-et-Loire), raconte ainsi avoir vu un furieux, marchand de cochons de son état et par tempérament assez brutal, qui s'était mis en tête de démolir sa bourrique plutôt que de la voir partir [70]. Ne lui disait-il pas, en jurant ferme : « Milledieu! Vous n'en profiterez pas, je vas le cassez et vous foustre des coups de baston. » Le brave sergent préféra éviter ces derniers en rentrant au cabaret. L'histoire ne dit pas si l'âne se remit, lui, de l'affaire!

En fait, de sa récente bonification, le personnel forestier ne profite guère. Certes, en privilégiant le flot scriptural, il améliore ses conditions d'exercice. Moins de menaces, rarement des coups et blessures, pas ou presque de héros tombés en mission : les contacts sont plus aisés grâce à ce choix. C'est que le monde de l'oral, auquel appartiennent ces manants, ignore celui de l'écrit. Aussi la rédaction des procès-verbaux ne bouleverse-t-elle pas ceux qu'elle concerne pourtant au premier chef. Le blason administratif n'en est pas pour autant redoré, comme en témoignent les manifestations allergiques que suscite l'intrusion répressive et ceci dans les années 1760-90, c'est-à-dire à une époque où retombe la fièvre séditieuse qui accompagnait la distraction des quarts en futaie et avant qu'une autre ne surgisse :

STIMULATION DUE À	RÉACTION NULLE	RÉACTION VERBALE	RÉACTION GESTUELLE	TOTAL
la perquisition	30	42	28	100
la confiscation	27	56	17	100
l'assignation	68	29	3	100

C'est qu'en agissant de la sorte, même de manière fort épisodique, les Eaux et Forêts prennent leurs sujets à contresens. Partout, les concessions usagères révèlent la tolérance envers les nécessités du pacage, le progrès ne rectifiant que son encadrement, sinon son calendrier. Il arrive même que le donataire accorde des facilités supplémentaires pour l'entrée des animaux, en échange d'une compression des prélèvements ligneux qu'effectuent dans ses bois leurs possesseurs. Certes, l'administration forestière ne pousse guère ses sbires à réprimer l'errance des bestiaux, et c'est même ce qui donne l'impression d'une décroissance de ce type de délit. Elle s'y compromet cependant en vain. Au fond, n'intervient-elle pas, excédée par l'arrogance de leurs propriétaires, et non parce que les bêtes dévastent le tendre recrû ? Souvent, en effet, l'élément subjectif paraît éclipser toute autre considération, et sans doute est-ce pour cela que le nombre de cas reste si mince. Au XIXe siècle, dans l'opération de reboisement des montagnes, les raisons objectives de confisquer le bétail sont autrement sérieuses : la recrudescence coercitive ne provoque alors plus une délinquance à la petite semaine, mais bel et bien la révolte généralisée, des Pyrénées ariégeoises aux monts du Dauphiné.

Des pronostics hasardeux

Les malheurs des gardes viennent de ce qu'en menaçant les bêtes, les outils ou les moyens de transport, de la hotte à la charrette, ils ne compromettent pas seulement l'activité de leur propriétaire pris en faute, mais aussi celle des siens, fussent-ils innocents. Dans la communauté, tous n'ont pas bœufs de labour, chevaux de trait, timons de charrues et autres équipements nécessaires au travail de la terre. Les interventions que celle-ci demande s'effectuent par conséquent dans le cadre d'échanges de services, les moins pourvus offrant leur temps, et les mieux nantis, leurs biens. Toucher à ces derniers atteint ainsi le potentiel de l'ensemble. Il est donc normal que les habitants volent au secours de leur semblable, cette action déviant le cours des événements dans la plupart des cas.

Alors, que faire ? sinon éviter de renforcer la cohésion collective en n'employant jamais des procédés, légitimes peut-être, mais dont seule la face spoliatrice apparaît aux spectateurs. Il faut donc jouer les diviseurs, c'est-à-dire pratiquer une répression individualisée, ne se servant que de l'amende et menée de telle sorte que lorsque sonne l'heure de son paiement, chacun se félicite de n'être pas celui qui est puni sans éprouver le pernicieux besoin de courir lui porter secours ! Durant tout le dernier tiers du XVIIIe siècle, l'administration des Eaux et Forêts tâtonne, sensible, bien sûr, aux discours de l'époque, qui récusent la confusion de l'homme avec sa famille, son groupe ou sa strate sociale, mais doutant aussi de sa capacité à obtenir le versement des sommes : les gardes ne sont pas assez nombreux, tant pour la contrainte que la perception, et les délinquants insolvables, eux, formeraient des légions !

Dans cette fin du siècle où les questions l'emportent encore sur les réponses apportées, bon nombre d'auteurs forestiers estiment qu'une modification dans la finalité coercitive, sans que soient notablement étoffés les effectifs, mènera forcément à l'incohérence. En 1780, Tellès d'Acosta, à bien des égards un thuriféraire de la Réformation colbertienne, préconise sans cesse d'être « plus sévère sur les délits, et rendre responsable le corps des communautés pour ceux qui seroient commis par les habitans *quelconques* [71] ». C'était vite dit, car la percée de l'individualisme s'accommode mal de pareils propos. Il est déjà assez désagréable comme cela de payer le prix de sa faute. Alors, supporter le poids de celle d'autrui ! Là gît toute la difficulté de la démarche. Comment, en effet, imposer le châtiment à tous, y compris à ceux demeurés vertueux, pour une faute qui n'a comblé, justement, que ceux qui ne l'étaient pas ? La morale ne trouve pas son compte dans une telle démarche, c'est évident. La logique non plus, d'ailleurs : au moment où la solidarité fiscale se voit vigoureusement contestée, il ne semble guère pensable de la maintenir en ce qui concerne l'acquittement des amendes.

Et pourtant, la méthode vaut à plus d'un titre. Elle a d'abord l'avantage de précipiter *la décomposition des liens communautaires,* les victimes refusant catégoriquement d'aider les coupables à chasser la police des lieux quand elles n'optent pas pour la collaboration avec cette dernière! Elle attire également *l'attention sur la nature des bois,* dont la vulnérabilité réclame protection. Il est incontestable que cette prise de conscience s'est vue fort accélérée par la perspective d'une énorme amende infligée au cas où quelques malavisés s'en prendraient au quart en futaie ou aux arbres réservés. Enfin et surtout, le mécanisme de l'amende collective semble se roder dès le premier tiers du XVIIIe siècle. Entre l'information conduite et le jugement signifié, il ne s'écoule pas neuf mois. Délai convenable, par conséquent, auquel s'ajoute une assez *bonne perception,* le taux s'établissant à 43 % à la fin du siècle [72]. Près d'une communauté sur deux, une fois reconnue coupable, s'exécute donc. Cette proportion paraît au fond tout à fait remarquable, comparée à ce qui s'observe pour les particuliers où, sur 100 coupables, 4 seulement finissent par acquitter leur dû à la société!

En dépit de ces trois attraits, tactique subtile, pédagogie efficiente et rendement convenable, l'amende collective sombre assez vite dans le déclin. Le créneau 1700-1730 concentre ainsi 81 % de ce type de sanction. La décrue vient vite, puisque les trente années suivantes n'enregistrent qu'à peine 15 % de l'ensemble. A la veille de la Révolution ce procédé peut être définitivement classé comme démodé. Son principe heurtait l'évolution des mœurs [73]. Et sa mise en œuvre, non contente d'occasionner la discorde chez les administrés, entraînait aussi des conflits dans le corps administratif, ce qui peut surprendre. C'est que souvent se retrouvait associé à la punition le seigneur du lieu, voire un grand marchand exploitant le bois. Disposant de relations utiles, bien conseillés... et suffisamment argentés, ceux-ci savent introduire le recours dans le mois à compter du jour où la sentence leur est signifiée. Et là se déploie leur contre-offensive : l'appel va alors par devant le Conseil d'État ou, cas de très loin le plus fréquent, par devant les juges de la Table de Marbre. Ces dignes parlementaires, liés à ce que la noblesse et la haute bourgeoisie comptent de plus huppé, ne sont jamais fâchés de donner quelques leçons à leurs humbles confrères siégeant aux tribunaux des Maîtrises. Modérer l'amende jusqu'au dérisoire devient alors délectable. Au bout d'un délai assez bref – en moyenne six mois et deux semaines –, celle-ci se retrouve donc pour ainsi dire essorée! Les deux tiers de celles excédant 2 000 livres le sont, avec un taux de réduction frôlant les 91 %. Cela implique que lorsqu'une collectivité règle à l'État sa dette, ce qui se rencontre près d'une fois sur deux, il convient de le rappeler, ce n'est qu'en raison de son *insignifiance.* Au reste, s'il en allait autrement, la communauté étranglée par le lacet administratif, que deviendrait l'économie domaniale, et partant, le paiement des charges, dues tant au seigneur qu'au Roi ? Réprimer pour éduquer en matière forestière ne saurait aller jusqu'à assécher le vivier où pêche le fisc.

Ainsi allégée au point de ne quasiment plus exister, la condamnation collective vire au symbole. Dès lors, ne reste ouverte que la traque particulière, pour laquelle le système répressif est mal armé, car trop peu étoffé. Les cinq sols par livre accordés depuis 1716 aux collecteurs sur leurs recettes ne sauraient compenser pour eux ce que représentent les « frais de capture, conduite et geolage des condamnés aux amendes », si bien qu'ils restreignent leurs expéditions punitives à un étroit cercle autour de leur domicile [74]. La tranquillité des malfaiteurs grandit donc avec la distance les séparant de cette zone. La déclaration du 24 novembre 1760 les en décharge ? Oui, mais elle exige que l'avance soit dorénavant faite par les receveurs. Cela déplace le point litigieux. Les collecteurs se réjouissent tandis que s'obscurcit le front des receveurs, ces derniers sachant bien que leur dédommagement, rendu sur exécutoire des officiers de la Maîtrise, ne viendra pas de sitôt, si tant est qu'il vienne un jour. La capacité répressive ne dépend donc pas que de sa nécessité reconnue, mais aussi de son *coût de fonctionnement.* Punir requiert des finances, et la solidité de celles-ci doit progresser à proportion de la sévérité. Dans le cas contraire les châtiments sombrent dans l'extravagance. Cette situation n'est pas loin de se réaliser lorsque les avertissements multipliés n'engendrent que de petits effets. L'Ancien Régime s'enlise dans la contradiction : élargir le champ délictuel tout en conservant les structures de sa signalisation.

Le XIXe siècle se montrera en un sens moins ambitieux : il desserre son étreinte quant aux bois communaux. La modestie de son dessein est, il est vrai, largement facilitée par une modification intervenue quant à l'importance des bois : le charbon apaise la faim de combustible, et les prairies artificielles rendent inutile la présence des bêtes sous le couvert forestier. A ces raisons d'ordre économique s'ajoute, à partir des années 1860, l'orientation vers la défense des reboisements en montagne, politique qui s'inscrit dans la lignée de la soumission au régime forestier, telle que le définit le Code de 1827.

Un tel choix provoque d'ailleurs quelques frictions en matière de lutte contre la délinquance, et ce en raison de la division entre service ordinaire et service de reboisement. C'est ainsi qu'en Lozère, cette rivalité, patente en 1876, amène le sous-inspecteur Gazin, chef du service ordinaire, à refuser de poursuivre les infractions relevées par les gardes du service de reboisement [75]. Il déclare donc sèchement ne pas vouloir mettre en route la procédure pour des délits « commis sur des terrains qu'[il] ne connaît pas, et relativement auxquels il n'a aucun renseignement dans [ses] archives ». D'autant, et c'est cela qui lui importe, que ces actes répréhensibles « sont constatés par un personnel qui [lui] est en quelque sorte étranger »! Ces tensions internes sont bien évidemment fort gênantes dans des contrées déjà en émoi. Il s'agit là d'un fait nouveau, propre à la seconde moitié du siècle, et appelé à se résorber. La loi de 1882 dissipera ces malentendus imbéciles.

Demeure, par contre, l'inconvénient de la succession rapide des agents aux différents postes. Toujours désireux de partir, les chefs de service comme les chefs de cantonnement répugnent aux entreprises de longue haleine, et c'en est une que de purger la machine judiciaire! L'affaire traîne d'autant plus qu'à leur départ, « les archives étaient transportées au domicile du nouveau titulaire, qui était obligé d'y mettre de l'ordre et cela, sans l'assistance d'un sédentaire », lequel aurait pu l'instruire, entre ses tournées, du retard accumulé [76]. Un garde général de Mende (Lozère) prévient en conséquence son supérieur hiérarchique : « J'aurai besoin de votre longanimité et de votre indulgence pour assurer la conclusion des nombreuses affaires arriérées, car, avant de me mettre en route, il me faudra du temps pour classer les papiers et mettre les registres au courant [77]. »

C'est que dans ces temps héroïques, correspondant en gros aux années 1837-1860, pour reprendre la chronologie d'O. Nougarède, les agents ne séjournent en moyenne que dix-sept mois, une durée bien réduite pour débrouiller des responsabilités parfois fort complexes. Certes, ce département est déshérité, mais pas davantage que ceux des Alpes du Sud-Est ou des Pyrénées. Le rythme accéléré des rotations, là aussi, nuit à l'efficacité coercitive. Ce point mérite d'être souligné, car il se remarque sur tous les fronts pionniers : hier *en plaine,* dans les ressorts où vont bon train les distractions de réserve, et maintenant en *territoire montagnard,* où se combinent, en un dosage explosif, cantonnements, régime forestier et reboisements. Cette excessive mobilité, qui accompagne toujours les périodes d'inflexion dans la politique sylvicole, existait sous l'Ancien Régime, avec une différence, cependant : elle y affectait les subalternes, sergents royaux et, surtout, gardes communaux. La voilà qui gagne tous les échelons de l'Administration, dans cette première moitié du XIXe siècle. L'appropriation des charges par le biais de l'office – un placement immobilier parmi d'autres – cesse d'y faire sentir ses effets stabilisateurs : un revers insoupçonné du statut de fonctionnaire donné au personnel forestier lors de la réorganisation postrévolutionnaire ?

Quoi qu'il en soit, les résultats sont là : un embouteillage indescriptible à chaque audience, une par mois ne pouvant suffire à la répression des délits. En dépit de la courtoisie et de la bonne volonté des magistrats, liquider tout ce fatras accumulé excède leurs forces. D'aucuns rêvent en conséquence à l'amélioration qu'apporterait le retour à des tribunaux spéciaux, comme il en existait avant l'abrogation décidée par l'Assemblée constituante! Les nostalgiques témoignent souvent d'une mémoire étrangement courte...

***

Au début du XVIIIe siècle, le tribunal des Eaux et Forêts, qui fonctionne pour chaque Maîtrise depuis la refonte administrative colbertienne, ne ménage guère les coupables. On applique strictement la tarification répressive figurant au titre XXXII du Code de 1669. Sur 100 amendes prononcées, plus des deux cinquièmes (41 %) excèdent les 100 livres, et le tiers d'entre elles (35 %) crève même le plafond des 1 000 livres [78]. Il y a donc alors *autant* de punitions très lourdes (supérieures à 1 000 livres) que de légères (moins de 10 livres). Les coups se veulent durs afin de dissuader. Le peuvent-ils vraiment ?

La réponse n'est pas simple. Assurément, le système présente de graves carences, tant du côté des policiers que de celui des pourchassés. Les sergents du Roi ont tort de s'épouvanter d'atroces menaces, au travers desquelles ils s'imaginent amputés, voire agonisants, privés de famille et sans logis. Ce sont mômeries incantatoires car jamais garde ne fut mutilé par ses adversaires, abandonné blessé en sous-bois, et pas davantage, n'eut enfants égorgés et maison brûlée. Ils ont tort aussi d'attenter au bien le plus précieux que possèdent les laboureurs : en enlevant les bœufs, ils affaiblissent tout le village. Mauvaise appréciation que la leur, donc. La menace les inhibe, l'injure les fouette, et dans ces deux cas, leur réaction, ou plutôt leur réflexe, nuit à leur efficacité. Ils peuvent toutefois se consoler en songeant que la clairvoyance n'aide pas beaucoup plus leurs antagonistes.

Si ces derniers conservent leur sérénité au moment où ils reçoivent l'assignation à comparaître (68 % de réaction nulle), c'est qu'ils se persuadent aisément d'échapper à la sanction. Le parcours qui mène de cet avis à l'amende leur demeure toujours assez mystérieux pour qu'ils pensent ne pouvoir être rattrapés par elle! Et même s'ils l'étaient, ne sauraient-ils pas faire assez traîner l'affaire pour que se décourage le collecteur le plus acharné? Ils subodorent ainsi deux défaillances, la première au niveau de la sentence, la seconde au niveau du recouvrement, et sur cette double intuition, les voilà partis en déviance, gageant que l'aventure n'aura pas de suites regrettables. Certains se sentent même si assurés de la chose qu'ils poussent la malignité jusqu'à narguer ceux qui leur font des remontrances. Rien, jamais, ne sortirait de ces procès-verbaux, à les en croire. Le jeu paraît d'autant plus excitant qu'il serait sans risque!

Et pourtant! En dépit de ces bruits et de cette superbe, il vaudrait mieux réfléchir à deux fois avant de préparer un mauvais coup. La plupart des procès-verbaux charrient en effet des désagréments pour celui qui en est l'objet. Dans le second tiers du XVIIIe siècle, encore près d'un acte sur trois (31 %) entraîne une sanction pécuniaire, et cette proportion était encore plus forte trente ans auparavant, puisqu'elle atteignait un cas sur deux (56 %). Le risque d'être happé par l'engrenage est donc assez puissant pour justifier les essais de corruption, hélas! connus par leur seul échec. Aucun préposé n'irait se vanter d'une faiblesse qui soulèverait la réprobation générale et nuirait fort à son avancement. La chose ne s'évoque, par conséquent, que repoussée par la vertu indignée. A tout prendre, l'offre que formule le délinquant envers le garde ne diffère pas de celle dont souvent il est fait mention à l'égard du plaignant. Dans l'un et l'autre cas, il s'agit bien, par une tentative d'arrangement, d'éviter le procès. Dans l'un et l'autre cas, l'absence de résultat que semble avoir cette démarche tient à l'obsession de la condamnation. Enfin, dans l'un et l'autre cas, la disproportion semble flagrante entre le dommage occasionné et la promesse faite. C'est ainsi que Pierre Courseran se tire d'affaire « par la médiation du sieur Bruque, receveur de taille, quy luy fist donner 53 livres [à son accusateur], quoyque le bois qu'ils avoient pris, ne vallut pas dix sols, n'estant que de brandes et broussailles [79] ». Le contrevenant rit donc de la justice impuissante, mais la redoute toutefois, ne sachant trop à quel châtiment il s'expose dans l'hypothèse de son fonctionnement. C'est que la machine pénale tourne tant bien que mal, et ils le savent, mais ignorent le nombre de ratés qui précède une réussite dont ils feraient les frais.

Au terme des étapes diverses menant de l'état de prévenu à celui de payeur, quatre délinquants sur cinq à peu près, (79 %) ne recevront pas quittance du prix de leur forfait, et ce, à la veille de la Révolution, c'est-à-dire dans une période où l'Administration, très contestée, montre des signes évidents de lassitude. Ces rendements, médiocres mais non insignifiants, expliquent que l'infraction demeure *un moyen prisé* de se procurer, qui, du matériel ligneux, qui, des ressources herbagères. Les délinquants persistent donc. Cependant, les chances d'échapper à la punition se restreignent à mesure que s'écoulent les années. Au début du XVIIIe siècle, les pronostics accordaient l'oubli de la faute à un contre cinq (21 %), au lieu d'un contre sept (14 %), ou peu en faut, dorénavant. Le système présente donc des carences, mais celles-ci n'autorisent pas les espoirs les plus fous. Il se perfectionne notamment par le renforcement des effectifs préposés au recouvrement et la prompte élimination des créances non recouvrables. Entre le déguerpissement et la misère du prévenu, il y a de quoi, en effet, gonfler ce chapitre! Les Eaux et Forêts écrèment ainsi de temps en temps les rôles des amendes, qu'elles confient, à fin de perception, au garde général.

Lorsque l'on considère l'ensemble des délinquants, oui, le système semble peu productif. Aussi n'est-il pas étonnant que tous ces hommes aient choisi de s'approvisionner dans l'illégalité. Ils parient sur l'impunité. Cette décision, pourtant, comporte des risques. On les mesure mieux dès que sont prises en compte ces purges régulières. Ceux qui règlent, *parce qu'ils en ont les moyens*, les sommes dues au titre de leurs infractions, s'exécutent en effet dans leur majorité en moins de deux ans.

Ce n'est pas si mal, après tout, d'autant que leur nombre ne cesse pas de progresser durant le siècle. Ces bons payeurs, il faudrait même dire ces excellents payeurs, ne représentaient pas 47 % des condamnés entre 1700 et 1730, et se retrouvent à plus de 67 % au moment où le gouvernement suspend les pouvoirs judiciaires de cette administration, les jugements relevant désormais des instances ordinaires. Il recule devant l'hostilité qu'elle engendre, alors qu'elle est en train de gagner la partie.

L'opinion ne parle que de l'inflation des impayés et de la foule des pillards. Personne ne voit que ce double engorgement reflète l'exigence accrue d'ordre sylvicole. Personne, non plus, ne s'interroge sur la définition de cet ordre. En un mot, les critiques dénoncent les imperfections du système coercitif sans poser la question de ses finalités, et partant, du prix qu'il convient d'y mettre. Devant leur montée, la foi en sa nécessité fléchit.

Finies les sanctions collectives, traumatismes durables qui avaient redonné une nouvelle jeunesse aux ventes à la feuille et requis l'engagement des gardes communaux. Finies aussi les lourdes pénalités, écrasant n'importe quel particulier. A la fin du siècle, il n'y a pas 2 % des peines qui excèdent les 1 000 livres. Les remplace une multitude de petites sanctions, impliquant par conséquent de tels déplacements pour les voir appliquées que la collecte cesse d'en être rentable.

Les gens persistent donc à se rendre au bois, et calmement, parce que leur mentalité *intègre* désormais le hasard judiciaire. Il ne paraît pas trop aventureux de se fournir au jour le jour dans les étendues avoisinantes, pourvu que celles-ci ne relèvent pas de la communauté de résidence. Les Maîtrises n'ont pas étouffé la délinquance : elles lui ont inculqué les bonnes manières. L'enseignement n'est cependant pas à sens unique. Les administrateurs apprennent beaucoup aussi des fureurs de leurs sujets, et notamment l'art de transiger. La patience coûte souvent moins cher qu'une opération militaire. Que les fruits les plus disputés tombent parfois tout seuls, ce sont les héritiers du XIXe siècle qui vont mesurer la valeur de cette leçon.

CHAPITRE V

Des fureurs populaires

Le territoire boisé n'a été exploré que tardivement, en dépit des commissaires-réformateurs, nommés pour cette mission dès la reprise en main colbertienne. Cette lenteur s'explique par deux séries de facteurs : d'une part, la vacance de nombreuses charges au-delà même de l'année 1680, date à laquelle s'achève la Réformation générale; de l'autre, la négligence qui se constate envers tous les actes administratifs, de police comme de gestion, à la fin du règne de Louis XIV. Bref, les responsables possibles craignent de s'engager dans un métier incertain, et les responsables en place n'en voient plus la nécessité, la fonction ne payant plus son homme vu la concurrence.

Dans un tel climat, commettre un délit en milieu sylvicole passe au mieux inaperçu, au pire, s'inscrit dans la cohorte d'abus dont les responsables fournissent le triste exemple : les prélèvements illicites qu'ils opèrent dans les bois confiés à leur garde ne compensent-ils pas la baisse de revenu enregistrée par tous ceux qui œuvrent pour le compte de l'État dans ce trop long XVIIe siècle? Ces égarements déplorables ne s'évanouissent d'ailleurs pas du jour au lendemain. Ils tiennent leur rôle dans l'animosité virulente que portent les habitants à l'administration des Eaux et Forêts, et son empreinte ne s'effacera pas de sitôt.

Là ne se limitent pas cependant les causes éclairant l'antagonisme qui apparaît, dès le premier tiers du XVIIIe siècle, entre l'autorité de tutelle et ses sujets. C'est qu'au lieu de se diluer dans la longue durée depuis au moins le XVIe siècle, c'est-à-dire l'époque où l'État commence vraiment à mettre en place un contrôle des bois communaux et ecclésiastiques, les actes relatifs à l'aménagement et à la restauration des étendues boisées s'accumulent sur une étroite plage chronologique, vingt, trente ans au maximum. Pas le temps de s'accoutumer, à peine celui de murmurer qu'il faut adopter de nouvelles manières de faire – voilà qui focalise la colère de ceux auxquels tout est demandé, et tout de suite. Et cela, sans qu'aucun avantage ne se profile à l'horizon. Les inconvénients, par contre, surgissent, éclatants et surtout immédiats.

Leur perception déclenche les hostilités. En un laps de temps réduit, les officiers des Maîtrises renouent avec les efforts accomplis antérieurement, mais alors bornés aux rives du Domaine, réparent ces désordres qui appartiennent à un passé récent et généralisent une gestion dont les communautés, éloignées du siège principal, n'avaient eu qu'un avant-goût. Avant de s'orienter vers l'extirpation de la petite délinquance, les Eaux et Forêts déclarent la guerre au vandalisme. Il n'est pas certain qu'elles aient bien eu conscience des liens profonds, longtemps indissolubles, qui attachent les soulèvements populaires aux infractions quotidiennes. Certes, celle-ci caractérisent quelques individus, hâtivement, et sans doute abusivement, classés dans la lie du peuple. Les autres dépendent de l'action de groupes et de leur capacité à cristalliser, autour de leurs objectifs, des mécontentements non moins irréductibles que les leurs. Il n'empêche que ces fautes menues, répétées et impunies, indiquent qu'une zone de contestation est en passe de naître.

Rien ne se produit ? Tant mieux, mais qu'un prétexte, qu'un abus survienne, et la fièvre monte. C'est le moment crucial où les autorités peuvent encore l'apaiser. L'instant de grâce enfui, que peut-on faire, sinon attendre l'issue naturelle ou choisir un remède assez violent pour terrasser à la fois la maladie et le malade ?

L'ÉTAT D'ALERTE

L'ampleur de l'héritage laisse donc redouter au premier chef les coupes de bois, que celles-ci soient *massives,* comme c'est le cas lors des pillages collectifs, ou *discrètes* et quotidiennes, parce qu'elles résultent de l'humble besoin du foyer. A leur différence, les infractions liées au pacage émeuvent beaucoup moins les forestiers d'alors que leurs descendants. Certes, aujourd'hui que le milieu boisé se porte mieux, épargné qu'il est par la dent du bétail, l'aphorisme est clair. Il ne l'était certainement pas en des époques plus reculées où chacun repoussait de toutes ses forces la rupture d'une symbiose traditionnelle entre le monde des champs et celui des bois. Fermer la forêt, c'est suspendre – pour combien de temps? – les prélèvements de bois, c'est aussi en expulser les bestiaux – et où trouver la nourriture qui leur fera alors défaut, sinon en bordure des chemins et le long des clos?

Pour déclencher l'inquiétude, il n'est pas nécessaire de prendre cette décision. Le simple fait de l'évoquer agite les esprits, et dans ce climat, l'interdiction totale d'entrer dans le sous-bois trouble autant que l'annonce d'une retouche dans le mode d'exploitation ou d'une refonte du plan d'aménagement. Chacun, en effet, interprète ces mesures comme organisant une pénurie qui le visera tout particulièrement, lui et les siens. Or il n'a pour tout interlocuteur que le garde de tournée, pauvre diable qui ne sait rien des desseins de ses supérieurs, mais ne connaît que le règlement. Ce dernier bafoué, il ne reste plus qu'à déployer le système coercitif, et c'est sa présence anormale sur les lieux qui signe l'existence d'une sédition, couvant peut-être depuis des semaines et des mois.

La haine du genre

Il est vrai que les sergents-gardes sont laissés bien souvent à l'abandon par leurs supérieurs, lesquels devraient pourtant les stimuler, voire les dissuader de fermer les yeux devant certaines fautes inacceptables, tant de leur part que de celle des délinquants. Le titre IV de l'Ordonnance de 1669, en son article 6, contraint pourtant le personnel des Maîtrises à programmer une visite générale tous les six mois. Bien que celle-ci ne concerne que les bois royaux et associés, l'intervalle ne tarde pas à se distendre, passant de neuf mois pendant la décennie 1720-1730 à plus de dix-sept mois à la fin du siècle. L'étiage se stabilise même à vingt-six mois dans les circonscriptions présentant quelques vacances. Ainsi, au lieu d'être semestrielle, la tournée générale se fait biennale et peut même tendre à la triennalité! L'esprit du Code se perd. Ne demeure en effet dans cette cérémonie que la solennité du voyage en corps et collège. Elle aura d'ailleurs la vie dure. Raymond Furier, entré en 1932 aux Eaux et Forêts, se rappelle encore le port du sac de l'officier durant ces inspections et, surtout, l'obligation de respecter derrière lui une certaine distance de marche. Comme le souligne G. Buttoud, le monde forestier proposé aux gardes par leurs supérieurs « était bien un monde clos, où seule l'obéissance était admise. L'honnêteté, la soumission, mieux encore le dévouement, étaient érigés en qualités fondamentales ». Certes, elles méritent de l'être, mais dans toute cette panoplie qui ne relève que de la morale, il n'est guère question de compétence technique [1].

Le livre de chevet pour des générations de gardes restera ainsi le guide publié à leur destination par la Librairie agricole de la Maison rustique, écrit par M. Bouquet de la Grye [2]. Le sous-titre est en soi fort significatif de l'optique prise : « La surveillance des forêts et de la pêche. » Tout ce qui se situe en dehors de ce domaine, il leur faut l'apprendre chez eux, à la chandelle et au hasard d'une lecture parfois laborieuse – ou sur le terrain. P. Weyd, dans ses souvenirs de chef de cantonnement qui remontent au début du XXe siècle, rapporte que dans ces visites de reconnaissance, comme « on n'est plus, comme aux opérations, obligé de compter avec le temps, on chemine agréablement en causant [3] ». Et il ajoute : « Le chef instruit ses hommes, et, pourquoi ne pas l'avouer, il s'instruit aussi. Ce choc entre l'instruction théorique et l'expérience est profitable à tous. »

Vision idyllique d'un paternalisme bien compris ? Sans doute, car, dans le même mouvement, Weyd perçoit fort bien que, pour maints officiers, la différence séparant les préposés des domestiques n'est pas très grande. Ceux-ci rendent volontiers les petits services demandés qui leur valent les bonnes grâces de la hiérarchie. Ils veillent à l'approvisionnement, allument les feux, font les courses et veillent en tout à lui plaire. C'est ainsi qu'un garde de Lozère écrit à son supérieur regretter de ne pouvoir cette année lui fournir des framboises, car tous les jours sa « forêt est toute pleine de filles et de femmes pour en ramasser [4] ». La chose, d'ailleurs, ne se renouvellera pas. L'an prochain, dit-il, « la première personne que je trouverai, je lui dresserai un procès-verbal et... je les préviendrai assez d'avance pour que l'on ne soit pas surpris ». En fait, ce type de relations ressemble fort à celles qui lient un capitaine à son ordonnance, la volonté de bien servir ne devant pas se confondre avec une obséquiosité de mauvais ton. Au reste, il n'est pas rare de voir des préposés, anciens militaires, employer dans leur correspondance des tournures qui révèlent l'empreinte de l'armée : « Mon inspecteur », et parfois même, dans un accès d'étrange réminiscence, « mon général [5] ». Tout cela ne serait pas très grave s'ils n'évoluaient dans une société rurale sensible à de telles nuances.

Les paysans propriétaires ne pardonnent pas à ces gens, des « moins que rien », des « fainéants », des « meurt-de-faim », le pouvoir qu'ils détiennent sur eux, du fait de leur appartenance au corps des Eaux et Forêts [6]. Déjà, les cahiers de doléances se plaisaient à souligner la bassesse de leur condition. Comment croire sur parole ces gueux, « la lie du peuple », alors que, remarque celui d'Anost (Nièvre), « un notaire, qui mérite une pleine considération, est obligé de prendre deux témoins pour donner une forme authentique à son acte [7] »? Que ceux qui se présentent comme les valets de l'Administration puissent verbaliser d'estimables personnes et les réprimander choque donc les mentalités d'une France terrienne.

Ne posséder rien, c'est n'être rien, la dépendance à l'égard des autres s'interprétant toujours comme une marque de vilenie. Celle-ci contamine pour ainsi dire l'ensemble du corps forestier, comme en témoignent les fréquentes insultes qui englobent dans un identique mépris le commandement suprême et ses émissaires. Le malheureux Gabriel Foujat, venu signifier aux riverains de la forêt d'Hervaux (Yonne) que reste prohibée la coupe de rouettes pour le flottage, est accueilli par des menaces de mort. Il doit rapporter aux collègues que ce sort les guette, « grand maistre ou tout autre officier, [qui] vouloient les empescher de jouir de leurs bois [8] ». Pas de ménagement pour eux. « Tous n'estoient que des voleurs », la pire injure dans un monde où compte chaque objet.

L'exemple montre comment fonctionne l'assimilation péjorative – du dernier au plus haut des barreaux de l'échelle administrative. C'est pourquoi en 1844 le directeur des forêts, Legrand, prie les conservateurs de ne plus « exiger des actes de domesticité de la part des gardes et des brigadiers, susceptibles de nuire à la *considération* qui leur est nécessaire pour remplir utilement leurs fonctions [9] ». Comme il n'est pas facile de renoncer à des serviteurs si dociles, huit ans plus tard, l'antienne n'a pas varié. Son successeur leur remet donc en tête que les préposés ne peuvent « *sous aucun prétexte* être détournés de leurs fonctions officielles et moins encore pour des services personnels [10] ». N'est-ce pas un peu tard, alors, pour se soucier de prestige?

S'aplatissant devant la hiérarchie, ces gardes, pour la plupart autodidactes, éprouvent le besoin de s'affirmer en usant de la puissance qui leur est conférée par l'État, c'est-à-dire par Paris. Ils cumulent de la sorte une double tare: une répression par incompétence et une ingérence de l'étranger, deux données insupportables dans un milieu habitué à la lente évolution des choses et revendiquant très fort son identité provinciale. Les populations rurales vont donc leur reprocher longtemps, « comme aux gendarmes, de tirer bêtement parti d'une supériorité sur le commun, conféré par le fusil et l'uniforme ». La remarque valait déjà sous l'Ancien Régime où, bien souvent, ils n'avaient pour se singulariser que la bandoulière fleurdelisée et le pistolet. C'est d'ailleurs pourquoi, lorsque les affaires tournent mal, comme cela advient en 1765 vers Saint-Aubin-Châteauneuf (Yonne), la première humiliation qui leur est imposée consiste en l'enlèvement de ces insignes d'autorité [11]. Le tout, avec « grands jurements, et disant que [les gardes] étions des meures de faim et des jean foutre »! La pesée du risque les amène à regagner vite fait le bourg et la protection de la maréchaussée. Comment en effet les sergents, principales cibles de la vindicte populaire, pourraient-ils, dans une telle ambiance, accroître l'efficacité répressive? Affolés par le torrent d'invectives et les images d'amputation que leur déversent les attroupements séditieux, ils ne traquent dans les sous-bois que le délinquant solitaire et s'économisent une confrontation collective appréhendée. En période troublée, le pourcentage des anonymes gonfle de curieuse manière : 17 % de contrevenants non identifiés entre 1670 et 1700, mais 25 % – près du quart, donc – pendant les trente premières années du XVIIIe siècle, l'époque de la révolte ouverte contre les contraintes royales. Face à ces difficultés, les hommes de Sa Majesté aimeraient ne point se sentir isolés, ce qui se conçoit. De même, ils goûtent mieux leur travail au village que sous l'épais couvert des arbres. Là aussi, un réflexe fort naturel mais toutefois assez mal fondé, car l'individu solitaire enferme un potentiel dangereux très supérieur à celui qu'offre le groupe : le défoulement demeure alors au stade verbal, mais va rarement au-delà, chaque habitant craignant le témoignage des présents.

Ces raisonnements, qui se veulent avant tout prudents, modèlent par conséquent la stratégie suivie dès que l'ambiance se détériore : éviter les communautés où souffle un vent mauvais, ne pas entrer trop profond dans l'intérieur des bois. Bref, ne pas s'écarter du siège de l'administration régionale sans renforts convenables. Pareille pusillanimité prête à sourire? C'est oublier que la pauvreté des effectifs ne saurait parvenir à repousser les familiers de ces espaces imparfaitement peuplés : landes et champs s'y enclavent, et attirent le passant comme le troupeau.

Il convient en effet de souligner la faible densité des services forestiers de l'Ancien Régime, défaut qui ne se corrigera qu'assez lentement. Cette carence s'aggrave du temps consacré aux déplacements, sans parler des problèmes que pose le fonctionnement du tribunal de la Maîtrise. Aussi, au contraire de ce qui s'observe au XVIIIe siècle pour d'autres administrations, la part du judiciaire, loin de décroître, tend à augmenter, et ce, aux dépens des activités techniques. Il est impossible en effet de consacrer beaucoup d'heures à ces dernières, alors que l'appareil décide de mater des populations rebelles. Le ressort de la grande Maîtrise de Dijon en 1788 comprend de la sorte dix-neuf Maîtrises pour un territoire qui correspondrait aujourd'hui aux départements de l'actuelle Bourgogne, plus ceux du Bas-Rhin, du Haut-Rhin, du Doubs, du

Jura et d'une partie de l'Ain [12]. En 1980, pour le seul Office national des forêts (O.N.F.), la structure comporte trois directions et vingt-sept centres de gestion, soit un encadrement deux fois plus étoffé, alors qu'a disparu le fardeau judiciaire! En Champagne par exemple, dans la Maîtrise de Troyes, la superficie contrôlée par un garde s'élève à 873 hectares, ce qui fait paraître très favorisé son collègue en plaine de Saône (300 à 450 hectares par triage) et même celui qui veille aux forêts des hauts plateaux bourguignons (plus de 500 hectares) [13].

Cette pénurie en hommes oblige donc leurs supérieurs à détourner de leur affectation jusqu'aux huissiers-audienciers, afin d'y « être substitués aux occasions dans les forêts de Sa Majesté, à la place des sergents-gardes, interdits, malades ou décédés pour y faire leurs fonctions, [...] lesquels jouiroient des *mesmes privilèges et exemptions* accordés aux sergents-gardes ». Il faut bien manifester de la générosité, sous peine de voir ceux-ci refuser de marcher! En vérité, cette réquisition ne s'effectue pas seulement dans ces circonstances d'urgence. Ce personnel fournit davantage des auxiliaires que des suppléants, et cela en dépit des plaintes que formulent les habitants, fort critiques à l'égard de procès-verbaux rédigés de la sorte. Leurs récriminations sont au reste d'autant plus vives qu'ils détestent cordialement tous les gens appartenant à la race huissière. Aucune distinction n'est faite entre eux. Et, bien certainement, les gardes paient en impopularité supplémentaire la main secourable que leur tendent ces confrères un peu surprenants sur le terrain. C'est que, loin de venir les remplacer, ils viennent surtout les rassurer. La petite troupe, accrue par leur assistance, parcourt ainsi d'un pas plus ferme les contrées excentrées, dont la mauvaise réputation est souvent fondée : l'allergie au personnel forestier se révèle d'autant plus forte que sa fréquentation ne s'effectue que de manière sporadique.

Les paradoxes du nombre

Certes, les sergents-gardes ne prétendent pas à l'héroïsme, même si la fierté d'appartenir à un illustre corps les grise d'importance. Ce qui s'en disait sous l'Ancien Régime ne change pas après : un titre modifié ne bouleverse pas la réalité sociale. Pourtant, des braves, il y en a, et les commentaires qui suivent leur mort au champ d'honneur ne manquent pas d'exalter ces mâles vertus dont ils ont su témoigner en face des masses paysannes. Les chiffres parlent d'eux-mêmes. Chaque année, entre 1841 et 1890, onze à quinze préposés périssent de mort violente, la dernière décennie montrant seule un adoucissement des mœurs : sept seulement [14]. Ramenés aux effectifs, ces chiffres n'apparaissent pas très élevés, et le semblent encore moins lorsqu'ils sont confrontés aux pertes que subissent la gendarmerie, la maréchaussée et même la douane. Ils suffisent cependant à alimenter une hagiographie des martyrs forestiers qui tient son rôle dans l'expression des solidarités intra-administratives. Hélas! cette image positive que renvoie le miroir des forestiers ne corrige pas l'impression déplorable qu'ils laissent dans le public.

Au reste, en dépit de l'éloge décerné aux sacrifiés à la cause sylvicole, les agents ne manifestent guère de considération pour ces subalternes placés tout en bas d'une hiérarchie élitiste, « hommes peu instruits, quelquefois peu intelligents ». Un certain Philippar leur reproche vivement, en 1843, cette ignorance, les accusant de n'avoir « aucune idée de la culture forestière » : « Ils ne sauraient eux-mêmes conduire la moindre opération relative à cette culture; ils connaissent à peine les essences; ils ignorent la manière de multiplier les essences et ils ne se font aucune idée des moyens à employer pour entretenir le peuplement et pour donner au boisement l'avenir de production que l'on doit en attendre [15]. » Sans doute ces critiques quant à la faiblesse de leur bagage technique noircissent-elles beaucoup le tableau, l'expérience suppléant en partie aux défaillances de la théorie.

Le système répressif présente des imperfections criantes. Qu'elles ne datent pas d'hier ne réconforte guère les inculpés, qui maugréent, à tort ou à raison, contre des gardes impitoyables. Pourtant sur ce sujet l'opinion varie. Troc des procès-verbaux d'abord. Des procès-verbaux inadéquats ensuite. Au XIXe siècle, les plaignants les accusent plutôt de ne pas savoir les remplir, baptisant tout arbre indûment coupé du nom de baliveau et se vengeant sur eux, innocents et nantis, de l'aigreur que leur procure leur triste condition! L'élévation progressive de l'instruction et du niveau de vie joue donc contre ces valets des Eaux et Forêts.

Le conflit se pose dans certains cas en termes de lutte de classes, et c'est là une nouveauté. Cela ne signifie pas que, jadis, quelques réponses faites par des délinquants, interpellés en flagrant délit de chasse ou de pêche, par exemple, ne renfermaient pas cette notion, mais celle-ci ne perçait pas dans le jugement porté sur un plan général. Le problème devait en effet exister puisqu'en 1669, le titre X, article 2, ne réclamait des sergents qu'un vernis juridique – une formation un peu mince pour des gens qui se déplacent dans un milieu *a priori* hostile! Il y a donc toujours eu danger que la coercition soit excessive, précisément parce que les gardes discernent mal les cas répréhensibles de ceux qui ne le sont pas; leur ardeur vient aussi d'une grande envie d'en faire démonstration à la hiérarchie.

Ces remarques surgissent rarement pourtant sous l'Ancien Régime. L'acte punitif n'y est mis en rapport qu'avec l'esprit de lucre. A Saint-Léger-sous-Beuvray (Nièvre), les habitants attribuent ainsi les procès-verbaux, non à l'ignorance, mais à un mauvais vouloir. Les gardes exercent de la sorte un chantage permanent, sous la pression duquel cèdent les intéressés, prêts à leur offrir argent et présents pour qu'ils relâchent leur vigilance. C'est qu'ils « sont mal payés. Leur état ne suffit pas pour les faire vivre. Aussi, ce n'est que par des malversations en tout genre qu'ils se procurent leur subsistance [16] ». Dans la société rurale d'alors, la main du Roi se craint et se respecte. Du coup, le discours sur la personne des gardes insiste sur l'usage injuste qu'ils font du pouvoir, ne s'en servant qu'à des fins personnelles. Une continuité cependant dans le langage des siècles : la répression, trop lourde, constitue une *source de mécontentement*, capable d'alimenter les fureurs populaires, pour peu que les circonstances en fournissent l'éclosion.

Jamais l'administration des Eaux et Forêts ne s'est ralliée à un tel point de vue. Elle s'est toujours persuadée, au contraire, que la dégradation des bois résultait des vols qui s'y commettent nuit et jour. Arrêter les contrevenants impliquerait donc la *conservation des peuplements sylvicoles,* vision optimiste qui ne s'altère pas avant la fin du XIXe siècle. Il lui fallait démontrer, par des sanctions réitérées, que le crime ne paye pas. Même les cas de récidive, difficiles à évaluer en l'absence d'un fichage des délinquants, n'infirment pas cette thèse : freiner les manifestations du vice finira par extirper ce dernier du corps social. Ce n'est qu'au dernier tiers du XIXe siècle que la répression cesse de se donner pour instrument de la qualité forestière. Il est vrai qu'à cette date, elle s'est fortement atténuée, non parce que les Eaux et Forêts ont, à un quelconque moment, vraiment *opté* pour l'indulgence, mais bien plutôt parce que le déclin démographique des campagnes rend moindres les exigences en bois. Par conséquent, ce ne sont pas les abus de la répression que redoute le haut personnel forestier, mais bien ses insuffisances. Et dans ce contexte, la pire chose qui puisse advenir, c'est que les gardes se compromettent avec leurs adversaires. Qu'ils s'arrangent entre eux, et il n'y a plus de verbalisation, et sans elle, le système répressif demeure inerte. Horreur! Il existe évidemment quelques brebis galeuses, mais leur présence compte certainement moins dans la première moitié du XIXe siècle qu'au moment de la rénovation de l'appareil policier, sous le règne de Louis XIV.

Aussi est-ce moins la corruption de fonctionnaires qui est appréhendée qu'une nonchalance qu'excuserait pourtant la médiocrité des traitements. C'est donc elle qu'il convient de dissiper. Déjà, il en était question sous l'Ancien Régime. Ainsi le maître particulier d'Auxerre regrette-t-il que ces postes ne soient pas occupés par des soldats, forts de seize ans de métier, expérience bien propre, en effet, à calmer malfaiteurs et braconniers [17]. A l'extrême fin du siècle, Tellès d'Acosta ne prône rien d'autre en conseillant de récompenser de la sorte le service de l'armée [18]. Il s'agit de « trouver de bons sujets, qui chercheront à conserver donc leur place *par la crainte de la perdre* », et de conclure froidement : « Ils n'auront sûrement pas de complaisance pour les délinquants »! Cette idée, en passe de devenir réalité sous la Restauration, avec l'engagement des demi-soldes, laisse cependant entrevoir, sinon un certain mépris pour la fonction, du moins la nette distance séparant alors l'officier responsable de la gestion et de la justice du subalterne n'exerçant que par commission et n'ayant qu'un rôle de vigile.

La remarque est importante car ce clivage resurgit dans le *Plan d'une nouvelle administration pour les forêts de la France*, qu'élabore en 1790 Tellès d'Acosta, projet qui sera à la base de l'organisation forestière décidée par la Constituante le 15 septembre 1791. Certes, elle ne fut pas mise en place, mais ses traces marqueront la restructuration ultérieure. Ainsi, dans *Quelques idées sur les forêts et les bois nationaux*, opuscule publié en l'an VIII, A. Dubois-Bellegarde, alors député de la Charente, et demain, c'est-à-dire de 1801 à 1816, conservateur des forêts, estime que l'abandon où sont laissées ces dernières tient à l'instabilité des préposés actuels [19]. Aussi, pour y remédier, propose-t-il de faire « travailler [à leur police] une partie des citoyens qui reviendroient des armées dans leur foyer lors de la pacification générale ». Elle n'aurait ainsi plus de raison d'être puisque tous ces gens seraient assurés de cet état « *à vie*, à moins de malversations prouvées ».

Il n'est donc pas étonnant que, sensibilisé par les rapports alarmistes des préfets et les mémoires de Duvaucel et de Fontayne, le pouvoir consulaire ait cru supprimer la dégradation du patrimoine sylvicole, en reprenant cette tendance le 16 nivôse an IX. Au fond, par bien des manières, il se contente de concrétiser l'ébauche tracée par la Constituante. Et si vite ensevelie! L'opinion populaire d'alors n'aurait pas compris qu'il en soit autrement. Un retour aux traditions centralisatrices était exclu tant que flottait encore un parfum d'Ancien Régime. Comment, dans ces conditions, rétablir son plus beau fleuron, les Eaux et Forêts ? Dix ans plus tard, les circonstances ne sont plus les mêmes, les citoyens ayant vécu tant d'espoirs avortés et d'expériences contradictoires qu'ils peuvent bien tolérer l'exhumation de principes oubliés. Le passé n'est-il pas assez loin pour se parer maintenant des charmes de la nouveauté ?

Ce faisant, le texte de l'an IX entend gommer les défauts (supposés) du brouillon de 1791, car l'heure sonne du réalisme budgétaire. Par mesure d'économie, les gardes passent de 8 200 à 7 000 hommes, la contraction des effectifs devant être compensée par une répartition améliorée, puisque fonction des surfaces départementales. L'activité policière du service ne peut que mieux s'en porter, d'autant que s'y prête le contexte de l'époque, tout entière placée sous l'égide de Mars. Les préposés, même ceux affectés au contrôle des espaces communaux, ne participent-ils pas à la recherche des opposants monarchistes et conscrits réfractaires qui infestent les forêts dans lesquelles ceux-ci croyaient s'abriter ? Cette activité s'accroît même au moment des levées en masse de 1811 et 1813.

La qualité de la chasse se trouve sans doute renforcée par l'origine militaire de nombreux agents. L'administration des Eaux et Forêts, comme d'autres mais plus que d'autres, sert en effet de retraite aux combattants blessés, leur réemploi, envisagé dès 1803, devenant obligatoire huit ans plus tard. Il est incontestable que ces soldats réformés, s'ils manquent du plus élémentaire savoir sylvicole, mettent à la tâche répressive tout l'entrain que leur donne un absolu dévouement à la cause impériale ! Par ce biais surprenant, les guerres continues renforcent l'efficacité du travail coercitif alors même qu'elles contribuent à détériorer la gestion courante des forêts et la régularité de leur revenu. L'accès des militaires à l'appareil forestier va durablement le modeler. Évolution technicienne freinée par la médiocrité de leur formation et rupture avec le monde rural en raison d'une carrière et d'un mode de vie radicalement différents, voilà ce que la hiérarchie a récolté en voulant effacer l'insuffisance des effectifs par le courage au combat. Mais en procédant à ce choix, n'avoue-t-elle pas l'état de guerre dans lequel se place la paysannerie ?

L'ÉTINCELLE INITIALE

La haute administration déchante fort tard au sujet de ce type de personnel. Ce tenace engouement remonte au moins au premier tiers du XVIIIe siècle, c'est-à-dire à une période où se font vraisemblablement sentir les résistances aux règles nouvelles qu'elle prétend imposer, et ne se dément pas ensuite durant plus de cent cinquante ans. L'administration ne mesure donc pas que ces vétérans ne gagnent ses rangs que pour n'avoir pu obtenir, par manque d'appui ou de savoir, un poste de buraliste, de receveur, de percepteur ou de douanier.

En fait, c'est le lancement d'une politique de reboisement des dunes et des montagnes, à laquelle s'ajoute la conversion des taillis, qui lui fera percevoir – et rectifier – les inconvénients d'une telle embauche. L.-A. Fabre observe ainsi, en 1912, que devant cette méthode, utilisée dans toutes les administrations, « il n'est pas de service où les déceptions aient été plus cuisantes que dans celui des Eaux et Forêts [20] ». Désormais la plus grande importance est accordée à « une détermination prise en toute connaissance de cause », et à « l'initiation à une existence généralement paysanne [...] qui n'a *rien* de la vie de tout repos et à portée des attractions urbaines », recherchée par la plupart de ces anciens sous-officiers [21].

Du coup, un vif intérêt et une paternelle sollicitude entourent... les fils de préposés! Eux « ont *vu* leur père revenir mouillé et rompu des longues et inutiles tournées de nuit, ils ont *entendu* ses plaintes lorsque, pour faire son devoir, il s'exposait à l'animosité, et même aux violences des habitants [22] ». Après un tel descriptif, de méchants esprits pourront toujours se demander comment il se fait que l'administration parvienne à recruter. Ce qui est sûr, c'est que ces héritiers n'entretiennent aucune illusion, ni sur la solde ni sur la vie qui les attend. Ce n'était pas toujours le cas, selon les dires de P. Weyd, qui, en 1911, se rappelle « certains sous-officiers qui croyaient, de bonne foi, que le métier consistait uniquement à faire quelques promenades hygiéniques en forêt »!

Cependant, les mémoires de celui-ci portent sur l'extrême fin du XIXe siècle, période qui enregistre de véritables mutations dans le rôle attribué au garde [23]. Avant elle s'étire une longue plage où rien ne change quant à la militarisation souhaitée. Ne constitue-t-elle pas le meilleur garant pour stimuler la déférence à l'égard des supérieurs ainsi que le devoir de soumission de la part des habitants? Encouragée depuis l'Empire, elle progresse donc. Le décret du 24 juillet 1873, afin d'éviter que ne se présentent des sous-officiers trop âgés pour faire campagne, ne réserve-t-il pas 75 % des postes aux hommes depuis douze ans sous les drapeaux, dont quatre au moins avec ce grade?

La référence à cette situation est constante. Ainsi, en Lozère, lorsque le préfet propose en 1885 Léon Delenne pour le triage du Malzieu, le conservateur lui rétorque qu'il n'a pas servi, aussi préfére-t-il le candidat Sérodes : « Il était maréchal des logis, il a le grade de sergent-major dans la réserve. » Le garde ne saurait être autre chose qu'une *figure d'autorité* [24]. Il se confond de la sorte avec le gendarme, sans présenter comme ce dernier la connotation positive attachée au maintien de l'ordre public. Tout au contraire, c'est sa présence qui importune. Loin de rassurer, elle inquiète. De là à faire de celle-ci le signal de la révolte, pourquoi pas ?

Une intolérable perturbation

Cette envie guerrière débute en fait de manière fort précoce, puisque, dès le ministériat de Colbert, il est envisagé de vêtir les gardes aux armes du monarque, ce qui se réalisera un peu plus tard pour les fastes entourant la chasse royale. Certes, dans ce milieu du XVIIe siècle, alors qu'à peine sortent de terre les murs de Versailles, il ne s'agit encore que de convaincre les récalcitrants qui boudent une carrière si utile [25]. Un habit glorieux, quelques avantages en supplément, ne devraient-ils point les y décider ? L'initiative vient donc à ce moment du seul gouvernement. Les responsables forestiers redoutent alors trop le vent qui les décime pour fraudes et malversations, et ne jugent pas séant d'évoquer le problème. D'ailleurs, faute de crédits, l'idée avorte. Il en ira de même au cours du dernier tiers du XVIIIe siècle, d'autant que l'essai se situe dans une conjoncture des plus défavorables. Ce n'est pas, en effet, lorsqu'il n'est bruit que de réformer l'institution, qu'il convient de lui dessiner un uniforme.

Le mauvais vouloir des Finances n'empêche pourtant pas le haut personnel forestier d'y rêver. Il en parle depuis que ses émissaires sont présents sur le terrain et éclipsent les agents seigneuriaux. Il ne tarira plus sur ce sujet. Encore en 1907, n'est-il pas rappelé aux insouciants que ceux « qui ont le bon sens *pratique* et *digne* d'aller en forêt en uniforme, donnent [...] à leurs subordonnés le bon exemple de la correction dans la tenue [26] ». Être convenable! voilà un mot qui résume toutes les aspirations à s'intégrer à la bourgeoisie qu'éprouve quelqu'un exclu de cette classe de par ses origines.

Au tout début du siècle, pourtant, la *correction* ne trace pas encore un code rigoureux de conduite en société. Le mot traduit surtout l'absence de familiarité qui doit caractériser les rapports entretenus par le garde avec son entourage. C'est que, de cette parfaite maîtrise de soi, il est beaucoup espéré, comme l'écrit Dralet dans ses *Instructions et modèles*, opuscule destiné aux gardes, ressemblant fort à celui composé par L. de Froidour deux siècles plus tôt. « Un bon agent, note-t-il, doit *intimider* le délinquant en puissance, en faisant irruption à chaque fois où on l'attend le moins. » Ses apparitions inopinées,« *en uniforme* et sur un cheval » ne peuvent, que lui inspirer une salutaire terreur [27].

Peur et dissuasion : un couple infernal bien connu. Constamment dans les propos tenus par la Direction des Forêts revient ce même thème. L'élu ne saurait se mêler avec le commun. Cela implique non seulement qu'il mène une vie séparée des manants chaque jour côtoyés lors de ses visites dans le sous-bois, mais aussi qu'il exhibe les attributs de la puissance souveraine. Les maisons forestières répondront à ce premier objectif, mais plus tard, beaucoup plus tard : à dire vrai, quand ne se posera plus la question d'un système répressif [28]. S'attaquer à l'apparence vestimentaire étant beaucoup moins compliqué que de s'en prendre au mode de vie, l'Administration entreprend de mener à bien ce projet.

Le programme de rénovation, enfin au point en l'an VII, ne dédaigne donc pas les détails d'aspect futile. Il parle ainsi d'un habit bleu avec parements et collet rouges, ce qui est du meilleur effet sur un gilet et une culotte assortie d'un beau jaune pâle. Suprême raffinement : l'emblème de l'arbre orne les boutons métalliques, et la bandoulière, bleue et non blanche comme au temps de Louis, ressort vivement sur la poitrine grâce à un large liseré rouge. Il est intéressant de constater combien l'auteur de ce modèle reste fidèle, tant dans le dessin que les couleurs, à la tenue des régiments de gardes-françaises. Seuls les accessoires, chapeau, boutons et plaque, distinguent le costume de celui des ci-devant gardes au parc de Versailles. Un seul défaut à ce vêtement : un prix prohibitif! Dans la fièvre utopique des débuts révolutionnaires, sans doute est-il possible de songer mode en souhaitant donner une allure martiale aux recrues forestières. En temps de guerre, le réalisme prévaut. La charge retombe alors sur le porteur d'un tel vêtement. Ne risque-t-il pas de juger superflu l'embellissement de sa personne ? L'arrêté du 15 germinal an IX restreint en conséquence les ambitions manifestées moins de deux ans auparavant.

Sont donc réservés aux élites forestières le justaucorps *vert* et le chapeau français, « signes extérieurs de leurs fonctions », et fort propres à leur dispenser la « force morale » dont ils vont tant avoir besoin [29]. La conscience d'appartenir à un même corps par une apparence semblable n'accroît-elle pas la solidarité au combat de chacun de ses membres ? Les préposés, eux, devront obtenir cette même exaltation avec une simple bandoulière, munie d'une plaque. Le tout ne les change guère de ce qu'ils avaient l'habitude d'exhiber sous l'Ancien Régime : les gouvernements passent et l'austérité continue! La circulaire du 23 brumaire an XII décide seulement d'en élargir le port. Les vigiles communaux partageront donc cet honneur avec leurs collègues domaniaux, premier effort vers une fusion qui n'aboutira qu'en 1919, soit plus d'un siècle après.

Ces péripéties montrent bien que la volonté de *singulariser* les subalternes à l'intérieur du monde paysan ne faiblit pas, même si, faute de moyens, elle ajourne le passage à l'acte. La hiérarchie, fâchée de la situation piteuse de ses hommes, conserve donc le cap. L'uniforme offre en effet une double finalité : son rôle externe est bien d'isoler les piliers de l'administration des Eaux et Forêts de la masse indistincte du vulgaire; son rôle interne n'est pas moins important, puisqu'au premier coup d'œil, il révèle la dépendance des auxiliaires à l'égard de leurs supérieurs. Tel qu'il est à l'issue de l'Empire, il *traduit* incontestablement mieux les degrés de responsabilité, spécifiques à chaque strate administrative, qu'il ne *protège* le corps constitué contre les agressions extérieures. C'est qu'il ne fait que s'ébaucher aux échelons inférieurs, gardes à pied et gardes montés. Le rendre plus efficient suppose donc de le compléter. Aussi, en 1824, Bouthillier, à peine nommé directeur général, ordonne-t-il aux conservateurs de ne délivrer de commissions qu'aux candidats possédant « une veste, un pantalon de drap *vert* et une casquette en bon état [30] ».

La couleur, aujourd'hui symbole du renouveau de la Nature, et par conséquent de l'espoir jamais enfui, ne sert pas alors des vues aussi poétiques. Le camouflage estival est nécessaire pendant les heures de guet où le garde attend que les délinquants viennent chercher leur butin : les bûchers, emplis au début de l'automne, se trouvent vidés de leur contenu bien souvent avant que ne se fasse l'affouage. Couper frauduleusement permet de faire la soudure. Et la neige n'est pas encore là pour conserver les traînées des charrettes... Lorsque Bouthillier décide cette mesure, il se dit exaspéré par le débraillé des gardes. Ceux-ci ne montrent-ils pas « une bigarrure choquante, et, souvent même, un dénûment complet, incompatible avec la *considération* dont ils ont besoin, et qui rejaillit sur leurs fonctions » ? Le *respect* que celles-ci doivent imposer implique donc un comportement *respectable* de leurs titulaires, et ce comportement inclut les soins vestimentaires. Le négligé de l'apparence devient ainsi le symptôme d'un désordre moral dont les adversaires seraient tentés de profiter.

La règle est donc là : devant traquer des misérables, déclarés tels par leur conduite comme par leur condition, les gardes ne sauraient bien évidemment leur ressembler. Impossible de s'écarter d'un pareil credo, dans lequel s'imbriquent étroitement les vertus de l'individu et les données de son apparence. A mesure que les Eaux et Forêts accroissent leurs prérogatives et accentuent la structure pyramidale de commandement, l'ensemble des personnels adopte donc une tournure que l'armée ne répudierait pas. L'évolution caractérise bien sûr, et fort tôt, l'encadrement, une tenue prestigieuse imposant tout à la fois, aux subalternes la déférence, et dans les salons la sympathie. Cette recherche en art vestimentaire atteint également les préposés, bien que ceux-ci ne puissent prétendre à l'élégance des officiers. Pour ce faire, le nouveau directeur général, Bresson, institue dès 1840 une retenue sur les salaires, et, dans la foulée, nomme des fournisseurs attitrés : ceux-ci pourvoieront à l'équipement, comme cela se faisait depuis longtemps dans l'infanterie.

P. Weyd dira en 1911 que cette « délivrance d'effets, établie sur le modèle des masses de l'armée », constituait une lourde charge pour les principaux intéressés [31]. Ces derniers portent un shako à plaque frontale, dont la forme rappelle que la Restauration et la présence des Alliés dans Paris hantent encore les esprits. Sur cette plaque se lit une inscription, courte mais explicite : « Forêts ». L'arrêté ministériel du 8 août 1840 prévoyait d'ailleurs cet ornement en argent. Las! la modicité des salaires triomphe vite de la noblesse du matériau, et dès 1852, les gardes doivent se contenter de cuivre. Aller plus loin dans l'uniformisation supposait donc de réajuster les traitements – ou d'affecter la dépense sur un autre budget que le leur. Ce n'était guère concevable.

L'administration fait cependant un ultime geste pour eux. Elle les dote d'un mousqueton à percussion, qu'ils essaieront de faire fonctionner entre 1845 et 1857. A cette date, l'engin est enfin réformé! A la suite d'une telle déconvenue, une longue pause : elle durera jusqu'à ce que la guerre de 1870 vienne ranimer le goût de l'uniforme, toujours plus ou moins latent dans les institutions hiérarchisées.

En attendant qu'ils héritent d'un pantalon gris galonné de vert en 1875, voilà en quelques traits leur silhouette : une haute coiffe, l'arme à la bretelle, une large bandoulière en biais, et de bon souliers – tout ce que la populace ne saurait avoir. Dommage que l'ample blouse, si plébéienne d'aspect, vienne gâcher cette martiale harmonie. Ce n'est qu'à la veille de 1914 que le costume, une nouvelle fois modifié, répondra enfin parfaitement aux exigences militaires, symbolisant ainsi l'*unité du service,* certes, mais aussi ce que son organisation implique comme *discipline interne.* Tous ses membres porteront le képi, coiffure nationale au contraire du shako, importé. N'est-il pas en France le signe de l'autorité, quelle qu'elle soit ?

Les habitants concernés par leur exercice ont bien vite compris qu'en menaçant les gardes, ils bafouaient l'ensemble des Eaux et Forêts. Le préfet de l'Ariège ne s'y trompe pas, lorsqu'il observe, en septembre 1831, que « ce n'est pas tant le changement des gardes que l'on désire que leur absence [32] ». Dans toutes les séditions où l'arbre joue un rôle déterminant se rencontre ce même langage libertaire. Plus de vigiles, car ceux-ci représentent des contraintes intolérables, et intolérables parce que récentes. Le passé prend alors les douces teintes d'un âge d'or, temps heureux où la Nature fournissait en abondance ses enfants. Ceux qui s'estiment lésés par une politique de défense des grands équilibres naturels partent donc en guerre pour obtenir le rétablissement du *statu quo ante.*

Le droit violé

Lieu de cueillette, de chasse, de pêche, de pacage aussi, l'espace sylvicole se définit par la multiplicité de ses fonctions. Différer la possibilité de l'exploiter, réduire l'étendue habituellement utilisée par les habitants autorisés, ou plus terrible encore, leur enlever un bien qu'ils croyaient posséder sans trouble jusqu'à la fin des temps, tout cela fragilise la vie quotidienne et appelle une réaction brutale. Comment autrement espérer attirer l'attention des pouvoirs publics afin qu'une solution, provisoire ou définitive, soit trouvée ?

La rédaction des cahiers de doléances constitue de ce point de vue un formidable inventaire des mesures prises, tant par la puissance régalienne que seigneuriale, allant à l'encontre du libre accès des communaux, avec tout ce que le mot comporte d'ambigu dans sa composition comme dans son statut. Les gens de Bierne (Aube) exposent ainsi fort clairement le tort qui vient de leur être fait par une administration des Eaux et Forêts si pressée de prendre en mains les destinées sylvicoles qu'elle n'a pas craint de détourner la lettre – et l'esprit – des lois [33]. Ses officiers n'ont-ils pas, en dépit des titres exhibés par les riverains, fait apposition « d'un quart en réserve, qui diminue considérablement *l'exercice du droit et de la jouissance* desdits habitants » ? Ce sont les retombées pratiques de cette mesure qui leur importe, beaucoup plus que de connaître par quelles subtilités juridiques ils en sont venus là. Recouvrer les commodités perdues ne leur semble pas a priori fort compliqué. Il suffit que l'adversaire se rende compte de son erreur, et celle-ci est éclatante. Selon les principes de 1669, précisent-ils, « il ne doit y avoir de quart de réserve que dans les bois communaux, et non dans des bois tenus seulement à titre d'usage, dont le fonds est toujours au seigneur ».

Pareil élan de sincérité est rare d'ordinaire. L'intérêt des habitants, même lorsqu'ils savent n'être que tolérés dans ces bois, les pousse en effet à s'en dire propriétaires, ne serait-ce que pour employer selon leurs vues le produit des coupes. Dans la circonstance présente, ce calcul ne s'applique pas. Mieux vaut ici se contenter du statut d'usagers, seul moyen d'échapper à la distraction du quart de la superficie arpentée. Le raisonnement se tient. Par malheur, il est souvent déjoué. Une telle confusion règne en la matière qu'il semble facile de justifier l'ingérence administrative par un souci conservatoire, le temps que les tribunaux tranchent le débat. Cela requiert des années, des dizaines d'années, durant lesquelles le *fait de l'intrusion* est là, sous leurs yeux, matérialisé par de maudites bornes que tous voudraient pouvoir abolir. Le quart! Comment ne s'affoleraient-ils pas devant le restant, dont ils se demandent si l'étendue satisfera leur consommation « de bois pour bâtir et se chauffer [34] ». Les deux verbes associés couvrent ainsi les fonctions vitales qui s'attachent à ce bien précieux.

Dans ces conditions, les formes les plus élémentaires des inquiétudes populaires se traduisent par le refus des notabilités d'aider les officiers dans leur tâche et par la floraison d'une délinquance individuelle, qui reflète autant la nécessité où se trouve chaque villageois de s'approvisionner en ce lieu que la volonté des autorités de les en expulser. L'abaissement général des durées de révolution à la période moderne exige des compensations : l'apposition de ce quart en futaie assure de disposer d'une certaine quantité de matériel sur pied, susceptible d'alimenter les marchés en bois d'œuvre, et, qui sait? les chantiers de construction navale. L'objectif relève donc bien des impératifs de la défense nationale, mais la grandeur de ce programme laisse indifférente les populations. Celles-ci contrarient donc l'exécution d'un projet dont la finalité leur reste obscure, en gênant la reconnaissance de leur territoire, c'est-à-dire en ne livrant pas arpentage et plan. Un discret combat d'arrière-garde, en quelque sorte, où l'inertie se combine aux escarmouches.

Ces armes menues sont efficaces, puisque, en 1694, soit près de trente ans après la promulgation du Code colbertien, le Roi découvre l'ampleur des retards. Dans tout le ressort de Paris, « les habitants de plusieurs paroisses [...] mésusent de leurs bois commungs. Ils coupent des baliveaux et arbres fruitiers, et n'en ont point encore mis le quart en réserve [35] ». Or, il s'agit là de la circonscription qui dispose sans doute de la plus forte densité des services forestiers! Vingt ans plus tard, le Grand Maître de ce même département reconnaît la minceur des progrès accomplis, et s'indigne de voir « la plupart des communautés [...] coup[er] et vend[re] indistinctement tous leurs bois, sans qu'ils eussent été figurés, arpentés, le quart mis en réserve, et le surplus réglé en coupes ordinaires [36] ». L'œuvre engagée bute donc sur l'hostilité de ceux qui croient devoir souffrir d'une telle opération. Passer outre, c'est accepter de transformer cette *crainte diffuse* en *colère ouverte,* parce que les intéressés se sentent touchés au cœur.

Les pouvoirs publics, estimant urgent de sortir de l'ornière la question, choisissent en conséquence de brusquer le mouvement. Ils le peuvent maintenant, car, dans ce premier tiers du XVIIIe siècle, le système coercitif commence à tisser son réseau, s'informant des uns et épouvantant les autres. Le temps des accommodements s'achève donc avec la vague d'amendes collectives qui vient sanctionner les bourgades indisciplinées. Jusque dans les années 1730, près du tiers des réserves n'atteint pas, en effet, la proportion imposée par les articles 2 à 5 des titres XXIV et XXV de l'Ordonnance de 1669. Les étendues non conformes concernaient ainsi 28 % des bois aménagés entre 1670 et 1700, à peu près autant dans les trente années qui suivent (27 %). Désormais, le rythme s'accélère : l'ordre nouveau s'empare de plus en plus des bois, et de moins en moins nombreuses sont les dérogations à la norme officielle.

Que l'Administration repère des étendues dissimulées au jour de sa visite, et c'est le signal du réajustement. A Foissy (Yonne), les villageois en font l'expérience, comme tant d'autres [37]. Ils s'étaient jugés fort habiles en taisant l'existence de 155 hectares, « coupés par furetage, et en leur bien usance » quotidienne. Cette astuce leur avait en effet permis de ne pas perdre le quart, mais seulement le huitième de la superficie réelle de leur bois. Hélas! la supercherie éclate en 1735. Le réaménagement porte la réserve à l'obligatoire fraction, et, un malheur ne suffisant pas, les habitants devront acquitter le prix de leur faute.

La colère contre cette part consacrée à la futaie marque donc surtout la décennie 1730 où nombreux sont les remaniements. Ceux-ci ne traduisent-ils pas comment la puissance de l'État déjoue les manigances des récalcitrants? Dès lors, ils n'ont plus d'autre recours que dans l'expression exacerbée de leur angoisse. Les mots ne servent en rien la cause. Quant aux fraudes, elles viennent de montrer combien coûte en la matière un échec.

Aussi, avant même que ne se réalise le programme administratif, la violence s'empare des bois. Avec gloutonnerie, les frustrés de demain abattent les troncs, les vendent ou les cachent comme si l'accès à cet espace leur était interdit pour toujours. La réserve d'Accolay (Yonne) n'est âgée que de dix ans lorsque la Maîtrise d'Auxerre décide de l'étendre, et envoie en conséquence l'arpenteur évaluer le complément nécessaire pour atteindre le pourcentage exact [38]. A peine ses premiers travaux s'achèvent-ils, en 1733, que la réserve enregistre les déferlements populaires. Le périmètre est violé, « bornes renversées, lisière et pieds corniers coupés », et dans l'intérieur, « cent arbres sont abattus à une hauteur de trois pieds, compromettant le rejet ».

Ce dont les habitants ne peuvent profiter, ils n'entendent pas voir les Eaux et Forêts le conserver. C'est que certains sont prêts à cet inutile massacre ligneux uniquement parce qu'ils pensent que l'activité de la Maîtrise implique toujours confiscation au profit du Roi. N'est-ce pas déjà ce qu'ils redoutent avec la saisie des animaux ou des outils ayant servi au flagrant délit ?

Cette peur panique de la privation embrasse les esprits comme l'illustre le fait divers survenu à Ferrières (Nièvre) [39]. Les gens y affirment contre toute apparence « que le bois leur appartient en payant la rente [redevance]. Que Monsieur le Marquis d'Andryes leur avoit deffendu de souffrir une pareille entreprise ». Ils ne se contentent pas d'ailleurs de déclarer tenir en usage ce qui leur appartient en propre cependant, car dissuader les hommes du Roi de rien entreprendre contre eux leur paraît au moins aussi important que de s'opposer en justice aux vues du monarque. Ils avertissent donc « le premier bougre qui va dans les bois pour y faire des traces, qu'ils luy créveroient le ventre ». Aussi la confection des plans comme la rédaction des procès-verbaux engendrent-elles maints malentendus. Les destructions ne sont pas rares, comme en témoignent les données suivantes [40].

TROUBLES LIÉS AUX TRAVAUX AMÉNAGISTES	
1670-1700	accompagnent 53 % des actes
1760-1790	accompagnent 22 % des actes

La décrue mérite considération, certes, avec 31 points. Il n'empêche qu'elle semble fort tardive, et, au fond, assez limitée, puisque, à la veille de la Révolution, c'est encore près d'un aménagement sur quatre qui se déroule dans une atmosphère surexcitée. Cette forme contestataire tient à effacer les symboles de l'opération, et prélude le plus souvent à l'attentat commis par la collectivité sur son propre bien : bornes renversées, cassées, pilonnées, fossés éboulés, voire remplis, annoncent de loin le gâchis futur.

Ce genre de tempête reflue pourtant durant la seconde moitié du siècle. Elle laisse place à une délinquance individuelle, péché véniel en regard des rages folles qui saisissaient les pauvres gens. Un adoucissement des mœurs et la saine compréhension des avantages de tels règlements expliquent cette progressive accoutumance à la tutelle étatique. Il est cependant prématuré de crier à la victoire. Les séditions qui secouent l'ancien régime forestier tiennent essentiellement à ce problème des réserves. Mais il faut bien comprendre que derrière lui se cachent des contraintes insupportables, qui resurgiront à propos d'autres questions, alors même que le principe du quart en futaie sera enfin acquis.

Deux données en particulier alimentent le mécontentement : ne plus circuler dans cette portion sacralisée, ne plus y envoyer pâturer les bestiaux. Il s'agit, par cette double interdiction, de protéger les grands arbres, destinés à l'éducation en bois d'œuvre, contre tout facteur de détérioration, hommes ou bêtes. Bref, c'est tenter d'introduire la notion d'usine à bois dans un espace où la spécificité ligneuse apparaissait jusque-là comme secondaire.

Cette greffe, le XIXe siècle à son tour va la tenter, et, lui aussi, faire lever quelques orages. Ceux-ci montent en effet très vite au-dessus de l'horizon dès que sur des étendues *par nature* multifonctionnelles plane une quelconque menace. Le principal reproche formulé à l'encontre de ces quarts en futaie ne réside-t-il pas dans le fait que leur extension, trop souvent, réclame l'intégration de terrains laissés en broussailles afin d'y nourrir le bétail ? Aussi, dans un tel système socio-économique, la spécificité ligneuse devient-elle synonyme de rupture, et rupture d'équilibres vitaux. Que ce bouleversement soit une initiative de l'État, veillant à la sécurité des approvisionnements, ou du propriétaire, séduit par les théories sylvomanes, n'atténue en rien le traumatisme.

Les ruraux l'éprouvent d'ailleurs d'autant plus cruellement qu'ils se sont crus plus libres auparavant. Plus grande était l'autonomie locale passée, et plus tenace sera le comportement séditieux : la règle se vérifie, par exemple, dans les Pyrénées ariégeoises, bien avant que la guerre des Demoiselles, déclenchée par le Code de 1827, ne mette cette région en vedette. Déjà L. de Froidour, en 1667, alors qu'il la parcourait comme réformateur mandaté par Sa Majesté, se plaignait du caractère irrascible des gentilhommes et du peuple de l'endroit [41]. Ils « n'avoient pas encore reconnu l'autorité de la justice et du Parlement, ni celle des intendants, ni des gouvernements de province », et pas davantage celle de Louis! Il remarque même « que si quelqu'un étoit assés hardy pour entreprendre d'en faire la remontrance, l'on ne faisoit aucune difficulté de l'assassiner ».

Deux cents ans plus tard, les mœurs paraissent toujours aussi rudes, puisque le sous-préfet de Saint-Girons (Ariège) juge que les habitants « ont besoin de sentir souvent la main de la justice pour être *maintenus* dans la voie de la légalité et de l'ordre [42] ». Pour ces têtes chaudes, *le fait d'être hors la loi* ne définit donc pas le contrevenant qui use des bois, mais l'autorité, parce qu'elle prétend s'y opposer. Le maire d'Orus (Ariège) résume ainsi tout haut ce que murmurent ses concitoyens en émoi : « Toute forêt, *quel qu'en soit le propriétaire*, est à tous »[43]. Et son propos date de 1871! Persistance étonnante d'une conception populaire de l'espace forestier : la juste possession, celle qui crée le droit, ou plutôt *leur* droit, ne s'appuie pas sur l'acquisition et le vulgaire bout de papier qui l'accompagne, mais bel et bien sur l'usage répété de ce bien. L'écrit n'a pas encore entièrement terrassé la civilisation de l'oral. Elle résiste dans les zones excentrées, les séditions forestières marquant ses derniers soubresauts.

L'INCENDIE SE PROPAGE

Au fond, si les délits forestiers perdurent c'est parce qu'ils constituent la suite logique du rôle joué par le bois et ses diverses utilisations dans le quotidien des communautés rurales traditionnelles. Ces infractions ne dégénèrent en troubles graves, mobilisateurs de foules, qu'à partir du moment où les droits qui régissent la forêt comme productrice de bois et comme terrain de parcours semblent condamnés, à plus ou moins longue échéance, par l'action de l'État ou des riches propriétaires.

L'Ancien Régime enregistre de telles émotions, mais jamais celles-ci ne prennent assez d'importance pour que la troupe doive secourir les forestiers. Il est vrai que la politique sylvicole d'alors tend à préserver le patrimoine beaucoup plus en instaurant une *division de son espace* qu'en démantelant systématiquement les pratiques de jouissance. Le XIXe siècle, lui, associe avec vigueur les *deux* méthodes, par suite des nécessités conjointes du progrès agricole et du profit capitaliste. Les étendues au statut indécis, aux vocations multiples, sont donc particulièrement visées. Leur forte proportion en zones d'altitude, sous-administrées jusque-là, provoque ainsi une flambée de colère sans précédent dans l'Est et les Pyrénées, au point d'obliger le gouvernement républicain à immobiliser près de 60 000 hommes pour rétablir l'ordre dans les campagnes. Les dimensions du phénomène changent assurément, mais les traits fondamentaux hérités de l'ancien temps demeurent, et cet anachronisme explique qu'il soit au XIXe siècle question de folklore là où, cent cinquante ans avant, le spectacle n'était que rites d'inversion, propres à toutes les vieilles sociétés agraires...

Une logique du défi

Il ne faut jamais oublier que les jugements, souvent assez sévères, qui sont portés sur les habitants de ces contrées en dissidence, ne sauraient être le fait d'observateurs impartiaux. Maires, juges de paix et notaires vivent au pays; leurs alliances avec les meilleurs familles du canton, la défense des intérêts électoraux pour les uns, l'importance d'une clientèle affamée d'actes procéduriers pour les autres, tout cela les rend plus ou moins solidaires de ces gens, et certainement fort compréhensifs, même si quelques-uns de leurs excès les effarouchent parfois. Or, justement, ces excès, objet d'une analyse toute différente de la part des étrangers, alimentent la réputation de sauvagerie prêtée aux rebelles. Cette opinion négative, les responsables chargés d'introduire une réforme des habitudes de vie ne manquent pas de la véhiculer, ne serait-ce que pour grandir la difficulté de leur travail aux yeux du souverain. Une pareille démarche procure considération et avancement, certes, mais accélère aussi notablement le déblocage de fonds spéciaux et l'envoi des renforts...

Il existe donc une double stratégie en face des émeutiers : celle des *élites locales,* forcées de pactiser sous peine de ruiner leur crédit auprès de la population, et celle des *représentants de l'autorité,* confrontés à une situation qui les dépasse souvent et qu'ils saisissent mal dans la plupart des cas. Sans doute, la réalité de ces séditions se place-t-elle entre les deux : elle n'est pas niable, mais elle ne menace pas non plus les institutions. Et cela quelle que soit l'étendue des violences. Le mouvement de révolte apparaît en effet essentiellement comme une réaction, motivée par une altération, en cours ou à venir, d'une situation parée en l'occurrence de toutes les vertus du passé. Ce glissement vers des données que les habitants ignorent en grande partie engendre une impression d'insécurité.

L'action de groupe cherche donc à la faire disparaître en créant une dynamique capable de donner à chacun de ses membres la confiance en *sa* force et la certitude de se battre pour une cause qui finira par s'imposer. Aussi, alors que la délinquance s'entoure de frileuses précautions, ces fureurs collectives, elles, les dédaignent. Les manifestations bruyantes, les avertissements horribles drainent au contraire leurs préférences. C'est dire que tous les éléments considérés comme perturbateurs de la quiétude ordinaire attirent leur attention. Ainsi, dans les Pyrénées ariégeoises, le Code Forestier promulgué en 1827 se traduit par une verbalisation méticuleuse? Les gardes deviennent alors les boucs émissaires des séditieux, qui leur font payer de la sorte l'emballement du système répressif. Le nombre des procès-verbaux progresse au rythme de 73 % par an, passant de 192 en 1825 à 2 300 quinze ans plus tard [44]. Des titres à produire d'ici moins de deux ans (article 61) ? Les ovins et caprins interdits de séjour (article 78) ? Les chers consuls dépouillés de leurs attributions en matière de pacage, et ce, au profit d'une administration détestée (article 120) ? Non. Le refus est net, car accepter ces mesures reviendrait à renier l'idée que les usagers se forgent de la liberté. Aucune n'est perçue comme susceptible d'améliorer la condition paysanne, et chacune d'entre elles s'interprète comme une vexation délibérée. Le défi constitue alors la seule réponse *honorable* qui puisse être imaginée.

Il faut ajouter que narguer l'autorité en la personne de ses plus humbles représentants soulage d'autant mieux que celle-ci traverse une passe difficile. La satisfaction de venger l'offense se trouve en effet accrue par la pensée d'une bien agréable impunité. L'antagonisme latent entre les populations et les Eaux et Forêts se donne donc libre cours lorsque le gouvernement doit affronter simultanément désordres sociaux et revendications politiques. C'est dire que les années 1790, 1830, 1848 ou 1870 représentent des temps forts pour l'agitation Forestière.

Dès les premiers jours de mars 1848, par exemple, alors qu'une neige épaisse protège les bois des pillages, fréquents en pareilles circonstances, les gardes, eux, sont contraints d'abandonner leur poste dans l'Embrunais comme dans le Vercors, les Vosges ou le Jura [45]. Ils supportent ainsi le courroux engendré par une véritable croisade pour le reboisement, entamée dès les années 1840 : réduction des communs livrés aux pâtures, désignation tardives des quartiers délaissés et surtout poursuites de toutes sortes contre ceux qui enfreignent ces règlements draconiens. Ces consignes de sévérité viennent de haut, et depuis peu. A la fin de la monarchie de Juillet, bien avant donc que soient votées les lois concernant le reboisement des montagnes, le total des amendes prononcées en Briançonnais n'éclipse-t-il pas celui des impôts versés à l'État ? Là comme dans l'Embrunais voisin ou les basses Vosges, il est courant d'entendre dire que l'Administration rend la vie insupportable, au sens propre du mot. Un juge de paix, à Vizille (Isère), estime même que depuis qu'elle « s'est *emparée* des communaux, les communes en montagnes sont dans la plus grande misère [46] ». Aussi, dès les premiers symptômes de la maladie gouvernementale, les habitants pavoisent-ils.

C'est que, quel que soit le régime, ils en dénoncent l'oppression. Et du coup, dans toute carence, fut-elle provisoire, se profile le règne de la liberté. Durant quelques semaines, voire quelques mois, prévaut alors une douce ivresse. Terminées toutes les contraintes inhérentes à un État de droit : personne n'acquittera plus d'impôt, les jeunes ricaneront du service militaire et la municipalité n'affichera plus aucun arrêté, ministériel ou préfectoral. Un vent d'anarchie souffle alors la tempête. Tout paraît basculer. Cela va si vite que le maire de Durban (Ariège), affolé par ce dérapage inattendu, alors que la fronde date des environs de janvier 1830, estime dès le mois d'août qu'il est de son devoir « de faire proclamer par le garde [champêtre] que les lois sont toujours *les mêmes* »! Cette sage attitude fixe les bornes à la sympathie qu'il manifeste par ailleurs aux insurgés. Comme ses collègues, en règle générale, il refuse aux forestiers de les informer, s'oppose aux perquisitions, feint d'ignorer les textes réglementaires. Une telle inertie ne saurait s'appeler de la prudence. Il s'agit bien de solidarité, car, ce faisant, la paralysie gagne le pouvoir central. Dans un mémoire daté du 23 août, Dralet, alors conservateur au département de Toulouse, fustige ce genre de conduite qui le réduit à l'impuissance. « Tous les maires du canton de Castillon, dit-il, imitèrent la conduite de Saint-Lary, [...] la révolte existait *depuis* plusieurs mois dans leurs communes sans qu'aucun d'eux en eût même averti l'autorité supérieure [47]. » Les bruits qui parviennent dans la région sur ce qui se passe à Paris ne créent donc pas la contestation radicale, mais l'amplifient.

Une lettre de l'été 1831 montre que, rétrospectivement, le préfet de l'Ariège a pris conscience de ce phénomène. Le mouvement ne se confond à aucun moment avec une séquence révolutionnaire. Il se définit comme une jacquerie, qui prend son essor en exploitant une vacance des pouvoirs publics. Peu importe que celle-ci se soit révélée effective. Imaginaire, le scénario se serait déroulé de même. Ce fonctionnaire, fin analyste, observe ainsi que « les événements de juillet [1830] durent nécessairement imprimer à ces désordres un plus grand développement, un plus haut degré de violence, parce qu'il y avait *souvenir* d'injustice et *absence* d'autorité [48] » : L'amalgame de ces deux ingrédients constitue donc un mélange instable, qu'un rien peut faire exploser.

Dans ce climat de surexcitation populaire, ceux qui ressentent comme humiliants les ordres d'un gouvernement, hier puissant et moribond en ces instants, s'emploient pas conséquent à mettre en scène l'équivalent. Tous s'amusent des gardes d'Alos (Ariège) n'osant mettre le nez dehors, car « sur les chemins [qui] conduisent à leurs triages », se dressent « des croix rouges, des potences, des têtes de mort ». M. le conservateur lui-même considère que ce sont là « des emblèmes significatifs » du sort qui les guette et demande au préfet d'intervenir avant que ne sonne leur retraite massive [49].

Au reste, pareil avertissement ne concerne pas que les forestiers, mais également toute personne n'ayant pas rallié le camp des administrés. Malheur à ceux qui logent les préposés! A Boussenac (Ariège), le 22 février, « on en attache un par-dessus les bras, avant de le faire tremper tout nu dans la rivière, et de le battre à coups de bâton », raconte un témoin [50]. Et de conclure avec sobriété : « Il en est presque mort. » Malheur aussi à ceux auxquels la rumeur prête un double jeu, caressant tout à la fois la sédition et la répression. L'adjoint au maire de cette bourgade ne paraît pas très sûr. Certains l'accusent même de fournir des indications à l'ennemi. Les émeutiers « font sommation à sa femme de [leur] remettre son écharpe, ajoutant que, s'il [se] dressait de nouveaux procès-verbaux, il aurait le poing droit et le cou, coupés [51] ». L'air du lieu ne convenant plus guère à sa santé, le voilà qui s'exile le temps que se blanchisse sa réputation, à moins qu'il ne préfère laisser agir l'oubli ?

Cette affaire a beau être fort tardive – 1871 –, elle n'en souligne pas moins la formidable capacité de résurgence que présente ce type d'émotion. Malmener tout ce qui symbolise l'autorité, croix de Saint-Louis, décorations de l'Empire ou rubans républicains, constitue une étape incontournable pour les séditieux. En rabattant la superbe de ceux qu'honore un régime détesté, pas vraiment pour des mobiles politiques, mais plutôt parce qu'il entreprend de réformer le mode de vie, ces villageois en armes, iconoclastes sans le savoir, reconquièrent de la sorte une dignité jugée méconnue.

C'est dire que le semblant d'uniforme qu'exhibent les pauvres bougres que sont, au fond, les gardes, agit sur eux comme un étrange excitant. Sa vue transforme le plaisir de châtier en une gigantesque farce, dans laquelle volent en éclat les règles de la bienséance. La chasse au préposé est ouverte. C'est ainsi que celui de Mercoire (Lozère), le sieur Gaillard, doit son salut à la vélocité avec laquelle il plonge dans une fosse à immondices. Ses poursuivants « n'osèrent pas [l'] attaquer dans [sa] retraite », affirme-t-il pudiquement [52]. Après « plus de trois heures dans ce lieu infect », il en sortit, sur « la parole du maire de Saint-Frézal d'Alburges et de Pierre Roubeyrolles, fermier du domaine ». Cet épisode de novembre 1836 fait craindre aux autorités « d'éprouver de la résistance et de voir se renouveler les collisions sanglantes de 1831 et de 1833 ». Elles n'ont pas tort. La répétition de ces actes scatologiques s'impose aux insurgés afin de laver l'offense subie. La souillure de l'autre nettoie en quelque sorte celle qui a été faite : transfert quasiment magique. Un malheureux, pris à parti dans le bourg d'Amplaing (Ariège), entend dire par ceux qui vocifèrent autour de lui « qu'[ils] emmerdent sa bandoulière [53] ». Et il constate qu'au centre de ce cercle infernal, une telle volonté de dérision se matérialise facilement. D'autres déguerpissent avant de se faire prendre au piège, comme ceux de Sentenac-de-Sérou, renseignés sur la marche d'une troupe bien décidée à les épouvanter, histoire de « leur tourner les yeux à l'envers [54] ».

En fait, tous ces comportements dépassent le stade de l'intimidation, couramment déployée par le délinquant qui souhaite entraver une saisie. Les rebelles veulent, par cette conduite, traduire leur rejet de l'ordre introduit *qui n'est pas le leur*. Cela ne signifie pas le désordre, bien au contraire, car il n'est pas question, pour le groupe, de se couper de l'ensemble social : nourriture, hébergement, renseignements et si besoin assistance en dépendent. Pas de pillages, donc, et peu de vols. Ce sont d'ailleurs les adversaires du mouvement qui supportent un rançonnage, qu'ils soient agents de l'Administration, représentants des propriétaires, délégués des marchands ou charbonniers en forêt. Le dénuement des bandes dissidentes est extrême, notamment en hiver, même si elles savent revenir à la base. Il faut bien se nourrir, après tout. Cela n'exclut d'ailleurs pas, l'occasion faisant le larron, d'emporter au passage tringles de rideaux, chandeliers et paires de chenêts : un hommage, pour ainsi dire, aux objets métalliques, alors que la misère de leur condition ne leur a rendues familières que des instruments en bois et des ustensiles en terre.

Cette substitution d'un ordre à un autre, bannissant la nouveauté pour restaurer ce qui est cru immémorial, donne tout son sens à la parodie. En effet, son jeu résume la dualité que vivent ces gens en marge des normes, sédentaires devenus nomades et paysans prenant la défroque du combattant : ne marque-t-elle pas la fin d'un bref épisode, violemment repoussé, et la renaissance d'un âge d'or ? Ainsi fleurissent, sur les murs des églises, des placards qui plagient les avis qui y sont d'ordinaire affichés, mais en détournent le sens, comme à Massat (Ariège) [55]. La différence : pas d'imprimé, mais une grande écriture cursive, maladroite et appliquée, et un texte orné d'une flèche indiquant une croix de supplice. Une seule phrase pour celui-ci :

Nous prévenons les clercs de Massat
Quand les gardes iront dans les forêts
D'aller sonner l'agonie pour eux.

Goût pour l'ostentatoire ? Fascination du macabre ? Oui. Tout cela à la fois. Les communautés *feignent* de leur faire la guerre. La peine de mort pour eux ! Ils la méritent mille fois, puisque leur intrusion constitue en soi un outrage aux coutumes ancestrales ainsi qu'au sens de l'honneur collectif. Ce n'est que par leur sacrifice que le territoire profané recouvrera sa pureté originelle. Mais, en fait, la désertion des forestiers suffit à remplir le programme séditieux. Les émeutiers, devant elle, chantent la victoire, mais l'Administration, loin de réfléchir aux voies du défoulement populaire, médite sur les moyens qui valent en ces temps d'hostilité.

Les facteurs de contagion

La lapidation fait partie de ce rite cruel, mais il est significatif que jamais les participants ne vont jusqu'au bout de leur acte.

L'assassinat ne se commet que dans le tête à tête, pas *devant* une foule, encore moins *par* la foule. La logique du défi intègre donc – heureusement – les limites qui restreignent la fureur populaire au domaine de la parade. L'important, au fond, tient à l'apparence davantage qu'aux buts de la manifestation. La ronde se resserre donc autour des victimes, qui peuvent être qualifées d'expiatoires, puisque ce sont elles qui portent les péchés et les vices, non des furieux, mais de l'Autre : l'administration des Eaux et Forêts en particulier, et tous ceux qui osent modifier l'accès au bois en général. Ainsi, à Chazeaux (Lozère), les gardes se voient cernés par trois bandes vociférantes [56]. Rien de plaisant dans les intentions affichées. L'un d'eux racontera plus tard comment « deux ou trois pierres [leur] furent lancées » de loin, puis l'arrivée du premier groupe, une vingtaine de personnes, « ramassant des pierres », d'où « une grêle de coups [...] [qui] tomba bientôt sur eux ». Et la situation ne s'arrange pas, car « plusieurs d'entre elles engageaient du geste et de la voix celles qui étaient encore derrière, à venir les aider ». Un atroce cauchemar, dans lequel il entend glapir : « Nous le tenons cette fois. Il ne faut pas qu'il en échappe. Tuons-le. Tuons-le [57]. » Qu'après cette journée de novembre 1836, il garde mauvaise opinion de ces gens-là, la chose se comprend. Persuadé que sa vie était en cause, il ne se frottera pas de sitôt à leur colère. L'échauffourée crée donc un vide policier dans toute une contrée, et c'est dans cette aire que se diffuse la protestation. Encore faut-il que celle-ci trouve des porte-paroles capables de la véhiculer à l'extérieur de la communauté initialement touchée par le virus contestataire! Certains troubles avortent à peine amorcés. D'autres se répandent comme feu de paille. Dans tous, cependant, un trait commun : le renversement des valeurs.

Les préposés battus, les procès-verbaux dénaturés, les municipalités complices, oui, tout cela marque l'*inversion*. Les habitants n'étaient qu'usagers, et le concessionnaire régnait sur ces manants? Par ces pratiques, dérisoires sans doute, mais essentielles pourtant, ceux-ci *se sacrent* maîtres du lieu. L'autorité déserte le camp auquel elle appartient pour voler dans celui qui ne l'a jamais. De telles notations ne manquent pas de rappeler les défoulements qui escortent Sa Majesté Carnaval. Tout est permis à l'ombre de son sceptre, chacun le sait et en profite parce que cette extraordinaire liberté s'inscrit dans une brève durée. Certes, le rapprochement a de quoi séduire. Il ne faut cependant pas exagérer en ce sens, ne serait-ce que parce que les séditieux, à la différence de ceux qui se mêlent au cortège carnavalesque, veulent reconstruire *pour toujours*, et non pour un temps, un ordre ancien dérangé. Eux bannissent d'avance ces lendemains tristes où, dès le petit matin, sur la place déserte, la norme se rétablit d'elle-même.

Le contraste des objectifs – se divertir et conquérir – explique que bon nombre de ces échauffourées ne se soucient guère du calendrier festif. Une telle discordance s'observe d'ailleurs sous l'Ancien Régime, à une époque donc où restent encore tenaces les éléments associant parodie et inversion. En dépit de leur importance et de l'attachement qu'éprouve pour eux le petit peuple, il est clair que ceux-ci, dès la seconde moitié du XVIIIe siècle, cèdent le pas aux revendications socio-politiques. Avec leur recul, s'estompent aussi les cris loyalistes – Vive le Roy! – qui montrent que les rebelles ne confondaient pas la monarchie avec l'auteur de leurs maux. La fureur ne se veut pas aveugle : reste intouchable, dans ses soubresauts, l'image archaïque du Père qui aime ses enfants, lesquels, en retour, le placent au-dessus du quotidien alimentant la révolte. La violence collective, longtemps, isole le Roi de sa politique, ce qui lui permet de déchirer ses ordonnances et de demeurer en armes sans faillir à l'instinct conservateur, si caractéristique de ces séditions. Sa personne semble en effet si lointaine qu'elle peut être respectée et aimée. Cela ne change pas le cours des événements et la certitude que son recours existe réchauffe le cœur des plus endurcis comme des plus naïfs. Depuis 1789, tant d'assemblées, tant de gouvernements, tant de régimes sont passés, que personne ne croit plus en l'idole.

Les séditieux du XIXe siècle restent fidèles aussi à cette ambiguïté politique. Ils prennent en même temps le parti de conspuer et celui de s'abriter derrière l'autorité. Les Demoiselles ariégeoises, par exemple, crient parfois « Vive le Roi! », mais nul ne sait plus s'il s'agit de Charles X, réminiscence légitimiste, ou de Louis-Philippe, exploitation de la vacance, d'autant que certaines, par goût de la contradiction ou rappel d'une gloire militaire, clament « Vive l'Empereur! » La foi se perd.

Rien n'étant plus sacré, le Carnaval peut donc se jouer en toutes saisons. Le décalage, déjà frappant avant la Révolution, devient bien vite habituel. L'exemple septentrional gagne ainsi les contrées les plus arriérées, c'est-à-dire les plus fidèles aux comportements des siècles passés.

A la charnière des deux mondes – modernité et tradition –, une province, la Basse-Bourgogne, illustre cette dérive en dehors de l'impératif calendaire. Dès la seconde moitié du XVIIIe siècle, même si pareille agitation affectionne la sortie de l'hiver, elle se rencontre aussi dans ceux de l'automne, moment où la population s'inquiète de son approvisionnement en combustible. La courbe annuelle présente de la sorte deux plateaux, l'un en janvier-février (27 %), et l'autre en novembre (22 %), et une dépression très accentuée pendant la belle saison [58]. Les hommes se détournent du bois pour descendre aux champs. C'est dire que plus de la moitié des accès coléreux se situent en dehors des périodes rendues sensibles, soit par l'ivresse de la fête, soit par la pression du besoin.

Cette nuance apportée, il est évident que le mécontentement populaire emprunte beaucoup aux célébrations populaires, Carnaval compris. Tous ces oripeaux se révèlent dans la tourmente comme autant de moyens pour exprimer le malaise engendré par la nouveauté. C'est donc bien une culture *dominée* par un pouvoir étranger, technocratique et traumatisant, qui ridiculise l'écrit en se servant du geste. Elle requiert par conséquent des héros offrant le contraire de ce pouvoir : que leur vue soit familière à tous, que leur mode de vie ressemble à celui du commun, que leur action ménage les intérêts de chacun. Aussi l'ordre nouveau souhaité par les séditieux exclut-il toute perspective révolutionnaire. Leurs slogans, d'ailleurs, ne témoignent-ils pas que nul ne se préoccupe vraiment de changer la société et le régime? Parfois, à titre individuel, un sarcasme, une boutade visant l'autorité publique et celui qui conduit l'État, guère plus. Ceux qui entrent en dissidence n'entendent pas, en effet, confisquer la propriété d'autrui. En anéantir le principe, ils n'y songent pas. Face aux Communards de la capitale, leur adhésion à la République, version versaillaise, témoigne d'ailleurs de leur répugnance à l'égard des « partageux ». Non, ils se contentent de réclamer leur dû, les armes à la main, face aux intrus qui s'imaginent parvenir à leur inculquer une conception née sous d'autre cieux et faite pour d'autres cervelles. Eux se trompent d'époque en optant délibérément pour le passé. Pour que se propage la vague contestataire, il ne suffit donc pas que les chefs détournent au profit de la cause le symbolisme ancestral. Il leur faut surtout apporter la démonstration, au jour le jour, que la révolte dont ils assument le commandement tourne le dos à la subversion.

Cela implique un strict contrôle des marches et contremarches, ce qui n'est pas simple, du fait de l'émiettement en groupes de vingt à trente hommes. Du coup, eux aussi succombent à la tentation militaire. Chez les Masques du Vivarais, en 1783, surgit l'expression « lézion honnête », témoignant de l'impact du mot « légion » sous Louis XV, puis en 1779 [59]. Sont ainsi désignées les troupes *auxiliaires* de ligne, mais cependant *intégrées* à l'armée, d'abord bataillons de chasseurs, puis régiments de chasseurs à cheval. Les insurgés s'identifient à une telle situation, qui fait d'eux, pas tout à fait des troupes régulières, mais pourtant des soldats. Ne font-ils pas la guerre à une armée d'occupation, celle des gardes?

Ce raisonnement, nettement formulé dès la veille de 1789, tous les séditieux de la première moitié du XIXe siècle y adhèrent. Ils intègrent ainsi de plus en plus les exigences morales d'un ordre militaire, après s'être satisfaits d'en adopter la conduite : afficher des proclamations, marcher en rangs, défiler devant les concitoyens, se parer de décorations et prendre du galon. Le choix reflète d'ailleurs bien les changements de l'institution militaire au cours des temps modernes. Le mercenaire aviné et brutal tel que le dessinent les contemporains, de J. Callot (1592-1635) à D. Téniers le Jeune (1610-1690) en passant par A. Brouwer (1605-1638) et P. Bout (1658-1702), s'éclipse enfin, avant même que ne l'ait enterré la conscription. A la place du soudard se dresse, dans le dernier tiers du XVIIIe siècle, *l'homme de devoir*. L'encasernement a contribué à cette évolution, et, plus encore, une longue période de paix. S'oublient alors les pillages qui accompagnent la progression des troupes. Vision idéalisée de l'armée, certes, que contredisent les guerres incessantes sous la Révolution et l'Empire. L'intendance ne suit pas forcément, et comment vivre alors, sinon en rançonnant villes et campagnes ? Vision tenace, pourtant, dans l'inconscient des Français du XIXe siècle.

L'image sympathique du soldat rendra d'ailleurs l'utilisation de celui-ci à des fins répressives fort délicate pour tous les gouvernements, quelle que soit leur tendance. L'état-major n'a pas envie de dilapider ce capital de confiance dans un déploiement impopulaire, d'autant que les rebelles ne le comprendraient pas. Ils se sentent l'âme militaire et sont de même origine que ceux qui devraient les repousser. Assurément, les uns et les autres s'illusionnent. L'état-major, parce qu'il sera obligé de s'incliner devant la requête ministérielle, les rebelles, parce qu'ils surestiment la solidarité de classe par rapport au sens de la discipline. Mais ces problèmes ne jouent qu'à l'heure de la décrue séditieuse.

Quand monte le flot protestataire, seul compte le prestige de l'armée, et celui-ci est immense. Par chance, en effet, les opérations répétées entre 1792 et 1816 se déroulent le plus souvent à l'extérieur des frontières, loin en tous cas des môles isolés qui vont constituer le théâtre des révoltes forestières. Ces zones furent un refuge en 1794 comme en 1814 pour tous ceux qui refusaient la levée en masse, déserteurs ou insoumis ? Qu'importe ! Le chef des rebelles se donne le grade de capitaine et sait se faire obéir. Un résidu d'uniforme, giberne et pantalon bleu, le sabre à la main, quelques marques de solennité – tambour ou clairon – à son entrée, et le voilà qui dirige ses hommes. En Ariège, par exemple, les autorités les décrivent comme étant les « mauvais sujets de canton [60] », mais, dans la réalité, aucun n'agit en tant que hors-la-loi. Une seule bande, entre 1829 et 1872, se signale en 1838 par du brigandage, sans qu'il soit possible d'établir un lien quelconque entre elle et l'insurrection des Demoiselles!

En fait, même si les agissements ne sont pas exempts de tout reproche, les vouloirs, eux, le sont, justifiant pleinement l'expression de « fantasme de l'ordre » dont se sert G. Sabatier dans un article consacré aux troubles que connait le Vivarais en 1670 comme en 1783. Les premiers s'en prennent aux élus, qui sont des officiers de finances; les seconds visent les procureurs, accusés de dévorer, par la complexité de la chicane, le bien des pauvres. Il n'en serait pas allé autrement s'ils avaient malmené les gens de la Maîtrise, et leurs successeurs, forestiers : ne consomment-ils pas, eux aussi, par les amendes, la fortune des familles et l'avoir des communautés? Tous ces malfaisants ligotent le peuple *par le droit.* Celui-ci se soulève au nom d'*un autre droit,* celui de l'antériorité, qui lui est supérieur. Si les chefs veulent conserver leur audience, constamment ils doivent s'y référer. Agir en justiciers, c'est dans l'assaut livré aux hommes de loi, quels qu'ils soient, proposer un reflet inversé de celle-ci.

La modération des prélèvements effectués accompagne donc tous ces désordres qui récusent une telle appellation. Au fond, la lutte pour la jouissance des bois constitue un *aspect particulier* du problème qu'ils posent, à savoir une vague de contestations liée à l'émergence du droit écrit. Cet ensemble ne cesse de se contracter depuis au moins le milieu du XVIIIe siècle, soit parce que s'admet ce qui paraissait incroyable, comme les taxes indirectes ou l'impôt comme moyen de financer le Trésor public, soit parce que disparaissent les causes d'indignation, qu'il s'agisse de la Ferme générale ou des gabelous. Cent ans plus tard, la sédition forestière représente l'ultime combat livré pour que la coutume triomphe d'un nouveau savoir juridique. Les bois ne sont-ils pas le dernier secteur sensible dans lequel s'affrontent le populaire et les tenants de ce droit? Aussi, de l'Ancien Régime aux temps constitutionnels, la continuité des manifestations est-elle très remarquable. Les scènes qui les caractérisent sous la monarchie de Juillet, les contemporains de Louis XIV les ont observées, en d'autres circonstances peut-être, mais mettant en cause d'identique façon l'autorité de l'État, sinon celle du Roi. Un extrême juridisme se constate donc dans toutes ces révoltes qui lorgnent vers un âge d'or défini par l'absence étatique. Le papier fascine, qu'il soit objet de protestation (concession usagère), sujet de dérision (procès-verbal) ou moyen d'avertissement (placard affiché). Le papier, non seulement accompagne l'action des séditieux, après l'avoir provoquée, mais encore il est acte lui-même.

Les dissidents ne manquent donc pas de demander quittance de ce qu'ils consomment, une fois acquitté le prix. Et s'ils ne peuvent le régler, « font un billet à la façon militaire », qui s'accepte volontiers, bien que celui qui le reçoit ignore l'endroit où la somme inscrite lui sera versée [61]. Comme ils travaillent pour le bien de tous, il semble normal que ceux qui ne marchent pas avec eux offrent une contribution *dont acte est donné*. Cela vaut au notaire de Chandouliers (Ardèche) de céder quarante-huit livres en leurs mains : « Les courses leur coûtaient beaucoup, et il fallait les en dédommager », rétorque le chef de la bande devant ses objections [62]. Au reste, si la prise se révèle par la suite exagérée, le trop-perçu est rendu, et là aussi, l'écriture s'en mêle. Le sieur Moriès, notaire à Pauges (Ardèche), se dit dévalisé à l'excès? Deux individus portent message à la femme de son fermier. Qu'elle envoie « chercher les effets qu'on lui avait pris dans sa maison, et qu'ils avaient mis dans le bois »! Un de ses confrères, exercant à La Blachère (Ardèche), raconte avoir été délesté de cent louis d'or? Ceux qui l'ont visité ne pensent pas la somme si forte. Six jours après ce versement, ils viennent à son domicile afin de confronter l'état des participations fixées avec l'inventaire rédigé par la prétendue victime! L'erreur n'est pas de leur fait : « Ils convinrent tous qu'il (le bordereau) était juste », c'est-à-dire que n'avait été soutiré que ce qui avait été prévu [63]. Peu de temps après d'ailleurs, ladite victime se range à cette avis, ayant dans l'intervalle récupéré quelques cinquante-quatre louis égarés, en sus « des dorures de son épouse qu'[elle] a aussi retrouvées depuis [64] ». La surprise donne parfois de ces étourderies...

Il est évident que dans un tel climat, où la moindre ordonnance affole, mais où le premier document notarié rassure, celui qui domine le maniement de la plume domine également les esprits. Les membres de la basoche et du clergé bénéficient donc d'un considérable ascendant sur tous ces esprits qu'excitent les rumeurs les plus folles. Ils ne dissipent pas les malentendus nés d'une interprétation erronée des textes, voire de leur complète ignorance, à commencer par celle qui concerne les Codes forestiers de 1669 et 1827, même si quelques arguments peuvent en être tirés pour contrer l'ingérence étatique. Ils explicitent les volontés de leurs compagnons, rédigeant pour eux manifestes et revendications. Ils les aident aussi à mettre en scène, sur le mode burlesque, les tares et les prétentions de leurs adversaires.

C'est le cas à Saint-Aubin-Châteauneuf (Yonne), où le fils de l'ex-procureur fiscal témoigne en la matière d'un talent insoupconné jusqu'à ce matin du 3 mars 1757 [65]. Il se sert à merveille du jargon juridique, parodiant ainsi le langage des officiers, venus six semaines auparavant. Il imite en tous points la procédure que ceux-ci ont engagée, mais en renversant l'objet. La construction d'un fossé pour séparer la réserve des triages est ordonnée ? Il décide l'effacement de cette césure artificielle qui enlève aux siens le quart exact de la superficie boisée. Bref, le vocabulaire administratif n'est respecté que dans la mesure où il rend plus irrévérencieuse la pensée. La caricature n'est pas loin lorsqu'il « s'est supposé avoir une ordonnance de justice, qu'il a publié[e], le *papier à la main*, et en vertu de laquelle il estoit, selon lui, enjoint à tous les habitants de venir faire le comblement desdits fossés, sous peine d'amende contre ceux qui n'y viendroient pas » ! Le printemps sera gai pour les mécontents, les bras chargés « partie espines, chesnes et boulins [bouleaux] ». Le cortège porte ces branchages sur la place, et le bûcher se fait « feu de joye, autour duquel on a dansé en triomphe ». C'est la liesse au pays pour célébrer une victoire que chacun se plaît à rêver définitive. L'utopie s'installe pour quelques saisons. Il est cependant rare que celle-ci ne dépende que d'une classe de jeunes, comme cela paraît être le cas dans l'exemple cité.

Comme l'indique F. Baby, analysant la révolte des Demoiselles en Ariège, « dans cette guerre, la forêt est donc à la fois la *cause* des manifestations, le *lieu* de préparation des vengeances et le *théâtre* où on les exécute [66] ». Le mouvement cependant ne prend son essor et n'entre dans la légende que si, précisément, il sort de la forêt. Cela dépend avant tout de l'habileté tactique de ses dirigeants. Que ceux-ci s'enferment à l'intérieur du bourg, et l'émeute s'éteint comme une bougie privée d'air. Qu'ils réussissent à exporter le spectacle en d'autres lieux, et le voisinage s'embrase ! Leur réputation sinistre devient force, et l'impunité, chance insolente : tout ce qu'il faut pour drainer les hésitants.

De ce point de vue, ni les curés ni les basochiens ne fournissent de bons capitaines. Il est heureux qu'ils soient là, car leur présence accroît le bien-fondé de la revendication. L'écrit qu'ils maîtrisent en fait des auxiliaires précieux, conseillers occasionnels et toujours scribes patentés. Lorsque sonne la défaite ils sont des intermédiaires obligés, avant de se reconvertir sur le tard en zélés hagiographes, tel cet abbé Urtier, défendant jusqu'à sa mort la personne de Pierre Loubet, un vrai chef, lui [67]. Non, les meneurs les plus efficaces appartiennent rarement à ce groupe policé. Ils arborent la mine patibulaire de ceux qui vivent des bois. Et lorsque grossit la contestation, les notables, même favorables aux mots d'ordre des révoltés, s'interrogent sur les voies à prendre pour souffler l'incendie sans paraître aider les pompiers.

LES FEUX ÉTEINTS...

L'insurrection généralisée de la montagne pyrénéenne, durant la première moitié du XIXe siècle, illustre bien les difficultés que pose la répression. S'y conjuguent en effet un phénomène de longue durée, l'*utopie séculaire* des communes débarrassées de la tutelle étatique, et un phénomène récent, l'*intrusion de l'économie capitaliste* dans une cellule agricole fonctionnant jusque-là en autosubsistance. L'Ancien Régime n'enregistre pas de soulèvements d'une telle ampleur motivés par la *seule* question forestière. Les troubles qu'occasionne celle-ci demeurent sporadiques et très limités sur le plan géographique : la tension ne s'élève que lorsque simultanément se produisent un changement dans l'organisation interne des bois *et* le déplacement des sergents-gardes venus constater la persistance des désordres. En fait, les jacqueries qu'elle engendre peuvent abîmer considérablement l'étendue boisée en jeu, mais ne durent jamais très longtemps.

C'est que le débat d'alors ne porte guère que sur les rapports entre l'État et la communauté. Or le premier ne s'est pas encore doté des moyens de son ambition, et la seconde sait lui opposer une incoercible inertie qui finit par paralyser sa politique. Ce n'est plus le cas au XIXe siècle : l'encadrement s'est étoffé, même s'il reste insuffisant; quant aux habitants, ils se sentent encouragés dans l'activisme par l'apparente vulnérabilité des gouvernements auxquels ils ont affaire. A ces deux facteurs s'en ajoute un troisième, le mécontentement que déclenche la volonté bien arrêtée de nouveaux propriétaires de rentabiliser au mieux les biens acquis.

M. Dalbiez, négociant en bois, qui achète le 17 novembre 1820 la forêt et la devèze de Las Planas, appartenant à l'héritière du marquis d'Oms, dernier seigneur de Formiguères (Pyrénées-Orientales) [68] illustre bien leur conduite économique. En 1822 et 1824, deux jugements du tribunal de Prades lui attribuent les trois quarts de cet espace, la communauté devant se satisfaire du quart restant. Moins de quatre mois après ce cantonnement, le maire, l'adjoint, le curé et une délégation des villageois viennent expulser les ouvriers – bûcherons et charbonniers – de Dalbiez qui commencent à exploiter. Pis encore : la municipalité requiert la gendarmerie pour arrêter lesdits salariés! La réaction de leur employeur se devine aisément, d'où l'embarras du sous-préfet. Celui-ci tente d'étouffer l'incident en déclarant que les représentants locaux « trouveront une excuse dans leur zèle pour les intérêts de la commune et dans la persuasion où ils sont que ses droits sur la propriété de Las Planas sont exclusifs de tous autres droits des tiers [69] ». Il sait bien que la communauté réagit contre ce qu'elle perçoit comme une agression extérieure, et que cette circonstance la soude derrière ses chefs naturels.

C'est que cette élite ne défend pas que le territoire collectif, mais aussi les avantages que celui-ci procure pour la dépaissance de ses imposants troupeaux. La même situation se rencontre dans les communautés agro-pastorales de haute Provence, la terre gaste profitant à tous, et tout particulièrement à ceux qui possèdent le plus de bêtes. Sous la Révolution, avec la loi du 10 juin 1793, les gros propriétaires craignaient de voir partager les communaux; maintenant, ils s'indignent de les perdre, et, cette fois, aucun désaccord entre eux et la petite paysannerie. Tous unis contre l'intrus. Jusqu'où les pouvoirs publics peuvent-ils laisser s'épancher la colère de cette coalition des refus?

Des autorités en émoi

En fait, les autorités optent pour l'indulgence tant que traîne la procédure. Leur ton se durcit par la suite, notamment en constatant l'effet stimulateur qu'ont sur ces troubles les nouvelles venues de la capitale. Dans le cas cité, la décision d'intervenir est quasiment prise dès qu'est connue la sentence de la Cour royale de Montpellier, le 6 août 1826 [70]. La commune, déboutée en appel, risque de s'installer dans l'illégalité et, surtout, de susciter des émules. M. le préfet est très ferme sur ce point. Il se doit de *maintenir le droit de l'État*, bafoué au quotidien par la pratique coutumière : « Un exemple est nécessaire dans cette contrée, où la conduite des habitants de Formiguères pourrait trouver sans contredit de nombreux imitateurs. »

C'est que le terrain offert à la contagion se révèle très favorable en haute Catalogne, où l'article 72 des Usages de Barcelone, appelé Loi Stratae, permet toutes les espérances : le texte de 1544 ne reprend-il pas une coutume fixée au moins depuis le XIIe siècle? Il y est dit que « les routes et les chemins publics, les eaux courantes, les fontaines vives, les prés, les pâturages, les forêts, les garrigues et les rochers qui se trouvent en ce pays, sont aux puissances [territoriales] [...] pour qu'ils soient en tous temps *à l'usage de leurs peuples*, sans contradiction, ni obstacle, et sans charge d'aucune sorte [71] ». Les communes, au même titre que les seigneuries, font partie de ces puissances. Pour le détenteur de ces terres, grevées de telles servitudes, l'intolérance des habitants à l'égard de son propre droit d'appropriation exige de sa part une seule démarche : que se fixe de manière définitive un droit de pleine propriété. Mais pourquoi les municipalités se contenteraient-elles d'une portion congrue, alors que depuis des siècles ce dont leurs citoyens jouissent a déjà le goût de la propriété, et ce, sur un vaste ensemble ? Pourtant, le document stipule bien qu'une telle interprétation ne saurait se soutenir, car ces richesses ne sont assimilables ni à des alleux ni à des possessions. Il leur rend accessible la Nature, et c'est assez : cela ne l'est plus lorsque changent les règles du jeu. Or tout le Capcir, toute la Cerdagne, peuvent emboîter le pas aux rebelles de Formiguères, car tôt ou tard leurs bourgades auront à se battre pour préserver l'exploitation de l'environnement.

Et se battre, elles le peuvent, bien que dès la fin du XVIe siècle, les pouvoirs publics se soient efforcés de réserver le port d'armes aux gentilhommes et aux seigneurs haut justiciers. L'ordonnance de 1588 – et la déclaration du 18 décembre 1660 confirme cette tendance – entend en faire un signe de distinction, mais aussi de liberté [72]. Dans ces conditions, la logique du système requiert le désarmement des communautés d'habitants, réputées mineures. A cela, pourtant, deux difficultés. Tout d'abord, le désarmement ne se justifie que si l'État est en mesure d'assurer la défense des biens et des personnes. Ne pouvant fournir cette garantie, constamment il oscille entre les deux extrêmes. Ainsi, en décembre 1679, il interdit couteau, baïonnettes et pistolets, mais en septembre 1700 les autorise pour ceux « qui seront en voyage », une casuistique subtile qui se retrouve au plan local. Au milieu du XVIIe siècle, le projet « pour maintenir l'ordre dans le païs », dressé par les États de Labourd (Pyrénées-Atlantiques), défend le port d'armes en règle générale, mais l'accorde aux bergers car « il arrive fréquemment des différends entre les frontaliers à l'occasion des pacages », ou avec les voituriers espagnols « qui sont dans l'usage de porter des escopettes pour passer la montagne ». Ensuite, le désarmement dans ces contrées doit aussi prendre en compte les répercussions que cela aurait d'un point de vue stratégique. Les gens de la vallée d'Aspe n'hésitent pas à dire au Roi en 1688 qu'ils « composaient sans doute originairement une petite république, que leur soumission estoit postérieure à leur liberté » et qu'il est juste qu'ils ne déposent pas leurs armes. « C'est elle seule qui garde toujours le passaige, sans aucune dépense pour le souverain [73]. »

Aussi ne faut-il pas s'étonner de l'arsenal détenu par le peuple pyrénéen, communautés et particuliers confondus. La mesure de l'armement individuel n'est pas facile, encore que les archives de la Maîtrise des Eaux et Forêts fournissent quelques lumières sur ce sujet. Pour la seule décennies 1760-1770, sur 264 personnes appréhendées pour délits de chasse, toutes, sauf une, exhibent un fusil! L'échantillon reflète fidèlement, à peu de chose près, la société globale. A une écrasante majorité ces contrevenants appartiennent donc au monde rural, 49 % s'avouant laboureurs, 10 % artisans, 7 % journaliers et 5 % domestiques. Le peuple en armes devient ici une réalité, et ces armes, l'étude de l'équipement collectif permet d'avoir quelque idée sur leur provenance. L'entretien des milices dépend en effet des États et des municipalités. Confiées aux communautés, fusils et baïonnettes passent vite aux mains des particuliers, faute de les rendre après l'exercice! Les États veillent donc au renouvellement de ces armes. En 1755, par exemple, ceux de Béarn votent des subsides en conséquence, ouvrent quatre dépôts supplémentaires à Morlas, Oloron, Orthez et Pau, et demandent que pour chacune le « nom du village [soit] gravé sur le canon [74] ». Quant aux municipalités, elles gèrent un véritable budget militaire, servant à l'achat des munitions et alimenté en partie par la revente des vieilles armes. Est-il possible de comprendre ce milieu humain, susceptible et passionné, en le dissociant de la formidable panoplie dans laquelle il peut puiser ? Son ardeur guerrière a de quoi s'assouvir assurément, même si certaines pétoires font plus de fumée que de morts.

La conscience d'un pareil fait ne contribue pas peu à noircir le tableau des mœurs pyrénéennes, jugées sauvages et violentes. Au milieu du XVIIe siècle, les paysans de la vallée d'Azun (Pyrénées-Atlantiques) ne sont-ils pas dépeints comme « meurtriers et sanguinaires, à cause de *la licence qu'ils se donnent* de porter les armes, en l'absence du magistrat [75] » ? Dans ce contexte si original, leur proposer d'y renoncer relève du vœu pieux. Ce que les autorités nomment « licence », eux y voient le symbole d'une souveraineté qu'ils entretiennent jalousement. La barrière pyrénéenne a beau perdre de son importance au XVIIIe siècle, il n'est pas question de rogner l'autonomie de ces pays farouches, Béarn, Soule, Labourd et basse Navarre, qui entendent rester « des nations armées ».

Ainsi, à l'ouest comme à l'est de la chaîne, la levée en masse constitue une réelle entrave à l'action des pouvoirs publics lorsque celle-ci lèse la propriété individuelle ou les intérêts collectifs. Basques et Béarnais ne sont pas les seuls à braver une autorité injuste. En 1761 déjà, des bandes armées et déguisées pénètrent dans le bois de Monein : ces « personnages noircis comme des démons et chargés de pistolets voulaient aller mettre des balles dans le corps de quelques gardes [76] ». Le ton est donné. Et pourtant, la détention d'armes offensives ne signifie pas forcément leur emploi. Ainsi, lors des émeutes antifiscales du Labourd, en 1697 comme en 1782-1784, les procès-verbaux ne mentionnent que des épieux, broches, rateaux et bâtons. C'est que cela modifie complètement les circonstances de la répression. Si les séditieux déclenchent la révolte générale et accueillent les forces de l'ordre à coups de feu, ces dernières devront affronter les dangers de la pacification. Dans le cas contraire, une simple parade suffira à ramener le calme.

C. Desplats souligne, avec raison semble-t-il, que le port d'armes marque *avant tout* une conscience politique, l'existence de cette dernière évitant, dans la plupart des cas, des comportements frappés au coin de l'archaïsme [77]. Il faut reconnaître que les études de criminalité menées dans ces régions font toutes ressortir l'extrême mesure dans leur emploi. Le moins que l'on puisse dire, c'est que les possesseurs d'armes à feu ne les galvaudent pas. En dehors de la chasse, qui relève presque de l'exercice militaire, elles ne servent guère qu'à l'encontre des brigands et des bohémiens, parce que les premiers pillent, et que les seconds excitent la xénophobie ambiante. A Gan, par exemple, tous les villageois ont « la permission de sortir de leurs maisons, avec armes, pour secourir celui d'entre eux qui seroit insulté par des étrangers »! Réalité sociale et préjugés raciaux justifient donc le tir – un réflexe d'autodéfense, en quelque sorte.

Le maniement des fusils et pistolets semble toutefois plus sujet à réflexion lorsque s'ouvre la perspective d'un affrontement avec les pouvoirs publics, pour quelque motif que ce soit. Ici ou là, quelques prises d'armes sont mentionnées, assez peu de chose en l'occurrence, ce qui explique la formule de C. Desplats : « Plus les populations étaient armées, moins elles se révoltèrent », alors qu'effectivement elles avaient tout ce qui était nécessaire au grand massacre [78]. Ni les Pyrénées occidentales ni les Pyrénées orientales ne connaissent en effet les désordres qui affectent au début du XIXe siècle le massif vosgien, le Jura, le Sud-Est alpin, la bordure est du Massif central et ses plateaux ouest. Il s'y produit bien quelques séditions ponctuelles, mais rien de comparable à la lame de fond qui déferle sur la partie centrale de la chaîne, et ce jusque dans les années 1870, touchant les départements de l'Aude, de la Haute-Garonne et de l'Ariège, surtout.

Dans ce harcèlement de l'autorité, ou plus exactement de *ceux qui l'incarnent* sur le moment, les rebelles parient assurément davantage sur le ridicule et l'épouvante pour provoquer la fuite des adversaires que sur leur hécatombe! Chaque bande inclut cent vingt à cent soixante hommes au maximum : dans une région pauvre, accidentée et compartimentée, les difficultés de ravitaillement ne sont jamais à sous-estimer, même lorsque partout s'ouvre une hospitalité généreuse. Leur réunion, d'ailleurs, ne se produit que de manière exceptionnelle, quand l'objectif commande pareille convergence. Une opération ordinaire ne mobilise guère plus d'une vingtaine d'individus, qui s'éparpillent une fois mission remplie. Impossible ainsi de mettre la main sur ceux qui, dans la nuit du 22 au 23 mai 1826, ont commis un attentat au domicile de M. Dalbiez à Formiguères [79]. L'enquête révèle seulement qu'ils « sont montés sur le toit au moyen d'une claie de parc à moutons, et ont laissé tomber par la cheminée une quantité de poudre de guerre, renfermée dans une grosse cloche, qu'on attache [...] au cou des chevaux qui vont paître ». Le juge d'instruction dépêché sur les lieux ne parvient à aucune inculpation et cela ne surprend pas le sous-préfet de Prades (Pyrénées-Orientales). Il estime que « la crainte, *l'identité d'intérêts*, et enfin l'esprit de dissimulation, que l'on reproche en général aux habitants du Capcir sont autant de causes, qui recouvrent la vérité d'un voile très obscur [80] ». Pour ce type d'action, pas besoin en effet d'être très nombreux : la qualité de l'information, un réseau de complicités, suffisent.

Apparitions subites et prompts décrochages, voilà pour la tactique. Ceux qui se savent visés ont le sentiment d'être sans cesse épiés, ce qui est désagréable, et, par voie de conséquence, vivent dans l'insécurité, situation encore plus inconfortable. Quant aux responsables de l'exécutif, ils ne savent trop quoi penser au sujet des effectifs séditieux. Comment définir la portée véritable d'un mouvement dont ils ne perçoivent que des initiatives distinctes? Ils ignorent tout de leurs connexions, car les langues ne se délient pas aisément. La police secrète n'obtient guère de renseignements : ils coûtent assez chers et sont si souvent faux qu'en avril 1830, le préfet de l'Ariège n'hésite pas à la déclarer inutile! Son subalterne en poste à Saint-Girons lui a d'ailleurs décrit le problème dès avril 1829 [81]. Le phénomène commence à le préoccuper car ces Demoiselles agissent « tantôt sur un point, tantôt sur un autre, sans qu'on puisse jamais les atteindre, ni les reconnaître ». Comment les appréhender? Elles sont aussi insaisissables dans cette lutte contre les gardes forestiers que l'étaient les Angelets faisant la chasse aux gabelous en 1667-1669 dans le Vallespir [82]. Eux aussi étaient organisés en partisans, sous la direction de chefs issus de la même catégorie sociale que les troupes, paysans, muletiers, bergers, pareurs de laine, etc., connus de tous, improvisés mais d'une grande efficacité. Il fallait qu'ils le soient pour qu'exaspéré, l'intendant demande à Colbert l'envoi de 5 000 à 6 000 hommes, qui devront « loger et vivre à discrétion dans les lieux rebelles et dans les maisons des principaux habitants de ces contrées-là, lesquels, quoy qu'on en dize, *appuyent et protègent* soubz main ces miqueletz [83] ».

La leçon reste valable près de deux siècles plus tard, surtout lorsque le préfet des Pyrénées-Orientales se rend compte que les pressions continues qui s'exercent sur la personne et les biens de ce pauvre Dalbiez le conduisent à capituler, le 3 février 1828. Les gens de Formiguères ont donc réussi, non seulement à terroriser son personnel, qui refuse à présent la besogne même sur les coupes de Llagonne, distantes de plus de dix kilomètres, mais aussi à convertir en chauffage les grumes entreposées, devant être vendues comme bois d'œuvre! La transaction passée avec eux vide à peu près complètement de son contenu son droit de propriété, pourtant reconnu à deux reprises par les tribunaux. Son caractère absolu et perpétuel n'est-il pas transformé en un maigre usufruit : exploiter sur une durée de vingt ans la quantité de 33 000 arbres?

droit et maintenir un contrôle coutumier de l'espace. La chose est grave, même si, dans cette affaire, c'est un particulier qui est en cause, et non l'État. Or, en 1848, dès le mois d'avril, l'insurrection générale du Capcir vise bien ses émissaires directs : les agents forestiers, chargés d'appliquer la législation nationale. Tolérer son déni ne saurait se concevoir. Occupent alors le pays 1 200 soldats, afin d'éteindre ces survivances médiévales qui dérangent l'ordre nouveau. La mesure n'aurait certes pas été prise en 1826, malgré toute l'envie qu'en éprouvait le préfet d'alors. Le droit était pourtant menacé tout autant, mais au travers d'un fait divers. Cela ne justifiait donc pas de courir le risque d'une déflagration. Il y a là un dessein parfaitement cohérent. L'État, pour se protéger, sait déployer la force militaire, mais tient à ne pas abuser du procédé. Cette sagesse l'honore. Il est vrai que l'expérience du recours à la troupe n'a pas fourni, jusque-là, des preuves bien concluantes d'efficacité. Le logement chez l'habitant, dans toutes les époques, est ressenti comme une insupportable sanction. Et cette impopularité engendre parfois des troubles supplémentaires, comme c'est le cas en Ariège : en 1830, à Rivèrenert, Massat, Boussenac, Ustou; en 1841, à Castillon; en 1848 à Quérigué, etc.

Au reste, la présence des soldats ne ramène pas la docilité chez les villageois. Les contraventions fleurissent même de plus belle. Ainsi, dans l'arrondissement de Saint-Girons, le nombre de délits, qui était de 506 en 1832, atteint les 1 100 en 1834, dépasse les 2 300 en 1840, et ne retombera que vers les années 1870 : un quasi-quadruplement sous la monarchie de Juillet, alors que se terrent les gardes, ce qui freine quelque peu l'élan verbalisateur! Pourtant, treize compagnies de ligne et huit brigades de gendarmerie stationnent dans les environs. Cela représente un occupant pour 85 autochtones. La proportion n'est pas mince. Apparemment, une telle densité n'assure pas encore la pacification. L'emploi des hommes s'adapte mal aux circonstances, semble-t-il. La riposte tarde souvent, tant à cause des lenteurs de transmission que de l'utilisation d'une infanterie lourde, les voltigeurs restant, eux, casernés à Saint-Girons et Castillon. Les souvenirs de la guerre d'Espagne se seraient-ils envolés au point que le commandement ne sache plus mener une guérilla? En fait, cette étrange mollesse de la part d'officiers aussi chevronnés que le général Laffitte reflète plutôt leur réticence à engager des actions où leur rôle se limite à seconder la justice. L'incident du 17 février 1830 est assez significatif en la matière : huit cents Demoiselles rassemblées au hameau du Gioulat, et le 63 e régiment qui patiente, l'arme au pied, à quelques kilomètres de là [84]. Deux morts dans toutes ces hostilités : un manifestant lors d'une saisie malencontreuse (1832); un garde dressant un procès-verbal de trop (1867).

Une guerre sans victimes? Non, une guerre qui n'en a que l'apparence. Les soldats jouent les figurants pour une dissuasion qui ne marche guère. Les Demoiselles surgissent et se volatilisent, dans un intense jeu dramatique : elles ne veulent pour partenaire que ceux qui attentent à l'ordre de la Nature. Cette fête archaïque qu'elles s'offrent, les autorités la supportent, mais ne manquent pas de leur en faire régler l'addition.

Le calme à bon marché

Rien, en effet, dans ces mascarades n'appelle une répression systématique : il suffit seulement d'être présent pour en contrôler l'évolution. L'arsenal des séditieux ne diffère pas de celui qui se rencontre dans toute jacquerie : des bâtons, des haches, des faux, des piques, parfois des barres de fer, des bûches en guise de gourdins, bref, des outils de moissonneur ou de forgeron. Et pas de puissance de feu, malgré les fusils pris aux gardes ou conservés par les déserteurs. L'*escoupetar* à gueule évasée dont ils se servent ne se charge qu'au plomb, et vaut surtout pour la mousquetade! Comment, avec cet attirail hétéroclite, rechercheraient-il le contact? Constamment, au contraire, ils se dérobent, ne voulant que *manifester* leur refus des changements introduits. Ils recourent en conséquence à des pratiques familières, certes, à la mémoire collective, mais qui désarçonnent l'étranger.

Tous, administrateur, officier ou soldat, les interprètent sous le signe de la barbarie et de l'archaïsme. Il convient de noter que, dans les années 1848-1872, alors que décline le mouvement, c'est encore dans les contrées reculées, haute Batlongue et vallée de Massat, que s'en rencontrent des résurgences appauvries. Ces séditions sont fêtes collectives, sans lien entre elles, mais drainant le public villageois, ne serait-ce que par leur prédilection pour les jours chômés et les dimanches. Cruchons cassés et barriques en perce témoignent à l'évidence que de tels excès ne sont pas sans accointance avec le bon Dionysos. Figures et mains sont ainsi noircies à la suie; les visages, parfois barrés de lignes jaunes et rouges, s'hérissent de poils de cochon, collés avec soin, à moins que de gros favoris d'un bel écarlate ne viennent les encadrer. Le porc, saigné à la sortie de l'hiver, fournit donc la matière première. Lâché dans le village, coursé par tous les garnements du pays, il incarne tous les aspects scatologiques du Carnaval, à la fois ordure et impureté [85]. La chasse aux gardes par ces travestis paraphrase en quelque sorte ces coutumes d'une joyeuse exubérance. Masques de sauvages, en vérité, que ces têtes peintes : leur caractère agressif ne doit-il pas effrayer les indésirables comme le ferait le mufle d'un fauve? Le meneur de jeu, dans les Basses-Alpes comme en Isère, ne manque pas d'ailleurs d'utiliser toutes les ressources que lui offre la peau d'un prédateur, loup ou renard : cris imités, galopades effrénées, femmes mimant l'affolement, etc.

Que ces déguisements offrent un écho des cosmographies des XVe-XVIe siècles, ou puisent leur inspiration dans des époques plus anciennes, toujours revient cette idée d'une mise en scène par laquelle sont brocardés, puis expulsés, les intrus. Un *rite de reconquête*, en quelque sorte, où l'emploi du noir et du blanc montre que les ancêtres participent dans cette lutte pour préserver ce qui est acquis au-delà de toute éternité [86]. Draps ou blouses de lin et vêtements de femme ne facilitent pas l'identification des personnages, d'autant que le chef se dissimule sous d'étranges coiffures en certains lieux. Cependant, le bonnet aux pailles à Saint-Lary, le turban roulé pour les Castillonnais ou le chapeau à trois cornes des gens d'Arnave cohabitent gaiement avec le voile de veuve, la charlotte coquette, le vaste fichu et la queue de genette! Le garde Subra, infiltré dans un de ces groupes, raconte « avoir barbouillé son visage de noir et de rouge, passé sa chemise par-dessus son vêtement, au lieu de la laisser dessous, serré son corps avec une bande de couleur, enfin mis sur sa tête, ou un mouchoir, ou une coiffe [87] ». Tout cet accoutrement se veut burlesque, souvenir assourdi d'un temps de mi-carême. Le sous-préfet de Saint-Girons ne s'y trompe pas lorsqu'il remarque, en juin 1829, que tous les dimanches, « soit par esprit de mode, ou plaisir de s'amuser aux dépens du public, la manie des travestissements se propage [88] ». Ce n'est pas très grave. Le glissement de la cérémonie en dehors de ce jour consacré, et ce dès l'automne de la même année, présage pourtant une modification de sa nature profonde. La révolte générale débute souvent par une étincelle de ludisme, qui, en contestant tout, finit par s'attaquer à l'essentiel. Par bonheur, les armes ne semblent s'apprécier qu'en fonction de leur sonorité. Au fond, elles contribuent à l'expression de la menace, au même titre que le tocsin, le tambour ou le cor, qui, « utile pour les mauvais esprits [...] l'est forcément contre les gardes »!

Sévir dans un pareil contexte, c'est affronter le ridicule. Il faut donc trouver des biais, et la destruction du matériel fournit les chefs d'inculpation nécessaires. En effet, comme à l'issue de la fête brûle en grande pompe le mannequin, deviennent aussi la proie des flammes tous les objets en rapport avec l'activité gestionnaire. Cela va des registres chers à l'Administration, aux cabanes des gardes, en passant par leur logis au village. L'acte *destructeur* se fait, par là même, *purificateur*. Au lendemain de la Saint-Jean, les 24 et 25 juin 1829, à Castillon, les volets de la maison forestière, mise en pièces, alimentent un nouveau bûcher prolongeant ainsi en plein jour l'éclat de la nuit passée [89]. Dans ces instants d'ivresse où semble restaurée la liberté de jouir des bois, la procession qui en revient ne renie pas la tradition du charivari, clôturant le cycle carnavalesque. Après l'expulsion mimée, voilà un de ces *rites de commencement* dont parle A. Van Gennep. Parodies de jugement et avant-goût d'obsèques marquent alors ce cortège, si souvent mentionné dans les descriptifs de tels dérangements. A Galey, comme à Saint-Lary, Orgibet ou Buzan, des groupes étranges sont de la sorte indiqués, avec « une soutane noire », et faisant « des signes cabalistiques », car ils « parlaient un jargon mystérieux [et] incompréhensible [90] ». La solennité du propos répond bien à l'importance de la victoire obtenue. « Le capitaine s'avança au milieu de deux demoiselles habillées en prêtre et prononça en patois [...] : Nous sommes les serviteurs du grand Lucifer. Il nous a envoyés dans les quatre coins du monde pour tuer les charbonniers, brûler les charbonnières et incendier les forêts. » Et de terminer par cette injonction : « Partez, partez, misérables, mais gardez-vous d'irriter désormais l'invincible Lucifer, en mettant le pied dans la Forêt, car, alors, *vous seriez perdus sans retour.* »

Le rideau pourrait tomber sur cette tirade si les pouvoirs publics acceptaient que les étendues boisées soient abandonnées à la jouissance collective. Cela ne se concevant pas, il leur faut ramener à la raison les cervelles échauffées que ne parvient pas à refroidir la perspective du logement des gens de guerre! Arrêter celles qui le paraissent plus que d'autres n'offre pas de difficultés, en apparence. Ainsi, à Chazeaux (Lozère), le procureur du Roi, craignant « d'éprouver de la résistance et de voir se renouveler les collisions sanglantes de 1831 et de 1833 », envoie six brigades de gendarmerie escorter la justice afin d'appréhender douze suspects [91]. De même, son collègue de Foix (Ariège) décide d'inculper, dans l'affaire de Caplong, quarante-neuf individus. Pareille méthode se révèle inefficace : dans le premier cas, un seul se retrouve emprisonné à Mende, et pour le second, les condamnés sont huit contumax! Le préfet de l'Ariège en espérait cependant beaucoup, car, avec cela, disait-il, « les auteurs et fauteurs de troubles verront qu'ils peuvent être poursuivis et punis, *pour le fait d'avoir été membres d'un attroupement*, bien que cet attroupement n'ait commis aucun crime ou délit [92] ». Effectivement, l'emploi des articles 265 et 268 relatifs à cette matière permet de sanctionner les trublions, sans avoir à démontrer la *matérialité* des dommages commis – une bien intéressante disposition, vu l'absence de victimes et l'insignifiance des dégâts!

Encore faut-il prouver l'*appartenance* des inculpés à une manifestation interdite ou à une société illicite, ce qui n'est pas si simple. Là, tout se gâte en effet. La troupe, la gendarmerie, la douane même, elle aussi sollicitée de collaborer à l'œuvre de renseignement, ne connaissent pas assez les quidams pour les repérer à coup sûr. Et ceux-ci ne manquent pas d'alibis pour les innocenter! Quant aux gens du cru, maires et particuliers, ils pratiquent de longue date les vertus du mutisme. Ils savent souvent, mais ne le disent point, et dans cette attitude se perçoit tout le paradoxe du déguisement féminin. Ces jupes, ces robes, constituent sans doute un bizarre attifement, curieux mais commode, puisqu'il ne gêne ni la marche ni l'action. Elles ne dissimulent pourtant nullement l'identité du porteur. L'étrangeté de ce costume, son aspect irréel, ces visages où seuls les yeux paraissent au-dessus du foulard ou derrière les trous de la vessie de porc, la couche de noir de fumée, le blanc de la farine, l'arsenal guerrier brandi, oui, cela fait peur, comme l'admet un déposant, qui « sans faire semblant de les regarder, passa le ruisseau en gueyant [au gué] [93] ».

Ces frissons d'angoisse sont bien à usage externe, car les travestis en leur village ne cachent pas qu'ils habitent le lieu, ne serait-ce que pour s'épargner des ennuis. Ainsi, à l'auberge des Vans, près de Bane (Ardèche), l'un des masques approche de la tenancière, et lui déclare : « Grenadière, allez nous chercher du pain, du vin et de la viande. C'est moi qui vous payerai. Vous me connaissez bien [94]. » Certains retirent même leurs oripeaux afin de converser plus à l'aise! Un secret de polichinelle que leur exacte personnalité? Sans doute, et c'est pourquoi très tôt, faute d'oser recourir à une trop sévère occupation militaire, ne pouvant non plus envisager alors un quadrillage policier, les autorités en viennent à étudier l'éventualité d'un matraquage économique.

Que la communauté tout entière paie pour les dégradations subies par ses propres bois, en raison de l'action supposée de quelques-uns de ses habitants, ce n'est pas nouveau : le début du XVIIIe siècle n'avait-il pas usé et abusé de l'amende collective pour défendre les futaies, quart ou baliveaux ? La loi du 10 vendémiaire an IV, en ressuscitant cette vieille technique, un peu trop vite enterrée, fournit par conséquent une solution au problème. Une solution ? Ce n'est pas sûr, car cette forme de répression, qui veut, par le biais de l'amende, toucher les habitants dans leur mode de vie, n'est applicable que si la responsabilité de la commune ne fait aucun doute. Or cette démonstration dépend de l'établissement des procès-verbaux, et nul n'empêche de s'y inscrire en faux! Il est clair que ni le maire ni ses adjoints ne se prêteront à la reconnaissance du délit. L'amende se réglant en fonction des contributions fiscales, ne sont-ils pas, en tant que propriétaires, et souvent gros possédants, en tête de la liste des concernés ? Et sur l'inertie prévisible des municipalités, M. le préfet ne nourrit aucune illusion, surtout pour les communes les plus démunies : « Il faudra qu'elles recourent à des moyens qui *sortent des règles ordinaires* pour se libérer, à moins qu'elles n'obtiennent du gouvernement la *remise des condamnations.* »

C'est très exactement ce qui s'observait au siècle des Lumières, et que déploraient les Grands Maîtres des Eaux et Forêts – à commencer par Tellès d'Acosta. En 1830, les sentences pèsent lourdement sur le budget communal : 20 000 francs de dommages et intérêts pour les gens de Boussenac, 24 000 francs pour ceux d'Ustou, 41 600 francs pour ceux de Massat, etc. Certaines municipalités tentent l'appel avec succès – Ustou obtient une réduction de 228 % peu de temps après! La plupart ne bénéficient pourtant pas d'une telle indulgence, contrairement à l'attitude que manifestaient, sur ce sujet, les Tables de Marbre. Les tribunaux d'exception ont parfois du bon!

***

Il faut convenir que ces fureurs populaires, pourtant bénignes, mettent les pouvoirs publics dans une embarrassante position. Ou ils réclament un *paiement intégral* de l'amende pour prix de la faute, et maintiennent jusqu'au règlement les troupes à la charge des habitants – mais ceux-ci pardonneront-ils une ponction supplémentaires ? Ou ils acceptent *quelque arrange-*

ment, assimilant par exemple les bois abattus en fraude, ce qui justifie la sanction, à une coupe affouagère accomplie prématurément – et prennent alors le risque de voir cette mansuétude confondue avec une dangereuse faiblesse. Entre ces deux tentations, ils choisissent dès les années 1830 une voie médiane, passé le premier coup de colère. Il en sera de même après la révolution de 1848, où le durcissement des autorités à l'égard des populations montagnardes ne sera qu'éphémère. En fait, la politique adoptée par les gouvernements de l'Ancien Régime laisse des traces : le XIXe siècle sait en quel point se place l'efficacité. Il serre donc la vis aux municipalités et s'offre enfin le luxe de l'indulgence à l'égard des particuliers. Les peines collectives demeurent, et comme elles retombent sur les élites municipales, la rancœur de ces dernières ne s'éteindra pas de sitôt.

L'effet le plus étonnant de cette sévérité étatique tient sans doute à la multiplication des gardes communaux, ceux-ci paraissant plus que jamais les meilleurs remparts contre la délinquance des gens du lieu et d'ailleurs! L'administration des Eaux et Forêts finit même par intervenir contre cette tendance : ces vigiles au service des notabilités ne lui semblent pas valoir des domaniaux tout dévoués aux intérêts supérieurs du pays. L'obsession de la vénalité des premiers et la certitude de bien tenir en main les seconds expliquent son soutien massif au rapport Vuitry du 6 juin 1840[95]. Ne propose-t-il pas que « ces gardes soient nommés par l'administration forestière, et que leurs traitements soient avancés par l'État au même titre que les autres frais qu'entraînent ces mêmes bois » ?

Une telle idée ne ménage guère le pouvoir local, ce qui la condamne au plan législatif. L'Empire autoritaire la fait sienne, avec le décret du 3 mai 1852. Non content d'imposer certains critères aux candidats à ces postes, il accorde aux conservateurs la faculté de réorganiser les triages. En réduisant les effectifs, n'est-ce pas le niveau salarial de chacun qui va s'accroître ? La Direction des Forêts se laisse séduire par la combinaison, espérant que la diminution des communaux sera très largement compensée par le recrutement de nouveaux domaniaux. Las! Les Finances déjouent ce calcul subtil. C'est donc en vain que l'effectif des communaux fond de plus d'un quart (26 %) en quarante ans, passant entre 1830 et 1870 de 5 700 à 4 200 hommes. Les impératifs budgétaires encadrent étroitement la progression des domaniaux : une croissance de 0,17 % l'an de leur troupe ne les porte qu'à 2 800 lorsque menace la défaite de 1870. Les désordres qui ont suivi la promulgation du Code façonnent ainsi durablement l'appareil policier. Les domaniaux sont peut-être détestés, mais, efficaces. Il n'en reste pas moins que, dans ce milieu du XIXe siècle, le système répressif repose toujours pour près des deux tiers (60 % en 1876) sur les communaux. Impossible de revenir sur cette répartition. Il faut donc méditer sur les moyens de les intégrer à la hiérarchie des Eaux et Forêts, en coupant le cordon ombilical qui les retient encore à leur patron d'origine : les municipalités.

Cette situation apporte cependant des atouts non négligeables, qui ne vont que lentement se révéler. L'Administration renâcle en effet devant cette hégémonie des préposés communaux, alors qu'elle souhaitait son contraire. Elle n'en tire pas moins un double parti : drainer à son profit le capital de sympathie dont jouissent des gardes que l'opinion croit champêtres; rénover ses conceptions punitives en s'inspirant de l'art de la conciliation que ces individus possèdent au plus haut point. Dans ce milieu du XIXe siècle, plus que jamais peut-être, s'impose à elle la nécessité de corriger son image de marque. Sans parler du fait que doivent être comprimées les dépenses occasionnées par le recouvrement des amendes! Jusque-là, les délinquants convaincus ne devaient leur salut qu'aux lois d'amnistie : quinze entre 1803 et 1869, grâce aux mariages, naissances et avènements des Princes qui gouvernent la France. Tout changement de régime laissant augurer la venue d'un nouveau souverain, cette espérance transforme même en contrevenant plus d'un quidam qui se serait tenu tranquille autrement. Or la seconde République déclare son hostilité à ce procédé et se dit favorable à un assouplissement de la punition. Il était temps! En mai 1857, l'Empire réalise cette bonne intention avec l'abandon des poursuites contre les femmes, les enfants et les vieillards coupables de délits mineurs. Moins d'un an plus tard (février 1858), les conservateurs reçoivent la possibilité de se montrer cléments si l'affaire ne semble pas grave. Soupir de soulagement dans les campagnes.

La loi du 18 juin 1859 pousse jusqu'au bout cette logique. Elle autorise en effet l'administration forestière à *transiger* quant à la poursuite ou non du délit, ce avant le jugement définitif; à transiger aussi sur le montant de l'amende, une fois l'affaire jugée. Au fond, les Douanes et les Contributions indirectes ne jouissent-elles pas déjà d'un tel droit? Cette mesure enlève ainsi aux juges la responsabilité de la répression pour la confier aux officiers, transfert qui accentue le caractère d'exception de la réglementation forestière, fortement débattu aujourd'hui [96]. L'emploi de la transaction se fait donc systématique dès que les peines pécunières ne concernent que de faibles montants. Grâce à lui, le produit policier chute en quinze ans de 80 %. En 1835, les tribunaux correctionnels voyaient comparaître quelque 190 000 prévenus pour question forestière. Ils étaient encore 92 000 dans ce cas en 1850. Avec le plein effet de ce nouveau principe, leur nombre passe en dessous du seuil des 15 000 en 1865. Cette décrue ira se précipitant, malgré la légère remontée des années 1870-1875, liée aux agitations communardes [97]. Serait-ce là une preuve de largesse d'esprit?

En fait, le phénomène enregistré manifeste, de la part des administrations, davantage de réalisme que de bonté. Les non-valeurs étant particulièrement abondantes dans la catégorie des très petites pénalités, ce qui rend fort élevé le coût de recouvrement, les éliminer constitue une opération fort rentable. En évitant de trop nombreux jugements inexécutés, grâce à des « transactions *équitables*, qui ménagent la solvabilité des délinquants », le texte de 1859 proportionne enfin la sanction aux ressources du malfaiteur. Se dispenser de payer devient impossible. Cette solution, admise plus tôt, aurait-elle empêché que la verbalisation déclenche l'émeute? Peut-être. Elle aurait, en tout cas, supprimé l'impunité qui en fait rire, comme la fureur que suscitait, dans les années 1820-1830, l'extravagance de son prix. Il ne faut pas non plus oublier qu'avec elle, c'est le pouvoir discrétionnaire des Eaux et Forêts qui se renforce – une arme de poids au moment où s'engage la nationalisation de la montagne pour cause de reboisement.

CHAPITRE VI

Des dirigistes au pouvoir

L'appareil administratif de l'Ancien Régime, dont maints forestiers, au XIXe et encore au XXe siècle, garderont la nostalgie, comportait au moins un mérite, même si son fonctionnement à l'ombre du glorieux Colbert n'appelait pas tant de louanges émues : il existait et soutenait avec une belle unanimité la politique sylvicole de l'État.

La chose peut sembler aller de soi ? Pas pour l'observateur impartial, qu'il soit contemporain de Charles X ou vive les derniers instants des fastes impériaux. Les années qui suivent la promulgation du nouveau Code, en 1827, comme celles qui précèdent la remise en cause des lois de 1860 et de 1864, nationalisant les espaces montagnards connaissent de sévères affrontements, au sein même des Eaux et Forêts, entre partisans et détracteurs d'un régime d'intervention généralisée.

Querelle inimaginable autrefois, même dans le dernier tiers du XVIIIe siècle, une période où, pourtant, les officiers des Maîtrises doutent d'eux-mêmes et savent déjà battue en brèche leur mission. Aucune voix ne s'élevait alors pour contester le caractère collectif du domaine forestier royal, la nécessité d'approvisionner en priorité les arsenaux maritimes – le déficit en bois étant constant – ou l'utilité de conserver en réserve une partie du matériel ligneux, ce qui impliquait bien évidemment quelques gênes, tant pour les collectivités que pour les particuliers. C'est que, dans un tel contexte, tout propriétaire souhaitant défricher un pan de bois ou abattre des futaies se devait d'en informer l'autorité responsable, et d'attendre son avis favorable avant d'entamer la réalisation de son projet.

Certes, tous ces principes se justifiaient, et l'opinion peut les accepter en temps de guerre. Mais en temps de paix? Et dans la pratique, que de lenteurs! que de complications! D'autant que se dispenser de suivre point par point la procédure pour n'en faire qu'à sa tête peut coûter fort cher. Alors, que faire? sinon maugréer en se soumettant aux vérifications indispensables. Les archives des Maîtrises ne montrent-elles pas la trace de cette obéissance, avec leurs registres dans lesquels sont consignées toutes ces formalités? Au reste, l'approbation officielle, malgré ce qui s'en dit, ne paraît pas trop pénible à obtenir. Pourtant, ces bonnes manières ne corrigent pas le fâcheux effet de l'invasion bureaucratique, chacun s'accordant pour ne retenir sur la matière que les issues défavorables.

Aussi rêve-t-on d'un libéralisme bon teint, capable de rentabiliser des étendues réputées de mauvais profit tout en rendant aux possédants un pouvoir gestionnaire jusque-là amoindri. Certains vont même plus loin dans la volonté réformatrice. La plupart de leurs concitoyens commencent à se dire, à la veille de 1789, que le patrimoine sylvicole pourrait bien aider à combler le gouffre budgétaire, sans trop se demander si la vente des arbres y suffirait, et pas davantage comment le marché absorberait pareille offre. Les plus audacieux parlent carrément de privatiser les forêts royales, de faire subir le même sort aux bois relevant des collectivités, et d'aligner le statut des biens forestiers sur celui de tout autre type de propriété. Bref, en finir une bonne fois avec l'*hypertrophie domaniale* qui commande les structures administratives. Ne plus jamais entendre discourir sur la *spécificité sylvicole,* laquelle justifie la présence de tribunaux d'exception. Que les juges soient aussi ceux qui les aménagent choque une opinion qui, pour n'avoir pas lu *L'Esprit des lois*, n'en est pas moins persuadée que dans un régime idéal ne règne pas la confusion des rôles.

Ce double refus, refus des contraintes et refus des Maîtrises, explique la férocité avec laquelle est attaquée l'administration des Eaux et Forêts dans les cahiers de doléances. Personne n'en veut plus. A Chennegy (Aube), les rédacteurs, après lui avoir reproché des dépenses exorbitantes, à la charge de ceux ayant quelque affaire avec elle, en viennent à proposer le remplacement de ses juridictions « par les bailliages seigneuriaux, établis dans environ le tiers des paroisses [1] ». Martelages et recolements se feraient gratuitement, les adjudications aux moindres frais, et la seule perspective de ces économies futures ne saurait que faire progresser la cause seigneuriale.

Peuple ingrat, qui oublie que la mainmise des communes sur les bois tenus à titre d'usages doit souvent beaucoup au zèle d'administrateurs alors voués aux gémonies! Les tenants du passé concèdent toutefois que pour les forêts royales, « [de] la police et de toutes les opérations [nécessaires] [...] les officiers des bailliages royaux en pourraient être chargés, ainsi que du contentieux des Maîtrises ». Autrement dit, laisser faire pour les bois des particuliers, et à bois seigneuriaux, encadrement seigneurial, à bois royaux, encadrement royal. C'est bien la fin d'un programme tendant à *uniformiser les méthodes de traitement* dans la perspective d'objectifs définis sur le plan national.

La suppression des Maîtrises constitue donc un préambule aux véritables réformes structurales qui se préparent, une plate-forme obligée, en quelque sorte, pour tous les mécontents, qu'ils aillent de l'avant ou regardent en arrière, comme les gens de Chennegy. Symbole de l'absolutisme, l'appareil forestier ne saurait survivre à la tourmente révolutionnaire. Ne doit-il pas déjà être démantelé au nom de la séparation des pouvoirs? Il y perd même ses prérogatives concernant la police de la chasse, qui lui étaient déléguées au nom des plaisirs cynégétiques du souverain! Tout cela tombe désormais sous le coup de la loi ordinaire, et des tribunaux d'exception, plus un mot n'est dit. Certes, dans cette fin du XVIIIe siècle, personne ne conseillerait d'entrer dans la carrière des Eaux et Forêts. Et pourtant, une génération ne s'est pas écoulée que le phénix renaît de ses cendres. Les positions perdues sont reconquises, celles qui branlaient se voient confortées.

C'est à la réussite de ce prodigieux redressement qu'il convient de réfléchir, car jusqu'au second Empire cette administration apparaîtra avant tout comme « une réminiscence de la féodalité », selon l'expression de G. Buttoud [2]. Le jugement ne manque pas de sévérité, mais il souligne bien la rapidité et le caractère déconcertant de sa reconstruction, alors que ses titulaires se croyaient perdus. Il est vrai qu'ils ont su tirer parti de l'impécuniosité de l'État, de ses hésitations quant à la future législation et, surtout, de la dérive droitière après Thermidor...

ENFIN, LA RESTAURATION

Les idées révolutionnaires ne flottent pas encore dans l'air du temps que déjà débute le travail de sape, malmenant tout à la fois le texte sacré de la grande Ordonnance et les abus de pouvoir qu'occasionne le mélange des genres. Les rancœurs populaires vont dans le même sens que les élites physiocrates, soucieuses de promouvoir des taillis à grand rendement et d'étendre les superficies cultivables. En 1768 et 1776 surgissent donc deux plans qui, pour séparer le judiciaire de l'administratif, envisagent d'éteindre les offices forestiers en les remboursant. Une idée commune pour leurs auteurs : le renvoi du contentieux par devant ces messieurs des bailliages, avec possibilité d'appel devant le Parlement. Le premier manifeste quelques velléités de libéralisme, avec l'aliénation du Domaine boisé et surtout l'abolition des contrôles sur *tous* les autres bois, ce qui doit alléger considérablement les effectifs de la fonction [3]. Le second prévoit, lui, de ne faire intervenir l'Administration que pour la conduite des futaies, une pratique que celle-ci suit d'ailleurs depuis fort longtemps [4]. A la place des défunts maîtres particuliers, des conservateurs, assistés comme de bien entendu par des gardes généraux veillant à stimuler l'ardeur des simples vigiles, et, supervisant l'ensemble, des inspecteurs généraux.

Ce schéma ne diffère guère de celui qu'aurait produit l'organigramme de Colbert, si celui-ci n'avait dû interrompre l'expérience de la commision, lancée en 1662. Aucun de ces deux projets ne vient à jour, non parce qu'à l'un on peut reprocher un certain laxisme, tandis que l'autre se verrait accusé d'un trop-plein d'autoritarisme. Non, rien de tout cela ne leur est objecté. Pour le premier, les Finances pâlissent rien qu'à son estimation. Quant au second, les Grands Maîtres, leurs parents, alliés et clients forment à son encontre un puissant groupe de pression, qui en triomphe facilement dans une conjoncture antiparlementaire. La disgrâce de ce pauvre Turgot, qui pensait que les idées rénoveraient la vieille maison de France, achève de mettre en déroute les partisans d'une transformation des structures administratives. L'échec est en soi significatif des rigidités inhérentes à l'Ancien Régime. Il ne reste plus qu'une solution : raser et déblayer.

Au moment de reconstruire, les plus fins politiques s'aperçoivent que l'organisation administrative ne peut s'articuler qu'autour de deux axes, libéralisme et autoritarisme, et qu'il faut choisir entre les deux. Le fâcheux souvenir laissé par le centralisme monarchique suscite ainsi l'envie de tâter de son contraire. La mode d'un tel ragoût ne tarda pourtant pas à passer.

Un trop long entracte

La consultation des archives des Maîtrises dans les dépôts départementaux souligne le malaise de leurs officiers durant les dix ou quinze dernières années où se traîne l'Ancien Régime : les visites, les aménagements, les marquages, diminuent fortement; la verbalisation, même si celle-ci ne retrouve pas ses basses eaux de la fin du XVIIe siècle, enregistre une importante baisse. Bref, toute la besogne courante se ralentit, en attendant que soit tranché le sort de ses exécutants. Au reste, un nouveau plan ne vient-il pas d'être lu à l'Assemblée des Notables, en 1787 [5]? Seraient ainsi créés douze inspecteurs généraux et vingt-quatre inspecteurs particuliers, tous commissionnés, et donc soumis au strict contrôle du Conseil du Roi, ce qui garantit le renvoi rapide de ceux qui ne lui procureraient pas entière satisfaction. Hélas, lesdits notables, que le gouvernement croyait réceptifs aux innovations, ne les apprécient point. Poussés par un vent de fronde, ils ajournent même le projet! Dans ces conditions, il faut l'imposer. Cela, après tout, ne demande que de maintenir la barre sur le même cap durant un certain temps.

Louis XVI, qui ressemble fort à une girouette pour trop vouloir écouter des conseils contradictoires, adopte une demi-mesure en mai 1788. Un édit retire pour quelques mois aux juridictions d'exception les attributions contentieuses, ce qui ne laisse aux officiers des Maîtrises que leur fonction administrative. Moyennant quoi, ceux-ci font la pause, aucune offre ne leur étant faite afin de compenser les pertes financières qu'entraîne pour eux la suspension du fonctionnement du Tribunal. Moyennant quoi aussi, les délinquants, déjà nombreux, estiment qu'ils ont permission de se servir sans plus de vergogne. Et la Révolution n'est pas encore entamée! Certes, les pillages insensés qui leur seront imputés par la suite ne sont pas aussi importants qu'il est dit. La littérature postérieure affectionne en effet ce thème soit pour souligner les méfaits des usages, soit pour démontrer l'urgence de rétablir une administration toute-puissante.

La loi du 11 décembre 1789, en attribuant la responsabilité de la surveillance des forêts aux administrations départementales et communales, n'en crée pas moins un hiatus par où s'engouffrent les abus. Les municipalités profitent ainsi des pouvoirs dont elles sont investies pour s'emparer de bois domaniaux sur lesquels ne pesaient que de simples droits coutumiers. Les administrations départementales, quant à elles, obéissent aux ordres, en tolérant une surexploitation générale des forêts, nécessitée par le difficile ravitaillement urbain. Ce phénomène s'amplifie d'ailleurs avec la déclaration de guerre. Les ateliers fabriquant piques et crosses se multiplient en conséquence. Dans cette période délicate, bien des officiers, jusqu'alors maintenus, sont destitués et remplacés par des agents provisoires, ce qui ne signifie pas que ceux-ci soient dépourvus de qualités. D'anciens titulaires de la Maîtrise, les plus « techniciens » d'apparence, lieutenants ou gardes-marteau, prennent alors leur place, ayant su dans les temps passés ne pas se faire d'ennemis, et ayant prouvé dans ceux d'à présent un civisme indiscutable. La tâche n'est guère plaisante, puisqu'ils sont priés d'oublier la rationalité des aménagements passés pour répondre aux impératifs de la réquisition.

Cette prépondérance du court terme se fait d'ailleurs sentir bien avant que ne l'exigent les circonstances. La Constituante, affolée par l'anarchie gagnant les bois et s'exagérant ses méfaits, ne rappelle-t-elle pas que l'ancienne réglementation n'est *en rien* abrogée ? Elle espère donc que le transfert judiciaire en cours ne se répercutera ni sur la police des bois, ni sur leur gestion. Cette proclamation des 12 et 20 août 1790 ne clarifie pas l'imbroglio, tant s'imbriquent fonctions administratives et judiciaires. Elle réitère donc son avertissement par la loi du 25 décembre 1790. Celle-ci conseille aux tribunaux de district d'accélérer le jugement des instances civiles et criminelles, « introduites par devant eux pour raison de délit commis dans les bois » et « de se conformer strictement aux dispositions des lois rendues – » terrible aveu d'échec.

A ce constat, trois motifs. Tout d'abord, la *décentralisation* en cours, qui supprime tout contact entre les agents locaux et l'autorité supérieure devenue à peu près inexistante. Les liens s'étaient peut-être distendus sous l'Ancien Régime entre subalternes et officiers, mais cette fois, ils se cassent entre les remplaçants de ces derniers et le commandement suprême! A ce flottement institutionnel s'ajoutent les *incertitudes de la législation.* Une foule de lois et de décrets, décidés à la va-vite, se contredisent entre eux, et contredisent parfois les ordonnances de jadis, préservées. Enfin, le motif le plus radical : la contestation porte sur le fait que l'État s'arroge le pouvoir de contrôler la gestion des bois, alors que tout, dans le droit nouveau qui s'élabore, affirme la *supériorité de l'individu* sur le corps social.

Pour que soit admise la nécessité d'un appareil forestier, trois conditions devront s'imposer : la stabilité politique, sans laquelle ne saurait se réaliser la seconde, à savoir la clarification législative, qui, elle-même, ne pourra s'effectuer que lorsque plus rien ne menacera le principe reconnu d'une propriété de l'État. L'administration des Eaux et Forêts repose en effet sur le service des seules forêts du Roi. L'Assemblée nationale, le 6 août 1790, écarte l'hypothèse de son sabordage, puisqu'elle postule que « la nation seule, par [...] une administration *active* et *éclaircie*, peut s'occuper de [la] conservation [des bois et forêts], amélioration et repeuplement pour en former en même temps une source de revenu *public* [6] ».

Dès le début de l'année 1792, des fissures apparaissent pourtant avec le rapport de Cheron-La Bruyère, reprenant cette question de l'aliénabilité des bois, question d'autant plus d'actualité que les caisses sont vides [7]. L'argument porte sans doute davantage que ceux avancés sur la supériorité de la gestion particulière et l'intérêt d'avoir un grand nombre de propriétaires pour protéger un patrimoine que tous s'entendent à dire fragile. En face de ces partisans d'une *totale aliénation*, certains soutiennent une *aliénation partielle*, et cela bien qu'ayant appartenu au corps des forestiers : Varenne et Fenille accepte la mise en vente de tous les taillis ne pouvant être convertis en futaies; Rougier-Labergerie ne veut en exclure que les massifs excédant 1 500 hectares et les futaies au-delà de 60 ans; Tellès d'Acosta prône le sacrifice des bois communaux. Du débat, se dégage cependant une constante. L'État a seul la possibilité de conduire bien les futaies, les particuliers ne pouvant attendre que passent trois, quatre, cinq générations, avant de procéder à la récolte.

Cela explique que tous les textes réglant l'adjudication des biens nationaux en écartent les forêts domaniales importantes [8]. Le décret du 23 août 1790, par exemple, ne livre aux acquéreurs que des lambeaux de moins de cinquante hectares, distants d'au moins deux kilomètres des grands massifs. Cette mesure reste donc dans la droite ligne de ce qui se faisait vingt ans auparavant : regroupement des zones forestières et abandon des enclaves. Incontestablement, elle bloque la privatisation du Domaine, celle-ci ne s'exerçant plus qu'aux dépens des forêts ecclésiastiques et également, mais à un moindre degré, de celles des émigrés.

Un tel acte ne témoigne cependant pas des visées conservatrices du pouvoir. En fait, il se borne à sanctionner la présence d'un vaste domaine boisé public, de plus d'un million d'hectares. Il ne garantit donc pas qu'à l'avenir ce statut ne sera pas violé – une tentation que tous les gouvernements successifs finissent par éprouver, en dépit des bonnes intentions initiales. Un décret du 2 nivôse an IV relève par exemple d'un tel état d'esprit : il autorise le lotissement des bois n'excédant pas cent cinquante hectares, à condition toutefois qu'ils soient situés à plus d'un kilomètre des périmètres protégés. La zone frontière se trouve ainsi dangereusement resserrée, et la division en lots ne peut que faciliter des enchères jusque là bien laborieuses du fait des surfaces jetées en pâture aux candidats. Toujours dans cette optique – parvenir à renflouer les caisses du Trésor –, le Directoire ne s'octroie-t-il pas, dès le lendemain de son installation, la faculté d'affermer pour trente ans les forêts domaniales de Fontainebleau et de Compiègne, déjà fort malmenées par les coupes extraordinaires décidées en l'an II [9]? De semblables interventions compromettent assurément la réorganisation de l'appareil forestier, constamment tiraillée entre deux pôles.

Le retour à l'ancien temps

Dès les débuts de la Révolution, reflétant les débats passionnés que suscite la possible aliénation des bois domaniaux, fleurissent donc les projets de réforme. Tous partagent l'envie de rogner l'arrogance des Maîtrises, universellement détestées. Rougier-Labergerie propose ainsi en 1791 que soit élu chaque année, par les corps constitués de chaque département, un citoyen chargé d'aménager ces forêts domaniales et d'organiser leur garde [10]. Comme au-dessus de lui il n'y aurait que l'autorité du district, donc *un pouvoir politique* et non technicien, il est clair que les problèmes de compétence pèsent peu à ses yeux : que l'individu soit populaire et que son action ne s'entache pas de malhonnêteté, et le voilà bon pour le service! Au même moment, Delisle de Moncel estime qu'un inspecteur général des bois, pourvu d'une commission, suffirait amplement pour coordonner les travaux nécessaires, exécutés par des particuliers rétribués selon la besogne [11]. Le flou d'un tel organigramme montre cependant la volonté de réduire les effectifs, tout en calquant leur répartition sur le nouveau découpage administratif de la France.

Cette intense cogitation, où s'affirme pleinement le principe électif par allergie au centralisme de jadis, rencontre cependant des détracteurs, lesquels vilipendent ce qu'ils jugent être une monstruosité. Ils se rangent donc sous la bannière de Tellès d'Acosta, Grand Maître de Champagne jusqu'en 1784, et dont les conceptions sont mises au net à cette date [12]. Le décret adopté en septembre 1791, sur un rapport lu par Pinson du Galland, révèle combien s'avivent les sympathies drainées. La Conservation générale des Forêts, avec à sa tête un collège de quatre commissaires, *nommés par le Roi*, cooptant à leur tour président et secrétaire, en émane directement. Ressemble fort aussi à la structure souhaitée par Tellès celle que dessine ce texte : 35 conservations, surmontant plus de 300 inspections, corrigent heureusement les inégalités territoriales caractérisant l'ancien réseau administratif. Cela rappelle tout à fait son idée de 20 circonscriptions, dirigées par un forestier principal entouré d'une équipe de techniciens désignés, selon leur place hiérarchique, par les grades de forestier particulier, suppléant ou surnuméraire. Le changement de terminologie représente au fond une bien petite concession au vocabulaire libéral du temps, qui ne parle, lui, que de conservateur et d'inspecteur! Ce jeu de mots ne dissimule pas le souci de restaurer un corps *spécifique* de fonctionnaires, avec un aménagement de leur carrière qui les rendrait dépendants du *seul* gouvernement, celui-ci mettant la main sur la formation et sur l'avancement.

Sans doute était-il prématuré de dévoiler au grand jour cette tendance centralisatrice que d'aucuns pensaient enterrée. L'heure n'est pas venue d'affronter les pouvoirs régionaux sur une question aussi lourde de conséquences. Le tout reste donc au stade du papier, exception faite de la nomination des quatre commissaires. L'habileté stratégique de cette reculade se marque en effet dans la raison alléguée lors de la séance du 11 mars 1792, le vote ratifiant la prorogation du personnel des Maîtrises. Bon nombre de députés pensent au fond qu'il ne sert à rien et qu'il en coûterait fort cher « de laisser achever l'organisation de l'administration forestière », alors que nul ne sait comment sera résolue la question relative aux aliénations domaniales [13]. Le bon sens parle, bien que cette prudence s'explique surtout par le souci de ne pas irriter le populaire. En attendant que vienne l'inspiration – ou le courage –, les autorités se gardent d'ordonner le centralisme forestier et se réfugient dans l'expectative.

Ces volte-face successives nuisent grandement à l'action des administrateurs n'ayant pas encore déserté les bois. Quelle peut être en effet leur audience, eux qui incarnent l'Ancien Régime et ignorent de quoi demain sera fait : fonctions provisoires, suspendues ou prolongées ? Et cette curieuse situation persistera jusqu'en 1801 ! Cohabitent donc les titulaires subalternes, rescapés des anciennes Maîtrises et fraîchement promus, avec de nouveaux venus, bourgeois ruraux pour la plupart, notaires avisés et marchands de bois ayant investi les postes locaux sans trop se soucier de leur rémunération. Les uns et les autres demeurent, en effet, impayés de 1790 à 1792 – trois ans tout de même – et fort irrégulièrement par la suite : la loi du 15 août se contente de les rétribuer à la tâche, ce qui ne porte pas toujours leur zèle dans la bonne direction... Rougier de La Bergerie critiquera en 1817 un tel système, car s'il évite la paresse, il ne saurait contrarier les fâcheux penchants de ces forestiers [14]. « Leur bénéfice étant en raison du nombre des arbres et des arpents qu'ils feroient exploiter, on doit penser quel fut le sort des coupes et des anticipations de toute espèce. » Eh oui ! mais c'est là l'inconvénient de tout revenu reposant exclusivement sur des vacations à la tâche, et non à la journée.

En tout cas, cette faiblesse de l'autorité suprême, confrontée aux instances régionales, ranime quelque peu les tenants d'une organisation décentralisée. C'est ainsi qu'à l'automne 1792, la Convention aura à examiner le plan de Couturier, puis celui de Bonguiot [15]. Dans les deux cas, il est envisagé de faire élire les gardes au sein des classes laborieuses, afin d'assurer la police des bois au nom des municipalités. Se retrouve également un inspecteur des forêts par district, lui-aussi distingué par la *vox populi*, et chargé de coordonner les opérations. Bonguiot complète seulement cette structure en plaçant les inspecteurs sous le commandement de conservateurs, un par département, responsables devant le Directoire de celui-ci. La Convention girondine, comme l'avait fait avant elle l'Assemblée législative, ne s'y arrête point, et invoque toujours la même excuse : l'avenir incertain des forêts nationales. La balance tient donc égale entre les partisans du libéralisme et ceux de l'autoritarisme, quitte à ce que le patrimoine sylvicole supporte les désagréments de ces querelles.

En fait, avec la réaction thermidorienne, la sortie du tunnel approche, comme en témoigne l'accueil favorable que rencontre Hébert, ci-devant maître particulier emprisonné sous la Terreur [16]. Ne propose-t-il pas en prairial de l'an III (mai 1795) de reprendre purement et simplement la structure centralisée de 1791 ? Et pour faire bonne mesure, il suggère de conforter les compétences administratives alors mentionnées *par l'encadrement des bois particuliers*! Tout ceci a une allure 1669 qui en dit long sur le revirement de l'opinion. En moins de cinq ans, le vent a bien tourné, et, dès la fin de l'été 1795, n'abandonne plus le bateau des autoritaristes, montrant encore une fois combien sont puissants les liens qui unissent le projet de société à celui régissant ses forêts. Personne n'agite donc l'hypothèse des aliénations du Domaine boisé lorsque, au début de l'été 1798, le Conseil des Cinq-Cents, répondant à une pétition qui s'indigne des troubles forestiers, constitue une commission de huit députés présidée par Poullain-Grandprey. Elle reçoit ainsi mission de réfléchir sur la teneur d'un code forestier rénové et d'élaborer, par la même occasion, le statut de ceux qui auront à le faire observer.

Cependant les perspectives en l'an VII ne sont pas fameuses. A l'angoisse financière, pour laquelle tous les palliatifs sont bons, s'ajoute la crainte de l'encerclement. L'attentat de Rastatt, le 28 avril 1799, alors que les plénipotentiaires réunis s'efforcent de dégager une solution sur le problème posé par la rive gauche du Rhin, porte l'inquiétude à son comble. Ne sonne-t-il pas, selon le mot de Sieyès, comme « le tocsin de l'extermination française », au-dessus des capitales monarchiques? Le déficit, estimé à 250 millions en l'an VI, ne saurait descendre pour l'an VII en dessous de la barre des 65 millions, aux dires de Ramel, alors ministre des Finances. De plus, la campagne militaire s'annonce mal pour le printemps 1799. L'Europe tout entière riposte à la politique envahissante du Directoire par la formation d'une seconde coalition qui se noue entre avril et décembre 1798. Or la conscription fonctionne difficilement, les bois plus que jamais abritant les réfractaires. Sur les 200 000 hommes appelés le 3 vendémiaire an VII (24 septembre 1798), 74 000 seulement finissent par rejoindre leurs unités, et dans quel état! L'équipement de cette armée laisse presque autant à désirer que pour celle de l'an II, malgré la mise en vente hâtive de biens nationaux, pour un montant de 125 millions.

La conjoncture n'aide donc guère au progrès des affaires forestières, et pourtant l'idée d'une administration autonome, rattachée au ministère de l'Intérieur, continue doucement son chemin. Le 16 ventôse de cette terrible année, l'un des membres de ce comité d'étude, un certain Gossuin, ne dit-il pas à la tribune la vouloir « simple dans son organisation, uniforme dans sa marche, [...] surveillée par ses relations mêmes » ? Le territoire était pour cela découpé en 50 conservations groupant 250 inspections, soit 4 à 7 par conservation. Les conservateurs correspondent directement avec le ministre, ce qui met un terme aux essais d'autonomie régionale. Les inspecteurs bénéficient de la collaboration des sous-inspecteurs et des géomètres. Les gardes sont tenus de près par des « chefs-gardes » choisis par les conservateurs. Et tous ces fonctionnaires porteront un uniforme d'autant plus complet que leur grade sera élevé. Bref, voilà un programme qui respire la dignité et l'autorité, enfin rendues à l'administration des Eaux et Forêts, depuis dix ans en piteuse posture!

Sur ce, arrive le 18 brumaire : la discussion, bien engagée pourtant, tourne court, M. Poullain-Grandprey ne voulant pas se compromettre avec le Bonaparte. Ce retrait n'handicape cependant pas la cause des autoritaires. Les éléments essentiels du plan Poullain-Grandprey figurent en effet en bonne place dans les projets que défendent, en l'an VIII, A. Dubois-Bellegarde et A. de Perthuis, et, en l'an IX, l'obstiné Rougier de La Bergerie [17]. Non seulement tous s'entendent pour rendre indépendante l'Administration à l'égard des instances régionales, mais encore pour lui confier le gardiennage des bois privés, moyennant rétribution. Le temps de Colbert est revenu. Le succès couronne donc les efforts des partisans d'une hiérarchie solide et autonome. Assurément grâce au Consulat, leurs vœux sont comblés le 16 nivôse an IX. Le Corps législatif n'approuve-t-il pas ce texte par 270 voix contre 7 ? Un prodigieux retournement de l'opinion en faveur d'un programme qui enterre la *refonte* administrative, brandie depuis les années 1770, pour se rallier à une *réformation*, au sens classique. Ce terme précède d'ailleurs de beaucoup l'emploi qu'en fait Colbert lorsqu'en 1662 il s'aperçoit que les Grands Maîtres ne sont pas disposés à vider le pus de l'abcès. Reste à savoir si l'opération de l'an IX se limite à réhabiliter le passé, ou au contraire fonde un *État forestier* durable.

Du haut commandement

G. Buttoud montre à juste titre dans sa thèse combien cette réorganisation consulaire fait sienne les modalités administratives prévues en septembre 1791, et depuis lors laissées en sommeil [18]. Est même récupérée dans cet ensemble la nomenclature choisie pour les grades d'officiers, avec une exception cependant, mais très significative : ne concerne-t-elle par la tête pensante ? Au sommet de la hiérarchie, les cinq commissaires qui forment la Conservation générale, une expression bien vague, sont remplacés par cinq administrateurs des forêts *nationales* – et l'adjectif acquiert maintenant un singulier relief, vu les péripéties traversées par le Domaine au cours de ces dernières années!

Ces hautes autorités sont directement nommées par les consuls, lesquels en profitent pour récompenser les dirigistes récemment montés au feu contre les décentralisateurs. Le brave député Gossuin figure ainsi au rang des heureux. Seul n'est pas reconnu comme il le mérite ce pauvre Poullain-Grandprey. Il paye de la sorte ses répugnances du 18 brumaire, malgré l'intercession de son ami, l'agronome François de Neufchâteau. Ce groupe de sages définit en conséquence les grandes orientations et coordonne les actions lancées. Il faudra en effet attendre 1806 pour que s'estompe la règle de la collégialité. A cette date, l'un d'eux, Bergon, ancien administrateur aux Domaines, devient directeur général. Une telle promotion transforme ses confrères en conseillers, et bientôt en chefs de bureaux de l'administration centrale. Cela ne résume-t-il pas en quelque sorte toute l'histoire du Consulat ? L'évolution illustre encore une fois combien il est rare que dans un comité d'égaux l'un ne surclasse pas les autres, par intrigue ou intelligence, ou les deux à la fois.

Cela dit, à ce niveau, les influences politiques comptent au moins autant, sinon plus, que la compétence. Elles jouent aussi, mais à un moindre degré, pour le reste de la hiérarchie. Les qualités de l'homme pèsent alors autant que ses relations. Le chef de chacune des 28 conservations, responsable du service dans plusieurs départements, 2 à 8 selon le cas, obtient en effet des attributions assez lourdes pour justifier un traitement légèrement supérieur à celui d'un ingénieur des Ponts et Chaussées – l'administration technicienne, rivale de toujours. Il agit d'abord comme chef du personnel, recrutant, destituant, régulant les carrières de ses subordonnés, ce qui garantit son prestige auprès d'eux. En tant que représentant local du pouvoir forestier, c'est à lui de décider l'assiette des coupes et de présider les adjudications. En outre, de par sa position, il lui appartient aussi de négocier avec les services du préfet comme avec ceux de la Marine. La multiplicité de ces charges fait de lui davantage un sédentaire qu'un homme de terrain, ce qu'étaient certainement ses prédécesseurs. De ce fait, les travaux exigeant des déplacements incombent à ses subalternes, les agents, divisés en deux catégories, inspecteurs des forêts et sous-inspecteurs. A eux d'effectuer les missions sylvicoles et de procéder, avec l'assistance des gardes généraux des forêts, au marquage des arbres. A eux également de suivre le bon ordre des exploitations. La machine tourne ainsi avec 171 inspecteurs, 258 sous-inspecteurs, 453 gardes-généraux et 438 arpenteurs. Ceux-ci font un peu bande à part, comme jadis. Constitués en profession libérale, ne sous-traitent-ils pas à la commande bornages et recolements?

Tout cela évoque bien sûr le programme proposé en 1791 à la Constituante, mais aussi l'ancien corps des Maîtrises. Avec toutefois une différence capitale, qui montre un changement d'atmosphère : l'efficacité paraît devenir un apanage militaire, et qui dit armée parle de discipline. Celle-ci ne caractérisait guère les rouages de l'administration royale. La faute n'en revenait pas entièrement à la vénalité des offices, malgré ce qu'en croient certains : l'exemple de Fouquet ne montre-t-il pas qu'aucun dignitaire n'est à l'abri d'une vente forcée, voire d'une confiscation de son bien? En fait, le Roi n'obtient pas quelquefois tout de suite l'obéissance de ses serviteurs, mais s'il la veut, il la recueille forcément. Le personnel supérieur ne dispose pas de sa puissance pour se faire entendre de ceux qui lui doivent un respect tout théorique. La courtoisie des formules cache ainsi un tenace esprit de rébellion! A. Pecquet, l'auteur d'un célèbre traité, *Lois forestières de France*, publié en 1753, s'en est d'ailleurs vivement ému [19]. En tant que Grand Maître au département de Rouen, il savait, lui, la gêne que représentent des fortes têtes lorsque rien n'existe pour les mater. Cela entrave notamment la bonne marche des Maîtrises. L'achat de l'office par tous ses membres et la présence du procureur, un personnage difficile à classer sur le plan hiérarchique puisqu'il défend les intérêts du monarque, donc de l'État, induisent une incontestable homogénéité au sein du Tribunal des Eaux et Forêts, d'où les disputes sans fin sur des questions de préséance. Ce problème disparaît totalement à l'aube du XIXe siècle, celui qui détient le commandement s'imposant à tous. Succédant au maître particulier, le conservateur des Forêts, son héritier en ligne directe, règne sur ses hommes. La politique, redevenue centralisatrice après quelques tâtonnements, accompagne enfin la soumission absolue. Et celle-ci, conquise au fond depuis peu, n'enregistrera pas, au cours du siècle, les déboires que connaît le dirigisme, passé le cap des années 1870

Le virus légitimiste

Qu'un air d'Ancien Régime flotte au-dessus des nouvelles institutions forestières ne surprend guère, car bon nombre des acteurs recrutés ont démarré leur carrière bien avant que ne s'enclenche le processus révolutionnaire, tel ce Guyet de Laprade, conservateur des Forêts à Bordeaux, un fort bel exemple de longévité administrative! Au reste, la réorganisation consulaire ne songe-t-elle pas à réintégrer ceux qui en sortirent malgré eux, du fait des purges opérées entre 1790 et 1801 ? Cette clémence fait coup double. Elle remplit les cadres avec un personnel qui a quelque expérience. Elle apaise les rancœurs suscitées par la totale perte de valeur des ci-devant offices. Bref, tout va pour le mieux dans le moins mauvais des mondes possibles.

Le gouvernement résout ainsi le problème de la formation, en sachant que cela ne vaut que pour un moment, et les gens concernés saisissent la proposition, car si le traitement ne remplace pas le capital perdu, il assure tout de même d'appréciables rentrées. Leur présence apporte un souffle réactionnaire, dont se plaignent leurs collègues de la Marine, de la Justice ou des Finances, administrations où n'existe pas une telle proportion de nostalgiques : l'épuration, liée aux crises politiques et aux guerres tant de la Révolution que de l'Empire, y a fortement renouvelé les équipes. Ce n'est pas le cas aux Eaux et Forêts, ce corps cessant quasiment de fonctionner durant ces temps difficiles. Le calme revenu, les anciens se retrouvent et occupent les postes. Comment pourraient-ils, dans l'intervalle, s'être dépouillés de leur mentalité, alors que celle-ci s'est forgée à une époque où se confondaient pouvoir administratif et pouvoir judiciaire?

L'envie les démange donc de récupérer une prérogative que leur interdit bien la circulaire du 6 thermidor an IX. Ils semblent d'ailleurs en passe de l'obtenir. Deux ans ne se sont pas écoulés que le ministre des Finances, le 18 pluviôse an XI, leur octroie la poursuite des délits forestiers, et que la loi du 22 mars 1806 leur cède l'instruction des procès! Le moral revient au beau fixe. La restauration s'effectue avant la Restauration proprement dite. Les Eaux et Forêts ne traduisent pas seules la pérennité de l'Ancien Régime dans la société française. Les institutions du Conseil d'État (an VIII) et de la Cour des Comptes (1807) en fournissent une preuve supplémentaire. Ragaillardie, l'administration des Eaux et Forêts témoigne alors d'un dynamisme comparable à celui du premier tiers du XVIIIe siècle, sinon supérieur. La trace s'en voit dans la capacité répressive du système : 1801, 32 000 procès-verbaux; 1808, 97 000, le triple! L'amélioration du rendement pécuniaire suit, mais d'assez loin, car, comme d'habitude, le montant fixé ne correspond pas, tant s'en faut, à celui qui rentre dans les caisses publiques. Il n'empêche que dans ces mêmes années, le produit des amendes croît au rythme de 29 % l'an, ce qui indique bien la volonté de repousser le laxisme antérieur, certaines municipalités s'étant montrées des plus douces avec leurs délinquants.

Cette belle efficacité et une composition de tout repos expliquent la manière avec laquelle l'appareil forestier s'accommode de la chute de Napoléon. Certes, les officiers et sous-officiers retraités ou blessés, pour avoir servi dans l'armée impériale avant de s'engager dans l'administration – une reconversion systématique après 1811 –, s'inquiètent quelque peu de leur avenir. De même, les bourgeois ruraux qui s'y sont infiltrés à la faveur de la Révolution s'interrogent sur ce qu'ils deviendront, certains conservant une activité peu compatible avec la fonction, marchand de bois par exemple. En fait, dans leur grande majorité, ces craintes sont vaines. Le personnel suffit à peine aux obligations.

Ce n'est donc pas l'heure des éliminations, d'autant que les bien-pensants l'emportent très largement sur les éléments, sinon indésirables, du moins douteux. Le régime de Louis XVIII parle trop de réconciliation nationale pour se mettre à les traquer. La structure d'ensemble est donc préservée. L'ordonnance du 22 janvier 1817 ne rend-elle pas hommage à l'héritage napoléonien en maintenant J.-A. Bergon comme directeur général ? La moitié des administrateurs généraux forme d'ailleurs le legs du Consulat à la Restauration, avec l'inusable Gossuin et un ingénieur de la Marine, Chauvet. L'étonnante idylle, entretenue depuis l'an IX avec les pouvoirs publics, serait-elle en train de se poursuivre, malgré le retour des émigrés dans le bagage de l'occupant ?

Répondre par l'affirmative serait confondre le réel soulagement que ressent le personnel à l'annonce des premiers gestes d'apaisement et les brutales nécessités que la Direction générale ne tarde pas à réaliser. Les Alliés sont là, et la défaite signifie dettes de guerre, poids de l'indemnité et entretien de leurs troupes. Il lui faut alimenter le Trésor, et vite, c'est-à-dire préparer un train d'aliénations sans précédent afin de contribuer au règlement des dettes de la maison France. Comme au temps douloureux de la Révolution, voilà les Eaux et Forêts absorbées par la Régie de l'Enregistrement.

Le couperet tombe le 17 mai 1817, un trimestre à peine après les réconforts prodigués. Bergon part en retraite. Chauvet, reprenant pour la circonstance sa casquette des Domaines, assume le service forestier à l'intérieur de cette administration. Il ne reste plus que six conservations, là où doivent avoir lieu les mises en vente de fonds domaniaux. Dans bien des cas, il est évident que celles-ci entraîneront l'abattage des arbres, une étape obligée avant le défrichement ultérieur. Aussi, leur simple annonce suffit-elle à perturber le marché. L'année 1818 enregistre ainsi une baisse sensible des cours du bois [20]. Ce phénomène ne peut qu'attirer l'attention des propriétaires. Une partie de leurs ressources ne dérive-t-elle pas de l'exploitation forestière ? Ils soutiennent donc les forestiers dans leur lutte contre le rattachement à l'Enregistrement, en insistant notamment sur ses inconvénients considérables aux côtés d'attraits fort médiocres.

L'économie de la sorte effectuée paraît en effet dérisoire, comme le souligne, le 15 juin 1819, le marquis de Villefranche : « Les préposés des domaines pourraient-ils remplacer les agents forestiers et les gardes ? », demande-t-il. Non, « ces agents et ces gardes sont donc restés, voilà la forte dépense qu'aucun système ne peut annuler [21] ». C'est que, si les traitements individuels sont modestes, la masse salariale, elle, est importante, à une époque où les fonctionnaires de l'enseignement ne consomment pas, et pour cause ! une part élevée des rentrées budgétaires. Même son de cloche à la session de 1820 [22]. Le rapporteur du budget rappelle que les deux administrations n'ayant « de commun que la direction », il est impossible à ses membres de diriger convenablement celle dont ils ne sont pas issus, faute d'en avoir acquis « toutes les connaissances théoriques et pratiques ». Cette situation les met donc à la merci de leurs subordonnés, ce qui contredit le centralisme autoritaire. L'ordonnance du 11 octobre 1820 remet donc les choses en état en faisant passer les Eaux et Forêts dans le giron des Finances.

L'organisation de l'an IX est conservée, mais avec quelques petites retouches visant à l'économie. Le service central se partage ainsi entre 3 administrateurs généraux et un secrétaire général. Les circonscriptions ne sont plus que 20, réparties en 4 classes : seuls accèdent au grade de conservateurs ceux qui sont à la tête des premières, 12 au total, etc. [23]. Au bout du compte, en dépit de cette frayeur de 1817, les forestiers s'en tirent bien. D'ailleurs, comme sous l'Empire, quelques années après ce toilettage survient le désir de chapeauter cette structure ! L'ordonnance du 26 août 1820 place donc les Eaux et Forêts sous la responsabilité d'un directeur général. Le poste échoit au marquis de Bouthillier. Bergon meurt cette année-là. Il a quatre-vingt-quatre ans, et, avec sa mémoire, s'effacent les souvenirs d'un trop long entracte dans l'absolutisme forestier [24]. Les pratiques de l'Ancien Régime entrent ainsi dans une phase de glorification qui ne s'achèvera qu'au début du XXe siècle, et encore. Le purgatoire suit de près la renommée, avant que l'histoire ne se saisisse du dossier pour essayer – sans toujours y parvenir – de redistribuer les cartes.

Ce rendez-vous ne s'inscrit donc pas sur l'agenda de la Restauration. Même le libéral Jaume de Saint-Himaire rêve avec complaisance aux réformations colbertiennes, avec clôture des forêts et suspension des coupes [25]. Il ignore donc les aspects sulfureux de certaines d'entre elles! Quant à C.H. Bonnet, dont les sympathies ultraroyalistes sont proclamées, il estime que la perte des antiques futaies date de... 1789, toutes ces dégradations ne devant « être attribuées qu'à l'état de *nullité* et *d'avilissement*, où on avoit réduit les officiers des Eaux et Forêts en leur ôtant la juridiction contentieuse [26] ». Lui-même fait partie de ces malheureux persécutés. Il s'est d'ailleurs gardé de démissionner alors, priant pour que ne vienne pas sa révocation. Celle-ci survient, mais apparemment ne le sauve pas de la décrépitude morale de ses confrères! La réaction se définit ainsi d'abord par l'outrance du ton, puis par la contagion du succès, qui en fait une mode.

C'est dans un tel contexte que se décide, la construction à Nancy, d'une école destinée à former les agents forestiers. Ne convient-il pas, dans ces années 1820 où s'estompent les difficultés financières, de sortir la politique forestière de l'ornière du provisoire? Or les plus anciens, ayant fait leur éducation au bon temps de Louis le Bien-Aimé, disparaissent. Et ceux qui appartiennent à la génération des sacrifiés ne sont pas aussi parfaits que le disent leurs supérieurs. Certains même, comme Rougier de La Bergerie, n'hésitent pas à s'en plaindre [27]. Nombreux sont en effet ces jeunes gens rentrés d'exil et sachant que la carrière militaire n'offre plus de perspective. A vingt-cinq ans passés, ils sont trop contents alors de s'employer comme inspecteurs et gardes généraux, avec pour tout passeport quelques connaissances juridiques. Ne bénéficient-ils pas, au reste, de l'imprudence de quelques sots, qui s'étaient pris au miroir des Cent-Jours? Leur loyalisme envers Sa Majesté ne fait pas de doute, et ils tiennent à l'œil les préposés, presque tous infectés de bonapartisme, vu leur recrutement! Les malheurs familiaux, la fidélité à la Couronne, la surveillance des inférieurs, tout cela les rend dignes d'intérêt. Oui, mais après?

La sylviculture germanique a séduit plus d'un forestier depuis les guerres de l'Empire, d'autant qu'elle paraît résoudre le mal chronique dont souffrent les peuplements français: une laborieuse régénération [28]. Or la conversion en futaie pleine de taillis composés assez souffreteux requiert d'autres vertus que celles auxquelles ils doivent leur place. Même à la Direction générale, l'impatience gagne. Certains ne répètent-ils pas que la technique exige un enseignement, et que l'expérience ne saurait suffire à tout? Dès 1807, Van Recum, député du Palatinat, critique vertement les nominations faites dans les départements réunis à la France. Elles n'ont qu'un but social, alors que ce qui rend le forestier habile, ce sont « des connaissances positives, basées sur des principes théoriques [29] ». J.-J. Baudrillart, le traducteur de la fameuse *Instruction sur la culture du bois à l'usage des forestiers* (1805), rédigée par L. Hartig en 1798, défend les thèses de Van Recum dans la jeune revue *les Annales forestières*. Il en profite pour attaquer l'âge demandé – vingt-cinq ans et plus – indiqué dans l'Ordonnance de 1669 et repris par le texte du 28 septembre 1791 [30]. Cette limite ne se justifie, en effet, que par sa correspondance avec la majorité légale, indispensable en ce qui concerne un personnel habilité à dresser des actes valables par-devant les tribunaux. L'utilité d'une intégration plus précoce lui semble évidente. Sans elle, l'apprenti forestier ne peut « surmonter les premières difficultés et embrasser toutes les parties de son art », toutes choses qui conditionnent la passion du métier, le traitement ne pouvant bien sûr l'expliquer! Aussi envisage-t-il la création d'un centre spécial, chargé de la formation en deux ans des agents, et des centres secondaires aux sièges de quelques-unes des conservations, dont la mission serait d'apprendre aux préposés les rudiments de la foresterie.

La première partie du projet agrée seule au récent directeur général. Un matin de janvier 1825, M. le marquis de Bouthillier inaugure donc l'École royale forestière. Nul n'y est admis comme élève du gouvernement s'il n'a franchi avec succès l'épreuve du concours d'entrée. La sélection s'effectue donc sur le savoir accumulé au cours de la scolarité passée dans l'enseignement secondaire. Enfin, une méritocratie! Le changement est considérable, puisque, jusque-là, l'accès à la fonction se faisait par présentation. Un père, un oncle, s'en chargeait le plus souvent, cet aspect familial comptant beaucoup même après l'achat de l'office. D'ailleurs, l'administration rivale, les Ponts et Chaussées, ne recrutait-elle pas par concours, depuis longtemps, ses futurs cadres?

L'instauration de ces épreuves indique que désormais le primat est donné à la seule compétence technique. C'est pourquoi l'étudiant doit satisfaire à des examens de sortie, le classement conditionnant l'affectation. Celle-ci compte d'ailleurs beaucoup dans le profil de la carrière ultérieure [31]. Un des grands forestiers du XIXe siècle, L. Tassy, rendant hommage aux deux premiers directeurs de l'École, B. Lorentz (1775-1865) et A.-L. Parade (1802-1864), n'hésite pas à dire que sa création impliquait « une révolution [...] dans les considérations et les principes qui, jusqu'alors, avaient dirigé l'administration des forêts [32] ». Et de préciser sa pensée : « Elle s'était contentée de surveiller les forêts, afin d'y empêcher les coupes illicites; on voulait qu'elle apprît à en augmenter et à en améliorer la production. » Les autorités la souhaitent donc *moins policière* et *davantage technicienne*. Ceci pour l'avenir, car dans l'immédiat se posent plutôt les problèmes de l'*insertion* de ces jeunes gens dans l'appareil forestier et de leurs relations avec des supérieurs hiérarchiques engagés et formés autrement.

Le sens du devoir

En fait, l'ensemble du personnel forestier, même celui qui n'y a pas fait ses classes, tient beaucoup à l'École. C'est que l'enseignement que reçoivent ses élèves ne se borne pas aux seules théories sylvicoles. Il intègre une *éthique* à laquelle adhère le corps tout entier. P. Guinier, lui-même fils de forestier, sorti major de Nancy en 1899, et directeur de la maison dès 1921, aime ainsi à souligner combien, pour exercer cette profession, « certaines qualités morales sont nécessaires [33] ». Le programme de l'École vise à les développer, une « atmosphère de camaraderie et de confiance » achevant de rendre au disciple « facile, la tâche, et léger, l'accomplissement de son devoir ». La comparaison qui naît sous sa plume révèle aisément le modèle auquel il songe en rédigeant cet article. Le mode de vie ne doit-il pas, selon lui, dissuader de rester ceux qui « ne sont attirés dans [les] rangs que pour gagner l'épaulette, sans passer par la caserne » ? A Saint-Cyr, à Polytechnique comme à Navale, le langage dans ces années 1930 et au-delà ne diffère d'ailleurs guère. La stricte obéissance et les exercices d'entraînement se chargent de mettre en fuite ceux qui manifestent des langueurs d'âme ou montrent du goût pour le dilettantisme. Du sérieux, avant tout! L'École de Nancy s'aligne ainsi sur les grandes écoles militaires. Avec cette optique, elle ne tolère même plus à la fin du XIXe siècle une passagère faiblesse : le redoublement se voit interdit en 1894.

La référence constante à de glorieuses institutions s'accentue au cours du siècle, comme s'il fallait compenser le caractère récent des origines par des emprunts à une grande tradition. Sa direction exige d'en faire autre chose qu'un simple établissement technique. L'École doit devenir foyer de rayonnement qui fournira « au pays des serviteurs dévoués, aimant la forêt avec *passion*, et animés de l'*esprit de corps* qui fait, selon Gouilly-Frossard, [l'] honneur et [la] force des forestiers [34] ». Échanger les termes par d'autres conserve à la phrase toute sa logique, le mot « patrie » se glissant à la place de « forêt ». Aussi l'uniforme tient-il une part non négligeable dans cette agréable sensation que procure la certitude d'appartenir à ce qu'il y a de mieux dans l'Hexagone. Comme le déclare sans ambages A. Puton, il exalte chez les élèves « un plus vif sentiment de leur dignité [35] ». Le bizutage et, plus tard, la prise de drapeau, vont également dans ce sens. Les diverses épreuves qu'inventent les aînés pour l'édification des cadets ne leur font-elles pas découvrir la bassesse de n'être rien, c'est-à-dire « maraud », ce que sont tous et chacun, et la joie de pénétrer dans l'enclos sacré – l'École – où tous, les « fagots », vivent sur un pied d'égalité ? La tenue réglementaire gomme d'ailleurs les disparités sociales, ou plutôt les cache, le temps des études. Il n'est donc pas surprenant, dans un pareil contexte, qu'en 1903, l'inspection de celles-ci soit remise à... l'instructeur militaire. Il ne l'est pas davantage que, sortis de Nancy, ces forestiers s'efforcent d'arracher des avantages équivalents à ceux dont profitent les militaires, qu'il s'agisse de la retraite ou du quart-de-place pour les transports.

L'assimilation entre leur sort et celui de l'armée semble tellement courante que Bouquet de la Grye essaye de détourner le sens du mot « officier », très différent sous l'Ancien Régime de son sens contemporain. Il désignait alors l'heureux acquéreur d'une charge *achetée* au Roi, et l'exercant donc *par délégation* du pouvoir souverain. Il explique ainsi à ses collègues que, détenant « presque toutes les fonctions exercées autrefois par les anciennes Maîtrises », ils sont restés pour le public « les officiers des Eaux et Forêts [36] ». Cette dénomination le réjouit, et il propose en conséquence « de la reprendre. Cela permettrait de substituer au nom d'*agent*, si vulgaire, celui d'*officier*, [qu'ils ont] déjà comme militaires ». La chose est donc clairement exprimée, et cette revendication largement partagée, alors qu'aujourd'hui la tendance serait de la croire n'appartenant qu'à une poignée de réactionnaires. Sans doute ne faut-il pas oublier, pour comprendre cette envie, que depuis le premier Empire, l'accès des militaires à l'appareil forestier l'influence, même si leur incompétence suscite quelque hostilité. Au demeurant, l'administration des Eaux et Forêts ne manque jamais d'être sollicitée en cas de conflit. Certes, jusque dans le premier tiers du XIXe siècle, la mobilisation générale touche surtout les échelons inférieurs. Ainsi, lors des désastres de 1814 et de 1815, les gardes des Vosges, du Jura et des Alpes servirent dans des compagnies franches, le gouvernement partant du principe que la plupart furent soldats avant d'être domaniaux, et que ceux qui n'eurent pas ce bonheur « ont toujours la connaissance du pays, de l'aptitude et du dévouement [37] ».

Ces mêmes motifs se retrouvent inchangés lors de la crise de 1831. Le maréchal Soult pense alors lever, dans les vingt-neuf départements frontaliers, des compagnies spéciales dans lesquelles les préposés seraient employés comme guides et éclaireurs. L'ordonnance du 27 août 1831 ne concerne cependant plus que les subalternes. N'envisage-t-elle pas de traiter les brigadiers comme des caporaux, les gardes à cheval en sous-officiers, les gardes-généraux en sous-lieutenants, et d'accorder les grades de lieutenant, capitaine et commandant aux sous-inspecteurs et inspecteurs, selon leur ancienneté ?

La tournure prise par la guerre de 1870 démontre vite l'inanité de ces dispositions, tant au niveau de l'encadrement des hommes que de leur équipement. Il en résulte, entre 1872 et 1876, quelques débats houleux à l'Assemblée nationale, sur l'art et la manière de rassembler dans chaque conservation « le corps des chasseurs forestiers ». Pour éviter les ridicules de 1870, le décret du 2 avril 1875, qui rend applicables les dispositions prises, prévoit donc qu'en période de guerre, « les préposés soient placés sous les ordres de leurs chefs du temps de paix ». Ces recrues recevront une formation militaire à l'École, les anciens élèves devant aussi y retourner pour suivre ce même entraînement. Dix ans plus tard, cela atteint 6 000 hommes commandés par quelque 260 officiers. Peu importe que leur efficacité soit douteuse en dehors des contrées dont ils sont originaires.

L'empreinte militaire se sent aussi bien chez l'élève forestier que dans les comportements du personnel titulaire. Conduite observée dans les relations internes au service ou attitude prise en face des populations placées sous l'autorité de ce dernier, toujours reviennent les mêmes verbes : *obéir* et *commander*. Inversement, se cachent les mots information et concertation. Déléguer une parcelle de pouvoir semble impossible dans cette structure d'une rigide hiérarchie. Prendre le pouls de l'opinion paraît une offense faite à la toute-puissance absolutiste.

La consultation des principaux intéressés à la politique sylvicole, propriétaires, exploitants, marchands et usagers, ne s'inscrit donc pas à l'ordre du jour. La Direction générale déterminerait donc seule le cap, et le navire virerait de bord ? Oui, en quelque sorte : les personnes embarquées n'ont rien à dire, le système censitaire ne permettant pas à la plupart de protester par le bulletin glissé dans l'urne. Reste alors l'explosion de colère, seule alarme qui peut amener la pause attendue, un sursis au fond. C'est d'ailleurs pourquoi, avec le suffrage universel sous la IIIe République, les commissions d'avancement modifient progressivement leurs critères en accordant moins d'attention aux agents ayant de bonnes connaissances techniques et davantage à ceux qui savent exploiter les opportunités ou négocier un compromis [38]. Ce ne fut certes pas le cas durant les cinquante années qui la précédèrent.

En ce demi-siècle, Nancy conquiert de haute lutte les postes clefs, en arguant justement de la qualité de l'instruction fournie à ses élèves. Le second Empire vient à peine de s'écrouler que l'École peut se réjouir de la victoire remportée sur tous ses détracteurs. De 1825 à 1871, n'a-t-elle pas guidé dans le métier

96 % des conservateurs alors en exercice, 72 % des inspecteurs et 69 % des sous-inspecteurs? Pourcentages impressionnants! L'appartenance à ses promotions pèse d'autant plus lourd que le candidat s'élève plus haut dans la pyramide des honneurs. L'amicale des anciens détient ainsi quasiment le monopole d'accès au niveau du haut commandement. Les études nancéïennes constituent *la* voie royale qui mène vers les sommets hiérarchiques. Dès lors, intégrer l'École s'impose pour quiconque avoue son ambition forestière!

Pourtant, sur l'acte de baptême de 1824, rien ne laisse augurer cette éclatante hégémonie. C'est par un savant noyautage de l'appareil administratif que se bâtit la domination de ses ressortissants. Les adversaires de l'intérieur élèvent cependant le ton sous la monarchie de Juillet. Arrivent en effet sur le marché des gestionnaires formés autrement, mais en compétition pour les mêmes emplois. L'École est réputée pépinière de légitimistes, et le gouvernement affiche l'étiquette libérale. Comment, dans ces conditions, éviter l'orage? Avec le nouveau régime s'accroît le risque d'un recrutement parallèle à celui de son concours. Ces surnuméraires, choisis par les bureaux, « placés, soit auprès des conservateurs, soit auprès des inspecteurs, sans traitement », ne coûtent rien à l'État et lui donnent satisfaction [39]. Leur compétence, acquise de manière fort pragmatique, est vérifiée lorsque, au bout de trois ans, afin d'être reçu au grade de garde général adjoint, ils affrontent l'examen final. Or celui-ci ne diffère pas de l'épreuve qui guette, avant leur stage les étudiants de l'École, lesquels se verront nommer garde-général sans l'adjonction d'un humiliant adjectif! Un léger avantage pour ces derniers dès le début, mais le handicap des autres n'empêche pas de foudroyants rattrapages! Ces surnuméraires, éduqués d'une pragmatique manière, ne manifestent-ils pas envers leurs chefs plus de docilité et de respect que les brillants Nancéïens, trop confiants dans un savoir théorique? Et il n'est jamais réjouissant pour un supérieur de se découvrir enlisé dans la routine, surtout par l'intermédiaire de blancs-becs qui piaffent d'impatience à l'idée de convertir toutes les forêts de France et de Navarre! Préférer les uns, bien sages, aux autres, un peu trop zélés, offre donc une tentation bien naturelle, à laquelle succomber n'est pas très difficile.

Au reste, la Restauration a préparé le terrain. Voulant se réserver une certaine latitude afin de caser une progéniture certes aristocratique, mais, ou peu douée, ou allergique à la méritocratie des concours, le gouvernement limite, dès la fondation de l'École, le nombre des postes de gardes généraux dévolu aux élèves sortants. Un partage équilibré : moitié pour eux, moitié pour d'autres. Cela ne dérange pas trop Nancy, vu l'étroitesse de chaque promotion. Cette mesure de 1824 peut modifier sa position, cependant. Ne suffit-il pas d'accélérer l'ascension des seconds pour que piétinent les « fagots » ? Legrand, alors directeur général, désireux de consolider le pouvoir du service central, pense donc sérieusement à corriger les règles d'avancement au détriment de ces derniers. Lui ne se révèle pas, comme l'avait été Bouthillier, un thuriféraire du clan Lorentz-Parade. Et son conseil d'administration, composé d'ex-surnuméraires, se déclare prêt à le soutenir. Pourtant, il lui faut reculer devant le refus du ministre des Finances, Lacave-Laplagne. Les amis politiques de Parade, directeur de l'École et conseiller municipal, ont su frapper à la bonne porte [40]. Du coup, plus personne ne parle plus du *numerus clausus* prévu en 1824, du moins jusqu'à ce que la conjoncture de la seconde République ne transforme les règles du jeu. Voilà créées les conditions favorables à un abaissement de la superbe nancéïenne, et Legrand reprend son bâton de pèlerin. Cependant, dans les deux tentatives de 1850 et de 1851, la défaite l'attend, toujours en raison des pressions qu'exercent en haut lieu les députés de la Meurthe, partisans, bien sûr, du maintien de l'École dans la capitale lorraine et de sa prépondérance. L'embauche sur présentation, rendue ainsi impossible dans le service ordinaire, le devient également au service central, bien que les impératifs techniques y soient moindres. Le nouveau directeur général, Graves, l'y supprime en effet par l'arrêté du 17 mai 1856. Elle survit un temps encore dans les services autonomes qui gèrent les biens de la Couronne et de la Liste civile. Leurs dirigeants participent néanmoins aux conférences de Nancy depuis 1863. Ce mode d'engagement disparaît totalement avec la dissolution de la Maison de l'Empereur. Après la débâcle de 1870, il est clair que les élites forestières ne sauraient se recruter en dehors de l'École. Il est non moins évident que son enseignement constitue le seul possible.

Les Eaux et Forêts ont bataillé pour améliorer la qualification de leurs cadres; elles freinent par contre celle de leurs subalternes. Les connaissances, diffusées dans le petit cénacle nancéïen se trouvent ainsi compter autant dans le fondement de la hiérarchie que pour l'amélioration de la sylviculture. Dès lors, pourquoi modifier le degré d'instruction des préposés, bien rudimentaire pourtant? Ce dont les Eaux et Forêts ont besoin, c'est d'un personnel capable de superviser les besognes policières qui incombent aux gardes, et de conduire sur le terrain les mesures décidées et programmées au niveau supérieur. Il ne sert à rien, par conséquent, d'avoir des écoles de gardes, comme le souhaitait J.-J. Baudrillart. Il importe au contraire de *sélectionner* parmi ces hommes ceux aptes à remplir de telles fonctions.

Un premier essai est fait en ce sens sous le second Empire, à l'initiative du directeur général des Forêts, Vicaire. Naissent ainsi en 1863, quelques centres, à Épinal, Valence, Rennes et Villers-Cotterêts [40]. Leur nombre et leur localisation varieront par la suite. Ils devraient pouvoir rendre aptes en deux ans, par une formation appropriée, les domaniaux aux activités de garde général adjoint. L'insuccès ne tarde pas. Il était d'ailleurs assez prévisible : pas de programme avant 1870, aucune sélection à l'entrée, des capacités fort hétérogènes, peu de réussite à l'issue des cours (60 % de recalés à celui de Villers-Cotterêts entre 1864 et 1878!) – et nulle bonification pour ceux qui ont travaillé en vain. Les vocations se tarissent vite et, en 1883, Villers-Cotterêts, le dernier centre fonctionnant, ferme ses portes. Cette déroute confirme donc les propos acidulés de Bouquet de La Grye qui, la même année, juge inutile tout essai « pour mettre à la portée des préposés des forêts un *art* qui doit être réservé aux spécialistes [42] ».

D'ailleurs, ceux qui ont soif de science peuvent toujours l'étancher en lisant les multiples manuels qui se publient, dans ce début de la III [e] République, à la demande du directeur général, Faré. Le choix semble large, même en excluant du lot un best-seller, dû précisément à Bouquet de la Grye : en 1870, le *Guide du forestier* fête sa sixième édition, sous un nouvel emballage, le *Traité élémentaire de la culture et de la gestion forestières*, en deux volumes. Les maîtres nancéïens n'ont jamais tant écrit pour ces autodidactes en puissance. Trois ouvrages par exemple pour la seule années 1873, avec, de G. Bagneris, le *Manuel de sylviculture*, de P. Fliche, le *Manuel d'histoire naturelle*, et de L. Roussel, le *Manuel d'arpentage et de levée des plans*! Pareille moisson éditoriale ne résout cependant pas le problème de la sélection des cadres moyens.

Une réouverture du dossier s'impose donc, en partant d'une base solide, parce que unifiée : l'École primaire forestière des Barres, créée en juillet 1873, dans une chaude ambiance paternaliste [43]. N'a-t-elle pas pour mission, à l'origine, de former aux emplois de garde les fils de préposés, qu'ils soient domaniaux, mixtes ou communaux? Quatre ans plus tard, en juin 1882, la greffe prend, avec l'adjonction d'un centre d'enseignement secondaire destiné aux élèves sortis de la précédente et justifiant de deux années d'active. Et lorsque Villers-Cotterêts ferme ses portes, un décret rend ce centre accessible à *tout forestier* depuis quatre ans fonctionnaire titulaire, ce qui ôte à l'institution sa finalité première de promotion des enfants de troupe. En devenant l'École secondaire d'enseignement professionnel, Les Barres permet enfin de trier, au sein d'une masse anonyme, des assistants qualifiés parce que spécialisés. Ainsi, depuis que s'est posée la question du savoir réclamé au personnel subalterne, plus d'un siècle vient de s'écouler!

Les Eaux et Forêts font donc preuve d'une singulière difficulté à identifier les vrais problèmes. Il arrive d'ailleurs que ceci fait, la solution n'arrive que lorsqu'ils n'existent plus. Le principe de la transaction, par exemple : l'Administration ne s'y range qu'au moment où refluent les délinquants, alors que, déployé plus tôt, il aurait évité que ne dégénèrent en violences les accélérations répressives. Il en va de même du cas présent, dont les effets salutaires se trouvent en partie gaspillés par le décalage chronologique du programme. Les opérations de cantonnements sont en effet à peu près terminées, et le reboisement en montagne largement entamé, quand sortent les premières générations de forestiers-techniciens. Demeure donc tenace dans l'esprit des populations l'image du *forestier-gendarme.* Mais, au fond, n'est-ce pas ce que désirait, plus ou moins consciemment, la hiérarchie?

Pendant longtemps ses grands dignitaires se sont crus les seuls mandatés à sauver la Nature. Caste supérieure, ils abandonnent donc au vulgaire les basses besognes. Comment concevoir alors qu'ils puissent galvauder ce qui établit maintenant leur toute-puissance : les précieuses leçons des maîtres nancéïens? Aussi le règne sans partage de l'École conditionne-t-il le calme au poste de commandement. La rêverie militaire, surgie des décombres de l'Empire, s'y poursuit donc. Elle s'approfondit même au cours du XIXe siècle. L'administration des Eaux et Forêts se trouve de la sorte scindée en deux, d'un côté, la tête pensante, de l'autre, un corps qui agit – comme il le peut. A ce handicap vient s'en ajouter un second, non moins visible : forte de ses certitudes, elle se lance, dès que la bride lui est lâchée, dans une politique qui contribue à l'isoler du reste de la société. Les dix à quinze premières années de la jeune IIIe République voient donc surgir simultanément l'autocritique de quelques forestiers, bien vite déclarés renégats, et la volonté populaire d'assigner de strictes limites à un absolutisme devenu incongru.

EN AVANT, TOUTE!

Viette, dans les années 1880, répète à qui veut l'entendre que Les Barres représente pour son administration « l'équivalent de l'école militaire de Saint-Maixent ». Entendu, il ne l'est guère. Chacun se dit que « dans le service des Ponts et Chaussées, [...] les ingénieurs ne se recrutent pas parmi les cantonniers! », et l'analogie faite entre celui des Forêts et ce dernier va bien sûr de soi. Aussi les bonnes paroles ne parviennent-elles, ni à rasséréner les subalternes aspirant à plus d'honneurs, ni à dissiper les craintes que suscite leur présence. L'opinion les imagine obsédés par des préoccupations policières, et non comme des hommes au courant des évolutions culturales. L'emploi même du terme « brigadier » contribue à asseoir un tel jugement [44]. P. Fliche ne décrit-il pas ceux qui le portent comme les « premières sentinelles de l'Administration »? Cela montre combien lui semble floue la différence qui sépare ces brigadiers étudiant aux Barres de leurs homonymes de l'an IX, nommés « partout où trois ou quatre gardes peuvent se rassembler facilement, et sans s'éloigner de leurs triages »! Leur titre ronflant ne procure cependant même pas un léger mieux aux titulaires. Il ne vise en effet qu'à les décharger de la responsabilité d'un canton. Ils concentrent donc toutes leurs facultés sur les agissements des préposés placés, sans aucun espoir d'amélioration, au bas de la pyramide. Ainsi, les écoles forestières entrent à peine dans l'histoire que, déjà, se termine l'embrigadement de la troupe. L'opération n'a cherché qu'à perfectionner la coercition, non la compétence. Dès 1876, seuls 957 domaniaux ne sont pas encore touchés par ce mouvement, soit 14 % du total des auxiliaires. La structure hiérarchique se renforce donc par ce nouveau maillon, la communication des ordres l'emportant encore une fois sur l'intérêt porté aux capacités. Il ne s'agit pas de dire que celles-ci ne comptent pas, ce serait absurde, mais seulement que prime sur elles la consolidation du corps.

Les Barrois se tromperaient donc lourdement dans ce dernier quart du XIXe siècle s'ils s'imaginaient promis à la destinée des Nancéïens. Au demeurant, Taillavignes, dès 1886, se charge de dissiper un possible malentendu. La « gestion pure », voilà ce qu'est leur métier, tout autre, par conséquent, de celui qui attend « les officiers brevetés », diplômés de Nancy [45]. Aussi convient-il, selon lui, de « les bien pénétrer de leur devoir », et surtout, de ne pas « faire miroiter à leurs yeux des avenirs trop brillants, auxquels, en général, ils ne sauraient prétendre ». Ces conseils affectueux révèlent donc avec quelle vigilance les anciens « fagots » défendent leurs chasses réservées. Le silence enveloppe donc Les Barres, en dépit de l'élévation de son niveau et de son recrutement. Cette école ne perd d'ailleurs qu'en 1966 l'aspect infâmant que lui donne son affectation au perfectionnement interne. La voilà, enfin, reconnue comme école d'ingénieurs, indépendante et ouverte à tous. Une consécration bien tardive, puisque, depuis la Seconde Guerre mondiale, sortent de ses rangs près de 43 % du personnel supérieur. Lui résiste encore cependant le bastion des services centraux, mais pour combien de temps? De telles joutes n'appartiennent d'ailleurs pas qu'au corps forestier. D'autres grandes écoles s'y livrent, qu'elles relèvent de l'armée ou de l'éducation nationale. Un phénomène typiquement français? Peut-être. Dans l'Université comme au C.N.R.S., la chapelle d'origine pèse souvent davantage dans le déroulement de la carrière que le niveau de formation, la valeur du diplôme, l'expérience acquise ou le travail effectué. En quarante ans, le paysage évolue donc, mais avec quelle lenteur! Ces aménagements mesurés contrastent cependant avec le long immobilisme qui marque en cette matière le XIXe siècle. Une aristocratie forestière conduit ainsi la politique sylvicole à la satisfaction des catégories sociales dominantes.

Un premier assaut

Le débat sur l'aliénation des forêts domaniales gêne incontestablement la restauration administrative qu'il relègue au second plan. Sa longueur, au fond, trahit la permanence des difficultés budgétaires dans lesquelles se débattent tous les régimes politiques, depuis Louis XV. Ces tensions n'étaient d'ailleurs pas moindres sous le règne du Roi Soleil. Si elles ne se terminent pas en braderie, encore que la pratique des engagements s'y apparente fort, ce n'est qu'en raison du recours à d'autres remèdes. Ces tristes expériences enrichissent bien des quidams, mais sont obsolètes dès la seconde moitié du XVIIIe siècle. La mise à l'encan des bois s'impose alors pour éponger l'endettement chronique de la nation.

Dans les coulisses, pourtant, se joue la pièce principale, celle qui prend pour thème le conflit opposant, sur l'emploi des espaces boisés, les communautés d'habitants, devenues dans l'intervalle des communes, et les grands propriétaires, le premier d'entre eux étant incontestablement l'État. Les deux protagonistes figurent déjà à l'affiche sous l'Ancien Régime, mais le déroulement du scénario avait tourné court. Comment, en effet, restreindre les prélèvements usagers sans, du coup, saborder l'économie domaniale et risquer l'explosion populaire? Néanmoins, leur réduction commence avec prudence toujours, et parfois, avec repentirs, qu'il s'agisse des forêts de Sa Majesté ou des bois seigneuriaux. Le pâturage semble à l'abri de cette remise en cause, lente et obstinée, des concessions primitives. Au lendemain de la Révolution par contre la conjoncture paraît favoriser de telles manœuvres, non seulement parce que les héritiers entendent reprendre les gains amassés récemment par les communautés, mais aussi par ce que certains de ces droits, jadis indispensables, le sont moins.

Le texte voté en 1827 répond donc à cette double espérance, un peu de revanche et beaucoup d'adaptation. Sa parution est d'autant plus attendue que, depuis l'époque colbertienne, bien des changements sont à prendre en considération car ils atteignent les bases même du Code de 1669. Tout cela, demande industrielle en expansion, glissement dans la propriété foncière et prolifération de lois et décrets, exige un examen approfondi, avant qu'il soit procédé à d'inévitables réajustements. Éclaircir ce qui est devenu un inextricable maquis s'impose donc. G. Buttoud, dans son excellent travail sur *L'État forestier*, rappelle ainsi que durant tout le premier tiers du XIXe siècle, chaque intervention administrative doit se réfugier derrière une jurisprudence pléthorique, consignée dans des opuscules écrits spécialement à l'usage des agents. Sous le Consulat, celle-ci alimente déjà 48 % des règlements forestiers, pourcentage fort considérable qui ne l'empêche pas de croître et d'atteindre 69 % à la veille de la Restauration! Certes, maints ouvrages juridiques s'efforcent alors de combattre les inconvénients d'un tel éparpillement, et recensent donc tous les arrêts pris en cassation. C'est le cas du *Code forestier* de Rippert (an VII), du *Code des Eaux et Forêts* de Forestier (an XI), du *Code rural et forestier* de Rondonneau (1810), ou du *Traité du régime forestier*, écrit par Dralet en 1812, reprenant en partie celui *des délits, des peines et des procédures en matière d'Eaux et Forêts*, publié quatre ans plus tôt. Ces auteurs, qui allient souvent un cabinet d'avocat aux activités sylvicoles, savent les multiples difficultés locales que rencontrent les officiers. Leurs souhaits tendent vers un rétablissement des préceptes cher à Colbert : renforcement des compétences administratives et développement d'une solution radicale et globale – bref, 1669 reste à faire!

Le virus légitimiste qui sévit depuis le retour des Bourbons ne peut qu'accroître le désir administratif d'élever, à la place de la défunte loi de septembre 1791, le monument d'un nouveau Code, digne de son modèle. Avec pareille approche il ne saurait donc être question de se contenter d'un corpus général, comme l'avait été, par exemple, le Code des délits et peines. Sa promulgation, le 3 brumaire an IV, reflétait en effet la volonté d'abolir toute prérogative administrative. Dans ces années 1820, une pareille chose se conçoit d'autant moins que se taisent enfin les voix qui, jusque-là, récusaient une hiérarchie spécialisée dans la gestion des bois! Cette affreuse hypothèse écartée, les responsables forestiers hésitent au sujet d'un éventuel retour aux sources colbertiennes. Ce bain de jouvence ne leur déplairait pas, bien évidemment. L'expérience en est tentée, mais avec maladresse, grâce à l'ordonnance d'octobre 1815. Elle associe en effet les privilèges de marquage consentis à la Marine dans les forêts particulières au contrôle des coupes qui y sont réalisées. Le tollé des grands propriétaires devant une telle ingérence balaie cette disposition dans les trois ans. Voilà démontrée révolue l'époque du Rémois même s'il convient d'en chanter la gloire plus que jamais.

Le futur texte devra donc s'en inspirer mais tailler un habit neuf à ses principes afin de plaire aux familiers du trône. Villèle, ministre des Finances, sollicite d'ailleurs en ce sens la direction forestière, par lettre du 20 septembre 1822. A elle de réfléchir sur la teneur de ce projet, qu'il entend soumettre aux Chambres dans les meilleurs délais. Il est clair, par les raisons alléguées, qu'il songe à une efficacité répressive plus grande, « l'ignorance des lois sur cette matière [servant] souvent pour excuser des contraventions [46] ». Il est non moins évident que, s'il fait confiance pour cela à leur formation juridique, il ne veut pas cependant d'excès de zèle. Les termes de l'article 3 de sa lettre limitent donc les dangers d'une résurgence du Code de 1669, en précisant qu'au cas « où l'Administration croirait devoir modifier *en quelque point* la législation existante, elle en développera les motifs dans un rapport, annexé au projet [47] ». Le 6 janvier 1823, celui-ci échoit sur le bureau de Son Excellence. Quatre mois à peine se sont écoulés depuis qu'il en a formulé la demande. Les auteurs disposaient pourtant encore de deux mois, mais se hâtent de profiter d'un vent qui sert aussi bien leur dessins.

Ce comité comprend les quatre membres du conseil d'administration, Chauvet, Duteil, Marcotte et Raison, auxquels sont adjoints, par décision ministérielle, deux administrateurs appartenant au service central, Doniol et Baudrillart, tous deux chefs de division, et deux autres appartenant au service ordinaire, Lecauchois, conservateur à Paris, et Dubois, inspecteur général. La structure et l'esprit du projet ne renient en rien ses origines. Elles sont même hautement revendiquées puisque, dès le préambule, ses parrains déclarent que, loin « d'improviser une législation nouvelle » – ce dont Villèle ne voulait pas –, ils ont pris pour « type de Code » l'Ordonnance de 1669, établie « sous les auspices d'un ministre [...] qui avait senti que la conservation des forêts avait besoin d'une protection spéciale [48] »!

Villèle ne ressemblant pas à Colbert, ni Louis XVIII à son illustre aïeul, surtout pour le peu de vie qui lui reste, il convient donc d'amender ce texte trop musclé, en lui donnant une vague apparence libérale. Comment, sans ce vernis, oser le montrer aux grands propriétaires fonciers, soutiens du régime et maîtres des deux Chambres? Ledit toilettage dure près de trois ans! L'opération achevée, Martignac se décide enfin à le présenter en première lecture. La Chambre des Députés en prend connaissance le 26 décembre 1826. C'est en vain que l'opposition libérale, conduite par Sebastiani, Devaux, Montbel et Hyde de Neuville, cherche à rogner les pouvoirs discrétionnaires que s'arroge l'exécutif sur ce chapitre. Certes, les mesures adoptées, notamment pour contenir les défrichements, relèvent d'un autoritarisme qui va à l'encontre de sa position quant à la libre jouissance des bois particuliers. Mais, par ailleurs, ne sont pas à dédaigner les procédures permettant de rabattre les prétentions usagères. Du coup, le Code forestier, soit 225 articles regroupés en 15 titres, reçoit l'approbation des députés le 9 avril 1827, par 267 voix contre 8. Celle des pairs de France, un bon mois plus tard, le 19 mai, par 112 contre 3.

Les parlementaires, toutes tendances confondues, ratifient donc avec empressement trois modes d'intervention de l'État dans la gestion des étendues boisées, même si le dernier leur occasionne quelques aigreurs par son principe : elles s'apaiseront aisément si l'application en est souple.

Le premier concerne la *gestion directe des forêts domaniales.* Il ne saurait soulever la moindre réticence, en dehors des partisans de l'affermement – mais depuis le Directoire, la race semble s'en être presque éteinte ! Que l'État choisisse de suivre de près l'aménagement de *ses* forêts et l'utilisation des produits qui y sont récoltés, voilà qui ne dérange pas le droit de propriété. Cela signifie que ces bois domaniaux doivent être réglés de la façon la plus productive possible et dans l'intérêt de tous, deux exigences qui furent loin d'être toujours remplies par le passé. Autrement dit pas de ventes sur pied qui ne soient inscrites au calendrier des coupes, même si la nécessité du moment les réclame, et aucune cession de fonds sans l'assentiment des parlementaires. Il faut donc que le gouvernement renonce tant aux anticipations qu'aux aliénations, deux expédients si délicieux pourtant lorsque se creuse le déficit du Trésor public ! Il faut également qu'il accepte le prix d'une sylviculture onéreuse dont la pratique ne peut que lui incomber. Futaies et taillis composés constituent des traitements complexes requérant une conduite à long terme, peu compatible avec des capitaux privés, soucieux de rentabilité immédiate. A cela aussi, pas d'objection : les progrès réalisés dans la mise en valeur domaniale ne conditionnent-ils pas la suppression des contraintes exceptionnelles qui pèsent sur le secteur privé ? Celles-ci deviendront inutiles lorsque le patrimoine national produira davantage de bois d'œuvre. Ce raisonnement, simple et astucieux, porte auprès des notables, mais n'engage pas l'État.

Le deuxième mode vise sa *tutelle sur la gestion des bois dépendant des communes et établissements publics.* Cela ne choque pas, car ces terrains, communaux ou sectionnaux – ces derniers depuis que les instances révolutionnaires se sont préoccupées de l'alimentation en combustible des hameaux récents, très souvent lésés par le noyau villageois sous l'Ancien Régime –, ne sont pas, par définition, soumis à l'appropriation individuelle. La chose s'admet d'ailleurs d'autant mieux que les communautés d'habitants n'ont jamais eu la réputation d'être bonnes ménagères de leurs bois. Dès lors, pourquoi ne pas désaisir les municipalités de leurs prérogatives, au nom de l'intérêt public comme de celui de leurs administrés ? Une administration compétente se chargera à leur place du martelage des triages, de la surveillance des exploitations et de la délivrance des menus produits. Elle leur rétrocédera seulement, comme cela se faisait sous l'Ancien Régime à propos des gens de mainmorte, le solde du revenu obtenu, déduction faite de ses frais, bien sûr. Rien ne semble donc changer sur ce point depuis au moins le milieu du XVIIe siècle. Les populations paysannes ne parviennent pas à se débarrasser du statut d'êtres mineurs, incapables de distinguer ce qui vaut le mieux pour elles, et donc obligées de se soumettre à des décisions qui prétendent faire leur bonheur. Les parlementaires rejoignent ainsi les forestiers dans l'idée qu'il faut les sauver de leurs erreurs : la Révolution est encore trop proche pour que leur libre initiative ne les effraie pas. La lettre qu'expédie en 1839 le garde général au maire de Luc (Lozère) ruisselle de ces bons sentiments, où la suffisance se mêle à l'agréable sensation que donne le devoir accompli [49]. Il lui indique ainsi l'avenir radieux qui attend ses concitoyens, avec « l'ordre établi dans les bois ». Ne doit-il pas forcer les habitants des communes dépourvues de combustible à « *acheter* des coupes et à perdre l'habitude de s'approvisionner par la voie du maraudage » ? Il ne doute donc pas que son action, « en introduisant le commerce du bois dans le pays, en occupant des bras, semant l'argent, doi[ve] faire faire un pas de géant à la civilisation ». La cueillette au lieu de la monétarisation, l'oisiveté au lieu du travail, sont mères de tous les vices, et cela était vrai avant même que Monsieur Guizot n'ouvre la bouche. Les agents en exercice sous la Restauration le savaient déjà ! Il n'y a pas à sortir de là. « L'État ne s'empare de la régie des bois communaux, comme le dit Reynard, qu'afin d'en assurer la perpétuation par un aménagement régulier [50]. » Toujours le même postulat qu'il est « impossible aux communalistes d'administrer eux-mêmes leurs bois et d'en assurer la bonne surveillance » !

Évidemment cet argument ne peut pas jouer pour justifier le troisième mode d'intervention, le *contrôle administratif appliqué aux forêts privées*. Aussi Marillac, soutenu par Bouthillier, directeur général des Forêts depuis 1824, doit-il recourir à d'autres arguments. Déclarer vital le maintien des servitudes administratives imposées dans les bois des particuliers ne saurait convaincre les intéressés, surtout lorsque celui-ci est mis en relation avec l'échéance lointaine, donc incertaine, des conséquences positives qu'auront le déploiement de nouvelles techniques dans les bois domaniaux et l'application du régime forestier aux bois communaux! Aussi le rapporteur du projet place-t-il le débat sur un tout autre plan, celui des *services indirects* que ces forêts privées rendent à la collectivité, utilité qui éclipse peut-être celle de leur production.

Un tel système de défense donne un son neuf puisque, pour la première fois, un gouvernement justifie son ingérence par des motifs qui ne tirent leur puissance ni des impératifs militaires ni des exigences économiques. Certes, le milieu sylvicole n'agit pas d'identique manière en montagne ou en plaine, mais il semble bien délicat de préciser les critères permettant, ici, de libérer la propriété de toute entrave, et là, au contraire, de l'y assujettir. La formulation reste donc générale, ce qui sauve de justesse les principes égalitaires et centralisateurs auxquels s'accroche encore la haute administration. Cette attitude n'indique pas une résurgence jacobine, mais bel et bien la volonté de persévérer dans l'absolutisme. Sous l'Ancien Régime déjà, aucun type de propriété n'échappait à son influence, et ce point demeure ainsi acquis. En revanche, il n'en allait pas de même en ce qui concerne les régions, notamment dans la France méridionale, où le réseau distendu de ses agents rendait virtuelles ses attributions. Là, le changement est d'importance. L'obtention de clauses lui permettant d'exercer sa puissance, *en tous lieux et genres*, mérite donc bien quelques sacrifices au sujet des défrichements enfin tolérés et des servitudes qui ne le sont plus.

En dépit de ce compromis, l'ordonnance réglementaire du 1er août 1827 peut donc être qualifiée de « loi des forestiers ». D'ailleurs, le contentement de ceux-ci éclate devant cette pérennisation de leurs pouvoirs, remarquable depuis au moins la fin du XVIe siècle. Que les libéraux s'y soient laissé prendre émerveille un homme comme J.-J. Baudrillart, bien placé pour savoir combien les concessions faites sont minimes [51]. Parlant en 1832 de son *Code forestier,* paru en 1827, il remarque, à propos du durcissement observé dans la répression policière, que « cette première édition avait préparé les voies de l'interprétation par les notes qu'elle contenait, et qui indiquaient les intentions des rédacteurs du Code [52] ». Ces dernières ne souffrent pas d'ambiguïté. Elles restaurent bien les Eaux et Forêts dans leurs prérogatives d'antan, lesquelles ne vont pas rester inemployées.

La deuxième vague

L'École de Nancy doit en fait sa fondation de 1824 à un exceptionnel contexte. S'y combinent, d'une part, les besoins en personnel qualifié de l'administration forestière, de l'autre, ceux de la société globale, qui entend séparer espace boisé et terres cultivées. Ses liens avec la réaction politique qui suit la chute de l'Empire expliquent d'ailleurs l'estime dont elle jouit sous la Restauration et, inversement, la relative méfiance qui l'entoure sous la monarchie de Juillet. Promotions amputées et crédits réduits, ne paie-t-elle pas par ces avanies ses accointances légitimistes, avant que le Prince- Président ne lui accorde de nouveau les faveurs gouvernementales? Un si auguste soutien, après les grandes peurs de la seconde République, ne traduit cependant pas quelque changement survenu dans la composition de ses effectifs. Celle-ci présente une stabilité très remarquable jusqu'aux lendemains de la Grande Guerre. Ni la petite bourgeoisie ni les classes populaires n'investissent Nancy, comme cela se passe dans d'autres grandes écoles durant toute la seconde moitié du XIXe siècle [53]. Le doublement du nombre d'élèves pendant le second Empire, pour répondre à la diversification des missions forestières, ne procure donc pas de chances supplémentaires à ceux issus de ces catégories.

La réforme de 1889, qui remet à l'Institut national agronomique (I.N.A.) la préparation du concours, n'affecte en rien cette situation [54]. Son seul impact, outre l'amélioration du niveau, a été de modifier la géographie du recrutement, devenu ainsi davantage parisien. Le pourcentage d'étudiants venus de la capitale passe donc de 9 à 25 %, ce qui atténue nettement la spécificité régionale dont souffrait l'École. Les départements de l'Est fournissaient jusque-là le gros des troupes. Aussi les forêts vosgiennes étaient-elles tout particulièrement chéries, leur gestion ne se confiant qu'aux meilleurs : un couronnement de carrière, en quelque sorte [55]. En fait, 1889 n'a pas apporté de grands bouleversements ni dans les mentalités ni dans les origines des futurs forestiers.

Leurs supérieurs s'en félicitent plutôt. Ils étaient loin, au début, d'approuver ce changement, craignant ses conséquences. Boppe observe ainsi en 1897, soit sept ans plus tard, et « avec une vive satisfaction », que, jusqu'à présent, « le recrutement par l'Institut est fait dans un milieu social *absolument identique* à celui d'autrefois [56] ». C'est que, pour accéder à l'École, de solides revenus familiaux sont nécessaires. Peu ou prou, la rente foncière caractérise tous les parents des impétrants. Le traitement octroyé à leur progéniture depuis la réforme, non seulement ne couvre pas les frais de scolarité, mais, en plus, supprime les bourses partielles dont disposaient les fils d'officiers – une mesure datant de 1856, étendue six ans après à ceux des préposés. Une pareille aide, avant que ne survienne 1889, ne relevait certes pas du superflu. L'inscription nancéïenne réclamait en effet de pouvoir régler une pension annuelle de 1 200 à 1 500 francs et de payer l'uniforme. Et ce n'est pas la faiblesse des rémunérations, surtout en début de carrière, qui saurait faire considérer la dépense comme un investissement valable à long terme. Non, l'entrée à l'École ne s'explique ni par l'envie des richesses, ni par la soif des honneurs, mais tout simplement par *l'amour de l'Arbre.* Et pour que l'idylle soit possible, il ne faut pas être pauvre.

Du coup, les classes supérieures se trouvent sur représentées à l'École, et ce, d'une façon plus nette et plus tenace que partout ailleurs. Tous les travaux sociologiques menés sur le corps forestier soulignent cette particularité dans la sélection de ses élites. Les Nancéïens ont beau constituer une méritocratie, peu nombreux sont ceux qui peuvent dire leurs parents salariés : 0,7 % de 1825 à 1847, 0,5 % de 1848 à 1869. Cette situation n'évolue lentement qu'après la Seconde Guerre mondiale, encore que ces élèves issus de catégories modestes (12 %) soient toujours moins nombreux que les condisciples dont la tradition familiale reste terrienne (15 %). Comme pour les officiers de l'armée, ceux des Eaux et Forêts ont besoin pour vivre dans l'aisance d'une fortune personnelle. Ni les déménagements répétés, ni la solde médiocre, ne donnent matière à enrichissement [57]. Qu'ils le souhaitent ou non, les Nancéïens se définissent d'abord par l'étroitesse de leurs liens avec la *notabilité rurale,* et cela à l'heure même où la France bascule dans la civilisation industrielle et urbaine. Leurs familles, sous la Restauration, tiraient pour près de la moitié d'entre elles (47 %) leurs ressources de l'exploitation domaniale. Ce pourcentage s'accroît même avec le second Empire (52 %) et mettra du temps à s'abaisser puisque, à la veille de 1914, il excède les 41 %, ce qui ne se rencontre dans aucune autre grande école.

Les futurs forestiers évoluent ainsi dans un monde clos, gardien des valeurs traditionnelles. Alors que la presse ne parle que de fêtes aux Tuileries et d'Haussmann pour la capitale, 52 % de ces élèves ne connaissent pour horizon que campagnes et bourgades, lieux de résidence parentale. A l'époque de Mac Mahon, plus du tiers (36 %) sont nés au village et cette proportion se révèle étonnamment stable jusqu'à la Ve République [58]. Comment, dans un pareil contexte socio-professionnel, les mentalités administratives ne se trouveraient-elles pas imprégnées par un idéal de vie alliant la rente à la distinction ? En fait, l'empreinte nobiliaire dépasse assez largement l'audience que détiennent à l'École les ressortissants de l'aristocratie. Leur nombre chute d'ailleurs très vite, une fois passée la Restauration. Évidemment, sous le règne de Charles X, ces jeunes gens du beau monde représentent le quart des effectifs, ou peu s'en faut (24 %). Il est également certain qu'un nom à particule – laquelle signe plus souvent la prétention familiale que l'appartenance au Gotha – n'entrave pas l'accès au grade de conservateur, loin de là, que le régime soit impérial ou républicain [59]. La hiérarchie n'est donc point insensible à leur présence. Pourtant, ce recrutement de nobles, vrais et faux, importe moins au bout du compte que l'influence de conceptions plus générales, propres aux notables de province. Le seigneur du cru en fait partie, bien sûr, mais aussi le bourgeois propriétaire, le médecin cossu et le notaire avisé. Tous partagent une *méfiance atavique envers le paysan,* fossoyeur de droits féodaux, âpre à la discussion, mauvais client et mauvais payeur. Ils applaudissent donc au régime forestier qui lui enlève tout droit de regard sur la gestion des bois.

Le Code foıestier élaboré entre 1822 et 1827 assure les bases, un moment fragilisées, de l'administration des Eaux et Forêts. L'action répressive que conduit celle-ci représente en quelque sorte son premier assaut contre le monde rural. La seconde étape dans cette mise au pas réside dans la stricte application du régime forestier auquel sont soumis les bois et forêts relevant du domaine de l'État, ceux qui font partie du domaine de la Couronne, ceux possédés à titre d'apanage et de majorats réversibles à l'État, enfin ceux dans lesquels l'État, la Couronne, les communes ou les établissements publics ont des droits de propriété indivis avec les particuliers. L'article 138 de l'ordonnance réglementaire complète en conséquence ce dispositif, en précisant que l'Administration dressera « incessamment un état général des bois appartenant à des communes ou établissements publics », concernés par une telle mesure, « comme étant susceptibles d'aménagement ou d'exploitation régulière [60] ».

Avec cette formule, commencent les difficultés. Les municipalités, afin d'échapper à l'emprise du régime forestier, jugent toujours ces espaces convoités trop « dégradés », « dévastés » ou « ruinés » – des adjectifs qui se répètent dans les procès-verbaux de visites, faits contradictoirement pour vérifier leur aspect réel. Seule une dénaturation poussée au point que les convertir en bois semble chimérique évite l'ingérence administrative. F. Allard, dans sa thèse *Les Forêts et le régime forestier en Provence*, soutenue en 1901, estime justement cette astuce trop commode, car ces superficies détériorées ne sont-elles pas « celles qui réclamaient la protection la plus sérieuse, la plus urgente et la plus nécessaire! »? Et d'affirmer, péremptoire : « C'était une hérésie que le législateur venait de consacrer [61]. » Évidemment, semblable opinion ne saurait agréer aux habitants. Ils ont l'impression que le régime forestier, non content de leur enlever *le droit de les conserver,* droit dont héritent les forestiers, suspend aussi *les droits de gestion et de surveillance,* obtenus par la loi du 29 septembre 1791.

En fait, depuis cette date, ces deux facultés, préserver et gérer, se confondent dans leur esprit, ne serait-ce que parce que l'absolutisme les en privait et qu'elles semblent un don des temps nouveaux. Le procédé s'apparente à l'amalgame et leur retire de la mémoire que la défense des bois, quels qu'ils soient, s'est presque toujours vu confier à un corps spécifique. Ils comprennent mal que cet objectif implique d'attendre que les agents forestiers délivrent les coupes affouagères, indiquent le nombre de bêtes admises dans les pâturages communaux et fixent la durée de la dépaissance et les endroits où elle devra s'exercer exclusivement. Les reconnaissances de ces terrains prennent des semaines, des mois mêmes, en raison de l'hostilité ambiante, tout à fait analogue à celle observée dans le premier tiers du XVIIIe siècle, lors de l'apposition des réserves. Ainsi, en Lozère, l'opération démarre en 1832 [62]. Six ans plus tard, 48 % des communes boisées offrent des terrains soumis. Cela ne porte donc que sur quelque 6 500 hectares. Les élus locaux pratiquent une résistance passive depuis longtemps au point : absence aux convocations, erreurs volontaires dans les bornages, dissimulation systématique de ce qui peut l'être, emploi de l'occitan, etc. Les villageois, eux, ne répugnent pas aux coups de main, coupant à blanche taille les bois devant passer sous régime forestier.

Au moindre signe de faiblesse politique, ce genre de pillages progresse. C'est le cas en Isère, notamment dans le canton de Villard-de-Lans. Déjà avant que ne se déclenchent les journées de février 1848, le maintien de l'ordre exige la présence de l'armée. L'émeute parisienne met le feu aux poudres, selon l'expression des autorités [63]. En dépit du calme apparent, les gens d'Autrans, par exemple, « n'avaient pas renoncé à leurs prétentions, et à la nouvelle de la révolution de février, ils crurent le moment venu de s'affranchir de la surveillance forestière ». Une embuscade est donc tendue à la Grande Combe, là où la route se resserre entre les parois, afin d'empêcher le détachement de cavalerie d'atteindre Grenoble. « Après deux ou trois sommations sans résultat, on fit une première décharge en l'air et les pierres continuant à pleuvoir de plus belle, les militaires firent feu en visant [64]. » L'échauffourée n'entraîne que quelques égratignures, mais témoigne bien du climat de tension ainsi engendré. L'opposition rurale l'explique par le dogmatisme avec lequel lui semblent appliquées la soumission des pâquis boisés et l'interdiction totale du pacage. Le conseil municipal de Rieutort-de-Randon (Lozère) affirme ainsi que cette disposition « aggraverait la position des habitants malheureux, forcés de renoncer aux produits de leurs troupeaux et de leurs terres, devenues *insusceptibles* de culture, une fois privées de l'engrais qui en fait toute la fertilité [65] ». C'est que, pour les paysans, abdiquer sur ce point signifie devoir réduire le bétail, donc obtenir moins de fumure. La définition qu'ils se font de ces étendues est donc essentiellement pastorale. Les gardes généraux y voient au contraire des *bois en puissance,* qui ne pourront être réhabilités que par une mise en défens, permettant le réensemencement naturel. Le bétail gênant cette ambition, ils ne se contentent pas de veiller à l'exécution stricte de l'article 110 du Code, expulsant les ovins. Ils poussent le zèle jusqu'à refuser l'autorisation spéciale de parcours dans les bois âgés auxquels la dépaissance ne peut plus nuire!

A la veille de la seconde République, les protestations contre de telles méthodes ne se comptent plus, et finissent par préoccuper les représentants de l'exécutif. Le préfet de Lozère annonce ainsi au directeur général des Forêts, à propos des sections de Chaulhac, son « intention de demander la vérification des terrains soumis au régime forestier, auxquels les communes contestent la qualité de bois remplissant les conditions exigées par le code forestier, c'est-à-dire des bois *reconnus susceptibles* d'aménagement ou d'une exploitation régulière [66] ». Apparemment sa démarche est fondée puisque, entre 1844 et 1847, après procédures judiciaires, 35 % des terrains soumis au régime forestier en sont débarrassés.

Le vent serait-il en train de tourner au détriment de la toute-puissante administration des Eaux et Forêts? Elle en a le sentiment, en apprenant, le 10 mai 1849, que le gouvernement songe à réviser le régime forestier, et qu'en attendant, il met en place dans chaque département une commission mixte associant conseillers généraux et agents forestiers, afin d'écouter les plaintes des maires. Le conservateur E. Clerc, affolé devant ce que cela présage, charge en conséquence ses subordonnés d'œuvrer pour limiter l'effet de cette tendance libératoire. Celle-ci ne provient, à l'en croire que « d'injustes préventions » et « d'excitations hostiles au régime forestier [67] ». Le problème dépasse pourtant le cadre des antagonismes locaux puisqu'il se développe aussi dans le sud-est et le midi de la France. *Le Patriote des Alpes* souligne ainsi, le 15 décembre 1849, que l'agitation vient de ce que le montagnard se sent menacé dans la satisfaction de ses besoins les plus élémentaires, le pacage et l'affouage [68]. « Le pâturage et le bois sont généralement des biens communaux, et le pâturage, qui touche au bois, qui est enclavé dans le bois, [...] se trouve comme celui-ci sous la main de l'administration forestière. »

Les excès de son dirigisme lui aliènent apparemment tous ses soutiens. Au fond, c'est à juste titre que Louis-Philippe se méfie de cet État dans l'État que redevient l'administration forestière, et ce, dès l'aube du XIXe siècle. La monarchie de Juillet se veut libérale et l'épithète fait horreur aux maîtres de cette administration. Mais cette méfiance n'est pas connue des populations. Celles-ci vont donc lui faire payer ce que les administrations forestières ont entamé. L'Arbre et le Pouvoir, voilà les seuls mots que celles-ci paraissent connaître. Les inconvénients de cette adoration, le régime politique les supporte seul, tant il est vrai que les gouvernements disparaissent alors que demeure l'intendance. La vague contestataire, surgie des atteintes subis par les droits d'usage et les biens communaux, emporte définitivement la dynastie d'Orléans. Les critiques paysannes ont donc balayé ce que les barricades parisiennes avaient déjà cassé.

***

Les conflits provoqués par cette soumission au régime forestier témoignent encore une fois de l'étroite marge de manœuvre dont disposent les tenants de toute nouvelle politique sylvicole. Comme le remarque D. Woronoff, celle-ci ne peut, « dans le court terme, modifier des habitudes de vie qui reflètent les équilibres et les contraintes de l'économie rurale [69] ». Aussi l'administration des Eaux et Forêts, durant toute la première moitié du XIXe siècle, consacre-t-elle ses forces à « regagner le terrain perdu [70] ». Elle n'y a d'ailleurs pas trop mal réussi. Le malheur est que ce qui vaut pour la consolidation de sa puissance coûte cher aux gouvernements qui sont censés la diriger. Pourtant, à l'issue de la brève seconde République, ses cartes semblent moins bonnes que par le passé. Les plaintes en justice et les révoltes pastorales s'associent afin de la faire culbuter. Et le second Empire qui suit ne paraît guère se préparer à la soutenir. Napoléon III sait comment il a été élu. Il songe autant à récompenser les votes de la France profonde qu'à désarmer le Midi rouge qui s'est opposé à son coup d'État. La guerre entre les ruraux et les forestiers ne lui sied donc pas. Un brin de démagogie convient par contre à sa stratégie, d'où la dénonciation des soumissions abusivement réalisées avant 1848. Cela a l'avantage de ménager celles qui devront se faire à l'avenir. N'est-ce pas le prix à payer pour une agriculture tournant le dos à l'économie de subsistance?

Le gouvernement prescrit en conséquence une révision du régime forestier pour les propriétés communales de quinze départements, intelligemment sélectionnés. Le ministre de l'Intérieur recommande à ses émissaires, en décembre 1853, un an après le succès du Prince-Président, de « saisir cette occasion pour faire ressortir, aux yeux des populations rurales, la sollicitude constante avec laquelle le gouvernement cherche les moyens d'améliorer leur sort [71] ». Ce travail incombe donc aux préfets, qui devront agir de concert avec les conservateurs, le tout dans « un esprit de conciliation, qui, sans compromettre les intérêts réels et très considérables de la *conservation forestière*, tende à restituer aux communes pastorales, le *libre usage* de leurs terrains ». A une condition, toutefois : que leur assujettissement au régime forestier ne soit justifié « par aucun avantage actuel, ou ne donne que des espérances... très éloignées [72] ».

La compétence technique dont se targuent les forestiers leur laisse une certaine latitude pour influer sur les décisions prises. Il leur suffit pour cela de persuader les autorités de l'avenir rayonnant des peuplements sylvicoles. La Direction générale des Forêts s'inquiète pourtant de l'emploi d'un tel biais. Elle rappelle ainsi à la Conservation de Nîmes que c'est avec une telle approche que les termes de l'article 90 ont été exécutés trop strictement, en assignant « au régime conservateur une *extension* trop grande », cause des difficultés actuelles [73]. La diplomatie s'impose donc pour négocier une étape délicate dans l'histoire administrative : « Il s'agit de donner franchement satisfaction aux besoins locaux, tout en maintenant l'autorité du Code *sur tous les points* dont l'application en sera profitable. » La ligne tracée est nette, le texte de 1827 devenant le rempart derrière lequel se rassemblent les forestiers.

Cette tactique, qui maintient l'essentiel tout en se résignant à une retraite momentanée, ne se comprend pas toujours très bien au niveau local. Certains agents font contre triste fortune bon cœur. C'est ainsi qu'en Lozère, le sous-inspecteur F. Madin explique que le régime forestier, utilisé « avec modération dans l'intérêt bien entendu des communes », finira par être compris comme étant « un régime de protection plus que de répression », et cela dès qu'il aura produit d'avantageuses coupes de bois [74]. Dans l'immédiat, il veille à se concilier les populations. En huit ans, de 1854 à 1861, sont donc soustraits au pouvoir administratif quelque 6 300 hectares. Restent 53 % – à peine plus de la moitié – des espaces encadrés depuis 1844 par les Eaux et Forêts.

Cette volonté d'apaiser les rancœurs ne se rencontre pas partout. Tous les prétextes sont alors bons pour que ne se desserre pas l'étreinte. Les responsables grenoblois font montre en ce domaine d'une telle mauvaise foi que le préfet de l'Isère juge bon, dès avril 1854, d'en référer à l'échelon supérieur. Il estime, et ne se trompe pas, que la Conservation de ce département se moque des circulaires ministérielles. « Non seulement, [elle] ne m'a proposé aucun déclassement, note-t-il, mais elle a émis l'avis au contraire d'étendre le régime forestier à des propriétés qui n'y étaient pas soumises, ou [à] d'autres au sujet desquelles des propositions régulières n'étaient pas [encore] intervenues! » Ainsi, pas une seule parcelle à enlever sur les 53 000 hectares passés sous son contrôle ? La riposte ne tarde pas. Le chef de ce département est muté, ce qui explique pourquoi tant de forestiers de l'époque préfèrent faire carrière dans les services centraux plutôt que dans le service ordinaire.

La colère d'un préfet bien en cour occasionnant bien des tracas, mieux vaut s'épargner de fâcheux contacts qui ralentiraient une carrière pleine d'espérances. Le changement de résidence imposé au sieur Hunin devrait rendre plus docile le successeur. Effectivement, les rapports entre Préfecture et Conservation deviennent fort cordiaux. Toutes ces politesses, néanmoins, n'aboutissent à la libération que de... 5,3 % des terrains réquisitionnés pour la cause sylvicole! Cela comble de joie 28 communes, et en laisse désolées 240 autres. Satisfaction n'a donc été accordée qu'à un peu plus du dixième. L'exemple relativise singulièrement la défaite des Eaux et Forêts. Celle-ci n'est que poudre aux yeux, fabriquée par le gouvernement pour calmer les gens des hautes terres. La surveillance sur les massifs ainsi situés ne se relâche pas. Les abus de jouissance n'auraient-ils pas, sinon, « compromis l'existence d'intérêts forestiers importants » et « exposé le pays aux graves conséquences du déboisement et du ravinement des pentes [75] » ? Le contrôle de ces espaces prélude ainsi à leur reboisement. Et là, peut-être, la déclaration d'utilité publique pourra-t-elle étouffer les cris de protestation.

DEUXIÈME PARTIE

REGARDER LES ARBRES

L'âme humaine est comme la forêt où nous marchons, saccagée à merci par des sylviculteurs malfaisants. On abat les hautes futaies de nos pensées, on réduit en poussière les fiers rochers de nos volontés, on aplatit les collines qui s'élèvent vers le ciel.

Théodore ROUSSEAU.

CHAPITRE VII

Menaces sur la plaine

Dans la seconde moitié du XIXe siècle, le regard de l'État change quant aux forêts de montagne. Progressivement, il cesse de les considérer en fonction de leur utilité pour les habitants, des produits qu'ils peuvent en extraire ou de l'emploi qu'ils en font. Désormais, il les conçoit *indépendamment* du domaine agricole, la défense du milieu naturel étant leur principale finalité.

Une telle optique a de quoi surprendre les familiers des hautes terres, dérangés dans leurs habitudes, traités en fauteurs de troubles, et qu'inquiète à juste titre leur devenir. C'est que la mise en accusation de leurs pratiques s'inscrit à l'ordre du jour, dans une époque traumatisée par les inondations catastrophiques, décrites à la une des quotidiens, et largement exploitées par les politiciens de tout bord. Les autorités ne peuvent se dégager qu'en contre-attaquant dans la presse qui leur est favorable. Bon nombre d'articles reprennent, et sans la moindre nuance, les propos officiels qui établissent, parfois avec bien des sous-entendus, une corrélation entre l'importance des crues et celle des défrichements.

Il en va ainsi de ceux de M. de Bouville, préfet des Basses-Alpes, tenus après le désastre de 1856. Même une revue professionnelle comme les *Nouvelles Annales de la Construction* s'en fait l'écho au mois de juillet 1856! Encore reste-t-elle dans un registre modéré, à la différence de la plupart de ses consœurs, qu'exalte le thème. En 1853, note Bouville, « la largeur de la Durance, dépassant aujourd'hui dans certains endroits deux mille mètres, [...] qui n'atteint pas dix mètres en temps ordinaire, dit assez quels sont les ravages. Là où il y a dix ans, on voyait encore quelques bois, quelques champs en culture, *il n'y a plus maintenant* qu'un vaste torrent : il n'est pas de montagne qui n'en possède au moins un, et chaque jour, il s'en forme de nouveaux [1] ». Bref, le mal se propage à une fulgurante vitesse.

De fait, ce document rassemble tous les clichés dont s'emparent les journaux, toutes tendances confondues, et qui accablent le monde paysan : le caprice des fleuves, la vigueur de l'érosion et, par-dessus tout, la nouveauté du phénomène. Un quotidien, *le Cosmos*, s'interroge même sur l'opportunité de maintenir une agriculture montagnarde. « Les bois des sommets et des pentes ne devraient-ils pas, *comme autrefois*, devenir l'objet d'une espèce de culte, de telle sorte qu'y porter la main, ce fût un crime [2] ? »

Inondations en tous genres

Une dégradation de l'environnement apparue depuis aussi peu de temps ne saurait en effet être irréversible. L'homme ne sait-il pas renouer ce qu'il a *vu* défaire ? Il lui suffit de décider, et ce volontarisme va guider la politique sylvicole française appliquée à ces bastions bien au-delà de la Première Guerre mondiale.

Il est vrai que l'ouvrage d'Alexandre Surell, *Étude sur les torrents des Hautes-Alpes*, publié en 1841, fournit au moment propice la caution que cherchaient depuis longtemps les forestiers. L'auteur y attribue la ruine des Alpes méridionales au déboisement récent, dû à l'imprudence et à l'avidité des hommes. C'est la théorie commune, mais habillée avec une méthode, une précision, une netteté toutes nouvelles : elle est, en quelque sorte, revivifiée par l'appareil scientifique qui l'accompagne. Du coup, l'ensemble du haut personnel s'accorde à chanter les mérites de l'auteur. Le préfet des Hautes-Alpes, cette même année, ne le décrit-il pas comme « un ingénieur distingué des Ponts et Chaussées, attaché à ce département, esprit orné, éclairé et étendu, [qui] a porté sur ces matières, quoique fort jeune encore, le coup d'œil sûr de l'*observation* et de l'*expérience* [3] » ? Le livre a ainsi un immense retentissement auprès des pouvoirs publics, des hommes de science et des gens du monde.

Par la suite, tous et chacun, dissertant sur les problèmes inhérents à l'agriculture montagnarde, ne manquent pas d'invoquer ce superbe travail : le salut devient rituel. Après lui, le déboisement et ses méfaits sont considérés comme clairement établis. Nul n'en discute plus [4]. Administrateurs, forestiers et naturalistes font alors de ses conclusions les bases de leurs théories et les directives de leur entreprise. Or, à y regarder de près, quelques-unes des prémisses de ce livre, justiciables précisément de l'observation et de l'expérience, ne sont qu'affirmations établies sur des fondements étonnamment fragiles. Au reste, Surell s'est lancé dans sa rédaction deux ans après son arrivée à Embrun, et ce délai semble bien court pour que les Alpes aient pu lui révéler leur secret.

La durée de l'influence de son ouvrage tient donc aux qualités d'exposition et de style autant qu'aux vérités qui s'y trouvent sur l'art de l'ingénieur, ceci à côté d'erreurs certaines dans les domaines de la géologie, de la géographie ou de la botanique. Il y avait là de quoi entraîner sur la voie contestataire quelques méchants esprits, rebelles à l'endoctrinement sylvicole et épris des vertus positivistes. Eh bien! non, aucun intellectuel ne s'élève contre cette certitude absolue qui veut que l'activité destructice des eaux tire son origine du *seul* déboisement, et que le reboisement puisse *seul* enrayer le décapage des terres, ou du moins l'atténuer dans des proportions appréciables. Comment ces deux axiomes, déboisement et reboisement, si lourds d'implications pour les montagnards, ont-ils conquis droit de cité, avant même que le législateur ne le leur donne?

Un inutile consensus

Certes, les idées continuent à s'imposer à l'esprit humain, grâce à l'habitude, défaut de connaissances – ou de critiques –. Ce, longtemps après qu'ait été démontrée leur inexactitude, justement par l'observation et l'expérience! Les cas abondent de nos jours. La fortune de l'ouvrage de Surell illustre d'avance semblable processus. Esprit brillant et passionné, il arrive à ce technicien de raisonner avec une rigueur toute mathématique... sur des données fausses. Apparemment, cela ne gêne pas ses admirateurs. Les remises en cause, bien tardives, comme celle de Briot avec ses *Nouvelles études sur l'économie alpestre* de 1907, ne quittent pas le ton modeste qui sied à la confrontation avec un ancien vénéré [5]. Demeurent ainsi négligées, depuis la parution de 1841, les leçons apportées par les sciences de la nature, leçons qui infirment pourtant certaines des thèses de Surell.

Leur succès tient avant tout à ce qu'elles ensemencent un terrain longuement préparé à les recevoir. Les archives de l'Ancien Régime se font déjà l'écho des plaintes villageoises, montrant bourgades et lieux-dits sinistrés par la violence des eaux. Dans le voisinage de Castellane (Alpes de Haute-Provence), par exemple, le Verdon a arraché toutes les terres de Castillon. Rochers et pierrailles s'amoncellent ainsi sur une distance de plus de trois kilomètres. Sa malfaisance s'accroît des attaques d'un ruisseau parti de Blaron, d'un autre descendu de la montagne du Loup, d'autres encore. Ces débris charriés, explique-t-on en 1698, « ont donné lieu au Verdon de combler de cailloux son ancien lit, qui ne devait être que de *vingt* thoises de largeur, [et qui] est, en beaucoup d'endroits, de plus de *trois cents*, ce qui fait mesme que la ville est à tout moment en danger d'estre emportée par les moindres débordements, toujours précipités, de cette rivière[6] ».

La teneur de cette déclaration marque assez clairement que dès le XVIIe siècle, et probablement bien avant, les habitants de cette viguerie se préoccupent du danger que représentent ces affouillements brutaux. Cela ne paraît pas avoir suffi pour déclencher un vaste mouvement dans l'opinion publique, lequel naîtra un siècle plus tard. Les paysans de ces hautes terres se sentent concernés, eux. Pour s'en apercevoir, il convient d'examiner les digues que leur ingéniosité et leur courage ont su édifier sur les deux rives du Verdon et du Roubion, mais aussi les murailles et contre-murailles qui cernent vallons et ravines. C'est que, dans ce XVIIe siècle finissant, huit d'entre elles menacent d'engloutir les meilleurs terroirs, notamment celui de La Pallu qui, avec ses champs de blé et ses vignes, paraît le plus beau. Les quartiers du Chairon, de La Baume et de La Lagnère sont également touchés. La bourgade *se sait* atteinte par un mécanisme que ses vieillards connaissaient dès leur enfance, et même de la bouche de leurs parents et aïeux. Il est vrai que, dans ces années évanouies, il ne s'agissait pas de cours d'eau très jeunes, mais de vieux torrents qui se réveillaient, comme ce fut le cas en 1471. C'est la nouveauté qui effraie. Avec les inondations qu'engendre cette recrudescence, les torrents se rendent maîtres du pays.

Les liens de cause à effet sont bien notés. Il en va de même quant à l'origine. Ainsi, lors de l'affouagement de 1698, les viguiers montrent à l'enquêteur la pente faible de la vallée principale : son fond plat est encombré de matériaux abandonnés par le torrent. En les déposant, celui-ci a exhaussé son lit, ce qui le place dans une position dominante à l'égard des régions adjacentes. A la première montée des eaux, il risque de déserter ce chenal pour en occuper un autre, en contre-bas, balayant sur son passage tout ce qui vit et pousse dans la zone de l'entre-d'eux. C'est de cette façon que, sur la rive gauche du Verdon, le riou du Prat Mouton, déferlant de la montagne de La Chamatte, « s'est crusé au comansement un lit profond, puis l'a rempli, ce qui place son niveau presque plus haut que les propriétés voisines[7] ». Les déposants ont donc bien noté que le courant de crue, tantôt abandonne des blocs, ou des matériaux plus fins agrégés entre ceux-ci, tantôt creuse en profondeur et latéralement en sapant ses berges. En laissant ces débris, il surélève son lit, ce qui lui permet d'augmenter sa pente dans la section considérée, et donc sa vitesse. Cet ajustement est nécessaire au transport de la charge jusqu'à la rivière collectrice. Les expressions « bassin de réception », « canal d'écoulement » et « cône de déjection » manquent au vocabulaire de ces gens, mais leur réalité dramatique est soigneusement décrite avant que ne la traduisent en termes savants hydrologues et géomorphologues.

Les habitants, non contents de comprendre l'engrenage torrentiel, savent aussi comment il se déclenche. C'est bien ce qui ressort de leur commentaire à Moustiers sur la Maire, affluent du Verdon, après la catastrophe de 1684 : un grand abîme sépare désormais la ville de son faubourg. Le flot s'est abattu sur le parapet du petit pont de la Porte Notre-Dame, emmenant deux moulins à blé, la chapelle des Pénitents blancs, avec la moitié du cimetière. Toutes les maisons situées entre le pont et la chapelle s'écroulent et, ce malheur ne suffisant pas, la chute de celles qui bordent deux rues aboutissant au pont met un comble au désastre [8]. L'effroyable rapidité avec laquelle s'est produite cette destruction tient, selon les témoins interrogés, à un malencontreux changement dans le rôle dévolu à la montagne, jadis consacrée à la dépaissance des troupeaux. Le déclin de l'élevage, en obligeant les paysans à compléter des ressources devenues trop médiocres, les a poussés vers la culture des terres. « Devenus misérables, [ils] se sont amusés à défricher quelques portions de ce quartier pour une récolte ou deux, car *à peine pouvant trouver du terroir pour couvrir les semences*, et le dessous étant de rocher vif, les pluies ont tout emporté [9]. » C'est dire la minceur de la couche arable et son impossible maintien dès qu'elle se voit dénudée. L'irresponsabilité de certains est donc mise en cause, sans que personne ne songe à incriminer le volume des pluies. Les hommes s'avouent coupables, et les cieux demeurent innocents.

Cependant, si les villageois confessent l'inopportunité de ces essartages, ils ne visent en aucun cas l'obtention d'un plan assurant la guérison de ces pentes décapées. Leurs viguiers limitent leur éloquence à convaincre l'enquêteur des ravages qu'occasionnent les eaux, et qui s'inscrivent dans le sol. C'est que ce visiteur, expédié dans la contrée par les députés aux Assemblées générales de Provence, informe en haut lieu sur leur capacité fiscale. L'attendrir par le spectacle des malheurs qui amoindrissent celle-ci peut procurer un notable soulagement.

La méthode vaut pour tout le pays puisque, en 1706, les procureurs des États envoient une lettre au Contrôle général pour « que l'on laisse respirer quelque temps ses habitants, afin qu'ils puissent retenir les terres et faire les dépenses convenables pour se garantir des torrents que les dégradations des bois et des défrichements rendent tous les jours plus fréquents [10] ». C'est trop exiger « de ces rochers, de ces cailloux et de ces terres engravées [*sic*] », que de vouloir en extirper « 700 000 livres pour le don gratuit, 1 million de livres pour la capitation, 172 000 livres pour la ferme du petit sceau insinuation, ce qui reste à payer pour le sixième denier et les autres abonnements, [en] plus [des] 30 millions que les communautés et le corps de Provence doivent [11] ».

Le même argument, d'ailleurs, servira à Surell pour réclamer l'intervention de l'État, la pauvreté de la contrée ne la mettant pas à même de financer les travaux de restauration. Les représentants veillent donc bien à insister sur le fait que les défrichements effectués n'ont pas porté bonheur. Non seulement ceux qui s'y sont livrés ont perdu leur peine, mais encore, par cet acte imprudent, la perte de leurs biens a entraîné celle du voisinage. C'est pourquoi le viguier de Moustiers-Sainte-Marie (Alpes-de-Haute-Provence) s'en va répétant que les pluies ont « causé de grandes ravines aux terres voisines des bastides, ruinant ainsi l'espoir *des uns* et *des autres* [12] ». De même, celui de Châteauneuf, un bourg distant d'une dizaine de kilomètres, soupire que ce qui est tragique dans leur situation, « c'est que les terres défrichées jadis et florissantes ont été *encadastrées,* et qu'aujourd'hui, elles ne peuvent souffrir aucune culture [13] ». Or « elles sont soumises à la même taille pour une valeur qui n'existe plus »! En cela, il n'y a pas de différence entre le réaffouagement de 1698, c'est-à-dire la répartition des feux fiscaux concernant les diverses localités constitutives de la province, et ceux d'autrefois, dressés en 1390, 1418, 1471 et 1662. Les autorités sont accoutumées à recevoir de telles plaintes et n'y prêtent qu'une oreille distraite. L'érosion des sols, phénomène réel ou exagéré, ne saurait alors inquiéter beaucoup le pouvoir central. Ce serait pourtant commettre une faute grave que de considérer ces enquêtes comme insignifiantes : Elles sont la *face visible* du système financier, et le fonctionnement de ce dernier comporte des inconvénients notables pour la défense des sols.

Au terme de ces procédures, destinées à améliorer l'égalité de tous devant l'impôt, maintes injustices demeurent, qu'elles proviennent d'un observateur crédule ou complaisant ou résultent d'un affouagement antérieur non remanié. Celui de 1662 laisse par exemple un souvenir si amer qu'au jour de sa révision, en 1698, l'intendant des Finances, Lebret, ne croit pas mieux faire que de prendre les devants, en certifiant au contrôle général la minutie avec laquelle cet acte a été élaboré! Pour une fois, le coefficient d'erreur lui semble passable, car « la corruption n'y a eu [...] aucune part, et que l'indulgence, s'il y en a quelqu'une, ne peut avoir été que pour un certain nombre de communautés et de feux [14] ». Cette exactitude – relative, toutefois, de son propre aveu – ne caractérise pas, tant s'en faut, le document précédent, confectionné sous la houlette de Colbert, fervent défenseur de la taille réelle. N'est-il pas de notoriété publique que plusieurs d'entre elles « avaient donné à quelques personnes, chargées du réaffouagement, une somme de cinq cents écus pour chaque feu dont elles seraient soulagées » ? Le pot de vin, d'un montant excessif, sent l'exagération, mais n'en indique pas moins où gît le vice du système, malgré sa bonne réputation dans l'esprit du temps. La renommée de ce régime fiscal tient en effet au-delà de la Révolution parce que la multiplication des privilégiés n'y signifie pas une part plus lourde à acquitter pour les taillables. L'assiette de l'impôt ayant une base, l'estimation des biens, l'arbitraire, tant reproché dans les pays de taille personnelle, ne peut en principe s'y donner libre cours. Las! il faudrait être bien naïf pour croire que dans ceux de taille réelle, l'enquêteur, soudoyé ou non, s'il épargne Pierre, ne se fait pas un devoir de pressurer Paul. En effet, le calcul reposant sur la valeur des biens-fonds, et particulièrement sur celle de la terre, il lui suffit de *surclasser* la qualité des héritages que possède ce dernier pour que la compensation ait lieu, évitant de la sorte que ses faits et gestes soient d'un peu trop près vérifiés!

N'est-ce pas assez dire que ces défectuosités rendent inéquitable la répartition en pays de taille réelle ? Elle l'est seulement un peu moins qu'ailleurs, encore que le secteur placé sous sa coupe inclut, outre la Flandre, l'Artois et le Hainaut, maints espaces montagneux, qu'il s'agisse du Dauphiné, du Languedoc, de la Provence, et, *a fortiori*, des revers pyrénéens. La fraude, en profitant aux communautés trop bien avisées, se répercute donc sur les habitants trop honnêtes pour tenter pareille démarche : le déclassement des terres – ou jouissant de revenus trop médiocres pour qu'elle ait une chance de réussir!

En définitive, ces perversions fiscales ont plus ou moins aidé à dénuder ces hautes terres. L'essartage ne procure-t-il pas, en élargissant les emblavures, un complément céréalier qui efface, en tout ou en partie, cette ponction fiscale accrue ? Le commissaire Louis de Froidour, responsable de la réformation des forêts pyrénéennes, remarque ainsi dans une de ses lettres, datée du 1er septembre 1667 : « Je ne pourrais jamais croire, *si je ne l'avais vu*, qu'il fut possible à des hommes de grimper en des lieux ou sur des roches où il n'y a que peu de terres, *que j'ai vus* bien labouré[s], et y croistre les plus beaux millets et les plus beaux sarrazins que l'on puisse voir [15]. » Administrateur venu de la plaine, cette scène le sidère. L'étonnement transparaît dans les propos que lui inspire cette débauche d'efforts dérisoires. Dérisoires, oui, car au prochain affouagement, ces parcelles, depuis peu cultivées mais dont le rendement décline déjà, stimuleront encore davantage l'appétit du fisc! Et quel moyen de les dissimuler s'offre à celui qui les exploite s'il entend en obtenir la reconnaissance de propriété? Ayant défoncé à son profit la terre commune, il doit bien y conduire l'enquêteur qui relèvera les limites.

Ce qui vaut pour le Sud-Ouest s'applique aussi dans les Alpes méridionales. Dans la viguerie de Sisteron (Alpes-de-Haute-Provence), en aval d'Esparron, et ce dès la fin du XVIIe siècle, « la montagne [de Barcelonnette] est toute *cadastrée,* ruinée et entièrement perdue; la superficie de la terre ayant été emportée par les eaux, il ne reste plus que le rocher [16] ». Apitoyer l'agent du Roi pour obtenir la décote de ces parcelles devient alors d'une nécessité vitale. Les habitants savent bien que cette extension des labours déclenche le cycle torrentiel, mais comment faire autrement? Ainsi se dessine le cercle infernal qui enferme ces pauvres gens et provoque l'effroi du rare visiteur.

Le syndrome romantique

Changer les conditions qui font du paysan un *consommateur d'espace* suppose qu'un autre regard se pose sur ces hautes terres, fragiles, ingrates – et belles. L'appréciation esthétique, il ne faut pas l'attendre des officiers de l'Ancien Régime, les seuls voyageurs qui osent se hasarder dans ces terres hostiles. Ils ne s'y aventurent d'ailleurs qu'avec répugnance et *sur ordre.* L'inconfort du trajet, en des temps où la route est rare et peu sûre, explique ce manque d'enthousiasme. En fait, leur séjour ne se justifie que par la défense nationale. Révoltes écloses en des confins disputés et demande des arsenaux maritimes, voilà les motifs de leur présence. Aussi les rapports qu'ils entretiennent avec les autochtones relèvent-ils du type colonial : répression et prospection alternent. Cette relation entre dominés et dominants ne cessera pas de sitôt d'imprégner les mentalités de part et d'autre. Pas de véritable dialogue entre les interlocuteurs : le villageois, méfiant, opte pour le mutisme, et l'homme du Roi, ayant grande hâte de repartir vers des horizons plus cléments, le bouscule.

Chabert de Lisle, contrôleur de l'Intendance de la Marine à Toulon, offre un parfait exemple de cet état d'esprit, lors de sa tournée des vigueries provençales, en 1719 comme en 1725. Dès le départ, il choisit de ne s'intéresser qu'à la basse Provence, les bois s'y exportant aisément vers les chantiers de la côte. De plus, il ne parlera « que des chesnes, qui sont les bois les plus nécessaires et les plus rares », bâclant son examen des autres peuplements, parce que secondaires dans l'approvisionnement naval [17]. Aussi détaille-t-il à l'unité près les chênes « de service et d'espérance », fussent-ils en bordure de champ, alors que cette essence est traitée par quartiers dès que les arbres semblent « mauvais, vieux et rabougris ».

Ce parti pris – « Je ne m'étendrai point sur les autres espèces d'arbres, qui sont en *assés grande quantité* à proportion » – l'autorise à taire la situation sylvicole de 35 communes, si bien que d'aucuns, extrapolant ce silence, en concluront à une totale déforestation! Il la qualifie de « néant, n'ayant point d'arbres propres pour le service, ni même d'espérance, mais seulement quelques montagnes, garnies de mauvais chesnes, hestres ou sapins ». Cette volonté d'aller vite à l'essentiel, d'après *ses critères*, non seulement l'empêche de consigner toutes les variantes dans l'état des taillis, mais encore le conduit à évaluer grossièrement tout ce qui n'est point chêne. Sa dictée rapide confond pins maritimes (le « pin sot ») et pins d'Alep (le « pin bastard »). Il signale par exemple la mort du premier sur les flancs des Bessillons, à Pontevès, en raison des froidures de 1709, tandis que le second se compte par lots – 300 à Salernes, 3 000 à Figanières (Var). Au-dessus d'Aiguines et de Vérignon, c'est-à-dire de la courbe des 1 000 mètres, marquant l'entrée dans les bastions provençaux, cette visite tourne à la braderie. Les chiffres deviennent alors fantaisistes, la sélection du multiple ne traduisant pas une donnée précise, mais seulement un nombre impressionnant : Vidauban (Var) se trouve ainsi crédité de 30 000 pins! Ce mémoire sur les bois de Provence n'offre donc qu'une caricature dès qu'il concerne des communaux n'intéressant pas la Marine. Certes, une étude fine de la végétation dépassait son propos, mais son attitude révèle cependant un comportement fort répandu. La montagne inspire une vive répulsion qui conduit à son oubli dès qu'une fourniture ne lui est pas réclamée. Un tel sentiment ne s'effacera qu'au moment où cessera la contrainte inhérente à ce genre de déplacement. Il y faut un détour, et c'est l'émergence de son pittoresque qui amorce le virage.

Surell lui-même dénonce le dédain dont sont l'objet ces hautes terres, en évoquant la récente prise de conscience quant aux ravages qu'y opèrent les torrents. Il signale ainsi que « relégué à l'extrémité du royaume, au milieu de monts sauvages *rarement explorés* [...] ce département [des Hautes-Alpes] est peut-être le plus ignoré de la France [18] ». C'est que la contrée n'est fréquentée que par des fonctionnaires pressés de s'en évader ou furieux de devoir y rester. Tous appartiennent à cette « race d'hommes généralement peu accessibles aux impressions *poétiques* », et « ne se consolant jamais des privations sans nombre, attachées au séjour d'un pays pauvre ». C'est dire que le dégoût qu'elle suscite ne s'est pas estompé dans ce premier tiers du XIXe siècle. Au moins l'actualité, avec les grandes inondations en plaine des années 1840, 1855, 1856 et 1860 notamment, braque-t-elle le projecteur sur ces espaces mal aimés.

La découverte d'un univers grandiose et effrayant se fait enfin au travers des conversations qu'alimentent ces catastrophes. Les défrichements en altitude n'auraient-ils pas accentué, voire créé, la folie hydrologique dont gémissent les agriculteurs de la plaine ? En dire du mal, c'est déjà l'extraire de la gangue de silence qui bloquait sa compréhension. Aller sur place, c'est aussi découvrir un milieu inhabituel et inquiétant. C'est ainsi qu'en 1843, l'Académie des sciences morales et politiques, alertée, lui dépêche un de ses membres les plus célèbres, Blanqui, lequel, au retour, lui fait son compte rendu, intitulé *Du déboisement des montagnes*. L'expression annonce une large analyse, alors que les Hautes-Alpes sont au cœur du problème.

Cette perspective fausse, induite par le titre, caractérise d'autres ouvrages de l'époque, et n'a certainement pas peu contribué à étendre des procédés qu'il aurait été souhaitable de doser avec discernement. Blanqui, dans ce rapport maintes fois cité par la suite, y dresse un panorama apocalyptique du « sol, dépouillé d'herbes et d'arbres par l'abus du pacage et par le déboisement, *porphyrisé* par un soleil brûlant, sans cohésion, sans point d'appui [19] ». Rien d'étonnant à ce que cette couche amincie « *se précipite* alors dans le fond des vallées, tantôt sous forme de lave noire, jaune ou rougeâtre, tantôt par courants de galets, et même de blocs énormes, qui bondissent avec un horrible fracas, et produisent dans leur course impérieuse les plus étranges bouleversements ». Spectacle terrifiant que cette éruption qui, pour n'être pas volcanique, se traduit aussi « par cette déchirure de la matière » et ramène l'homme à davantage d'humilité.

Le pittoresque enferme toujours ce curieux sentiment où la reconnaissance quant à la qualité de sa vie se mêle à l'intérêt que suscite la découverte du drame d'autrui. N'est-ce pas en regardant s'ébattre les petits mendiants de Naples que le touriste américain éprouve le mieux le confort d'une vie aseptisée – et la supériorité du dollar ? Il en va de même ici : le drame fascine parce que le spectateur sait ne pas devoir y vivre. Aussi maints documents contemporains empruntent-ils au cliché du Vésuve les moyens littéraires explicitant leur épouvante devant les méfaits torrentiels. Au travers de leur vocabulaire, le paysage qu'ils décrivent devient symbolique d'un monde dont ils perçoivent l'hostilité, mieux, le *caractère dérangeant*, au regard de celui qui leur est familier.

Dans leur prose transparaît, en une fugitive vision, l'œuvre de Pierre-Jacques Volaire (1729-1802) dont les peintures connaissent alors un immense succès. Définies par un travail parfait, elles séduisent les contemporains par l'emphase théâtrale que leur confèrent ses effets d'éclairage, lunaires ou artificiels. Or cette diffusion considérable auprès des élites de la première moitié du XIXe siècle s'explique, non pas tant par leur présence dans les collections nationales, que par l'intérêt suscité chez les graveurs. L'estampe permet la reproduction à grande échelle, et c'est ce que font, entre autres, P. Duflot, avec la *Vue de la Solterra*, Hauer, puis Guttenberg, avec l'*Éruption du Vésuve*. C'est qu'au XVIIIe siècle s'intensifie l'activité du volcan, et la mémoire collective se rappelle les éruptions de 1707 et de 1737, avec crachements enflammés, projection de bombes, épanchements incandescents, mais aussi celles plus récentes de 1751, 1754, 1759, 1766, 1771, 1779, et surtout celle de 1794, la dernière en date avant le réveil de 1804. Comment, au temps de Buffon, de Saussure ou de Bougainville, la curiosité n'aurait-elle pas été excitée par cette explosion de violences, succédant à une longue période d'accalmie brisée en 1631 ? Les toiles de Volaire exploitent donc un thème éminemment commercial, combinant le drame à l'italianisme toujours en vogue. En se spécialisant dès 1760 dans cette marchandise, l'artiste s'est bâti une belle réussite de son vivant, et la gloire – posthume, hélas il meurt en 1802 à Naples. Grâce à lui, et à ses nombreux imitateurs flairant la bonne affaire, ces vues, admirées par les voyageurs de l'époque, gens aisés et quelque peu excentriques, obtiennent une extraordinaire popularité. L'engouement suscité marque assez comment elles satisfont une demande, mais aussi contribuent à façonner la sensibilité. C'est que la traduction picturale de l'environnement y tourne le dos aux canons d'une Nature idéale, chère à l'école de Poussin.

La clientèle de Volaire et consors, dans ces représentations apprécie en effet le *phénomène,* et le veut *nouveau* et *brutal,* sinon ne l'admet pas pour tel [20]. Entrent ainsi dans la catégorie « des volcans dans toute leur force de destruction », « des ouragans qui laissent après eux la dévastation » ou « des rochers surplombant audacieusement et comme menaçants », ce qui implique bien qu'ils ne le sont pas vraiment pour l'observateur! La mode plébiscite ces manifestations déconcertantes de la Nature, bannissant des fêtes de l'esprit le paysage bucolique et la réunion familiale. Bref, la tendance recommande les excès et débordements en tous genres [21].

L'ostracisme n'atteint donc pas les tenants d'une peinture édifiante, célébrant l'élan patriotique et le sacrifice civique, deux scènes qui entrent tout à fait dans cette « esthétique du sublime », défendue par Kant dans sa *Critique du jugement*, parue en 1791. Les démonstrations de vertu *hors du commun*, qu'affectionne tant la rhétorique révolutionnaire, charment toujours les officiels de l'art, ce qui assure à ces œuvres d'encombrer les cimaises des musées. Les propres élèves de David comme ses jeunes contemporains délaissent, eux, ce conformisme grandiloquant, et s'orientent vers des compositions plus passionnées. Chez ces jeunes loups des années 1800, l'exploration des frontières de l'amour et de la mort occupe le premier plan, sur la toile comme au théâtre. Oui, les dominantes dans cette quête d'un nouveau terrain émotionnel portent bien sur l'érotisme et l'*horreur,* et préparent cette passion envers le fait divers dont s'empare la presse occidentale dans la seconde moitié du siècle.

Bien souvent, cette recherche pousse les artistes français à choisir leurs sujets parmi les textes étrangers, d'abord anglais, puis allemands. L'Angleterre ne fait-elle pas figure de précurseur dans l'investigation de ces sentiments exacerbés, associés à l'aube du romantisme ? Aussi l'imagination s'enfièvre-t-elle à la lecture des poèmes ossianiques de Macpherson, écrits dans les années 1760, et publiés en France dès 1777. Par une étrange alchimie, Gérard (1770-1837), Ingres (1780-1867) ou Girodet (1767-1824) transforment les solides personnages gréco-romains de leur maître à tous, David (1748-1825). La fin du XIXe siècle ne connaîtra plus que des esclaves alanguies et soumises, ou des créatures nerveuses et perverses. Et pourtant certaines de ces adaptations françaises au penchant anglais pour le fantastique *précèdent* la période postnapoléonienne, même si la convention y inscrit volontiers les débuts romantiques [22]. Les spectres nordiques, flottant dans une brume laiteuse hantent l'esprit des peintres bien avant que la mode symboliste ne les impose au public.

Longue maturation, par conséquent, depuis le dernier tiers du XVIIIe siècle, au terme de laquelle le concept de Nature se métamorphose . C'est que l'exigence d'un retour à plus d'authencité diffère profondément de la volonté de faire intervenir la Nature dans l'art. Malgré l'observation fidèle de la réalité dans ses détails, la Nature n'est pas reproduite comme elle est, mais comme elle *apparaît* à l'instrument sensible de sa perception. Le peintre utilise ses manifestations dans un sens allégorique, comme s'il s'agissait de signes, de hiéroglyphes devant avoir une signification précise, que le spectateur saurait décrypter.

Ni cette mélancolie morbide ni cette colère extrême ne lui appartiennent en effet : elles l'émeuvent fortement parce que l'œuvre *exploite* les formes naturelles pour en tirer ces impressions. Jusque-là cantonnée dans son rôle maternel, jouant à l'occasion Cybèle déesse nourricière, voilà donc la Nature drapée dans les voiles de l'ambiguïté, tour à tour amante fragile et diabolique luronne. L'image de la mère se brouille au profit de celle de la femme, osant tous les caprices, séductrice par son instabilité même. Sa métamorphose se reflète dans les modifications apportées à l'étude du paysage. Genre mineur par tradition, il risquait d'être étouffé par ces envolées lyriques. Or, loin de sombrer dans la clandestinité, il doit sa consécration au XIXe siècle. C'est que dans le combat romantique il tient une fonction importante. N'est-ce pas lui qui met l'observateur en contact direct avec la Nature ? Et n'est-il pas juste de le favoriser enfin, lui que la théorie académique ravalait au rang subalterne ? En fait, le renversement de la hiérarchie artistique, au point que l'âge d'or des paysagistes s'incarne dans le XIXe siècle, ne constitue pas un éclat révolutionnaire, mais se mitonne délicatement durant le dernier tiers du précédent! Deux évolutions parallèles préparent en effet ce joyeux avènement, l'une, entreprise avouée et néanmoins secondaire dans l'immédiat, l'autre, utilisation subreptice mais vite décisive.

La première s'efforce avec astuce de hisser le genre à la place glorieuse que mobilise l'histoire, en lançant... le *paysage historique*, type bâtard s'il en est, puisque le sujet requiert le chaperonnage d'un alibi [23]. Aussi, à mesure que s'émancipe une technique jusque-là peu prisée, le prix fondé en 1817 pour le concours de l'Académie de France à Rome s'avère-t-il moins nécessaire. Il s'éteint donc en 1863 au moment où triomphe son objet. Entre ces deux années, P.-H. de Valenciennes (1750-1819), J.-J. Bidauld (1758-1846), ou encore L.-T. Turpin de Crissé (1781-1859), séjournent en Italie, et comme P.-J. Volaire l'avait fait avant eux, introduisent dans l'art leur saisie des lieux et des atmosphères. Les conseils de J.-P. Bertin (1767-1842), à l'origine de cette récompense de 1817, résonnent de nos jours encore de manière prémonitoire [24]. Lui que les impressionnistes ont détesté, il les annonce pourtant par les recommandations qu'il prodigue à ses élèves. Ne les encourage-t-il pas à « se lever avant l'aurore pour connaître tous ses effets [...] [à] faire quelques études peintes de beaux arbres, isolés ou en masse, [en s'attachant] à tous les détails de l'écorce, de la mousse, des racines » ?

Cette magnifique leçon, dans sa modestie, il faudra encore un quart de siècle pour que J.-B. Corot et T. Rousseau l'assimilent [25]. Le travail d'après motif ne se perd donc pas, en dépit du long et inique purgatoire qu'endure l'œuvre de ces pionniers. La place nouvelle que conquiert ainsi le paysage renvoie bien au culte de la Nature, célébré depuis Jean-Jacques, et dont le jardin à l'anglaise, par l'orchestration de son chaos, constitue le plus gracieux des temples. Elle apparaît de la sorte comme liée au bouleversement du langage artistique, au moment où se généralise la contestation. Quelle distance, pourtant, entre cette copie de la Nature, même si la naïveté en est feinte, et l'*utilisation* qui en est *sciemment* faite, mais que le public ne discerne pas de prime abord! Le but n'est-il pas de provoquer la sensation avant que ne s'exerce l'intelligence? Or l'essor du genre doit au moins autant à cette dernière approche qu'à la précédente, même s'il convient de ne pas dédaigner l'estampille officielle.

Le décor naturel *sensible* forge en effet la trame des pièces de fiction, mais aussi des vastes machines évoquant les épisodes marquants de la légende révolutionnaire et napoléonienne. Les peintres, qui animent de leur talent ces fresques fortifient l'envie de la connaissance *visuelle* de toute chose, depuis les déserts arides de la Palestine jusqu'aux monts enneigés des Alpes. Leurs collègues, plus nombreux encore, qui privilégient, eux, les sujets mythologiques et littéraires, s'attachent aux *réminiscences* que suggèrent les détails afin de mieux transmettre les émotions éprouvées par les héros. Ils n'ont que faire de l'allégorie qu'affectionnaient les néo-classiques. Leur parler semble déchu, parce qu'englué dans la convention : une femme tenant une balance n'incarne la Justice qu'aux yeux de celui qui maîtrise ce langage codé. Les uns et les autres rejettent cette iconographie sophistiquée, et se tournent vers la *ressemblance avec la Nature* pour construire un art universellement intelligible. Arbres ployés, cataractes écumantes, précipices angoissants ou lumineuses prairies soulignent de la sorte les *impressions* émanant du récit dramatique, et aident à le comprendre. Ces signes paraissent si complètement intériorisés – ainsi des valeurs sombres et de la tristesse – qu'ils échappent au reproche d'établir un autre système de transpositions convenues. La Nature participe alors au déploiement de terreur et de pathétique recherché dans ces œuvres. Plus souvent déchaînée que souriante, elle en forme le contrepoint, en attendant d'éclipser tous les autres acteurs. Ce n'est pas un hasard si l'époque ne s'éprend d'elle qu'en furie. Surell lui-même ne déclare-t-il pas aimer dans la démesure les hautes Alpes, labourées par les torrents et incendiées de soleil, « les plus belles horreurs de la Création [26] »?

La faute aux temps nouveaux

La difficulté d'être pour l'art romantique tient à ce que sa réalité ne commence qu'au-delà de ce qui en est visible. Elle ne fait qu'un avec sa signification. Ce qui suppose que le regard ne s'absorbe pas dans le contour du feuillage, les accidents d'un rocher ou l'arabesque d'un pin ourlé de neige. Ce n'est pas tout que de rendre chaque objet dans sa substance solide, précise. Il lui faut encore la faire *résonante* par un mode d'expression associé de manière intime au vécu. La réussite rôde lorsque le voyeur, et le mot est noble, découvre que le symbole n'est pas seulement un artifice, mais bien le *langage même de la Nature.* La croix devient alors l'ancre de l'espérance, et la nef, l'image de la destinée de chacun. Derrière l'apparence du paysage, le sentiment surgit, élevé. Le mystère, l'infini, et jusqu'au drame du moi devant l'univers, voilà les grandes méditations qui s'en dégagent.

Le thème du Déluge, déjà traité par Regnault au Salon de 1789, et même, dès 1779, avec Gamelin, acquiert ainsi une importance capitale au début du XIXe siècle [27]. Qu'il s'inspire directement de la Bible, ou qu'il puise à la modernité des *Idylles* de Salomon Gessner, ne montre-t-il pas, dans une lumière blafarde, la peur viscérale de l'Homme, face à une Nature hostile? La terreur atteint son comble avec *le Radeau de la Méduse.* Géricault (1791-1824), par sa composition, en insistant sur la brusque rupture de l'espace, traduit le vertige d'une humanité suspendue au-dessus de l'abîme. Le procédé tire donc sa force du cauchemar où l'appui du corps se dérobe sous lui, c'est-à-dire de l'expérience existentielle. Certes, la misère de la condition humaine suintait dans maints tableaux consacrés à l'armée impériale, mais en règle générale, sa part était subordonnée aux exploits héroïques des chefs, dont les puissants objectifs transcendaient l'ignominie de la guerre. Las! la chute de l'Empereur, en terrassant le mythe, laisse dans son sillage la vaine souffrance de l'homme. L'idée dont s'empare Géricault a donc beaucoup servi depuis la fin du XVIIIe siècle, mais, sous les oripeaux d'un affreux fait divers, sa vigueur éclate. Quelles que soient les analogies avec des œuvres antérieures, la différence est là, irréductible. Les cieux noirs se referment sur les condamnés, qui peuvent encore maudire, mais non plus s'échapper. Triste épilogue d'un rêve épique que cette fascination du macabre. C'est avec ce *sombre regard* que les élites de la Restauration examinent désormais les phénomènes naturels, dont elles savouraient, il y a peu, le pittoresque.

La vengeance des cieux

Fureur dantesque de la Nature et petitesse de la créature, ces deux données forgent cette « esthétique du sublime », qui ne va plus tarder à s'effilocher. L'évolution d'un Caspard C. Friedrich (1774-1840) reflète bien cette dérive pessimiste. Sa peinture relate l'inégale lutte où s'éprouvent, depuis l'aube des temps, l'Être suprême et l'enfant d'homme [28]. Celui-ci, minuscule et pourtant debout, au premier plan, contemple la montagne, dans un lointain inaccessible, toute enveloppée des moiteurs de brume. C'est la grandeur de Prométhée défiant le Maître de toutes choses, mais Dieu n'a plus besoin d'être présent – de *se montrer*. Il semble avoir déserté la toile, abandonnant l'homme dans un environnement qui le dépasse. H. von Kleist, l'auteur du *Prince de Hombourg*, définissait très exactement cette œuvre par « une sorte d'Apocalypse [...] Rien ne peut être plus triste et plus pénible qu'une pareille situation au sein de l'Univers – unique étincelle de vie dans le vaste royaume de la Mort [29] ».

La colère des cieux n'est-elle pas l'instrument qui matérialise le divin ? La transcendance s'exprime alors par le contre-jour, et la lumière, venue du fond, paraît ainsi être à la fois *dans* le tableau et *au-delà*. Cependant, cette image terrible grandit « l'énergie de l'âme au-dessus de sa moyenne habituelle », et lui offre de la sorte « le courage de se mesurer avec la toute-puissance de la nature ». Dès lors, le sublime glisse de celle-ci dans l'esprit « en tant que nous pouvons avoir *conscience* de notre supériorité sur la nature *en nous*, et par là aussi sur la nature *hors de nous* (en tant qu'elle influe *sur nous*) [30] ». Cette analyse kantienne éclaire aussi bien l'art de Friedrich en Allemagne que celui de Volaire en France. Jamais l'épanchement des laves, jamais l'écroulement des rocs, ne sont dévoilés dans leurs conséquences implacables, ni même comme sujets suffisants. L'Homme ne s'intègre plus au spectacle. Planté bien en vue, aussi petit soit-il, il affronte le monde, et celui qui fixe le tableau est avec lui.

Cette technique repose sur toute une tradition emblématique, juxtaposant les motifs qui, mis en évidence parce que détachés les uns des autres, signifient autre chose que leur apparence. En fait, grâce à ce témoin immobile, l'observateur scrute l'horizon, pour ainsi dire *à l'abri*. L'impression sécurisante et exaltante forge alors l'élément essentiel de cette fonction morale attribuée à l'action de la Nature. Mais, dans le premier tiers du XIXe siècle, la fine silhouette s'évanouit, et avec elle, cette distanciation qui permettait d'avoir une vue apaisée des phénomènes les plus grandioses. Parce que le personnage n'est plus, l'interpellation devient *directe*. David d'Angers, comme l'avait également compris Kleist, a senti de suite à quel point les conceptions de Friedrich comblaient l'attente d'une sensibilité neuve. Ne disait-il pas de lui qu'il possédait « admirablement bien la *tragédie du paysage* » ? Dans cet art, « point de figures – l'intérêt est occasionné par le *site* et l'*effet* ». C'est que son œuvre suit l'obscurcissement graduel de l'époque. Caspar C. Friedrich se complaît sur la fin de sa carrière à mettre en scène l'issue fatale plutôt que la lutte sans cesse répétée [31]. Les cimes épaisses des sapins qui dérobent l'azur, les éboulis de pierrailles qui obstruent la gorge des torrents, indiquent assez de quel côté a volé la victoire. La profondeur ne se dissimule plus : elle se veut ostentatoire. Demeure un réalisme aigu dans la description de cette nature triomphante, réalisme poussé jusqu'au malaise, jusqu'à l'hallucination. Comment ne pas frémir devant ce vide béant?

La vérité du sentiment assure bien la fidélité à la Nature. Inversement, la précision du détail garantit l'authenticité de l'émotion. N'écrivait-il pas : « La sensation *pure* ne peut jamais être contraire à la nature; elle est toujours *conforme* à la nature »? La perception est donc par excellence l'acte créateur, et celle qu'il a de ces espaces sinistres reflète une vision largement partagée. Peu d'artistes auront su de la sorte exprimer leur pensée et celle du temps aussi nettement que Caspar C. Friedrich [32]. La présence humaine ne s'y conjugue plus qu'au passé. Les toitures sont crevées, les roues à aube ne crissent plus, les passerelles s'effondrent. C'en est fini de l'habitat, de l'industrie et du commerce. L'articulation très forte des symboles dépouille le paysage de cet encombrement hétéroclite qui en forme habituellement le liant.

Cette insistance sur la régression des activités qui font la vie, – qui *sont* la vie – se retrouve, peu ou prou, dans les récits qui circulent sur ces contrées désolées. Dans la viguerie de Guillaumes (Alpes-Maritimes), par exemple, les délégués de Puget-Rostang, comme d'autres dans le bassin du Haut-Var, signalent « qu'à la première pluie forte qu'il fasse, [...] il est infaillible qu'il [le torrent d'Auvare] *emportera* le pont et *submergera* le peu de terrain qui s'y trouve, mettant en danger le village et le moulin [33] ». Déjà, sept ou huit de leurs concitoyens, installés sur une position exposée, lieu-dit Le Ruby, ont dû « quitter le pays, les eaux ayant *pris* leurs biens ». Ceux d'Annot, sur la Vaire, relevant de la viguerie de Digne (Alpes-de-Haute-Provence), ne disent pas autre chose : « Le torrent de la Beitte leur a *démoli* plus de trente maisons, et toutes les fois qu'ils ont des eaux pluviales, sont obligés d'*abandonner* leur maison pour se garantir du naufrage [34]. » La dépopulation guette donc ces régions perdues.

Le XIXe siècle récupère donc cette litanie, tous les auteurs s'efforçant, peu ou prou, d'appréhender l'ampleur du désastre. J. Clave, dans ses *Études sur l'économie forestière*, réunies sous ce titre en 1862, souligne l'hémorragie dont souffrent les Basses-Alpes. Dans ce département, les pertes atteignent 5 000 habitants entre 1846 et 1850, 2400 dans les cinq ans qui suivent. Il relie cet exode à l'érosion torrentielle, laquelle aurait enlevé, depuis 1842, plus de 25 000 hectares à la culture, et le choix de cette date est une référence implicite à l'ouvrage de Surell [35]. Que cette nudité résulte d'un processus récent, il le croirait volontiers, et ne serait au demeurant pas isolé dans cette conviction. La *vox populi* ne le répète-t-elle pas ? Effectivement, les témoins, ou se faisant passer pour tels, ne manquent pas : « Il n'y a pas une commune où l'on n'entende raconter à des vieillards que sur tel coteau, *aujourd'hui* nu et dévoré par les eaux, ils ont vu *autrefois* de belles forêts, sans un seul torrent [36]. »

Dans la conscience commune, la déforestation engendre le drame, comme si la Nature se vengeait des offenses que lui infligent les pratiques paysannes. Or les futaies constituent son plus bel ornement, et leur profanation ne saurait être considérée que comme un abominable péché. Déjà, à la fin du XVIIIe siècle, Rauch dénonçait cette perversité des hommes, « attaqu[ant] dans leur *impiété* ces monuments séculaires, chargés de protéger et de conserver les millions d'êtres qui respiraient sous leur heureuse influence ». Transformer en enfer des territoires jadis riants, voilà ce qui châtie justement la faute commise [37]. En fait, la sanction porte sur le fol orgueil de ces ingrats, qui ont cru pouvoir refuser la protection de la Nature et édifier un monde ne se pliant plus aux règles divines, mais aux leurs. Ils ont surestimé leur force en *méconnaissant* la valeur du cadeau que leur donnait Dieu. Les plans du Créateur se caractérisaient par la simplicité : il ne leur demandait pas « d'autre peine que celle de cueillir, de ménager et de *conserver*... Il ne devait se trouver ni charrue, ni moulin, ni four [38] ». La puissance créative n'appartient qu'à lui seul. Il ne la partage pas. Désirer un état contraire, c'est vouloir sortir de la condition humaine, en un mot, usurper la place de la Divinité. En leur offrant le bien, celle-ci leur a aussi présenté le mal, c'est-à-dire la faculté de choisir le maintien ou le saccage de cet état paradisiaque. Les hommes portent ainsi *en eux-mêmes* la possible punition de leur erreur. Liberté et volonté se confondent donc.

Ce présent empoisonné que peut être la libre initiative a conduit l'humanité au sacrifice de cet immobilisme béat, que prévoyait le Créateur, pour lui préférer une évolution pernicieuse dont elle ne voyait pas l'affreuse phase terminale. Dans ce rousseauisme prénéolithique, qui répudie non seulement la société industrielle mais encore l'activité agricole, les hommes, s'ils avaient su rester sages, auraient persisté dans une économie de cueillette. Des jardins de l'Eden, ils se sont expulsés, non en volant un fruit défendu, mais par la destruction de ses piliers. Immoler l'arbre revient alors à nier Dieu. « Plus qu'aucune plante, écrit Clave, [il] mérite notre reconnaissance. Partageant nos peines et nos joies, [...] il assainit nos villes, et embellit nos campagnes, [...] il projette son ombre sur la tombe de ceux qui ne sont plus. Il y a quelque chose de touchant dans le *sentiment religieux* qui nous pousse à rendre hommage au Créateur dans l'œuvre la plus majestueuse de la création [39] ».

Cet élan du cœur, au contact de ces cathédrales vivantes que forment les augustes futaies, affleure très souvent dans le discours du XIXe siècle débutant. Il faudra attendre les années 1890 pour que s'éteigne ce qui dérivait vers le lieu commun poétique. Le vent anticlérical qui souffle alors n'aime guère cette piété. Les administrateurs, y compris ceux des Eaux et Forêts, renoncent donc au lyrisme de ces épanchements. De telles images désormais ne trouvent plus refuge que dans les salons littéraires où se lisent dévotement les sonnets du Parnasse. Usées pour avoir trop servi, en quelque sorte!

Le langage courant les a polies tant et tant que l'humeur actuelle serait plutôt de les traiter en agréables fioritures, enjolivant une prose parfois pesante. Il n'en est rien. Elles traduisent un courant de pensée dont l'impact fut considérable, préparant les mentalités à recevoir, et même à réclamer, une inflexion de la politique sylvicole. L'époque se veut sérieuse, et donc volontariste. Aussi, dans les milieux croyants, l'idée d'une dualité inhérente au monde voulu par Dieu remporte-t-elle un vif succès. Une semblable conception, qui envoie au diable le débat sur la grâce divine, lequel avait fait les beaux jours du XVIIe siècle, insiste au contraire sur la capacité qu'ont les hommes à tirer parti de l'œuvre suprême. Ils peuvent exploiter ses potentialités, ou la défigurer. Le terme *dénaturer* serait mieux encore.

La Nature se place ainsi au point de convergence entre le Maître et ses créatures. Elle apparaît comme sa *face visible*, la seule chose que celles-ci puissent appréhender de Lui. Elle est aussi, par son état même, le *critère* du bon exercice de leur libre arbitre. A l'homme qui se déclare son enfant, elle ouvre les portes d'un univers où ne règnent que de célestes harmonies. A celui qui s'obstine à ne pas admettre ses lois, elle révèle un visage courroucé. La communion avec le beau attend le premier; l'amertume des larmes sera, avec la solitude, le lot du second.

Ce jeu des correspondances, Caspar C. Friedrich l'a illustré dans deux paysages hivernaux. Dans l'un, le personnage se traîne parmi des chênes, morts en cime ou dépouillés de feuilles. Dans l'autre, il a jeté ses béquilles et avance : les troncs dénudés sont remplacés par des sapins toujours verts, au milieu desquels s'élève un crucifix, tandis qu'au loin émerge une église gothique dont les formes sont un écho de celles des conifères. Des résineux *persistants* succèdent ainsi à une essence dont le feuillage, *caduc*, rappelle le rythme existentiel auquel la créature, déchue, s'est condamnée : à l'automne de la vie, la mort devient proche. Ces motifs, par leur clarté un peu facile, ne simulent pas, ce qui serait alors une substitution prémonitoire. Ils invitent à méditer sur leur fonction symbolique : le changement des espèces annonce le passage de la condition humaine à la félicité éternelle. Le message délivré se veut avant tout *chrétien* en un temps où les élites sociales déplorent en majorité la déchristianisation, même si leur assiduité religieuse laisse à désirer.

La Nature infinie et l'Homme limité prolongent ainsi la réflexion sur les thèmes de la fusion cosmique et de la désespérance individuelle. Ces facteurs s'organisent alors en une polarité fondée sur un des principes les plus féconds de l'esprit romantique, le principe de contradiction. Au nom d'une spiritualité rénovée, il s'agit maintenant de construire un organisme dans lequel les opposants vivent ensemble, et même l'un *par* l'autre. L'alliance de l'Homme et de l'Arbre doit se restaurer dans la totalité exprimée par chacune des œuvres de la Nature.

Tout comme Fabre, dans son *Essai sur la théorie des torrents et des rivières* (1787), Rauch, avec la *Régénération de la Nature végétale* (1818), ou encore Rougier de la Bergerie et son *Mémoire au Roi et aux Chambres législatives sur la destruction des bois* (1831), Clave, avec ses *Études forestières* (1862) entreprend d'alerter l'opinion sur le danger qu'encourt l'humanité en brisant le pacte sacré. Tous appartiennent à ces élites qui proclament hautement leur foi dans les vertus pédagogiques de la Nature. Rauch écrit ainsi qu'au temps où « la splendeur de la Création se dessinait par la somptuosité de sa magnificence, l'homme était dans le ravissement. La nature était pleine de mystères et de symboles pour lui [...] Tout ce qui existait était grand [...] parce que tout montrait la présence et l'ineffable bonté de Dieu [40] ». Sous l'emphase du propos, une certitude, nette, absolue : l'Homme était heureux jadis, parce que, dans cette époque bénie, l'Arbre se voyait respecté. Tous partagent l'impression de constituer des cas exceptionnels dans un siècle avide de jouissance – lui, « pour qui l'accroissement du bien-être semble la loi suprême, récolte donc la désolation qu'elle a semée ». La jouissance! le mot abominable est lâché. Dans cette perspective, les crues dévastatrices, qui broient tout sur leur passage et provoquent la fuite des hommes, sanctionnent le viol de l'ordre divin. Du coup, voilà le thème de la dépopulation largement exploité par ces auteurs. C'est à savoir lequel d'entre eux citera le plus grand nombre de propos officiels allant dans leur sens. Le préfet des Basses-Alpes, Bouville, sera ainsi abondamment repris pour avoir déclaré, en 1853, que tous les maires questionnés par ses soins « ont été unanimes pour reconnaître qu'elle provenait des émigrations des familles de cultivateurs qui ne trouvent plus aujourd'hui des moyens d'existence là où leurs pères avaient autrefois l'aisance [41] ». L'inondation devient pour ce XIXe siècle, un peu vite oublieux de la peste et du choléra, le *fléau* par excellence.

La croisade pour le reboisement se confond alors avec un sursaut moral. La nudité des pentes ne peut en effet que refléter les méfaits d'un individualisme haïssable – et haï! C'est ainsi que M. Duval signale en 1852 au préfet du Var que, voilà soixante ans, « on se livra *sans aucune retenue* à un abattis immense de bois, dans le but unique de *profiter* de l'incinération des produits comme engrais [42] ». Profiter? Assurément, ce verbe abject sonne tout aussi mal que le mot « jouissance »! Il est des termes qui ne doivent pas se concrétiser... Aussi le châtiment pour une pareille imprévoyance vient-il promptement fustiger les responsables: « On obtint des récoltes magnifiques pendant un an ou deux, puis, *rien.* La terre végétale avait disparu ». L'égoïsme présumé du cultivateur s'accommode donc bien, selon cet esprit éclairé de bonne conscience, d'une farouche indifférence quant au sort de la collectivité. Ces gaspillages s'étant déroulés il y a soixante ans, les dater est fort facile: le crime s'est perpétré sous la gent révolutionnaire, pleine d'athées comme chacun sait – et de déistes, mais la variété ne vaut guère mieux. Une chronologie toute semblable se glisse sous la plume de M. Dugied, ancien préfet des Basses-Alpes, à l'occasion de son avis au Conseil d'Agriculture [43]. Dans ce rapport de 1819, il déplore la stérilité de près de la moitié du département – 430 000 hectares en voie de désertification! – et remarque lui aussi que, « si l'on entend les vieillards du pays, [...] depuis trente années surtout, on a *vu* disparaître plus de champs, plus de prairies que, peut-être, il n'en avoit été enlevé dans le cours des deux siècles ». Pas de doute à ses yeux: les dégradations s'amplifient à la fin du XVIIIe siècle.

La position sociale de ces deux fonctionnaires, qu'il s'agisse de M. Dugied ou de M. Duval, rend compte de leur confluence. Ni l'un, serviteur de la Restauration, ni l'autre, bien en cour dans l'Empire autoritaire, ne sauraient excuser ce qu'il est convenu d'appeler d'atroces désordres. Rien de surprenant, donc, dans la tonalité conservatrice de leurs réactions. Les excès individuels ne sont guère appréciés dans ce monde policé. Moins banal, par contre, est leur souci commun de présenter les défrichements comme étant un fait *récent;* au mieux, *contemporain* de l'écroulement monarchique; au pis, lui étant de peu *antérieur.* Cet accord entre légitimistes et bonapartistes a quelque chose de suspect, vu l'enjeu qui est en cause. A quelles nécessités répondent donc ces étonnantes retrouvailles?

Les viatiques d'une génération

Assurément, pour tous les reboiseurs en puissance, la décadence française, fille de la Révolution, se perçoit dès la philosophie des Lumières. Les légitimistes ne sont au reste pas les seuls à formuler cette intéressante maxime, bien qu'ils se soient beaucoup démenés pour sa diffusion. Charles de Ribbe, notamment, a largement contribué à en accréditer l'idée, pronostiquant la « ruine, plus ou moins rapide » des forêts, « images sensibles de la *stabilité* au sein de la Nature », et cela, dès que « la pensée de l'avenir disparaît chez les peuples, au milieu des violences ou des fluctuations d'une *démocratie sans frein* [44] ». Ce n'est pas contre le régime républicain qu'il en a, encore qu'il ne l'aime guère. Ce qu'il abomine par-dessus tout, c'est *l'explosion délictueuse* qui a suivi, en 1790, la suppression des Maîtrises des Eaux et Forêts, ou plutôt de leurs tribunaux extraordinaires, et l'incapacité des gouvernements successifs à dégager une ligne sylvicole cohérente – et à s'y tenir ! Il n'a pas, à vrai dire, tout à fait tort sur ce dernier chapitre, bien que la question forestière puisse être jugée comme secondaire au regard des bouleversements politiques, des luttes fratricides et des guerres extérieures que le pouvoir exécutif devait alors affronter !

Il s'agit donc pour tous les bien-pensants, innombrables dans ce premier tiers du XIXe siècle, de ressusciter, au travers du procès contre 1789, tout l'appareil qui, sous l'Ancien Régime, était censé réguler les systèmes agraires. Le combat livré en faveur de la Nature, mère féconde lorsque sa quiétude n'est pas dérangée, rejoint à point nommé celui pour un ordre nouveau. L'héritage de la Constituante n'est-il pas par essence néfaste, tout empreint qu'il est des idéaux philosophiques ? Et ceux-ci circulaient jusque dans l'entourage du Roi ! Le modernisme de ce pauvre Louis XVI ne suffit-il pas à effarer tous ces puristes qui entendent supprimer les pulsions de l'individu ? La vague d'essartage, qui leur semble déferler depuis lors, marque incontestablement à leurs yeux l'affaissement des valeurs morales qu'ils veulent ressusciter. Personne ne s'interroge sur la réalité des défrichements. Tous s'accordent pour regretter la continuation de ces errements. Or la *Statistique des Bouches-du-Rhône* trouve dans ce département 61 000 hectares de bois-taillis en 1829, et Becquerel 103 000 hectares vingt-cinq ans plus tard. Cela donne une croissance de 2,75 % par an. La chose est inattendue ! En revanche, lorsque le projecteur se braque sur la période antérieure, ces discordances s'effacent au profit d'une belle unité dans la déforestation. Les départements du Var et des Basses-Alpes auraient ainsi perdu, entre 1791 et 1840, respectivement 44 % et 71 % de leurs étendues boisées. Au rythme de 0,8 % et de 1,42 % l'an, cela laisse imaginer que la disparition de ces précieuses ressources sera en bonne voie d'ici la fin du siècle. Il est certain que la publicité faite autour de ces données, dont la fiabilité est contestable, alimente bien des craintes sur l'éventualité d'une pénurie.

Le contexte est donc favorable à ces protestataires, qui réclament, à corps et à cri, le *retour aux sources*, c'est-à-dire au Code colbertien, magnifié pour les besoins de la cause. A dire vrai, les différences avec celui de 1827 ne sont pas si grandes que cela, surtout en ce qui concerne le statut et le traitement des possessions communales. Cela n'empêche pas la vive critique du texte de la Restauration. Il satisfait la revendication de l'*individu*, donc il est mauvais. Son vice majeur tient en effet à l'article 2, lequel *établit* les particuliers dans l'exercice de *tous* leurs droits de pleine propriété. Cela ravive le triste souvenir de la loi du 14 août 1791, appliquant aux étendues forestières les principes contenus dans le Titre I, article 6, de celle du 29 septembre 1790, de portée plus générale. Désormais, « les bois, appartenant à des particuliers, furent affranchis du régime forestier et des règles auxquelles l'Ordonnance de 1669 et les arrêts du Conseil les avaient soumis. Chacun eut donc la *liberté* d'administrer les siens et d'en disposer comme de toute autre espèce de propriété [45] ». La chose est claire : l'esprit pernicieux des Lumières contamine, en l'occurrence, les législateurs de Charles X!

C'est que le concept de liberté n'a guère d'audience auprès des ultras, persuadés que le bon peuple l'interprète toujours comme « l'affranchissement de toute règle et de tout devoir », selon l'expression de C. Comte, dans le *Traité de la propriété* qui sort enfin en 1834. Une fois prononcé, n'est-il pas vain de prétendre en brider l'application? Les députés de la Constituante n'en ont-ils pas fait déjà la fâcheuse expérience, lorsque, dépassés par l'annonce des pillages, ils souhaitèrent une marche arrière? Leur instruction du 12 août 1790, qui rappelait le maintien des lois forestières alors que les circonscriptions des Eaux et Forêts se préparaient à disparaître, se révéla inutile: municipalités et citoyens s'obstinèrent à agir comme si les anciennes dipositions étaient déjà enterrées. La circonstance avait donc montré que les étendues boisées ne peuvent en aucun cas être assimilées à un bien ordinaire. Leur récolte ne se compare pas à celle d'un champ. Vouloir les soumettre aux termes du libéralisme, c'est-à-dire aux rapports d'offre et de demande sur le marché, semble stupide. C'est que le bois ne s'évalue qu'en fonction des services rendus à celui qui le *consomme*, et non pas en tenant compte de ceux qu'il rend au public *avant d'être abattu*. Aussi les propriétaires ne peuvent-ils obtenir une rémunération totale de ce bien, celle-ci devant alors intégrer les bienfaits que leurs forêts apportent aux habitants « répandus dans les bassins des fleuves », à commencer « par l'influence qu'elles exercent sur la distribution des eaux [46] ». Au sens fort du mot, ce rôle écologique se révèle *inestimable.* La conservation de ce patrimoine ne pouvant se faire par le biais des intérêts financiers, il faut donc recourir aux *contraintes de l'État.* Dans cette conception éminemment volontariste, ni le *bonheur* de chacun ni le *profit* de tous ne sont cotés : le courant conservateur part donc en guerre à la fois contre l'individualisme et contre le capitalisme, sinon en plaine, du moins en montagne, là où sont les bois à protéger.

Une parfaite honnêteté exige de dire que sous l'Ancien Régime, l'encadrement étatique n'était pas toujours aussi vigoureux que le supposent ces idéologues de droite. Ainsi, le *Traité de la législation rurale et forestière,* que publie L.-J. Cappeau en 1824, signale l'absence de surveillance dont bénéficient les bois des particuliers. Un arrêt du Parlement de Provence, le 27 mars 1781, qui enjoint aux consuls des villes de visiter les bois des communes et de verbaliser sur les contraventions (repérées), leur défend même « de faire aucune visite et d'exercer aucune fonction quelconque dans les bois des particuliers [47] ». Il est vrai qu'à cette date, déjà plus rien ne va! Les conservateurs entendent donc revenir vers l'ambivalence juridique qui, sous l'Ancien Régime, aurait su défendre les bois particuliers contre les appétits de leurs détenteurs. En ce temps regretté, leur transmission suivait, certes, les règles du droit *privé,* mais tout ce qui touchait à l'exploitation tombait sous le coup du droit *public.* Les arrêts du 9 décembre 1703 et du 16 mai 1724 avaient d'ailleurs renforcé les clauses de l'Ordonnance colbertienne, qui précisait en fait plus qu'elle ne la créait une dualité ébauchée au cours du XVIe siècle.

En fait, la critique des insuffisances que comporte le Code de 1827 en matière de contrôle des défrichements pèche par excès. Charles de Ribbe, notamment, en veut beaucoup à l'article 218 parce que celui-ci lui paraît abolir des garanties antérieures, dont la renaissance serait bienvenue [48]. Nombreuses sont celles qu'il voit excellentes dans ces « lois, ordonnances, édits et déclarations, arrêts du Conseil, arrêtés et décrets, et tous règlements intervenus, à quelque époque que ce fût [...] en ce qui concerne les forêts ». Par contre, tout ce qui figure dans le Code de 1827 lui semble détestable – à commencer par cette table rase qu'il fait des textes anciens, traités en négligeable fatras.

La nostalgie étant ce qu'elle est, il faut bien admettre que, si la tutelle s'est parfois relâchée, les moyens d'encadrer les bois privés ne se sont jamais totalement abolis. La loi du 29 avril 1803, par exemple, prouve que les propriétaires en prennent moins à leurs aises qu'ils ne l'aimeraient. Ne leur impose-t-elle pas, et ce pour une *durée de vingt-cinq ans* reconductible, d'informer quant à leur *intention,* en déposant cet avis à la sous-préfecture ? Certes, cela ne vaut pas une bonne demande d'autorisation, mais ce n'est tout de même pas sans effet protecteur, puisque les autorités forestières disposent alors de six mois pour s'y opposer, à condition toutefois d'en référer au ministre des Finances. Le gouvernement doit statuer dans un délai identique.

Ainsi, dans la mesure où les responsables réagissent vite, le candidat essarteur se voit bien forcé de prendre son mal en patience. Il peut même être débouté de sa prétention à l'issue de la procédure... Malheur à celui qui veut brusquer l'événement ! Il doit remettre en l'état la parcelle précipitamment défrichée, et cette obligation retire beaucoup d'attrait à son acte. Une telle mesure dissuade davantage de se lancer dans pareille entreprise que l'amende prévue pour ce forfait. Bien que ne pouvant être inférieur au cinquantième de la valeur des arbres arrachés, son montant n'est pas encore assez lourd pour retenir le prétendant, dès l'instant où celui-ci escompte une substantielle récolte de cette mise en labours.

Or, en dépit de la présentation tendancieuse qu'en fait le mouvement conservateur, le Code de 1827, et son fameux article 2, ne rompt pas avec toutes ces formalités de 1803. Il est même fort éloigné d'abroger certaines contraintes pesant sur les particuliers, contraintes que mentionnait d'ailleurs aussi la loi scélérate du 14 août 1791, ne lui en déplaise. Tant il est vrai que, pour faire du déboisement un phénomène nouveau, bon nombre d'auteurs se sentent prêts à toutes les contorsions interprétatives ! Les interdictions de défricher, dans le but de préserver les approvisionnements maritimes et la superficie forestière existante, figurent en effet au *dernier titre* de cette Ordonnance de 1827, apparemment bien mal lu, peut-être, justement, parce que fort mal placé.

L'existence même de ce dispositif, gênant les défricheurs, montre à l'évidence, par la continuation des essartages, que prétendre efficace la contrainte relève de la mauvaise foi. L'article 220 envisage en effet six cas dans lesquels les Eaux et Forêts peuvent s'opposer à ce genre de tentative : la salubrité publique, la défense des zones frontières, la protection des sources, l'invasion maritime ou fluviale, la fixation des dunes et enfin la retenue des pentes. En théorie, par conséquent, le Code de 1827 ne méprise pas la mission écologique que peuvent être amenés à remplir les bois particuliers. Dans la pratique, et celle-ci est pourtant moins souvent invoquée par les détracteurs que la rédaction même, le fonctionnement laisse à désirer. Ces critiques ont de la sorte surtout considéré l'article 219, qui exclut du champ réglementaire les bois présentant l'un des deux caractères suivants : soit non clos, soit exigus, c'est-à-dire s'étendant sur moins de quatre hectares. Cela implique donc l'acceptation de leur sacrifice, la vulnérabilité liée à l'absence de clôture et la faible valeur qu'entraîne leur taille ne les rendant pas indispensables. Il n'empêche que ladite faculté de les supprimer est bel et bien remise en cause dès qu'ils font « partie d'un autre bois qui compléterait cette contenance ». De la même façon, elle ne joue que « s'ils ne sont pas situés sur le *sommet ou une pente* de montagne ». L'honneur du texte reste donc sauf.

Il est cependant exact que ses rédacteurs ont oublié qu'introduire une défense en fonction des espèces aurait permis d'étayer celle des bois. Cette carence ouvre une brèche importante dans les dispositions cherchant à épargner l'essartage de ces hautes terres. Sur ce point-là du moins, Charles de Ribbe n'a pas tort : il y a bien lacune par rapport à ce qui existait avant la Révolution. Ainsi, « le défrichement des terrains agrégés de chêne kermès ne souffre pas de difficultés, parce que des *broussailles* paraissent ne pouvoir être assimilées à un *bois* », alors que celles-ci n'en ont pas moins une action aussi importante que celui-là. Il est certainement dommage que le Code de 1827 n'ait donc pas récupéré la tradition de l'Ancien Régime sur ce chapitre, classant en conséquence le chêne kermès parmi les essences *forestières*, comme l'avaient fait avant lui les arrêts du 8 août 1817 et du 26 février 1819 [49]. Le problème que posent forcément ces minces boqueteaux aurait été ainsi tourné avec élégance. C'est que, pour les Eaux et Forêts, de telles formations végétales sont très utiles, non seulement dans la lutte contre la détérioration des sols, mais encore afin de faciliter la reprise de jeunes plants. Plus d'une fois, ses agents auront à regretter leur enlèvement, devant lequel ils sont impuissants.

Que d'arguties, en effet, ne permet pas l'emploi de l'article 219, surtout lorsqu'il s'agit de regrouper des parcelles entrecoupées par ces lambeaux boisés! En fait, au tout début du XIXe siècle, ceux-ci dérangent le propriétaire, mais préoccupent assez peu cette administration, car les sujets ne lui semblent d'aucun avenir, c'est-à-dire non susceptibles de fournir aucun produit. Les forestiers se passionnent alors pour la *conservation* des peuplements, et non pour celle des *sols,* d'où leur relative indifférence lorsqu'il s'agit d'une couverture buissonnante n'ayant d'intérêt que pour les maintenir. Ils tolèrent de la sorte des pratiques dont la nocivité leur paraît pourtant acquise. Ils les acceptent du moment qu'elles ne menacent pas *directement* les tiges.

C'est dans cette perspective que, le 14 juillet 1841, l'incendie sur terrain nu se voit autorisé : il faut seulement que deux cents mètres séparent le feu des bois. Un accident arrive vite, mais ni dans cet arrêt ni, avant lui, dans l'article 148 du Code, mention n'est faite d'une quelconque réparation. Pis encore, ce nettoyage par le feu est admis, pour peu de temps il est vrai, dans le cadre des cultures temporaires en sous-bois! Heureusement, cette instruction du 13 mai 1841 ne tarde pas à être abrogée, avant de pouvoir être accusée d'avoir occasionné d'irréparables dégâts! La mesure, d'abord accordée, ensuite annulée, témoigne bien cependant des incertitudes de l'époque quant à la politique à suivre pour la préservation pédologique. Il est clair, au travers de cet ensemble réglementaire, que le défrichement, lorsqu'il est voulu par le particulier, ne se laisse pas aisément éconduire. Les textes prouvent cependant qu'il ne jouit pas d'un laxisme rédactionnel, ultime avatar de la Révolution française comme d'aucuns le croient – ou feignent de le croire.

En vérité, dans ce début du XIXe siècle, l'inspiration ne diffère guère de celle qui avait cours sous l'Ancien Régime. Plus de réalisme, peut-être, comme le montrent ces tâtonnements? Encore n'est-ce pas évident puisque la montagne n'en bénéficie pas. Certes, les modalités, quant à elles, divergent davantage : demande d'*autorisation* d'un côté, et déclaration d'*intention* de l'autre. Au bout du compte, l'écart n'est pas bien grand, car le dispositif vise toujours à garantir de la hache d'essartage une étendue boisée, mais s'épuise à cerner ce qu'il faut entendre par là. La forêt primitive en altitude se cherche en vain. En admettant qu'elle ait existé quelque jour, le législateur n'a devant lui que des formes de transition sur lesquelles bute tout effort de définition.

Les réactionnaires de tout poil s'enfoncent dans l'erreur en mettant en cause, avec une superbe constance, les prétendues faiblesses du législateur, ce qui laisse penser qu'en les guérissant, la déforestation cessera comme par enchantement! Le libéralisme qu'ils subodorent dans le Code de 1827 n'est qu'une façade, à quelques broutilles près. Et l'autoritarisme musclé qu'ils prêtent aux beaux jours louis-quatorziens s'apparente aux mirages : l'envie de croire suffit à créer l'illusion. C'est que le propriétaire, même lorsque sa marge de manœuvre est soigneusement balisée, a toujours eu – et a encore – la faculté de *dénaturer* son bien, sans encourir la moindre peine, en dépit des lois qui l'en menacent. A cet égard, le Code de 1827, même s'il ne satisfait qu'à moitié les partisans de l'essartage et déclenche les foudres de leurs adversaires, ne mérite ni les soupirs de soulagement des uns, ni les bordées d'injures des autres.

La correction de 1859, qui introduit un septième motif de préservation, ne modifie nullement, par cet article 220, la physionomie du débat, bien que le prétexte permette à chaque camp de fourbir ses armes à nouveau [50]. Comme ses devanciers, passés dans les faits ou tombés dans les oubliettes de l'histoire, il dresse, en s'exerçant à la prévoyance, un certain nombre de barrières. Elles sont destinées à circonscrire le phénomène, mais restent, par la force des choses, entrouvertes! Par lui-même, il ne résout donc rien. En revanche, par l'application, il étaye le crédit de ses détracteurs qui, au vu des résultats, clament que le salut des espaces fragiles passe par la *mainmise de l'État.*

L'expression est redoutable en raison des réminiscences colbertistes dont les mentalités françaises sont imprégnées. Les donneurs de leçons que sont ces légitimistes signifient par là le retour à des dispositions contraignantes, empruntant leur prétendue efficacité au passé joli. Simultanément, d'autres l'interprètent comme une confiscation, plus ou moins camouflée, laquelle permettrait enfin de garder l'aspect boisé à ces étendues en grand danger de ne l'avoir plus. Le financement de l'opération reste, bien évidemment, entre parenthèses, encore que beaucoup se disent qu'un système réglementaire offre au moins l'avantage de la gratuité! Quel que soit le glissement sémantique, ladite expression traduit vigoureusement la nécessité impérative de contourner l'*obstacle* qu'érige la liberté de l'individu, lorsqu'il est propriétaire. Ainsi, quand ce particulier amène des bestiaux ou décide de couper quelques troncs, il ne fait qu'user de *son* bien. Il n'exerce alors ni un usage ni une servitude. Quel motif alléguer pour le convaincre de ne pas jouir de ce qui lui appartient? Vouloir revenir sur pareille situation serait tout bonnement vouloir anéantir la douceur de posséder. Le Conseil d'État, en 1805 déjà, s'était senti obligé d'accorder au requérant l'autorisation d'introduire à son gré le bétail dans ses bois : cela « permet d'affermer les pâturages sans avoir besoin de les faire déclarer défensables par l'administration forestière ». La règle d'or est là : « Ils [les propriétaires] sont les meilleurs juges de ce qui leur convient. » Mais cet argument n'est imparable que jusqu'au moment où une voix s'élève pour objecter que cela n'infère en rien de ce qui convient à la nation [51]. En attendant que la chausse-trappe se fasse visible, le propriétaire, à l'abri de la loi, peut accomplir avec discrétion... tout ce qu'il lui est défendu de réaliser de manière ouverte.

Un article des *Annales forestières* signé par l'inspecteur Legros-Saint-Ange explique fort bien, en 1847, les étapes à suivre. Charles de Ribbe en cite de copieux extraits, car cela renforce sa démonstration. « Le propriétaire n'a qu'à abattre son bois. Jusqu'ici, il est dans la légalité, et l'Administration n'a rien à dire. L'année suivante, il détruit encore tous les rejetons, et les fait brouter par les troupeaux. Dès la quatrième année, le terrain n'offre plus l'aspect d'un bois. Le propriétaire s'empresse d'enlever les souches mortes, et le défrichement est opéré *sans autorisation* aucune [52]. » Ce n'est vraiment pas utile de prier pour que sa déclaration s'égare dans un fond de tiroir pendant au moins six mois. Procéder avec une sage lenteur évite en effet les affres de la verbalisation.

La progressivité s'impose donc : ne pas extirper les vieilles souches sur des étendues réduites à l'état de landes ou de broussailles; éviter la destruction pacagère des rejetons et des tendres pousses après une coupe à blanc étoc – bref, ne pas cumuler deux présomptions en un seul acte, et le tour est joué! Aussi le législateur s'essouffle-t-il à courir derrière le défricheur [53]. Rien n'y fait, et le titre XV du Code de 1827 ne ressemble plus qu'à une mouture ratée du texte de 1803, tentant en vain d'endiguer pour une génération l'essor de l'espace cultivé aux dépens du territoire boisé.

Aussi ces mesures, supposées contenir les défrichements dans des limites acceptables, sont-elles régulièrement prorogées : 22 juillet 1847, 25 juillet 1850, 1er août 1851, 10 juin 1853, etc. Se soustraire à leurs clauses semble pourtant tellement entrer dans les mœurs que leur floraison estivale relève davantage du rituel parlementaire que d'une volonté déclarée d'arrêter le mouvement. Les choses demeurent donc en l'état jusqu'à la fin du siècle, où davantage d'efficacité est espérée d'une retouche de l'article 221. Elle devrait par conséquent tourner la difficulté de la définition forestière. Cela ne suffisant pas, il conviendrait aussi de refondre l'article 223, *de manière à allonger* le délai de prescription, et à *préciser* le volume du prélèvement.

Les insuffisances du Code sont en effet médiocrement comblées par la jurisprudence : il faut vraiment que les phases menant à la *dénaturation* soient très rapprochées pour que de tels agissements soient punis comme tentatives d'essartage. C'est par exemple ce qu'en décidera la Cour de Chambéry, par l'arrêt du 18 janvier 1877 [54]. Il est vrai qu'à cette date est mise en place une législation spécifique qui montre toute l'importance accordée au reboisement des espaces montagnards. Il faut donc que celle-ci s'impose pour que le juge utilise enfin l'arsenal des dispositions répressives contenu dans l'article 219 et suivants. Et encore, n'est-ce qu'avec bien des hésitations et scrupules...

Le postulat selon lequel « quel que soit l'intérêt de l'État pour la conservation des bois, *on peut s'en remettre* à celui des particuliers de ne pas dégrader les bois qui leur appartiennent », résiste donc. Cet avis, rendu en 1805, alors que, déjà, certains s'inquiétaient de l'absence de garde-fou quant aux bois particuliers, reste donc d'actualité après plus d'un demi-siècle. La mise en défens, qui leur épargnerait en leur âge tendre la dent du bétail, puissant auxiliaire de l'essarteur, ne saurait s'obtenir! Le blocage est évident alors que personne n'est dupe des intentions de l'auteur.

***

La défense de l'Arbre sur la propriété privée semble donc bien précaire, même lorsque la protection des sols en réclame le maintien. Mais ne reste-t-il pas alors la possibilité de le faire pousser là où elle semble indécise, voire ne pas être? Espaces vides et terrains communaux, occupant ces hautes terres, pourraient ainsi se voir réquisitionnés au nom du bien public. Certes, ceux qui profitent de ces surfaces ne les détériorent pas pour le plaisir, mais bien parce qu'ils estiment leur spéculation de meilleur rapport que l'entretien des bois. Ne pouvant atteindre la liberté du propriétaire privé, c'est celle de l'individu qu'il s'agit de mettre hors d'état de nuire.

L'intérêt du particulier ne doit plus contredire l'intérêt de tous. Cela suppose que les étendues dont le boisement s'impose passent, d'une manière ou de l'autre, sous contrôle étatique. Après tout, sous l'Ancien Régime, terres vagues et biens vacants n'étaient-ils pas réputés relevant du Roi, et donc de ses agents? L'idée répondant tout à fait aux vues de l'administration des Eaux et Forêts, celle-ci reçoit avec enthousiasme la littérature conservatrice, à commencer par l'ouvrage de Charles Ribbe, *La Provence au point de vue des bois, des torrents et des inondations, avant et après 1789*. Le titre en est quelque peu provocateur en 1857, mais il a le mérite d'afficher les préférences de l'auteur.

Les forestiers accordent ainsi leur aval à des thèses auxquelles ils ne pouvaient échapper, de par leur histoire même. L'esprit se persuade vite que seul un tel encadrement peut éviter la déforestation, ce que l'Ancien Régime aurait su faire jusqu'à ce que les sirènes philosophiques le détournassent de ce devoir sacré. Le raisonnement associe donc deux arguments nécessaires à son soutien : il faut en effet que les défrichements soient un phénomène *récent,* pour que l'ingérence *passée* ait été une réussite, sinon à quoi bon proposer son rétablissement en zone montagnarde? Or ni l'un ni l'autre ne résistent à l'étude archivistique des temps d'autrefois. Peu importe, puisqu'ils jouent à merveille leur rôle d'alibi idéologique.

CHAPITRE VIII

La montagne sacrée

La pensée romantique s'imagine les flancs de la montagne recouverts d'une ténébreuse *sylva* avant que les hommes n'en déchirent le manteau à l'époque historique. Pour tout un chacun, celle-ci s'ouvre bien plus tard qu'aujourd'hui. En ce début du XIXᵉ siècle, l'Antiquité gréco-romaine n'a pas conquis d'autre matérialité que ses textes, édités et réédités, étudiés et appris par cœur. Une étonnante familiarité avec sa langue s'accommode donc de l'ignorance quant au vécu. Ses monuments, dont les ruines admirables commencent à peine d'être dégagées de leur gangue, n'inspirent que des réflexions désenchantées sur le déclin des empires. Cette archéologie de terrassier ne fait que débuter. Les données scientifiques qui concernent les différentes phases de l'emprise humaine inscrites au sol se limitent donc à peu de chose. D'autant que seuls les nobles témoins de pierre intéressent alors : tessons de poterie, traces de foyer et soubassements de maison demeurent délaissés...

L'opinion commune place ainsi les premiers efforts des cultivateurs *en plaine* et non *pas en des contrées escarpées.* L'imagerie les représente même s'acharnant sur la glèbe limoneuse, ne concevant pas que l'aube agricole puisse se lever sur des terrains maigres et secs. De ces clichés se détache une *forêt mythique*, en des contrées sauvages, et que le Moyen Age aurait livrée vierge de tout labour aux envahisseurs des Temps modernes. Le viol ne les avait pourtant point attendus. Ainsi, dans les hautes Pyrénées, les traces s'en distinguent dès le Néolithique. C'est dire combien la colonisation y est précoce [1]. Dans la Montagne, le bassin de

Tarascon, le Val d'Ariège, le Donnezan et le Castillonnais en portent l'empreinte. Même les sites difficiles d'accès de la cuvette de Montségur ou de la vallée de Biros sont touchés. La mise en valeur, plus lente et plus tardive, des Prépyrénées, mais aussi du front de chaîne, souligne *a contrario* les avantages qu'offrent ces hauts bastions à des techniques culturales rudimentaires. Les longs versants, légers au travail, rapides à s'échauffer, s'y combinent harmonieusement avec les pâtures et les forêts. Cette proximité, en diversifiant les ressources, assure la survie.

Tout bien considéré, l'âpreté de ces terroirs se révèle plus hospitalière que les espaces en contrebas. Les rencontres qui s'y font portent rarement bonheur, et ces dangers, en des temps troublés, constituent un dur revers aux agréments des transports! L'isolement vaut parfois le prix de son ennui. Qu'il s'agisse des soulanes du Sud-Ouest ou des adrets alpins, les pentes ensoleillées ont depuis toujours attiré le paysan. Dans ces conditions, rétablir la forêt primitive n'est qu'un rêve, tant manque l'information. N'est-ce pas vouloir rebâtir un temple dont l'emplacement serait cité mais non repérable, et les matériaux, retournés à la poussière? Même un Viollet-le-Duc hésiterait devant pareille tâche...

AU NOM DU BIEN PUBLIC

Les esprits éclairés de l'époque, non contents de prétendre restaurer une forêt paysanne dont le faciès reflète une sélection millénaire, se préparent aussi à introduire l'arbre où jamais peut-être il n'a été. Réussir un tel doublé relève du tour de force. Ne fallait-il pas à la fois *convaincre* les populations de ces hautes terres qu'elles devaient le sacrifice de leurs commodités au salut de la plaine, et *recueillir* des essences susceptibles de prospérer en des sols nus, où sévissent vents et froidures?

Le plus étonnant dans ce pari vient peut-être de la façon dont l'administration des Eaux et Forêt l'engage. Pour la première fois de son histoire, en effet, le programme pour lequel elle se bat rallie tous les suffrages. Reste pour elle à se procurer les moyens *législatifs* et *techniques* qui lui donneront la victoire, et ces derniers ne sont pas les plus simples à réunir, tant s'en faut! L'opinion unanime lui souhaite le succès, dont personne ne doute en raison d'une série de méconnaissances, héritées ou nouvelles, qui le fait croire à portée de la main. Heureusement, car qui sait si, sans cette belle certitude, il y aurait eu ce large mouvement en faveur de la restauration des terrains en montagne?

L'audience administrative

Les responsables de l'époque ne parlent guère des obstacles pouvant être le fait des habitants car leur ambition ne porte pas véritablement sur l'amélioration du mode de vie montagnard. La chose viendra plus tard, dans le dernier tiers du XIXe siècle, précisément lorsqu'ils seront devenus évidents. Pour l'heure, il n'est question que de la renaissance de l'antique *sylva*. Ce projet ne date pas du début du siècle, même si c'est le moment où commence à prendre corps sa réalisation. En fait, depuis le XVIIe siècle, le rêve en est caressé : l'accent est alors mis sur les abus constatés, comme si leur abolition devait automatiquement entraîner la guérison du patrimoine sylvicole. C'est confondre l'ébauche originale de l'architecte et le ravalement d'un édifice délabré !

Le volontarisme de ce discours est pourtant en totale contradiction avec ce qu'observent, au jour le jour, ses auteurs. Dans les Pyrénées, par exemple, Louis de Froidour note au cours de ses visites « des bois abroutis jusqu'à la racine, et quelques misérables broussailles, [...] [où sont] plantés seulement de vieux chicots de hestres, de cent cinquante, deux cents ou trois cents ans, espacés et mal plantés, qu'on *coupe et recoupe incessamment* [2] ». Son vocabulaire même ne traduit-il pas à merveille la façon patiente dont a été modelé ce peuplement sylvicole ? Or la justesse du constat ne l'empêche nullement d'envisager une reconstitution du tissu végétal primitif, alors même qu'il avoue ces bois « sans espérance de pouvoir jamais être rétablis [3] ». Plus ou moins consciemment, il table sur l'arrêt des méfaits de l'homme pour que la Nature s'occupe de réparer ce qui *vient* d'être saccagé. A aucun moment Louis de Froidour ne doute de la possibilité d'une telle action, car cela l'amènerait à s'interroger sur les motifs qui conduisent les paysans à ces gestes répétés. La confiance qu'il manifeste en sa démarche tire sa force de l'image forgée : la présence humaine sur ces hautes terres ne saurait qu'être une intrusion anormale, et donc négative. La corrélation faite entre les deux séries, *déprédations récentes et restauration facile*, affleure par conséquent dans chacun de ses propos, parfois avec raison et souvent à tort. Le schéma général ne convient pas, en effet, dans toutes les situations communautaires examinées. Ainsi, il déclare les forêts surmontant la bourgade d'Ax-les-Thermes (Ariège) « de nulle valeur, car les habitants ont d'abord *coupé et recoupé à outrance*, et, ensuite, ils y ont fait *pâturer* toutes sortes de bestiaux, et [de sorte que] le bois n'est propre que pour le chauffage [4] ». Les séquences sont donc correctement soulignées, mais leur descriptif ne permet pas d'appréhender l'ensemble du scénario, et par conséquent sa signification. En fait, pour tous ces villageois, il s'agit d'extirper les bois qui cherchent à renaître *au-dessous* de la limite altimétrique des arbres. C'est d'ailleurs ce qui adviendra lorsque dans l'entre-deux-guerres s'éteindront de telles pratiques. Aujourd'hui, la forêt usurpe les pâturages de printemps et d'automne. Les abattages et arrachages qu'accomplissent au quotidien ces habitants sont donc privés de leur cohérence interne dans l'analyse officielle. Cette logique intrinsèque au monde rural ne préoccupe pas Louis de Froidour, et pas davantage ses collègues en tournée, pour l'excellente raison qu'ils ne supposent pas son existence! Au terme de ce processus de *détérioration*, qu'ils entendent inverser, figure la *nudité* des versants, et là gît l'ennemi suprême.

Dans cette mécanique évolutiste, l'histoire des massifs sylvicoles en montagne, loin d'être plurielle, ne saurait se rédiger que dans l'unicité. Les pentes pyrénéennes n'atteignent pas encore au stade ultime, cette pelade affreuse visible dans les Alpes méridionales. Cela viendra, s'il n'y est pris garde. C'est bien l'opinion que défend encore en 1894 E. de Gorse, disant que dans les Pyrénées, « le torrent ne s'y rencontre qu'à l'état d'exception, mais exception qui ne tarderait pas à se généraliser [...] notamment dans les hauts bassins du Gave de Pau, de la Garonne, de l'Ariège, de l'Aube et de la Têt [5] ». Tout est donc question de degrés dans la déchéance, et jamais de catégories dans la définition végétale. C'est que la forêt est *supposée vivre du haut en bas des pentes*, et donc ne succomber que sous la poussée des hommes. Dans cette idée, les pâtures estivales, placées au-dessus de l'étage sylvicole, s'observent d'un même œil que les pâquis, installés à faible distance des étables hivernales afin de simplifier les déplacements d'animaux dans le temps des gros travaux agricoles, à l'automne et au printemps.

Cette conception, faisant du manteau forestier la *couverture originelle*, survit très largement aux premiers explorateurs qui osent s'aventurer en montagne. Aucun écrivain du XIXe siècle, scientifique réputé ou compilateur obscur, ne proteste contre le dogme. C'est ainsi qu'en 1882, P. Demonzey, dans son *Traité pratique du reboisement et du gazonnage des montagnes*, et il s'agit là de la seconde édition, confirme la certitude qui était sienne à la première. Il persiste et signe : « Les gazons, formant aujourd'hui des pelouses continues *au-dessus* des forêts, ne sont que les *témoins* de l'existence des forêts supérieures, qui ont disparu du fait de l'homme [6]. » Sa conviction, à la fin du siècle, ressemble donc furieusement à celle qu'exprimait Rauch en 1818 : « La presque totalité de la superbe chaîne des Pyrénées, dont les cimes *verdoyantes* se montraient jadis avec une orgueilleuse majesté, [...]

est déboisée sur plus de soixante lieues de cours [7]. » D'un bout à l'autre du siècle, les surfaces dénudées paraissent bien n'être que l'aboutissement d'une régression de type anthropique, et non une réalité intrinsèque du milieu naturel. Bref, jusqu'où ne monterait pas l'arbre si des méthodes déshonnêtes ne venaient en rogner le territoire ?

L'ignorance au sujet de l'étagement de la végétation explique la foi aveugle que montre A. Surell en matière d'afforestation, technique essentielle à ses yeux pour lutter contre l'érosion torrentielle [8]. « Boiser jusqu'aux crêtes » est pour lui, plus qu'un slogan – une possibilité, alors que l'Embrunois dépasse les 3 000 mètres! Il faut attendre le premier quart du XXe siècle pour s'intéresser aux altitudes extrêmes auxquelles parviennent les espèces végétales. Jusque-là, la botanique s'est surtout attachée à les inventorier, à les décrire et à les classer. Quelques échecs vont donc être nécessaires pour admettre que la forêt n'a pas pour mission de protéger des herbages *en contrebas*, mais doit leur céder la place *en amont*...

Il n'y a pas eu déforestation au sens strict, puisqu'aux altitudes où s'effectue la convergence pluviale, les formations végétales ne comportent guère de ligneux. La légende du déboisement, lequel justifie son exact contraire, le reboisement, hantera d'ailleurs pour longtemps administrateurs et ruralistes. Au lendemain de la Grande Guerre, un géographe de talent, F. Lenoble, éprouvera donc l'envie d'asséner l'idée qu'il est faux que les torrents soient « devenus dévastateurs seulement depuis des siècles, parce que l'homme aurait détruit les *anciennes forêts protectrices*. Les ravins et les cônes torrentiels [...] ont mis des milliers et des dizaines de milliers d'années à se former [9] ». La réaction, excessive sans doute, témoigne de l'humeur. Lenoble est excédé par le lieu commun qui étend le domaine boisé jusqu'aux cimes et permet aux forestiers de conquérir des terrains dont l'arbre aurait été malencontreusement chassé. Car retrouver la pureté initiale de l'espace montagnard, c'est assurément lui rendre la parure que les hommes lui ont honteusement subtilisée.

En fait, les habitants défendent mieux leurs bois que ne le croit communément le citadin, venu les voir du bas pays. Ainsi, dans les Pyrénées ariégeoises, le domaine de Gudanes, bien qu'en pleine zone métallurgique, ne semble pas avoir trop souffert de la fabrication des charbons. Lors de la réformation conduite par Louis de Froidour, il comptait 5 700 hectares, vacants compris. En 1856, soit près de deux siècles plus tard, le cœur du massif est là, intact, avec ses 3 150 hectares, seuls les vacants ayant été convertis, ou plutôt *spécialisés* [10]. Mieux encore, l'exemple des sapins de Sauzet : sous la monarchie de Juillet, ils sont dépeints comme « un point noyé dans d'immenses pâturages », ce qui laisserait entendre que ces malheureux 60 hectares constituent les résidus d'une vaste forêt. Pas du tout! Celle-ci, dite les Bois de Saurat, s'étalant sur près de 2 200 hectares au XVIIe siècle – dont 450 en clairières –, n'était alors qu'un mauvais pâquis, surmonté de quelques chicots de hêtre. C'est dire que ne datait pas d'hier l'aspect « rabougri et ruiné » de ses 1 750 hectares de taillis, consacrés à la nourriture des bêtes! La réserve, sa part la plus précieuse par définition, n'était alors qu'une futaie de 25 hectares, 1,4 % de cet étrange assemblage de pièces hétéroclites [11]. 1848 la retrouve en faisant plus du triple, avec 60 hectares. Ces deux exemples se répètent à l'infini, et montrent qu'il est assez hasardeux de situer le laminage des espaces forestiers à l'époque des Lumières.

Dans presque tous les cas, les fluctuations, lorsqu'elles existent, résultent d'une approche erronée. Ne suffit-il pas en effet de modifier les termes caractérisant le territoire de l'Arbre, l'instrument de mesure en quelque sorte, pour aboutir à des données absolument effarantes? C'est ainsi qu'en prenant les chiffres bruts, la forêt de Barguillère, dans le Consulat de Foix (Ariège), passe de moins de 720 hectares en 1818 à 2 500 hectares une génération plus tard, ce qui impliquerait une fulgurante avancée de ... 247 %! Hélas pour elle, le repli ne tarde guère [12]. Entre 1826 et 1848, l'arpenteur lui enlève 900 hectares, et sous Mac Mahon, cette tendance à l'amenuisement se confirme, puisqu'elle récupère son étendue du XVIIIe siècle : 1 160 hectares. La même aventure, mais avec d'autres arpenteurs, guette la forêt d'Andronne qui, à l'issue de maintes péripéties, retrouve sous la IIIe République la superficie qui était sienne en 1818 : 1 000 hectares, et même un zeste de supplément, avec 70 hectares nouvellement intégrés! C'est qu'il est bien délicat parfois de distinguer, dans ces formations plus ou moins buissonnantes, ce qui mérite l'*appellation forestière* de ce qui n'est qu'espaces découverts. Un tel problème se rencontre aussi en plaine, mais atténué par la présence de champs appropriés qui permet d'avoir une idée plus nette de la délimitation boisée. Il faut d'ailleurs reconnaître que cela n'avait pas suffi lors de l'aménagement des communaux, en application de l'Ordonnance de 1669. Les officiers des Maîtrises royales ont souvent dû trancher la question, du moins jusque dans le deuxième tiers du XVIIIe siècle, en annexant le douteux à l'assuré, au grand dam de leurs administrés, ulcérés de voir ainsi réduire les pacages. Leurs successeurs du XIXe siècle sont placés devant les mêmes choix, en montagne cette fois, et les difficultés s'y révèlent plus importantes encore.

Sur ces môles longtemps incontrôlés, les espaces non appropriés s'étendent en effet sur des superficies considérables. Or leur emploi est sujet à de multiples combinaisons et demeure souvent indéchiffrable aux yeux de l'étranger, qui doit pourtant les classer, ne serait-ce que pour satisfaire à la demande du fisc. Enfin, pour corser cette mixture déjà explosive, l'altitude vient brouiller les notions les plus courantes! Ainsi, comment l'observateur peu averti saurait-il identifier un pré-bois, que peuplent des pins à crochet *plantés* de main d'homme, ce qui suppose un savant dosage associant élevage *et* sylviculture? De même, est-il capable de discerner dans un « paquié » ponctué de bouquets d'arbres la patience paysanne, qui a mené jusqu'à sa phase terminale une *sélection à rebours*, éliminant les essences qui ne conviennent pas aux troupeaux? La qualité de l'identification est donc fondamentale sur ces hauteurs car, si le premier peuplement cité justifie *toujours* l'intervention du forestier, la seconde formation, elle, s'en dispenserait volontiers, et tombe alors dans l'escarcelle de ce mot merveilleux : les « vacants ».

Le XIXe siècle, comme les deux qui l'ont précédé, attache son attention à un faux débat. Ce ne sont pas *les limites* de cette zone forestière qu'il importe de considérer, surtout avec toutes les ambiguïtés que renferme l'expression, mais bien *les ressources* qu'elle offre aux habitants. Il est évident que rétablir les bois « vers la base ou la partie moyenne des montagnes », en repeuplant ces vides, comme l'envisagent les administrateurs, à commencer par Parade en 1862, n'a peut-être pas de quoi séduire la majorité des agriculteurs. Déclarer de la sorte que « leurs produits gagneront en *valeur* tout ce qui pourra être économisé sur les transports », c'est précisément leur attribuer un rôle qui n'est pas celui auquel sont sensibilisés les paysans [13]. L'opération a de quoi séduire, il est vrai. Encore en 1910, dans les six départements pyrénéens, les vacants occupent 21 % de superficie totale, plus du double de la consistance boisée. De là à estimer cette proportion excessive, la distance est faible et se franchit vite, justement parce que nul ne croit à la *stabilité forestière* dans cette portion médiane des versants. Loin de l'éroder, les villageois veillent pourtant à sa maintenance, et ce qui s'observe dans les Pyrénées vaut dans les Alpes méridionales. L'équilibre s'y conserve sans peine, passé le beau XVIe siècle, c'est-à-dire sa première moitié. Celle-ci n'a d'ailleurs souvent permis qu'un rattrapage du niveau antérieur à la guerre de Cent Ans. Les oscillations des naissances et des décès peuvent être fort amples, cela n'empêche pas les bourgades de ne se remettre que lentement, après les saignées qu'occasionnent troupes, famines, épidémies et départs.

Toutes les pièces du jeu sont solidaires, et les autorités communales savent qu'en changer la règle, c'est renverser la construction. Ainsi, à Thorame-Basse, dans la haute vallée de l'Issole (Alpes de Haute-Provence), les consuls examinent régulièrement les divers composants de la gaste, car « il y en a de plus précieux les uns que les autres, ou qui *peuvent* le devenir ». Le but de ces visites vise à adapter l'utilisation de cette étendue, en tenant compte des *besoins* permanents de chacun et de l'*aptitude* momentanée de ces cantons. Certains serviront de *montagne*, « quartier d'herbages destiné à être vendu », d'autres seront en *défens*, « partie de la gaste que l'on réserve pour produire les bois [14] ». Attenter à cet espace pour accroître inconsidérément les cultures, ou y nourrir un nombre excessif de bestiaux, oui, cela anéantirait une harmonie séculaire. La forêt de La Rebière, de même que le bois Monier, jouit d'une telle protection depuis au moins 1517. Ce système satisfait les intéressés, si bien qu'en 1624, ceux-ci l'appliquent à la Petite-Solle, parce que cette terre « est fructueuse en bois de toutes sortes, comme pins, chesnes, avelaniers, genests et buys, et autres arbres de haute futée », l'expression signifiant ici leur grand âge. La taille de ses sujets et la nature de leurs essences la destinent donc à ce sort. Gare à ceux qui enfreignent la sauvegarde que représente une mise en défens! C'est pourquoi, en 1713, une procédure est lancée contre des particuliers qui usent mal de ce qui se nomme maintenant le « bois défensable du *pré* des *Issoles* », l'allusion portant à la fois sur la localisation géographique et la lointaine origine. Car leurs actes causent « grand préjudice [à] la communaulté, d'autant que les arbres estoient encore petits, [et] ils le gattent [le bois], et le mettent en des charbonniers [15] ». Bref, les places à charbon n'y sont pas agréées, et les malfaisants doivent être punis! La communauté sait donc se défendre, *lorsqu'elle le juge bon*, face aux entreprises individuelles.

Cela a bien évidemment contribué à fixer les grandes masses de peuplement. La permanence de leur répartition est en effet remarquable, surtout pour une région dont la célébrité au XIXe siècle tient à son extrême nudité. Dans les grandes chaînes provençales, sur les ubacs, demeurent ainsi intacts jusqu'à nos jours les bois en chêne blanc et pin sylvestre, notamment à l'est de la Sainte-Baume, avec ceux de Glacière, du Haut-Latay ou de l'Aguis [16]. Les plateaux varois moyens étaient même, au début du XVIIIe siècle, plus marqués par la chênaie qu'aujourd'hui, que ce soit à Brignoles (Var), Camps-la Source ou Ollières. Aux abords de la montagne, vers Barjols (Var), Draguignan ou Aups, les forêts, très vastes, paraissent alors sous-exploitées, d'où le nombre d'arbres décrits « sur le retour », ou « vieux, ébranchés et pourris » : 55 % des chênes reçoivent ces qualificatifs à Ginasservis, 65 % à Salernes, et 85 % à Tavernes! C'est que, dans ces hautes contrées, la vente des grumes, faute de routes, semble alors bien secondaire au regard des autres attraits que recèle *l'espace* boisé, et le substantif l'emporte ici très largement sur l'épithète.

Aussi, s'il faut absolument gémir, n'est-ce pas le thème de la déforestation qu'il convient de retenir, mais bien plutôt les inconvénients commerciaux qu'entraînent à très *long terme* les correctifs apportés à la flore de cet étage médian. En règle générale, les choix paysans favorisent les essences servant à l'entretien des bêtes et convertissent les autres au gré des besoins, ce qui comprime leur part dans les associations végétales. Ainsi, dans les Alpes méridionales, le buis, qui rebute les chèvres par l'amertume de ses feuilles, fait les frais de ces opérations. Déjà en 1782, un professeur de botanique à l'université d'Aix, M. Darluc, signale son arrachage systématique, racines incluses souvent. Ses cendres, excellentes, améliorent la terre, et la dureté de son bois, bon pour la gravure comme pour le tour, sert à la confection d'ouvrages variés. D'ailleurs, dans toute la viguerie de Castellane (Alpes-de-Haute-Provence), « ce n'est pas seulement pour leurs engrais que [les habitants] dépouillent la montagne de cet arbrisseau, mais encore pour le chauffage, pour l'employer aux fours à chaux, aux fabriques, aux tuileries [17] ». Ce n'est pas trop grave cependant, sinon par les cicatrices que laisse l'extirpation, ameublissant un sol qui ne l'exige pas, vu l'affouillement torrentiel. La pousse est en effet vigoureuse sur ces calcaires de Provence, ce qui compense le prélèvement abondant qu'inspirent les multiples usages de cette plante.

Plus sérieuse, en revanche, semble la retraite résineuse, abandonnant le terrain aux essences feuillues, dans toutes les montagnes. Celles-ci se plient, en effet, beaucoup mieux que les conifères aux demandes de la dépaissance. Les études de H. Gaussen sur les Pyrénées-Orientales, parues en 1926 – et les premières du genre –, soulignent cette évolution anthropique. Partout, la hêtraie triomphe [18]. Autrefois en taillis furetés, vieillie maintenant au point de devenir une futaie régularisée, elle s'est donc substituée aux résineux de toutes catégories, lesquels conviendraient bien mieux au marché actuel, acheteur de bois de trituration! De ce transfert, le sapin est la principale victime, d'autant que, ayant une valeur effective comme bois d'œuvre, il a fait l'objet d'une exploitation particulièrement intensive. Aussi, dès la fin du XVIIIe siècle, n'y a-t-il plus guère de transactions le concernant dans les monts du Couserans (Ariège). Un siècle auparavant, sa régression était au reste, presque acquise. Louis de Froidour, explorant la contrée pour le compte des approvisionnements maritimes, n'en trouvait pas dans la forêt d'Andronne, qu'il dit avoir été « bien peuplée de vieux chesnes et de hestres, [mais] à présent *réduite en taillis* de douze, quinze ou vingt ans [19] ». Dès son époque, par conséquent, les sapins ne se rencontraient plus que dans les 55 hectares du « débès », c'est-à-dire de la réserve, et cela pour une étendue globale de 2 000 hectares! A cette altitude moyenne, le recul du sapin est d'ailleurs accéléré par le fait qu'il n'y a pas de sapinières homogènes, mais des formations mêlées dans lesquelles il est dangereusement isolé [20]. Les paysans ont, *en fonction de leur approche*, tiré le maximum des potentialités que présentait ce milieu naturel. Le sapin, jusqu'à une date récente, s'est vu repoussé hors de son domaine entre la vallée de l'Aude et le Luchonnais. De la même manière, le pin à crochets a décampé du Vicdessos, mais aussi, plus au nord, des monts du Tab et des Trois Seigneurs. Il paie de la sorte son tribut au pacage. Sa station se situant au-dessus des 1 800 mètres, les bergers l'emploient non seulement pour le chauffage, mais aussi pour les travaux au couteau, et surtout pour la confection des « tauzos », ces éclats de résineux qui éclairent les foyers montagnards.

En vérité, si les Temps modernes retentissent du piteux état dans lequel seraient les forêts feuillues, sans doute en raison de l'amour alors porté au chêne, ils pourraient à meilleur droit invoquer le reflux en altitude des conifères. Leur introduction – sujet brûlant à la fin du XIXe siècle – ressemble fort, en fait, à une réacclimatation. C'est que les cultivateurs, en pratiquant dans leurs bois *des coupes rapprochées*, si mal comprises par ceux qui les visitent, handicapent tous les sujets qui ne rejettent pas bien de souche. Ils encouragent au contraire, par cette technique, ceux qui en ont la capacité, fournisseurs attitrés de leurs animaux, litière et alimentation comprises. Parmi ces essences domestiques, le foyard représente une de celles qui supportent le mieux le traitement. Il est aidé, de surcroît, par un abattage attaquant le tronc au-dessus du dernier nœud, et non à ras de terre, ce qui procure au chicot l'allure d'un moignon informe. Certes, le sens esthétique des administrateurs habitués à ne voir en plaine que des souches ravalées, c'est-à-dire affleurant le sol, s'en trouve froissé, mais force leur est faite de s'incliner devant la redoutable efficacité du procédé.

Le prélèvement excessif d'un côté, et le régime choisi, de l'autre, ont donc profondément modifié la *sylva* primitive. Dans ces conditions, il sied peu de parler d'un déboisement général, orchestré de fraîche date, car il s'agit d'une adaptation séculaire. Le *défrichement* ne saurait donc être pris pour synonyme de *déforestation*, ce qui se dit avec une belle constance.

Le cadeau du législateur

Il est vrai que si cette assimilation relève des fantasmes romantiques, certains changements, *plus récents* encore que d'aucuns le voudraient, n'en affectent pas moins cette zone moyenne, et ce depuis que sur ces hautes terres s'accentue la pression démographique. Cela semble particulièrement sensible dans les Pyrénées ariégeoises. La précoce saturation des terroirs s'y traduit, en effet par une mise en valeur de pentes, jusque-là délaissées en raison d'un accès pénible. Les noms de ces lieux, « pechs », « caïres », c'est-à-dire escarpements, sommets, évoquent d'ailleurs la dure montée qu'exige leur travail. La besogne requise est d'autant plus considérable que ces défrichis ne produisent « qu'au moyen des engrais et des terres, que porte [...] dans des hottes le possesseur, [transport] sans lequel ces terrains, dépouillés de leurs terres par les abats d'eau, ne produiraient plus rien [21] ». Dralet, conservateur des Eaux et Forêts au département de Toulouse, relève donc cette dernière fièvre de défrichement qu'enregistre le Couserans... sous la Restauration, contrairement à ce qu'imaginent les ultras, farouches pourfendeurs des excès révolutionnaires. En fait, ces défrichements ne constituent pas de véritables essartages s'en prenant aux bois, mais se révèlent n'être qu'une *conversion*, spectaculaire certes en raison du site retenu.

Dralet observe ainsi : « Cette parcelle était en *nature de pâture* à l'époque de la confection du cadastre [en 1827]. [Elle est] aujourd'hui terre labourable, terroir de la dernière qualité, à *l'aspect du nord*, sur le penchant *rapide* d'une montagne élevée, et [...] ne pouvant produire qu'à force de fumier quelque peu de seigle [29]. 7 Une dépense inouïe d'énergie, donc, pour une récolte aussi maigre qu'incertaine. L'inquiétant, en fait, dans cette occupation, c'est que l'insuffisance des terres disponibles pousse le cultivateur à mordre sur l'ombrée, logiquement consacrée à d'autres fonctions que la production céréalière. Bien que cela concerne une portion infime de la montagne, la chose se remarque donc. Trop souvent, le visiteur, notant un canton nouvellement labouré, suppose qu'il l'est aux dépens de l'arbre, et non de l'herbe.

Cette emprise de l'homme sur les paysages où sa présence paraît le moins aller de soi frappe tellement les étrangers que ceux-ci ne sauraient croire n'avoir devant les yeux que la phase ultime d'une évolution infiniment lente. Pour que le fait étonne à ce point, *il faut qu'il soit nouveau*, et il l'est ainsi pour *chaque* voyageur. C'est là une condition bien connue du sensationnel. Léonce de Lavergne, dans *Les Pyrénées, ou voyage pédestre dans toutes les régions de ces montagnes*, entonne ce couplet, pourtant éculé à la date de 1852. Éculé, oui, vraiment, car moins d'un siècle auparavant, V. de Gensane de Chausenque tenait le même discours, avec plus de componction toutefois comme le réclamait le genre de son *Histoire naturelle de la Province de Languedoc*, publiée de 1775 à 1779, en cinq volumes. Ce qui semblait neuf au temps de Louis XVI aurait dû paraître familier aux gens du second Empire. Cette banalisation ne se produit pas, car la montagne demeure encore *exotique*, et de ce fait, les rouages de son économie attirent des commentaires superficiels, attachés aux détails qui déconcertent mais non à un examen réfléchi.

C'est avec cet esprit de légèreté que Gensane de Chausenque note l'altitude atteinte par les cultures. Il ne s'interroge pas pour autant sur le processus de conversion des paquis, *a fortiori* sur ses mobiles, ni même sur ses incidences. C'est qu'il raisonne dans le cadre d'un système figé, dans lequel le défrichement opère par essartage. Cela fut longtemps exact, mais ne l'est plus guère dans le dernier tiers du XVIIIe siècle, et le sera encore moins par la suite, dans un monde pourtant plein – d'où l'immobilisme des marges forestières dans cette période [23]. Et cependant que les terres vagues, pour répondre aux exigences de la démographie, connaissent une autre affectation, chacun se persuade que l'arbre *vient de* succomber, victime des entreprises paysannes. Le plus beau, dans cette affaire, tient à ce que la population rurale elle-même donne de la consistance à la rumeur. Interrogée sur les raisons des débordements torrentiels, comment n'incriminerait-elle pas la déforestation, alors que depuis des siècles elle se trouve sensibilisée à une politique de défense des bois ?

L'association faite entre le *recul des bois* et le *volume des crues* se glisse de la sorte à tous les échelons de la bonne société. M. le marquis de Puget, assesseur à l'Assemblée des communautés de Provence, peut donc affirmer en 1788 que « des terres, nouvellement cultivées dans des endroits penchans et arides, ont été emportées par les torrents. Elles en ont augmenté la rapidité et les eaux, qui n'ont plus été *retenues* par les bois qui croissaient dans les terres défrichées, se sont jetées avec impétuosité sur les seuls fonds propres à la culture ». Le XIXe siècle ne risque pas de le démentir, tout au contraire : les convictions sont plus fortes que jamais.

Certes, dans l'insistance avec laquelle chacun dépeint le déboisement, un bel hommage est rendu aux facilités que donne cette méthode au cultivateur pressé et peu doté en outillage ! D'aucuns en profiteraient malignement pour souligner la ténacité dont bénéficient généralement contresens, préjugés et ignorances – mauvaises herbes qui prolifèrent à l'abri des répétitions. Avant que M. de Puget ne prenne la parole, n'y avait-il pas eu Fabert de

Lisle, nommé par le Roi précisément pour veiller aux forêts [24]? Lui aussi voulait interdire les défrichements qui « non seulement *détruisent les bois*, mais encore les terres, [...] sur les penchants des montagnes, lesquelles, n'étant plus *soutenues par les arbres* qu'on y coupe, tombent dans les vallons et ruisseaux ». Quant à la descendance, elle n'est pas prête de se tarir. Le préfet des Basses-Alpes, en 1841, année où les inondations pèsent lourd sur le budget national, ne condamne-t-il pas les digues au nom « du déboisement des montagnes [qui] est *la cause des désastres* auxquels [ses administrés] oppose[ent] des barrières impuissantes [25] » ?

Il est difficile, après tout cela, de dire qu'il n'en est rien... parce que le principal inculpé n'a jamais existé que dans l'imagination de ses auteurs! Certes, les champs cultivés sur ces pentes ravinées par les averses ont fourni des matériaux s'accumulant en contrebas. Le phénomène eût sans doute été atténué en l'absence de labours : leur présence amplifie la crue, en substituant un sol nu à une couverture végétale susceptible de se comporter comme une éponge. L'expérience ne montre-t-elle pas combien se sature vite le niveau supérieur du sol du fait des pluies exceptionnelles? Mais il s'agit là d'un mouvement climatique de longue durée, qui échappe absolument à la perception humaine, avec, à l'époque, ses cinquante ans de vie consciente. Le sacrifice des arbres ne saurait donc être invoqué pour expliquer le volume des eaux. Au reste, les diagrammes polliniques, dressés au lac Long pour la haute Royat (Var), ne révèlent-ils pas à quel point, dès le sub-boréal, se trouvent dénudés ces versants méridionaux, vu la proportion de graminées et de plantain qui s'y recueille?

Les catastrophes qui s'enchaînent à la fin du XVe siècle sont donc en relation avec la forte pluviosité accompagnant le petit âge interglaciaire [26]. C'est en effet à cette période que surgissent les premières plaintes des communautés riveraines du Var et du Verdon. Castellane (Alpes-de-Haute-Provence) se dit harcelée par ce dernier, arrachant prés et vignes, si bien que le Conseil de Ville ordonne de prendre sur les bois en défens pour construire, le long de ses berges, des coffres à remplir de pierres [27]. Sa violence n'en est pas maîtrisée pour autant, et la fréquence des débordements le montre. Le coffrage, endommagé en 1471, doit être entièrement refait en 1474, et deux ans plus tard, il faut encore engager des charpentiers étrangers pour renforcer la sécurité : les digues sont alors portées à trois mètres de hauteur, et, au milieu, une filière laisse l'eau s'écouler. Comme aucune accalmie ne se produit, le voisinage s'inquiète [28]. Aussi, en 1485, le prieur de Vergons informe-t-il les conseillers du lieu qu'il désire s'associer à leur lutte – proposition reçue avec joie, tant le coût de ces travaux devient onéreux. Au même moment, les habitants de Guillaumes (Alpes-Maritimes) s'épouvantent des énormes quantités d'eau que roule le Var. Deux grandes îles couvertes de prairies sont emportées; les vergers qui bordent les grèves subissent un sort identique [29]. Pour échapper à ces ravages, là aussi, les habitants s'imposent de lourdes taxes. Ne leur faut-il pas faire et refaire sans cesse des digues qui ne résistent pas, et réparer les remparts qui s'opposent à l'entrée des flots dans la ville ? Dans ces conditions, même si la dérive climatique, par son humidité, encourage herbages *et bois*, il est logique que les contemporains n'en retiennent que les aspects négatifs, vulnérabilité céréalière et inondations successives, et acquièrent progressivement le sentiment de leur culpabilité.

En fait, avec une pression démographique comparable à celle du XIVe siècle et une charge pastorale accrue, les deux derniers siècles de l'Ancien Régime n'ont guère altéré le manteau forestier. Celui-ci demeure, à peu de choses près, ce qu'il était à l'issue du Moyen Age. C'est que, sur ces hauteurs, les portions qui ont été déboisées l'ont été de très bonne heure, plus tôt que ne le pensent les érudits de la seconde moitié du XIXe siècle, qui se penchent sur la fondation des villages qui s'y rencontrent. J.-M. Féraud, par exemple, dans sa *Géographie historique et statistique du département des Basses-Alpes*, répercute en 1861 les bruits circulant sur la naissance du bourg d'Auzet. Il place son acte de baptême à la fin du XIVe siècle, car « ce n'était auparavant qu'une vaste forêt, appelée *Forêt noire*, et appartenant aux comtes de Provence. La reine Jeanne en fit don à un seigneur, qui y attira plusieurs familles, en leur cédant les terres qu'elles défricheraient, sauf le droit de cens [30] ». Malheureusement pour sa qualité savante, ladite bourgade, en 1297, possède déjà trois moulins, et acquitte dix sols par an pour ses usages sur l'ubac de Serre! Rien ne vient donc étayer l'hypothèse d'un déboisement effroyable à l'extrême fin du XVIIIe siècle, comme le prétendent les ultras de la Restauration. Le combat contre l'érosion torrentielle a démarré à grands frais, quelque trois cents ans auparavant.

Les élites urbaines s'emparent en fait des doléances paysannes qui, jusque-là, les laissaient assez froides, en les retournant à leur profit. C'est que, dans cette première moitié du XIXe siècle, l'État doit régler une part grandissante dans la facture qu'occasionnent annuellement les inondations. Celle de 1840, qui a duré « plus de trente-deux jours consécutifs » et a atteint une « hauteur extraordinaire », n'a-t-elle pas occasionné, dans le seul bassin de Saône, pour 4 millions de francs de pertes ? Et cela aurait été pire encore arrivé à un autre mois que novembre [31] ! C'est d'ailleurs ce qui rend très grave la double montée des eaux de 1856, juste à l'entrée de l'été. Dans un rapport de 1858, l'ingénieur en chef de ce district note que « la première crue de mai n'[a] détruit qu'une portion de la récolte en blé et herbe, et seulement dans les parties les plus basses, où l'eau (a) séjourné ». La deuxième, par contre, s'avère dramatique car, se produisant en juin, elle « a achevé de détruire tout, et a empêché le réensemencement, de sorte que les fonds n'ont rien donné ». C'est dire que la collectivité nationale tout entière en supporte les conséquences. Les dépenses, « ayant [uniquement] pour but de rétablir les digues et autres ouvrages *dans l'état* où ils étaient avant l'inondation » ont englouti en cinq mois les 10 millions de francs alloués par la loi du 10 juillet 1856 [32]. Il convient donc d'estimer les besoins encore insatisfaits, et sur ce point, le directeur général des Ponts et Chaussées demande à ses subordonnés une mise au net n'incluant pas les « travaux destinés à prévenir le retour de ces désastres », leur examen devant être mené de façon « indépendante des dommages causés ». Cette simple évaluation n'est d'ailleurs pas aisée à obtenir, les crédits étant partout dépassés sans que les responsables parviennent à chiffrer le nécessaire restant à accomplir [33]. Celui en poste pour les départements du Maine-et-Loire, de la Mayenne et de la Sarthe informe ses supérieurs en 1857 qu'il doit encore « accourir en toute hâte [...] pour fermer les brèches qui se déclarent dans les barrages, ou pour consolider quelques parties de la charpente des perthuis qui s'écroulent [34] ». Aussi, « le remède consiste à travailler *d'urgence*, à travailler *immédiatement*, et *quelle que soit la dépense*, à réparer le mal [35] ». La franchise d'une telle réponse est modérément appréciée en haut lieu, mais reflète bien l'étendue de la catastrophe : le 29 mai 1858, il faut encore injecter 3 millions de francs dans la poursuite des opérations.

Les autorités savent d'ailleurs que cet argent sert à *restaurer*, mais qu'en aucun cas il ne garantit l'avenir. Pour cela, il faut envisager d'*autres moyens* et, peut-être, *une autre politique*. Les transformations qui remodèlent alors le tissu urbain renforcent en effet l'inquiétude. Bon nombre de villes ne sont-elles pas en train, pour se moderniser, de démanteler les vieilles fortifications qui furent jadis leur meilleure sauvegarde? Tours, par exemple, « était autrefois protégée contre les inondations par ses remparts, mais, depuis l'établissement du chemin de fer, *cette ligne de défense est ouverte* », signale E. Cormon, inspecteur général des Ponts [36]. A ce danger s'ajoute celui de la croissance urbaine : l'extension des faubourgs accroît la surface à mettre hors d'eau, à Tours comme ailleurs. Ce respectable fonctionnaire estime ainsi que *la sécurité a un prix*, et que celui-ci s'élèverait, pour le seul bassin ligérien, a plus de 9 millions de francs. La nouveauté de la chose mérite d'être signalée, mais pareille somme a de quoi faire réfléchir, sur le montant d'abord, sur le payeur ensuite...

Ce n'est donc pas le sort des communautés de montagne qui préoccupe le plus les autorités. La préservation des cônes de déjection habités, contre *d'imminentes* fureurs torrentielles demeure à l'arrière-plan. Elles privilégient en effet les risques, *plus ou moins éloignés*, que des crues exceptionnelles laissent planer sur les basses vallées. Une telle discrimination perce dans les multiples rapports de l'époque, ainsi dans celui de 1860, dû à Watier. La tragédie de 1866 démentira, au reste, l'optimisme avec lequel cet ingénieur en chef envisageait les crues du Tarn. Celles-ci, selon lui, « ne causent aucun dommage » en amont. Les modérer serait utile cependant, vu la manière dont « elles aggravent quelquefois considérablement les débordements de la Garonne [37] ». La priorité ne se discute donc pas : le plat pays l'emporte sur la montagne.

De ce principe découle l'obligation, pour les villes, de participer à l'effort national déployé pour les sauver. C'est dans cette perspective que sont menées, dès le début du second Empire, des séries de consultations, visant la possibilité de systèmes défensifs *par bassin hydrographique*. Le désastre de 1856 accélère ces recherches. Leur montant, pour les trois années 1856, 1857 et 1858, atteint à cette date 1 176 000 francs, dont les deux tiers vont aux études sur la Loire et la Garonne, avec respectivement 34 et 33 %. Avec seulement 19 %, le bassin du Rhône semble réduit à la portion congrue, celle-ci se maintenant à peine lorsque, de l'information, il faut passer à l'œuvre [38]. L'intérêt porté à cette réflexion globale ne fléchit d'ailleurs pas, une fois rassemblés les documents. L'année 1858 n'en est pas à mi-parcours que les pouvoirs publics octroient un supplément de 3 millions de francs. Ils débloquent même dès le 16 juin, sur cet argent, 380 000 francs, soit plus du dixième, que reçoivent les responsables aux abois. Une pareille libéralité indique de toute évidence la ferme volonté d'aboutir [39]. Les dépenses de la sorte engagées pour conjurer *l'avenir* se révèlent donc comparables aux crédits engloutis par l'effacement des dommages passés.

Cela annonce bien un plan d'envergure. La part rhodanienne y dépend toutefois des soins que requièrent les agglomérations du Val de Loire et d'Aquitaine, prioritaires. Les premières surtout réclament une protection actuellement défaillante. Dans l'état annexé au décret du 31 août 1860, elles accaparent donc 38 % du budget total, contre 27 % pour les cités riveraines de la Garonne, et 20 % pour celles que baigne – et ravage le Rhône. Les discussions, inévitables dans ce genre d'arbitrage, justifient d'ailleurs l'amertume qu'éprouvait A. Surell, voilà plus de vingt ans, lorsqu'il parlait d'une mise à l'écart des Alpes méridionales. Son continuateur, M. Auriol, doit lui aussi se battre pour que le pouvoir ne rogne pas trop sur les fonds consacrés à l'aménagement de la Durance [40]. Il s'alarme dès la lecture de la prévision concernant les études, multipliant ses rapports en conséquence, afin de maintenir leur pourcentage au-dessus des 10 %. Le ministre chargé des Travaux publics n'envisage-t-il pas de l'abaisser de 4 points, ce qui augure mal des réalisations ? Auriol obtient gain de cause, mais de justesse. Or ses difficultés peuvent surprendre à ce moment précis [41]. Le gouvernement ne vient-il pas d'augmenter de 31 % les ressources affectées à ce chapitre ?

Les réticences de ce dernier se comprennent. Dans toute la région rhodanienne, la lutte contre l'eau, commençant par les torrents avant de s'en prendre au fleuve, ne date pas d'hier. Villes et bourgades s'y sont dotées de protections qui leur donnent, à défaut de sécurité, une expérience que d'autres cités, dans d'autres régions, n'ont pas eu, ou n'ont pas faite de cette douloureuse façon. Bon nombre d'entre elles mesurent donc la vanité d'efforts bien onéreux. C'est pourquoi, au lendemain de la crue de 1840, les conseillers généraux des Hautes-Alpes applaudissent leur préfet, lorsque celui-ci dénonce l'endiguement [42]. « Que peuvent, leur dit-il, ces digues, *latérales ou transversales*, contre ces débris de montagne, qui viennent bondir jusque près de vos habitations ? » Pas grand-chose, évidemment, mais le pire n'est-il pas qu'au lieu de soigner la plaie, elles l'aggravent ? « Et si elles n'ont à résister qu'à des blocs de moindre volume, [...] l'intervalle ménagé [la “ filière ”] sera comblé, [...] et, à la première trombe, la digue sera surmontée [43]. »

Le scepticisme se propage alors de la montagne vers la plaine. Consultées à la suite de la catastrophe de 1856, « la plus grande que l'on connaisse [44] » dans le bassin rhodanien, les municipalités manifestent une tiédeur qui ne se rencontre pas encore dans le Val de Loire et la cuvette de Saône. Leur doute quant à l'efficacité des ouvrages proposés entraîne la désaffection, de l'aveu même de l'inspecteur général Belin. Les projets que présentent les Travaux publics, pourtant remaniés à la baisse depuis la première version du 4 février 1858, inquiètent plus qu'ils ne rassurent [45]. Parmi les conseils municipaux invités à se prononcer, moins du quart (23 %) acceptent l'offre pour leur ville, l'ensemble des propositions faites se chiffrant à 20 millions de francs. A La Palud-sur-Verdon (Alpes-de-Haute-Provence), par exemple, les gens ne veulent que consolider la digue de Frémiguières. Les ingénieurs des Ponts et Chaussées envisagent, eux, de ceinturer le bourg, les accusant de « se préoccuper plus de la défense de leurs *champs* que de celle de leurs habitations ». L'échec les guette aussi à Tournon-sur-Rhône (Ardèche), où même l'endiguement du seul faubourg de Doux ne fait pas recette, n'ayant « obtenu l'adhésion [que] d'un petit nombre de propriétaires, qui trouveraient avantageux de *défendre* leurs terres en *ne payant que* le quart des travaux ».

La conclusion se tire facilement : l'enjeu est d'ordre national, et ne saurait, par conséquent, justifier que de tels programmes tirent leur substance de localités dont la seule responsabilité tient à leur position riveraine. C'est assez pour elles que de devoir supporter les inconvénients que risquent d'amener les constructions projetées! Il est clair que les habitants, lassés, veulent du définitif et du gratuit – ou presque. Gageure impossible? Ce n'est pas sûr.

Priorité aux reboisements

Le non des villes sélectionnées par le malheur à répétition oblige les auteurs à revoir leur copie! Les propos lénifiants que tenaient les ingénieurs des Ponts et Chaussées quant au prix de la défense civile s'avèrent ainsi hors de saison. Il est donc faux de prétendre que sa « dépense ne restera pas entièrement à la charge de l'État, si l'Administration, comme elle est *fondée* de le faire, exige, dans une *certaine* mesure, le concours des populations intéressées [46] ». Le coût apparaît comme trop élevé et le résultat trop incertain pour que le gouvernement ose réclamer une telle participation à ses électeurs. Deux leçons, au moins, ressortent de ces atermoiements que connaissent les années 1860. La technique de l'endiguement s'est d'abord perdue de réputation, parce que, en prétendant éviter les dégâts, elle n'a souvent pu que les transférer en d'autres lieux : l'*efficacité* ne se prouve pas de cette façon-là! Ensuite et surtout, elle ne cherche à combattre que les symptômes, en laissant intacte la racine d'un mal dont l'origine semble pourtant connue : la *solution finale*, voilà ce qui doit être visé.

L'opinion publique, ébranlée par les deux catastrophes de 1840 et de 1856, sans parler de toutes celles intervenues entre-temps à l'échelon régional, commence donc à s'interroger sur la valeur d'une telle thérapie. Or les médecins qui, jusque-là en étaient les plus ardents partisans, finissent à leur tour par douter de l'inocuité d'un pareil remède. Ainsi, dans le département du Lot-et-Garonne, l'inspection générale elle-même émet des réserves devant la solution proposée aux gens de Saint-Nicolas, un bourg qui a cependant été dix-huit fois sinistré en moins de vingt ans! Que se passerait-il en effet si cette digue, étirée sur 1 180 mètres, atteignant par endroits plus de 6 mètres de haut, « venait à être rompue, parce qu'elle aurait été traversée par des filtrations [*sic*] ou surmontée par une crue exceptionnelle » ? La réponse tombe : « Il ne resterait pas une maison debout, et presque aucun habitant ne survivrait [47]. »

La prise en compte de ces risques majeurs a certainement beaucoup progressé grâce aux observations menées à la suite du désastre de 1856. La comparaison des pertes constatées d'un bassin à l'autre n'encourage guère à édifier de telles barrières. Le Rhône, « *resserré* entre les digues de Beaucaire et celles de Tarascon, [s'est] élevé à 2 mètres *plus haut* que dans les portions supérieure et inférieure ». Si la Loire avait été encadrée de manière identique, la catastrophe en aurait été aggravée, l'eau montant à Tours « à 1 m 20 *au-dessus* du niveau qu'elle a atteint [48] ». Les levées inattaquables amplifient par conséquent le phénomène dès qu'il dépasse une norme habituelle, c'est-à-dire au moment où leur secours est plus indispensable que jamais. En réduisant « la section d'écoulement des grandes eaux », elles compriment « la capacité des réservoirs *naturels* formés par les larges vallées, dans lesquels s'épanchaient et s'arrêtaient une partie des eaux d'inondation », et provoquent donc « l'exhaussement du niveau des crues [49] ». Voilà qui condamne sans appel la méthode des digues insubmersibles. Il faut donc trouver un autre procédé qui permette de diminuer, et le volume, et la soudaineté du flot, en un mot l'*exhaussement.* C'est que le système des retenues artificielles, assurant une *régulation* annuelle du débit des fleuves, relève encore d'une technologie qui effraie. Sa maîtrise semble délicate, ce qui donne au reboisement le prestige d'une médecine douce, alliant bon marché, commodité et efficacité.

Les vertus de l'Arbre

Qu'il s'agisse de l'apposition des quarts en futaie, de l'expulsion des ateliers œuvrant en forêt ou de la fixation des normes de balivage, jamais l'ingérence étatique, sous l'Ancien Régime, n'a pu s'imposer sans heurts. Chacune de ces trois mesures, pourtant justifiées par la défense du patrimoine sylvicole, a donné lieu à une véritable bataille. Et le succès, venu enfin au bout d'une dizaine d'années, loin de convaincre l'opinion du bien-fondé d'une telle politique, déclenchait le plus souvent les sarcasmes de ceux qui, précisément, donnent le ton. C'était à se dégoûter de faire le bonheur des peuples!

Avec la question du reboisement, l'atmosphère est tout autre, peut-être parce que ce n'est pas l'approvisionnement de la population qui en dépend, mais bien, cette fois, la population elle-même. Pour le coup, en dehors des sceptiques peuplant les

Ponts et Chaussées – et cette rivalité entre deux administrations techniciennes ne date pas de la veille –, personne n'ose formuler le moindre grief à l'encontre de cet objectif. C'est que son application ne menace en rien les intérêts de la bonne société, au contraire des précédentes interventions. Les réformations compromettaient la jouissance de biens imprudemment annexés. De même, les contraintes en marquage réduisaient notablement l'indépendance du propriétaire. Rien de semblable ici, puisque le reboisement n'est envisagé que sur les *hautes terres*, et, par ce fait, vise surtout la *possession collective*. Ce double choix conditionne d'ailleurs le coût modique de l'entreprise – 1 million de francs par an, selon le législateur de 1860. Ce prix modeste l'est encore davantage, comparé à celui qu'impliquerait l'endiguement des basses vallées. Indemniser les particuliers ne s'effectue pas aussi facilement lorsqu'il s'agit de leurs biens personnels ou de ceux dont ils profitent en commun. D'autant que ces terres collectives paraissent de fort petite valeur ! L. Tassy estime ainsi que « l'inhabileté [des communautés] à gérer, dans un esprit de conservation, leurs biens patrimoniaux, n'est hélas que trop avérée [50] ». Il invoque donc, pour expliciter cette sentence, tout ce qu'il juge relever d'une gabegie effrénée, comme les défrichements multipliés « pendant le court laps de temps où les communes ont joui de leur liberté », et les pâtures ruinées « par l'intervention des appétits individuels dans la jouissance, puisque celle-ci est proportionnelle au nombre des bestiaux que chaque habitant possède [51] ». N'ayant pas su *conserver en état* ces biens, ils ne méritent pas de les garder.

Plus d'une dizaine d'années auparavant, A. Mathieu soulignait aussi l'indignité communale, en opposant l'aspect florissant de la vallée allant vers La Seyne (Var), dont « les versants, maintenus par des murs de soutènement qui les divisent en terrasses, [ne] sont point ravinés », au caractère désolé de celle montant vers Digne (Alpes-de-Haute-Provence), « sans autre végétation que celle que les agents forestiers sont parvenus à fixer par des efforts incessants sur le périmètre du Labouret [52] ». La première doit cet heureux caractère à « l'intérêt privé, son industrie, ses *prévisions d'avenir* ». La tristesse de la seconde dénonce une exploitation « sans contrôle, presque toujours disposée à *abuser du fonds*, pour en exagérer les revenus actuels ». En tapinois, l'idée d'exproprier les communautés imprévoyantes chemine donc. Déjà, dans une lettre du 14 février 1839, le ministre de l'Intérieur informait son collègue des Finances que ses services songeaient à restreindre les droits des conseils municipaux *en montagne* afin d'y accroître l'influence de l'État [53].

L'opinion publique pousse à raisonner en ce sens car la presse suit le gouvernement. Ainsi, dans un article paru en 1842 dans les *Annales forestières et métallurgiques*, la question est posée : « Est-il tolérable que des *propriétaires de montagne* introduisent une culture et un mode de jouissance qui portent la désolation *dans les vallées et dans toutes les plaintes* qui les avoisinent ? » Chacun s'accorde donc à réclamer le placement sous séquestre des espaces montagnards afin que dorment en paix les gens de la plaine. Les crues de la Durance, l'année suivante, amplifient la rumeur. Ne serait-il pas bon d'affecter une partie du contingent au travail de reforestation ? L'entrée sur scène de l'armée grandit encore le prestige de l'œuvre, et conforte la position de tous ceux – et ils sont légion ! – qui y adhèrent.

Ce principe d'une action gouvernementale est d'autant mieux agréé qu'à aucun moment il ne paraît mettre en cause la notion de profit. Ce n'est pas, en effet, pour créer une exploitation *rentable* qu'interviennent les autorités, mais seulement afin d'assurer le *salut* des héritages en plaine. Aussi, en 1843, le projet reçoit-il le soutien de 63 conseillers généraux, demandant dans leur motion que s'accélère l'ouverture des chantiers. Cette orientation, qui ménage la sacro-sainte propriété privée, est au reste tangible trois ans plus tard, lors du démarrage de la phase préparatoire. Le ministre des Finances, Laplagne, gagné à ces vues, organise, dans le but de les faire avancer, une réunion de concertation, pour laquelle il requiert l'assistance de délégués nommés par son confrère de l'Intérieur : « Une grande partie des terrains en montagne et en pente étant la propriété des communes, la *soumission de ces terrains à un régime nouveau* semble exiger l'intervention du ministre chargé de la tutelle des communes. » Comme il est question de reboiser plus de 1 100 000 hectares, et que moins de 300 000 hectares de bois communaux, échappant encore au régime forestier, vont être concernés par ce futur statut, il est clair que la différence – plus de 800 000 hectares – devra être comblée par des terrains pour l'heure en pâtures. Cela légitime la méfiance des agriculteurs en montagne. Une telle perspective, en revanche, ne saurait émouvoir ni les conservateurs – leurs vœux sont comblés – ni les libéraux [54]. Léonce de Lavergne n'avait-il pas pris clairement position à ce sujet, en écrivant qu'il fallait « en venir tout de suite à l'expropriation pure et simple, moyennant indemnité, afin de mettre, autant que possible, l'intérêt public *à la place* de l'intérêt privé ». Qu'un des chantres du libéralisme s'engage de la sorte montre assez combien est vaste le consensus qui voit dans le reboisement un signe de sagesse.

C'est qu'il vaut assurément mieux faire *disparaître* le mal plutôt que de vouloir se garantir de ses inévitables effets. Qui n'approuverait une maxime aussi empreinte de bon sens ? Situation bénie, par conséquent, que cette unanimité, si rare, et pourtant enfin obtenue! Les uns acquiescent à ce programme qui leur permet à bon compte de libérer la plaine des contraintes s'opposant au défrichement. Les autres, parce qu'ils se félicitent d'instaurer le contrôle de l'État sur une montagne, hier encore rebelle, et aujourd'hui dangereuse. Tous s'entendent pour dire qu'en la reboisant, *le régime des pluies sera changé*, ce qui mettra un point final aux catastrophes en série que connaît cette première moitié du XIXe siècle. Le sujet provoque un formidable engouement. Cette action plaît parce que chacun a l'intime conviction que les crues, dont la presse étale le morne tableau, ne se seraient jamais produites si les forêts recouvraient encore les pentes des montagnes. Aucun adversaire ne s'avisant de leur barrer la route, les forestiers, tout ragaillardis par ces auspices favorables, s'emploient activement à accaparer tout le terrain. Ils y parviennent fort bien, leurs arguments scientifiques rejoignant à point nommé la tradition populaire.

Les bienfaits sanitaires des arbres, s'ils étaient discutés au XVIIIe siècle, ne le sont plus au suivant, pour lequel l'air n'est purifié que par leurs vertus [55]. Ce qui vaut pour l'atmosphère vaut pour l'eau : sans eux, la planète deviendrait un désert, dans lequel l'humanité ne saurait se développer. Les voilà garants de l'hospitalité terrestre! Le langage imagé de Rauch ferait sourire à tort, car il évoque une conception alors fort commune quant au mécanisme qui régit les pluies. Il affirme ainsi : « Les arbres peuvent être considérés comme des *syphons, intermédiaires* entre les nuages et la terre. De leurs cimes *attractives,* ils commandent au loin aux eaux voyageuses de l'atmosphère de *venir verser*, dans leurs urnes protectrices, les eaux qui doivent nourrir les sources [56]. » La fonction accomplie est donc double. La première tient à la *condensation* de la vapeur, ce qui impliquerait une pluviosité accrue dans les régions forestières. La seconde correspond à une *restitution* au niveau du sol dont le bonheur des hommes dépend puisque, sinon, régnerait une atroce aridité. Il est certain que la mesure scientifique de tels effets, pour l'instant appréhendés sur le mode poétique, va peser lourd sur la balance : selon qu'elle les dément ou les confirme, la politique du reboisement se verra freinée ou stimulée.

La présence des arbres, pour tout un chacun, conditionne donc les mouvements cosmiques *en les déviant* de haut en bas, pour le compte d'une humanité qui, certes, ne mérite pas tant de sollicitude! Sans cette interception, dont l'autoritarisme reflète la volonté divine, les eaux de pluie cessent d'être régulées. « Devenues plus *rares,* [elles] s'échappent *précipitamment* des flancs des montagnes, mis à nu, [et] les fleuves, privés de leurs *réservoirs,* perdent de leur volume et de leur force dans les saisons où leurs tributs seraient le plus utiles[57]. » Que le terrain soit par nature nu, ou par l'homme décapé, le résultat ne diffère pas : alternance d'un flot gigantesque et d'un maigre ruisselet. Au fur et à mesure que s'égrènent les ans, tant de lyrisme passe de mode, mais non cette idée de *modération* qui est étroitement associée à l'élément sylvicole. Au niveau thermique, tout d'abord : les bois jouent le rôle de climatiseur, rafraîchissant les étés et diminuant les rigueurs hivernales. J. Maistre, étudiant l'influence des forêts et des cultures sur le climat et sur le régime des sources, n'hésite pas à dénoncer dans les défrichements l'origine de la régression de l'oranger en Languedoc. A cause d'eux, « les hivers sont devenus plus froids et moins humides, bien que les étés soient devenus plus chauds ». Ses propos datent de 1883 [58]. P. Buffault en renvoie l'écho en 1937, cette fois-ci à l'échelle planétaire, en accusant la déforestation opérée en Sibérie orientale comme dans la Province maritime [59]. Là aussi, « le climat est devenu plus froid aux environs de Vladivostok et sur les rives de l'Ienisseï, depuis la disparition des forêts qu'on y trouvait : sur les bords du fleuve, les pastèques, qu'on cultivait en plein air, ne mûrissent plus ». L'amateur de fruits se désolera évidemment des effets pervers qu'occasionne l'essartage. Il n'est pas certain, par contre, que de semblables méfaits parviennent à convaincre ceux que laisse dubitatifs le pouvoir guérisseur de l'Arbre. Car, si celui-ci évite à l'homme un refroidissement mortel, il le protège aussi des courants d'air, qui, vu leur ampleur, risqueraient de l'être également.

Les bois ne sont pas, en effet, seulement des régulateurs thermiques, ils servent en plus de pacificateurs atmosphériques, si l'expression peut s'employer. Le professeur Lespiault démontre ainsi au XIXe siècle que les déboisements pratiqués en Amérique du Nord, non seulement ont transformé en prairies les grandes plaines centrales, mais encore ont « accéléré vers l'Europe la marche des cyclones qui se forment dans le golfe du Mexique et se dirigent à travers l'Atlantique vers l'Islande et vers les côtes de la France ». Les perturbations fleurissent là où le sol n'est plus défendu; la preuve n'en est pas faite que les forestiers assurent déjà la fortune de cette proposition [60]. Morin, sous-inspecteur au département du Puy-de-Dôme, ne l'avait-il pas faite sienne dès 1869, en affirmant que « les orages sont fréquents par suite de l'état de dénudation du sol, et ils occasionnent chaque année des dommages partiels fort considérables » ? Tout cela renforce leur audience auprès du public. Que les bois apaisent les vents et adoucissent les températures compte d'ailleurs moins que la manière dont ils corrigent le régime des pluies en les rendant abondantes et harmonieuses[61]. Encore en 1921, M. Chaudey, conservateur des Eaux et Forêts à Valence, pose crûment la question – pour y répondre tout aussitôt par l'affirmative. L'homme peut-il, par le reboisement, « provoquer la condensation *progressive* des vapeurs apportées de la Méditerranée par les vents du Sud-Est, au lieu d'attendre que cette condensation se produise par masses » ? Ce qu'il convient de gommer, c'est donc la brutalité des précipitations, lesquelles gonflent d'un coup les rivières, sur le pourtour oriental du Massif central[62]. Les crues ayant lieu au début de l'automne, après une longue période de sécheresse, seule la réintroduction des arbres lui semble capable de modifier les caprices cévenols. Les chutes de pluie plus fréquentes et moins violentes, un rêve.

En réalité, la tactique forestière ne fait que se calquer sur l'opinion publique, qui *croit* le reboisement apte à une telle correction, parce que les massifs boisés *sont réputés* détenir une influence climatique[63]. Les administrateurs des Eaux et Forêts établissent ainsi une corrélation entre *effacer* les excès climatiques et *régulariser* les cours d'eau. Seule une telle présentation permet de démontrer que le mal est attaqué à la racine, pour reprendre l'expression qu'affectionnera O. Reclus, dans son discours *Des arbres! toujours plus d'arbres!* C'est qu'il faut bien cela pour décider le législateur à desserrer les cordons de la bourse. Jusqu'en 1860, en effet, semis et plantations ne consomment pas 10 % (2 950 000 francs) des crédits du ministère de l'Agriculture, du Commerce et des Travaux publics, et encore est-ce en y intégrant dessèchements et irrigations[64] ! A titre comparatif, la même année, les travaux d'amélioration et d'achèvement des ports dévorent, à eux seuls, plus de 37 % des fonds alloués aux grands travaux d'utilité publique. Il est donc certain que, pour obtenir davantage, c'est-à-dire pour que le reboisement en montagne bénéficie d'un chapitre indépendant et substantiel, les Eaux et Forêts se doivent de frapper fort. Aussi ne leur paraît-il pas judicieux d'insister sur les effets apparemment moins frappants qu'une couverture boisée a sur la *conservation des sols*. Certes, ils sont positifs, mais peu spectaculaires et trop ponctuels.

L'intérêt se porte donc au niveau national, voire planétaire, et non sur le plan local, pourtant concerné au premier chef par l'érosion torrentielle. Il n'est d'ailleurs pas dit qu'en faisant ce choix, les responsables aient commis une bonne action, car, bien vite, ils vont prêter le flanc aux critiques acerbes de leurs rivaux de toujours, les Ponts et Chaussées. Même un renégat comme A. Surell, ingénieur des Ponts par formation, mais reboiseur de tempérament, estime que cet argument climatologique ne vaut rien. Il écrit ainsi, dans son ouvrage célèbre de 1841, qu'il n'y a là

« qu'un préjugé populaire, ne reposant sur aucune donnée *scientifique*, et, par conséquent, sans aucune valeur [65] ».

Le problème ne se pose pas moins de connaître l'arsenal de raisons qui servent l'administration des Eaux et Forêts. La pauvreté objective en est éclatante. Dans cette première moitié du XIXe siècle, la minceur du savoir quant aux dimensions et au fonctionnement de l'appareil radicellaire ne permet guère en effet de mettre l'accent sur le rôle important que peut avoir le reboisement dans la conservation des sols. Les nécessités de la politique et la défaillance des études conduisent donc les forestiers sur une même voie. Leur regard reste encore très largement fasciné par la cime de l'arbre, si bien que c'est par la partie *aérienne* de celui-ci qu'est censée s'effectuer la *retenue* indispensable à la régulation hydrologique. Dès la fin du XVIIIe siècle, cette conception s'appuie sur deux thèses complémentaires.

Tout d'abord, celle de la *ponction directe*. Fabre, examinant ce phénomène en 1797, estime ainsi que les arbres « interceptoient, par leurs feuilles et par les branches, une partie considérable des eaux pluviales et de celles d'orage [66] ». Vingt ans après, Rauch inaugure l'ère des expérimentateurs, encore que, dans son cas, il n'est pas toujours commode de démêler ce qui relève de la mesure et ce qui appartient à la pédagogie illustrée. Il déclare de la sorte qu'un « arbre moyen soutire, par la *force de succion* de ses feuilles, de ses branches et de l'écorce, quarante à cinquante litres par jours [67] ». Compte tenu d'une densité honorable de tiges, il est clair qu'un hectare bien planté constitue un formidable buveur d'eau, les déchets de cette alimentation étant rejetés dans l'atmosphère sous forme de vapeur. L'arbre prélève donc ce dont il a besoin au passage : l'anthropomorphisme de cette rédaction ne survivra guère à la monarchie de Juillet.

La seconde, par contre, jouit d'une belle longévité, moyennant quelques concessions au langage moderne : c'est celle relative à la *distillation du résidu*. Fabre – encore lui – décrit l'eau « tomb[ant] goutte à goutte, et dans des intervalles assez longs pour qu'elle eût le temps de filtrer dans les terres [69] ». Débarrassée de ce fonctionnalisme bienveillant que l'époque attribue à la Nature, cette thèse donne un excellent motif pour souhaiter la présence des arbres. Celle-ci, avec J. Clave, en 1862, n'assure-t-elle pas « un écoulement lent, à vitesse modérée, qui réduit les chances d'engorgement » ? Les deux formes de prélèvement, direct et indirect, promettent bien d'éponger une masse considérable de liquide et par conséquent de combattre efficacement une subite montée des eaux [69]. Rien n'est dit de ce qu'il advient lorsque la végétation est repue. Les arbres « font donc office de réservoir dont l'orifice est plus petit que l'entrée [70] ».

L'image court dans l'air du temps, car un certain d'Héricourt s'en empare dès 1857, dans les *Annales forestières et métallurgiques*. Il profite de la circonstance pour dresser le bilan. Au bout de l'addition, il apparaît que 640 000 hectares, nouvellement plantés dans le bassin supérieur de la Loire – le tiers de sa superficie tout de même! – auraient pu boire 244 millions de mètres cubes sur les 974 millions déversés par les cieux en 1846. Grâce à eux, pas d'inondation désastreuse comme celle enregistrée cette année-là par les riverains du fleuve. Les méchants esprits vont avoir beau jeu pour ironiser qu'à ce train, la France devra renoncer à toute autre vocation que sylvicole!

L'administration des Eaux et Forêts ne cache pas ses vues ambitieuses. Elle croise donc le fer avec sa rivale sur le terrain de l'inondation, en s'affirmant en mesure de mater le phénomène des crues. Parade, haut dignitaire de l'École nancéienne, s'engage ouvertement dans la croisade en faveur de l'Arbre. Il écrit ainsi : « Le succès de la mission confiée au corps forestier ne fait aucun doute pour moi. » Pour éteindre le fléau, il convient de « l'attaqu[er] sur tous les points à la fois, [afin qu'il soit] poursuivi jusque dans *ses moindres* ramifications [71] ». A croire que pas un pouce des espaces délimités ne doit échapper à son administration! A la date où sort son article – 1862 –, la confiance s'exprime sans détours, puisque la cause semble enfin gagnée. Aussi l'assimilation de la terre érodée et de la terre brûlée vient-elle, d'une manière pour ainsi dire naturelle, sous sa plume. L'incendie qui se propage n'est-il pas terrassé par les jets qui l'étouffent comme le sera l'eau, aspirée par les arbres? La valeur du procédé, qui doit se déployer dans cette lutte engagée en 1860, ne lui laisse entrevoir que la victoire. C'est négliger le caractère *expérimental* des facilités que les Finances accordent aux forestiers, caractère que n'ignorent d'ailleurs pas les Travaux publics, en alerte depuis 1846 [72]. Que le programme aille jusqu'à son terme n'est donc pas certain, d'autant que l'absence d'élasticité budgétaire conforte ses adversaires dans une irréductible opposition, et ce, pour tout le second Empire. Il est donc logique que les Eaux et Forêts demeurent harcelées, passé le cap des années 1860.

La polémique se développe sur *la valeur* de méthodes pour l'heure antagonistes. Le problème perdra toute acuité lorsqu'il sera question de suffire aux exigences de la houille blanche. Qu'il s'agisse de Vallès, de Belgrand, de Dupuit ou de Watier, tous polytechniciens, tous Ponts et Chaussées, deux reproches reviennent constamment à l'encontre du reboisement : *archaïsme* et *nocivité*. A cette controverse entre ceux qui se disent gestionnaires modernistes et compétents et ceux accusés de nostalgie conservatrice et dangereuse, viendra s'ajouter, à l'extrême fin du siècle, comme pour relayer une critique technicienne essoufflée dans les années 1880, celle des botanistes : l'introduction de l'arbre sur les pelouses primitives serait une *chimère*, du fait de l'altitude et aussi des associations végétales en place [73].

Mais au milieu du XIXe siècle, incontestablement, les pires ennemis contre lesquels se polarise la vindicte forestière restent bien les ingénieurs. Ainsi, Watier, responsable pour l'ensemble de la Garonne, entend régulariser le Tarn de façon à ce que son débit, quelles que soient les conditions météorologiques, descende au tiers de son maximum, relevé à Moissac (Tarn-et-Garonne) : 5 500 mètres cubes par seconde le 5 janvier 1860. Pour ce, l'édification de 30 réservoirs est envisagée, non seulement sur le Tarn, mais aussi, sur l'Agout, l'Aveyron et leurs affluents. Les barrages exigeraient 37 millions de francs, prix auquel s'ajouteraient 7 500 000 francs, afin d'indemniser les propriétaires des 4 000 hectares inclus dans les périmètres de retenue [74]. Le montant semble exorbitant ? Cela se discute, vu le coût matériel de chaque inondation. Et à une telle remarque, Watier peut rétorquer que la dépense n'atteint que 0,036 francs par mètre cube de capacité. Aucun autre procédé ne saurait prétendre à une telle performance, ni par la *quantité* d'eau retirée de la circulation, ni par le *coût* de revient.

Et c'est vrai. Car, à partir du moment où le contrôle de la crue est rentable au regard des frais qu'entraîne, selon les années, son déversement anarchique, chaque technique, par les travaux demandés, passe au crible de l'investissement amorti. L'administration des Eaux et Forêts défend un programme qui, pour l'heure, bénéficie d'un courant favorable. Or l'opinion souvent varie. En ne tablant que sur la *rétention hydrologique*, difficile à chiffrer lorsque ce sont les végétaux qui font la besogne, elle prend le risque de stimuler la concurrence. Placer le débat dans cet éclairage répond à la demande immédiate du public – et de ses représentants. Pourtant, la popularité du reboisement est condamnée si la propagande en sa faveur ne découvre pas d'autres raisons de le faire désirer. Sur le long terme, les cartes jouées dans ces années 1860 ne sauraient être fameuses par conséquent. Un jeu de rechange s'impose. La conservation du sol attire peut-être moins de sympathie, et donc moins d'argent, mais elle a l'immense avantage d'être, au sens propre, *inestimable*, et là, il n'y a pas de rival pouvant s'opposer à l'avance de l'Arbre.

Le passage à l'acte

Au fond, critiques techniciennes et botaniques s'épaulent, car l'une et l'autre laissent pressentir que pour juguler la course des eaux, il existe des obstacles qui valent bien l'Arbre. La seconde, plus tardive, se montre réservée quant aux perspectives offertes par le reboisement, justement parce que font défaut les preuves du déboisement. Pourquoi restaurer ce qui n'est pas dégradé? Des formations non ligneuses rendraient ainsi des services analogues à celles qui le sont, notamment pour le *maintien des sols*. La première, et de loin la plus virulente, ignore, par contre un tel objectif, considéré pour l'instant comme en dehors de ses compétences, et ne se penche que sur la *retenue des eaux*. Aussi inscrit-elle entre parenthèses le débat sur la réalité de la déforestation. Car le véritable problème n'est pas tant de savoir *pourquoi* les inondations se font plus fréquentes ou plus destructrices – les Ponts et Chaussées doutent d'ailleurs de ce progrès dans le rythme et le drame –, mais *comment* les éviter. Ces porte-voix partent donc d'une hypothèse, flatteuse pour les Eaux et Forêts, dans laquelle les méthodes sylvicoles permettraient d'introduire l'Arbre partout, c'est-à-dire là où la lutte le recommande. Deux scénarios se présentent, en version catastrophe bien sûr.

Le premier soulève des objections sur un reboisement limité à l'amont. Celles-ci sont formulées par M. Dupuit, dans son ouvrage *Études théoriques et pratiques sur le mouvement des eaux courantes*, fort connu alors dans la profession. Un, la ponction ainsi opérée à la source compte peu au regard de la masse débordée. Deux, en admettant son efficacité, le retard de la sorte apporté à l'évacuation des eaux amène de fâcheuses combinaisons. Ainsi, des plantations dans le bassin supérieur de la Vienne, en freinant le flot de cette rivière, peuvent « le faire coïncider [avec] la crue de la Loire [...] et occasionner au-dessous de leur confluent une inondation qui n'aurait pas eu lieu sans ce travail [75] ». L'inconvénient ne réside donc pas dans la rétention en soi, mais bien plutôt dans son caractère mécanique. Avec ce système, l'homme ne peut moduler la vitesse du déplacement. Or, en règle générale, les responsables préfèrent ne pas ralentir le mouvement, surtout dans le cas des crues printanières : c'est l'imbibition qui abîme les terres ensemencées.

Le second ne le cède en rien au premier quant *au pessimisme de la vision*. Il insiste sur le fait que les quantités prélevées ne suffisent à enrayer la montée que si le périmètre couvre une vaste surface. La remarque ne manque pas de fondement, surtout au rappel des calculs de M. d'Héricourt, largement repris dans les revues professionnelles. L'ingénieur en chef Watier ne dédaigne-t-il pas la proposition forestière, en disant qu'elle ne vaut qu'appliquée à des étendues « immenses, que l'homme a successivement déboisées et défrichées, *précisément* parce que cela lui était nécessaire pour vivre » ? Se lancer dans une telle aventure serait refuser la modernité. Cela signifierait « faire rétrograder l'agriculture [...] jusqu'au temps des Gaules [76] ». L'image figure déjà en 1857, soit près de neuf ans plus tôt, dans un texte au vitriol consacré à cette question. F. Vallès y décrit alors l'humanité qui, grâce au reboisement intégral, « remontant le cours des âges, n'aurait rien de mieux à faire que de se dépouiller de sa civilisation, pour revenir à ces époques de barbarie, où l'homme cherchait ses moyens de subsistance [77] ». Pas de rousseauisme béat chez ces techniciens! Certes, la caricature pointe mais sous le trait épais, l'interrogation se dessine.

Dix années viennent de s'écouler. Le souvenir reste vif d'un projet relatif à l'interdiction des défrichements en plaine, et des hurlements entendus du côté des saint-simoniens, comme M. Chevalier [78]. Or leur influence pèse lourd sous le second Empire. Prévoyant le conflit, les agents forestiers ne se hasardent pas à dissiper le malaise en annonçant clairement les superficies qu'ils estiment convenable de défendre pour cause d'utilité publique. C'est que la conversion des espaces ne se bornerait plus à la seule montagne, principe sur lequel tout le monde s'accorde, mais atteindrait *aussi* la plaine, et là, les protestataires ne manquent pas. En dépit de certaines outrances, leurs adversaires signalent à juste titre pareille carence. Ou la dose, homéopathique, sera illusoire, ou la potion irritera davantage que le mal qu'elle veut extirper. Les positions paraissent irréductibles. Au-delà des divergences, subsiste pourtant une section commune dans les discours prononcés. Ni les ingénieurs ni les forestiers ne s'informent de l'avis que les montagnards sont en droit d'avoir, qu'il s'agisse des barrages de retenue ou des périmètres de reboisement. Tous ces grands commis de l'État s'entendent à merveille pour appesantir sa tutelle. Mais ceux qui la subissent trouvent peut-être que le bien public se satisfait surtout à leurs dépens.

A la veille de 1914, J. Bailac estimait très dures à cet égard les lois des 28 juillet et 7 août 1860. « Les populations pastorales en conclurent qu'aux yeux de l'Administration, le reboisement était le *seul* remède contre les inondations. Que, par conséquent, dans *tous les périmètres*, la forêt allait remplacer le gazon, le pâturage [79]. » L'appréciation est fort sensée, d'autant que la loi du 8 juin 1864 qui aurait dû enlever cette équivoque, l'a confortée. La mainmise administrative ne s'abat-elle pas sur les hauts pâquis, en leur appliquant les dispositions de l'article 2 de la loi de 1860, relatives au seul reboisement? Or le gazonnement, aux dires d'un forestier, « était *accueilli* avec beaucoup de faveur par les habitants des campagnes », ce qui souligne bien l'objectif politique initialement prévu [80]. Les exécutants dévoient en quelque sorte cette louable intention. N'en sortent en effet que de maigres tentatives, comme celle relevée dans le département du Puy-de-Dôme. L'agent qui la conduit se dit pourtant conscient de la gravité de l'enjeu : l'opposition à l'Arbre ne doit-elle pas en être désamorcée ? Eh bien! dans ces deux périmètres de La Sioule et de Clermont-Ferrand, intégrant plus de 2 500 hectares lors du tracé de 1869, la part de l'herbe atteint... 3,3 %! Ce pourcentage ridicule frise le zéro dès que le responsable estime indigne de la fonction forestière la restauration des herbages.

Une telle rigueur, qui explique en partie le fiasco final, caractérisait déjà le projet Legrand, directeur général des Forêts, à peine modifié dans sa version présentée à la Chambre le 22 février 1847 par le ministre des Finances Lacave-Laplagne. Les agents forestiers y apparaissent comme le fer de lance de l'État, sans que rien ne vienne contrebalancer les pouvoirs exorbitants qui leur sont attribués : à eux de lever le plan des terrains embrigadés; à eux de contraindre les particuliers à respecter bois et broussailles; à eux de surveiller les travaux à faire. L'État, tout-puissant, ne se charge de leur exécution que si les intéressés, détenteurs de biens destinés à être réhabilités, se dérobent, par insuffisance financière ou mauvais vouloir, peu importe. Or pareille substitution ne s'effectuera pas gracieusement : le Moloch profitera du revenu des terrains de la sorte restaurés jusqu'à être rentré complètement dans ses débours! En fait, ce système emprunte beaucoup au décret concernant la fixation des dunes, paru en 1810, et auquel le livre d'A. Surell fait expressément allusion [81]. Le cas des Landes, menacées par la progression des dunes, lui paraît similaire à celui des Alpes méridionales : « Le vent jouait là-bas le rôle que joue ici les eaux [...] Lorsqu'on s'occupa des moyens à opposer au fléau, on dut naturellement penser au *boisement*. Qu'y avait-il de plus propre à retenir ces terres errantes ? » L'intervention de l'État, admise pour l'un, doit s'imposer aussi pour l'autre.

Les positions de Surell séduisent tant que Lacave-Laplagne, lequel s'agite depuis 1842 dans une commision portant sur l'endiguement des rivières, demande trois ans plus tard à son collègue de l'Agriculture d'y détacher l'illustre ingénieur. Rien d'étonnant, par conséquent, à cette déteinte observée. Rien d'étonnant non plus à ce que la question soit enterrée par l'éphémère seconde République [82]. Le renouveau séditieux, notamment dans les communautés de la Haute-Ariège, interdit de discuter d'un texte qui tient en germe l'expropriation des montagnards, ou, pour être plus exact, qui en a réputation. Avec Napoléon III, le retour de Legrand à la Direction générale des Forêts ne tarde pas, et l'affaire reprend son cours. Les lois de 1860 et de 1864 conservent cette marque originelle, en particulier dans les paragraphes relatifs aux travaux obligatoires, lesquels, dans l'esprit du législateur, l'emportent visiblement sur les facultatifs. Les premiers s'imposent en effet dès que *l'intérêt général* le réclame (article 4), ce qui assure une application très *extensive* de leur nécessité, rendant bien délicat le respect du droit de propriété.

Il faut cependant insister sur les soins qui entourent cette procédure et évitent aux responsables de se fourvoyer, faute d'avoir tâté le pouls local et compris les exigences régionales. Le dossier inclut une enquête menée auprès de chaque commune mentionnée, la délibération sur ce sujet de tous les conseils municipaux – à laquelle doivent assister les habitants les plus fortement imposés –, les avis de la commission administrative spéciale que préside le préfet, celui du conseil d'arrondissement, celui du conseil général. A la suite de ces consultations, dans lesquelles les informations circulent *dans les deux sens*, contrairement à ce qui en a parfois été dit, est rendu en Conseil d'État le décret proclamant l'entreprise d'utilité publique et fixant le périmètre à reboiser.

La décision apparaît par contre comme un acte émanant essentiellement du pouvoir exécutif : ni les habitants ni leurs députés n'interfèrent dans le fonctionnement de cette mécanique. A aucun moment leur participation n'est envisagée sur le mode *actif.* Ils peuvent *regarder* à la mairie le plan des lieux, le procès-verbal de reconnaissance, l'avant-projet. Ils peuvent *lire* les affiches indiquant le calendrier des travaux et les subventions offertes pour les travaux facultatifs. Mais ils n'ont à prendre aucune initiative ni aucune décision susceptibles de modifier en quoi que ce soit le programme. Ses conséquences, par contre, ils les *subissent* intégralement, et les effets ne sont pas minces! La dureté du dispositif touche surtout les communes. Les particuliers récalcitrants bénéficient des garanties contenues dans la loi du 3 mai 1841 sur les formes d'expropriation. Et une fois expropriés, ces propriétaires ont encore la possibilité pendant cinq ans de récupérer leurs parcelles repeuplées, à condition, bien sûr, de *rembourser* l'indemnité octroyée lors de la cession, ainsi que le prix – en capital et intérêts – des travaux que les Eaux et Forêts ont ordonnés, lesdits travaux étant assimilés à une plus-value! Évidemment, les gens d'humeur chagrine gémiront : n'est-il pas inique de les contraindre à acquitter le prix d'une amélioration dont ils ne se soucient guère, l'avantage n'étant pas pour eux? Aussi, rares seront ces tard avisés, qui, après avoir été expropriés, voudront faire revenir au bercail une portion de leur patrimoine égarée. L'honneur de la propriété privée est pourtant sauvé sauf par cet amendement. C'est tout ce qui en était espéré. Ce ne sont donc pas les particuliers qui bloquent le système, mais les collectivités, fort maltraitées par ces textes de 1860 et de 1864. La révision qu'il conviendra d'envisager dès la chute de l'Empire s'emploiera donc à se concilier les grâces des propriétaires et à faire un meilleur sort aux communautés.

C'est que l'imprescriptibilité, qui protège les biens des communes depuis Colbert, se retourne contre elles en l'occurrence. Les commodités de l'expropriation ne leur sont pas, en effet, applicables. Elles ne peuvent donc pas en tirer parti comme le font les individus. Du coup, une voie unique leur est ouverte : celle du paiement des travaux commandés par l'Administration (article 8). Certes, une telle facture ne les écrase pas, car, afin d'éviter un bouleversement du territoire communautaire, l'article 10 oblige ces travaux à ne pas s'étendre sur plus du vingtième de sa superficie. Cette mesure entraîne un émiettement des opérations, qui décourage souvent les autorités de les entreprendre et nuit, en tout cas, à l'harmonie de leur ensemble. L'inconvénient, de taille, ne reçoit néanmoins aucune compensation. Le paiement de la note ne semble pas être plus facile, que l'impécuniosité ou l'indifférence en soit la cause. Or, *jusqu'à ce que les comptes soient apurés*, les habitants ne retrouvent pas la jouissance de ces espaces. Ils apparaissent donc comme hypothéqués, ayant servi de garantie aux prêts de l'État. Celui-ci, en menant à terme la besogne, n'a voulu consentir qu'une *avance*, qu'il entend bien ne pas perdre. Effectivement, le montage financier prévu rend la technique fort bon marché!

Dans cette ambiance euphorique des années 1860 « où le service forestier et les administrations départementales allaient, la main dans la main, à la restauration de la montagne », comme le raconte joliment dans ses souvenirs A. Loze, en 1910, les périmètres destinés à la régulation hydrologique se déploient largement [83]. Les six départements pyrénéens se voient ainsi infliger un reboisement sur 301 200 hectares! L'État ne s'érige-t-il pas en *créancier* des particuliers et des communes, lui qui était supposé dispenser les fonds publics? Ceux-ci vont pouvoir être affectés à d'autres programmes, la reforestation se réalisant quasiment sans bourse délier. C'est à tort, en effet, que le financement donné – 1 million de francs par an, fournis par aliénation des bois domaniaux en plaine – est souvent qualifié de dérisoire. Il est même considérable, si l'on songe que, dans cette entreprise, la seule chose qui soit en fait onéreuse tient à l'indemnisation des particuliers. Or ceux-ci pèsent peu, car les promoteurs de ces lois ont surtout eu en vue les Alpes méridionales, dans lesquelles la propriété relève essentiellement du type communautaire. Le garde général Broillard ne disait-il pas alors que les seize dix-septièmes du sol briançonnais étaient possession collective, dont plus de la moitié en broussailles et pâtures? Les textes de 1860 et de 1864 ont été votés sur ce quiproquo : les propriétés privées seraient à peine touchées, et les biens communs assez vastes pour supporter le choc. Au détour de la mise en pratique, détenteurs à titre individuel ou collectif se découvrent donc endettés, et qui plus est, endettés malgré eux. Comme le dit L. Guiot, « on avait le désir de faire beaucoup, de peu dépenser, et de réussir promptement [84] ». C'était, en effet, trop étreindre.

Il est vrai que la lucidité de son propos s'explique peut-être par la date : 1875. Dix ans ont passé, et même plus. Au moment de la promulgation, les autorités ne conçoivent pas l'échec. Le système leur semble assez incitatif pour concilier l'inconciliable : le reboisement sur une vaste échelle et la gratuité de sa mise en œuvre. L'ambition, et non le déficit! Car *acquérir* ces espaces immenses est utopique sur le plan budgétaire. Cent millions n'y suffiraient pas. A quoi bon, d'ailleurs? Puisque ce labeur incombe aux autochtones, ce dont nul ne veut démordre! Certes, l'ardeur manquait au rendez-vous jusque-là, mais cela devrait changer avec ces nouveaux textes. Que l'enthousiasme ne fût pas très répandu relève d'un doux euphémisme, de l'aveu du sous-inspecteur Morin [85]. Cet agent, confronté à l'inertie auvergnate, sait de quoi il parle. Entre 1843 et 1860, la reconquête forestière a porté sur 1 870 hectares, ce qui signifie une progression de 2,2 %, au rythme époustouflant de 110 hectares l'an. Encore a-t-il peiné pour ce beau résultat, prêchant la croisade aux particuliers, et n'étant guère écouté des municipalités! « Toutes [les collectivités] n'y ont pas été portées de bonne volonté. Il a fallu recourir à des *moyens coercitifs* », ajoute-t-il pudiquement [86].

De ce point de vue, les années 1860 offrent des facilités indéniables : la contrainte devient démodée, à côté des raffinements que procurent les deux lois de 1860 et de 1864. Normalement, les uns et les autres devraient se passer d'eux-mêmes la corde au cou. Toutes deux laissent en effet aux intéressés la faculté de se libérer de leurs dettes sans appauvrissement numéraire. Les particuliers, mais aussi les communes et établissements publics, peuvent ainsi *choisir* de rembourser *en nature* ce qu'ils doivent à leur tuteur. C'est-à-dire en lui abandonnant la moitié de leurs biens, qu'il a eu la bonté de restaurer à leur place! Une telle clause rappelle quelque peu l'analyse politique faite au sujet des cantonnements : là aussi, il y avait de la spoliation dans l'air, ce qui se justifiait par le désir de promouvoir une sylviculture rentable. La différence éclate, cependant : ici, il ne s'agit pas d'usagers, mais bel et bien de *propriétaires*. C'est la privation de la jouissance de leur domaine qui est envisagée, alors qu'ils n'ont pas sollicité l'aide des pouvoirs publics, d'autant que ces défenses profitent surtout aux gens d'en bas. Et le texte de 1864, loin de dissiper le malentendu, exacerbe les passions, car ce qui vaut pour le reboisement vaut pour le gazonnement. Les subventions récompensant les travaux *facultatifs* n'y apparaissent-elles pas comme un piège qui attire sous le régime forestier les pâquis communaux, jusque-là non soumis à ses contraintes? La résignation, voilà ce sur quoi l'État parie, et zélée, encore! Que les habitants abattent la besogne ou sacrifient une pièce de patrimoine, faute d'obtenir levée de l'hypothèque en versant la somme demandée, voilà l'alternative. En ce sens, les travaux *obligatoires* menacent encore plus gravement que les autres. Ne cherchent-ils pas à leur faire suer un argent durement gagné – et chichement sorti? La stratégie employée vise au fond à les *engager par force* dans un processus d'équipement dont l'envie ne leur est pas venue, ce qui suppose leur économie jugée arriérée, et leur comportement borné.

La logique de cette approche transforme le montagnard en *indigène de l'Hexagone*, ne participant que par la crainte à la civilisation moderne. Ce tournant du XIXe siècle ne porte-t-il pas l'empreinte des colonisateurs victorieux? C'est pourquoi la coercition, par le biais financier, joue un rôle déterminant. L'outremer se reflète dans l'outre-monts. Le remboursement des avances, consenties pour travaux obligatoires n'a pas moins d'importance pour le programme en cours que l'impôt en argent exigé des tribus afin de récupérer des terrains et développer des cultures d'exportation. Loi coloniale, loi forestière, le schéma est identique. Aussi le texte de 1864 ne dévie-t-il pas de la ligne tracée fermement quatre ans plus tôt, même si le traitement s'adoucit pour cause de pâturage. C'est en délaissant le quart des biens régénérés par le gazon (contre la moitié dans le cas où ils auraient été reboisés) que leurs légitimes détenteurs peuvent espérer la réintégration du reste. Les dispositions ainsi concoctées recèlent donc des potentialités machiavéliques, que soupçonnent peut-être à peine leurs rédacteurs. Le résultat final ne devrait pas différer, qu'il s'agisse du produit de 1860 ou de celui de 1864: ou les populations plient l'échine, ou une partie de leur fortune rejoint le giron de l'État.

Oui, mais voilà! la machine, après quelques soubresauts, s'immobilise. Reste à savoir comment la relancer. La situation rappelle fâcheusement celle qui s'était rencontrée à la suite du Code de 1669, où la vague séditieuse avait remis à de meilleurs jours le démarrage des opérations. Au bout de dix ans, l'insuccès ne peut plus être discuté. M. Maigne, rapporteur du bilan, révèle ainsi aux députés que depuis la parution des textes, 37 600 hectares seulement sont reboisés. A cette cadence, la régularisation hydrologique par les vertus d'une couverture forestière se profilera dans trois siècles, 271 ans très exactement! Et encore cette boutade s'appuie-t-elle sur l'hypothèse la meilleure, avec pluies stables et pousse remarquable!

Bref, même si cela doit être la mort dans l'âme, il convient de repartir sur d'autres bases, avec des vues plus modestes, mais moins utopiques. Cette fois, il faudra *motiver* les populations pastorales, au lieu de les plonger dans une colère après tout justifiée. Faire le bonheur des gens malgré eux réussit rarement. Que dire alors lorsqu'ils sont forcés de réaliser celui des autres? L'erreur accomplie tient à ce que le programme de reboisement, presque exclusif de tout autre solution, leur est *extérieur*. Non content de négliger des préoccupations pastorales bien compréhensibles, il les gêne sans vergogne, ou plus justement, sans compensation. Il y a là une étrange méconnaissance de la psychologie [87]. Comment ne pas s'émerveiller de l'incroyable optimisme qu'affiche un illustre professeur de l'École de Nancy, A. Parade, en parlant de « l'excellent esprit des populations montagnardes, dispos[ées] à accepter *toutes* les réformes »? Et cela alors que l'encre des textes est encore fraîche!

Les chiffres, région par région, ont de quoi effacer son sourire. Ils montrent que la mobilisation des habitants a partout réduit à néant les espoirs fondés en ces périmètres énormes, à l'intérieur desquels leur liberté n'avait plus place. Ainsi, pour les six départements pyrénéens, le tracé initial cerne 301 200 hectares, ce qui signifie que près du quart (21 %) de la zone montagneuse, selon A. Loze, passe à la disposition des Eaux et Forêts! Cette mégalomanie tue littéralement l'objectif. Aux dires des vétérans de l'époque, qui aiment en souligner l'aspect héroïque, un garde derrière chaque sapin planté n'aurait pas suffi à le sauver. L'excessif de l'image traduit bien quelle exaspération ils rencontrent. Encore en 1895, pas un arbre ne tient à Guzet (Haute-Ariège), les villageois rejettant la convertion du communal. Aussi, après quinze ans de pratique, le reboisement, avec ses 2 600 hectares, ne touche-t-il pas 1 % de l'ensemble – 0,86 % pour être précis. « La loi a fait faillite ». La déroute constatée, virer de bord s'impose. Désormais, c'est par des *moyens attractifs*, et non contraignants, qu'il faudra rallier à cette action les diverses catégories possessionnées en montagne. Cela implique que, non seulement les propositions faites les concernent enfin, mais aussi que les habitants obtiennent de l'Administration autre chose que des directives, c'est-à-dire un soutien pécuniaire. Du coup, le programme, qui se définissait jusqu'à présent par son bon marché et son gigantisme, exige un *nouveau mode de financement:* à mesure que grandit son coût, sa portée se rétrécit.

La mise sur cale débute véritablement en 1873. Cette année-là, la Direction générale des Forêts crée une commission spéciale dont la tâche consiste à rénover les textes de 1860 et de 1864, lesquels avaient pourtant soulevé tant d'espérance. La déception devant la récolte motive cette démarche. La méfiance que suscitent chez ses dignitaires les menées de Chevandier explique aussi cette subite sagesse [88]. Ce libéral fait maintenant figure de Cassandre, dans cette République à la recherche d'un nouveau credo forestier. N'avait-il pas, dans son rapport du 9 juillet 1860, pris quelque distance quant à la loi votée moins de vingt jours après ? Déjà, il lui reprochait de recourir abusivement à l'expropriation, en contradiction avec le Code civil, et surtout de manifester une coupable légèreté en matière de conservation pédologique, que des amendements complémentaires auraient dû rectifier. Avec la défaite confirmée, Chevandier hausse le ton, et dès le 21 décembre 1874, remet un avant-projet à la Chambre des députés. Ce texte, n'ayant pu être étudié durant la session, ressurgit, à peine remanié, le 17 juin 1876. La commission parlementaire se retrouve ainsi avec deux documents car, battant de justesse le concurrent, la Direction des Forêts vient de déposer, trois mois avant, le 11 avril 1876, le fruit de ses propres recherches : Léon Say sera le rapporteur de celui-ci. C'est donc avant que s'achève l'année que Maigne, président du comité à la Chambre, donne lecture de son analyse.

La future loi du 4 avril 1882 se dégage de cette synthèse des deux projets. Certes, l'étonnant ne réside pas dans cette course poursuite à laquelle se livrent l'exécutif et le législatif. Il tient à la nature même des textes : tout laissait présager un face-à-face, mais la concorde règne à l'arrivée. L'un et l'autre parviennent en effet à une conclusion identique. Le transfert des dépenses est inévitable afin de soulager les communes. Seul un tel geste désamorcera la crise. L'ère des nationalisations sans frein paraît alors achevée.

***

Assurément, le régime censitaire comme la candidature officielle s'accommodent beaucoup mieux de l'autoritarisme des forestiers que le suffrage universel. La Commune parisienne muselée avec la complicité de la paysannerie, les bourgeois triomphants de la IIIe République ne peuvent guère se dispenser de satisfaire leurs alliés de la veille. Après l'indifférence des années 1860, le temps vient donc enfin de la bienveillance paternelle. Comme l'écrit Chevandier, n'est-il pas injuste « que les populations pastorales, déjà *si gravement atteintes* par l'application de ces lois, fussent tenues de payer, ou par le remboursement des avances faites, ou par l'abandon d'une partie de leurs terrains, les travaux entrepris, *non dans leur intérêt*, mais dans l'intérêt général » ?

Cette anomalie, perçue si tard, vient de l'adéquation impossible à réaliser entre les aménagements et leur valeur effective [89]. *Excédant* les ressources de la commune, le reboisement la prive de la moitié d'un périmètre étendu. *N'effleurant* que la périphérie, mais « préservant le cœur même », la voilà exonérée « par l'abandon d'un tout petit terrain ». Dans aucune des deux hypothèses la solution n'est parfaite. Autant alors retenir le système qui évite le plus d'inconvénients. L'*expropriation* avait les faveurs des Eaux et Forêts, mais le moins qui puisse en être dit, c'est que la performance n'éblouit pas : fixer les peines pour contravention à la loi, réunir tous les propriétaires en respectant les règlements, examiner le montant des indemnités pour défaut de jouissance et prévoir la dépense que demandera une croissance du nombre d'agents – que tout cela est compliqué !

Évidemment, l'*achat des terrains* par l'État serait infiniment plus simple, et permettrait d'agir avec doigté... Ce nouveau consensus politique, qui se retourne donc contre la hiérarchie forestière, ne plaît guère à celle-ci. Les propositions qu'elle entend lui paraissent étrangement favorables aux communautés de montagne. Pourquoi donc, après les avoir pressées de songer au bien public, vouloir négliger les intérêts de l'État ? Elles vont bien, au bout du compte, tirer avantage des travaux entrepris, et même un substantiel revenu de ces espaces boisés ! Les nationalisateurs à tout crin, encore largement dominants dans les Eaux et Forêts, se battent comme de beaux diables, derrière leur chef de file L. Tassy. Ils ont contre eux cette fois, non seulement les politiciens, mais aussi la Direction générale, considérée comme traître à la cause. Rien n'y fait, ni les invectives lancées contre Paris par les mandarins de l'École de Nancy, ni la floraison d'articles venimeux qui inondent la presse et les revues professionnelles. Les pères fouettards, que déteste l'électorat paysan, doivent s'éclipser, et ne revenir sur scène que déguisés en pédagogues. La démocratie l'entend ainsi.

CHAPITRE IX

Une société en perdition

Les lois de 1860 et de 1882 inaugurent une nouvelle conception du territoire. Les zones de montagne, maintenant considérées comme éminemment fragiles, ne risquent-elles pas de compromettre, par leur dégradation, l'équilibre physique et biologique des régions en plaine, vouées, elles, à l'agriculture ? C'est bien la notion moderne de protection qui se dessine déjà, au travers de cette politique d'aménagement spatial qu'entreprend hardiment le second Empire.

Les forestiers, portés aux nues par la mode préécologiste, et chéris du régime à l'instar des autres corps techniciens, semblent détenir le monopole de son emploi. Ils s'illusionnent quelque peu sur la durée de leur mandat et, plus encore, sur son importance réelle. La suite va se charger de remettre à sa juste place le dispositif des années 1860. Dans l'immédiat, bon nombre de responsables rêvent à la reconquête des monts dépouillés. Leur démarche, par trop exclusive, ne s'arrête guère aux détails de l'exécution. Celle-ci pose néanmoins deux problèmes : celui de sa *qualité* et celui de son *effet*.

Pour le premier, le siècle s'achève à peine, et les sarcasmes flagellent le bel optimisme affiché quant aux résultats. F. Lenoble, par exemple, ironise sur la médiocrité du présent, et s'amuse à le confronter au tableau enchanteur promis voilà plus de cinquante ans [1]. Ne paraissait-il pas alors évident que « les Alpes, aujourd'hui dénudées, [seraient] bientôt couvertes en entier, grâce aux efforts de l'homme repenti, d'épaisses forêts, les inondations et l'érosion [de la sorte] supprimées » ? Les quatre composantes –

reboisement des pentes, rétention pluviale, régulation des débits et fixation pédologique – devaient forger les maillons d'une chaîne menant vers la prospérité agricole et, partant, vers le renouveau démographique. Il ne s'agissait rien moins que d'inverser le cycle infernal. Car à l'époque, le déboisement signifiait stérilité des terres et désertion des hommes. Ce superbe projet, qui acceptait que la montagne soit le dernier refuge de l'Arbre, constituait par la même occasion l'ultime chance offerte à ses habitants. Ceux-ci abandonnant leur misérable fatalisme, le second problème se résolvait grâce à cette issue heureuse sur le plan technique.

Hélas, toute cette construction s'écroule, car son postulat, base de l'édifice, ne tient pas. Les montagnards n'ont pas reconnu, dans cette alléchante proposition du tout-reboisement, l'espoir d'une vie meilleure. Le programme emprunte donc un cul-de-sac : sa concrétisation ne dépend-elle pas, au bout du compte, de leurs soins ?

A défaut de ce soutien idéal, l'obéissance était espérée. Or c'est l'hypothèse la plus noire, que nul n'avait voulu considérer, qui se révéla la bonne. La guerre aux montagnards, alors ? L'expérience des répressions antérieures avait déjà prouvé que le terrain ne favorise jamais les troupes régulières. Et cela, même lorsqu'elles ne sont pas liées avec les autochtones... Cette voie de la contrainte étant suicidaire, seule reste ouverte celle de l'incitation, dans laquelle les Eaux et Forêts se transforment en structure d'accueil, faute de conserver le poste de commandement.

La nouvelle donne politique permet-elle encore de maintenir le cap du reboisement ? Ou ne faut-il pas attendre, pour reprendre cette direction, que les combattants aient déserté le champ de bataille ?

L'AVANCE DES BOIS ?

La vive résistance qu'engendre le texte de 1860 montre à quel point son objectif est mal reçu – ou mal compris. Elle surgit dès que le législateur donne à l'Administration le pouvoir de reboiser, et se veut d'autant plus opiniâtre qu'ordre a été donné de planter en priorité les *communaux*. Ceux-ci couvrent en effet la majeure partie des landes et parcours dégradés. L'erreur est de les croire marginaux, alors qu'ils constituent la pièce maîtresse de l'édifice agraire. Tout d'abord, ne sont-ils pas indispensables à la production agricole, en apportant aux bestiaux l'essentiel de l'alimentation estivale ? Mieux, c'est grâce au mouton, qui seul peut valoriser leur maigre sol, qu'ils servent de mine d'éléments fertilisants à des terres soumises aux cultures vivrières. Enfin, en tant que lieux où se concentrent, et survivent, les pratiques collectives, ils symbolisent l'unité villageoise. Cette fonction sociale vaut d'ailleurs bien ses attributs économiques, couramment invoqués pour repousser leur conversion.

Comment, dès lors, modifier la destination de ces surfaces sans perturber en même temps les conditions de production et la sociabilité des résidents ? Les forestiers, pour remplir leur mission, ne peuvent que rencontrer le mécontentement des habitants, ce qui suppose que l'appui de la force publique vienne étayer leurs efforts. Envisagée sans nuances sous le second Empire, l'application de cette loi de 1860, et de son complément quatre ans plus tard, passe bien par la coercition, car son contenu suscite plus que des réticences chez les montagnards.

Une telle politique, déjà restreinte par la force des choses, devient donc fort délicate à manier sous la IIIe République. Les soixante périmètres délimités à la hâte en 1867 dans les Alpes, et depuis en panne, n'en forment-ils pas une preuve éclatante ? C'est que le monde rural pèse encore lourd dans la balance électorale et que les institutions lui donnent enfin la possibilité de repousser toute mesure froissant ses intérêts. Comment le système politique épouse-t-il ces vues, ou, du moins, en donne-t-il l'impression ?

La liquidation politicienne

La population vivant de l'agriculture s'évalue en 1882 à 18 249 000 personnes, soit 48 % de l'ensemble français. Ce pourcentage se maintient encore aux environs de 30 % en 1930, et il ne s'agit là que d'une estimation, les chiffres relatifs à ce calcul n'ayant pas été publiés entre 1891 et 1946. Cependant, une idée plus précise quant à l'évolution de ce secteur se dessine au travers des données concernant la population agricole masculine. Certes, son nombre diminue au rythme de 35 000 individus par an, en moyenne [2]. Pourtant, avec 5 665 000 personnes en 1891, et 4 470 000 en 1931, elle représente encore une réserve considérable de voix. Les conservateurs, dominants en 1875, comptent l'exploiter au mieux. Persuadés que l'autorité des notables et l'influence de l'Administration les aideront plus efficacement si la lutte électorale se déroule dans un cadre étroit, ils rétablissent à cette date le système électoral de l'Empire, en substituant toutefois l'arrondissement administratif aux circonscriptions fixées par décret sous le régime précédent [3]. Ce scrutin d'arrondissement à deux tours, en vigueur jusqu'aux élections de 1885, désappointe néanmoins ceux qui en attendaient trop.

Les conséquences à moyen terme sont capitales. Cette expérience de dix années dévoile en effet combien il est incertain de parier sur le conditionnement des électeurs : les influences escomptées s'avèrent moins puissantes que leurs auteurs le croyaient. A cette première leçon, toute de morale, s'ajoute un second enseignement, de nature, lui, politique. Cela explique pourquoi, dès 1881, Gambetta mène une vigoureuse campagne en faveur d'un retour au scrutin de liste. C'est que l'existence de deux tours, avec la méthode nominaliste, encourage les républicains à la division, d'où une surenchère permanente à l'intérieur de la gauche. Qu'il y ait plusieurs candidats républicains au premier tour ne facilite cependant pas la tâche du conservateur, puisque celui-ci ne peut être élu qu'à la majorité absolue. Ce n'est donc pas cette crainte qui mobilise Gambetta, mais bien l'*inflation démagogique* qu'il déplore. Rien n'empêche un ambitieux, désireux de remplacer le député sortant, de l'affronter, en justifiant sa candidature par des propositions plus radicales. Il joue gagnant : l'union républicaine, très tôt baptisée « discipline républicaine », s'effectue alors au second tour, par désistements au profit du candidat qui a le mieux séduit les électeurs lors du premier. La défense des caciques et le souci du réalisme exigent de remédier à pareille situation, d'autant que ses retombées sont fâcheuses.

Ce mécanisme procure au fond une prime à l'éclatement du parti majoritaire, division que celui-ci paie à la Chambre des députés par l'effervescence des groupes, l'incertitude des coalitions, sans parler d'une instabilité ministérielle chronique! Dans un tel climat, irriter les populations montagnardes en agitant la question du reboisement serait pure folie. Ne serait-ce pas les jeter dans les bras des extrémistes ? Subventions et indemnités, voilà de sûrs moyens qui les ramènent vers le juste milieu. Au reste, ce genre de présent ne se dédaigne pas, surtout après une traversée pénible où il n'était rumeur que de spoliations scandaleuses. L'ingérence administrative, sous cette forme brutale, ne se conçoit donc plus.

Depuis la chute de l'Empire, la seule puissance de l'exécutif ne permet pas de soutenir l'avance de l'Arbre. Celle-ci dépend désormais tout autant du Parlement que du gouvernement, et peut-être davantage du premier que du second. Plaire à l'électeur devient alors une nécessité vitale pour qui veut entrer en politique. Il convient en effet de ne pas dresser les habitants contre le pouvoir. Celui-ci leur paraissait lointain et oppresseur, ne leur laissant le choix qu'entre la *soumission* traditionnelle et la *révolte* soudaine. Avec l'expérience des municipalités, ils ont commencé à s'intéresser, au cours du XIXe siècle, à la chose publique, dans un domaine familier, celui de la commune. Cependant, sa complexité de gestion et la tutelle d'autres organes ont longtemps réduit le nombre des acteurs aux notables les plus instruits et aux cultivateurs les plus fortunés. C'est avec la liberté politique et les luttes électorales que change enfin le paysage politique du monde paysan, ébranlant sa passivité ordinaire à l'égard des décisions de l'État, mais aussi face aux potentats locaux. Cette évolution des mentalités entraîne en grande partie le ralliement rapide des départements ruraux à la république naissante. Restait à ne pas gâcher cette opportunité.

Consolider leur conquête est donc des plus judicieux. En effet, de 1862 à 1882, la population agricole des 86 départements français ne fléchit guère. La baisse ne porte que sur 3,3 % du total. Aussi la minceur de ce pourcentage masque-t-elle les changements amorcés. Car les indices d'un prochain déclin, non seulement des petites communes, mais encore des zones particulièrement ingrates, s'esquissent déjà. Les villages de moins de 100 habitants, qui étaient au nombre de 443 en 1851, voient celui-ci passer à 720 en 1880. Et cette catégorie progresserait encore davantage si la statistique, en incluant les communes d'Alsace-Lorraine, plus dynamiques, n'atténuait pas le phénomène. Une telle croissance – 62 % en trente ans – témoigne à l'évidence de l'hémorragie dont commencent à souffrir les hauts cantons.

Ces premiers signes, parce qu'inaperçus, n'affectent pas le comportement des hommes politiques, qu'ils se classent à droite ou à gauche. Il n'est d'ailleurs pas assuré que, repérés, leur impact aurait été sensible dans les orientations retenues. Le temps n'est plus d'une législation draconienne sur les terrains de montagne. L'heure vient de son contraire. Il faut *courtiser les paysans*, quelle que soit leur situation juridique, sociale ou économique, en plaine comme en montagne. Or, bien que représentant près de la moitié de la population, les agriculteurs, dans cette seconde moitié du XIXe siècle, ne disposent en dehors de l'enceinte parlementaire d'aucun moyen de pression.

C'est en considérant cette carence qu'en 1867, Édouard Lecouteux, professeur à l'Institut national agronomique, fonde la Société des agriculteurs de France [4]. D'abord groupement de nobles, recrutés parmi les descendants de familles royalistes, lesquels n'aiment guère frayer avec les « usurpateurs » bonapartistes, elle finit par accueillir dans ses rangs magistrats et officiers de toutes tendances, mais unanimement froissés par la tournure anticléricale des ordres gouvernementaux. C'est dire combien son action porte dans un sens vigoureusement conservateur! La faiblesse de ses effectifs – 3 500 adhérents en 1878 – ne doit cependant pas conduire à minimiser son influence, loin de là.

Dès 1885, cette association de gens distingués prend conscience du parti à tirer de la nouvelle loi sur les syndicats. Elle en informe ses membres. Très vite, ceux-ci suscitent de semblables organisations et s'emparent sans coup férir des postes clés. Un club aussi aristocratique ne saurait manquer d'éveiller les soupçons à l'aube de la IIIe République. Dans son journal *la République française*, Gambetta, au jour du 4 avril 1880, le décrit comme une machine de guerre monarchiste, ce qui est à peine exagéré. Le mois n'est pas fini que, le 25, un nouvel article malmène les positions de la féodalité terrienne et déclare que le régime « ne sacrifiera pas plus longtemps les *intérêts de la démocratie rurale* à une coterie de hobereaux et de grands seigneurs [5] ».

Difficile après cela de prôner le partage des communaux en fonction de la surface possédée! Impossible aussi d'avouer que la meilleure solution consiste à les planter, le revenu de leurs coupes échouant dans les caisses municipales! La même année, Gambetta monte la Société nationale d'encouragement à l'agriculture, destinée à faire pièce à cette trop active Société des agriculteurs de France. Il n'est donc pas étonnant que les deux rivales tiennent un même langage pour la défense des producteurs français, mais diffèrent notablement dès qu'il s'agit de cantonnement, de droits d'usages et de reboisement des terrains en pente. L'organisation de Gambetta éprouve quelque embarras pour aborder ces points délicats, vu le caractère hétéroclite de ses adhérents. Elle préfère commenter les mesures qu'adopte la jeune République pour consolider les bons rapports qu'entretiennent les masses rurales avec le nouveau pouvoir. Cela lui donne une abondante matière, d'autant que ces textes ne sont guère appréciés des adversaires. Ainsi, dans la seule journée du 28 mars 1882, le *Journal officiel* publie la loi rendant l'instruction primaire obligatoire pour tous les enfants de six à treize ans et la loi qui rétablit l'élection des maires et des conseillers municipaux, abolie par le second Empire. Quelques mois auparavant, celle du 16 juin 1881 venait d'instituer la gratuité de l'enseignement primaire public. Les agriculteurs ne sont pas non plus oubliés lors de la légalisation des syndicats, le 21 mars 1884, qui lance un ample mouvement professionnel dans leur univers jusque-là cloisonné [6]. Bref, dans les deux camps, l'obligation de séduire le monde paysan constitue le plat de résistance au menu politique.

Face aux initiatives de la droite, la gauche jouit alors de l'incontestable avantage d'être au pouvoir. Cette situation lui fournit maints atouts pour conquérir les suffrages. Aussi le réaménagement du ministère de l'Agriculture, le 14 novembre 1881, révèle-t-il encore mieux l'attention que les républicains portent aux milieux ruraux que ces plaidoiries syndicales. Il s'agit en fait d'une véritable fondation, puisque Gambetta fusionne les services de l'administration de l'Agriculture, alors scindés entre le ministère du Commerce et de l'Agriculture et celui des Travaux publics, dont dépendaient tous les bureaux s'occupant des problèmes d'irrigation, dessèchement, curage, etc.

Quatre grandes directions composent maintenant le nouveau ministère : l'Agriculture, largement prépondérante, les Forêts, où plus d'un soupire après l'ancien rattachement aux Finances, l'Hydraulique agricole, où les liens demeurent étroits avec les Ponts et Chaussées, les Haras, enfin. Se trouvent ainsi intégrés au sein d'un même organisme les ennemis de la veille, les uns tenant au défrichement, les autres fanatiques du reboisement. A vrai dire, la position de ces derniers ne prête pas à rire, et eux n'en ont guère envie. Non seulement les voisins hydrauliciens paraissent émaner de leurs récents détracteurs, mais encore les voilà inquiets de l'hypertrophie soudaine de la Direction de l'Agriculture, qui ne peut se traduire que par l'amenuisement de leur propre territoire. Pareil réagencement n'enchante donc guère les forestiers : ils redoutent à la fois l'infiltration discrète des frères polytechniciens et l'arrogance de leurs partenaires à l'Agriculture, dont ils auraient volontiers fait l'économie ! Ce sentiment de mise en infériorité sera lent à se dissiper. Il a du reste quelque fondement, du moins dans les premières années de la cohabitation. La Direction de l'Agriculture éclipse en effet toutes les autres, notamment par sa deuxième division, intitulée *Encouragements à l'agriculture* [7]. Quel programme dans ce titre ! Sa sobriété ne doit pas tromper. Les faveurs obtenues consolident le fief des élus locaux, et donc la sympathie pour un régime qui sait se montrer généreux lorsque la circonscription vote bien. Ses deux premiers bureaux, sous le label évocateur d'*Encouragements* pour l'un, et de *Subsistances, législation rurale et secours pour pertes matérielles et événements malheureux* pour l'autre, absorbent quasiment toute l'activité ministérielle, ce qui comble les vœux de la base !

Tributaires plus que toute autre catégorie des aléas de la nature et du climat, les agriculteurs n'ont cessé en effet de réclamer *protection* contre les coups du sort et *assistance* pour les dommages dont la responsabilité ne leur incombe pas. Maires, conseillers généraux, députés, sénateurs ou préfets sont autant de canaux qui drainent les doléances jusqu'au cœur parisien, en espérant que ces plaintes déclencheront la vanne aux subventions. N'est-ce pas du ministère de l'Agriculture que les élus locaux attendent d'asseoir solidement leur emprise sur une circonscription ? En vertu de ce calcul, ce portefeuille, qui fut longtemps mineur, accède à une place politique stratégique. Jules Méline, qui sait à quoi s'en tenir pour l'avoir possédé, ne cache pas combien il s'est réjoui de pareille évolution [8]. Il déclare ainsi en 1911 que « dans son ensemble, c'est celui de tous les ministères qui a *le mieux marché* pendant trente ans, celui qui a fait *le plus de choses* et de *bonnes* choses, et qui se rapproche le plus d'un ministère modèle. »

La cause est entendue : les autorités de la IIIe République ont su unifier les paysanneries sous la bannière républicaine. Et cette action ne s'est pas bornée à diffuser un discours à leur gloire : aux paroles distribuées ont été joints de substantiels crédits qui en augmentaient l'attrait. Non seulement le monde rural peut se faire entendre, mais encore sa place dans la mécanique politique lui permet de bloquer tout projet qu'il estimerait nuisible à ses intérêts. *La sédition devient dès lors une technique périmée.* Pourquoi s'en prendre aux exécutants, alors qu'il est possible d'infléchir l'action au niveau conceptuel ? Désormais, l'intervention déserte le terrain et se fait efficace au centre même de la décision. Celle-ci est modelée par les différents agents jusqu'à l'assurance de leur consensus.

Évidemment, le dispositif autoritaire des années 1860 contredit tout à la fois les exigences électoralistes et cet état d'esprit. La loi de 1882 s'en arrange beaucoup mieux. Quelques astuces en trompe l'œil ne lui procurent-elles pas une allure novatrice, même dans les paragraphes où les emprunts au passé sont des plus flagrants ? L'habileté avec laquelle semble soldé son passif en fait partie. Le legs était pourtant fort mince, en raison de la faible application du système antérieur. Il n'empêche que son sacrifice obtient le retentissement d'un geste de paix. Quelle meilleure preuve avancer, lorsqu'il est nécessaire de proclamer l'harmonie retrouvée, que la clémence à l'égard des coupables ? L'État renonce donc aux créances qu'il détenait contre les communes et les établissements publics, créances dérivant des avances fournies au titre des travaux obligatoires (article 20). Cette magnanimité ne lui coûte pas cher, et apporte l'accalmie. Ayant fait ainsi descendre la fièvre que provoquaient toutes sortes de rumeurs sur une éventuelle confiscation en cas de non-remboursement, il s'emploie à rassurer très vite ceux qui craignent sa mainmise sur les espaces montagnards. Comme ladite saisie ne reflétait que le mode d'acquittement, le remède se trouve aisément : il suffit de ne plus accepter l'extinction des dettes contractées par l'abandon d'un terrain, c'est-à-dire par un paiement en nature. Fort bien, mais cela n'enlève pas l'inquiétude de tous ceux engagés dans une transaction monétaire. Seront-ils moins bien traités que les précédents pour n'avoir pas voulu céder une partie de leurs biens ? Cela ne se peut. Aussi est-il arrêté que les Eaux et Forêts clarifieront sans tarder l'embrouillamini dans lequel ses idées grandioses ont plongé le politique. Celui-ci, ayant enfin déterminé sa position, confie donc à cette administration le douteux privilège de la tenir.

Les responsables doivent comprimer au maximum le nombre de cas où les affaires s'engagent mal. Trois ans, et pas un de plus, pour décider des terrains à rendre aux particuliers et de ceux à libérer du régime forestier, au grand soulagement des collectivités concernées! Cela implique qu'en 1885 au plus tard, les propriétaires, qu'ils soient privés ou communs, sauront à quoi s'en tenir sur les parcelles devant être intégrées à un périmètre de reboisement. Les choses vont rondement, comme l'illustre l'histoire du Riou-Bourdoux [9]. Le tracé conçu pour lutter contre sa torrentialité enfermait à l'origine 1 390 hectares, dont 49 % en pâturages dégradés. Cela alimentait déjà les tensions locales, notamment dans la commune de Saint-Pons (Alpes-de-Haute-Provence). Cette superficie étant jugée néanmoins par trop médiocre pour satisfaire l'objectif fixé, le décret du 28 juin 1874 l'avait agrandie de 1 810 hectares. Dix ans plus tard, un coup d'arrêt est enfin porté à cette expansion. La contenance redéfinie, avec ses 1 730 hectares, ne couvre plus que 54 % de l'étendue un moment envisagée. L'exemple montre bien l'orientation prise avec la loi du 4 avril 1882. Toute friction doit être évitée, et lorsqu'elle existe, désamorcée.

Dans l'immédiat, les menus sacrifices auxquels consent le gouvernement apaisent, mais l'embellie risque d'être de courte durée s'il se contente de brader le passé sans protéger l'avenir. Et là, la dépense ne saurait être mince. Si l'œuvre de reboisement doit être poursuivie, il faut que l'État en supporte pleinement la charge financière. La paix sociale a un prix, ce qu'avait feint d'ignorer le second Empire en lançant cette entreprise de salut par l'Arbre. Dorénavant, les travaux *obligatoires* ne pourront s'effectuer que sur des terrains *acquis* par l'État, quel que soit le statut de leurs détenteurs. Le principe posé, s'éclaircissent par la même occasion les difficultés dues aux anciens périmètres. Comme pour ceux à venir, l'achat des terrains dont l'assimilation s'impose devra être accompli avant que n'expire le délai des trois années. Au terme de cette enquête, les intentions quant à l'héritage reçu apparaissent avec autant de netteté que celles caractérisant le programme futur. La fermeté de l'annonce cherche manifestement à dissoudre les malentendus dus aux incertitudes précédemment accumulées. Quelques forestiers, au demeurant, avaient alors soulevé des objections quant aux devis, sinon fantaisistes, du moins par trop vagues. Ils n'étaient pas persuadés que le flou et le silence constituaient la meilleure façon de rassurer l'opinion, au contraire. Louis Tassy, notamment, préconisait la franchise et, encore en 1875, blâmait cette ignorance au sujet « de l'étendue exacte desdits terrains, ce qui, par parenthèses, est bien extraordinaire, car la détermination de cette étendue est la chose à laquelle on aurait dû penser tout d'abord [10] ». Apparemment, à l'époque, personne ne souhaitait vraiment une telle transparence.

Est-il utile de rappeler que, deux siècles auparavant, les autorités avaient elles aussi décrété l'ingérence de l'État sans connaître les surfaces que la grande Réformation entendait soustraire à l'exploitation ordinaire ? Les circonstances en 1661 présentent plus d'une analogie avec celles des années glorieuses du bonapartisme. Et, à chaque fois, cette maladroite précipitation accrédite les croyances les plus folles. Elle conforte aussi les pouvoirs publics dans l'impression erronée que la sauvegarde des bois s'effectuera sans appauvrir le Trésor, voire même en l'enrichissant. En 1882, ce danger n'existe plus : l'ouverture de la bourse publique s'admet enfin, mais un tel réalisme n'est évidemment pas sans conséquences sur la teneur du programme et les méthodes que demande son exécution.

Les orientations décisives

L'idée que le reboisement des montagnes constitue une solution économique aux désastres répétés des crues ne saurait en effet résister longtemps au principe de l'acquisition préalable de toute parcelle devant être réhabilitée. D'autant que cette mesure, qui concerne les tracés futurs, comporte – et c'est là un point fondamental – une dimension *rétroactive*. Le marchandage sur le prix de leur cession doit aboutir en moins de cinq ans, sous peine d'enterrement. Passé ce temps, les propriétaires recouvrent donc la plénitude de leurs droits, et l'Administration n'a plus qu'à remballer ses plans. Cette fois, l'établissement du calendrier joue contre elle et ne lui permet plus de laisser languir un projet au risque de le voir perdu. Cette fois aussi, particuliers et communautés se trouvent traités sur un pied d'égalité, *la procédure d'achat les concernant d'identique façon*, que la cession se fasse à l'amiable ou par expropriation. Cela change tout, parce que désormais tout devient onéreux. Il n'est donc plus possible d'étirer les périmètres de reboisement aux dépens des terres collectives parce que cette largeur de vue coûterait trop au Trésor public. Être économe des deniers de l'État et respectueux à la lettre du texte, voilà qui suppose de considérer les espaces dévolus aux pâtures communes avec la même prudence que les terres abusivement cultivées.

Aussi, que ce soit parce que les Eaux et Forêts ont préféré restreindre leurs ambitions, ou se sont épuisées à les conduire dans l'intervalle octroyé par le législateur, dans toutes les zones réputées sensibles, les bilans se ressemblent : le contour des anciens périmètres souffre de contraction aiguë ! Ainsi, le tracé de la Têt (Pyrénées-Orientales), institué par décret du 4 avril 1866, s'étendait sur 4 790 hectares, ce qui mécontentait dix-huit communes [11]. Devant la protestation des municipalités, il est amputé une première fois en 1884, de 610 hectares (– 12 %), une seconde fois en 1897, de 2 790 hectares (– 58 %). Les derniers soubresauts ne s'éteignent qu'avec le jugement d'expropriation, survenu le 10 mars 1887. La reprise de l'activité torrentielle, en débouchant sur la catastrophe d'octobre 1940, ne lui redonnera son ampleur originelle – davantage, même. Ne comprend-il pas alors vingt-deux séries dans la Têt inférieure et huit dans la Têt supérieure, une série correspondant à une seule commune ? Ce choix légaliste entraîne une dépense fort lourde pour le contribuable, et les réajustements que subissent ces anciens périmètres marquent bien que le tournant ne se prend pas si facilement que cela.

L'administration des Eaux et Forêts peut effectivement regretter les belles années où l'État faisait œuvrer gratis particuliers et communautés dans l'intérêt général ! C'est qu'à l'achat des parcelles, sans lequel ne commencent pas les travaux, s'ajoutent le financement de ceux-ci. Les semis ne comptent pas au regard du coût des ouvrages d'art destinés à provoquer des atterrissements et à épauler les glissements. Les sommes atteignent des montants assez prohibitifs pour exclure une défense complète. A titre indicatif, la zone montagneuse dans les seules Alpes occupe plus de 3 millions d'hectares, parmi lesquels les bassins proprement dits en couvrent 230 000. Dans cet espace, 1 891 torrents sont alors recensés, dont 280 véritablement très dangereux, à savoir 160 dans les Alpes du Nord et 120 dans les Alpes du Sud [12]. Comment un tel palmarès ne se traduirait-il pas par une sévère addition ? Il faut cependant distinguer dans les implications financières les difficultés dues à l'achat équitable des terrains, et celles entraînées notamment par la construction des barrages. Les interventions en maçonnerie peuvent se réaliser progressivement, en fonction du degré d'urgence. Il ne saurait en aller de même pour les acquisitions, dont le volume mobilise toutes les ressources en 1882. Leur importance ne laisse pas une grande place à d'autres initiatives. Du coup, les autorités épurent l'ardoise due aux anciens périmètres avant de réfléchir au dessin des futurs. Elles payent en quelque sorte la hardiesse des décisions antérieures.

La rénovation de 1882 étrangle ainsi la politique forestière : une fois réglée la cession des terrains, il ne reste que des miettes. La cure d'austérité que subit l'administration des Eaux et Forêts semble le corollaire de l'attention que portent désormais les pouvoirs publics au monde paysan. Ménager tous ceux qu'elle avait traumatisés devient un maître mot. Il est certain que le premier montage financier, proposé en 1882, ne comble que très imparfaitement cette aspiration. Le paiement des terres mobilisées s'effectue en effet par annuité, la somme versée ne pouvant toutefois être moindre que le dixième du total. L'État assume donc à son tour le rôle de débiteur : ses remboursements comportent en conséquence un intérêt de 5 % [13]. L'inversion par rapport au dispositif de 1860 ne manque pas de saveur. Jusqu'à la révision républicaine, c'étaient aux détenteurs de ces biens de régler la note de travaux qu'ils ne sollicitaient pas. L'État maintenant acquitte la facture, et celle-ci comprend à la fois la valeur des terrains et le coût de la réfection. Ce revirement quant aux travaux obligatoires libère donc totalement les habitants de la contrainte qu'ils faisaient peser sur eux.

Voilà qui ne soulage cependant pas autant que cela le devrait. Céder d'un coup des terrains, mais attendre chaque année la récompense de cette perte, comment ne pas éprouver le sentiment pervers de s'en priver pour rien ? Aussi les intéressés discutent-ils âprement de la valeur estimée. Tout laisse penser qu'une somme inférieure se recevrait avec reconnaissance, à condition que le versement s'en fasse au comptant. Une telle carte assurément méritait d'être jouée. En 1887, elle est enfin introduite, la Caisse des dépôts et consignations consentant au Trésor public une avance de 11 500 000 francs. Dès lors, les accords à l'amiable se multiplient, et pour les nouveaux périmètres, la procédure d'expropriation aura rarement à se déployer [14].

Les Eaux et Forêts profitent enfin des quelques avantages que leur offre le texte de 1882, froidement accueilli pourtant par la majorité de ses dignitaires. La chose surprend à première vue. L'État, prenant en charge l'acquisition des terrains, désarme en effet l'hostilité, ce qui devrait donner les coudées franches à ses agents. En fait, ceux-ci demeurent dans l'expectative. Les réajustements requis par la donne républicaine conviennent tout autant à la *propriété privée* qu'à la *possession collective.* Ce sont les détenteurs de cette dernière qui ont pourtant tout lieu de s'en féliciter. Ne constituent-ils pas les véritables bénéficiaires de la sollicitude gouvernementale ? Le système antérieur, bien qu'autorisant des travaux obligatoires sur les terrains de toutes catégories, n'avait en effet qu'à peine effleuré le secteur privé. Le zèle des responsables s'en prenait résolument aux communaux, tandis qu'une singulière tiédeur se manifestait à l'égard des particuliers. Dans le massif de l'Aigoual (Gard), l'année 1865 enregistre ainsi deux périmètres de reboisement obligatoire, correspondant aux bassins de réception de la Dourbie et de l'Hérault. Leurs

2 850 hectares n'embrassent que des terres collectives, sur lesquelles démarrent les opérations, le tout sans achat des fonds, puisque la loi du 28 juillet 1860 le permet. Un an après, la superficie périmétrée grandit encore, plaçant sous sa protection plus de 11 000 hectares! Cette fois, des cultivateurs sont touchés à titre particulier. Leur résistance à lâcher leurs biens oblige au recours suprême. L'État récupère par expropriation 14 % de ces étendues. Leur part est en fait insignifiante dans l'ensemble défendu. Elle ne représente que 2,3 % pour la Dourbie, avec 157 hectares, et 5,8 % pour l'Hérault, avec 318 hectares [15]. Parler d'une confiscation déguisée n'est donc pas outré, puisque les communes la supportent seules. A l'époque, cela se justifie par le fait qu'exproprier le collectif ne coûte rien, à la différence du particulier.

Le texte de 1882 leur évite cet enlèvement inique. Pourtant, si l'épithète se volatilise, le fait demeure têtu, ce qui minimise la pertinence de l'explication précédente. Le souci de préserver les fonds publics ne guide pas seul les convoitises administratives vers les biens communaux. Ceux-ci continuent à être avantagés dans les travaux publics, bien après la promulgation égalitaire de 1882. Les techniques incitatives, normalement adaptées aux besognes facultatives, sont surtout déployées en faveur des propriétaires particuliers, ce qui ne veut pas dire qu'ils en soient les principaux utilisateurs.

Le contexte de la IIIe République diffère en effet complètement de celui de l'Empire, surtout dans sa version autoritaire. Cela n'altère cependant pas les caractères dominants de la pratique administrative. Le secteur privé reste donc toujours en dehors des opérations contraignantes. Celles-ci s'attachent encore aux espaces sur lesquels s'exercent les modes communautaires. L'arrivée de Georges Fabre, en 1875, au Service des reboisements des Cévennes, ne modifie en rien la ligne d'action inaugurée par son prédécesseur. Pourtant, il se préoccupe vivement des questions pastorales, mais seule change l'*ambiance* dans laquelle s'effectue le tir. La cible ne bouge donc pas. Fabre s'oriente vers l'acquisition des quelques bois existants, afin de les régénérer, tout en les enrichissant de résineux qui prépareront la relève [16]. Ces têtes de pont seront ensuite élargies par l'obtention à l'amiable de vastes landes, destinées à la reconquête forestière. Son exemple résume en quelque sorte l'ensemble des comportements officiels précocement adoptés, et lents à évoluer, même chez ceux qui plaident en faveur d'une ouverture vers le privé. Le repli demeure la règle.

Au fond, l'écart entre les dispositifs de 1860 et de 1882 se révèle moins grand qu'il n'est communément dit. Le premier esquisse un projet, guère plus. L'entrée en application rode la mécanique.

L'essai porte ostensiblement sur les Alpes, surtout méridionales, et secondairement sur les Pyrénées. Ce choix est fait, non parce que la torrentialité, en termes objectifs, y semble plus grave, mais parce que la proportion des vacants apparaît *dans les deux cas* comme considérable. L'expérience souligne que, contrairement aux espérances, le travail ne reçoit pas l'aide des habitants. Certes, il revient moins cher, mais la résistance populaire le retarde énormément. Les années 1880 s'inclinent ainsi devant la nécessité d'un juste traitement octroyé aux particuliers comme aux collectivités, épargnant aux uns et aux autres la *confiscation dérivée* du remboursement en nature, et concédant aux deuxièmes *l'achat des terrains,* soit à l'amiable, soit par jugement, avec des garanties identiques à celles accordées aux premiers. Le frein qui bloquait l'avance du programme se trouve donc desserré. Ceci pour la théorie, car en pratique...

La loi ne faisant plus de différence entre les partenaires, la logique attendrait qu'ils collaborent également au grand œuvre. Eh bien! pas du tout. La propriété communale intéresse décidément bien davantage les responsables que la propriété individuelle. Et par la suite, c'est *d'eux-mêmes* que les habitants, désireux de quitter ces contrées ingrates, proposeront à l'Administration des lopins dont ils n'ont plus que faire. Celle-ci, bonne fille, acceptera l'offre, si bien que bon nombre de parcelles à reboiser se situent hors périmètre, c'est-à-dire ne répondent pas aux nécessités de la lutte contre les torrents! Le succès d'une telle démarche invite d'autres candidats à l'émigration à la tenter. Les Eaux et Forêts, sans trop y penser, procurent de la sorte un pécule de départ. Là réside peut-être le paradoxe de cette entreprise, souvent décrite comme un traumatisme délibérément infligé. Que ce soit en 1860 ou vingt ans plus tard, les forestiers manifestent une extrême modération dans leur approche de la propriété, même si leurs propos affectionnent une certaine brutalité.

En vérité, le monde rural s'effraie à tort et crie trop tôt. Constamment, la sagesse l'emporte, souvent sur ordre, mais aussi par défaillance, qu'il s'agisse des hommes ou des finances! La politique suivie en l'occurrence souligne encore une fois ce contraste entre la réalité décrite et la réalité effective. Cette administration, gérante des forêts royales avant que celles-ci ne s'appellent domaniales, n'a jamais cessé en fait d'accroître sa tutelle sur les *espaces communaux*, au point de ne guère les séparer des premières dans la sylviculture utilisée. Évolution longue et puissante, donc, et ce, depuis le XVe siècle. Quel contraste avec la rupture qu'a signifié pour elle la Révolution française, lui retirant d'un coup son droit de regard sur les *bois privés*. Le XIXe siècle ne lui offre guère de possibilités pour récupérer ce pouvoir perdu, sauf une fois. La question des terrains en montagne crée en effet une ouverture, mais le personnel forestier ne s'y engouffre pas. Loin de forcer le particulier, les autorités aiment mieux le persuader, ce qui est souvent moins onéreux et tout aussi valable, même si l'intéressé ne perçoit pas toute la subtilité de tels agissements.

La tendance à accabler les communautés ne date d'ailleurs pas d'hier. Le principe inspirait même la restructuration de l'appareil policier sous Colbert. Elle s'est cependant toujours accompagnée d'une propension à conseiller l'individu, ou plutôt à l'éduquer, bien que l'opinion ait mieux retenu le bâton du pédagogue que son enseignement. Au gré des époques, le discours accentue plus ou moins l'une ou l'autre de ces deux composantes. Les propos lénifiants sont d'ailleurs fort recommandés après que des explosions de fureur aient malmené le corps forestier! En fait, au jour du jugement historique, la balance penche plutôt du côté didactique que du côté impérieux. Son fléau ne s'inverse que dans les années suivant la parution d'un grand texte. Il faut dire que le souvenir en reste impérissable. Et ces quelques démonstrations de force, alors nécessaires, alimentent pour longtemps la légende de l'oppression administrative. Comment la vision ne s'en trouverait-elle pas faussée ? La seconde moitié du XIXe siècle ne déroge donc pas à cette tradition, d'autant que le relâchement en matière de travaux obligatoires suppose des compensations, en stimulant les travaux facultatifs.

Cette volonté d'aboutir par la voie diplomatique rejaillit par exemple sur l'instauration du périmètre de Labouret, à vingt-trois kilomètres au nord-est de Digne (Alpes-de-Haute-Provence) [17]. Un rapport du 30 mai 1861 propose d'y placer 380 hectares. La hiérarchie récuse une telle extension. Elle ne veut que discipliner les turbulences de ce torrent au niveau du cône de déjection. Son but est d'assurer la protection de la route n° 100, sans exciter les mécontentements qu'impliquerait la distraction de ces 380 hectares. La Commission départementale se rallie à cette option raisonnable. La contenance, décrite dans l'avant-projet du 26 juillet, ne renferme plus que 110 hectares. Et un an plus tard, le 18 juillet 1862, est rendu en conséquence le décret d'utilité publique grâce auquel commencent les travaux. Cinquante ans s'écouleront avant que le périmètre de Haute-Bléone, série de Beaujeu, atteigne 220 hectares, soit le double exactement! Or la superficie *non incluse* dans ce tracé, mais devenue domaniale grâce aux initiatives des particuliers cédant leurs biens aux Eaux et Forêts, couvre, elle, 282 hectares. Son importance dans l'œuvre de reboisement dépasse ainsi la part des parcelles périmétrées.

La fréquence de tels cas nuance donc la réputation de

farouches nationalisateurs qu'une certaine littérature sociologique attache aux forestiers. Le secteur privé n'est qu'assez peu concerné par leur action, et toujours avec le consentement de ses détenteurs. S'ils sont nationalisateurs, c'est un peu malgré eux, et beaucoup parce que le bruit en court. Favorables à l'intervention de l'État, oh oui! Et cependant, trop conservateurs pour exploiter jusqu'au bout les prérogatives lentement accumulées. La propriété particulière reste pour eux un objet de méfiance, qu'ils préfèrent ne pas toucher, même lorsque certains y dénoncent la source de tous les maux. Ainsi, les réticences à son encontre développent peut-être la nostalgie d'un temps où leur puissance se croyait absolue, mais ne suffisent pas à leur faire entrevoir une profonde remise en cause. A l'aube du XXe siècle pointent tout juste quelques restrictions à son libre exercice. Le fait, trop récent, ne témoigne pas d'une évolution de la mentalité administrative.

Les garanties accordées à la propriété privée, en cas de travaux obligatoires, montrent au contraire combien était vain l'affolement des années 1860. Vingt ans plus tard, leur précision balaie les rumeurs qui attisaient les troubles. Les articles 2 à 4 de la loi du 4 avril 1882 y pourvoient, en limitant ce genre de mesures « au danger *né* et *actuel* », deux épithètes essentielles [18]. Leur emploi dûment vérifié, la déclaration d'utilité publique est prise, et, si besoin, entamée la procédure d'expropriation, « sauf engagement des propriétaires du sol d'exécuter eux-mêmes les travaux, avec ou sans indemnité ». Avec ces précautions, finis les périmètres qui se répandaient sur le voisinage, à coup de décrets successifs! La cure d'amaigrissement s'impose, et pas seulement pour des motifs d'économie, comme il a été vu. C'est que désormais un tracé trop avantageux, embrigadant des zones à défendre par un travail de prévention, devient illicite : la guérison seule s'admet.

Cette restriction récompense bien mal les efforts déployés par les Eaux et Forêts pour que les pouvoirs publics assimilent la *conservation* à une œuvre d'utilité publique. Dans le nouveau texte, il n'est plus question que de *restauration.* L'État fait donc chèrement payer le prix de cette dignité. Pareille entreprise ne déroge plus au droit administratif français. En conséquence, la déclaration d'utilité publique, rendue sur une telle matière, ne peut dorénavant émaner que d'une *loi,* et non plus d'un *décret* [19]. Les compléments, qui augmentaient de façon parfois subreptice les surfaces prévues, ne s'obtiennent plus si facilement. Le cadre dans lequel se conçoivent les opérations de sauvegarde défini au préalable, il n'est plus de mauvaise surprise à craindre. L'ensemble des rouages est bel et bien placé sous le regard vigilant des représentants du peuple. A l'administration forestière de savoir s'y adapter --

LE RETRAIT DES MONTAGNARDS

Un tel ménagement ne surprend guère, vu le climat dans lequel est votée la loi de 1882. Des garde-fous se dressent maintenant à chacune des étapes de la procédure. Et les dimensions financières sont radicalement changées. Certes, dans cette perspective, le législateur, à la différence du forestier, aime mieux une bonne *mise en défens* qu'une *expropriation,* qu'il sait lente et surtout onéreuse. Au reste, cette solution n'est requise que lors des constats désespérés, là où la Nature ne saurait réparer les dommages torrentiels sans l'assistance humaine. Même dans ces cas, la situation créée ne doit pas être irréversible, ce dont le second Empire ne s'était pas soucié. Beau joueur, l'État républicain laisse en quelque sorte les possesseurs de ces parcelles détériorées choisir la méthode qui froisse le moins leurs intérêts : ils peuvent donc s'incliner devant la mise en défens, ou préférer se faire exproprier. Libre à eux, par conséquent, de s'associer au dessein de l'Administration.

Ces partenaires occasionnels peuvent même se raviser s'ils découvrent, à l'usage, les préjudices de la méthode retenue dans leur premier mouvement. A l'égard de la *mise en défens*, tout d'abord : l'aveu est donc fait, cette fois, que son maintien au-delà d'une certaine durée constitue une gêne insupportable. C'est pourquoi, dès que celle-ci excède dix années, l'État, sur simple réclamation des légitimes propriétaires, se voit forcé de leur acheter les parcelles ainsi gelées. Cette délicate attention s'applique aux parties boisées, mais aussi aux gazons (article 7). A l'égard de l'*expropriation,* ensuite : les possesseurs de biens cédés en raison de l'intégration à un périmètre de restauration conservent de manière permanente la capacité de les récupérer. Cela s'oppose aux clauses mentionnées dans les textes de 1860 et de 1864. Il leur suffit désormais de réclamer leurs biens en remboursant le prix d'achat, tel qu'il figure dans l'acte transférant leur détention à l'État. Aucun délai écoulé ne peut être invoqué pour les débouter. Et le retour de ces parcelles s'effectue sans qu'il y ait une quelconque prise en compte de la plus-value découlant de la mise en défens observée ou des travaux conduits. Dans les deux hypothèses, la charge glisse donc vers les pouvoirs publics, tandis que les habitants reçoivent toutes les facilités imaginables [20]. N'est-ce pas là consentir à des particuliers des conditions si attrayantes qu'elles leur procurent un statut proche de celui que détiennent les communes, en vertu de l'imprescriptibilité ? Les garanties apparaissent donc très remarquables. Cela augure le mieux du monde d'une fructueuse collaboration entre les Eaux et

Forêts, revenues de leur rêve d'antan, et les populations concernées, enfin conscientes de n'être pas violentées. Le rideau tombe sur la fin de ce quiproquo.

Les apprentissages administratifs

Pourtant, les résultats ne ressemblent guère à ceux qu'escomptaient les promoteurs de 1882. La fatalité veut décidément que jamais n'agisse l'acteur inscrit au scénario. Ces impromptus conviennent à la scène, mais la chose déconcerte dès qu'il s'agit du domaine législatif. Les autorités forestières, trop vite réjouies par les potentialités offertes en 1860, n'ont pas eu le loisir de les savourer. Et vingt ans plus tard, les montagnards, caressés par les gouvernements de la République, et armés contre ses agents, n'useront guère en fait des atouts généreusement distribués. Pourtant, à aucun moment, il ne sera question de les leur ravir. Les pouvoirs publics ne regrettent donc pas la marche arrière opérée dans l'intervalle. Ainsi, faute d'étatiser le sol montagnard, les services forestiers se muent en conseilleurs, satisfaits de guider l'action d'éventuels reboiseurs, dominant le foncier. C'est dire combien ils doivent compter sur les travaux *facultatifs*, les travaux obligatoires devenant par trop onéreux du fait de l'achat préalable des terrains. Il faut reconnaître que cette situation n'appartient pas qu'au législateur de 1882. Le volontariat des particuliers et des collectivités était déjà recherché sous le second Empire, mais cette fois il devient encore plus nécessaire. Durant toute la seconde moitié du XIXe siècle, les initiatives allant dans ce sens ne manquent pas d'être encouragées. La loi du 28 juillet 1860, par son article 3, envisage surtout un *apport en nature* (graines ou plants), et ce, dès que la Commission spéciale a vérifié la conformité de la requête avec son projet d'ensemble. L'appoint peut revêtir aussi une *forme pécuniaire*, l'argent ne se délivrant qu'une fois exécutées et contrôlées les tâches annoncées.

L'incitation se révèle donc être un facteur non négligeable dans la campagne pour le reboisement. Dans le département du Puy-de-Dôme, le rythme décuple par exemple à partir de cette date [21]. En 1863, année de rodage pourtant, 1 430 hectares sont enfin convertis, contre 110 à 120 les deux années précédentes. En cinq ans, les travaux facultatifs réalisés par les seules collectivités atteignent 8 270 hectares, soit plus de 1 600 hectares en moyenne par an. Certes, de tels chiffres restent théoriques car, même en admettant que ces surfaces aient bien été plantées, rien n'assure du succès. La remarque étouffe un peu l'émerveillement que suscite tant d'ardeur! Mais c'est qu'à côté d'elle, le privé fait bien peu. Les 710 hectares reboisés par son intermédiaire ne représentent pas le dixième de ce que les municipalités ont accompli durant la même période! Les responsables de la IIIe République espèrent donc mieux réussir sur ce chapitre, et stimuler enfin l'intérêt des particuliers pour l'afforestation. La générosité publique s'amplifie en conséquence, avec la refonte du ministère de l'Agriculture en 1881. Il s'agit d'insister sur le rôle que doit tenir leur propriété dans la réhabilitation montagnarde, et cette fois, en n'accordant pas toute la sollicitude aux hautes terres. N'est-il pas logique de se préoccuper aussi des Vosges, du Jura ou du Massif central, surtout à partir du moment où la couverture forestière cesse d'être une fin en soi, pour prendre rang, comme méthode parmi d'autres, capable de vivifier l'économie locale? Certaines données font en effet réfléchir. Et la conjoncture électorale attire le regard sur elles. Ainsi, pour reprendre le cas du Puy-de-Dôme, les espaces domaniaux et communaux ne couvrent déjà plus, dans ce dernier quart du XIXe siècle, que 32 % des étendues relevant du droit des particuliers. Comment ne pas s'interroger alors sur les moyens de transformer tous ces détenteurs de biens, communs et privés, en partenaires de l'Administration?

La réflexion pédagogique, jusque-là fort abstraite, acquiert donc une audience nouvelle, puisque l'octroi de subventions conforte les leçons dispensées. Cette aide, qui récompense les bien-pensants, s'applique aussi bien aux individus qu'aux collectivités [22]. Et cependant, la distribution des fonds public pèche par son déséquilibre, alors que les administrateurs recherchent son contraire. Le secteur privé, à la lecture des statistiques, émarge peu, et en fait beaucoup moins qu'il n'y paraît, car bon nombre des subventions reçues le sont par des particuliers servant d'hommes de paille aux communautés. Obtenir de telles aides pour ces dernières, dans le but vertueux d'améliorer bois et pâquis, implique de se résigner à la perte de leur gestion. Ces terrains qui en ont profité ne passent-ils pas *sous régime forestier*?

Morin s'en explique très bien et les archives communales, en livrant les débats qui animent les séances municipales, corroborent son opinion. « Ce sont quelques riches propriétaires qui jouissent presque exclusivement des communaux, au détriment des habitants pauvres. Par suite, ils désirent peu le *gazonnement,* qui entraîne avec lui la réglementation du pâturage. » La cause des plantations s'en trouve bien servie, ce qui va dans le sens souhaité par les administrateurs. Tout converge vers l'Arbre. Les forestiers le privilégient ostensiblement. Les notables le préfèrent à l'herbe.

Cela n'encourage donc pas l'amélioration des pâtures, dont le texte de 1864 s'inquiétait déjà. Ainsi, dans le Puy-de-Dôme, les subventions dévolues aux municipalités ne concernaient quasiment pas le gazonnement avant lui : 1,3 % en 1863. Et la tendance ne s'infléchit guère après : la moyenne quinquennale stagne à 3,3 %. Le pourcentage semble ridicule et étonnant, puisqu'il en va du revenu de tous. Apparemment, la contrainte que signifie l'instauration du régime forestier se tolère mieux lorsque la conduite des troupeaux ne s'en trouve pas compromise. C'est pourquoi, afin de recevoir les deniers de l'État sans supporter la vigilance de son personnel, la demande déposée auprès de la Commission spéciale laisse apparaître *les requérants,* non comme délégués de la communauté, mais *comme personnes privées,* que ce soit à titre individuel ou sous forme associative. Ce truquage s'avère d'ailleurs d'autant plus fréquent que les vacants s'étendent sur des superficies considérables. Lorsqu'une étude fine, sinon exhaustive, devient possible, il est patent que les collectivités villageoises participent davantage à la reforestation que les particuliers du moins dans ce dernier tiers du XIXe siècle. Cela surprend parfois, vu la mauvaise humeur, voire l'hostilité, manifestée à l'annonce de travaux obligatoires. Suffirait-il qu'ils soient facultatifs pour obtenir le succès ?

L'incohérence ne doit pas trop vite se déduire de ces comportements contradictoires. Certes, il se peut que telle bourgade, surexcitée, arrache « les sapins de l'Administration », c'est-à-dire les jeunes plants dont les gardes peuplent un parcours, alors que son conseil municipal prépare l'enrésinement des places embroussaillées. Ces cas se rencontrent, mais il ne faut pas oublier à leur sujet que le lieu et l'instant où survient l'ordre contribuent parfois davantage à l'effervescence que sa teneur elle-même. L'écheveau s'embrouille à plaisir : les actes criminels jouxtent les gestes méritoires, et l'amende va de pair avec la subvention. Les fauteurs de troubles jurent leurs grands dieux de n'être pas une fraction séditieuse, mais d'incarner le corps de ville. Quant aux notables qui donnent parfois le branle, agissent-ils pour le profit de tous ou ne pensent-ils qu'à leurs aises, lorsqu'ils quémandent cette assistance financière ? Non, la simplicité ne règne pas, et le monde, plein d'incompris, tourne sur d'étranges renommées. L'art du politique est de faire avec.

Assurément, le faible écho que suscitent chez les intéressés les promesses d'une aide matérielle, tant en nature qu'en argent, ne laisse guère de marge de manœuvre : ni la réhabilitation des pâturages, ni le développement des bois n'engendrent de vocation chez les particuliers ! La faute n'en incombe pourtant pas au texte de 1882, ses auteurs ayant rassemblé à cet égard toutes les dispositions susceptibles de capter leur intérêt. Reste donc à inculper la mentalité montagnarde, ou plutôt les conditions économiques et sociales dans lesquelles elle s'épanouit. Lors de la promulgation de cette loi, P. Charlemagne, inspecteur des Eaux et Forêts en Isère, prophétisait qu'elle ne se révélerait fructueuse que le jour où les habitants comprendraient « que faciliter la tâche de l'administration forestière dans l'œuvre de reboisement et de réglementation des pâturages, c'est travailler à l'amélioration de leur situation dans le *présent* et assurer l'*avenir* des générations futures [23] ». Il est clair que cette certitude ne les a pas gagnés! Impossible d'en douter au vu des résultats.

Triste bilan, en effet, qui s'observe pour l'Isère comme pour d'autres départements [24]. Dans ce dernier, sur plus de 8 300 hectares en cours de reboisement, la part du privé frôle à peine les 4 %, pour être exact, 3,6 %! Or les subventions, accordées aux propriétaires pour travaux facultatifs, au titre des lois du 28 juillet 1860 et du 8 juin 1864, atteignaient alors des scores à peu près comparables à ceux offerts dans le cadre de 1882. L'aide consentie aux particuliers servant les desseins administratifs ne les transforme donc guère en militants zélés. La passivité demeure de règle, et bien souvent les fonds mis à leur disposition attendent demandeurs! Le contexte politique, en changeant, n'a pas réussi à renverser les préjugés. Il convient donc de patienter, en attendant que les montagnards ne considèrent plus l'Arbre comme l'ennemi du bétail et le symbole de l'État. La leçon porte ses fruits amers, car tant que l'initiative individuelle ne seconde pas les efforts de l'Administration, celle-ci doit modérer son programme, faute de parvenir à le financer.

Comment faire autrement, alors que déjà avec *le système antérieur*, elle n'avait pas les moyens de son ambition? Certaines données hantent encore la mémoire. Ainsi, pour le seul département de l'Isère, le total des opérations, en y incluant les indemnités – dérisoires – versées aux communes pour privation temporaire des pâturages, soit 8 200 francs, absorbait alors 374 500 francs, supporté pour 88 % par l'État. La part du Conseil général se chiffrait à 5,4 %, ce qui ne fait que traduire les excès du centralisme français. La déception ne vient pas de là, mais bien de l'indifférence qui se manifeste au plan local. Les communes, avec 3,7 %, contribuent davantage à la cause forestière que les particuliers (2,9 %). Certes! mais cela n'a rien de remarquable. Un tel attentisme est préoccupant pour l'avenir du programme. Le nouveau système repose en effet sur l'achat des terres, *à l'amiable* de préférence. La loi de 1882 ne force-t-elle pas les Eaux et Forêts à acquérir, dans un délai de trois ans, les parties des anciens périmètres qui doivent être gardées? Même en contractant momentanément leur étendue, la charge absorbe une fraction importante des crédits. Et par la suite, elle ne diminuera pas. Il est vain de s'illusionner sur ce point. Ne faut-il pas « acheter fort cher des terrains, qui, absolument dégradés, n'ont plus aucune valeur », comme le remarque L. Morel, en 1910, dans sa thèse sur *La question forestière en France*[25]?

A la fin du siècle, l'État a de la sorte investi quelque 25 millions de francs afin de posséder environ 163 000 hectares. Et 53 % d'entre eux seulement finiront par être reboisés! Le prix moyen payé s'élève ainsi à 158 francs par hectare. Il peut descendre fort en deçà, comme le montre le cas de l'Isère : 88 francs à peine pour les terrains situés dans la surface de réparation du Drac. La remarque ne modifie d'ailleurs pas le problème fondamental pour l'opinion publique. Allouer au montagnard une substantielle indemnité en échange d'un espace devenu dangereux, n'est-ce pas présenter au contribuable la facture due aux excès réitérés des habitants de ces hautes terres? L'observation conduit à s'interroger sur d'autres approches qui contourneraient l'obstacle foncier[26]. Il est évident que cela ne peut se faire qu'aux dépens de l'afforestation.

Il est certain que cette avance à petits pas déconcerte la majorité des forestiers. Bon nombre rongent alors leur frein, espérant d'autres instructions de la part de leurs supérieurs. A. Loze, en poste dans la région pyrénéenne, observe ainsi, à l'aube du XXe siècle, que la contenance des périmètres joue à la peau de chagrin depuis le second Empire[27]. Elle s'étendait alors sur 301 000 hectares. Au moment où il écrit, la compression s'avère telle qu'il n'en demeure pas le cinquième, avec 13 %. Encore convient-il d'ajouter que, pour ces 40 200 hectares sauvés de justesse, l'État n'est pas au bout de ses peines. En effet, dans ce projet redéfini à la baisse, 25 800 hectares attendent toujours de passer dans son giron! C'est dire qu'en près de trente ans, ses agents, comme ligotés par la nouvelle procédure, n'ont pu accaparer les deux tiers de cette superficie, alors qu'il ne s'agit là que du strict minimum requis pour la réussite de leur mission. L'appropriation plafonne en effet à 36 % de l'ensemble prévu, ce qui exclut de faire du reboisement l'arme déterminante dans la lutte contre la torrentialité. Conscient du blocage, A. Loze sait impossible le rattrapage du retard accumulé à cette date de 1910. Un regret lui échappe donc : « Pourquoi ne pas avoir usé du procédé coercitif, que la loi a mis aux mains de l'Administration? », et cette question, il n'est pas le seul à la formuler.

Au-delà de leur monotonie tous les rapports administratifs, soulignent qu'aucune mesure ne peut aboutir en l'absence d'une réglementation sévère des pâtures appauvries et dont l'usage provoque d'incessants conflits. Le conservateur des forêts en Haut-Dauphiné fait ainsi contrepoint au collègue pyrénéen en déclarant que « dans l'état *actuel* des choses, les pâturages communaux sont exploités sans aucune règle [...] Ils se dépouillent successivement de leur gazon, et de leur terre végétale, qui est entraînée au fond des ravins, et va grossir les déjections des torrents [38] ». Depuis longtemps, lui aussi constate l'envol de ses ambitions. L'arbre n'est pas tout. Restaurer les herbages constitue une nécessité, et non une option dont les intéressés auraient le libre choix. Les subventions inemployées montrent assez qu'ils ne le font pas : les *propriétaires particuliers* demeurent sourds aux appels; les *conseils municipaux* ne se départissent guère de leur réserve. Aussi termine-t-il sur un ton désabusé, disant qu'il « ne faut pas compter sur les communes pour prendre l'*initiative* de l'amélioration de leurs pâturages », et l'observation n'appelle aucun démenti, ni de la part du préfet ni de celle du Conseil d'arrondissement [29]. Quel que soit le front considéré, les appuis se dérobent, et cela malgré de déchirantes compromissions : moins de surfaces périmétrées, moins de mise en défens, une juste évaluation des biens transférés, une ouverture sans précédent des crédits – et toujours ce pessimisme ambiant! Les tentatives de séduction ne recueillent décidément pas le résultat escompté.

Effarouchés par la terminologie antérieure, qui ne parlait que de reboisement et d'obligations lorsqu'il était question de terrains montagnards, les habitants se méfient encore des techniciens. Eux ne se persuadent pas aussi facilement que les administrateurs que le gouvernement, « dans sa sagesse », entend « concilier tous les intérêts, aussi bien ceux du *régime pastoral* que ceux du *régime agricole*, en affermissant le régime *forestier*, qui soutient le premier et protège le second contre l'action des eaux et des avalanches [30] ». De tels propos les laissent perplexes. Certains les feraient même franchement ricaner s'ils étaient là pour les écouter. Personne, en effet, ne prendrait pour vrais ceux que tient en 1907 le comte de Roquette-Buisson, lors du premier Congrès international de l'aménagement des montagnes. Ne prétend-il pas que le nombre de bestiaux nourris progresse dès que s'accroît la proportion de bois soumis au régime forestier? Semblable assertion hérisse encore l'auditoire à l'époque [31]. Vingt ans plus tôt, elle soulevait l'émeute dans l'assemblée! Chacun pense l'exact contraire, si bien que s'opposer à l'établissement du régime forestier signifie défendre l'élevage en haute montagne! Aussi, de tous les apaisements prodigués par la IIIe République, les ruraux ne retiennent que la perspective de l'afforestation.

Pourtant les moyens de sauvegarde relèvent désormais plus du domaine des travaux publics que d'une action proprement forestière, mais ce changement, les habitants concernés ne le perçoivent que confusément. Les agents de l'Administration, s'écartant de leur tâche traditionnelle, se transforment cependant sous leurs yeux en ingénieurs pour maîtriser les torrents indisciplinés, les entourer de murs, construire des barrages de pierre.

C'est en 1895 que Méline décide la création d'un service des améliorations pastorales au ministère de l'Agriculture, Service qu'il charge deux ans plus tard de l'« Aménagement général des eaux de montagne ». L'imbrication est manifeste avec la Direction des Forêts, d'où sa volonté de fusionner ces deux catégories de personnel. C'est chose faite en mars 1912, un décret rattachant ce nouveau département aux conservations des Eaux et Forêts. Ces fiançailles entre les forestiers et les hydrauliciens tiendront six ans, jusqu'à ce que s'organise un nouveau corps de fonctionnaires de l'Agriculture, le Génie rural, en décembre 1918. Il ne sera plus question de mariage avant 1960. Les forestiers retournent dans leur tour d'ivoire, mais leur compétence s'est tout de même fort diversifiée. Les chiffres parlent d'eux-mêmes [32]. En 1907, Servais rappelle ainsi que dans le district grenoblois, l'État a dépensé depuis vingt ans « trois millions en travaux de consolidation et de correction, et seulement un million et demi pour le reboisement », *achat des terrains inclus.* Dans certains périmètres, cette orientation se marque encore davantage. Ainsi, pour ceux de la Basse-Isère, les plantations n'entrent que pour 5 % dans le montant global. Ces résultats répondent en fait à l'exiguïté des périmètres. Ceux du Drac et de l'Isère, par exemple, en 1922, ne couvrent pas encore 3 % de la superficie des bassins versants. Et au lendemain de la loi de 1882, ils étaient moitié moins grands, avec seulement 8 310 hectares! Toutes ces données convergent et montrent que les populations s'alarment inutilement. Les boisements entrepris à la fin du XIXe siècle se conçoivent en effet comme de simples *compléments* aux travaux de correction torrentielle, ce qui est peut-être dommage. Le dernier apprentissage auquel se livrent les Eaux et Forêts montre en tout cas que l'Arbre ne garnit plus à lui seul l'arsenal administratif.

L'exode débattu

Au cours de cette seconde moitié du XIXe siècle, la belle assurance qui animait les responsables en place durant les années 1830-1840 s'effrite donc. L'inquiétude vole ainsi dans le camp adverse. Jusque-là triste apanage des seuls administrés qui ne ployaient l'échine qu'en maugréant, elle se glisse désormais au sein des administrateurs. Certains, et des plus huppés, s'interrogent enfin sur le repli observé, qu'ils voient bien *continu*, en dépit des virages effectués dans les méthodes de gouvernement. Les communiqués triomphalistes, caractéristiques de la décennie 1860, désertent alors les archives, même dans les services régionaux grâce auxquels les subalternes assuraient leur publicité auprès de la Direction générale. Celle-ci arrête même de rendre compte des opérations de reboisement, et ce silence n'est pas innocent. Quant aux rapports qu'adressent régulièrement les conservateurs aux conseillers généraux, les voilà qui négligent la prospective dont ils étaient friands, et se limitent à récapituler le montant des travaux engagés et leur degré d'avancement. Rien ne se murmure plus de ceux qui pourraient être lancés dans un prochain avenir.

Certes, une telle attitude assoupit les protestations locales, ce qui, sur le long terme, aide à réconcilier l'Homme et l'Arbre, mais c'est aussi le signe d'un profond malaise à l'intérieur d'une administration jusqu'alors conquérante. Face aux résistances opiniâtres, elle n'avait pas douté du bien-fondé de sa mission. Pourtant, devant l'inertie de ses partenaires, surgissent les premières lézardes. La plupart de ses membres conservent à l'égard de la hiérarchie une déférence prudente. Ils n'en lisent pas moins les articles incendiaires que publient maintes revues professionnelles, et qui leur donnent idée des passes d'armes entre libéraux et autoritaires. Les empoignades se font rudes, en effet, entre ceux qui acceptent de *poursuivre le dialogue,* notamment avec les organisations paysannes, et ceux estimant qu'un *retour à la manière forte* demeure la seule voie intelligente.

C'est qu'il faut bien reconnaître qu'à force de ménager la susceptibilité des communes et les intérêts du particulier, les dispositions de 1882 laissent les forestiers assez démunis lorsqu'ils s'aventurent en dehors des périmètres. Leur situation ne saurait être qualifiée de brillante, comme en témoignent l'exemple des Alpes-de-Haute-Provence et celui des Alpes-Maritimes. Les Eaux et Forêts, sur des ensembles qui s'étalent respectivement sur 57 000 et 25 000 hectares, ne parviennent à repeupler que 40 % et 25 % des parcelles acquises, ce qui montre assez les problèmes qu'elles doivent résoudre : surface insuffisante et terres inaptes [33].

De tous côtés, l'avenir s'est donc assombri depuis les beaux jours de la monarchie de Juillet où l'Arbre semblait la panacée à tous les maux dont souffrait la société. En 1910, A. Loze ne craint pas de confesser que, dans son district, la mise en défens, pourtant moins rude que l'expropriation, ne sert presque pas [34]. Il s'en excuse presque, en arguant des refus populaires, ce qui fait que l'Administration « n'a pas voulu risquer l'application d'une mesure en butte aux mêmes difficultés [que le reboisement], pour une amélioration d'ordre plutôt *local,* et, en tout cas, essentiellement *temporaire* ». En résumé, l'enjeu ne lui paraît pas assez gros pour justifier le pari d'engager ses troupes.

Tant que ne s'effacent pas les préjugés, les forestiers ne

peuvent que piaffer d'impatience et se contenter de saisir les affaires disponibles. Cela implique de se satisfaire de peu, du moins jusqu'à ce que l'exode libère des terres. L'opération, à l'issue de ces tâtonnements, se retrouve insuffisante, pis, imparfaite, comme en témoigne le puzzle récolté dans les Alpes-Maritimes. Le département constitue pourtant une exception dans l'ensemble du Sud-Est. Les travaux facultatifs y ont en effet toujours relégué le reboisement obligatoire à la dernière place, ceci afin « d'entourer des plus grands ménagements les populations pastorales, nouvellement annexées à la France ». Guiot a quelque raison de critiquer tant de pusillanimité, puisque 45 % des terrains depuis lors acquis par les Eaux et Forêts se situent hors des zones déclarées d'utilité publique [35]. Les achats portent donc, pour près de la moitié d'entre eux, sur des parcelles, généralement éparses, et fort souvent inadaptées à l'introduction ligneuse. Rocailles et pâquis brûlants ne forment-il pas l'essentiel du lot? Leur descriptif montre combien s'éloigne la volonté d'établir un programme rationnel d'afforestation.

En fait, sans pousser à la caricature, il n'en est pas moins vrai que l'État a de très bonne heure restreint son activité aux terrains très abîmés, et dont la possession lui permettait de soustraire aux excès torrentiels soit les centres urbains, soit les axes routiers. Au dire des responsables qui se veulent classés parmi les dirigistes, il a abdiqué bien trop tôt. L'application de la loi de 1882 sur la restauration des terrains en montagne intègre au patrimoine foncier de l'État quelques 10 à 12 % de la superficie des Alpes méridionales, répartis inégalement selon les départements [36]. La chose n'est pas insignifiante en soi, mais mal faite, parce qu'à la remorque des évolutions qu'enregistre la société rurale. Elle les subit, alors qu'il aurait été souhaitable de les prévenir, voire de les structurer. L'électoralisme prôné en haut lieu nuit notablement à une politique qui allierait clairvoyance et vigueur.

Comment oser en assumer les choix sans se voir exposé à une intervention brisant une carrière bien commencée? C'est ainsi qu'en 1884, l'offre de la commune du Bourg-d'Oisans (Isère), proposant à l'État d'acquérir la forêt du Buchet, sombre dans l'oubli [37]. Regarnis et restaurés, ces bois auraient pu contribuer à la lutte contre les débordements de la Romanche et du Vénéon. Mais le hameau des Alberges se déclare hostile à l'entreprise. Ses habitants ne croient pas à la valeur d'une telle parade contre les inondations et aiment mieux, disent-ils, s'en défendre comme ils l'ont toujours fait, avec des fascines... qui se prennent dans ladite forêt! L'exemple n'est pas isolé et traduit l'appréhension qui se lève à l'idée d'une fermeture des bois. La procédure de déclaration d'utilité publique est désormais trop lourde à manier pour que, dans le cas présent, sa perspective soit invoquée par les autorités forestières locales. Du coup, les huit périmètres fixés dans ce département entre 1891 et 1914 obéissent surtout au souci d'y maintenir la circulation par tous les temps. La route nationale nº 91, notamment, tient un rôle essentiel, puisque montant au col du Lautaret. Menacée sur Bourg-d'Oisans et sur Livet par les crues des torrents de Saint-Antoine et de Vaudaine, c'est donc elle qui régit toute l'organisation périmétrée. Cette approche très restrictive fait que les forêts artificielles, qui constituaient l'objectif initial, n'occupent en définitive qu'une portion ridicule : 2,5 % de ce territoire. Et encore, sur les 2 700 hectares achetés afin d'être reboisés, les responsables savent que plus de la moitié restera stérile!

La démission éclate donc, et l'amertume qu'elle occasionne perce à la moindre parole. Bouquet de La Grye, un des grands Nancéiens, déclare ainsi, lors d'une communication faite à la Société d'agriculture, que « les préventions des électeurs se reflètent naturellement dans les conseils municipaux, [puis dans] les conseils généraux, et quoique les députés des pays de montagne soient généralement convaincus de l'efficacité du reboisement, l'intérêt électoral les oblige à résister autant qu'ils le peuvent à ce qu'ils appellent les *empiétements* du régime forestier [38] ». Son discours, daté de 1898, analyse parfaitement la situation. Il traduit bien aussi la différence que font ses collègues, et lui avec, *entre le comportement des élites,* informées quant à l'utilité du reboisement, même si les circonstances ne se prêtent pas à la manifestation de cet appui, et *celui des masses populaires,* où l'ignorance et le préjugé font régner l'obscurantisme. P. Demontzey, non moins illustre que le précédent au sein de l'Administration, exprime de même son étonnement distingué devant ces « populations qui ne fuient pas une semblable misère, léguée par leurs pères, et qui, pour vivre, se trouvent dans la nécessité d'en préparer une plus immense encore pour les générations futures, par l'*acharnement* qu'elles mettent à abuser des dernières ressources pastorales qui végètent sur nos montagnes [39] ». Est-il utile de préciser que ni Bouquet de La Grye ni Demontzey ne figurent parmi les extrémistes du dirigisme sylvicole ? Cela donne une idée du ton qu'emploient ces derniers pour évoquer les résistances que leur opposent les montagnards. Ils ne se gênent donc pas pour les traiter comme des indigènes de l'hexagone français.

Deux points les contrarient tout particulièrement : d'abord, l'*assouplissement* des prescriptions concernant les espaces communaux; ensuite, le *libéralisme* observé à l'égard des biens individuels. Ni l'indemnisation prévue pour la perte (temporaire) des premiers, ni les formes d'incitation en faveur des seconds, ne leur semblent au fond opportunes. N'y a-t-il pas de l'immoralité dans ce qu'ils estiment être la récompense du vice ? Rien dans cette double tendance ne leur agrée, car, au nouveau credo gouvernemental, ils opposent leurs propres convictions, dont la nature se dissimule mal derrière l'enveloppe de l'expérience. Ils ne veulent pas démordre du caractère bénéfique qu'aura le reboisement sur les populations. Pourquoi, alors, dédommager maintenant qui s'enrichira infailliblement ? Ils se persuadent donc qu'il est possible en haute montagne d'édifier une *forêt de production* qui sera en même temps une *forêt de protection*.

C'est la conversion, non seulement des espaces montagnards, qui se joue là, mais encore celle de leur économie, reposant jusque-là sur une symbiose entre la sylve et l'agro-pastoral. Le premier de ces deux termes prend, sous leur plume, une telle place qu'il contraint le second au rétrécissement, voire à la dislocation. *Intensifier* l'élevage signifie alors le *spécialiser*, en rompant le cordon ombilical qui l'attache aux terres cultivées. Celles-ci devront se passer de sa fumure, et lui, de ces étendues, une fois les récoltes enlevées. Ce n'est qu'à cette condition que l'élevage peut réduire sa consommation spatiale, tout en fournissant un revenu comparable à l'ancien système. Celui-ci ne serait-il d'ailleurs pas plus confortable pour chaque famille si leur nombre diminuait notablement ? Les terres se verraient moins sollicitées, tant par les hommes que par les bestiaux, ce qui éviterait aux uns l'épuisement des sols et aux autres la raréfaction de l'herbe. L. Tassy, à l'instar de ses confrères étatiseurs, ne cache pas combien il souhaite pour ces cantons déshérités voir baisser les densités rurales [40]. N'est-ce pas la meilleure manière de résoudre les problèmes que pose, à l'échelle nationale, l'aménagement du territoire ? Il propose en conséquence la *substitution*, en vertu du principe qu'il vaut mieux « mettre dans ces montagnes *des arbres*, qui s'y porteraient bien, et protégeraient les propriétés inférieures, que d'y laisser *des hommes* qui s'y portent mal, et causent à la France, par leur imprévoyance, leur incurie, et leur avidité, d'incalculables dommages ».

L'exode rural se trouve ainsi doublement justifié en tant que remède à la crise des montagnes. Non seulement il permettra d'accroître le niveau de vie de ceux qui demeurent au poste, en quelque sorte par récupération des parts abandonnées, mais encore, grâce à la contraction numérique des résidents, il éteindra la causalité même du malheur. Ces habitants d'en haut ne sont-ils pas à l'origine des pentes décapées, en raison de leurs pratiques tant agricoles que pastorales, lesquelles gaspillent beaucoup et rapportent peu ? Dans tous les secteurs de la vie économique, l'avancement des techniques se paie par le transfert des emplois et la mobilité de leurs occupants. La logique commande donc qu'il en aille de même sur ces territoires, longtemps à l'écart des grands flux économiques, et maintenant touchés par eux. L'arbre symbolise ici une rationalité nouvelle. Son triomphe implique le sacrifice des excédents démographiques dont le maintien retarderait le processus de rénovation et accentuerait les frictions qui escortent forcément son avènement.

Les apologistes du retrait montagnard ne se classent donc pas dans les rétrogrades qu'égare l'utopie romantique d'un retour à la Nature sauvage. Eux se veulent tenants de l'ère industrielle. Ils acceptent le coût du progrès, comme le dit L. Schaeffer dans un article de 1912 [41]. Cet exode, loin d'être un fléau, n'est-il « pas plutôt un *phénomène inéluctable*, une évolution naturelle, qu'il serait sage de ne pas vouloir entamer » ? « L'entêtement routinier d'une population ignorante peut maintenir pendant un certain temps un régime *mal adapté*, une organisation *anormale*, mais les lois naturelles finissent toujours par l'emporter. » Voilà un fatalisme darwinien qui vient bien à propos expliquer la nécessité d'éliminer une espèce devenue anachronique : le paysan montagnard.

Le déplacement des populations, ou plutôt le desserrement démographique dans ces hauts cantons, conditionne cette politique qui refuse les compromis de la IIIe République. Sont balayés sans pitié tous les facteurs susceptibles de ralentir l'évolution moderniste. Aussi les partisans de la méthode forte n'apprécient-ils guère les douceurs des indemnisations et l'assistance pécuniaire que prodiguent les gouvernements à leurs électeurs potentiels! Et cela d'autant moins que les bénéficiaires leur en semblent indignes. Est-il concevable, en effet, de les traiter en associés, alors que tout leur passé démontre la persistance d'un vouloir pernicieux? La tactique de l'hypothèque à la mode des années 1860 avait justement cela de bon qu'elle mettait les récalcitrants dans la situation de s'exécuter – ou de se dépouiller. La tare du système de 1882 réside en ce que les coupables ne supportent pas le poids de leurs péchés.

Cette résurgence de l'ordre moral figure dans leurs écrits et chez leurs hagiographes. L. Morel, par exemple, ne cache pas combien ce laxisme lui semble répréhensible. Il juge parfaitement anormal que, « lorsque le sol, dénudé par l'abus du pâturage, glisse et se dégrade, [...] l'État survien[ne], qui nationalise ces épaves », toujours trop cher estimées, pense-t-il [42]. C'est que cette fonction, véritablement providentielle pour les intéressés, n'est guère du goût des administrateurs. Pourquoi l'État ne devrait-il se charger que de ce qui ne saurait être rentable, alors qu'il s'efface bien poliment dès que les propriétaires particuliers flairent une occasion de profit?

En réfutant les tentations du libéralisme forestier, les nouveaux dirigistes en viennent à défendre une intervention des pouvoirs publics, cherchant toujours l'intérêt général, comme le faisaient leurs devanciers, mais tenant compte aussi des vœux du contribuable, sur lequel repose en définitive tout l'effort financier. Les thèses de ces étatistes, représentés maintenant par Tassy, Reynard, Jacquot, et bientôt, mais à un moindre degré, par Huffel, se précisent donc considérablement, à l'épreuve de la restauration des terrains en montagne. Elles se dégagent ainsi peu à peu d'une sensibilité préécologique, qui souhaitait la mise en train d'une politique soucieuse de préserver la Nature, meurtrie par l'égoïsme individuel. Et indifférente, par contrecoup, aux exigences productivistes!

Injecter l'argent des citoyens dans une entreprise devenue dispendieuse donne en conséquence à tout ce groupe d'hommes la furieuse envie de voir l'État s'en emparer, et fournir ainsi la preuve de sa capacité gestionnaire, trop souvent décriée. Bientôt, leurs détracteurs vilipenderont ce qu'ils nomment « le socialisme d'État », lequel fait appréhender le pire au secteur privé. Les espaces montagnards sont pour le moment seuls en cause. Le XXe siècle leur en adjoindra d'autres. La spoliation, de la sorte rajeunie, se veut un mal nécessaire à l'avènement du bien, c'est-à-dire du Progrès.

La dureté du discours nationalisateur sous la IIIe République invite à rapprocher son contenu des propos justifiant plus que jamais le cantonnement des populations en Algérie [43]. La contamination est évidente. Paul Bert ne déclare-t-il pas qu'il « n'est pas possible de supporter que des indigènes arrêtent le Progrès. Il n'est pas acceptable que le développement de la colonisation soit arrêté par des traditions arabes. Celui qui ne féconde pas le sol *ne mérite pas de le posséder* »? Et, de toute évidence, ce n'est pas le féconder que de le consacrer à un élevage ovin extensif! Lors d'un congrès tenu en 1930, A. Massé ne dépeint-il pas l'affreuse maigreur de ce bétail, ravagé de surcroît par les épizooties? D'après lui, ses possesseurs « ne sont pas d'aussi bons bergers qu'on pourrait le croire », ce qui requiert de les forcer à « des pratiques auxquelles ils ont jusqu'ici presque toujours refusé de se soumettre [44] ». Modifier les fondements pastoraux et s'approprier les terres libérées par ladite réforme se présentent comme étant les deux faces d'un même culte rendu à la modernité. A cette même date, Peyerimhoff, conservateur des Eaux et Forêts à Alger, explique à l'auditoire que « ces terrains accidentés sont généralement habités par une population pauvre, ignorante, ennemie de l'arbre, par *instinct* et par *intérêt*[45] ». L'Arbre, signe précieux de la civilisation en marche?

Tout cela ne rend pas un son nouveau. Voilà un siècle que les forestiers jettent cette parole au vent! Et les termes féroces épinglés sur le caractère des populations ne diffèrent pas non plus, de ceux qu'affectionnent les forestiers étatistes pour décrire les montagnards de l'Hexagone. La ressemblance dans ce dernier tiers du XIXe siècle ne se borne pas aux descriptifs du présent, mais inclut la manière d'aborder l'avenir. La solution préconisée par Peyerimhoff rappelle en effet l'essentiel de leur analyse : la déportation planifiée. Ne pose-t-il pas, lui aussi, crûment le problème, en disant : « Que faire de ces gens? Il faut *s'emparer* des terres, les acheter ou les exproprier », ce qui implique bien d'organiser leur départ[46]. Or le glissement observé dans les structures foncières de l'Algérie entre déjà dans sa phase terminale. Les musulmans, entre 1871 et 1919, n'ont-ils pas perdu quelque 7 500 000 hectares? Les lignes de force se sont nouées, en fait, sous la monarchie de Juillet. Et toute inflexion se révèle superflue par la suite, contrairement à ce qui s'observe en France. Les données de l'électoralisme n'y ressemblent pas, en effet, à celles qui s'exercent en métropole. L'indigène ne vote pas, le paysan, oui. Plaire aux colons ne conduit donc pas au ralentissement de la politique forestière, tout au contraire. « La culture, et surtout la grande culture, a chassé la forêt des plaines. Dans son intérêt même, elle doit la *conserver* ou la *rétablir* en montagne ».

Du coup, l'Algérie, dès les années 1840, s'affirme comme le banc d'essai des méthodes administratives, d'autant que les postes qu'elle fournit aux élèves sortis de l'École de Nancy représentent souvent une étape importante dans le déroulement de leur carrière[47]. La difficulté consiste pour eux à savoir distinguer ce qui, dans ce modèle idéal, peut être pris, de ce qui n'appartient qu'à une dangereuse utopie. Certains rêves ne se tolèrent pas en démocratie.

Deux principes, en effet, inspirent durablement les forestiers étatiseurs, lesquels ont pour la plupart fait leurs classes dans la seule colonie de peuplement qu'ait la France. Un, les indigènes ne détiennent sur les terres qu'un simple droit de jouissance, concédé par le Souverain, seul maître du fonds. Deux, les tribus disposent de surfaces disproportionnées avec leurs besoins effectifs et leurs facultés culturales. Voilà qui les mène vers l'*expropriation* et le *resserrement*, techniques qui ne s'apparentent que de fort loin au *cantonnement*, expérimenté, lui, dès l'Ancien Régime. Ce mot leur reste pourtant accolé, malgré l'inexactitude d'un tel emploi. La procédure suppose en effet la présence d'une propriété particulière, grevée de droits d'usages et désireuse de s'en affranchir. Celle-ci fait défaut au Maghreb, où le statut foncier se caractérise par l'*indivision*. L'Administration en vide le contenu, au profit des possessions de l'État et des individus, ce qui entraîne la dislocation des systèmes agraires traditionels [48]. Cette ordonnance du 26 juillet 1846 inaugure donc une voie nouvelle en Algérie. Le second Empire tente d'en imiter le tracé en métropole. L'objectif porte alors sur les biens communaux en montagne et entend par conséquent confondre *indivision* et *exploitation collective*. Les deux greffes ne connaissent pas un sort identique : l'opération rate en France, mais réussit trop bien outre-mer, et c'est elle qui dorénavant fournira la référence.

Quelles sont les composantes du modèle algérien ? La loi de 1846, menée à son terme, élargit le Domaine. Les utilisateurs de quelque 200 000 hectares se trouvent dépouillés, faute de titres à exhiber, et en ce sens l'action ressemble fort aux réformations de jadis. Ladite mesure consolide en fait celle du 1er octobre 1844, relative aux formes d'expropriation pour cause d'utilité publique. La colonisation officielle, incluse dans ces nobles prétextes, est en effet friande de terres incultes. L'État les frappait déjà d'un impôt spécial afin de mieux les lui livrer. Il ne fait donc que tirer les conclusions de sa logique. Tout cela complique fort la question foncière.

Les vagues relents qui s'en échappent ravivent dans la conscience forestière les pénibles souvenirs du Code de 1827. Les émeutes d'alors n'avaient pas peu aggravé le mépris des élites pour ces gens qui ne comprenaient pas que l'avance technique condamnait leur mode de vie. Il en va de même ici. La condescendance appuyée qui se manifeste à l'égard des pasteurs musulmans ressurgit, intacte, face aux paysans montagnards, dès la mise en place des premiers périmètres : la cause de la *restauration* vaut bien celle de la *colonisation,* et le réflexe de supériorité joue tout autant. Récusant la spécificité de ces hautes terres, l'État entreprend d'expulser ceux qu'il juge gênants pour sa politique [49]. Rien ne freine sa marche en Algérie, alors que le chemin se révèle semé d'embûches imprévues en France. La confrontation des différences devient alors source d'enseignements.

Les critiques suscitées par le placage du Code forestier sur les réalités algériennes ne soulèvent pas en effet d'échos chez ceux qu'apitoie le sort envisagé pour les habitants des hauts cantons. Ces derniers bénéficient de moyens de pression qui manquent cruellement à leurs homologues d'outre-mer. Ceux-ci souffrent pourtant beaucoup de la volonté affichée d'assimilation, un temps explorée par le second Empire et reprise sous la IIIe République.

Jules Ferry s'indigne, et en dénonce le caractère absurde [50]. Ces gens, « refoulés par la conquête, [...] n'ont pour vivre que leur bétail, (alors qu') on les chasse des bordures de forêts ou de broussailles, des enclaves où, depuis des siècles, ils ont élevé leurs gourbis ». Lui perçoit le mécanisme dont rêve la fraction la plus dure des nationalisateurs. En vertu du régime forestier appliqué à ces étendues d'économie bâtarde, « l'indigène est toujours en état de délit », et c'est par là « que l'administration forestière détient le *gouvernement de fait* » sur près de 700 000 âmes. Son analyse date de 1892. Elle n'empêche pas les délimitations, un moment ralenties, de s'accélérer entre 1897 et 1927, augmentant le domaine de l'État et favorisant la propriété privée [51]. L'Algérie constitue ainsi un test grandeur réelle et alimente les dossiers en matière d'intervention étatique avec une belle constance.

***

La IIIe République ne répudie pas les acquis de l'Empire. Ces derniers montrent que l'Administration accomplit sa tâche, non parce qu'elle détient les clés de l'arsenal répressif, mais en raison des étroits rapports qu'elle entretient avec les colonialistes, c'est-à-dire avec les intérêts particuliers. Ce sont eux, en effet, qui facilitent la besogne dont ils recueillent les fruits.

Le Constantinois illustre cette étrange solidarité, qui ne saurait exister en métropole, la restauration des terrains en montagne ne répondant pas à des critères *économiques*, mais *écologiques*. Ce département passe en 1860 de la férule militaire, soucieuse d'éviter les troubles que provoquerait une confiscation généralisée, aux autorités civiles, plus complaisantes à l'égard du parti colonial. Cette province supporte presque seule cette translation, justement parce qu'elle « englobe la plus grande partie des *districts forestiers* », soit 60 % du potentiel algérien, avec 1 091 000 hectares boisés [52]. Cela permet aux responsables du Domaine de tripler la superficie des concessions forestières. Les compagnies financières, qui en exploitaient 50 600 hectares, détiennent ainsi à la veille de 1870 une étendue de 151 300 hectares, engagée pour 90 ans. L'aliénation temporaire rapporte donc aux pouvoirs publics sans alourdir les frais de gestion. L'Ancien Régime, notamment dans les périodes de famine budgétaire, s'était plu à traiter de même les immenses forêts royales, l'équivalent alors du dixième du patrimoine sylvicole national.

Là réside la différence fondamentale qui sépare à la fin du XIXe siècle la situation des montagnards de la métropole et de la colonie [53]. Les terres des premiers n'attirent aucune convoitise. Elles ne valent *que pour leurs occupants*, au contraire de celles des seconds, sur lesquelles une sylviculture rentable peut se développer. Dans les confins reculés de l'Algérie, l'octroi de pareilles chartes transforme le secteur privé en auxiliaire administratif. Les révoltes qui éclatent entre l'été 1864 et le printemps 1865 confirment ainsi le pronostic du général Desvaux, cinq ans plus tôt, disant qu'« introduire la colonisation et exploiter vigoureusement les forêts [suppose] de toute manière de préparer de nouveaux combats [54] ». La répression impitoyable éteint ces flambées de désespoir, qui animent quelque 237 000 pasteurs, menacés par le nouveau régime. Plus que jamais, les forestiers entendent les déplacer, condition essentielle à l'avantage de leurs alliés. Cela préoccupe certains politiques. Mercier Lacombe estime par exemple qu'une telle orientation « sera *fatale* aux intérêts même qu'ils protègent. Au contraire, il convient de *maintenir* les tribus, en les constituant gardiennes du sol forestier [55] ». La loi de 1874, en instaurant officiellement la responsabilité collective de celles-ci, ne le satisfait cependant pas, puisqu'elle n'aboutit qu'à *banaliser le séquestre des terres.* C'est *cela* que revendiquent les nationalisateurs en métropole au même moment. Vision irréaliste, car aucun gouvernement républicain n'oserait proposer un tel texte pour écarter l'agro-pastoral de la forêt. Pourtant, ce qu'ils demandent tant, ils vont l'obtenir peu de temps après, et sans l'appui qui les avait tant aidés en terre algérienne. Les montagnards partent d'eux-mêmes, pareille désertion leur laissant le champ libre. Rien ne semble devoir altérer le bonheur des conquérants sylvicoles : la loi de 1913, parce qu'elle abandonne la clause des « dangers nés et actuels », ne signifie-t-elle pas que les étatistes remportent la guerre après avoir perdu une bataille ?

Mais déjà, la mauvaise conscience les tourmente. C'est qu'en France comme en Algérie, ces populations, qu'elles subissent l'exil ou préfèrent s'enfuir, « forment une main-d'œuvre que rien ne saurait remplacer [56] ». Trop nombreuses, elles s'opposent à l'avance de l'Arbre. Raréfiées, elles le laissent pénétrer en désordre. Dans les deux cas, l'Administration contemple, impuissante, le spectacle.

CHAPITRE X

L'appel des cimes

Les services *Restauration des terrains en montagne* (R.T.M.) mobilisent actuellement quelque 85 personnes, dont 20 ingénieurs. Au total, les travaux menés sur ce compte concernent 350 000 hectares en zones d'altitude, au terme desquels 71 % finiront par se retrouver boisés, après bien des péripéties et déboires divers. Voilà pour le bilan. S'il n'est pas négligeable, il ne justifie cependant pas les accents triomphants entendus lors de la commémoration du centenaire R.T.M. en 1982. La comparaison avec l'étranger lui est défavorable, qu'il s'agisse des sommes engagées, de l'accueil reçu, de l'adhésion populaire ou des résultats constatés, notamment sur le plan de l'entretien.

Quoi qu'il en soit, les données de la réalité ne ressemblent que de fort loin aux fols espoirs émis à l'annonce des textes de 1860. Heureux temps où il était légitime de rêver à d'immenses périmètres conquis par des plantations salvatrices! En fait, si l'Arbre tient son rôle dans la partition, il n'occupe pas, tant s'en faut, la place promise. Affichant contre mauvaise fortune bon cœur, il devient séant aujourd'hui pour le personnel des Eaux et Forêts de pousser les hauts cris lorsqu'un langage approximatif s'empare du mot *restauration* pour l'amalgamer à celui de *reboisement*. La critique impartiale reconnaît la justesse de ce réflexe de vertu outragée. Dans la *conduite des opérations*, les deux vocables ne se confondent pas par la force des choses, le second devant résulter de la réussite du premier. Au reste, l'examen des dépenses lancées au titre de la R.T.M. prouve abondamment le bien-fondé d'une telle protestation.

Il faut donc encore une fois rappeler que la forêt n'a pas constitué un but en soi mais a été envisagée comme un moyen de protection, développé aux côtés d'autres entreprises dépendant, elles, du génie civil. Ceci clairement posé, il n'empêche que c'est là, de la part des responsables R.T.M., se targuer d'une situation *présente*, qui est fausse conjuguée au passé. Leurs glorieux ancêtres n'ont pas souhaité cette situation, mais l'ont bel et bien subi, en attendant que la conjoncture leur soit plus propice. Les descendants revendiquent donc ce que les pères ne faisaient qu'accepter. L'opinion déclarant l'Arbre auxiliaire de la R.T.M. date effectivement d'hier. L'erreur serait de prêter aux héros de cette politique, pieusement célébrés, une pensée qui ne leur appartient pas, ceci pour le mince plaisir de leur accorder une modernité dont leur action n'a nul besoin.

Dans ce contexte, comment les populations visées auraient-elles percu la différence entre restauration et reboisement? Bien sûr qu'elles assimilent gaillardement les deux vocables! Elles ne font là que répercuter le *discours prégnant* jusqu'à une date récente. Que dans sa pratique, l'Administration use de ménagements, insoupçonnés à l'écoute de ses paroles, ne corrige guère le sentiment que ses administrés s'en forgent. Les textes législatifs ont beau avoir été appliqués avec souplesse pour toutes sortes de raisons, les effets désastreux du verbe demeurent tenaces : la mémoire n'en a retenu que les reboisements autoritaires, un peu parce que ceux-ci formaient le projet initial, et beaucoup parce qu'ils apparaissaient comme l'idéal à atteindre pour la majorité des forestiers. Il n'est donc pas aisé de montrer le cheminement ténu d'une minorité de contestataires, forte de ses certitudes en l'échec des premières plantations artificielles.

La marée forestière

Le renouveau du mouvement étatiseur, contre lequel s'élèvent, à la fin du siècle dernier, quelques voix au sein même de cette administration, s'explique en effet par le regret de voir réduite à peu l'intervention de l'Arbre, du fait des difficultés que rencontre le financement des achats de terrain. Même P. Descombes, le président de la libérale Association pour l'aménagement des montagnes, juge la loi du 4 avril 1882 « impuissante à prévenir de nouvelles ruines », et accuse les habitants concernés d'user d'arguments électoraux pour bloquer la procédure législative de définition des périmètres [1]! Les administrateurs les plus radicaux ne cachent pas leur envie d'exproprier de manière systématique les communes et les particuliers dans des périmètres étendus. Les plus modérés, quant à eux, se contentent, comme P. Weyd en 1911, de susurrer qu'en « procédant petit à petit, en favorisant un lent exode de la population par des acquisitions, [...] on arrivera à créer, lentement, mais sûrement, un massif forestier important [2] ».

Coercition avouée ou savante douceur, l'issue ne change pas. Il s'agit de faire en sorte que l'homme, chassé, laisse la place à l'arbre. La ligne officielle n'a pas dévié d'un pouce depuis les beaux jours du second Empire. Ainsi, en 1865, Guiny ne s'embarrassait pas pour déclarer qu'en raison du caractère de ces gens, alliant « la routine, l'inertie et un déplorable égoïsme », devaient être considérées comme « également importantes, également nécessaires l'*action* tutélaire et répressive de l'État, et la *réforme* du mode d'exploitation des pâturage [3] ». Quarante ans plus tard, Guyot, par ailleurs farouche défenseur de la liberté des propriétaires, réclame pourtant leur expulsion dès qu'il est question de la R.T.M. Car « la seule amélioration qu'ils [les paysans] conçoivent, c'est le libre parcours pour leurs troupeaux, qui conduit à la ruine de la forêt [4] ». La cause semble donc entendue. Avec une admirable constance, le discours officiel nie toujours la moindre rationnalité aux rapports que le monde paysan entretient avec l'Arbre. Dans le meilleur des cas, les pasteurs sont des indigènes dont le cantonnement s'impose. Au pire, leur inconscience présumée mérite la déportation en plaine.

Malheur alors à ceux qui présentent quelques objections devant une thèse qui place dans l'exode montagnard le fondement de la reconquête sylvicole! Ces manifestations de mauvais esprit coûteront cher à ceux qui avaient méconnu son impérialisme : une carrière ralentie, voire la révocation, comme en témoigne l'exemple de Fabre en 1908, sanctionne leur conception iconoclaste, ouvertement exprimée, ce qui semble incompatible avec le devoir de réserve, propre à toute hiérarchie militaire [5]. Rien ne doit venir déranger le conformisme ambiant. Les étatiseurs vont-ils donc orchestrer le déferlement forestier, après avoir vidé les pentes de leurs occupants? Car c'est bien d'un tel programme qu'il s'agit, et, dans ce dernier tiers du XIXe siècle, peuvent se compter ceux qui doutent de l'opportunité de ces deux composantes.

Enfin, les pleins pouvoirs!

Si la loi du 4 avril 1882 suscite une telle réprobation de la part des milieux forestiers, c'est précisément parce que ceux-ci l'interprètent avant tout comme un désaveu des méthodes autoritaires. Cela ne signifie pourtant pas que le législateur mette l'Administration *au service du privé*, un sujet sur lequel les nationalisateurs se montrent assez chatouilleux. Ils en font même leur principal cheval de bataille contre un texte qui ne cache pas ses intentions de séduire les propriétaires. Il y a cependant une grande différence entre ce qui serait une abdication de la puissance publique et l'accueil d'initiatives émanant du secteur particulier. Or cette distinction capitale se voit occultée dans les diatribes réactionnaires. N'en déplaise au chef de file des conservateurs, L. Tassy, le corps des forestiers n'a pas été trahi par la Direction générale, loin de là! Les travaux de type obligatoire ne s'effectuent-ils pas aux frais de l'État, sous le commandement de ses agents, et sur terrain acquis par lui?

Ces dispositions, inconnues dans le système antérieur, renforcent en effet notablement son pouvoir. L'humeur chagrine du personnel forestier tient à ce que l'unique dérogation consentie à des règles plutôt réconfortantes bénéficie aux propriétaires, lesquels n'ont guère bonne presse. Ne transforment-ils pas « des futaies en taillis composés toutes les fois que les essences s'y prêt[ent] »? Plus affreux encore : « Ils les ont converties en taillis simples, exploitables dans des périodes de plus en plus courtes, sans se soucier des inconvénients que cela devait avoir pour la vitalité des souches, la régénération et le développement des bonnes essences [6]. » Le contentieux jamais épuisé entre l'administration des Eaux et Forêts et la propriété particulière forestière se réveille donc à propos de la R.T.M. La position des nationalisateurs associe du coup sa méfiance viscérale à l'égard des individus à sa volonté de confisquer la gestion sylvicole en haute montagne, et ce, au nom d'une compétence technique qu'ils seraient seuls à détenir. Des agents aussi différents que Buffault, Lafosse, Mathieu ou Bénardeau s'entendent ainsi pour que « cet édifice législatif » reçoive les « quelques compléments indispensables » qui permettraient d'accélérer les expropriations, d'intégrer les friches aux périmètres et de contrôler les subventions. Bref, le durcissement demandé signifie l'instauration d'un régime pastoral, jouxtant le régime forestier. La panoplie serait alors complète, autorisant l'Administration, sinon à récupérer, du moins à veiller sur un grand nombre de parcours de montagne [7].

C'est là que le bât blesse dans le texte de 1882, car, même dans l'hypothèse de travaux obligatoires, les individus peuvent *garder leurs parcelles*, à condition de s'engager à réaliser l'ouvrage décidé (article 4). Et l'État, afin d'amorcer ce processus, consent des avances à ceux qui s'engagent dans cette voie de la coopération : il leur suffit pour cela d'agir comme entrepreneur de travaux publics, en négociant avec l'instance départementale (article 6). Voilà qui renverse totalement les données de 1860-1864, puisque, non contents de *préserver* leur patrimoine, ces propriétaires reçoivent, dans l'affaire, les droits *d'extraction* et d'*occupation* à la convenance de leurs besoins. L'estimation de ceux-ci leur appartient donc. Horreur! Le législateur, aveuglé par la crainte de déplaire, leur a conféré tous les traits caractérisant *normalement* ceux qui passent contrat avec l'État en matière forestière (article 226 du code forestier). Endosser ce statut est fort avantageux, et l'époque s'y révèle favorable [8]. La loi du 21 juin 1866 ne les pousse-t-elle pas à se grouper en association syndicale, afin de boiser, mais aussi de protéger leurs terrains? Cela ne manque pas d'attraits, en effet. Les particuliers jouissent alors d'une exemption fiscale trentenaire, et les aides financières octroyées viennent là-dessus accroître le bonheur de ne pas payer d'impôt foncier sur ces parcelles! Étant aussi doucement appelée, la collaboration du secteur privé à la R.T.M. devrait aller de soi. Et cependant, les débuts de cette alliance, si soigneusement établie, ne sont guère probants, ce qui laisse supporter à l'État tout le poids de la charge.

En fait, accuser le législateur de 1882 de manifester une « excessive préoccupation [...] de ne pas mécontenter les populations pastorales », comme le déclare L. Tassy, ouvre un mauvais procès [9]. Les fonds publics ne sont aucunement bradés au secteur privé. Quelle que soit en effet la nature des travaux, indispensables ou facultatifs, la loi ne prétend pas imposer le vœu des particuliers à l'administration des Eaux et Forêts, puisque l'assentiment de celle-ci doit s'obtenir avant toute autre démarche. Et refuser de recevoir leur requête est un luxe dont les agents n'ont pas à se priver s'ils le désirent : aucun motif n'a à être fourni! Les Eaux et Forêts détiennent donc toujours aussi fermement le pouvoir souverain. Crier au laxisme dans de telles conditions revient à critiquer, non le régime, mais bel et bien ses fonctionnaires, ce qu'exclut évidemment l'esprit de corps régnant au sein du personnel forestier. Non, le texte qui fonde la R.T.M. s'avère une loi excellente, *équitable* parce qu'il n'y a plus de confiscation déguisée, et *prévoyante*, car elle évite les frictions qui paralysent ce type d'œuvre. Il conserve intactes les prérogatives des agents de l'État en matière de police, malgré ce qu'en disent ses détracteurs. Les sommes à verser ne se délivrent-elles pas qu'après *réception des travaux* par l'ingénieur local? Ce procès-verbal, certifiant la besogne faite et bien faite, est exigé pour l'ouverture des caisses publiques, d'où sortent indemnités et subventions : pas de gaspillage, donc. De même, est-il raisonnable de prétendre pure folie la restitution gratuite des terrains réhabilités, leurs détenteurs s'empressant de démolir le bel ouvrage réalisé? L. Tassy ne répugne pourtant pas à ce genre d'arguments lorsqu'il écrit « s'attendre à ce qu'un pacage presque improductif se substitue [...] aux cultures variées », sur les pentes de la France méridionale [10]. N'appartient-il pas toujours aux forestiers de *réglementer la jouissance* afin de défendre les progrès acquis ? C'est pourquoi le texte de 1882 ne tolère pas le défrichement des jeunes bois, semés ou plantés vingt ans plus tôt. En cela, il crée une exception à l'article 24 du code forestier, lequel concède à l'inventeur d'un peuplement la faculté d'en tirer parti comme bon lui semble. Le revers de tant de qualités réside assurément dans l'importance attribuée à l'adhésion populaire. Comment pourtant s'en dispenser dans le cadre institutionnel de la IIIe République ?

Au fond, les étatiseurs reprochent à ce texte de banaliser la R.T.M. en lui retirant *tout caractère d'exception*, alors que celui-ci leur paraît attaché de droit à tout programme d'enjeu national. Et il est vrai que ce changement s'accommode mal de la nouvelle procédure qui règle désormais l'instauration des périmètres : ne faut-il pas maintenant une loi, là où un décret suffisait ? Incontestablement, la contradiction éclate. Le législateur reconnaît que la R.T.M. se définit par la déclaration d'utilité publique au moment où se desserrent les pressions exercées à l'encontre du secteur privé. Certes, ces dernières pourraient sembler superflues si les élites montagnardes manifestaient une quelconque volonté de participation. Tel n'est pas le cas. La demande d'une sécurité accrue en zones d'altitude ne se rencontre guère dans cette fin du XIXe siècle, au contraire de ce qui s'observe maintenant. L'emprise croissante du tourisme oblige les municipalités à s'en soucier, ne serait-ce que pour garantir la circulation sur les routes d'accès montant aux stations de sports d'hiver. Pourtant, en dépit de la décentralisation, l'habitude persiste de se tourner vers l'État [11]. Que la catastrophe survienne, et tous clameront sa culpabilité. A lui par conséquent d'effectuer les travaux indispensables ! Puissance d'une éducation séculaire : la passivité modèle durablement les comportements autochtones, qui se révèlent autres, une fois franchie la frontière. Suisse, Italie, Allemagne, lorsque frappe le malheur, la mise en accusation dédaigne l'autorité suprême, mais s'en prend aux maires et directeurs de stations. A force d'appréhender le pire sans toujours le voir venir, les Français ont fini par tout attendre de l'État, y compris la Providence.

Cette dérobade face aux responsabilités se lit dans un bilan, dressé en 1908 par l'administration des Eaux et Forêts à la demande des députés. Le rapport souligne en effet l'extrême médiocrité des résultats, qu'il s'agisse de ceux dus à l'association État-communes, ou de ceux dérivant de la collaboration entre l'État et les particuliers. Les dépenses respectives s'élèvent à 7 340 000 francs et à 4 728 400 francs, et ce depuis 1860. La part des pouvoirs publics représente ainsi pour chaque catégorie 55 %

et 32 %. Ils ont donc davantage aidé les collectivités que les particuliers. Il est vrai que ces derniers ont boudé.

La contribution de la nation tout entière aux efforts régionaux peut donc se calculer. Avec 5 547 000 francs au total, son montant représente une goutte d'eau – 6 % – au regard de la charge qu'a assumé l'État au nom de la R.T.M. Les uns et les autres restent par conséquent spectateurs. La bataille se déroule en dehors d'eux. N'est-il pas plus agréable d'applaudir ou de siffler que d'entrer dans la mêlée ? Leur abstinence exige, pour que continue l'œuvre, relancée après une longue interruption et malgré quelques désordres, de se résigner, soit à débloquer des fonds supplémentaires, soit à réviser une nouvelle fois les dispositions législatives. Les deux en même temps conviendraient assez aux principaux acteurs, excédés de tant se démener pour recevoir si peu! L. Tassy, encore lui, résume bien la position des étatiseurs dans son *État des Forêts en France*, publié en 1887 et longuement commenté dans la presse professionnelle [12]. Il prévoit ainsi que « si l'on ne se presse pas de *changer* la loi du 4 avril 1882 sur la restauration des montagnes, ou si l'on persiste à refuser au service forestier l'argent nécessaire pour en *corriger*, par des acquisitions de terrains, les dérisoires dispositions, on peut considérer comme ayant été dépensés en pure perte les trente-cinq à quarante millions qu'a coûté cette restauration. »

C'est habilement mettre le doigt sur la plaie. La R.T.M. arrive en effet au stade où l'engagement devient si considérable que la renonciation s'avère délicate. Les sommes investies pèsent trop lourd pour se voir abandonnées sans remords. La tentation d'un lâche sacrifice existe cependant. La loi de 1882 est si vigoureusement attaquée par ses exécutants que l'opinion publique à son tour lui trouve des défauts. Dans ces conditions, ne vaudrait-il pas mieux arrêter tout de suite les frais ? Sensibilisé à cette campagne, le Parlement offre en 1903 de financer la domanialisation du personnel de surveillance, par le budget prévu pour les travaux R.T.M.! Décidément, la correction torrentielle n'inspire plus l'enthousiasme encore de rigueur vingt ans plus tôt! Les Eaux et Forêts déclinent cette offre scélérate, et choisissent la contre-offensive en militant pour la suppression de la fameuse clause des « dangers nés et actuels ». F. David s'en fait l'écho à la Chambre. La retraite coupée, la seule issue possible semble donc la fuite en avant [13].

Persévérer, coûte que coûte! L'expression se prend ici au sens littéral, car déjà la facture n'est pas mince. Depuis le second Empire – mais les dépenses ont été faibles jusqu'en 1908, année du rapport David et parution du bilan –, son montant représente pour l'État la coquette somme de 90 776 700 francs, dont 33 % en achats de terrain. C'est peu, comparé à certains voisins de la France. C'est énorme, vu le credo économique attaché à cette entreprise lors du choix qui en fut fait. Et cela ne semble pas terminé! Aussi, en 1911, la Direction générale des Forêts informe-t-elle le ministère que ses objectifs ne sauraient être réalisés à moins de les créditer de 60 185 700 francs en sus. Cela équivaut aux deux tiers du budget précédemment consacré à la R.T.M.! Elle assume toujours au reste le projet initial : la priorité demeure accordée au reboisement. Sur ces fonds, 40 %, soit un pourcentage supérieur à celui noté durant la période de 1860-1908, devront donc être consommés par les acquisitions de terrain. La fermeté de son discours en impose incontestablement aux représentants du peuple. L'Assemblée nationale a voté sans discussion un projet de loi, ayant F. David pour rapporteur, le 1er avril 1910. « Tendant au reboisement du sol de la France », il tranche la question en élargissant les commodités de l'expropriation [14]. Le Sénat, lui, se fait davantage prier. Trois ans plus tard, cependant, la nouvelle législation, promulguée le 16 août 1913, vient combler les vœux des nationalisateurs. Est enfin aboli le nécessaire constat relatif aux « dangers nés et actuels ». Dabat, directeur général des Forêts, s'en félicite ouvertement. « Toutes les fois qu'en vue d'éviter les crues violentes et soudaines, il s'agira de combattre le ruissellement sur les pentes, il deviendra possible, *alors même que la dégradation du sol ne serait pas à craindre*, de provoquer la déclaration d'utilité publique des travaux reconnus nécessaires [15]. » Le feu passe donc au vert pour les forestiers! L'arbre est rétabli à sa juste place dans la lutte contre l'eau : la gloire du second Empire brillerait-elle de nouveau pour eux?

Du semis ou du plant

Cette loi de 1913, tant caressée, si elle n'institue pas le système pastoral rêvé, engendre néanmoins une situation qui lui ressemble furieusement. Ne subordonne-t-elle pas les subventions affectées au gazonnement à une rigoureuse police du pâturage? Cela peut même entraîner la soumission pure et simple au régime forestier. Une circulaire du 19 janvier 1919, concoctée à la Direction générale, tend vers une telle interprétation, puisqu'elle juge licite « de procéder au *reboisement des bassins de réception*, en dehors des limites trop restreintes qu'avaient posées la loi de 1882 [16] ». Le vent souffle enfin dans les voiles du navire! Aussi la loi de finances du 31 juillet 1920 montre-t-elle une générosité inaccoutumée à l'égard de la R.T.M. Les circonstances ne s'y prêtaient guère les années précédentes. Parler d'un rattrapage correspond sans doute davantage à la vérité. Du coup se redresse la courbe des acquisitions, bien languide jusque-là. Les perspectives sont donc excellentes. Elles le sont d'autant plus qu'à l'effort budgétaire s'ajoute le produit d'une taxe sur les jeux. Cela soulage quelque peu l'État des subventions consenties en faveur des communes et des particuliers. Du bricolage ? Peut-être, mais c'est toujours autant de gagné pour la cause. Davantage d'argent et le report des fonds absorbés jusque-là par les aides au reboisement, comment ne pas se réjouir ? L'ambiance euphorique des fins de guerre rend gourmand. Les forestiers essaient ainsi en 1922 d'exploiter ce texte béni de manière à ce que passe sous régime forestier l'ensemble des communaux *non boisés* situés en montagne. L'interprétation ne manquait pas d'audace ! Une telle démarche indique cependant l'orientation prise. Le personnel des Eaux et Forêts, par son obstination, et grâce à ses appuis politiques, renoue ainsi le fil rompu en 1882.

Trois ans s'écoulent encore. Les comptes s'établissent alors à 135 périmètres tracés, couvrant une superficie de 351 500 hectares, dont 178 000 hectares déclarés reboisés de par ses soins. Proportion respectable : presque la moitié, bien que ces données soient à manier avec prudence. Cependant, même en la prenant pour véridique, cela ne représente jamais que 16 % du programme initial. Aussi, aux yeux de bien des scientifiques, qu'il s'agisse de P. Mougin, F. Lenoble, P. Fourchy ou R. Blanchard, la reconquête de l'Arbre au XIXe siècle relève-t-elle de l'imaginaire administratif. Effectivement, sans aller jusqu'à cette sévérité, son avancée n'atteindrait pas les 2 600 hectares l'an, ce qui n'a rien de spectaculaire. L'afforestation volontariste relève du mythe. Elle n'en a pas moins rempli sa mission. En attribuant aux reboisements le pouvoir de lutter contre les eaux, l'Administration forestière, non seulement a pu maintenir son audience – que risquaient de limer les collègues de l'Agriculture –, mais encore elle a étendu en montagne des prérogatives, difficilement compatibles pourtant avec le suffrage universel. A l'aube du XXe siècle, la menace s'estompe sur tous ces acquis. Le temps de la seconde vie approche : après le forestier-gendarme, le forestier-technicien, selon l'aimable expression de P. Guinier [17].

Cette évolution transparaît dans les objectifs que l'Administration s'assigne. Les *surfaces qu'elle désire accaparer* au nom de la R.T.M. ne cessent pas de progresser : 100 700 hectares au milieu du XIXe siècle; 106 700 hectares sur sa fin; 177 300 hectares dans les commencements du suivant. A la veille de la Première Guerre mondiale, sa convoitise porte donc sur des étendues qui correspondent à plus de 85 % de ce qu'elle entend déjà posséder, alors que demeurent non résolues bien des difficultés inhérentes à ces achats !

La ligne suivie en matière de *reboisement* ne témoigne cependant pas d'une même fermeté. En effet, de 1860 à 1893, les Eaux et Forêts se lancent dans le repeuplement de 67 % des périmètres. Cela suppose d'introduire l'Arbre sur quelque 68 400 hectares. Malgré des expériences désastreuses, le projet n'est pas remis en cause. Il se fortifie même de la défaite. Entre 1893 et 1908, la cadence doit tripler, passant de 2 000 hectares l'an à plus de 7 000! Au terme envisagé, 78 600 hectares se trouveraient alors métamorphosés. Les lendemains déchantent pourtant, et cette fois l'ambition décroche. Les autorités se déclarent donc heureuses en pariant sur un taux de reboisement égal à 30 % de la surface périmétrée. Pareille modestie étonne? C'est qu'en 1909, l'année même où se dessine le rivage à l'horizon, 45 % de la contenance globale des périmètres antérieurs restent hors de portée. La proportion frôle même les 63 % dans les départements pyrénéens! Et là où la mainmise de l'État s'achève, l'Arbre ne colonise qu'avec peine ces espaces, sinon dénudés, du moins dépourvus d'abri ligneux. L'altitude n'améliore pas la qualité hospitalière, de surcroît. Il est vain dès lors d'escompter l'impossible. Les principaux buts fixés de la monarchie de Juillet étant atteints, fixer le taux de boisement au tiers des étendues disponibles paraît raisonnable, d'autant que la Nature ne reste pas inactive.

Presque partout, en effet, l'avance réelle du couvert forestier excède la stricte application des lois par les services compétents. Autrement dit, sur cette question du *reboisement*, terme dont l'impropriété n'a plus besoin d'être soulignée, mais que le XIXe siècle a tant aimé, la Nature travaille plus vite et mieux que l'Homme! C'est sa besogne qui justifie le titre *la marée forestière*. La remarque d'ailleurs conserve son actualité, bien que la tâche accomplie par le biais du Fonds forestier national (F.F.N.), mis en place à la Libération, soit sans commune mesure avec celle issue de la IIIe République. Son action n'explique pourtant pas tout. Ainsi, en Margeride lozérienne, sur les 21 300 hectares de peuplements résineux âgés de moins de 25 ans, 47 % sont imputables à des ensemencements naturels, s'emparant des territoires agricoles à l'abandon [18]. Même remarque pour le plateau de Millevaches, et pourtant, l'assistance technique du F.F.N. s'y manifeste davantage. La forêt s'y accroît à la cadence de 1 050 hectares l'an. Le personnel des Eaux et Forêts ne supervise que 60 % de cette augmentation – 23 % proviennent de propriétaires agissant de leur chef; 17 % reflètent l'invasion spontanée des vieilles callunaies par le bouleau et le pin [19]!

En fait, ce phénomène, amorcé cent ans auparavant, ne doit pas faire considérer comme ridicule la proportion des boisements dirigés. Les responsables R.T.M. s'attaquent en effet à forte partie : sol dégradé, atmosphère sèche, rigueur hivernale, vent violent, altitude élevée, forte déclivité – tous ces facteurs bouleversent le cadre dans lequel les forestiers opèrent d'ordinaire. A cette ingratitude du milieu s'ajoute la conscience qu'il faut aller vite afin d'enrayer l'érosion torrentielle, les résultats obtenus dans la lutte contre l'eau pouvant seuls justifier l'octroi de fonds supplémentaires. Depuis la monarchie de Juillet qui n'a pas eu le loisir de les y autoriser, les Eaux et Forêts rêvent d'essaimer sur d'immenses étendues, à grande vitesse et à bas prix. La quadrature du cercle ?

Non, une réponse intelligente aux problèmes de l'heure, qui reflète le niveau de la sylviculture de l'époque. P. Demontzey, écrivant en 1882, reconnaît ainsi qu'aux débuts de la grande entreprise de reboisement des montagnes, en raison des expériences conduites dans les Alpes vers les années 1850, « le semis était réputé, non seulement comme le *meilleur*, mais même comme le *seul mode* susceptible d'être appliqué [20] ». Les avantages semblaient tels que nul n'aurait songer à recourir aux plantations. Celles-ci, « avec l'*outillage de plants* à créer et la *main-d'œuvre* qu'elle[s] n'écessitai[ent], ne devai[ent] être considérée[s] que comme bonne[s] tout au plus à combler des vides ». En l'absence des pépinières à portée des zones sensibles, effectivement la méthode paraissait d'un emploi délicat, d'autant que l'Administration ne pouvait guère compter sur l'appoint local, vu les mauvais rapports entretenus avec les autochtones ! Cette technique interdite, ne lui restait plus qu'à parer de toutes les vertus celle offerte par l'épandage des graines, permettant de couvrir « sans délais, en une saison et sans grand travail, une si vaste surface ». Encore fallait-il s'assurer de leur qualité et de leur adéquation aux caractères de la station... [21].

Apparemment, la réussite n'est pas toujours au rendez-vous, si bien qu'à la fin du XIXe siècle, ces cas malheureux confirment dans leur opposition les adversaires du reboisement et alimentent le scepticisme de tous ceux qui s'interrogent sur la présence de l'Arbre à ces altitudes. C'est que l'époque enregistre, avec le renouveau de la géographiqe, un grand nombre de travaux relatifs à *l'existence* – ou à *l'utopie* – de la pelouse alpine. Les ouvrages du botaniste Flahaut aiguisent le débat, car cette formation y est décrite comme exclusive, c'est-à-dire comme un tissu herbacé empêchant l'installation des ligneux, ce qui rend chimérique la réussite des semis [22]. D'ailleurs, ceux-ci ne sont-ils pas faits à la volée, les graines abandonnées à la surface du sol, ou à peine recouvertes de fagots d'épines ? Les partisans de la pelouse alpine n'imaginent donc pas que la volonté puisse modifier ce type d'étendue. Le fait qu'au-dessus des 2 200 à 2 300 mètres ne se rencontrent même plus les sujets isolés et les souches mortes, observables encore dans la zone des pré-bois entre 1 900 et 2 300 mètres, ne prouve-t-il pas qu'il s'agit d'une formation *primitive*, où la main de l'homme n'est pour rien? Ceux qui refusent cette thèse se persuadent au contraire de la simplicité d'une politique qui cherche l'avance de l'Arbre aux dépens de cette zone herbeuse. Ne définissent-ils pas cette conquête comme une *remise en état*?

Au fond, dans ce dernier tiers du XIXe siècle, la technique dépend en grande partie de cet âpre débat. Le semis, qu'il soit en plein ou en ligne, se trouve donc à l'honneur. Les uns et les autres s'accordent au moins sur un point, celui de *l'inertie* des situations respectives. Les plus entreprenants, reboiseurs par tendance ou par fonction, ne conçoivent pas de porter le changement au-delà d'une restauration : ces étendues austères intégreront volontiers ce dont elles ont été dépouillées. Les pessimistes croient qu'elles expulseront par contre ce qui leur est étranger [23]. Leurs adversaires pensent que la limite *actuelle* des peuplements forestiers est *artificielle*, des pâtures ayant été créées aux dépens de la zone boisée. Aux yeux des critiques, elle semble *naturelle*, et cette ligne franchie, « les arbres vont en diminuant de vigueur, de taille et de nombre, comme des vagues de combattants éclaircies par le feu de l'ennemi, ici les intempéries : le froid, la neige et la sécheresse [24] ». Que cette belle image s'impose rudement aux responsables de la R.T.M. relève de l'évidence.

Effectivement, les désillusions, récoltées après tant d'espoirs, renforcent les positions ennemies. Les nuances s'abolissent alors de part et d'autre, et chaque camp sombre dans la caricature. En réalité, ne paraissent alors condamnés que les *boisements* effectués sur la prairie alpine. Il est vrai que dans l'Oisans, les succès de cet autoritarisme forestier, conduit entre 1860 et 1890, se comptent. C'est l'exemple de la rive gauche de la Romanche, avec le versant est de la Montagne de Cornillon. Encore est-il moins grand que ne le prétendent ses auteurs, puisque sa réussite ne tient qu'à l'emploi des essences spontanées! Hélas! pour une réussite, que de cinglants échecs! Ainsi, au Vaujany, le mélèze, bien qu'associé au pin à crochets et au pin sylvestre, ne donne rien de bon entre les courbes 1 550 et 1 635 mètres. Selon l'expression de M. Allix, il « ne végète qu'au prix de soins attentifs. Il ne paraît devoir prospérer que dans les peuplements orientaux, sur Besse et Saint-Christophe [d'Oisans], à des longitudes correspondant à son habitat *naturel* [25] ». Même chanson à propos des Alpes méridionales, avec notamment les séries tentées sur les flancs et la crête de la montagne de La Blanche, entre le col de Bernardez et le signal du Col-Bas. Certes, au-dessus de La Seyne, à la fin du XIXe siècle, commence à s'élever une belle futaie de mélèzes et de pins noirs, entre 1 400 et 1 900 mètres, sur des éboulis à présent fixés et jadis en pâtures. Fort bien, mais au-delà le spectacle se gâte. Les versants rocailleux sont jonchés de troncs. Les arbres encore sur pied penchent dangereusement, « branches brisées vers l'amont par le choc des avalanches et des pierres [26] ». Les abords du col de Provence (2 100 mètres) et les crêtes voisines, où le pin cembro devait épauler le mélèze, forment même « une immense nécropole » où les rares survivants n'excèdent pas 60 à 90 centimètres de haut. Pourtant, cette portion avait été « traitée avec toutes les précautions recommandées par la théorie, barrages en fascines, plantations des berges en mélèzes et pins à crochets, qui devaient, en grandissant, éteindre le torrent [27] ». Tout cela n'a pas suffi, « et c'est le torrent, vainqueur, qui a éteint la plantation »! La satisfaction des prophètes de mauvais augure perce quelque peu sous ces paroles.

Les déboires enregistrés ne laissent guère d'autre alternative que d'arrêter les frais – ou de réitérer l'opération. Celle-ci ne s'inscrit-elle pas, d'après les forestiers eux-mêmes, dans le seul cadre de la lutte contre les méfaits torrentiels? En plaçant sous un tel éclairage leur programme, ils s'exposent à ne le faire juger que sur son aptitude à maîtriser l'érosion. Or non seulement celle-ci ne semble pas régresser mais, en plus, elle détruit les peuplements, créés justement pour l'étouffer. Une suspension de travaux estimés inutiles, voilà ce que suggère F. Lenoble, lorsqu'il dénonce l'erreur qui consiste à « attribuer à l'Homme l'absence de bois à des altitudes supérieures à ces limites [1 900 à 2 000 mètres] ». Car chacun sait que c'est la redoubler que de vouloir « non reboiser, mais boiser *au-dessus d'elles* [28] ». Le salut passe donc par les ouvrages en maçonnerie. Cette argumentation a déjà servi. Tous ces propos datent au moins des années 1880. Ils ne sonnent différemment que par l'entrée en force des connaissances phyto-sociologiques. Les spécialistes expliquent à qui veut les entendre les nombreux obstacles contrariant la réussite des semis. S'ajoute à cela la vivacité du ton, d'une mordante ironie, et la querelle rebondit entre partisans et ennemis du reboisement.

La loi Chauveau se profile en effet à l'horizon, et tout est bon pour combattre le futur texte instituant les *forêts de protection*, y compris le dénigrement systématique de leur rôle en la matière! La première génération des reboiseurs, qui pensait tant accomplir, n'a donc pas forcé la Nature, tant s'en faut. P. Demontzey en personne admet que les méthodes de semis ne conviennent qu'à des terrains légers et siliceux, le tout avec un énorme gaspillage de graines, ce qui cantonnait l'expérience au pin maritime, ou à peu près [29]. Il admet par conséquent, le fiasco obtenu partout où les conditions de sol et de climat ne plaisent pas au tempérament de cette espèce! L'insuccès dans ces contrées n'implique pourtant pas une superbe victoire dans les Alpes méridionales, *a priori* plus favorables que les Alpes du Nord à de tels essais. Encore convient-il de se montrer prudent, car s'il est délicat d'évaluer l'extension réelle des boisements, distinguer ce qui traduit l'activité de l'Homme de ce qui appartient à la Nature l'est bien davantage. Seuls, en effet, les comptes cadastraux – d'abord des Eaux et Forêts, puis, après la guerre, de l'Office national des forêts (O.N.F.) – permettent de discerner l'ampleur véritable des réalisations administratives. Et comment obtenir de ceux-ci l'exactitude? L'addition des superficies conquises par l'Arbre, pèche en effet toujours par excès. Cela tient à la part considérable des regarnis, comme l'indique P. Demontzey.

Entre 1878 et 1965, près d'un siècle donc, les bois augmentent ainsi dans les Alpes-de-Haute-Provence de 100 300 hectares, dans les Alpes-Maritimes de 61 500 hectares, et de 40 000 hectares dans les Hautes-Alpes. A l'échelle de ces trois départements, le reboisement anthropique l'emporte très largement sur les boisements dirigés, avec 150 900 hectares sur un total de 201 800 hectares, soit 74 % [30]. Autrement dit, le progrès observé dans l'avance de l'Arbre ne s'explique par l'intervention administrative que pour des pourcentages qui s'établissent respectivement à 30 %, 10 %, et 35 %. Pourtant, ce bilan s'améliore dès que le regard s'attache aux zones périmétrées, par définition terres ingrates, superficielles et pentues. En 1967, celles-ci intéressent 129 communes, et l'action des responsables R.T.M. y éclipse assez largement celle de la Nature. En prenant ainsi l'indice 100 pour la première, la seconde n'atteint que l'indice 52 dans les Alpes-de-Haute-Provence, 20 dans les Alpes-Maritimes, et 69 dans les Hautes-Alpes [31]. Les résultats volent donc au secours des Eaux et Forêts. La Nature travaille au repeuplement sylvicole, certes, mais les contrées faciles l'attirent davantage que les déserts d'altitude. *C'est elle qui profite en fait de l'exode rural,* et non les forestiers. Eux héritent des besognes les plus ardues, et là il leur faut mobiliser d'autres moyens que l'ensemencement naturel.

Les essences à la mode

Le patrimoine R.T.M., grâce aux lois de 1882 et de 1913, assorties du complément de 1920, s'accroît régulièrement. Dans plusieurs départements, tels ceux des Alpes-de-Haute-Provence, de la Lozère ou du Gard, son étendue couvre 90 à 95 % des biens du Domaine. Cette hégémonie implique assez souvent un net recul de la propriété privée, même forestière. Ainsi, pour les Pyrénées-Orientales, sa contraction avoisine les 8 % en cinquante ans, c'est-à-dire entre 1912, l'année où sort l'enquête de Lucien Daubrée, et 1962, date de parution du premier tome de l'*Inventaire forestier*. Les propriétaires se désengagent de l'entreprise, quelle que soit l'étendue de leur bien. Leur part diminue de 7,7 % quand les possessions n'excèdent pas les 50 hectares; de 7,3 %, donc presque autant, lorsqu'elles dépassent les 200 hectares [32]. Et le mouvement de déprise se poursuit encore. Cette retraite généralisée s'explique par leur répugnance envers une sylviculture qui les force à respecter certaines contraintes propres à la R.T.M. Celles-ci jouent non seulement sur l'exploitation de leurs bois, mais aussi sur la possibilité d'y introduire le bétail. Aussi, même si le tracé d'un périmètre n'inclut pas de telles parcelles, les restrictions quant à leur usage prédisposent à leur abandon. Mieux vaut alors les céder à l'administration des Eaux et Forêts. Celle-ci ne songeant pas à rentabiliser ces bois, dont le rôle se limite à la conservation des sols, peut garder improductifs de vieux *perchis sur souche* et n'accepter qu'un mince revenu de peuplements *traités en futaie.* Les uns et les autres concernent donc respectivement 44 % et 45 % des superficies soumises au régime forestier, pourcentages qui tombent à 15 % et 7 % lorsqu'il s'agit de la propriété privée. La R.T.M., dans ce département comme dans les autres, aboutit ainsi au *transfert vers l'État des secteurs marginalisés* par ses exigences.

En attendre un rapport financier alors que priment les objectifs écologiques semble en effet hasardeux. Le fait n'est pas nouveau, puisqu'aux début de la IIIe République, L. Tassy insistait déjà sur les précautions qui doivent accompagner le choix d'un régime en montagne, en raison de la fragilité du milieu. Cette vulnérabilité lui paraissait déconseiller absolument d'abattre un bois « en taillis simple s'il se compose de feuillus, ou à *tire et aire* s'il se compose de résineux [33] ». Car ces deux pratiques, qui ne sont applicables qu'à des peuplements homogènes par l'âge, supposent que la récolte enlève d'un coup l'intégralité du matériel. Par ce blanc étoc, elles « exposent [donc] le sol, à de courts intervalles, à l'action des météores [et] des eaux ». A bannir par conséquent! Et ce comme tout ce qui accentue le ruissellement pluvial et le dessèchement dû aux vents, deux fléaux qui ne contribuent pas peu à détériorer un sol déjà trop mince. Contre cette maigreur, quel meilleur antidote prescrire qu'un couvert sylvicole permanent? Cela exige une technique d'exploitation à l'opposé de la coupe rase, puisqu'il ne faut plus laisser de grandes surfaces dénudées le temps que se reconstitue le peuplement. Le traitement en *futaie,* lui, assure un tel avantage. Parcouru régulièrement par un jardinage discret, jamais le massif ainsi conduit ne s'interrompt de façon appréciable. L'option à prendre ne soulève donc aucun doute. Certes, les responsables se tromperaient lourdement en lui préférant le taillis, même dans ses formes complexes, taillis composés et taillis furetés. Ce dernier mode comble peut-être les vœux paysans, mais en aucun cas ne répond aux exigences de la R.T.M. C'est qu'il ne comporte pas « les garanties de perpétuité, que possède la futaie », et qui tiennent, non seulement à la durée de son éducation, mais surtout à son mode de reproduction. L'époque se méfie du rejet des souches, surtout en altitude, où la brièveté de la saison végétale n'accorde guère de chances aux jeunes pousses, vite jaillies et gorgées de sève. Cette voie lui semblant compromise, ne reste que celle des semis, bien que nul ne sache alors l'influence des duretés climatiques, ni sur la fécondité des semenciers ni sur la survie des germes!

Compte tenu de ces impératifs, traitement en futaie, maintien d'un état serré, régénération par ensemencement naturel, introduction à bon marché, le choix des essences ne saurait se caractériser par une gamme très large. En fait, passées les premières tentations, s'affirme la vogue des résineux. Certains n'y adhèrent que du bout des lèvres, tant ils regrettent l'esthétique feuillue, où « chaque arbre, laissant ses branches se développer à l'aventure, prend un cachet d'*originalité* et de *fantaisie,* qui semble le résultat de sa propre inspiration [34] ». Cette remarque de J. Clave marque le peu d'appâts prêtés à la gent conifère, dont « l'aspect uniforme » implique que nul « ne les distingue les uns des autres ». Cette absence de personnalité, pourtant si précieuse avec le pin noir, n'attire pas le regard. Ce dédain pour des sujets utiles certes, mais dont la noblesse d'allure ne se perçoit pas encore, se traduit par une étrange indifférence quant à leur physiologie. Peu de grands traités s'en préoccupent en effet avant le dernier tiers du XIXe siècle, comme s'il avait fallu la sanction des échecs pour que cet oubli paraisse scandaleux[35].

La remarque prouve encore une fois combien il est rare d'étudier ce qui n'excite pas l'imaginaire. Assurément, les peintres confirment la quarantaine que subissent les résineux. Le silence à leur sujet dure depuis près de deux siècles, c'est-à-dire depuis qu'ont disparu les derniers artistes hollandais à faire le voyage de Rome. Les premiers à s'aventurer sur ces routes sont Cornelis Van Poelenburgh (1586-1667) et Bartholomeus Breenbergh (1599-1657), bientôt suivis d'une seconde vague, dans les années 1630, avec Pieter Van Laer (1592-1642), Herman Van Swanevelt (1600-1655), Jan Asselijn (1610-1652) et Jan Both (1618-1652). La séduction qu'exercent sur eux, venus de l'Europe du Nord, les sombres draperies des épicéas et la puissante silhouette des sapins, tient essentiellement à l'extraordinaire découverte des paysages alpins avant de rencontrer les charmes de l'Italie. Rentrés en Hollande, les voilà bien pourvus en souvenirs, vite notés, dont ils vont se servir dans leurs peintures à l'huile : il est même courant que les esquisses s'échangent, et que plusieurs auteurs brodent sur un thème identique. N'était-ce pas déjà la tradition chez leurs illustres prédécesseurs flamands, eux-aussi fascinés par l'errance ? Jan Breughel de Velours (1568-1625), Joos de Momper (1564-1634) ou Lucas Van Valckenborch (1540-1597) les ont précédés dans la transcription des pics enneigés, des fracas torrentiels et des troncs éclatés.

La sylve ne joue cependant qu'un rôle très secondaire dans leurs tableaux, fidèles au descriptif de mondes en miniatures, véritables kaléidoscopes où se juxtaposent les motifs les plus disparates. Les arrière-fonds seuls importent, justement parce que ces œuvres se veulent des microcosmes; lumière et ombres ne représentent alors que des abstractions, grâce auxquelles se structure l'espace. Entre cette conception des lointains, dont les niveaux, ordonnés comme les décors d'une scène de théâtre, se fondent peu à peu dans les brumes légères de l'horizon, et celle qui replace dans une composition solennelle les souvenirs ramenés de l'expédition italienne, se dessine une plage étroite, mais essentielle à la compréhension des sensibilités. Gillis Van Coninxloo (1544-1607) ne s'est guère déplacé, et pourtant il innove d'une manière décisive en inventant le cadrage rapproché. En mettant de la sorte l'accent sur le premier plan, jusque-là négligé, en le traitant selon les tons en vigueur depuis le XVe siècle, vert foncé et brun chaud, son évolution le mène vers l'approche d'un motif inconnu. Des *groupes d'arbres*, aux cimes majestueuses et aux troncs tourmentés, concentrent ainsi les effets superbes que produit le soleil au travers des feuillages. Ses continuateurs, David Vinckeboons, Kerstian de Keunick et Adam Elsheimer, approfondissent ces techniques, transmises par son élève Gillis Clesz d'Hondecoeter (1530-1638). Transparence des verts, frémissements des ors, saisie des roux multiples, toutes ces recherches font du chêne un des acteurs favoris, qu'il se dresse, auguste, ou que la foudre et les ans le terrassent.

Aussi le XVIIe siècle s'ouvre-t-il avec le règne sans partage des essences feuillues. La banalisation du séjour italien relègue bientôt au rang des exotismes démodés les malheureux résineux qui, faute d'être regardés, sont crus interchangeables. Au XIXe siècle, ils ne hantent plus que les artistes germaniques, que le snobisme parisien se hâte d'enfermer dans la case d'agréables régionalistes. Ni l'école de Barbizon, en France, ni l'école de

Tervueren, en Belgique, et pas davantage l'école de La Haye, aux Pays-Bas, en recueillant le précieux héritage de Coninxloo, ne s'intéressent à ces arbres d'apparence immuable. Seul les absorbe la contemplation des sous-bois et des lisières.

La forêt d'altitude n'inspire pas, car elle ne s'intègre pas encore aux excursions citadines, et la montagne seule se vend à peine mieux, n'entrant pas encore dans le circuit du dépaysement. L'une et l'autre demeurent ainsi à l'écart des courants qui poussent à exhumer les maîtres anciens et à tenter de renouveller leur enseignement. C'est dire que dans l'opinion commune, la reconquête de l'Arbre n'utilise les résineux que faute de mieux. Même aux yeux des spécialistes, tel P. Demontzey, il est clair que leur établissement ne fait qu'inaugurer une phase transitoire, ces peuplements étant appelés à céder la place dès qu'ils auront *rendu service* [36], c'est-à-dire permis le développement des feuillus réclamant un couvert et prêts, enfin, à assumer la relève. En eux-mêmes, les résineux n'intéressent guère. A l'issue du processus, ils ne garderons une position dominante que là où l'ingratitude des lieux n'autorise pas la substitution. Pareille dignité ne se conçoit pas lorsque s'améliorent les données pédologiques. Dans ces conditions, les arbres du miracle ne peuvent être que ceux qui préparent son avènement.

Les aptitudes diverses manifestées sur ce point par les résineux dépendent en grande partie de leur conformation *souterraine.* Ainsi, A. Mathieu, en 1858, dans sa *Description et histoire des végétaux ligneux*, ne tarit pas d'éloges sur le pin cembro, dont l'élection lui paraît désirable, « non pas précisément pour ses produits, mais pour l'*abri protecteur* qu'il peut procurer aux massifs inférieurs, et pour le parti qu'on peut en tirer dans le reboisement des *contrées dénudées*, qu'il domine [37] ». Sa longévité est considérable, les sylviculteurs d'alors lui accordant cinq siècles de vie, et ses dimensions, « plus imposantes qu'on ne l'avait supposé ». Pour comprendre l'enthousiasme qu'il suscite, certains n'hésitant pas à le voir prospérer au-dessus des 2 500 mètres, il faut ajouter que son « enracinement se fait dans la jeunesse par un pivot et de fortes racines latérales [38] ». Or, vers quinze-vingt ans, n'a-t-il pas l'excellente idée d'atrophier le premier, alors que « les secondes seules continuent à s'accroître avec vigueur, et traçent au loin »? Pareil déterminisme enchante! La publicité que Michelet vient de faire à cet émérite pionnier trouve ici un écho assourdi. C'est qu'emporté par sa plume, le fougueux historien le décrit comme « ayant les siècles à lui : [...] pour qu'il ait sa croissance, il ne faut que mille ans! ». Certes, après cela, il est difficile de fournir de meilleures références en ce qui concerne « les garanties de perpétuité » souhaitées par P. Demontzey. La magie du verbe accomplit le reste, avec l'apostrophe fameux : « Palladium sacré! Lui vivant, la contrée se soutient, vit encore. Lui mourant, elle meurt, et le dernier coupé, disparaîtra le dernier homme [39]. » L'envoi, magnifique, s'accorde au romantisme du discours préécologique.

De telles tirades accréditent, ou du moins apprivoisent, l'idée que cette essence est l'ultime recours pour les zones de haute altitude. Dans quelle mesure cette aveugle confiance freine-t-elle les expériences quant aux possibilités physiques et physiologiques que ces milieux offrent au reboisement ? Il est permis de se poser la question devant certaines des attitudes nancéiennes. La réflexion balayée par un acte de foi ? Le XXe siècle ne se privera pas de dénoncer un tel comportement, les défauts des ancêtres se remarquant mieux que ceux des vivants! Certes, le pin cembro ne manque pas d'atouts, mais ceux-ci ne valent peut-être pas la réclame qui les entoure, dans ces débuts de la R.T.M. où restent ignorés la plupart des exotiques [40]. Oui, dans les Alpes françaises, à l'extrémité occidentale de son habitat naturel, son développement satisfait, et cela sans intervention particulière, mais... Mais ce succès ne s'obtient que dans des stations relativement humides et sur un sol constitué. Mais l'orientation plein sud est contre-indiquée. Mais les plants excédant 15 centimètres de hauteur, et âgés de moins de six ans, trépassent, etc.

L'arbre du miracle ne l'accomplit que sous conditions. L'exemple ne témoigne pas que de l'importance des modes. Il illustre aussi le fait que dans cette seconde moitié du XIXe siècle, la sylviculture de montagne commence l'apprentissage de sa spécificité. Elle profite des découvertes importantes de la botanique à la même époque, notamment sur le fonctionnement des appareils radicellaires. Cet intérêt se reflète donc dans les nombreux ouvrages que rédige la seconde génération de l'École, encore que sa littérature demeure très fortement marquée par les problèmes liés à l'aménagement des bois et à la conversion des taillis composés. Du coup, rares sont les auteurs qui s'interrogent sur leur répercussion dans la *conduite* des reboisements en haute montagne. Et rarissimes ceux qui s'inquiètent de *la manière* de les créer, et de les perpétuer. Nul ne mesure vraiment que le pourcentage de semis réussissant correspond au millième de ce qui se rencontre en forêt de plaine.

Ces deux carences notées, répandues au point d'en être communes, il est significatif que tous détaillent les bienfaits que les ligneux apportent aux terrains dégradés et pentus, même si la comparaison révèle l'inégalité des talents. Articles et livres alternent, et toujours revient l'inévitable plaidoyer en faveur des boisements, qu'il soit signé de Nanquette (1859), de Clavé (1862), de Gurnaud (1884), de Puton (1888), de Mathey (1898), de Huffel (1893), de Pardé (1905), de Schaeffer (1906), ou de Breton-Bonnard (1918), sans parler de tous ceux négligés par cette énumération. De l'un à l'autre, les connaissances s'affinent, la démonstration acquiert davantage de rigueur, passant de l'observation clinique à la statistique. Celle-ci, d'abord simple caution fournie au raisonnement, ne devient-elle pas son âme même, avec les écrits de G. Huffel et de L. Pardé?

Trois points sont particulièrement mis en valeur au sujet des effets *mécaniques* qu'implique la présence ligneuse. Un, la *cohésion* s'accroît, d'où une résistance améliorée aux affouillements, et l'image qu'emploie par exemple J. Clave indique bien où vont ses préférences [41]. « Les forêts [ne sont-elles pas] des gazons, dont les brins d'herbe sont remplacés par des arbres, et dont les racines plongent dans le sol à une profondeur de un mètre ou deux? » Le mode d'action étant identique, mais non le résultat, autant choisir la potion la plus énergique! Ce réflexe demeure d'autant plus tenace que les deux données suivantes ne cessent de le conforter. L'analyse, parfois quelque peu contestable, se renforce à mesure que progresse la géomorphologie, notamment sur les systèmes d'érosion. Oui, la *pénétrabilité* augmente grâce aux arbres, car les racines font « office d'un drainage perpendiculaire ». Oui, l'*aération* du terrain y gagne, parce que les radicelles contrarient le tassement occasionné par les pluies, en divisant à l'extrême les particules de terre. Dès lors, comment ne pas conclure à l'évolution positive des sols forestiers, enrichis des dépouilles hivernales, et capables de retenir jusqu'à deux fois leur poids d'eau, selon l'épaisseur en litière et humus?

La vogue extraordinaire dont jouit le pin noir d'Autriche répond à ce besoin d'une essence de transition, capable de maintenir et de corriger [42]. P. Demontzey le déclare nettement. Cette espèce peut tout faire. « Son pivot disparaît de très bonne heure », et ses « racines latérales puissantes », qui s'étalent alors, lui procurent « une solide assiette », ceci pour la retenue des sols. Quant à « ses feuilles, longues et abondantes », elles entraînent « une amélioration rapide et salutaire », et voilà pour leur qualité. Originaire de la Styrie, le pin noir, introduit en France dans les années 1860, monte donc à l'assaut des pentes décharnées, tant et si bien qu'une génération plus tard, il couvre 51 % du territoire périmétré dans le département des Alpes-de-Haute-Provence, et si son importance est moindre ailleurs, elle ne saurait être négligée : 16 % dans celui des Hautes-Alpes et 13 % pour les Alpes-Maritimes. Sa silhouette austère constitue maintenant un élément essentiel dans le paysage forestier. Le propre de la mode étant de plaire au plus grand nombre, les propriétaires privés emboîtent le pas aux responsables R.T.M., masquant ainsi la nudité de leurs terrains sous le vert sombre de cet arbre [43]. Forêts denses, aux limites géométriques, à l'aspect artificiel – un héritage accumulé en moins d'un siècle, et qu'il ne faudrait pas trop dénigrer, même si la gestion de ces peuplements aborde aujourd'hui une période délicate de leur histoire.

Le cheminement pastoral

En fait, les responsables de la R.T.M., dans ce XIXe siècle finissant, ne cherchent pas la pousse de tel ou tel arbre, mais celle de l'Arbre, ce qui est tout différent. Leurs espérances les portent donc successivement vers ceux qui paraissent alors les plus aptes à promouvoir *ensuite* une sylviculture ambitieuse. Et là, ils surestiment certainement leur pouvoir. Au fond, ces essences miraculeuses ne se perçoivent qu'en tant qu'instruments chargés de parer aux grandes catastrophes qu'occasionnent les fureurs torrentielles.

Ce n'est que depuis peu que celles-ci sont analysées sous l'angle du matériau qu'il convient de travailler, afin de réinsérer dans le circuit économique « ces terres abandonnées par l'agriculture qui les avait ruinées ». Aujourd'hui donc, les successeurs, s'ils ne renient pas les motifs de l'intervention, tournent le dos à une ancienne tradition sylvicole. Là où une production commercialisable se conçoit sans toutefois négliger le rôle de protection, les essences retenues, selon les stations, seront le sapin, le douglas, le cèdre ou le pin noir. Du coup, s'admet que les feuillus « devront se contenter d'un rôle de *figurant* pour améliorer le sol, ou de *solo* dans les quelques îlots de terre fertile », aptes à porter du frêne, du merisier ou du noyer de valeur [44]. Cette évidence ne l'était pas, ne serait-ce qu'une cinquantaine d'années auparavant. L'inversion mérite donc pareille insistance, et peut-être ne s'est-elle produite au niveau du discours qu'en raison des réalités sur le terrain.

Les anciens forestiers ne se sont pas limités à répandre des résineux, comme cela se croit communément. Ainsi, sur la commune de Barrême (Alpes-de-Haute-Provence), pour 3 millions de ces plants, se comptaient 2 millions de feuillus [45]. Si maintenant les seuls peuplements d'allure forestière relèvent du pin noir, c'est que les autres, soit avortèrent, soit furent submergés par le dynamisme de cet étranger! Au fond, là où le regard contemporain ne remarque que la mode des reboisements et des essences en vogue, les nécessités d'une époque ne faisaient que s'exprimer. Compte tenu des *acquis* scientifiques du temps et des objectifs que celui-ci détermine au travers d'une lecture élitiste de ses besoins, il n'existait pas d'autre solution. Les spécialistes du siècle dernier, très sensibles au faciès dégradé qu'offrent ces terrains, se sont donc attachés à recréer un *milieu forestier vivant.* Au moins, sous cet angle, ont-ils gagné le pari engagé. Il suffit pour s'en convaincre de confronter les photographies d'hier, montrant des sols rapeux et caillouteux, avec le panorama actuel où ceux-ci ne se devinent même plus sous l'épais manteau noir.

Cependant les peuplements dont la constitution remonte à l'avant-guerre atteignent maintenant 70 à 100 ans, la durée d'une espérance de vie. N'est-ce donc pas le moment de s'interroger sur le prix d'une pareille métamorphose, notamment sur le plan régional ? Et d'abord, comment gérer pareil changement, si tant est qu'il soit maîtrisable ? Car enfin, la longévité de ces peuplements demeure obscure, la plupart d'entre eux comprenant des exotiques, pour lesquels manque l'aide d'une tradition sylvicole, surtout dans cet emploi R.T.M., à la limite ou en dehors des frontières de leur habitat naturel. La pratique du reboisement, dans cette seconde moitié du XIXe siècle, s'est accompagnée d'un certain cynisme à l'égard des hommes. L'empirisme, par contre, la guette dans son rendez-vous avec les arbres. L'un et l'autre ne conviennent peut-être plus guère à l'heure où s'en recueillent les fruits.

Demain, la récolte ?

Certes, les responsables d'alors ont eu raison en considérant le pin noir comme naturalisé dans les Alpes méridionales. Il s'adapte en effet remarquablement au climat de Haute-Provence, trop bien, penseront certains, puisque le grand perdant, dans ces massifs, se révèle être le pin sylvestre, en dépit de la vitalité juvénile dont il fait preuve. C'est que celui-ci ne donne dans les contrées méridionales qu'une race au tronc court et sinueux, pourvu de branches hypertrophiées et tortueuses, bref, rien de ce qui, d'ordinaire, définit les beaux sujets. Facile à dominer, il n'aime guère, en plus, les sols calcaires, et goûte moins la chaleur estivale que ne le prétendaient André Mathieu et Pierre Demontzey [46]. Il croît donc à des altitudes de plus en plus hautes à mesure que s'effectue la descente vers le Sud, sans pouvoir toutefois franchir la cote des 1 800 mètres.

Aussi son heureux rival, indifférent à tout, même à la compacité des terrains, dérobe-t-il aisément la clé des champs, pour reprendre l'excellente expression de F. Combes, laissant les bastions élevés à son adversaire déconfit. C'est effectivement là, entre 600 et 1 200 mètres d'altitude, que le pin noir, introduit par la main de l'homme, connaît son optimum écologique, dans ce que les géographes du XIXe siècle nomment « l'étage du chêne pubescent ». S'y manifeste donc sans contrainte son tempérament envahissant. A dire vrai, les forestiers de la seconde moitié du XIXe siècle espèraient un peu dans cette belle humeur pour régénérer les contrées les plus stériles d'apparence. Ils n'ont pas eu tort, car le jeune plant montre une faculté étonnante de résistance à la sécheresse. Le développement de son réseau radiculaire permet en effet à la partie aérienne de végéter médiocrement pendant des décennies sans que l'arbre meure. Il supporte même les terrains lourds et compacts, pourtant souvent riches en sulfates. Au-dessus de ces marnes noires, si fréquentes en Provence, oui, il peine, n'excédant guère un à deux mètres de haut, mais cela ne l'empêche pas de déployer en surface d'énormes racines, longues de plus de dix mètres!

Cette robustesse superbe les prend d'ailleurs au dépourvu. Dans ces conditions difficiles, afin d'augmenter le taux de réussite, leur habitude est en effet de mettre plusieurs plants par potet, parfois jusqu'à dix, arrachés des pépinières locales et réinsérés avec la motte de terre [47]. Le sol étant fertilisé avec des feuilles mortes et de l'humus forestier, ces pousses, mycorhizées avant la lettre, réalisent ainsi la mission de l'impossible : occuper l'espace.

Ce bilan devrait réduire au silence les contestataires en chambre. Car le pin noir, loin de n'être qu'un *instrument* pour les techniciens chargés de parer aux catastrophes, peut favoriser la mise en valeur de la région. L'usage le révèle de la sorte comme *moyen* d'action économique. Il suffit pour s'en convaincre d'observer les zones où sa sylviculture ne s'est pas imposée, ce qui est parfois le cas en dehors des périmètres R.T.M., dans lesquels il règne toujours : près de 17 000 hectares, dans le département des Alpes-de-Haute-Provence, sont en forêt publique, gérés par l'O.N.F., à quelques individus près.

Les étendues, jadis labourées, fauchées ou intensément pâturées, et non colonisées par le pin noir, connaissent un processus d'enfrichement qu'un jugement hâtif déclare positif, en ne retenant de lui que le couvert constitué. Ces pins sylvestres difformes, que cernent des broussailles éminemment combustibles, n'offrent cependant qu'un médiocre intérêt économique. Ni les hommes ni les troupeaux ne circulent plus dans ce désert prompt à s'enflammer.

A l'opposé, le pin noir assure, en trente ou quarante ans, une véritable médication écologique, avec une ébauche de sol et un cortège floristique très différencié. En dévoilant à la station la *spécificité* de son milieu, il laisse donc penser qu'à sa deuxième génération, des essences mieux adaptées à la demande locale prendront la relève. C'est l'exemple actuel de la vallée de l'Issole (Alpes de Haute-Provence), dont les pinèdes virent progressivement à la sapinière mélangée [48]. La *forêt de protection* peut aussi devenir une *forêt de production*, même si celle-ci n'apprivoise pas en montagne les nobles feuillus...

Le pin noir, détour nécessaire? Oui, d'autant que son avenir pose des questions qui se retrouvent pour d'autres peuplements, de plus haute altitude pourtant. En effet, le résultat que les forestiers d'autrefois ont tiré de lui est si beau qu'il suscite bien des regrets. Trop souvent, la reprise de ses plants s'est effectuée avec une telle ardeur qu'aucun n'a succombé, rendant ainsi nocives les précautions prises! Cela procure à l'ensemble la forme étrange d'une cépée, étrange puisqu'il s'agit de pins noirs. Du coup, voilà des peuplements qui se retrouvent trop grêles pour assumer leur fonction R.T.M. Des éclaircies seules, pratiquées *très tôt* et *très fort*, pouvaient leur procurer la vigueur indispensable à la tenue de ce rôle. N'agissent-elles pas en augmentant la puissance de l'ancrage racinaire, ainsi que le rapport entre la section de la tige et la hauteur de l'arbre? Il est trop tard pour remédier à pareille carence. C'est dire que cette génération des 70 à 100 ans sera celle des sacrifiés, décevants comme outils de la R.T.M. et nuls sur le plan économique. Pour être juste, il faut ajouter que mieux vaut ne pas trop parier sur l'amélioration de ce double objectif dans le futur. Le faible intérêt commercial de ces opérations rend en effet assez problématique leur exécution, surtout lorsque sont minces les possibilités de récolte. Celles-ci grandissent bien évidemment avec l'édification d'une infrastructure de desserte convenablement étudiée. Cela n'est pas toujours concevable, et il est à craindre que ce genre de dégagement mené à prix d'argent, les troncs gisant sur le parterre de la vente, demeure pour longtemps un vœu pieux.

Cette question importe particulièrement pour les peuplements de haute altitude, dont la présence conditionne la sécurité de certaines stations et de bien des équipements [42]. Leur action se fait en effet sentir de manière passive, soit en canalisant le long des couloirs, soit en amortissant vers l'aval, des avalanches de neige lourde. Certes, favoriser les essences à enracinement profond et à feuilles persistantes, comme le sapin à l'étage montagnard ou le pin cembro à l'étage subalpin, ne mérite que des compliments. Encore faut-il veiller à la solidité du rempart, c'est-à-dire à la force des tiges! Face à la poussée neigeuse, maintes études restent à entreprendre, non seulement pour déterminer le comportement respectif des différentes espèces, mais encore pour connaître les relations existant entre les caractéristiques locales, telles que pente, rugosité ou épaisseur de neige, et la surface terrière des futaies à garder [50]. Il est clair qu'en bordure d'un couloir, l'effet de palissade recherché réclame une assez forte densité. Cette défense passive sur le front des avalanches peut même exiger la retenue de certains arbres, bien après que soit amorcé leur dépérissement. Cela concerne tout particulèrement les fûts puissants des mélèzes et des pins cembro, qui conservent encore longtemps leur résistance : ils contribuent donc davantage à cette lutte par leur maintien sur pied qu'abattus et laissés sur place.

Les potentialités de production diminuent avec l'altitude et deviennent insignifiantes à proximité de l'étage alpin, où l'emporte la fonction de protection. Cependant, qu'il s'agisse des possibilités de récolte, notamment dans les sapinières-pessières de l'étage montagnard, ou des contraintes qu'entraîne la reptation neigeuse au niveau supérieur, toujours s'impose, dès le jeune âge, la technique des éclaicies. Des essences comme le mélèze d'Europe ou l'épicéa commun ressentent cruellement leur absence qui se traduit par une nette régression de la croissance des diamètres, à partir de la vingt-cinquième année. Là aussi, une occasion ratée.

La priorité accordée au reboisement, l'ampleur de la tâche, mais aussi les discussions qui ont eu lieu autour de méthodes peu conformes, en fait, à la foresterie française, expliquent que les peuplements montagnards n'aient pas bénéficié des attentions profitant alors aux forêts de plaine. *En un mot, ils existaient*, et c'était assez [51]. L'optimisme d'un tel comportement apparaît aujourd'hui avec la prise de conscience – récente, elle aussi – de leur maturité. Car surgit alors la question : et puis après, que faire ? Ce frisson ne gâche en rien la satisfaction que procurent des réussites aussi éclatantes que les forêts de Mende et du Labouret, dans les Alpes du Sud, celle du Rialse dans les Corbières occidentales, ou encore, dans les Pyrénées orientales, celle du Haut-Vallespir, une des dernières inscrite au programme R.T.M., puisque datant des années 1940. Les reconnaître pour telles n'empêche pas de s'interroger quant au mode de reproduction de ces *boisements artificiels.* Car leur fertilité pâtit des conditions locales, parfois bien pénibles, qui entourent création et éducation.

Ainsi, depuis quelques années, dans le département des Alpes-de-Haute-Provence, des chercheurs appartenant à l'Institut national de la recherche agronomique (I.N.R.A.), centre d'Avignon, se penchent sur la régénération naturelle du pin noir, avec un dispositif sur le suivi des semis. Les premières conclusions rassurent puisque, même sous un couvert très dense, les graines germent et les semis s'installent – du moins en dessous de 1 200 mètres et si l'aridité ne se marque pas trop. Dans le cas contraire, les sujets présentent un aspect rachitique et demeurent stériles. Pourtant, cet état heureux, *toujours à la limite inférieure,* ne dure pas.

Bien vite, en effet, le maintien d'une protection excessive au-dessus de ces très jeunes plants décime les rangs. Les faire survivre au-delà d'un an ou deux suppose donc d'intervenir pour l'atténuer. En fait, leur tempérament héliophile ne se plaît que sous un abri discret, ce qui suppose de dégager de larges trouées à l'intérieur du massif, sous peine de voir étouffer ses rejetons! Ainsi, en montagne plus qu'en plaine, les deux verbes *produire* et *reproduire* s'apparentent-ils encore aujourd'hui. Tout se passe comme si la conduite du peuplement ne façonnait celui-ci que pour lui permettre de se régénérer naturellement, en préparant des semenciers et en maintenant le sol couvert [52].

La production livrée lors de la récolte occupe donc une place bien secondaire, au regard de la reproduction. Confondre les deux objectifs s'impose donc, et tant pis si l'enlèvement du vieux matériel se trouve de la sorte subordonné à la présence du recrû, cette attente risquant d'impliquer une moindre valeur négociable! L'essentiel ne réside-t-il pas dans la renaissance du peuplement? Hélas, les différentes séquences ne s'enchaînent pas toujours dans le sens du *happy end,* tant s'en faut! Au col de Fontbelle vers 1 300 mètres, le pin noir n'engendre plus de pin noir. Le sous-bois se laisse donc envahir par un méchant fourré de feuillus dans lequel les responsables s'efforcent maintenant de sélectionner une futaie d'érables et de frênes, ce qui, après tout, ne conclut pas d'une manière trop triste l'histoire de ce massif.

Souvent, une telle chance ne survient pas. Les forestiers assistent alors à la sénilité de l'ensemble. Les descentes de cime vont se multipliant. L'arbre et la forêt meurent. Le boisement s'écroule donc sans regarnis, ce qui compromet, et son avenir, et son rôle anti-érosif. N'aurait-il pas été sage de lutter contre ce vieillissement massif? Et dès que sa venue ne saurait plus être contrée, l'est-il davantage de réinvestir dans une plantation onéreuse, qui renverra, dans cent ans, au même dilemme? Cela éclaire d'un autre jour le débat relatif aux boisements artificiels, que la fin du XIXᵉ siècle croyait tranché en leur faveur. F. Briot, en 1896, au-dessus de cette altitude des 1 200 mètres, ne conseillait-il pas de renoncer au maintien des semenciers, précisément parce que les peuplements artificiels ne lui paraissaient avoir que des avantages? Les deux principaux étant « l'exercice du pâturage pendant plusieurs années en plus », et « la plus-value qu'acquerront les coupes, par suite de la suppression de toutes les précautions, auxquelles astreignent les arbres de réserve », les montagnards ont donc leur mot à dire sur la question [53]. Il est vrai que la tournure des événements ne fournit guère l'occasion de l'entendre.

Des disparus regrettés

La Nature se montre parfois bien avisée en contournant les difficultés que pose la fécondation en ces zones de haute altitude. C'est le modèle qu'elle invite à plagier, avec les populations clonales d'épicéa, dans les stations où dévale le vent glacé des cimes [54]. Le *marcottage* des rameaux traînants y assure en effet une très remarquable adaptation aux données létales, et supplée de la sorte aux défaillances de la reproduction sexuée. Évidemment, cela suppose la présence d'un arbre-mère, particulièrement bien équipé sur le plan génétique et s'accommodant de l'absence d'ambiance forestière. A cela s'ajoutent d'autres contraintes : un milieu comportant tous les facteurs aimés de l'espèce; un enneigement tel que les branches basses, ployées, touchent le sol; et une pluviométrie assez généreuse pour que la terre, gorgée d'humus, demeure humide et non compacte, etc.! Certes, pareille conjonction laisse perplexe, ce qui souligne à quel point est ardue la besogne des imitateurs. Et pourtant, ce procédé, qui résout la difficulté de l'implantation et du rajeunissement, a de quoi fasciner. Car une fois l'équilibre établi, la colonie, enfin installée, étend son occupation en contrebas, jusqu'à ce qu'elle rencontre des critères édaphiques contraires à sa famille. L'Homme s'épuise donc dans la bataille qui le mène *en amont* de la zone où se démantèle la forêt. La Nature, elle, travaille *directement dans la zone* où l'arbre survit, isolé, et exploite au mieux toutes les microstations qui lui sont clémentes. Comment, dès lors, ne pas rêver de sa copie fidèle?

Lorsque s'achève la progression des clones, l'arbre-mère n'existe parfois plus. Peu importe la disparition de ce témoin et de cette origine. Le peuplement n'a-t-il pas acquis sa stabilité? L'imbrication des couronnes des sujets qui le constituent s'avère en effet si forte que la partie autorisant la photosynthèse se situe à la périphérie du volume constitué, et sur une faible épaisseur : 10 à 30 centimètres, pas davantage. Cette tranche, véritable manteau d'aiguilles, se comporte donc comme une haie fréquemment taillée. Toute lésion y provoque l'excroissance, soit d'un autre sujet, soit d'une branche voisine : pas de vide, ou l'ensemble deviendrait vulnérable. L'assise de celui-ci augmente encore du fait de la soudure entre les racines de ses individus, qualité fondamentale en haute montagne d'une manière générale, et fort précieuse dans la lutte contre éboulis et glissements de terrain.

Hélas! comprendre les principes d'un mécanisme ne signifie pas être capable de le construire.

Imiter la Nature dans les réponses qu'elle apporte au défi de l'existence végétale dans certains milieux, et percer le secret de ses méthodes pour en accélérer les effets, tout cela se réalise déjà avec la populiculture, et le jour approche où la ligniculture appartiendra à de véritables usines à bois. Cette extraordinaire mutation ne se conçoit cependant qu'*en plaine*, ne serait-ce que parce que les pentes gênent la mécanisation des actes nécessaires tant à l'éducation des arbres qu'à leur récolte. D'ailleurs, dans la perspective de la R.T.M., l'extraction des troncs n'est pas forcément souhaitable. Ses dirigeants savent que, pour longtemps encore, ils ne pourront s'inspirer de la Nature que dans ce qu'elle offre de plus superficiel – la patience – après avoir placé dans la bonne position le jeune plant, à moins que ne soit possible le semis en ligne [55]. Les progrès concernent la provenance des semences, le choix des variétés ou le groupement des plants, mais l'installation de l'Arbre demeure toujours le fait de l'Homme. Pour l'heure, et cela risque de ne pas cesser de sitôt, la *sylviculture de montagne* ne dispose donc que des bras de ses agents pour forcer la voie qui mène aux sommets.

Cependant, même si le travail humain prime sur tout le reste, les orientations du XXe siècle se démarquent de celles d'hier, car elles intègrent le fait que les boisements d'altitude reviennent cinq à dix fois *plus cher* que ceux en plaine ou moyenne altitude, qu'ils concernent l'étage subalpin ou l'étage montagnard. Ce prix très élevé s'explique par l'étendue des regarnis, mais aussi par l'absence d'exploitation des sujets, soit par impossibilité matérielle, soit par nécessité politique, alors que leur éducation est loin d'être gratuite en raison des éclaircies obligatoires. Ces dépenses ne s'acceptent que parce qu'est reconnue l'excellence du piège que constituent ces arbres dans la retenue des neiges. A terme, ces boisements, lents à édifier, devront relayer les rateliers paravalanches, inesthétiques et dispendieux : 20 à 40 fois ce que consomment des plantations d'altitude! Mais comment en faire l'économie, puisque eux procurent une défense immédiate contre ces risques? Sur la longue durée, leur substituer un réseau dense de petites banquettes étroites s'avère rentable, à condition de protéger ces dernières contre l'érosion qui les détruirait au bout de dix ou vingt ans. C'est dire que, si l'époque des vastes reboisements par massifs entiers semble close, des chantiers restent ouverts, notamment sur les alpages plus ou moins délaissés surplombant, vers 1 800 à 2 000 mètres, des aménagements pour sports d'hiver [56].

Les *boisements hors forêt* entraînent donc une demande pour des essences et des techniques capables de coloniser, même à grand prix, même très lentement, cette zone de combat qui définit la frange supérieure de l'étage subalpin. Dans les trois départements des Alpes méridionales, par exemple, les forestiers n'ambitionnent-ils pas ainsi de repeupler encore quelque 28 500 hectares, selon une note de 1967 émanant du Service d'aménagement régional ? Cela couvre plus de la moitié de ce qu'ils ont déjà effectué en moins de cent ans !

L'état d'esprit avec lequel s'étudie la question évolue pourtant notablement. Plus personne, aujourd'hui, n'ose envisager un manteau sylvicole étendu jusqu'aux crêtes, ou descendant au cœur des ravins, précisément parce que d'autres procédés, relevant du génie civil, existent et diversifient l'approche [57]. Sont de la sorte déclarés inaptes à son port quelque 60 100 hectares, une superficie considérable car équivalant au tiers (36 %) des terrains acquis dans ces départements. Tout le monde, par contre, reconnaît l'intérêt d'explorer les possibilités physiques et physiologiques qui permettent d'installer l'arbre là où la Nature ne s'accorde plus ce luxe. Ce mot surprend ? Mais c'est que la partie du bois non conducteur nécessite une production de matière qui n'est pas directement utile à la vie. Or, à la limite sylvestre, l'accroissement du diamètre se réduit très fortement : 0,25 à 0,50 millimètre par année. Lorsque la photosynthèse ne crée même plus cet excédent, l'arbre devient utopie et se dérobe à la vue. Buissons nains et espèces herbacées occupent alors l'espace, et composent donc l'étage alpin [58].

Certes, les problèmes écologiques que rencontrent les jeunes plants, dans cette partie exposée, pour atteindre le stade « ligneux arborescent » (10 à 100 centimètres de haut), ne se concevaient pas au début de la R.T.M., ne serait-ce que par ignorance des délais que réclame la *production* de biomasse végétale. Deux mois, vers 1 900 à 2 100 mètres, c'est trop peu pour que la quantité organique fabriquée assure l'édification de bois. Et l'idée qu'un jour la recherche s'ingénierait à accélérer ce processus aurait été perçue comme une violation des lois naturelles. L'Homme, dans ce dernier tiers du XIXe siècle, s'inspire de la Nature, l'imite, mais ne s'y substitue pas encore. Au reste, cet avènement exige que se renverse au préalable une autre barrière, celle de l'*adaptation*. Que la physiologie propre à chaque espèce autorise, en fonction de sa provenance, une implantation plus ou moins haute, ne joue alors aucun rôle, et pour cause. La prise en compte de l'origine ne joue que pour les graines, et encore. D'ailleurs l'époque se soucie davantage de leur conservation que de leur provenance. Cela laisse donc penser l'essentiel des difficultés résolu avec l'ouverture des *pépinières locales* [59]. Encore fallait-il y songer, en un temps où n'existaient que les grandes pépinières centrales, destinées à alimenter les forêts soumises dans le bas pays. Et ensuite, veiller à l'alignement des jeunes, sur les parcelles préparées, opération qui mobilise un grand nombre d'ouvriers. Même aujourd'hui, le sol trop mince, les blocs rocheux amassés, les pentes raides, tout cela exclut le recours aux moyens mécaniques tels que charrues ou engins de terrassements, utilisables seulement en terrains schisteux. Alors, autrefois! Ne restent donc que la sueur – et la pioche.

Pourtant, dès ces années 1880, les semis à demeure font l'objet d'une contestation générale. Les piteux résultats obtenus par cette méthode en haute montagne expliquent le retournement d'opinion chez les spécialistes. P. Demontzey, comme ses collègues de la seconde génération R.T.M., examine les mésaventures de ses prédécesseurs, et les situe *durant la période de végétation*, idée partiellement fausse, mais lourde de futures innovations [60]. Trois causes, surtout, l'intéressent : les graines, peu recouvertes, finissent déterrées en raison des mouvements dilatoires en surface; après la germination des rescapées, le massacre continue du fait de l'aridité ou des prédateurs, au choix; le recrû herbacé, à la fin juin, achève les dernières. Ainsi, leur salut réclame assistance, avec, le moment venu, extraction des envahisseurs et binages répétés. Cela rompt avec la pratique habituelle, non interventionniste, économique certes, mais en l'occurrence fort meurtrière. C'est pourquoi, à tout prendre, il préconise le *semis à la pioche*, et non à la volée. Lorsqu'est creusé un petit potet, la pincée de semences, déposée à l'aisselle de la touche, ne se trouve-t-elle pas soustraite à la vue? Le procédé ne satisfait pas encore, car il n'épargne pas aux renaissances les brûlures estivales, et cela en dépit de l'édification d'une pelouse. Ce *gazonnement* préalable se définit alors comme une phase transitoire, dont le respect importe à la bonne venue du boisement. P. Demontzey considère en effet l'extrême lenteur de la croissance en haute altitude. Le sainfoin commun, et mieux encore, les plantes fourragères, qui, elles, ne régressent pas vers la troisième année, défendront en conséquence ces jeunesses contre les fortes gelées. Sans compter que leur présence évite de semer trop serré, source de gaspillage inacceptable avec certains résineux exotiques qui commencent à faire parler d'eux dans le cadre R.T.M. Cette analyse, souvent lucide, mais encore trop optimiste, souligne ainsi les principales directions dans lesquelles se lancent les chercheurs : résistance aux conditions « dures », couverture rapide des parcelles et bonne tenue du sol.

Les *pépinières volantes* apportent la première réponse à cette triple exigence, en permettant aux responsables R.T.M. de rapprocher, autant que possible, l'éducation des semis et le lieu de transplantation. Progrès capital, qu'amorçaient en fait les pépinières départementales, largement prônées par Joly de Sailly [61]. La conquête de l'Arbre dépend désormais, dans cette fin du XIXe siècle, du rythme de leur production. Ce principe enfin acquis, il convient d'atténuer le traumatisme de l'arrachage et du transport en fournissant des individus bien conformés, à la fois trapus et fournis. Il faut donc multiplier les repiquages, surtout lorsque la transplantation attend six à dix ans, comme dans le cas du pin cembro. C'est la seule façon de restreindre la longueur du réseau et d'accroître les racines de base, ce qui modèle un chevelu dense, situé près du collet. Aussi la plupart des reboiseurs se servent-ils aujourd'hui de potets faisant 30 centimètres sur 30, cet écartement assurant une bonne assise de l'ensemble [62]. Plants *fournis*, donc, mais aussi trapus : s'ils dépassent une certaine hauteur, la cime est alors étêtée afin de réduire leur vulnérabilité aux vents, le mélèze d'Europe s'y montrant tout particulièrement sensible. Les densités d'installation excèdent donc couramment les 2 500 plants à l'hectare. Elles s'élèvent même jusqu'à 10 000 avec l'altitude. L'âpreté ambiante freine en effet la fermeture de la forêt, laissant ainsi les jeunes pousses désarmées.

La leçon des colonies de marcottes ne se perd donc pas, puisque les moyens de la cohésion sont systématiquement explorés. A cet égard, la technique expérimentée à la station du Chazelet, commune de La Grave (Hautes-Alpes), promet beaucoup [63]. Elle associe en effet les plants par quatre, dans un triangle équilatéral de 10 centimètres de côté, le quatrième se plaçant au centre. Cela améliore non seulement le *taux de reprise*, mais aussi les *chances de survie* des sujets, quelle que soit leur position au sein de la figure.

Le décès de 20 à 30 % des transférés se constate fréquemment au bout d'un an, alors qu'ils sont dans leur sixième année. Cette obligation de regarnir consomme du temps – et de l'argent, le problème le moins grave aujourd'hui. Sur ces chantiers, la présence des ouvriers est donc indispensable. La mortalité de leurs sujets ne rend-elle pas permanent ce fonctionnement? Paradoxe affreux : le reboisement progresse mieux quand l'homme a déguerpi, mais sans lui, il ne peut se faire. Les montagnards disparus deviennent enfin chers au cœur des forestiers...

La pédagogie de l'herbe

Le dépeuplement gêne en effet l'afforestation, qu'il résulte des périmètres instaurés, comme le disent leurs détracteurs, ou qu'il reflète une convergence de facteurs complexes, transformant les migrations temporaires en exil définitif. Dans cette fin du XIXe siècle, partout se vident les espaces montagnards. Le départ de leurs occupants semble relever de la fatalité, et rien ne saurait le contrecarrer. Ainsi, en 1910, J. Bailac décrit cette fuite du cultivateur exaspéré par sa vie depuis qu'il sait qu'ailleurs existe un autre monde, d'apparence plus agréable. « Chaque année, [le paysan] s'entête à recommencer le dur labeur imposé à ses pères. A la fin, *fatigué* de cultiver une terre qui ne le nourrit plus, il s'en va à la recherche d'une vie moins pénible [64]. » Son trait ne manque pas de fermeté. Les quatre départements pyrénéens ne perdent-ils pas de la sorte près du dixième de leur population en un demi-siècle ? Celui de l'Ariège passe même de 267 400 habitants en 1851 à 205 200 en 1901, soit une diminution de 23 % ! A la même époque, L.-A. Fabre évoque la situation de la vallée d'Ossau (Pyrénées-Atlantiques) où s'expatrier aux Amériques est devenu, en moins de trente ans, la seule issue pour le sixième de sa population [65]. A Laruns, sur 2 200 villageois, en huit ans, 200 sont déjà partis. A Louvie-Juzon, 110 ont émigré en 1888, et encore 100 l'année d'après – une saignée brutale pour une bourgade ne comprenant que 1 600 âmes.

Même chanson dans le Sud-Est montagneux. Les Alpes-de-Haute-Provence qui comptaient 153 700 habitants en 1870, n'en possédent plus, en 1906, que 115 000, ce qui représente une hémorragie de 1 100 hommes par an. Dans la seule vallée de Barcelonnette, 100 personnes s'en vont annuellement vers le mirage mexicain, d'abord les travailleurs, puis les femmes et les enfants. En cinquante ans, sa population a régressé de 28 %. Les Hautes-Alpes, en meilleure posture démographique de 1801 à 1846, déclinent à partir de ce moment, arrivant à 107 400 habitants en 1908, contre 133 000 au début du second Empire. Elles s'épuisent ainsi au rythme de 400 habitants par an.

Les vœux des nationalisateurs, souhaitant ardemment la retraite des montagnards pour que triomphe l'Arbre, seraient-ils enfin comblés ? Eux-mêmes finissent par se préoccuper d'être trop bien exaucés. Ils se persuadent même d'avoir quelques responsabilités dans l'affaire. Ne seraient-ils pas en train de façonner un univers végétal dans lequel l'Homme n'aurait plus sa place ? Les diatribes les concernant alimentent d'ailleurs cette mauvaise conscience latente. Celle que leur jette L.-A. Fabre demeure célèbre, parce qu'elle souligne la parenté incontestable entre le cantonnement des musulmans et l'expropriation pour cause de reboisement, encore qu'il y ait eu une grande différence dans les deux cas, du moins au niveau de l'exécution. Fabre s'exclame ainsi, lors du congrès de la Société d'économie sociale

(S.E.S.), tenu en 1908 : « Les agents de la colonisation algérienne n'ont qu'à suivre aujourd'hui les agents de la restauration des montagnes métropolitaines. Ils y glanent *sans peine* des bras, avec lesquels on compte coloniser les terres *spécialement expropriées*, sinon *confisquées* à cet effet aux indigènes [66]. » La formule se révèle percutante, en affirmant que l'expropriation des indigènes n'a eu pour but que de réinsérer dans le corps social les expropriés de la montagne! Ce mythe sera tenace. Il est vrai qu'il a l'immense avantage de gommer la braderie des terres algériennes au profit des compagnies financières. Il est vrai aussi qu'il tire sa force d'un courant continu d'émigration, venu de ces hautes terres. Et de ce point de vue, il importe peu que le mouvement se dirige vers la ville plutôt qu'outre-mer, et que, dans ce cas, l'Amérique du Sud plaise autant, parfois plus, que l'Afrique du Nord.

Voilà donc accréditée l'idée que pour se garantir d'un péril, la *détérioration* des sols, les pouvoirs publics en ont sécrété un autre : la *dépopulation* des montagnes. Le phénomène se regarde donc sous un verre déformant, car c'est dans toute la France que se vident les cantons ruraux. Rien à faire! Chacun se persuade que l'Arbre ne cohabite pas avec l'Homme. Encore en 1930, un candidat aux législatives, dans l'arrondissement de Saint-Girons (Ariège), n'estime-t-il pas attirer les suffrages en proposant « de lutter [...] contre la Forêt envahissante, d'obtenir l'autorisation d'abattre certains coins de la Forêt »? Et de conclure : « Nous n'avons qu'un désir, agrandir nos pâturages. » Preuve que l'argument fait toujours recette [67]! Les bois n'avancent pas à mesure que s'effiloche le tissu humain, mais c'est leur avance qui provoque la fuite des hommes : la thèse est fallacieuse, mais revenir sur une pareille image ne paraît pas simple. Même les Eaux et Forêts émettent des réserves quant à l'éventualité d'une cœxistence pacifique entre résineux et bergers!

La politique de la main tendue n'est au début que le fait d'une minorité de forestiers, généralement fort suspects aux yeux des administrateurs centraux. Cela leur demande un certain courage, voire un courage certain, pour déployer, dans ces années 1890-1910, un discours d'envergure comparable à celui dénonçant les intolérables abus auxquels se complaisent les habitants de ces hautes terres. Cela montre combien il est hasardeux de se fier aux proverbes. Les absents, en effet, n'ont pas toujours tort. Surtout lorsque leur absence définitive compromet les beaux projets établis alors que celle-ci n'était que rêvée! Le dépeuplement constaté, il faut bien admettre qu'en dessous d'un seuil minimal de densité, la cause sylvicole n'en tire guère parti. Cette dernière, faute d'une main-d'œuvre à son service, ne se limite-t-elle pas trop souvent à un enfrichement indiscipliné? Cette question s'inscrit toujours à l'actualité, comme en témoigne l'ouvrage de P. Chabrol [68]. L'Administration visait, dans les Pyrénées-Orientales, une cadence de 300 hectares reboisés par an entre 1957 et 1962. Les mercenaires faisant défaut, la moyenne s'essouffle au-delà des 180 hectares, tombant même à 128 hectares en 1959. Dans un sens, la remarque apporte une justification *a posteriori* aux paroles que L.-A. Fabre prononce, le 19 novembre 1908, lors d'une séance à la Société d'agriculture et d'industrie de Lyon. Cinquante ans avant la publication de cet ouvrage, ne montre-t-il pas combien devient nécessaire l'embauche d'étrangers, en raison d'une léthargie de la démographie française? Situation déplorable, alors que se poursuit l'exode des montagnards vers les colonies [69]. D'où sa conclusion en forme d'appel : « Qui soutiendrait encore que l'émigration de quelques coins de ces Alpes satisfassent à la fois les intérêts alpins et ceux de la France colonisatrice, ceux de la Petite et de la Grande Patrie? » La contradiction lui semble évidente, et, devant choisir, il opte pour le repli sur l'Hexagone.

Comme la plupart de ces forestiers minoritaires par vocation, L.-A. Fabre n'adhère pas au clan des colonialistes, l'expansion vers l'outre-mer lui paraissant une aventure assez vaine. Ne disperse-t-elle pas aux vents des forces dont le regroupement s'imposerait plutôt, au vu du spectacle international? P. Demontzey ne cache pas, par exemple, que son programme vise avant tout à retenir les hommes, car « cela s'inscrit dans une perspective de *défense naturelle* des frontières ». La tradition, volontiers imputée à Richelieu et peut-être due à Vauban – en admettant qu'elle ait vraiment existé –, persiste donc, et resurgit au détour de l'écriture. Demontzey cherche à arrêter ce qu'il juge une hémorragie pernicieuse, par « la fixation *d'abord,* et l'augmentation, *ensuite,* d'une population de montagnards *énergiques, vivant à l'aise* dans des régions, qui forment une partie des défenses naturelles de la France [70] ». Celle-ci, amputée par la défaite de 1870, ne frémit-elle pas, en entendant évoquer le dynamisme allemand? Cela ne contredit pas la séduction que possédent les discours revanchards, tout au contraire : ceux-ci se nourrissent des diatribes contre l'exode, et réciproquement. Tous les enfants de France n'aideront-ils pas à laver l'injure? Certes, dans une période où grandissent les risques d'affrontement, précisément sur les questions coloniales, ce n'est pas l'instant de s'éclipser.

L'esprit belliciste, et à un moindre degré, nationaliste, procède donc à l'amalgame des verbes. «Dépeupler », « partir », « émigrer » se classent ainsi dans un registre dépressif. Ce défaitisme doit être purgé afin de renouer avec la mentalité des vainqueurs! Aussi le terme de « déserteur », appliqué aux montagnards, émerge-t-il parfois de l'encrier de ces auteurs. Un écho amplifié en quelque sorte du mot « évasion », manié par L.-A. Fabre en personne dans un article de 1911 resté célèbre [71]. Au fond, l'appel pour la Grande Patrie ne sacrifie-t-il pas les besoins de la Nation en armes aux intérêts douillets de l'individu? Cette crainte de l'affaissement démographique pousse ainsi J. Berthillon et C. Honnorat, dès 1896, à fonder une association, l'Alliance nationale contre la dépopulation, dont l'objet porte sur les moyens de promouvoir toute méthode permettant de récupérer la natalité d'antan et de maintenir les paysans à la terre. Les liens ainsi noués entre *exode rural* et *dénatalité* ne sont pas toujours clairement précisés. Cette obscurité, commode pour une exploitation politique du thème, facilite l'éclosion d'un mythe puissant, celui de la famille féconde, donc nombreuse, qui aurait caractérisé le monde paysan aux générations antérieures. Le début du XIXe s'accrochait à l'idée d'un déboisement récent, marque de la fureur révolutionnaire. La fin du siècle, elle, caresse celle d'un dépeuplement non moins récent, symptôme de la décadence française. Et, dans les deux cas, les légendes collent au mental, quelle que soit la rigueur des démentis scientifiques.

Ainsi, ces deux phénomènes – désertification des hautes terres et déclin du potentiel démographique – se perçoivent avant tout comme un danger latent, face à un Empire germanique qualifié, lui, sur le mode positif. La puissance de son industrie et la vigueur de sa jeunesse complètent l'antinomie d'une France vieillie et exsangue. Et cependant, ce n'est pas à combler le retard par l'investissement dans le secteur secondaire, ni à redresser le taux de natalité par une aide familiale, que s'activent les membres de l'Association. Eux-aussi s'enferment dans la contemplation d'un âge d'or, celui des agriculteurs d'autrefois, tel que le dessinent F. Leplay et ses successeurs, au travers d'une ethnosociologie toute neuve. Aussi n'est-il plus question que de marcher sur les traces de cet Éden perdu.

Les montagnards d'alors accusent l'Arbre de la ruine de l'élevage? Celui-ci sera restauré dans sa dignité ancienne, ce qui implique de concevoir autrement les *reboisements,* autrement, c'est-à-dire d'une manière non exclusive des *pâturages* [72]. Les forestiers leplaysiens, comme les nomment B. Kalaora et A. Savoye, découvrent à présent les vertus de l'herbe. Cette formulation sonne de façon quelque peu provocante. Elle semble en effet indiquer qu'avant ces années 1880, les Eaux et Forêts, fidèles adeptes de la religion de l'Arbre, ont systématiquement méconnu les possibilités offertes à la R.T.M. par les gazonnements. Affirmer cela est excessif, bien que ces derniers leur soient généralement apparus comme un pis-aller – dont les particuliers, d'ailleurs, ne paraissaient pas si friands que ça! Quelques audacieux, depuis 1864, s'aventurent dans cette direction. Leur timidité est grande, toutefois.

Dans cette fin de siècle, les choses bougent enfin, et fournissent les munitions faisant jusque-là défaut. De nombreux travaux scientifiques étudient alors le pouvoir de *rétention* que détient toute formation végétale[73]. Cela ne détrône évidemment pas la forêt, mais elle ne règne plus en maîtresse absolue sur la politique R.T.M., ce qui est un grand pas de fait. Jusqu'au second Empire compris, les savants, et ceux qui s'en attribuaient le titre, s'étaient à peu près entendus sur le fait qu'elle rafraîchissait l'atmosphère, donc provoquait la condensation de la vapeur (d'où l'abondance des pluies) veillant au régulier approvisionnement des sources. Or, en 1898, ne découvrent-ils pas, avec stupeur, que cette magnifique déduction, au terme de laquelle l'Arbre assure le bonheur et la prospérité des hommes, fonctionne en sens inverse? M. Otovsky vient de démontrer en effet que la nappe phréatique située en dessous d'un peuplement sylvicole voit son niveau baisser de 4 à 5 mètres par rapport à celui mesuré en dessous des steppes, lequel est encore moins haut lorsqu'il s'agit de terres cultivées! L'École de Nancy s'en mêle, et procède aux vérifications d'usage. M. Henry, dix ans plus tard, confirme donc l'existence du prélèvement opéré par la forêt et celui, non négligeable, dû aux surfaces herbeuses[74]. La hauteur des eaux souterraines ne monte qu'à la suite d'une coupe rase, *a fortiori* après une mise en culture. Il y a par conséquent *réduction* du ruissellement superficiel et emmagasinement de l'eau par le tissu végétal, *quelle que soit sa composition*, même si le processus s'effectue à des degrés divers[75].

Un tel constat ne manque pas d'avoir quelques incidences sur le pouvoir que le commun des mortels prête à l'Arbre. Ainsi, désormais, il faut renoncer à prétendre accroître le volume des précipitations par la présence forestière, ce que regretterait fort le pauvre Rauch s'il n'était mort depuis longtemps. De même, dire que les feuilles boivent l'eau au passage prête maintenant à sourire. Résiste seulement, à l'issue de cette expertise scrupuleuse, la notion de refroidissement, généralement attachée aux verts ombrages, le phénomène se trouvant alors imputé à l'humidité qu'engendre l'évaporation des feuilles. Encore que quelques auteurs tenant à faire de la Forêt un être parfait lui reconnaissent la capacité de *tiédir* l'atmosphère dans les temps de rigueur, et de la *rafraîchir* quand les étés brûlent. Le plaisir de la promenade sous d'épaisses frondaisons se célèbre donc doublement! À la suite de cette révision des croyances les plus communément répandues, le circuit végétal, pour la majorité des gens, ne fonctionne plus tout à fait comme par le passé, où l'Arbre devenait colonne mettant en communication le ciel et la terre, témoignage vivant de la sollicitude divine. Grâce à lui, les champs ne sont-ils pas féconds, et les airs, apaisés ? A dire vrai, la plupart ne savent plus trop qui croire, et se disent vaguement que l'unanimité ne doit pas régner au paradis scientifique, impression pour une fois erronée !

La forêt, dans ce grand chambardement, perd un peu des vertus qui faisaient sa réputation. Les responsables de la R.T.M. lui concèdent cependant de l'utilité pour deux raisons, en dehors des effets mécaniques, lesquels tiennent à l'action des racines (cohérence du sol) et des tiges (retenue de la neige). Un, elle *intercepte* une partie des précipitations, par ses branches et ses feuilles – entre 15 % et 40 % de leur volume – et cet écoulement retardé l'est davantage par les résineux à feuilles persistantes que par n'importe quelle autre essence. Deux, elle *absorbe*, par le seul fait de la couverture morte, jusqu'à dix fois son poids d'eau – beaucoup plus, par conséquent, que n'escomptaient les sylviculteurs d'avant les années 1860. La rétention ne se jugeait-elle pas alors considérable avec cinq fois moins de résultat ? Cette fonction-là, connue de longue date, puisque à l'origine de maints reboisements, passe alors au premier plan [76]. Les examens poussés sur les hydrogrammes actuels n'infirment pas cette approche, tout au contraire. Reverdir les bassins versants ne divise-t-il pas par deux, voire par quatre, les débits de pointe des crues annuelles ? Ces données semblent donc fort encourageantes, même si la foi naïve s'en est évaporée. Mais... mais dorénavant, la forêt doit se résigner à ne plus posséder seule de tels atouts. L'herbe convient aussi pour ces missions où il s'agit de stabiliser le sol et de restreindre le ravinement.

***

Dans ce XIXe siècle qui ne se presse pas de mourir, la forêt rentre ainsi dans le rang, d'où l'avaient fait sortir la fièvre des romantiques, la conscience des forestiers et la pauvreté des finances. Cet alignement ne signifie nullement une disgrâce, non seulement parce que son pouvoir n'est pas mince, aux côtés des ouvrages relevant du génie civil et des gazonnements qui dépendent de la demande pastorale, mais aussi parce que de nouvelles tâches l'attendent, à mesure que reculent les frontières de la biologie végétale.

Il est certain que l'ardeur au reboisement fléchit, au moment précis où le législateur vient récompenser la patience obstinée des responsables R.T.M. Une contradiction de plus ? Non, mais découverte des difficultés que rencontre la sylviculture d'altitude, alors que s'avère assez médiocre la part que prennent les peuplements forestiers dans l'évolution des sols. Les aiguilles des résineux qui les constituent, lentes à se décomposer, ne forment souvent, en effet, qu'une litière continue, épaisse de plusieurs centimètres, mais susceptible de glisser, au fil de l'eau, comme un vulgaire tapis. A ce désenchantement technique s'ajoute le désarroi devant leur impuissance à empêcher les catastrophes [77]. Et là, le procès s'engage à tort, car qui sait l'ampleur qu'auraient prises, sans ces massifs artificiels, les colères torrentielles ? La foi aveugle s'accommode mal des miracles qui ne se produisent pas.

Le silence retombe donc sur ces forêts de montagne, délaissées par ceux-mêmes qui les avaient bâties, comme si la construction suffisait à leur passion de gouverner. Le manque d'entretien lézarde l'édifice établi, sans doute, mais permet aussi de persévérer dans la recherche de moyens de défense nouveaux. C'est que les gens des plaines ont trop cru en l'Arbre pour ne pas lui reprocher la minceur de ses performances! Dans leur rencontre, attendue depuis la monarchie de Juillet, la passion s'efface devant la raison.

Ce changement, s'il nuit au charme des rapports, n'en fonde pas moins un solide mariage. Les opérations conduites au titre du boisement se banalisent donc. En ne prétendant plus *guérir* par là le mal des torrents, mais seulement le *soulager*, les administrateurs font taire enfin la polémique qui les cernait. L'Arbre cesse d'être la panacée par excellence de tous les méfaits que déplorent les hommes, légers et ingrats, et dont ils accusent leur mère, la Nature. Le chemin parcouru depuis les débuts pénibles de la R.T.M. se mesure au travers des propos de F. Briot, en 1896 : « Les essences ligneuses et les espèces herbacées se provoquent, s'entraident et se soutiennent. » Il convient donc de les « favoris-[er] *ensemble* quand il s'agit de revêtir d'une couverture végétale des versants de la région alpine, en état d'improductivité presque complète [78] ». Fort bien, mais parvenus à cette phase de productivité, pour reprendre son langage, à qui serviront les terrains réhabilités ? Les candidats risquent de n'être plus très nombreux, l'attrait des villes ayant vidé ces villages de haute montagne. Faut-il donc espérer que la beauté des cimes saura appeler le citadin à venir les repeupler – épisodiquement ?

CHAPITRE XI

Des espaces protégés

A la veille de voir triompher les forestiers reboiseurs, leurs adversaires, L.-A. Fabre en tête, songent moins que jamais à se rendre. Tout au contraire, leur virulence s'exaspère, car les munitions ne font pas défaut. Au moment où s'annonce des plus houleux le débat relatif à la future loi Audiffred, ne reçoivent-ils pas le renfort inattendu de la géographie humaine, une discipline nouvelle venue? En analysant les rapports qu'entretient l'Homme avec le milieu naturel, elle souligne le souci de bien *ménager* son territoire que manifeste le paysan, au fil des générations, et la qualité de ses réussites, y compris dans les âpres contrées montagnardes. Vidal de la Blache fonde ainsi en 1891 les *Annales de Géographie*, et l'année fait date dans l'histoire de cette science, ne serait-ce que par les grandes thèses qui s'enchaînent à partir d'elle. Chacune marque une étape dans le procès en réhabilitation qui s'ouvre au sujet du monde rural.

L'Association pour l'aménagement des montagnes, que préside l'infatigable P. Descombes, très lié à L.-A. Fabre, bénéficie donc d'une audience sans précédent. Lors de son premier congrès, elle parvient à drainer 286 participants sur le thème : quel statut juridique appliquer aux massifs boisés? Le rapport final conclut dans un sens hostile à leur socialisation, terme alors en vogue, ce qui se traduit, dans un langage neutralisé, par la déclaration d'utilité publique *étendue à tous terrains* dont importe, soit le reboisement, soit le maintien à l'état boisé. Le sol doit demeurer la possession de celui qui l'occupe [1]. Pas question donc d'attenter au patrimoine des familles! Et lorsque l'intérêt général le commande, il n'implique qu'une lointaine tutelle de l'État : une mince contrepartie aux subventions que distribuent les pouvoirs publics afin de couvrir les frais qu'exigent les travaux indispensables.

Ce geste de bonne volonté marqué, les pouvoirs publics entendent restreindre la nationalisation « aux terres inaptes à donner économiquement d'autres produits que des *produits sylvo-pastoraux*, arides rochers, versants ravinés, berges et lits de torrents, couloirs d'avalanches, etc. » – bref, l'espace impropre aux récoltes [2]. Du coup, la Société Gay-Lussac, créée en 1886 en vue d'examiner les modalités de la mise en valeur des terrains incultes, cautionne ces idées, aide à leur propagation, contribue aux finances et facilite les placements. Un an plus tard, 1906, le mouvement se dote d'une filiale chargée d'appliquer ses projets en Dauphiné. En moins d'une vingtaine d'années, par le biais de baux pluriannuels, 13 000 hectares de parcours se trouvent alors contrôlés [3].

Le branle est donné, mais il ne s'agit encore que de *protéger les hommes*. Lorsque ceux-ci ne seront plus, restera toujours *leur terre*, et là, les candidats à cette fonction risquent d'être nombreux...

La fin du pastoralisme

Le représentant de P. Descombes à Paris, Joly de Sailly, définit fort bien les objectifs du groupe dans un article, « La lutte contre la désertion des montagnes » – en soi tout un programme! « Par sa nature, son organisation, ses moyens d'action et son but, [il] tend essentiellement aux mêmes fins que toutes les œuvres économiques et sociales, qui, sous les auspices de la Société fondée par Le Play, *s'efforcent à retenir l'homme* sur le sol où il est né, et où il jouirait de conditions de vie *meilleures que dans les villes* [4]. » Il est donc clair que les membres de ce mouvement se situent aux antipodes des forestiers étatiseurs.

Cette tendance explique la tiédeur de l'administration des Eaux et Forêts à leur égard, sceptique dès que semble remis en cause le monopole de ses chers arbres. Pas un seul observateur n'est en conséquence envoyé par la Direction au Congrès de 1905! Et pourtant, celle-ci était jugée trop complaisante aux problèmes paysans par ses subordonnés... Les quatorze forestiers présents à Bordeaux n'y assistent donc qu'à titre personnel. D'ailleurs, des hommes comme Bauby, Broilliard, Cardot,

Coincy ou Tessier, pour n'en citer que quelques-uns, jouissent déjà d'une solide réputation de francs-tireurs, pour ne pas dire d'hérétiques, et leur carrière ne saurait plus pâtir de semblables écarts! Cependant, à l'écoute de ces belles paroles, il y a de quoi se sentir interloqué, même si l'hommage rendu à l'individu qui veut rester son propre maître flatte les oreilles des post-soixante-huitards!

Tant de polémique pour si peu – en définitive? Car au fond, ces vœux pieux, le texte de 1882 les a déjà comblés. Et lorsque s'opèrent des transferts au profit de l'État, n'est-ce pas souvent à la demande même des propriétaires, pressés de fuir, si bien que leurs parcelles s'agglutinent en dehors des périmètres R.T.M.? Ainsi, ces Leplaysiens, qui semblent angéliques, ne le sont pas, pas davantage en tout cas que n'étaient démoniaques leurs antagonistes. La mauvaise foi se partage souvent avec équité, le débat politique ne s'embarrassant guère des nuances de l'historien. Dès lors, la défense des petits propriétaires s'avère un puissant cheval de bataille, qui préfigure de plus rudes combats dans les années 1920, lorsque l'opinion s'intéressera de trop près à la production des forêts privées.

Une réhabilitation ambiguë

En fait, cet accès de fièvre s'explique par la crainte d'une contre-offensive étatique visant l'ensemble de la propriété particulière, et la manière dont passe la loi Audiffred, en 1913, prouve que certaines de ces appréhensions ne manquent pas de fondement [5]. Ainsi, non contents de bouder les correctifs de 1882, les faux bons apôtres déforment sciemment les composantes de la réalité administrative. Pour l'heure, s'ils redoutent de voir rétablis les principes spoliateurs du second Empire, c'est parce qu'ils sont convaincus que l'autoritarisme est efficace, et précipitera un exode rural largement entamé. La responsabilité de celui-ci n'incombe-t-elle pas aux décisions prises depuis 1860-1864, et poursuivies en 1882? Les Leplaysiens estiment nuls les résultats obtenus dans la lutte contre l'érosion, et franchement catastrophiques ceux enregistrés sur le plan démographique. Ils donnent tant de la voix que le rapporteur du budget des Eaux et Forêts croit bon de s'appuyer sur eux pour proposer, en 1912, de comprimer le chapitre R.T.M. Le député de l'Ardèche, Chalamel, qui, lui, appartient à la grande maison, s'indigne d'une telle démarche, réclame l'accélération des travaux, et s'en prend à P. Briot, qui fut son confrère avant d'inspirer P. Descombes [6]. Voilà le malheureux traité de « forestier-pasteur », une appellation au moins aussi étrange que celle, en d'autres temps, de « bourgeois gentilhomme ». Un individu prétendant incarner simultanément deux classes sociales n'était alors qu'une monstruosité, digne de curiosité, certes, mais ridicule. De même l'est un personnage qui prétend exercer deux fonctions par essence contradictoires. Les deux seules variétés dont s'honore, dans ce XIXe siècle finissant, la race administrative, se nomment « forestier reboiseur » et « forestier-ingénieur », solidaires dans la lutte contre les traîtres qu'abrite sa forteresse! C'est donc peu de dire que l'émergence de l'Association fait éclater le consensus régnant depuis des lustres au sein des Eaux et Forêts.

Ces dissidents, que la hiérarchie déclare « injustes » à son égard, le sont surtout parce qu'ils répugnent au caractère militaire de l'institution. Ils ne veulent plus de ce centralisme qui uniformise, car la solution au problème posé – maintenir la population – leur semble requérir une *inversion de la démarche* jusque-là suivie. Au lieu d'imposer des décisions qui irritent les populations et perturbent leur mode de vie, il faut répondre à leurs aspirations, lesquelles sont *diverses* et *fluctuantes*. Les anciennes provinces sont mortes, et le vent du régionalisme commence à souffler. L.-A. Fabre exprime clairement en 1911 cette approche différente des hommes et de leur territoire qu'ont les adhérents au mouvement [7]. Ce qu'ils espèrent, « c'est un texte *nouveau*, rédigé suivant un esprit *nouveau*, adapté à des faits *nouveaux*, [...] avec la préoccupation stricte de l'approprier aux gens et aux choses de haute montagne, dans l'instant présent, [et] en ménageant l'avenir ». Formule superbe, qui intègre tout à la fois l'autonomie des personnes et l'évolution des données. Elle prend donc en compte l'absence ou la passivité dont avaient fait montre les représentants communaux lors des enquêtes précédant les délimitations de périmètres [8]. Pourquoi se déranger, puisque de toute façon le commandement trancherait le débat ouvert dans le sens qu'il souhaiterait? Aussi, quelle surprise de découvrir, deux ans plus tard, la mouture des lois scélérates, votées sous Baldinguet! Cependant l'ambiance a bien changé, ce dont les Leplaysiens ne prennent guère conscience. Cette fois, pas un murmure ne retentit. Ils connaissent à leur tour ce cruel décalage entre le discours et la réalité. Les principaux acteurs de la pièce se moquent bien en effet de sa réécriture. Ne sont-ils pas déjà en plein déménagement?

Que l'analyse des forestiers-pasteurs ne débouche pas sur les mêmes conclusions que celle de leurs collègues, pas de doute là-dessus. Qu'elle soit véritablement différente dans ses hypothèses de base prête davantage à discussion. Une approche différente? Oui et non. Oui, parce qu'ils récusent la désertification de ces hautes terres. Non, car eux aussi ne raisonnent que dans le cadre d'une incompatibilité entre le maintien des habitants et la progression des bois. Cette conception, issue d'une époque où les besoins agricoles ne pouvaient se satisfaire qu'en rognant sur le saltus, se révèle tenace. Jadis, il fallait défendre l'Arbre, et maintenant, il faut défendre l'Homme. Pour ce, dans les années 1900, les Leplaysiens envisagent de substituer l'herbe aux résineux, d'autant que les apports scientifiques de l'heure la parent d'attraits insoupçonnés jusque-là [9]. L'arbre avançant envers et contre tout, leurs descendants, petits-fils et arrière-petits-enfants d'une idéologie malthusienne, veulent limiter son extension. Toujours ce même fil conducteur : agriculteur et sylviculteur, deux frères ennemis. N'y aurait-il pas d'autre issue possible pour les auteurs qui œuvrent, depuis Colbert, à rompre l'antique symbiose entre espace forestier et espace rural?

Il n'y paraît guère, à l'examen des différents écrits des uns et des autres, car l'*agriculteur propriétaire forestier* semble ignoré, aussi bien des forestiers-pasteurs que de leurs adversaires. Le paysan ne s'étudie qu'en tant que consommateur des bois, qu'il s'agisse d'un espace ou d'un matériau, et jamais comme gestionnaire. A croire que ces bois poussent seuls et dépendent de Dieu sait qui! Et pourtant, leur présence envahissante se signale partout à l'attention du spectateur. Ainsi, dans les Pyrénées ariégeoises, le XIXe siècle n'est pas terminé qu'il n'y a plus de pâturages utilisables en dessous de 1 200 mètres. A Seix en 1895, à Allos en 1897, la forêt commence sa conquête par le haut, au contact des estives. Ce phénomène se produit aussi en contrebas, aux dépens des terrains travaillés, non que leur abandon soit plus grand que celui des parcelles laissées incultes de toute éternité, mais parce que précisément cet aménagement les rend plus visibles à la mémoire collective. Tout près du village de Cescau, dans le canton de Castillon (Ariège), les habitants restés au pays notent de la sorte comment s'efface le souvenir d'un pâquis de quarante hectares. « Les bestiaux ne peuvent [y] pénétrer », constatent-ils alors. « Garni de fougères très serrées, atteignant parfois un mètre vingt de hauteur », il est « envahi de genévriers, des houx et des genêts se développent vigoureusement au détriment de l'herbe [10] ». La descente de la forêt se manifeste en effet d'abord par l'embroussaillement, puis au travers des ronces et des fougères fusent l'aulne et le noisetier, bientôt rejoints par le bouleau. Ces pionniers entament le repeuplement des premières pentes. La reconquête forestière s'évalue ainsi à 96 000 hectares en 1912, 121 000 à la génération suivante, pour le seul arrondissement de Saint-

Girons, la lèpre verte touchant alors le tiers des superficies! Encore les estimations retenues en 1936 par J. Salvador pour la Fédération pyrénéenne de l'économie montagnarde sont-elles certainement un peu faibles, car les hautes pâtures n'étant entretenues qu'épisodiquement, elles ne se laissent pas classer facilement [11].

Pourtant, que ce reboisement ne soit que le *révélateur du déclin agricole* en montagne, voilà ce que n'admettent ni les uns ni les autres, qu'ils aient besoin de justifier leur fonction par le dirigisme des plantations, ou d'ancrer leur politique sur la nécessité de réformer l'origine du mal. Les deux parties adverses postulent donc que le reboisement signifie dépeuplement, peut-être parce que traînent dans les esprits deux impressions fausses. Un, l'exode rural ne caractérise que les hautes terres, alors qu'il s'agit d'un phénomène *plus large*, reflétant le fait que l'agriculture produit davantage avec moins de bras. Deux, l'afforestation semble relever d'une pratique aménagiste, alors qu'elle témoigne d'un processus *non maîtrisé*, l'arbre s'insinuant dans les lacunes de la mise en valeur. Dans ces conditions, tout discours partant de la concurrence que se livrent agriculture et sylviculture est obsolète, quelle que soit sa teneur, qu'il émane des étatiseurs ou de leurs rivaux. A la fin du XIXe siècle, ce qui est déjà en jeu, c'est la mauvaise exploitation de ces ressources forestières, constituées, pour ainsi dire, par inadvertance, et l'engourdissement de régions entières, dérivant en dehors des circuits marchands. Or les élites ne remarquent pas le premier fait et interprètent mal le second.

Les ruraux, à la veille de la Grande Guerre, pèsent encore d'un poids électoral considérable. Aussi la loi Audiffred ne passe-t-elle que parce que lui livrer bataille serait vain. Ne sollicitant plus la forêt comme autrefois, pourquoi se détermineraient-ils à défendre leurs droits? Celle-ci a bel et bien cessé d'être un espace plurifonctionnel. Qu'elle serve à la fourniture de matériau ou doive protéger le sol, sa *spécialisation* ne se conteste plus. A partir des années 1880 se réalise donc sans douleur le modèle ségrégationniste, imaginé dans la première moitié du XVIe siècle, c'est-à-dire en phase de forte croissance démographique, et recevant un début d'application dans la foulée de la réforme colbertienne, au détour d'une conjoncture brièvement favorable. Seules des densités rurales desserrées autorisent en effet *l'extension et l'isolement* de la forêt, les deux données étant intrinsèquement liées. Ce rapport n'est guère perçu alors, car le déclin des contrées qui le ressentent est interprété comme une décadence du secteur agricole dans son ensemble, au moment où jamais celui-ci n'a tant progressé! La somnolence locale devient ainsi le signe avant-coureur d'un amenuisement sans retour des ressources naturelles et des forces vives du pays.

Les Français adorent se sentir guettés par la décadence, dont ils veillent régulièrement à changer le site. Sous la Restauration, la marque fatale tenait à l'effilochement sylvicole, dû aux folies présumées des révolutionnaires de tout poil qui naissent sous les décombres de la monarchie. A l'aube du XXe siècle, dans l'ère des hauts fourneaux et du tissage mécanique, elle s'attache aux valeurs de la terre, déclarées immuables, donc rassurantes, au moment où se déclenche la modernisation de ses structures! Comment s'étonner, après cela, que les cimaises des salons officiels ne permettent plus d'accrocher tous les tableaux à la gloire de la fécondité agricole, encensant le petit paysan et dévoilant la joie de ses travaux? Et le filon ne se tarit pas avec la Grande Guerre, bien au contraire : elle l'élargit même, avec la défense du lopin. Les Ducos de la Haille, G.-L. Jaulnes, H. Jannot, ont succédé à J.-F. Millet, et seront relayés par les E. Pignon, A. Masson et A. Fougeron, montrant ainsi combien est riche l'invention de l'éternel paysan [12].

Personne n'a donc l'idée farfelue dans cette Belle Époque – qui l'est pour si peu, en vérité – que les forêts, leurs produits, leurs revenus et le capital qu'elles représentent peuvent améliorer la situation des résidents dans les *contrées déshéritées*, y compris en montagne [13]. Ce rôle ne se conçoit qu'en plaine, dans le cadre de la grande propriété, tâtant enfin de la monoculture, comme dans les Landes, ou enrichissant ses chasses en Sologne. Non! la seule qui surgisse dans les cervelles sociales est que l'agro-pastoral conserve les chances de survie pour tous ceux qui n'ont pas encore déguerpi de ces contrées où les bois s'emparent des étendues disponibles. Le fait même que ces derniers s'insinuent de la sorte ne signale pas l'utopie qu'il y a à vouloir sauver l'ensemble des hommes. Une solution apparemment convenable, dans la mesure où elle ne renverse pas le dogme du divorce spatial, tout en assurant la retenue des plus fortes densités possibles. Du moins l'espoir en est-il caressé! La formule célèbre de L.-A. Fabre ne vise-t-elle pas, en effet, une espèce déjà en voie de disparition, lorsqu'il s'écrie, lors du congrès de Bordeaux : « Gardons *nos* montagnards. Nous ne les remplacerons jamais. Eux seuls sont adaptés à la mise en valeur et à la garde de nos montagnes, réservoir d'énergie pour nos plaines. » Jadis traités en vulgaires prédateurs, massacrant les richesses de la Nature, les voilà enfin loués pour leur mâle caractère, tenant ferme dans un milieu hostile – exemples de virilité pour des populations urbaines amollies et jouisseuses [14].

Resurgit alors le vieux thème, éculé bien avant que ne s'en empare Restif de la Bretonne, du contraste entre la ville et la campagne, mais astucieusement rhabillé! La revanche contre l'Allemagne, c'est par ces vertus de courage et d'endurance qu'elle s'arrachera.

L'homme des hautes terres devient ainsi à la mode. Sa rudesse – mieux, sa rusticité –, jadis source de plaisanteries, s'affirme alors comme un élément essentiel du respect porté. Bientôt, il en sera de même pour l'officier de marine, debout et silencieux dans la tempête, avant que les désastres coloniaux ne le relèguent au magasin des accessoires et n'obligent l'observateur à recruter outre-Atlantique, de préférence vers les Grandes Plaines balayées par le vent et brûlées de sécheresse, sans quoi ces héros ne seraient rien. Le mutisme du personnage, le romancier se chargeant de parler pour lui, traduit sa volonté de ne s'arrêter qu'à l'essentiel et de rejeter les détails superflus dont se montrent si friands les citadins [15]. Que dire alors de leurs filles, sœurs et compagnes, depuis que l'écrivain Camille Lebrun en a campé l'archétype? Pieuses et modestes, ce sont elles, à la fin du XIXe siècle, qui constituent le vecteur de l'histoire – le genre ne se masculinise que bien plus tard. C'est qu'elles sont essentielles à la stratégie démographique, dans la grande hantise du désert français que redoutent tant les élites sociales. Sachant rester à leur place – dans tous les sens du mot –, elles dédaignent les tentations de la ville et les propositions séduisantes qui en sortent, à commencer par les offres matrimoniales que ne manquent pas de leur prodiguer les riches étrangers, conquis par tant de charmes! Elles ne connaissent ni l'étourderie ni la futilité des Parisiennes, l'opprobre du genre féminin, et s'engagent avec hardiesse dans la voie du sacrifice et du dévouement, que l'être aimé périsse dans un glacier ou succombe dans les tranchées [16]. Bref, elles ne quittent la montagne que pour soulager l'humanité, ce qui est beau et grand – et inversement! Ces deux qualificatifs s'associent désormais au spectacle de la montagne, comme si l'esthétique psychologique ne se séparait plus du décor brossé. Cette littérature nouvelle, qui capte et façonne les mentalités, traduit dans un langage pathétique l'intérêt soutenu des élites pour la montagne, promue de manière à combler les exigences d'un exotisme, version hexagonale. Elle révèle du coup l'image neuve que celles-ci se forgent quant aux indigènes. Les maintenir dans le pittoresque de leur habitat suppose donc l'aveu d'une dignité morale qui trop longtemps leur fut déniée. Cela demande aussi que leur soit offerte une prospérité matérielle inconnue jusqu'à présent.

Vers l'élevage intensif

La réhabilitation des personnes s'effectue ainsi dans le mouvement qui leur promet un avenir meilleur. Le premier point de ce programme, poussé par le vent de la mode, rentre dans les faits avec une infinie aisance, tandis que sur le second achoppent les bonnes volontés. La décimation, contre toute attente, poursuit ses ravages, sans que puisse en être accusé le corps forestier. En Margeride lozérienne, par exemple, l'Administration n'a acquis, entre 1895 et 1942, que 2 990 hectares sur la crête, par définition asylvatique [17]. C'est dire que les reboisements, employant le pin à crochet et l'épicéa, n'ont servi ni à réparer la déforestation paysanne, ni à corriger les torrents existants! Les finalités restauratrices ici sont donc nulles, mais cela n'a pas empêché, comme ailleurs, que se produise la saignée démographique. La contrée perd de la sorte 42 % de ses habitants en trois quarts de siècle, si bien qu'en 1975, au moment où se ralentit la fuite, la densité est tombée à 18 habitants au kilomètre carré. Depuis 1905, près d'un homme sur deux est allé voir s'il ne faisait pas meilleur vivre sous d'autres cieux, et cela en dépit des efforts fournis pour les en dissuader. Dans cette même période, le taux de boisement passe de 14 à 22 % de la surface totale cadastrée. Le couvert sylvicole gagne donc au rythme de 0,52 % l'an. Un résumé de ce qui s'accomplit à l'échelle nationale dans ce même créneau : entre 1880 et 1980, la population rurale ne perd-elle pas la moitié de ses effectifs? Ce départ des habitants surnuméraires, l'administration des Eaux et Forêts n'y contribue donc guère. Il s'effectue en dehors d'elle, bien que certains de ses membres l'eussent volontiers organisé! Relaxer ceux-ci ne dissipe cependant pas l'impression de malaise qu'en retirent la plupart de leurs confrères. A force d'entendre discourir, ne finissent-ils pas par penser que les orateurs ont dû quelque peu agir?

Ce trouble explique qu'après la loi de 1882, la Direction générale ait souhaité une mesure de son impact. A dire vrai, dans cette affaire, elle obéit aux injonctions de J. Méline, ministre de l'Agriculture, et, dès 1884, des commissions régionales doivent se réunir à cette fin [18]. Pareille initiative se voit pourtant froidement accueillie par ses agents : en 1887, la seule qui fonctionne, celle des Alpes, couvrant les quatre départements alpins, ne compte qu'un forestier, J. Geny, nommé en 1885, et non remplacé après sa mort! Encore n'a-t-elle un embryon d'existence que grâce à la pugnacité de P. Briot, membre de l'Association pour l'aménagement des montagnes [19]. Celle-ci souscrit complètement aux propos de P. Buffault, travaillant dans le Briançonnais. Le reboisement ne saurait se limiter à une décision « urgente de salut public, sauf pour certaines dégradations *très localisée* ». Il faut le concevoir comme « une opération de mise en valeur et de restauration *économique* et *physique,* demandée par l'intérêt général et par l'intérêt local ». Loin d'imposer sa conception, le forestier, dans une telle perspective, apprend à solliciter l'opinion de ses interlocuteurs. Il est certain que cela le conduit à ne plus se focaliser sur l'Arbre, mais à embrasser tout ce qui peut améliorer le niveau de vie des populations concernées. N'est-ce pas en aidant l'exploitation du domaine agro-pastoral que l'Administration obtiendra la liberté de contrôler l'espace forestier ?

Au bout du compte, cette attitude n'est pas pour déplaire aux autorités. Le nouveau titulaire du portefeuille ministériel, Viette, ne la recommande-t-il pas aux forestiers, eux qui, si souvent, opèrent sur la défensive ? Les incidents survenus dans les Pyrénées le confortent dans sa position [20]. Il écrit ainsi en 1888, la *Revue des Eaux et Forêts* lui ouvrant ses colonnes, qu'il est plus que temps de pratiquer la politique de la main tendue. L'article fait date, puisqu'il marque l'extériorisation du service, selon l'heureuse formule de G. Buttoud. Viette précise d'ailleurs sa conception, laquelle redéfinit le rôle des responsables. Ceux-ci, « au lieu de s'enfermer dans leur tour d'ivoire », doivent accepter de « vivre en contact avec les paysans », et « devenir des *auxiliaires,* appelés à faire connaître les découvertes scientifiques », lesquelles importent au plus haut point pour l'agriculture [21]. Autrement dit, les voilà investis d'une mission d'enseignement, somme toute assez comparable à l'alphabétisation que les militaires auront à mener dans les territoires coloniaux. Cela les extirpe donc d'un corporatisme dans lequel la plupart s'étaient complu. Du coup, les forestiers-pasteurs se retrouvent dans une étrange situation. Regardés avec défiance par la hiérarchie, et cajolés dans la presse, c'est par leur intermédiaire que se réconcilient les différentes composantes du ministère de l'Agriculture. Et cette trêve se révèle une paix durable, les trouble-fêtes disparaissant peu à peu.

L'apaisement ne résulte-t-il pas, en fait, de ce que les forestiers réalisent enfin qu'en prenant en charge les conditions d'existence des communautés rurales, c'est leur influence qui en profitera, tant sur le plan sylvicole que sur celui de l'ascendant moral ? La solidarité des intérêts forestiers et pastoraux éclipse donc, dans cette fin du XIXe siècle, l'instauration d'une législation répressive, au demeurant toujours inapplicable, vu l'insuffisance numérique du personnel d'encadrement ! Le gendarme s'effaçant devant le technicien, reste pour ce dernier la tâche ardue de mettre un terme à « l'antagonisme entre l'intérêt public et certains groupes d'intérêt privé ou communaux [22] ». Durant près de trente années, P. Briot, porte-parole de cette tendance, va s'efforcer de les concilier. Quatre ouvrages jalonnent cette réflexion, ou plutôt son militantisme : *Études sur l'économie pastorale des Hautes-Alpes* (1881), *Questions alpestres* (1884), *Les Alpes françaises, étude sur l'économie alpestre* (1896), *Les Nouvelles Études sur l'économie alpestre* (1907), enfin. Dans tous revient en leitmotiv qu'il faut « ménager les intérêts pastoraux *actuels* » pour que s'accepte la restauration des montagnes. Cela exige donc de réduire au minimum les inconvénients inhérents à ce programme, et même d'imaginer leur trouver des compensations. Ainsi, « on ne reboisera qu'une portion restreinte de la superficie de chaque parcours à la fois, le quart par exemple. Au bout de quinze ans, au minimum, ce quart sera rendu au pâturage, et les autres quarts seront successivement traités comme le premier [23] ». Cette surface réduite gênera donc peu, d'autant que ces plantations affecteront la forme de « bouquets rectangulaires allongés, dans le sens perpendiculaire à la pente ». Une telle situation permettra aux bestiaux de circuler d'une parcelle à l'autre sans causer le moindre dommage, et donc sans exposer à la moindre sanction leurs propriétaires. En particulier, cela ne compromet en rien l'emploi des pâquis de printemps demeurant de la sorte « toujours ouverts, à la porte de chaque maison, *conformément* aux usages actuels ».

Ne pas heurter les habitudes, mais les faire doucement évoluer en donnant toujours la préférence aux solutions qui *intègrent les données du passé,* voilà sa ligne de conduite. Bref, éduquer sans traumatiser, comme en témoigne sa conception des boisements [24] : dès le départ, ne pas effaroucher les populations en brandissant le régime forestier; puis, leur démontrer que créer des bois peut apporter un complément fourrager intéressant.

Et là, c'est leur parler un langage nouveau, un langage auquel elles ne sont pas accoutumées de la part des responsables administratifs. Aussi propose-t-il une forêt qui, si elle n'apparaît pas comme « paysanne » au sens traditionnel du mot, c'est-à-dire plurifonctionnelle, l'est cependant. Son façonnement ne correspond pas en effet à la vocation normale des étendues sylvicoles, laquelle « consiste dans la production de bois, avant tout ». Il entend par conséquent leur assigner, outre leur influence pédologique, une place dans le cycle alimentaire. « Tout en fixant le sol », ces bois apporteront « aux populations voisines les produits qui leur *sont* le plus utiles, et qu'elles *apprécient* le plus », parce que sur eux repose le système pastoral [26]. Ainsi, pour une fois, la réalité objective coïncide-t-elle avec la réalité perçue. Au reste, les villageois ne dissimulent pas que là réside la raison de leur attachement envers les taillis furetés en général. L'éclaircissement, dénoncé par l'Administration, n'offre à leurs yeux que des avantages : la circulation en est facilitée et l'herbe y pousse mieux! Les gens de Luzenac et d'Unac (Ariège), associés en l'occurrence afin de se « mettre à l'abri du régime forestier », lequel guette leurs communaux plantés depuis peu, achètent donc le patrimoine boisé des descendants de maîtres de forges qui ne savent plus quoi en faire [27]. Ils admettent tout à fait n'avoir acquis de tels bien que « pour avoir la grande liberté, et le parcours nécessaire pour les bêtes à laine ». Cette mainmise pastorale occasionne d'ailleurs un assez lourd endettement. Marquant un impérieux besoin d'espace, il serait fou de désirer mettre entre parenthèses l'expression de ce besoin. Certes, P. Briot n'envisage pas, dans son envie d'aller au devant de telles aspirations, de satisfaire à pareille demande, en livrant, pour ainsi dire, les bois. Et c'est, selon lui, ce qui se passerait si l'entrée des bestiaux y était tolérée. Impensable de violer le dogme de la séparation spatiale! Cependant, s'il paraît incongru de laisser les animaux se servir eux-mêmes, il ne l'est pas d'*extraire* de ces étendues ce qui leur convient. A la récolte ligneuse, à laquelle tout le monde songe, se superpose donc une récolte alimentaire qui permet d'insérer les bois dans l'économie agro-pastorale, alors que les projets de l'Administration ne cherchent qu'à les en soustraire.

Ce fait constitue sans nul doute la clé de voûte d'une stratégie qui veut apprivoiser d'abord les éleveurs, devenus sceptiques à force de voir imposer des mesures aussi traumatisantes qu'inapplicables. Au demeurant, éleveurs, ils ne le sont pas encore à temps plein, le bétail comptant beaucoup pour sa fumure, recueillie, transportée et répartie sur les parcelles au-dessus du village. Le revers de la médaille montre cependant les faiblesses du système : utilisation excessive des pâquis de printemps et d'automne, et surtout, appauvrissement des estives, lequel ne reflète pas seulement la densité des bestiaux, mais aussi les prélèvements qui s'y font, au profit des terres en contrebas. La descente des fumiers ruine en effet les communaux. Supprimer ce transport grâce aux recours chimiques assure une reconstitution rapide des pâquis, comme en témoigne l'exemple de Menglon (Haute-Drôme), depuis que la ligne ferroviaire Crest-Dié, inaugurée en 1885, a entraîné une baisse notable du prix des engrais [28]. P. Briot remarque alors que « ces terrains se regazonnent admirablement, et se transformeraient en jolis prés-bois si l'on plantait, dans les petits ravins qui les sillonnent, des cytises et des pins sylvestres, essences qui réussissent [...] sur les sols dénudés de la région ». C'est que, sous sa plume, jamais la conquête forestière n'implique l'expulsion pastorale. Elle en corrige seulement les données vers une moindre consommation de l'espace. La contribution que les arbres fournissent à l'élevage évoque ainsi, par bien des côtés, les expériences paysannes : expérience de tous les jours lorsque l'agriculteur foule la litière qu'interrompent parfois des plaques herbacées; expérience des sécheresses mémorables, lorsque le feuillage et les ramures doivent suppléer au regain détruit.

Toute la propagande que mène P. Briot se condense en deux phrases : que l'arbre attire l'arbre, et qu'il en soit l'ersatz. Cette démarche, d'autres que lui la prônent également. P. Calvet, conscient de l'effroyable misère du montagnard pyrénéen alors qu'il n'était que sous-inspecteur à Pau, ne suit-il pas un chemin similaire? Lui aussi pense que les reboisements ne s'accepteront que dans les limites du progrès régional [29]. La R.T.M., dans une telle perspective, doit *suivre,* et non anticiper. Car sur le court terme, ce n'est pas d'elle qu'il faut attendre des retombées heureuses pour l'économie locale. Mieux vaut alors patienter et faire comprendre aux populations, « hostiles seulement aux projets de périmètres obligatoires », tous les avantages que procurent des boisements facultatifs. Ensuite, une fois gagnée leur confiance, une phase plus ambitieuse pourra être amorcée.

Partageant cette opinion, et lui donnant une audience que n'aurait pas eu alors P. Calvet, Briot estime que les principaux efforts doivent concerner les pâturages de printemps, leur restauration ayant valeur pédagogique. La formation de prés-bois lui semble à tous égards beaucoup plus intéressante que des mises en défens, fort impopulaires par leur vaste superficie, souvent vaines du fait de leur non-respect, et trop coûteuses pour le Trésor public quand la durée les rend efficaces. Ces dernières ne sont supportées que partielles et éparses, les subventions pour amélioration pastorale déterminant l'adhésion communautaire. Les feuillus y sont donc bien à leur place, mais aussi le mélèze, si la station l'autorise, car ce conifère exceptionnel serait là, « non comme essence productrice de bois de qualité supérieure, mais comme *générateur de gazon* [30] ». Il rejoint donc sur ce point l'illustre P. Demontzey, qui écrivait que tout arbre devient « le centre d'un cercle de végétation herbeuse, s'agrandissant spontanément, d'année en année, par suite d'une loi de sociabilité frappante [31] ». P. Briot vérifie la justesse de cette remarque, lui qui note l'avance des gazons parallèle à la colonisation mélézienne : peu à peu se comblent ainsi les vides, en amont de Bourg-d'Oisans, sur la rive gauche de la Romanche. Les résultats mitigés qui s'obtiennent trente ans plus tard corrigent un peu cette vision idyllique. Cette nuance ne remet pourtant pas en cause le fait que

« les essences ligneuses et les espèces herbacées se provoquent, s'entraident et se soutiennent, et qu'elles doivent être favorisées *ensemble* [32] ».

La simultanéité dans le développement se recommande d'autant plus que ces arbres, loin de diminuer les fourrages, augmentent doublement leur fourniture, non seulement par la création d'un environnement herbeux, mais aussi en tenant, grâce à leur feuillage, un rôle qui leur est comparable. P. Briot, dans le feu de la plaidoirie, n'hésite pas à s'approprier l'avis de M. Girard, jugeant que « la substitution à poids égal de la plupart des feuilles aux meilleurs produits des prairies artificielles et naturelles, se fera presque toujours à l'avantage du bétail [33] ». Or les très faibles précipitations qu'enregistre l'année 1893 attirent l'attention sur les travaux de L. Girard, de M. Pressler ou de M. Ramann, au sujet de la composition et de la digestibilité des aliments pour bétail fabriqués à partir des feuillages de différentes essences, ainsi que sur la manière de les accommoder [34]. Les tests montrent de la sorte les attraits que les taillis de charme et d'acacia ont pour la race moutonnière, que dégoûtent, par contre, la forte senteur et l'amertume de l'épicéa et du mélèze, ce qui serait du meilleur augure pour l'avenir de l'enrésinement. Après tout cela, comment les montagnards bouderaient-ils la coexistence pacifique qui leur est ainsi promise? L'herbe et l'arbre, enfin réunis, assurant enfin la prospérité pastorale : de quoi soupirer d'aise! Reste cependant à s'interroger sur le type d'élevage que cette évolution laisse entrevoir.

Des domaines improductifs

Il est certain que, dans l'analyse faite par les forestiers leplaysiens, si la confiance gagne, les habitants sauront prendre en main leur destinée, répudiant d'un coup cette nonchalance, voire cette passivité trop souvent alléguées contre eux pour expliquer leurs archaïsmes et justifier l'ingérence des pouvoirs publics. L'État supporte toujours les travaux obligatoires, « impliquant alors pour lui la propriété inaliénable du sol, afin d'assurer la perpétuité des résultats [35] ». Cela dit, les travaux facultatifs, assumés par les agents du pastoralisme, acquièrent une importante capitale, puisque c'est d'eux que dépend l'essor régional. La vocation de la montagne réside dans l'élevage, et le revenu du montagnard exige que celui-ci soit enfin rémunérateur. Calvé ne déplorait-il pas déjà dans les années 1870 qu'il n'en soit pas ainsi? Le paysan pyrénéen végète, dit-il parce que, « éloigné de tout centre de consommation, étranger à toute notion de solidarité », il ne songe pas « à transformer en argent ce qu'il produit, et à faire, en un mot, de l'*industrie pastorale* [36] ».

Une telle orientation suppose un aménagement des espaces voués à l'herbe, et cette certitude conduit des hommes comme Briot, Buffault ou Fabre, pour ne citer que les plus célèbres, à dépeindre sommairement les anciens modes d'élevage, comme si la simplicité devait être inhérente à ces âges reculés. Paradoxe du discours, là aussi. Le montagnard se voit ainsi gratifié d'une campagne publicitaire, mais l'ombre demeure sur ses méthodes! Elles n'approvisionnent pas encore le mythe d'un âge d'or de l'agriculture, époque lointaine où le paysan, avare d'énergie et non de son temps, fécondait allègrement cette bonne vieille terre! *Adaptés,* ce sont les hommes qui le paraissent, dans cette fin du XIXe siècle, pas leur gestion, que les progressistes libéraux ont grande hâte de rénover. Ceux-ci n'appréhendent pas d'essuyer un refus puisque, des ligneux, ils n'en instillent que là où n'existe pas de solution de rechange. La régénération ne tient-elle pas d'abord aux gazonnements pour lesquels ne font pas défaut les formules d'ensemencement, qu'il s'agisse de biens communaux ou de propriétés particulières? Avec « un mélange plus ou moins intime de reboisement » sur ces terres, oui, mais pas de quoi s'alarmer. Cela ne concerne que les parcelles « impropres à la production de gazon sans l'abri de bois, ou placées dans des déclivités telles, que le maintien du sol nécessite l'intervention des arbres [37] ».

Une médication par conséquent subtilement dosée. Difficile de se montrer plus arrangeant : des arbres là où les circonstances le commandent, de l'herbe partout ailleurs, c'est-à-dire partout où les animaux peuvent brouter, ce qui n'est pas tout à fait pareil. La commune de Ristolas (Hautes-Alpes) est à cet égard fort édifiante. N'est-elle pas, aux yeux de P. Briot, le prototype de ce qu'il faut atteindre? Les bois y occupent près de 1 300 hectares, soit 16 % du territoire communal, situé en amont du bassin du Guil, un affluent de la Durance [38]. Leur amélioration, pourtant, n'engloutit pas tous les fonds disponibles, loin de là : 11 % seulement. Ceux-ci servent donc à enrichir landes et pâquis, qui s'étendent sur près de 4 400 hectares, le triple et plus de l'espace boisé! Il n'est question que de conserver celui-ci et de protéger les mélèzes et pins cembro existant encore sur les pâturages : les plantations par bouquets se limitent donc aux berges des ravins et places vides. Tous les efforts portent ainsi sur les surfaces en herbe. Or les prés – 700 hectares – ne fournissent pas assez de fourrages pour les besoins en stabulation. Dès le mois de novembre, le cinquième des vaches part hiverner en Italie. Et il faut faire face à l'afflux d'animaux à l'issue de l'hivernage, vers la mi-mai : 22 % en plus pour les bovins et 24 % pour les ovins, le nombre de têtes s'élevant à 3 103 en été. La situation ne favorise guère l'accueil de bêtes supplémentaires : 18 % des pâturages se trouvent fort dégradés, et

49 % classés très mauvais. Durant la saison estivale, le bétail se déplace donc sans ordre, chacun gardant à tour de rôle les animaux de trois ou quatre propriétaires, par groupes de douze ou vingt têtes. Intensifier la pratique pastorale, c'est *accroître* le revenu qui en est tiré en *réduisant* l'espace consommé afin de diversifier l'utilisation du sol, en augmentant aussi le nombre de bêtes éduquées – à moins qu'en changer la nature s'avère plus rentable ? – et cela sans entamer le capital naturel. La conversion en prairies artificielles d'une partie de ces biens parcourus répond donc à la quadrature du cercle. Et pour ce changement, la fumure des agneaux, récoltée dans les parcs fixes où ils passent la nuit, en dessous des cols du Pisset et de La Traversette, ne suffit pas. La restitution des engrais au sol réclame donc une autre organisation, dans laquelle l'épandage est déterminant.

La définition donnée de l'aménagement des pâtures souligne à quel point s'avère tenace *la tradition du tire et aire,* compartimentage de l'espace et progression des coupes [39]. Ce qui valait pour les bois tient donc toujours pour l'herbe! Trois éléments, par conséquent : un, séparer les bovins des ovins et caprins à la mauvaise renommée; deux, diviser les sections en séries, « formant chacune une exploitation indépendante »; trois, subdiviser chaque série en parcelles, « destinées à être pâturées successivement, suivant l'ordre indiqué par les lettres de l'alphabet, qui les désignent au plan ». Ainsi, « les herbes de chaque parcelle seront broutées de proche en proche, sans qu'on laisse en arrière aucun endroit inutilisé ». Cela rappelle fort les cours de Lorentz, Parade, Nanquette ou Tassy... Les ressemblances ne se bornent pas là, car les indications que les municipalités sont tenues de mettre dans leur projet de règlement, comme l'ordonne le décret du 11 juillet 1882 (article 11), démarquent en fait la législation d'Ancien Régime, prévue à l'origine pour les bois communaux de plaine et souvent restée au stade de l'intention : descriptif des terrains pâturés, cantons ouverts pour l'année, chemins pour s'y rendre, calendrier du parcours, nombre et identité des bêtes admises, etc. P. Briot, dans son commentaire, ne renie donc pas ce passé, mais tente de *greffer* sur des généralités le fruit de ses observations, lesquelles, exploitées, guériraient enfin de leur proverbiale négligence les élus locaux. En particulier, cela éviterait l'intrusion étatique, facteur aggravant de passivité, puisque, dans l'hypothèse d'un règlement défaillant ou incorrect, il doit y être pourvu par le préfet, après avis d'une commission spéciale [40]. Chacun a intérêt à ce que l'initiative parte de la base, au contraire – à commencer par les Eaux et Forêts. Dans cet organisme, il ne faut jamais oublier en effet que le forestier de service, son *unique* représentant, n'a que peu de chance de faire prévaloir ses vues! Ce mécanisme institutionnel, qu'il est bon de rappeler, explique pourquoi *convaincre* les élites villageoises est un préalable essentiel. La majorité au conseil municipal, ce sont elles qui la détiennent!

Le réalisme politique dont font preuve les Leplaysiens en la circonstance n'est pas neuf, même s'il n'élargit son audience que dans ces années 1890. En 1873 déjà, le directeur général des Forêts, alors fort contesté par ses subordonnés, ne conseillait-il pas d'agir au niveau des notables, gros propriétaires constituant le plus gros des adhérents aux Sociétés d'agriculture? Eux prennent conscience « de la nécessité de conserver les forêts », tandis que la plèbe rurale se comporte en « bataillon épais, serré, [...] qu'aucune défaite ne décourage, [...] qui demande à la tolérance ce que le droit refuse, et, à certains moments, à la violence ce que, ni le droit, ni la bienveillance, n'ont pu accorder [41] ». Détenant les capitaux, qui d'autre pourrait jouer les pionniers dans cette économie marchande, que les uns et les autres souhaitent voir édifier au lieu et place des anciens systèmes agro-pastoraux?

Sans aller jusqu'à prétendre que l'administration des Eaux et Forêts s'incline devant les coqs de village, il n'en est pas moins vrai qu'elle use parfois à leur égard d'étranges ménagements. P. Buffault, bien qu'inspecteur, concède ainsi, dans une monographie consacrée au Briançonnais, que les périmètres, redessinés en 1885, s'ils ne touchent guère aux alpages dominés par quelques particuliers bien en cour, incluent par contre des communaux servant toujours au petit peuple, mal nanti en terres et jugé fort remuant en haut lieu [42]. Ce n'est pas là du machiavélisme politique, encore moins l'expression sauvage d'une lutte de classes dans laquelle les administrateurs favoriseraient *sciemment* les couches supérieures de la société rurale. Tout le système législatif pousse dans la voie d'une telle dichotomie. Et le comportement des individus ne fait que renforcer cette tendance. L'association des possédants, cette propriété coopérative du sol dont parle tant L.-A. Fabre, ne protège-t-elle pas leurs terres? Les communaux par contre demeurent une proie rêvée pour les forestiers en mal de reboisement. Aussi dans les Dômes, par exemple, là où les espaces collectifs n'offrent plus qu'une superficie exiguë au système pastoral, les paysans contournent-ils la difficulté en abandonnant au berger commun leurs tenures les moins productives! Ils résistent donc tant que leur intérêt les y porte [43]. Mieux vaut le savoir, et jouer à fond les cartes de ceux qui veulent – et peuvent! – saisir le train de la modernité en marche...

Longtemps, l'émigration temporaire, en fournissant un complément de ressources, freine le départ définitif. Dans ces hauts pays, l'hivernage représente jusqu'à six ou huit mois, comme dans l'Oisans. Cette saison est suffisamment éprouvante pour que tous ceux qui le peuvent quittent les lieux. Ainsi, à Venosc (Isère), en 1894, l'absence de la moitié des membres du Conseil municipal n'oblige-t-elle pas à remettre à des jours meilleurs l'examen d'une utilisation industrielle du Vénéon et du lac de La Muzelle? Tous ces départs évitent que ne se produise une surcharge en consommateurs relative aux ressources du moment. Une telle décongestion se traduit par de notables économies réalisées sur place durant cette mauvaise période.

Cependant, là ne semble pas le plus important. Les hommes descendent vers la plaine, oui, mais en espérant en revenir plus riches. Ils emportent donc sur le col le surplus des fabrications de toiles, de lainages, de la vaisselle de bois, mais aussi de petits instruments aratoires, sortis des taillanderies locales. Ce qui n'était encore sous Louis XIV que de la mendicité perfectionnée, la législation du Grand Siècle manquant de tendresse pour les gueux et les coquins, se change ainsi, au tournant du XVIIIe siècle, en une indispensable activité exportatrice [44]. La contraction de celle-ci durant les guerres napoléoniennes ne montre-t-elle pas combien le produit de ces industries rurales dépend du nomadisme hivernal? Comme le déplorent les gens à Villard-Notre-Dame (Isère), et le cas est fort général, rien ne va plus, car « nous avons vingt jeunes gens à l'armée, quinze pères de famille défunctés », et, si personne ne confectionne plus, personne, non plus, pour animer le négoce: « Les enfants des pauvres ne peuvent [y] aller, [...] ne pouvant aprendre [*sic*], ny à lire, ny à chiffrer, ny à escrire [45]. » Aussi le système ne fonctionne-t-il bien que dans un monde plein, à condition qu'un certain nombre d'individus alphabétisés soient en mesure d'assurer les communications. C'est dire que son apogée se place au dernier tiers du XIXe siècle, avant même que débute l'effritement des sociétés traditionnelles. Le mouvement prend alors une ampleur considérable. Dans la commune de La Garde (Isère), plus de 65 % des habitants s'adonnent au colportage, et ce, en 1886, contre moins de 40 % au temps des grands-pères! Ces villageois s'intitulent même avec fierté « cultivateurs et colporteurs », témoignant de la sorte, par ce double titre, que leur travail, loin d'être infâmant, vaut celui de la terre, formant avec lui une association sans laquelle ne tiendrait pas l'équilibre économique de la région. Ce complément, n'est-ce pas la seule possibilité qu'ils aient d'accumuler des économies?

Pourtant, au moment où le colportage se professionnalise, les symptômes de la crise imminente se profilent déjà [46]. Les voyageurs quittent le foyer de plus en plus nombreux, oui, mais les mains vides: la balle se fait dorénavant aux usines des vallées, et non plus avec l'artisanat d'amont. Certes, ils reviennent encore le dos léger et la bourse garnie. Cela ne dure pas car, maintenant, le campagnard isolé des plaines connaît d'autres tentations et d'autres possibilités de les satisfaire. Pour que la malle soit enfin vidée, le périple s'allonge, et avec lui augmentent les frais et les fatigues. S'orienter vers des objets plus légers et plus coûteux, menus bijoux, bimbeloterie et autres accessoires, accroît le risque beaucoup plus que le bénéfice! Rien ne saurait ranimer ce métier, avoué comme tel au moment où le condamne l'équipement commercial dont se dote le bas pays. A peine le moribond en est-il prolongé. En fait, dès la Grande Guerre, en Oisans comme ailleurs, le nomadisme hivernal s'assoupit pour ne plus s'éveiller. Il faut donc s'exiler pour toujours – ou imaginer une solution de rechange assurant des rentrées d'argent sans recourir aux remues d'hommes. Les plus pauvres lâchent prise et vont s'enquérir d'un emploi à la ville [47]. Les plus audacieux se cramponnent, cherchent à exploiter cet exode grandissant, qui allège les impératifs de la subsistance et ne tarde pas à libérer des parcelles proches du village. N'ont-ils pas l'exemple des exploitants aisés, engagés, eux, dans l'économie marchande, et qui devant la mévente des produits ovins, laine et agneaux « gris », sévère dans les années 1880, se sont détournés du mouton pour s'occuper d'élevage bovin ?

Ce modèle en séduit plus d'un. Les aides ne font pas défaut. Et cette mutation est alors facile : pour l'heure, la collecte du lait ne se pose pas, et pas davantage l'acheminement de la viande vers les marchés urbains. Les fruitières réalisent la transformation en fromages, et le temps n'est pas encore venu où les bétaillères deviendront nécessaires. La conversion s'effectue donc avec plus de simplicité que ne la conçoivent les contemporains. Que le choix des survivants se porte vers l'industrie laitière, ce qui est le cas en Briançonnais, ou privilégie le veau de boucherie, comme sur le plateau de Millevaches, partout se met en route un processus cumulatif qui signifie l'*extensification des parcours.* Ces méthodes, intensives puisque progressent les heures de travail à l'étable, entraînent donc un repli sur l'exploitation. Au-delà d'une trentaine de vaches-mères la saturation menace en effet l'entreprise, si bien que même si l'agriculteur arrondit son bien, il s'avère incapable d'accroître en proportion son cheptel. La charge des pâtures s'atténue, et du coup, l'abroutissement! Voilà qui devrait combler les sylviculteurs!

Les voies du salut

La forêt, pourtant, ne gagne pas forcément au change. Ainsi, sur les vastes sectionnaux de la crête, en Margeride notamment, la sous-utilisation des parcours n'entraîne que des landes de callunes, ponctuées d'arbres en boulingrin. L'altitude gêne ici l'afforestation qui se constate en contrebas, sur le plateau et les pentes des vallées [48]. Trop excentrées par rapport à l'exploitation, ou trop abruptes pour le pied des vaches, ces parcelles deviennent la proie d'une végétation de petits ligneux dont les moutons, eux, se seraient délectés! Quelques éleveurs, désireux de compenser la baisse observée dans la production fourragère utile, élargissent l'aire de parcours de leurs troupeaux restants, mais cela n'aboutit qu'à amplifier le phénomène. La pression pacagère, encore plus diluée, ne saurait contrarier l'envahissement de ces surfaces. Le processus rend de moins en moins productif le domaine pâturé, comme en témoigne l'exemple des Pyrénées orientales, dans lesquelles le cheptel ovin représente à peine le quart de ce qu'il était voilà un siècle.

Pareille évolution aurait réjoui les responsables du second Empire, très hostiles à la gent moutonnière, dont les méfaits – et les effectifs – donnaient lieu à bien des descriptions exagérées. Le préfet des Basses-Alpes ne parlait-il pas, en 1865, « d'arrêter dans leur marche, [...] les invasions annuelles de 500 000 moutons, véritables plaies d'Égypte, qui ne laissent que le désert derrière elles »? Le propos d'ailleurs ne fait que répercuter l'opinion des forestiers, tous unis dans leur haine de ce malheureux animal. Même un administrateur de bon sens, comme Guiny, véhicule ces fables, en évoquant les « immenses troupeaux, dont sont surchargées les montagnes, appartenant à des spéculateurs étrangers, [...] qui louent les pâturages pour y déverser un nombre illimité de bestiaux [49] ». En fait, la transhumance leur paraît une dangereuse exploitation des hautes terres par les habitants de la plaine, et son contrôle, difficile, alors qu'ils peinent tant par ailleurs pour surveiller le bétail communal. Cela leur rend définitivement antipathique celui qui en est l'objet! C'est dire combien ils se félicitent de voir les bovins prospérer aux dépens des ovins, ne serait-ce que parce que leur éducation implique une vigilance accrue sur les hauts pâturages. Toute question sur leur sentiment quant à la révolution pastorale n'aurait recueilli qu'une laconique réponse – des progrès évidents pour la situation forestière! Or cette belle assurance se lézarde. Plus d'un, qui hier jubilait en contemplant l'avance des bois là où s'étendaient des pâtures entretenues, se soucie à présent de la défense contre l'incendie qu'a perdue la forêt voisine, avec ces parcours mal peuplés et ces parcelles enfrichées. Et cette peur du feu ne constitue pas le seul effet pervers d'une afforestation anarchique.

Ce mouvement contribue-t-il donc si peu à l'intérêt national que le bloquer profiterait à tous? C'est assez discutable, mais les agriculteurs des années 1960 s'en persuadent volontiers. Les pouvoirs publics, un siècle après avoir érigé le reboisement au rang des priorités, opèrent de la sorte une discrète marche arrière. L'objectif s'évanouit en coulisse, tandis qu'au premier plan est traîné celui de l'enrésinement, c'est-à-dire l'enrichissement des parties existantes. N'est-ce pas continuer l'action, mais en songeant à ne pas nuire aux ruraux?

La submersion refusée

Les derniers des paysans entendent donc être protégés contre l'étouffement vert, eux qui, si longtemps, ont hanté les espaces sauvages. Or, justement, les habitudes acquises au cours de cette lutte pour leur faire comprendre que la nature du peuplement l'emporte sur le fond interfèrent dans le jugement qu'ils portent sur la conquête de l'Arbre. Friches forestières et surfaces enrésinées ne se perçoivent ainsi pas du tout sur le même mode. L'enrésinement *se vit* comme une intrusion citadine, qu'il soit le fruit de la tyrannie administrative ou résulte des calculs que font les étrangers au pays, achetant les terres embroussaillées pour les planter, quitte à détruire les équilibres agricoles au nom de la rentabilité foncière. Que la réalité ne se conforme pas à ce schéma leur importe peu, bien que tout le monde sache que de plus en plus de propriétaires-exploitants préfèrent trahir leur destinée en plantant plutôt qu'en mettant leurs biens en fermage, lorsque vient l'âge de passer la main! De telles choses ne se disent guère, chacun préférant imputer la marée forestière aux gens d'ailleurs. Le vieil antagonisme ville-campagne ne dérange pas les idées reçues. Au contraire de ces plantations artificielles, abondamment décriées, la forêt-friche ne soulève aucune rancœur, à peine quelque ironie devant le gaspillage que représentent des taillis dégradés, pourris, voués à la mort : « Si c'est pas malheureux ce massacre! C'est pu bon à rien! C'est des gens qui sont partis; c'est des *héritages perdus* » – la pire chose qui puisse survenir dans une société viscéralement attachée à l'agrandissement du patrimoine [50].

En fait, l'embroussaillement dont ces paysans observent la propagation s'effectue dans la sérénité qui accompagne la contemplation des cycles naturels. Le temps qui passe, le temps qui se subit – deux formules en écho aux termes de « décadence » ou de « progrès », selon que l'interlocuteur s'avère d'humeur morose ou résolument optimiste. L'ancien maire de Péroy-les-Gombries (Oise), né en 1906, en faisant visiter le finage, souligne ainsi la métamorphose des communaux, à partir de laquelle s'enchaînent tous les autres changements [51]. La pierre lancée n'engendre-t-elle pas à la surface de l'eau des rides concentriques ? Cette transformation est à son image. C'est que ces terrains, ont commencé « à être plantés, il y a une cinquantaine d'années seulement », autrement dit pendant l'entre-deux-guerres. L'ancien système, depuis longtemps entré dans le déclin, a donc perduré jusque-là. L'orateur en rappelle les traits : « C'était les parcours à mouton [...]. Quand il y avait encore *un* troupeau au pays, l'hiver on les conduisait dans ces terres à bruyère, [...] et puis, c'est très *sain* pour eux, ça les faisait marcher, et ils nettoyaient en même temps [52]. » Bref, la coutume profitait aux bêtes et à l'espace ! Or, que faire de ces communaux, lorsque plus personne ne sollicite leur apport fourrager, sinon les convertir ? De cette fatalité, l'interlocuteur prend si bien conscience que, d'instinct, il adopte la tournure passive. Ces terrains, par conséquent, « ont été *reconsidérés* » – n'est-ce pas le cas de le dire puisque l'initiative n'en fut pas prise au Conseil municipal ? – « et plantés en résineux ». Apparemment, ce peuplement artificiel demeure un corps enkysté. Le mot « bois » ne vient pas spontanément aux lèvres pour le désigner. L'âme de la collectivité déserte donc cet endroit, pour s'attacher aux boqueteaux, derniers témoins des combats menés afin de constituer une possession communale là où le maître du lieu ne voyait que son bien grevé d'usages ! Ainsi, seules ces pauvres enclaves, déjà figurées comme telles dans le plan de 1776, lors de l'arpentage du Bois des Seigneuries, justifient spontanément de cette appellation. L'ancien maire, qui connaît l'histoire de Péroy et ses démêlés avec le voisinage, notamment avec les gens d'Ormoy, achève donc son tableau en ajoutant qu'il « reste quelques petites parcelles en *bois*, près des garennes privées de ce côté-ci du Chemin Vert [53] ». Il est clair que pour les habitants, la « vraie » forêt doit ressembler à un taillis-sous-futaie, même pitoyable. Cela prouve au moins que les officiers de Sa Majesté sont parvenus à une chose : l'acculturation des manants. Après tout, qui s'en plaindrait ? Il est seulement dommage qu'ils aient échoué en montagne, d'où les oppositions au régime forestier de 1827, et trop bien réussi ailleurs, d'où les nostalgies actuelles !

Pas de forêt s'il ne se marque ni ordre ni aménagement, et le langage qui la dépeint s'appuie sur des termes comme réserve, baliveaux, révolution, tous éléments inculqués de force dans les bois communaux dans le premier tiers du XVIIIe siècle. Un villageois de Minot (Côte-d'Or), interrogé par T. Jolas, condense son impression dans une formule lapidaire : « Autrefois, dans les Eaux et Forêts, c'était *discipliné.* Maintenant, on coupe n'importe quand, n'importe où [45]. » Il résume de la sorte – et pour la regretter – la liberté qui est celle du sylviculteur, à partir du moment où ce dernier n'est plus esclave de la régénération naturelle. Et le cri du cœur en dit long sur ce qui définit un massif véritable : « Qu'on nous fasse de l'élagage, qu'on nous fasse des semis de chênes et de hêtres *convenablement.* » Ne sortent donc pas indemnes de la critique l'administration des Eaux et Forêts, qui suggère, et la municipalité, qui fait de ces conseils des directives.

Bref, la solution de mise en sapin irrite. Elle n'obtient pas grâce aux yeux des résidents, car cette essence semble engendrer un processus linéaire et négatif, contrairement aux méthodes d'autrefois, fondées sur la *multiplicité* des usages et l'*autorenouvellement* des arbres, par voie de rejet ou par semence. Tant pis si leur régularité n'atteignait pas l'harmonie souhaitée en la matière par les responsables royaux, harmonie alors détestée – et magnifiée, depuis! Car elles rassuraient tout un chacun. Ne reposaient-elles pas sur la notion de *cycle,* absolument essentielle dans la mentalité rurale? Le paysan s'est transformé en exploitant agricole, mais ce serait une erreur de croire qu'il s'est ainsi dépouillé de structures psychologiques aussi vieilles que l'est sa terre.

Dans ce monde, le pire se nommait disette, et la connaître était d'autant plus douloureux que l'abondance l'avait précédée. Et pour une fois, la marge est étroite qui sépare le passé de maintenant. Les meilleures techniques ne sont-elles pas, dans ce contexte, celles qui excluent l'angoisse de la rupture, du vide ou du manque? Or ce traumatisme paraît consubstantiel à la culture du sapin, et d'une manière générale, à ce que semble être la sylviculture productiviste : plantation alignée, éclaircies savantes, matériel enlevé, engins mécaniques, etc. Les bois qui cernent ces communautés conservent un fantastique potentiel affectif, ce qui s'arrange mal d'un système où la récolte n'est qu'une fin banale, et non la promesse d'un renouveau. C'est qu'avec ces résineux, la maturité s'atteint en une cinquantaine d'années, et, la coupe réalisée, le canton se retrouve rasé, hirsute de débris abandonnés, et bientôt sali par le fourré qui y croît jusqu'à ce que l'homme décide de l'affectation future de cette vente. Les reproches fusent donc, comme si la tradition, sacralisée en perdant sa raison d'être, venait d'être violée. Ils s'en prennent non seulement au caractère pernicieux de ces arbres verts, mais aussi à la brutalité avec laquelle s'effectue la conquête d'étendues familières aux pas des villageois. Et plus affreux encore, à la désinvolture avec laquelle elles se retrouvent *enlaidies.* Certainement est-ce là le grief le plus fort à leur encontre. Tous les propos recensés traduisent ainsi combien les habitants se révèlent sensibles à la détérioration de l'environnement qu'entraîne ce choix malheureux. L'un déclare : « C'est pas beau les sapins, c'est *moins beau* que la forêt », et l'autre fait chorus : « Le sapin, ça touche à la forêt, mais *ce n'est pas ça.* Le gibier, il ne se plaît pas sous les sapins. C'est la Nature qui va disparaître [55]. » Mais quelle nature, sinon celle qui prend sa forme au travers du patient labeur des ancêtres ? Et dans cette prétendue agression faite au milieu « naturel », la peur ne surgit-elle pas, non de cette atteinte à son intégrité, mais de ce coup porté à la mémoire collective ? Avec ces résineux, c'est un passé qui sombre.

Plus jamais le pays ne s'offrira à la vue comme avant. Ses données se modifient radicalement du fait que s'efface le subtil équilibre jadis établi entre espaces pastoraux, terroirs cultivés et zone forestière. Le haut Beaujolais illustre de manière exemplaire ce changement architectural[56]. Le laminage des terroirs agricoles n'y a-t-il pas pour corollaire l'extension sylvicole, et, très secondairement, celle de l'inculte, avec 5 % de l'ensemble régional ? Les surfaces boisées du début du XIXe siècle comprenaient 12 500 hectares de feuillus et 2 500 hectares de résineux, les premiers étant alors majoritaires, et de loin (83 %). Les forêts actuelles en couvrent 39 000, soit près de trois fois plus, et les proportions se sont inversées : les arbres verts occupent 70 % de cet espace (27 500 hectares). Cela marque bien l'importance prise par les enrésinements, tant sur les terrains nus qu'à l'intérieur de taillis peu productifs, développés aux dépens de lopins jadis cultivés. Le taux de reboisement s'élève ainsi aujourd'hui à plus de 21 %, et le phénomène concerne toutes les unités du massif : des taux supérieurs à 25 % ne se rencontrent-ils pas dans la région de Monsols, comme sur les rebords oriental et nord-occidental ou dans la zone centrale ? C'est dire que cette avance touche autant des endroits assez montagneux que les replats. Elle se marque même davantage sur les territoires que définissait, au temps du Cadastre napoléonien, une emprise forestière assez modeste. Lamure-sur-Azergues (Rhône), Claveisolles (Rhône), ou Diéme (Rhône), n'avaient que 16 % de leur finage en bois dans les années 1830. Or ce pourcentage a fait plus que tripler ! C'est dire aussi combien s'y perçoit le double impact de la révolution agricole et de la révolution sylvicole, celle-ci parallèle à la conversion fourragère. Ainsi, non seulement les parcelles en pente se trouvent délaissées mais encore les tenures emblavées deviennent des prés, et tout ce qui ne suit pas cette évolution tombe d'abord en friche, puis en bois. Ceux-ci ne tardent d'ailleurs pas non plus à muer. Pour l'heure, le partage se tient entre surfaces en herbe et surfaces boisées : 23 % en prés et 35 % en bois sur la commune de Thel (Rhône); 26 % et 28 % à Ourroux – mais le fléau de la balance ne risque-t-il pas de pencher du côté de la sylve ?

La transformation de l'environnement est en tous cas considérable, et les gens âgés, qui ont vécu la phase décisive du déséquilibre, la ressentent profondément car sans cesse ils confrontent l'état passé et la vue actuelle. Cette uniformité qu'engendre le manteau vert gomme les repères ordinaires et casse la filiation plus sûrement que ne le fait l'exode. Souvent, en effet, leur maison demeure le point d'ancrage où, les vacances venues, la famille se regroupe. Eux n'ont pas cette chance, puisqu'ils deviennent étrangers à leur propre pays. La forêt, parce qu'elle prédomine ou tend à s'imposer, est ressentie comme globalement hostile. Là, au fond de soi, le sentiment de l'inexorable : les mêmes paroles reviennent devant cette marée qui recouvre tout – « le feuillu, il ne pousse plus sous le sapin, alors, c'est pour la vie ! » Ce qui veut dire « pour toujours [57] ». Et, dans la voix, une pointe de mépris indigné devant tous les ravages qu'occasionnent ces bouleversements. C'est qu'ils « coupent, ils *arrachent* ça avec le bulldozer, ils foutent en tas, et puis, *ça reste*, puis ils plantent en sapin [58] ». Arracher, ne pas nettoyer : deux horreurs, combattues par les forestiers de l'Ancien Régime, qui ne voulaient pas du droit de souchonner pour cette raison et veillaient à ce que les adjudicataires laissassent le parterre net...

Le pli ne date donc pas d'hier. En l'enlevant, les hommes se sentent comme *désappropriés* de leur paysage. Le dressage, conduit sur des générations, les en avait investis, et désormais il leur faut admettre ne plus avoir de prise sur lui. Ainsi, regardant les médiocres taillis qui ourlent sur plus d'un kilomètre la vallée de l'Armançon, au-dessus de Lézinnes (Yonne), un vieil homme soupire : « J'ai fauché de l'herbe à la faux par ici dans l'temps; c'était tout cultivé, presqu'tout d'la vigne [59]. » Par cette sobre notation, il traduit bien la déprise humaine en ce lieu, autrefois vivant et maintenant silencieux. La mentionner au passant, n'est-ce pas lui signifier que son guide, qu'il voit passif, a participé autrefois à la valorisation du terroir ? Les bois, eux, poussent *seuls*. Et ceux qui s'étendent au loin ne méritent pas ce nom.

Vers un autre équilibre?

Le désarroi devant un processus, qui, en quelques mois, jette à terre des brassées de souvenir? Oui, et si le paysan, depuis des lustres, sait que l'espace cultivé se contracte ou se dilate selon les besoins en terres, l'exploitant d'aujourd'hui sait bien que l'extension forestière à laquelle il assiste aujourd'hui n'obéit pas au même mouvement précisément parce que ont cessé d'être concurrentes la sylve et l'agriculture. En fait, voilà plus d'un siècle que le sapin se plante sur les friches, à mesure que diminue le nombre des moutons et que se restreignent les cultures. Pourtant, ce passé déjà lointain n'atténue en rien le phénomène de rejet à son égard. Nul ne veut l'assimiler à la forêt, tant il semble foncièrement *autre chose.* Le dédain qu'inspire cet arbre, « qui n'est pas d'ici », « qui ne s'y plaît pas », *parce qu'il vient de la montagne,* colle aussi à ses semblables, ou, pour être exact, à tous ceux amalgamés sous le label des intrus, douglas, épicéa ou pin noir. A plusieurs reprises, d'ailleurs, le vocabulaire manié par les gens du cru n'orchestre-t-il pas cette confusion? Ils répètent ainsi que le sapin n'aime que l'Autriche, où « Faut voir! Ils ont quarante mètres [là-bas] », hauteur jugée prodigieuse, dont le rappel, confronté à l'aspect mesquin offert en spectacle, souligne leur prétendue inadaptation au lieu [60]. Tous ces résineux « détonnent », en quelque sorte. Le sens commun ne les imagine pas dans ce contexte, d'où une terminologie qui les enveloppe dans l'indistinct, c'est-à-dire dans l'inhabituel. La précision ne s'attache qu'aux sujets et aux gestes apprivoisés. Peu importe donc la diversité des essences, de leur allure et de leur emploi. En Beaujolais, en Bourgogne, dans les Causses, en Champagne pouilleuse, comme en Limousin, très souvent, elles constituent « l'bois de sapins », à l'image de ce qui se passe au village de Lézinnes (Yonne), bref, le bois « pas beau ».

L'enquête révèle que seuls les enfants l'apprécient. A leur âge, il ne s'agit que d'une aire de jeux dans laquelle s'abolissent les convenances du monde extérieur. Ils y circulent sans contrainte, et en profitent pleinement. Cette insouciance reflète au fond l'absence d'une dimension, *celle de l'histoire de ces espaces,* que leur date de naissance et la béance de la démographie ne leur permettent plus d'appréhender. Les générations ne se sont pas, dans leur cas, relayées afin de conter le terroir. Du coup, les bois sont, pour eux, recouverts d'espèces ligneuses, certes, mais la nature de ces dernières leur est indifférente. Ce sont des arbres – sans plus – grands ou petits, dont la spécificité ne se caractérise que par l'usage ludique. Broussailles, taillis, plantations, le nivellement s'opère. Tout ça, c'est « la forêt », ni l'état du peuplement ni la date de sa création n'intervenant dans ce diagnostic. Les petits enfants du pays raisonnent donc à peu près comme les parents de la ville, pour lesquels ladite forêt ne saurait être autre chose qu'un terrain de loisir.

Ce n'est en effet qu'après réflexion, et celle-ci ne leur incombe que rarement, que les bois se découvrent comme valeur. Justement parce qu'ils sont *du bois* et doivent bien appartenir à quelqu'un. Cette salutaire mais fragile prise de conscience n'intervient-elle pas à la suite d'un avertissement ? Lequel est souvent requis par les circonstances, du genre : « Y coupoient trop d'branches. Je leur ai dit d'arrêter ! » Message reçu [61]. Pour combien de temps ? Ces espaces apparaissent donc de prime abord, et parfois de manière exclusive, comme espace de liberté. En témoigne la spontanéité avec laquelle un jeune garçon lance : « Ce qu'il y a de bien dans l'bois, c'est que c'est à tout le monde », alors même que son légitime propriétaire ne lui est pas inconnu ! Comme le remarque E. Chaussin, les enfants ne pensent pas la forêt, mais la vivent intensément [62]. Hélas, pour les habitants restés dans la région, c'est l'inverse qui se produit. Ils ne la vivent plus et en pensent beaucoup de mal, peut-être parce que l'enrésinement leur semble déranger tous leurs projets en matière de politique foncière.

Succédant à une phase d'accalmie, l'époque contemporaine renoue ainsi avec l'hostilité qui est souvent prêtée aux paysans face à l'arbre. A nouveau, la forêt ne se voit-elle pas accuser de vider le territoire, alors que se dégageait à peine un consensus quant à sa neutralité sur le plan démographique ? Oubliés les propos apaisants qui montraient que les bois ne s'emparaient que des zones devenues inaptes à l'agriculture moderne et définitivement perdues pour elle. Personne ne s'est ainsi inquiété de l'évolution suivie dans la partie basse du Causse-Méjan, et pourtant les sociétés fromagères du Roquefort n'accordaient, dans ce début du XXe siècle, un sursis qu'à une minorité de petites exploitations [63]. Les terres de la sorte libérées, rarement reprises, et devenues pineraies, cela ne troublait aucun intérêt, nul ne les réclamant plus pour d'autres fins. C'est donc dans l'indifférence générale que le taux de boisement, qui avoisinait le cinquième des surfaces à la veille de la Grande Guerre, porte sur près de leur moitié aujourd'hui. Une telle évolution ne se poursuit pourtant pas toujours sans quelque repentir. Sur le haut plateau des Dômes, par exemple, les plantations n'ont suscité aucune protestation tant que les veaux de boucherie ont bien payé, c'est-à-dire jusqu'aux années 1950-1970 [64]. La production laitière intensive que leur élevage exige, en condamnant la race locale, les Salers, vaches rustiques mais de rendement médiocre, ne rend-elle pas inutiles la plupart des vastes « montagnes » du haut plateau? Ces estives, comme certains communaux, s'offrent alors à l'extension forestière. Cela s'est poursuivi jusqu'à ce que les difficultés commerciales du veau de boucherie surviennent, orientant les paysans vers la vente des génisses, à la fois comme reproductrices et comme bêtes à viande. Aussi, depuis 1970, les pâtures qui ne sont pas encore boisées se trouvent-elles fort convoitées. Leur prix s'en ressent donc. Voilà la forêt mise au banc des accusés, responsable du gel observé dans les mouvements fonciers.

La même critique se rencontre ailleurs, en Limousin comme dans le haut Beaujolais, c'est-à-dire *sur toutes les moyennes montagnes* où surgit actuellement une demande d'espace. C'est le fait de certaines exploitations, soit parce que leur superficie se situe en dessous du seuil local de maintien, soit parce que leur dynamisme interne commande un agrandissement de celle-ci.

Cette pénurie partielle en terrains agro-pastoraux n'est-elle pas d'ailleurs confirmée par l'intérêt que provoque, chez de nombreux exploitants, la moindre location de parcelles? Car la conjoncture actuelle poussant leurs détenteurs à conserver ces biens plutôt qu'à les céder en fermage, l'offre ne répond plus à la demande [65]. Les baux à ferme ont en effet beaucoup perdu de leur pouvoir attractif, ne serait-ce qu'en raison des excès de zèle d'une législation visant avant tout à protéger le travail. Il fut un temps où la chose était nécessaire, mais il semble bien maintenant que les inconvénients du système en éclipsent les avantages. Jusqu'à une date récente, les propriétaires-exploitants, ignorant ces implications désagréables et désireux de bénéficier de l'Indemnité viagère de départ (I.V.D.), ont formé le gros bataillon dans ces bailleurs de fonds [66]. Hélas, la source se tarit d'elle-même, tant par l'âge que par l'information! La candeur connaît enfin ses limites, ce qui amenuise considérablement le nombre des dupes. L'argument de la retraite heureuse porte en effet de moins en moins, chacun sachant combien la société, généreuse envers ses histrions, se montre avare dès qu'il s'agit de l'argent accordé aux vieux.

Que l'agriculteur âgé cesse son activité, ou persévère s'il en a la force, tout le pousse donc à garder intact son héritage. Il devient évident qu'un possédant, vu la loi, se trouve bien inspiré en le conservant, même à l'état de friches, plutôt qu'en le confiant à autrui. Dans ce cas, récompensé par un revenu souvent mesquin, la disposition lui en échappe totalement, ce qui est fâcheux, moins toutefois que ce que cette cession déguisée entraîne quant à la valeur *réelle* de son capital foncier. Le simple fait d'affermer une terre ne la déprécie-t-il pas de 30 à 50 %? Au moins, en retenant par-devers lui ce bien convoité, peut-il à tout moment réaliser la totalité de celui-ci.

La perspective a de quoi réjouir dans les années 1960, accompagnées d'une belle envolée des prix. La hausse se veut d'autant plus vigoureuse que les terres sont plus ingrates! Masochisme? Non, mais rattrapage, car l'absence d'acheteurs, due à la déprise paysanne depuis 1880, les a conduites au plus bas. Ainsi, le pourcentage d'augmentation, calculé entre 1965 et 1975, s'établit par exemple, en Limousin à 183 %, loin par conséquent devant la Franche-Comté (71 %), la Basse-Normandie (70 %) ou le Nord (49 %). Il se révèle même supérieur à la moyenne nationale (130 %) [67]. Sur ces dix années, la progression en francs constants avoisine les 5 % (4,4 %), alors que pour ces trois dernières régions, la terre a perdu régulièrement de sa valeur, avec respectivement un taux de – 0,8 %, – 0,9 % et – 2,2 % par an. Dans ces conditions, pourquoi se dessaisir durant cette belle tendance? Et le raisonnement, s'il vaut pour les agriculteurs, tient encore plus pour les héritiers de la paysannerie. Le transfert citadin n'empêche pas d'éprouver un puissant attachement envers la terre familiale, surtout lorsque celle-ci s'estime de plus en plus cher! Eux non plus ne se disposent donc pas à la brader – à moins, bien sûr, que des querelles inopportunes, surgies de l'indivision, ne contrarient cette sage conduite. La bonne entente entre ayants droit relève ainsi parfois davantage de la stratégie financière que des vertus domestiques. Le seul problème réside alors dans la gestion de ce patrimoine, lequel semblait ne plus valoir grand-chose aux lendemains de la Deuxième Guerre mondiale. De quoi procurer quelques regrets aux gens pressés, qui ont cédé, à l'aube de la Vᵉ République, le bien des ancêtres pour une bouchée de pain...

Comme nul n'entend se dépouiller, à moins de s'y voir contraint, et que peu envisagent une mise en location, le tour des solutions est vite fait : soit laisser la friche se développer, soit occuper le sol en reboisant. Cela suppose quelques liquidités, mais le Fonds forestier national (F.F.N.), institué en 1946, aide beaucoup les candidats et les pépinières départementales fournissent abondamment [68]. Ce faisant, le propriétaire accroît de 50 à 100 % la valeur de son terrain et se décharge de l'impôt foncier pour une durée trentenaire : le bonheur parfait! Pour peu que la crise énergétique l'aide en ne se ralentissant pas, l'heureux homme, assuré d'une hausse continue du stère de bois, sait que cette forêt, bâtie de ses mains, va rapporter un produit net sans commune mesure avec celui qu'offre le veau de lait ou tout autre type d'élevage. Comme cette perspective demeure tributaire de nombreux facteurs, et que le savoir risque de nuire au moral, il lui faut repérer une certitude à laquelle se cramponner.

Certes, l'idée qu'en tout état de cause, la voie des plantations procure à celui qui s'y arrête un revenu quatre ou cinq fois supérieur aux rentrées du fermage, suffit à combler d'aise [69]. Changer cette donnée supposerait en effet que se modifie d'une façon radicale le contexte du Marché commun, qu'il s'agisse des prix offerts aux producteurs ou du nombre d'entreprises agricoles jugées nécessaires à l'approvisionnement européen et à la balance commerciale. Mieux vaut ne pas rêver à la montée subite de la rémunération du travail agricole : elle ne se produirait qu'en cas de catastrophe internationale. Tâtant ainsi la conjoncture, bardé de garanties et pourvu d'optimisme, car le possédant se place dans la dépendance des cieux cléments, il n'attend plus que de récolter ce qu'il a planté. Cela prend quarante ou soixante ans avec les conifères. A terme, il profite donc du croît sylvicole, sous une forme ou l'autre, et se dote en plus de la douce satisfaction de pouvoir vendre à son gré ladite parcelle. Ce point mérite en effet attention. Les surfaces boisées, épargnées par le droit de préemption qu'exercent sur toute terre agricole les Sociétés d'aménagement foncier et d'économie rurale (S.A.F.E.R.), ne constituent-elles pas, actuellement, le seul moyen, pour les non-agriculteurs, d'accéder *normalement* au marché foncier ?

Cette convergence de faits explique les beaux jours des résineux, malgré tous ceux que leur vogue chagrine ! L'ennemi, c'est forcément le bois de l'autre. Quelques tensions existent donc entre les agriculteurs résidents, qui souhaitent créer leur exploitation ou améliorer leur assise foncière, et les auteurs de ces plantations, pour lesquels l'avenir ne se situe pas dans la seule agriculture. Leur groupe est étonnamment flou, tant sont diverses les combinaisons qu'engendre la pluriactivité, celle-ci caractérisant en 1980 282 000 exploitants, soit 22 % de l'ensemble [70]. A ceux-ci s'ajoutent tous les détenteurs de parcelles reboisées ayant coupé les ponts avec l'agriculture : eux sont les gens de la ville. Il est certain que les adversaires de la forêt, et ils le sont parce qu'elle est résineuse, n'aiment guère présenter leur combat comme étant une lutte fratricide. Aussi, à les en croire, en face d'eux, il n'y aurait que des citadins. Beaucoup en sont, c'est vrai, mais pas tous. Le quart de la forêt privée, soit 2 600 000 hectares, n'appartient-il pas aujourd'hui à quelque 576 000 exploitants agricoles ? Cela intéresse donc plus de 45 % de leur profession – ce qui signifie que près d'un agriculteur sur deux détient un bois, quelle que soit l'origine de celui-ci et la nature de son peuplement ! La proportion fait réfléchir. Ce constat, dans sa nudité, s'accompagne en effet du vif sentiment qu'éprouvent les ruraux de n'avoir guère de liens avec la propriété forestière. Curieux, non ? D'autant qu'en déclarant celle-ci en dehors de leurs préoccupations, eh bien ! ils ne se trompent guère. A titre d'exemple, sur les 7 000 hectares de résineux que comporte l'arrondissement de Villefranche (Rhône), plus de 3 000 ressortissent à la grande propriété, noble ou bourgeoise [71]. Une superficie semblable est aux mains des possédants non agriculteurs, habitants de Lyon et des petites villes manufacturières, ou commerçants et artisans dans les bourgs. C'est dire que la portion dévolue aux travailleurs de la terre est fort mince. Cette part médiocre le demeure d'ailleurs même en l'absence de domaines nobiliaires. Le tête-à-tête avec la propriété bourgeoise se révèle donc peu fructueux pour la forêt paysanne. Comme le souligne G. Garrier, il est symptomatique que, dès avant 1914, les syndicats agricoles, toutes tendances confondues, se soient tus sur les opérations de reboisement menées par le Conseil général du département [72]. Ne sont-elles pas déjà le propre des milieux urbains ?

Sur l'échiquier de l'*appropriation spatiale* comme sur celui de l'*enrésinement,* les notables républicains ont donc admirablement manœuvré, non seulement en se taillant un patrimoine forestier, mais encore en écartant les grands hobereaux du commandement de ces opérations. Les paysans d'alors, loin de les imiter, se sont bornés à les regarder, paralysés qu'ils étaient par leur vieux démon. L'Arbre, ce n'est pas leur affaire. Cette passivité choisie persiste, tandis que se confirme la qualité du placement. Le reboisement des monts du Beaujolais va son train : 30 500 hectares en 1913, 37 000 en 1929, 40 500 en 1949, 51 000 en 1968, plus de 60 000 maintenant [73]. Et la participation de leurs descendants ne concerne pas le dixième de ces surfaces!

Il est donc vain de se pencher sur leur importance au sein des associations de propriétaires sylvicoles. Les chiffres égarent parfois l'imprudent. La proportion des agriculteurs au sein des propriétaires forestiers oscille, en effet, entre 19 et 36 % – selon le total retenu pour ces derniers, 1,9 million dans une évaluation de 1978 et plus de 3 millions d'après le rapport Duroure. (Cela prouve combien le décomptage des possesseurs d'arbres est moins commode que celui des permis de pêche!) A quoi bon s'extasier devant un tel pourcentage ? Trop souvent, la part qu'ils détiennent de la forêt privée ne représente qu'un morceau d'illusion. A eux, la forêt-friche, héritée des déboires de leurs aïeux. Et aux autres, la forêt-revenu, issue d'une intelligente comparaison entre les différents types d'investissements qu'offre la terre. Certes, ce schéma est bien sommaire, car dans plus d'une contrée, les chefs d'exploitation, ayant fait leurs comptes, se précipitent dans les bois pour les enrésiner avec ardeur. Néanmoins, dans ses grandes lignes, le tracé s'avère juste [74]. Trop d'agriculteurs répugnent encore à ce jeu, comme si la poussée des traditions les en écartait, d'où une mentalité frileuse qui les fait crier au secours.

L'arche d'alliance

L'inquiétant dans cette observation, ce n'est pas tant la cassure ville-campagne, qui surgit au travers des statistiques montrant la mutation en cours, que le *danger de son accentuation.* L'entretien des peuplements requiert en effet l'assistance de ceux qui, sur place, participent à l'aménagement rural. Qui d'autre, en dehors des résidents, pourrait le faire ? Or, s'il n'y est pris garde, c'est leur désaffection qu'il faudrait envisager. Plus d'une région tend à basculer, d'une manière irrémédiable, d'une densité sylvo-pastorale à une densité forestière. Pour reprendre le cas du Beaujolais, l'hypertrophie des boisements, caractérisant toute la zone centrale, mais aussi quelques-unes des communes septentrionales, du bassin du Reins à celui du Sornin, s'accompagne depuis une trentaine d'années d'une véritable béance démographique. Diéme (Rhône) perd dans cette saignée la moitié de ses gens, Ranchal, Saint-Bonnet-le-Troncy et Valsonne, plus de 40 %. La marginalisation rôde autour d'une contrée qui, il n'y a pas si longtemps, connaissait un peuplement agricole dense [75]. L'école ferme après le bureau de poste. Le dernier à succomber sera la buvette qui faisait tabac. Avec elle, c'est la vie qui s'en va, car ce commerce en était le siège. Là, on parlait, en achetant son épicerie, et l'unique dépôt de pain, n'était-ce pas dans ses murs qu'il était installé ? Avant cette dernière extrémité, les vieux du pays observent la forêt enserrer certains hameaux et fermes isolées, les exploitations agricoles en mourir tandis que leurs propriétaires désertent les uns après les autres. L'hémorragie prend une telle ampleur que les densités actuelles passent en dessous de la barre des 11 hab./km ^{2}, qu'il s'agisse de Diéme, d'Avenas ou de Saint-Appolinaire.

Le paysage humain change donc avec celui de la sylve, ressentie maintenant comme agressive tant *par les autochtones* que *par les touristes,* et ce fait est nouveau. Les grands massifs d'altitude et de versants, couverts de conifères, engendrent la monotonie, la variété de l'architecture et des couleurs ne subsistant plus que sur les terroirs cultivés de plateau ou de fond de vallée. Pis encore, lorsque les boisements tendent vers l'occlusion, les perspectives se réduisent, donnant une impression d'étouffement, très sensible dans les réactions que manifestent les agriculteurs de communes très forestières comme Poule-les-Écharmeaux ou Ouroux. Les arbres s'érigent en rivaux, et en rivaux victorieux.

Face à cette fulgurante progression, les paysans affectent un comportement de minoritaires sur la défensive. Il ne suffit donc pas de discourir sur le rôle qu'ils pourraient assumer dans la gestion d'une forêt productive, ou sur la valeur de leur apport dans le contrôle des espaces embroussaillés, trop inflammables. Il faut encore que des moyens législatifs et financiers, non seulement les protègent, mais encore leur permettent de s'insérer dans une politique sylvicole d'un dirigisme bien compris, même si le mot en fait sursauter plus d'un! N'est-ce pas se montrer bien crédule que d'imaginer un développement de l'agriculture, parce que les boisements se verraient proscrits? La base du raisonnement tient pourtant là. Sans une adaptation des techniques et une modification des mentalités, assurément, les exploitants agricoles se confineront encore longtemps aux marges du mouvement, au lieu de figurer parmi ses pilotes. La mobilité spatiale, tant conseillée aux autres travailleurs, s'affirme aussi dans ce secteur, où elle doit prendre la forme d'une variante professionnelle. Eux qui sont familiers de la pluriactivité, devraient pouvoir s'en accommoder facilement.

Les barrages psychologiques demeurent cependant. Le paysan attaché à la polyculture s'est peu à peu spécialisé, c'était hier. Aujourd'hui, le vigneron qui ne saurait le rester s'assume arboriculteur. L'éleveur, lui, rechigne à devenir sylviculteur, comme si le domaine forestier lui était à présent étranger. Tout se passe comme s'il fallait que ce soit ceux dont le divorce avec la terre est consommé qui y songent, et posent l'équation de sa rentabilité. Ainsi, dans l'ensemble jurassien, la production ligneuse oscille entre 7 et 12 mètres cubes par an [76]. Pourquoi ne pas concevoir que son rapport dépasse celui du lait, dont les volumes se sont gonflés de 45 % en dix ans? Une rente foncière de 500 francs par hectare et par an, c'est peut-être sûr, mais c'est moins que ce que laisse espérer le bois. L'agriculteur peut approcher la sylviculture comme n'importe quelle spéculation : les gyrobroyeurs se mettront vite en marche si la tendance se renverse. Contrairement à ce qui existait jadis, l'arbre est, et sera de plus en plus, un hôte de passage. Encore faut-il accepter de rompre avec le passé, ce qui ne semble pas la voie choisie par le législateur qui s'en réfère toujours à la séparation des univers pour réconcilier leurs ressortissants. Moyennant quoi, ils s'ignorent souvent et se détestent toujours!

Globalement, tant d'un point de vue économique que biologique, la politique menée s'efforce d'organiser le maintien et la complémentarité des activités agricoles et forestières, *en les isolant* de manière à ce que cesse la concurrence, maintenant préjudiciable aux premières, après avoir souvent mis les secondes en difficulté! Cela suppose une maîtrise des *intérêts de groupe*, *a priori* déclarés antagonistes. Aussi appartient-il à la puissance publique de fixer, en fonction de l'*intérêt général* qui les transcende, des règles relatives à l'occupation du sol (articles 52-1 et

52-2 du code rural)[77]. Les textes d'application, prévoyant le zonage agriculture-forêt, comprennent en conséquence deux volets, l'un portant sur la limitation des boisements et l'autre sur le développement forestier. Contraignantes ou incitatives, ces mesures illustrent donc la volonté permanente de l'État d'intervenir sur des activités d'ordre, le plus souvent, privé. Qu'elles cherchent à orienter ou à encadrer, il est cependant permis devant leurs résultats décevants de s'interroger sur cette approche séparatiste. En fait, les décisions qui en découlent ne parviennent, ni à bloquer l'exode rural, ni à dégager des exploitations viables. La poursuite de ces deux objectifs, impensable voilà un siècle, semble une chimère aujourd'hui, ce qui réclame de partir avec un autre viatique que cette finalité vaguement électoraliste. La loi de 1960 s'efforce ainsi d'éviter le laminage des agriculteurs de moyenne montagne. Elle classe donc les terrains en deux catégories : d'un côté, zones « libres », où le boisement se passe d'approbation, de l'autre, zones « réglementées ». Dans celles-ci, le propriétaire doit, pour pouvoir boiser un terrain nu, déposer, auprès des services de la Direction départementale de l'agriculture une demande, qui sera, soit entérinée, soit reçue, moyennant quelques rectifications (par exemple, reculer la limite des plantations), soit enfin – et hélas! – rejetée.

En leur temps, ces dispositions paraissaient fort sages, ne serait-ce que par leur souplesse. L'interdiction n'ayant rien de définitif, l'espoir d'aboutir demeure lorsque le candidat vient de voir repousser à la prochaine session la satisfaction de ses envies. De plus, comment ne plairaient-elles pas, sur le moment, aux chefs d'exploitation? L'esprit du texte réside dans le *statu quo* caressé, qui, seul, les défend contre l'avance des bois. La majeure partie des terres cultivables n'appartient-elle pas à la zone réglementée? Le législateur admet ainsi que, lorsque s'accroît la pression, une perte en surface, même minime, oblige les agriculteurs à réaménager leur système de production, avec augmentation des fumures, mise en pension des génisses, recherche de locations nouvelles. Tous ces changements élèvent les frais et compromettent l'équilibre de l'entreprise. La loi de 1960 ressemble donc à un code de bonne conduite, répondant aux désirs des éleveurs sans nuire aux sylviculteurs en puissance, sinon en les obligeant à patienter! Par opposition à cette zone réglementée, la zone libre concerne des étendues déjà gagnées par la marée verte, que celles-ci soient forestières ou péri-forestières, parce que enclavées dans de grands massifs ou situées au voisinage. Dans la plupart des cas, elles sont déjà en lande ou pré-bois. Les communaux s'inscrivent dans cette rubrique, afin de préserver les ressources financières des municipalités. Pour l'heure, ils forment souvent tampon entre les prés et la forêt. Mais cet acquis est instable. Deux scénarios possibles : un, faute de débroussaillage, une *progression spontanée* des ligneux, noisetiers, genévriers, épicéas; deux, par décision du Conseil municipal, à la suite d'un transfert de pouvoir en son sein, une *conversion* de leur nature. Dans ces deux hypothèses, sa disparition a de quoi agiter les agriculteurs, qui estiment déjà trop exigu leur territoire. C'est que leur exploitation a besoin pour survivre de ses éléments périphériques, c'est-à-dire des alpages et des communaux. Or, souvent, le premier manque, ou devient insuffisant. Que le dernier se dérobe, et l'entreprise se trouve condamnée. L'enjeu, capital, se tient donc au Conseil, où l'avenir de l'enrésinement dépend du poids respectif des agriculteurs et des propriétaires fonciers [78]. L'amoindrissement d'une partie signe la victoire de l'autre.

L'équilibre, si soigneusement concocté, paraît difficile à atteindre. La forêt triomphe sur les *deux* fronts. Effet inattendu, car logiquement, sa marche devrait s'arrêter en zone réglementée. C'est dire que ce système de 1960, qui entend créer une partition de l'espace et réconcilier les clans en présence, ne réussit guère dans cette double tâche, la partition virant à l'uniforme, et le tête-à-tête harmonieux, au monologue discordant! Il est certain qu'en *zone de boisement libre*, le travail agricole ne s'exerce qu'avec peine. Le prix des parcelles augmentant avec la faculté de boiser accordée aux propriétaires, cela implique le poids accru de tout achat donné sur la trésorerie d'un exploitant. Comment, pourtant, s'en dispenser? A cette préoccupation financière, s'ajoute les désagréments du voisinage. Les lisières proches gênent d'autant plus que la forêt est dense, composée d'essence à système foliaire très fourni, et de vive croissance. L'ombre refroidit considérablement le terrain, d'où une modification de sa flore. Cet inconvénient s'aggrave de la dégradation du sol. Ces grands ligneux présentent un fort appétit. Le douglas comme l'épicéa, s'ils n'acidifient pas autant que le sapin pectiné, n'en occasionnent pas moins des dommages. Leur puissant appareil radicellaire n'exprime-t-il pas largement les besoins nutritifs de la plante, appauvrissant ainsi les alentours? Or la détérioration d'un lopin signifie à plus ou moins brève échéance son abandon.

Souvent, l'acquéreur, et parfois le propriétaire originel, choisit de relayer une utilisation agricole devenue inconcevable par une plantation qui risque fort d'avoir l'allure d'un timbre-poste. Le coût de ces acquisitions grandit d'ailleurs, car à l'intérieur de la zone, peu de terres s'offrent aux éleveurs pour répondre aux nécessités de l'extension. A la rigueur, des locations sans bail, mais ce n'est qu'un pis-aller : l'insécurité foncière qu'induit une telle pratique paralyse l'initiative. Tant pis pour la construction de bâtiments ou l'amélioration de la voirie! Au reste, l'emploi de ces tenures, souvent éparses, n'est pas très facile. Le droit de planter ne signifiant pas que les plantations soient jointives, une véritable marqueterie forestière se dessine, emprisonnant de la sorte les prés encore intacts. Cet émiettement multiplie les facettes de contact entre l'agriculture et la sylviculture et entraîne un processus fatal pour les pâtures. Cela commence par déplacer leur mode de service, allant de la *fauche*, justifiée par la distance qui existe entre ledit lopin et le centre de l'entreprise, *vers le pacage*. Vient ensuite le moment de la renonciation. Que le détenteur de ce bien choisisse de le garder ou préfère le céder, ce qui est fréquent lors des partages successoraux, l'inculte ne s'installe pas pour autant : 5 % des cas seulement en Beaujolais, moins encore dans le Jura et les Vosges. C'est que les lisières proches étirent vers l'aval les étendues résineuses, triomphantes depuis un siècle sur les alpages d'amont. Cet enrésinement ne pose plus de problème aujourd'hui que tout le monde s'y adonne. La difficulté est plutôt d'intégrer à son cycle tous les partenaires contribuant à l'aménagement rural. Les agriculteurs, qui hier le boudaient, doivent aussi en profiter, sous peine d'en être insidieusement expulsés, ce qui, sauf exceptions – et il y en a – est en train de se produire.

Certes, les mesures de zonage ont été bien accueillies parce qu'elles apportaient aux agriculteurs placés en situation critique des apaisements bien nécessaires. Résultat positif donc sur le plan psychologique. Mais autrement? Le taux de boisement est demeuré à un niveau très bas là où la *forte densité agricole* s'accompagnait d'une *forte extension du fermage* : Bretagne, Pays de Loire et Normandie. Il n'en va pas de même dans les régions où n'existe pas cette vive compétition pour l'emploi des terres. Cela se rencontre partout où la surface des exploitations, trop médiocre, n'assure ni un revenu net décent ni le plein emploi des hommes et du matériel investi. Dans ces contrées montagnardes (Sud-Est, Massif central, Sud-Ouest), ravagées plus tôt et plus intensément que les autres par l'exode, et dont le régime relève du faire-valoir direct, les terres passent à l'arbre, en dépit de tout, c'est-à-dire quelle que soit l'affectation économique préconisée en haut lieu.

Ainsi, il est clair que dans la zone « libre », la sylve sécrète les facteurs de sa propre extension, et que celle-ci se nourrit en plus des héritages de l'ancien âge agraire. Cette convergence y condamne les productions végétales et animales. Les nuisances liées à la pratique forestière, barrières détruites et éclairage déficient, s'y montrent d'autant plus pernicieuses en effet que les tenures prolifèrent au fil des générations.

Leur puissance est donc particulièrement forte dans les contrées jadis caractérisées par d'importantes densités. A chaque succession, la découpe en lanière, appuyée sur le plus long côté afin de préserver le droit du sillon, pulvérise un peu plus le parcellaire. Jusqu'à ce que les héritiers se résignent à la coupure latérale, faute d'avoir encore une largeur suffisante à diviser! C'est le cas jurassien, notamment vers Levier-Pontarlier (Doubs), à près de 800 mètres d'altitude. Sur ce plateau, la tenure moyenne oscille entre 0,80 et 1,20 hectare. Or le seuil en dessous duquel survient l'abandon se place aux alentours de 0,60 à 0,80 hectare. Nombreuses sont donc celles promises à cette destinée, surtout lorsque les bois les cernent sur deux ou trois côtés. Du coup, la conquête résineuse ne se ralentit pas. Sa dynamique, très remarquable dans les années 1945-1965, persiste donc à raison de 60 hectares par an dans le canton de Levier. Et le taux de boisement crève déjà le plafond fixé à 35 %! Cet exemple résume ce qui se constate dans toutes les moyennes montagnes, et pas seulement dans le cadre hexagonal. L'agriculture y est malade de la forêt. Reste à savoir si le prix pour la guérir se justifie?

Les chefs d'exploitation, soucieux d'avoir leurs aises, ne sauraient de fait se consoler du spectacle qu'y offre *la zone réglementée*. Ils comptaient, dans les années 60, sur son principe pour que se maintienne leur maîtrise du marché foncier. Après tout, n'était-ce pas des motifs *intrinsèquement* agricoles qui ont guidé les rédacteurs du code rural [79]? Et pour que personne n'oublie les bonnes raisons de cette loi du 2 août 1960, celle du 22 mai 1971 les répète, comme s'il fallait certifier de la sorte l'absence d'une dérive dangereuse. Apparemment, l'affichage paye. Depuis l'entrée en vigueur de ces textes qui touchent quelque 53 départements, près de 2 400 communes ont bénéficié d'un tel garde-fou. Le bilan partiel, dressé par région programme, montre ainsi la sollicitude du ministère de l'Agriculture étendue à plus de 2 220 000 hectares. Comme toujours, vaste est l'ambition. La trop grande ardeur que déploient sur ce sujet certains responsables explique même qu'en 1976, une circulaire du 22 janvier ait dû rappeler, avec bon sens, qu'à l'intérieur des départements inscrits, le contrôle ne saurait être général et absolu. Bref, qu'en dehors des secteurs sous haute surveillance, tout est permis, ce qui ne se serait pas dit, vu l'attitude de certains. Ce zèle en faveur de l'agro-pastoral vient cependant à contre-temps. Les lointains descendants des forestiers Leplaysiens groupés autour de L.-A. Fabre et P. Briot se trompent d'époque. Sous la IIIe République, arracher pareille concession, à la bonne heure! Trop tard, maintenant : les espaces protégés, au lieu de demeurer vierges, ou presque, de nouveaux bois, se convertissent à leur cause autant, sinon plus, que ceux qui en ont vocation. Est-ce à dire que partout sévit aujourd'hui le charme de la forêt ? Il est tentant de répondre par l'affirmative. Ceux qui s'en disent dégoûtés, parce qu'elle sont un artifice inconnu de leurs aïeux, s'égarent. Les malheureux confondent sentiment et économie. Sont-ils dupes de leurs propos ?

Il arrive ainsi aux services départementaux de l'Agriculture de s'amuser quelque peu à la lecture de certaines demandes d'autorisation, leurs auteurs menant campagne par ailleurs contre les méfaits du reboisement. A qui se fier, si les plus farouches de ses détracteurs ne répugnent plus à s'y rallier, même à titre personnel ? Bien que la contradiction soit le propre de l'homme, ce comportement, esquissé depuis les années 1970, n'annonce-t-il pas une mutation des mentalités ? Tout bouge, décidément, y compris ce qui semble façonné par une pratique séculaire ! Longtemps, les bois n'ont eu pour les paysans d'autres vertus que l'auto-approvisionnement. Nul ne songeait alors que le bois – et l'eau – seraient un jour synonymes de valeur marchande. Cette fonction domestique conserve bien sûr son importance, mais elle n'occulte pas l'attrait financier. Les exploitants les plus entreprenants tirent ainsi parti des leçons des anciens et de l'ouverture au monde. Posséder des bois, planter des friches ou améliorer les peuplements existants, n'est-ce pas, pour beaucoup, une méthode facile de constituer un *capital*, soit en vue des partages, inéluctables en cas de succession, soit pour atténuer le coût extérieur des investissements réclamés par la survie de l'entreprise ? Sans compter qu'il sert de *réserve* à la famille, en cas d'événement imprévu, de la même façon que le quart en futaie pour la commune ! Les démarches sont tout à fait comparables.

Il faut dire que le contexte se prête à ce revirement. Certes, les plans d'occupation des sols limitent l'initiative des possédants, du moins en théorie. Pourtant, l'accueil fait aux requérants qui sollicitent des services compétents une dérogation à leurs impératifs nuance beaucoup les commentaires qu'en font les juristes. Ainsi, dans le haut Beaujolais, analysé brillamment par F. Bret, sur 918 demandes déposées depuis 1964, date à laquelle démarre dans cette région l'assistance publique à l'agriculture en danger, satisfaction leur est donnée dans... 97 % des cas ! Quelques retouches rectifient le projet de ces candidats au reboisement, mais cela ne vise qu'une minorité (43 %). Celle-ci est confortable cependant – près de la moitié –, ce qui montre le souci de ne pas entériner purement et simplement la tendance favorable aux ligneux [80]. Il n'est pas pour autant question de la contrarier, ce que les naïfs l'ont cru. Ils ont mal interprété la procédure de zonage en pensant que son extension signifiait le blocage sylvicole. Ainsi, pour les 66 communes étudiées, 21 ont reçu un plan dès 1964, 37 en 1965, 49 en 1969 : en moins de cinq ans, les trois quarts (74 %) de l'espace sont passés sous contrôle! Et si certaines portions y échappaient, ce n'était qu'en raison de leur somnolence économique, aucune volonté ne risquant de s'opposer à l'emprise des bois. D'après les données émanant du Fonds forestier national et des pépinières départementales, bien des communes enregistrent un rythme de boisement aussi considérable, sinon davantage, après qu'*avant* cette procédure. Calculé pour une période d'égale durée de part et d'autre de sa promulgation, l'indice des surfaces converties passe en effet de 100 à 119 à Monsols et Saint-Bonnet-des-Bruyères, 135 sur Cenves, 155 sur Ouroux. Une telle persistance, alors que le texte de 1960 parlait de juguler le flot résineux, fait plus que remettre en cause l'efficacité du zonage. C'est son bien-fondé qu'il faut à présent examiner.

***

Les *préoccupations patrimoniales,* que manifestent de plus en plus les agriculteurs, ont été et sont encore à la base du succès remporté par la *populiculture* sur les terrains trop mouillés pour être travaillés. Les mêmes motifs jouent en faveur des *conifères,* bien que leur éducation n'en ait pas la simplicité. Il est difficile d'en attendre autre chose. La place que tiennent dans l'exploitation les bois, ou qui est susceptible de l'être, s'avère trop réduite pour que son chef en tire un revenu substantiel et régulier. Au mieux, celui-ci pourra servir d'appoint, ou contrebalancer les aléas des récoltes. Ce n'est d'ailleurs pas tant affaire de surface que de temps – et de savoir! Encore que le premier élément ne soit pas à mésestimer. Les parcelles vouées à cette présence ligneuse sont en effet éparses, souvent exiguës et linéaires, toutes caractéristiques qui s'accommodent mieux de la culture de sujets en ligne que de celle de peuplements. De plus, la conduite de ces derniers exige des interventions contraignantes, dévoreuses sur le long terme de travail et d'argent, et requérant une expérience technique bien éloignée des métiers de la terre [81]. Incontestablement, la stratégie suivie s'apparente davantage à l'épargne qu'à la sylviculture proprement dite, qui n'intéresse que les forêts soumises et la grande propriété.

Le problème est maintenant d'orienter convenablement cet intérêt nouveau. Au vu de l'état délabré dans lequel se trouvent certains boisements, état qui contraste si vivement avec le progrès apporté aux productions végétales, l'insuffisance de l'aide technique fournie est flagrante. L'observation ne s'applique pas qu'à la forêt-friche, mais aussi à des peuplements d'origine récente et artificielle. Leurs propriétaires, résidents ou non, les ont créés, mais ne savent pas les entretenir, ne serait-ce qu'en raison de la réalisation fort tardive de ce capital sur pied. Voilà une heureuse disposition d'esprit gâchée, alors qu'il faudrait les remercier de s'incliner enfin devant « la primordialité économique de la forêt [22] ». Cette reconnaissance n'est-elle pas espérée depuis près de trois siècles ?

A cette première difficulté s'en ajoute une seconde, qui tient à la *reconstitution* de ce capital. Tout se passe comme si, du fait du régime successoral français, à chaque génération les parcelles boisées de la ferme – plantées ou non par l'exploitant partant – sortaient, en tout ou en partie, avec les héritiers qui l'ont quittée pour la ville. Ce brassage de la propriété forestière amenuise sans cesse la forêt paysanne. Celle-ci ne représente plus que 25 % environ des bois privés, alors que cette proportion s'établit à 66 % pour l'ensemble de la C.E.E. Sur un ensemble de 9 400 000 hectares, auquel s'ajoutent 1 400 000 hectares en arbres de haies et d'alignements, les agriculteurs ne contrôlent plus que 2 600 000 hectares de bois et 1 200 000 hectares en linéaire, soit respectivement 27 % et 50 %. Chiffres qu'il faut mettre en regard des quelque trente millions d'hectares cultivés et deux millions d'hectares enfrichés placés sous leur dépendance. La France se singularise ainsi par une forêt privée plus *morcelée* et *moins* paysanne que chez ses voisins [83].

Engagée sous l'Ancien Régime, généralisée avec le XIXᵉ siècle, la partition entre espace agricole et espace sylvicole a si bien réussi que celui-ci menace de se passer complètement de ses premiers occupants. Une évolution aussi radicale ne paraît pas très heureuse, ni pour l'entretien des sous-bois, ni pour la balance commerciale. Elle est d'autant plus regrettable que son constat s'effectue au moment où les exploitants mettent une sourdine aux reproches faits à l'encontre de la forêt, qu'il s'agisse de son ingérence sur les terres, des désagréments qu'occasionnent les lisières ou de ses effets sur les finances communales. Le divorce obtenu, les partenaires découvrent les profits de l'entente...

CHAPITRE XII

Le citadin au bois

Séparer l'espace agricole et l'espace forestier, voilà donc accompli le programme prévu de longue date. L'opération, à première vue, réussit, puisque jamais le manteau sylvicole ne s'est tant étendu qu'au moment où les productions agricoles commencent, par leur surabondance, à faire parler d'elles!

Certes, comme toujours en pareil cas, la rupture laisse des cicatrices. Les propriétaires de bois se plaignent de manquer de bras pour les travaux que réclame la récolte ligneuse, et d'assistance lorsque le danger menace. Les exploitants, eux, gémissent sur le resserrement des possibilités culturales qu'entraînent des plantations qui mobilisent le sol pour trente, cinquante ou soixante-dix ans. Des rapprochements inespérés s'esquissent cependant parfois, les uns recrutant la main-d'œuvre comme ils le peuvent, les autres s'adonnant au culte de l'arbre, le temps de voir grandir leur capital.

Néanmoins, ces relations conservent un caractère fragile, voire épisodique. Même si la divergence d'intérêts est moins large qu'il n'y paraît, les tenants de ces deux mondes savent qu'ils ne tiennent pas le même langage. Ils ne se détestent plus, c'est un fait, mais l'amour ne vient pas pour autant au rendez-vous. Ils ont choisi de s'ignorer, c'est tout. L'antique symbiose s'est donc bel et bien désagrégée. La nostalgie qu'elle suscite chez plus d'un ne la fera pas renaître de ses cendres. Il faut donc imaginer d'autres alliances entre agriculteurs et sylviculteurs que celles qui existaient entre le village et ses dépendances boisées.

Reste pourtant à savoir si au cours de cette lente dérive

n'émerge pas un phénomène au moins aussi important que la dichotomie agro-forestière, phénomène longtemps occulté par la fascination qu'exerce toujours le monde rural sur les historiens. Alors que les sociétés traditionnelles n'en finissent pas de mourir, et bien avant qu'elles aient jeté leurs derniers feux, la ville n'a-t-elle pas déjà célébré ses noces avec ce qui lui est, *par essence*, le plus étranger : la Nature, tout simplement.

Dans ce milieu du XIXe siècle où triomphent le métier à tisser et la poutrelle métallique, les rues se pressent, sombres et boueuses. La saleté macule les bottes et les jupons. L'horizon se dérobe derrière l'écran des brouillards, temps maussades et fumées d'usines. Il n'est que de regarder une toile d'Albert Baertsoen (1866-1922) ou de Guillaume Vogels (1831-1896), ces grands impressionnistes méconnus d'une Belgique alors riche de son fer et de son charbon, pour comprendre la mélancolie poignante de ces ciels d'hiver à la lumière humide et parcimonieuse. Sur leurs paysages souillés, la pluie glisse, la neige prend un éclat jaune. Le long des murs aveugles, les passants filent tête baissée, silhouettes furtives, à peine saisies dans le halo blafard des réverbères. Parcs et jardins ne suffisent plus à contenter la boulimie qu'éprouvent les citadins d'un univers supposé virginal. Ces enclos de verdure apparaissent désormais comme un moyen de droit privé que possèdent quelques privilégiés d'échapper à l'emprise d'une ville détestable.

Comment, dès lors, ne pas accepter de livrer à ses habitants les bois de la plaine et de la montagne ? Et si le consentement ne vient pas, la mode l'imposera. Encore faut-il l'accorder à bon escient, car sinon les visiteurs, ne se limitant pas aux joies pures de l'esthète, risqueraient, par excès ou par mégarde, de détruire l'objet de leur bonheur. L'État doit donc mettre au point une subtile formule, tenant compte des goûts du public et de la fragilité des milieux naturels. Ce n'est pas moins compliqué que de régler l'adéquation de la demande usagère aux capacités régénératrices de la forêt. La politique qui, jadis, fut conduite, bénéficie ainsi d'une cure de jouvence.

Le placement esthétique

Rousseau retrouve de la sorte une audience qui ne relève plus de l'analyse sociale, mais des fantasmes bucoliques d'une société rongée par ses progrès. Les damnés, fuyant l'enfer des usines et des ateliers, ne peuvent que tourner en rond dans leur malheur. Comme les héros de Zola, aux portes des faubourgs, ils s'arrêtent et regagnent le gîte. Sans transport ni argent, il n'est pas d'évasion.

Ceux qui bénéficient de ces clés magiques, même si elles leur semblent bien petites, aspirent à aller plus loin, encore plus loin, vers des lieux où souffle l'air du large, où les cieux ne connaissent pas de prison, où les arbres s'élancent au travers du soleil. Les peintres du bonheur, malgré la misère et les chagrins de leurs débuts, auront donc le mot de la fin. Au tournant des années 1880, le succès ne vient-il pas récompenser ceux qui, à l'instar d'Eugène Boudin (1824-1898), de Johan Barthold Jongkind (1819-1891), de Stanislas Lépine (1835-1892) ou de Désiré Trouillebert (1829-1900), traduisent la mouvance du ciel et de la mer, et la douce palpitation des feuilles au bord de l'eau ?

A cette tardive consécration que leur devait la postérité, deux grands nous manquent : Paul Huet (1803-1869), qui explore en se jouant les scintillements de la lumière, et surtout Antoine Chintreuil (1816-1873), celui qui a su embrasser l'immensité d'un espace comme purifié par la levée de l'aube. La bourgeoisie du XIXe siècle ne pouvait faire moins. Ne lui présentaient-ils pas, non le plus fidèle des miroirs, mais le plus aimable, parce que reflétant ses envies les plus profondes : renouer avec une Nature qu'elle croyait voir abolie ?

Le pays naturalisé

Le constat donne donc raison à tous ceux qui, dans le dernier tiers du XIXe siècle, se déclarent favorables à l'*extériorisation* des services forestiers vers les urbains, parce que ceux-ci leur paraissent appelés à devenir les futurs usagers du monde rural. L'évolution d'un homme comme P. Buffault est à cet égard très significative, puisque, parti de l'étude des populations montagnardes, il se résigne à leur déclin et réfléchit sur les nouvelles thèses qui se font jour quant à la conservation des sites à des fins récréatives [1]. Ce faisant, il rejoint par un détour inattendu ses collègues qui jugeaient perdus pour la cause sylvicole ces paysans routiniers, et préféraient en conséquence recruter des partenaires du côté des élites citadines. Que l'ancien système agro-pastoral soit prédateur, ou, tout au contraire, respectueux des rythmes naturels, le problème est dépassé à présent que disparaissent ceux qui l'animaient. L'attention des administrateurs se détourne donc de ces agriculteurs, non seulement parce que leur haine envers la forêt semble indéfectible, mais parce que la marche du temps les condamne. Les héritiers, par contre, intéressent vivement les responsables, qu'ils soient partis à la ville ou qu'ils reprennent, sur d'autres bases, l'exploitation paternelle. Les ancêtres n'ont pas adhéré à la religion de l'Arbre, et cet échec cinglant, les forestiers ne veulent pas le reproduire à la génération suivante.

Le discours de la IIIe République n'avait-il pas habitué l'opinion à considérer l'enseignement comme un puissant facteur d'évolution sociale? Eh bien! il n'y a plus qu'à utiliser ce beau principe pour inculquer aux enfants la conscience sylvicole, première forme de la conscience écologique [2]. D'ailleurs, cette propagande auprès des chères têtes blondes ne laissait-elle pas espérer quelques heureuses retombées en direction des adultes, et au-delà, des collectivités villageoises? Excellente affaire pour promouvoir une meilleure image de marque! Le virus pédagogique s'empare alors du corps des Eaux et Forêts. Sont enfin perçus les attraits de l'école gratuite, laïque et surtout *obligatoire*, grâce à quoi nul n'échappe à son catéchisme. Bref, si la hiérarchie se méfie des instituteurs, qu'elle soupçonne n'être pas de son bord, l'ensemble du personnel, lui, se pique au jeu de l'instruction.

Les écoles normales bénéficient ainsi de conférences spécialisées. Plusieurs livres sortent afin de répondre à tant de ferveur, comme celui de Muel, les *Notions de sylviculture* (1884), celui de Caquet, *La Sylviculture à l'école primaire* (1886), de Reynard, *L'Arbre* (1904), de Cardot, *Manuel de l'arbre* (1907) ou encore de Bruneteau, *L'Enseignement forestier à l'école* (1910). Tout un programme! Rien ne remplaçant en la matière les travaux pratiques, ces leçons débouchent sur l'action des sociétés scolaires forestières [3]. Moyennant une petite cotisation, ces coopératives écolières gèrent donc une pépinière dans laquelle s'élèvent des plants destinés à reboiser le communal. Son entretien permet aux enfants d'observer une phase décisive dans la croissance des arbres, ce qui laisse penser qu'ils ne s'opposeront pas, plus tard, à l'extension des peuplements.

La pédagogie prenant la main de la politique, les premiers groupes se développent en 1899, avec l'appui de la Société forestière de Franche-Comté. Ils ne tardent pas à essaimer dans les départements voisins, surtout à partir de 1906, le Touring Club de France décidant de largement subventionner leur essor. Le ministère de l'Instruction publique se mettant de la partie, à la veille de 1914, c'est près de quatre cents associations que compte ce mouvement. Don de l'enfance et promesse de vie, l'arbre cesse de signifier la discorde. Il ne menace plus vraiment un mode de vie, si tant est qu'il l'ait jamais fait. Les louanges vont vers lui pour sa seule beauté. Le regard qui s'y porte commence donc à changer par l'innocente satisfaction que ressentent ceux qui ont veillé à son développement. Au cœur de la sociabilité scolaire, il en symbolise les étapes successives et mémorise ainsi le bonheur des âges tendres [4].

Cependant, cette fonction demeure limitée dans la vie de l'individu, d'où la nécessité d'introduire l'arbre dans un cycle festif dont le retour annuel commémore un joyeux événement. Aux États-Unis depuis 1872, en Italie dès 1902 et deux plus tard en Espagne, chacun ne se réjouit-il pas lors de l'*Arbor day*, par lequel s'exprime la pérennité de la nation ? Le modèle a de quoi séduire, et les Fêtes de l'Arbre – la majuscule a son importance – qui surgissent dans les années 1910, s'en inspirent, sous la houlette des forestiers [5]. La greffe prend d'autant mieux que la Révolution française, avec ses arbres de la Liberté – et la minuscule n'est pas non plus insignifiante – a déjà exploré les avantages d'un tel rapprochement. La plantation de ces sujets occasionne une cascade de circulaires nationales et départementales, et s'accompagne toujours de longs discours, empruntant sans vergogne leurs accents aux textes de Hell, Cels, Flandrin et Vilmorin [6], membres du sous-comité de l'Agriculture, chargé de méditer sur les bienfaits de l'Arbre et de la Révolution. L'arbre, « signe sensible de la régénération des Français ». Oui, parce qu'il s'inscrit dans la tradition des mais qui célèbrent le renouveau, parce qu'il semble de toute éternité symbole de fécondité et de fraternité. Aussi doit-il être grand « pour mieux développer le sentiment d'admiration », large afin de « mieux remuer les sens et parler fortement à l'âme », et vivre longtemps. Comme l'indique Grégoire dans son *Essai historique et patriotique sur les arbres de la Liberté*, publié en l'an II, et cité par M. Ozouf, « s'il ne peut être éternel, qu'au moins il soit choisi parmi les végétaux dont la durée se prolonge pendant des siècles ». Le chêne, en dépit de ses relations avec Saint-Louis, devient ainsi par excellence l'arbre de la Liberté pour la Convention. La loi ne fixe-t-elle pas au 2 pluviôse, jour où se célèbre la mort du roi, l'époque de la plantation ? Cette exclusivité est cependant battue en brèche, au nom justement de la liberté des communes dès le 7 nivôse an II. Celles-ci pourront donc planter des ormes, des chênes, et surtout des tilleuls.

Le début du XXe siècle redécouvre donc ce caractère allégorique. N'est-ce pas, après la féminisation de la forêt au temps des romantiques sensibles, l'ultime métamorphose que requiert la conscience écologique ? Les héros reconnus ce jour-là, ce sont les arbres, et eux seuls. D'abord limitées aux départements de l'Ain et de l'Ardèche, ces manifestations gagnent le Massif central, où le succès remporté s'avère vif et durable [7]. L'apogée se place cependant aux lendemains de la Grande Guerre, la ferveur des sentiments qu'inspire alors la Nature s'exaltant au contact patriotique. C'était le cas à l'issue des désastreuses campagnes de Napoléon Ier. La débâcle du neveu confirme la règle en 1870. Ce l'est aussi après la victoire de 1918. Le choix fréquent de la date du 11 novembre lie ainsi étroitement la reprise des plants à l'avenir radieux qui s'ouvre devant le pays meurtri.

Ces circonstances expliquent que les cérémonies, à l'origine d'inspiration campagnarde, excluent tout ce qui évoque d'anciens rites agraires, et finissent par n'être prises en charge que par les notabilités. Les élus locaux honorent de leur présence l'assistance. Non seulement ils président l'indispensable banquet, organisé au niveau du chef-lieu d'arrondissement ou du canton, mais encore ils regardent défiler le cortège d'enfants, avec, en tête, le Roi des Arbres et la Reine des Eaux, mariage mystique qui enchante les responsables. Là aussi percent des souvenirs de l'expérience révolutionnaire. La fête de la jeunesse à Versailles le 10 germinal an VII fournit l'exemple. Les élèves de l'École d'horticulture montrent ainsi différents arbres plantés « comme images ou emblèmes de l'économie rurale », et leur distribution obéit à « un ordre symbolique ». Le laurier représente le général, le peuplier, le commissaire du Directoire exécutif, l'orme, les membres de la Société d'Agriculture, etc. L'Administration récupère donc cette méthode pédagogique qui repose sur l'illustration. L'alliance de l'Arbre et de l'Eau, n'est-ce pas ce qui se passe avec la fusion, au sein du ministère de l'Agriculture, des services s'occupant des Forêts et de l'Hydraulique ? Il en est question depuis 1843, et la fin du XIXe siècle semble sur le point de la réaliser. Le rattachement de la Pêche aux Forêts, qui permet à l'Administration de reprendre son titre ancien d'Eaux et Forêts, était bien interprété en ce sens dans les années 1910.

Ce serait donc une erreur que d'esquisser un sourire condescendant devant ces naïvetés, déclarées touchantes parce qu'elles ne concernent plus guère le Français d'aujourd'hui. Les Comices agricoles ne servent pas qu'à accroître l'audience du futur député, serrant la main de Monsieur le sous-préfet devant ses concitoyens ravis. Ils servent avant tout à promouvoir les produits agricoles dignes d'éloges, et ainsi à susciter l'émulation des candidats, sans laquelle il est vain d'espérer une avancée. Il en va de même avec ces Fêtes de l'Arbre, qui méritent une autre lecture que celle que procure un rapide coup d'œil, où l'ironie le dispute à l'indulgence. Par leur intermédiaire, toute une classe d'hommes apprend que l'arbre est l'*ami de toujours*, celui qui transcende la brièveté de leur vie et incarne la permanence d'un État qu'ils ont contribué à forger.

Cette vocation pédagogique afférente à la croissance de l'arbre, J.-J. Rousseau ne l'a-t-il pas déjà exprimée dans les *Confessions* ? Le souvenir reste vif des soins donnés à l'arbre. Il explique ainsi comment « chaque jour, ardents spectateurs de cet arrosement, [ils se] confirmaient, [son] cousin et [lui], dans l'idée très naturelle qu'il était plus beau de planter un arbre sur une terrasse qu'un drapeau sur la brèche ». Que son élévation soit un signe de paix justifie le choix du 11 novembre. La Grande Guerre n'avait-elle pas assez fauché de vies humaines, éventré et labouré les plus belles forêts de France ? La mise en scène *popularise* en quelque sorte une conception dont les agents de l'État étaient les dépositaires, conception demeurée jusque-là obscure à tous ceux n'ayant point l'âme poète. Et ils sont nombreux qui vont aimer passionnément ce qu'ils ne savaient que brûler !

La célébration de l'Arbre remplit également une autre mission, plus discrète que cet enseignement à grand spectacle, mais non moins essentielle dans cette fin du XIXe siècle où personne n'ose dire hautement, au sein de l'administration forestière, qu'il ne faut plus rêver à développer la forêt aux dépens du monde rural, mais bien plutôt songer à améliorer son capital productif [9]. Le discours officiel ne variant pas – la loi Audiffred se prépare même à couronner les ambitions les plus audacieuses formulées sur ce chapitre de la mainmise étatique –, il convient de faire comprendre la position de l'appareil gestionnaire à ceux qui en contestent le bien-fondé.

Certes, cette *stratégie d'ouverture* vient un peu tard. L'étonnant n'est d'ailleurs pas tant ce décalage que la prise en compte de sa nécessité. Pour une fois, les extrêmes se rejoignent au centre de l'échiquier. D'un côté, les *forestiers « traditionnalistes »*. Ne leur fallait-il pas mesurer les effets désastreux de leurs diktats quant à leur renommée, et l'impossibilité de mettre en œuvre une pratique fondée sur le seul autoritarisme ? L'opinion ne comprend pas les arguments des reboiseurs, faute d'une campagne d'information intelligemment menée. Tel est le leitmotiv hiérarchique dans ces années 1900 [10]. De l'autre, *les « modernistes »*, bien que le titre exagère précisément la modernité de leurs propositions, le ton changeant davantage que l'objectif. Confrontés à des « problèmes périphériques », pour reprendre l'analyse de G. Buttoud, comme par exemple installer des fruitières destinées à modifier l'élevage, eux aussi veulent placer leur action sous un éclairage flatteur [11]. Cette convergence inaccoutumée explique le retentissement qu'ont les propos de Géneau, issu des milieux syndicalistes et membre de la grande maison. En 1913, il conseille en effet aux uns et aux autres, « pour faciliter l'action forestière, de ne pas toujours s'enfermer sur eux-mêmes ». Que, par des relations suivies, soient enfin appréciées « les qualités d'éducation supérieure qui sont *l'honneur* des agents forestiers [12] ». Les Eaux et Forêts doivent donc s'ouvrir au monde, même si celui-ci se mêle de les juger sur le plan technique, domaine jusque-là soigneusement préservé.

La tour d'ivoire ne sert plus de refuge. Les administrateurs vont donc vers des élites urbaines peuplant les associations intéressées par la forêt. La présence paysanne ne s'y marque que de discrète façon, maintenant comme hier. La plupart d'entre elles affichent, il est vrai, une vocation esthétique peu compatible avec les préoccupations quotidiennes des agriculteurs! L'*Association centrale pour l'aménagement des montagnes*, une initiative de P. Descombes en 1904, fait presque figure d'exception, en se fixant un but matériel, la reconstitution des pâturages. S'en rapproche cependant, mais en gardant un caractère plus conceptuel que concret, *la Société forestière provençale*, née en 1908, dont un forestier, Chaplain, devient vice-président en 1928, la *Société française d'économie alpestre*, animée par P. Briot dès l'origine, en 1913, ou encore, *la Société Gay-Lussac* organisée avec l'appui d'E. Cardot [13]. Toutes trois se ressemblent par la part que leurs travaux consacrent à la réflexion sur le devenir agro-pastoral et l'emploi des terrains de parcours. Ces cas à part, il est sûr que ce mouvement associatif s'attache plutôt aux fonctions touristiques du domaine sylvestre, notamment en montagne.

C'est dans cette perspective, par exemple, que le Touring Club de France patronne, dans l'été 1913, un colloque sur la forêt [14]. Le secrétaire général en est bien évidemment Chaplain. Aussi n'est-il pas étonnant de rencontrer au sein de son comité – une soixantaine de personnalités – quelque vingt agents des Eaux et Forêts, et des plus dynamiques, tels que Briot, Chancerel, Hickel, Huffel, Joly de Sailly, Mathé et Pardé. Certains siègent même à la *Commission des pelouses et forêts*, créée en vue de soutenir les interventions parlementaires portant sur l'intégrité des bois. E. Cardot, infatigable, la préside. Ne régit-il pas, en tant que secrétaire général, la *Société française des amis des arbres*, d'abord niçoise avec Jeannel en 1891, puis parisienne sous la présidence de Demontzey en 1894 et de Calvet en 1897 [15]?

Aimer les arbres, *protéger* les arbres, quelle différence? Elle existe pourtant, la connotation affective du verbe « aimer » engendrant davantage qu'une simple nuance. Leur préservation ne répond plus ainsi à de seules exigences objectives, telles que la lutte contre la torrentialité ou la retenue des sols. Elle reflète l'attachement sentimental qui naît de la beauté d'un site. Continuer à jouir de ce spectacle suppose alors d'en *immobiliser* les traits. La notion de protection, qui s'était nourrie des craintes de rendre exsangues les régions soumises au reboisement, sort donc de son cadre primitif. Appliquée jusque-là aux populations décimées par l'exode, elle colle désormais au paysage. Les composantes de celui-ci ne sauraient bouger sans que ne se détruise l'inexprimable harmonie entre la Nature qui se donne et l'Homme qui la contemple. Parce que l'Homme ressent la singularité du monde qu'il découvre, il entend la conserver. Le charme éprouvé requiert, pour que persiste cette magie, la *naturalisation* du paysage. Des autochtones, il n'est plus question dans cette approche, sinon de les garder, puisqu'ils constituent un élément du décor et que les visiteurs réclament autant leur présence que leurs services. L'époque du pittoresque utile est arrivée...

Les jardiniers du paysage

C'est qu'au moment où s'essoufflent les grandes expéditions coloniales, l'Afrique fait moins recette que l'Arctique. La mode se refroidit, et la montagne devient le paradis des nouveaux aventuriers. Conquérir les neiges éternelles, cela demande volonté de dépassement, sens du sacrifice et déploiement d'énergie, toutes qualités qui forment un antidote parfait à la morosité urbaine. Il n'est que de relire le discours d'inauguration au Congrès international de l'alpinisme, tenu à Paris en 1920, pour réaliser combien les pratiquants de ce sport, enfin sorti des limbes, savent appartenir à une élite [16]. La définition de celle-ci tient d'abord à sa *morale*, condamnant à la caricature tous les « Monsieur Perrichon » blottis dans leur chambre douillette face aux dangers de la mer des Glaces. Au reste, depuis la débâcle de 1870, la quête d'une potion de courage ne s'impose-t-elle pas ? Les montagnards se vantent de la détenir. L'air des cimes trempe les caractères, et ce qui vaudra pour les régiments de chasseurs alpins, compte déjà beaucoup chez les membres du Club alpin français (C.A.F.) Leur chanson de marche retentit ainsi d'étranges accents belliqueux. Les vertus du cœur, au sens antique, l'emportent donc sur les mesquineries du snobisme, inévitable dans ce genre de manifestations [17]. Toutes les adhésions à ce courant n'ont pas cette pureté. Certaines calculent qu'entrer dans le groupe, c'est sans doute chercher à s'endurcir, mais aussi fréquenter du beau monde. Ainsi, dans la section parisienne, auscultée par D. Lejeune, 42 % des membres relèvent de l'aristocratie et de l'intelligentsia, hauts magistrats, grands médecins, éditeurs, professeurs de faculté et gens de lettres [18]. Tous entendent bénéficier des plaisirs sains de la montagne et des fortes émotions qui les escortent. Le célèbre architecte Viollet-le-Duc, dans un article paru dans le bulletin de liaison du Club en 1878 sous le titre *Hygiène du voyageur dans les contrées alpestres*, soulève ainsi tous les problèmes qu'implique une telle approche. Ils se posent d'ailleurs encore, dans les forêts d'altitude comme dans les forêts périurbaines.

Comment en effet concilier l'accès des biens naturels, par essence propriété de la collectivité humaine, avec leur protection ? Ne faut-il pas, au contraire, le réserver à ceux qui s'inquiètent de leur préservation, quitte à encourir la critique sociale? Et ce tri, par quel moyen le réaliser? Assurément, les réponses fournies dans ce début du XXe siècle vont dans un sens malthusien, ne serait-ce que par l'impitoyable sélection qu'opèrent, au sein des amateurs, le rôle de l'argent et la possibilité du loisir! Ces réflexions nouvelles attirent la bienveillance du personnel forestier, enchanté de s'apercevoir qu'il n'est plus seul à crier : « Des arbres, toujours plus d'arbres! », selon le mot d'O. Reclus, dans la *Revue du Touring Club de France*, en 1908 [19].

Les avantages de cette bonne entente sont évidents, et chaque tendance s'efforce d'en tirer le maximum. P. Briot, exposant devant l'assemblée du Club alpin de Chambéry en 1885 ses *Vues sur la question pastorale*, le dit fort explicitement. Il annonce donc que sa conférence étudiera « les circonstances qui ont conduit l'administration des Forêts à s'occuper dans cette région d'améliorations pastorales [20] ». Il enchaîne ensuite sur le « concours [que] peuvent lui apporter, *dans cette œuvre*, les membres du Club alpin français »! L'art du direct, en quelque sorte. Il semble cependant que dans cet assaut de séduction, les traditionnalistes se placent mieux que ceux qui se réclament des théories leplaysiennes. Les goûts de ce public correspondent en effet davantage à leur conception. Les pionniers sont épris d'espaces vierges. Ils voient dans la forêt une de leurs plus belles parures. Les populations montagnardes passent donc pour eux au second plan. Cela ne signifie cependant pas qu'elles doivent quitter la scène.

Cette notion de protection, actualisée en quelque sorte par le biais du placement esthétique, sert donc les desseins forestiers. Et certes, les agents ne se doutent pas alors du caractère encombrant que prendra avec le temps ce cadeau inespéré, lorsqu'il concernera, non les forêts de montagne, mais les espaces périurbains! La défense de l'environnement ne fait pas toujours bon ménage avec une sylviculture de production. Ces difficultés sont cependant pour plus tard, la satisfaction dominant très largement lors de la promulgation de la loi Chauveau (28 avril 1922). Au lendemain de la Première Guerre mondiale, ce texte, baptisé du nom de son rapporteur, s'interprète en effet comme prolongeant les dispositions prises en 1913, lesquelles étaient restées lettre morte. Ne place-t-il pas sous le contrôle de l'administration des Eaux et Forêts *tous les massifs* dont elle jugera nécessaire la conservation? En fait, le cheminement qui mène de la loi Audiffred à la loi Chauveau n'est pas aussi simple qu'il y paraît. Au bout de la route, les forestiers étatistes se sont peut-être réjouis un peu vite en croyant la partie gagnée. L'origine de l'affaire remonte à 1906, date à laquelle l'un d'eux, Reynard, suggère de classer comme « forêts de protection » – et le vocable sonne tout neuf! – les bois situés à plus de 800 mètres d'altitude [21]. De quoi affoler bon nombre de particuliers, qui y perdraient la maîtrise de leur gestion, celle-ci échouant alors aux forestiers. La logique d'un tel programme implique d'ailleurs un élargissement du personnel et donc de la masse salariale. Or ces données cohabitent mal avec la conjoncture militaire de ces années-là! La hiérarchie ne peut faire autrement que de les réclamer. N'est-ce pas l'époque où la perspective de voir créer un nouveau corps de fonctionnaires de l'Agriculture, le Génie rural, fait couler beaucoup d'encre dans la presse? Ils seraient spécialisés dans les questions d'hydraulique, et leurs traitements suscitent bien des envies [22]. Un surcroît de travail, dans ce contexte, doit par conséquent amener des compensations, tant honorifiques que pécuniaires.

Devant cette menace d'une intervention directe, les grands propriétaires trouvent la parade. Ils échangent donc une non-ingérence de l'État *les concernant* contre un renforcement de ses pouvoirs *sur les biens communaux*. L'offre, au demeurant, s'inscrit dans la tradition de 1827, mais s'avère indispensable en un temps où se consolident les positions nationalisatrices. La *socialisation de la Nature* n'est pas encore à craindre. Il s'agit plutôt d'une réminiscence de l'Ancien Régime où l'individu s'efface au profit des groupes sociaux.

Dans la bataille que se livrent dirigistes et libéraux, le Comité des forêts, né en novembre 1922 pour le soutien des intérêts particuliers, se montre un combattant de premier ordre. Son efficacité est d'autant plus remarquable qu'il exerce sa pression dans un contexte hostile. Il n'est vent alors que de révision fiscale et de grèves bûcheronnes! Avec le texte de 1913, ses instigateurs s'en tirent donc à bon compte. La concession accordée – supprimer la clause des dangers nés et actuels pour déclencher la procédure R.T.M. – ne permet-elle pas en effet de sauver l'essentiel, à savoir la liberté pour les propriétaires? Il faut ajouter qu'en l'occurrence, P. Descombes, entreprenant et prolixe, les a bien aidés en lançant toute une campagne sur l'apport décisif que pourraient avoir, dans le développement sylvicole, associations financières et capitaux privés[23]. Jamais il n'a été davantage question d'investir en arbres que durant ces années d'orages!

Aussi les ouvrages rédigés en dehors de l'obédience administrative et parus dans ces années soulèvent-ils une vive attention au sein même du corps forestier. Les ambiguïtés d'un libéralisme qui détourne leur activité vers les hautes terres, afin d'en dégager la plaine, en séduisent plus d'un. Des personnalités de premier plan, comme Guyot, Madelin et surtout Vigouroux, approuvent donc une intervention en montagne, parce que celle-ci leur paraît être *le plus petit dénominateur commun* qu'ils puissent avoir avec des collègues partisans, eux, d'exproprier le privé. Le projet F. David (mars 1907), reprenant l'analyse faite par Reynard, ne parle-t-il pas de classer *tous* les bois reconnus d'utilité publique ? Le contre-projet de Guyot, défendu à la Chambre par Chalamel (mai 1913), entend donc désamorcer le conflit par une définition spatiale du champ d'intervention. La loi Audiffred, adoptée le 3 juin 1913, reflète ainsi la victoire des libéraux sur les étatistes désireux d'un encadrement des bois privés.

C'est donc à tort que les nationalisateurs se sentent encouragés, encore que, sans cette intoxication, ils auraient vu d'elles-mêmes se disperser leurs troupes. Comme le note E. Vigouroux dès 1908, il semble, pour ces bois, « suffisant d'organiser un régime de *protection*, répondant au but proposé, et dont les frais seraient compensés par des avantages équivalents, à la suite d'une *entente librement consentie* par les intéressés avec l'Administration [24] ». Lorsque l'idée refait surface après la guerre, rien ou presque ne semble modifié dans le paysage politique. Dirigistes et libéraux s'affrontent toujours sur l'emploi de ce concept – la protection – dans l'espace forestier. Les premiers croient arracher la décision, alors que celle-ci s'avère une cote (bien) taillée par les seconds.

C'est que la perspective d'une extension du domaine public aux dépens des forêts privées draine les adhésions au sein du corps forestier. G. Huffel déclare même, lors du Congrès forestier de Gand, que la meilleure mesure à prendre serait « d'incorporer au domaine de l'État, toutes les forêts qui présentent nettement le caractère de *forêts de protection* », par le rachat progressif de celles-ci. Une caisse alimentée par les prélèvements de 2 à 3 % sur le produit des ventes de bois permettrait l'opération [25]. Une telle espérance existe toujours en 1922. Chauveau n'estime-t-il pas possible de faire acquérir par l'État plus de 100 000 hectares en une quarantaine d'années ? Certes, à ce rythme-là, le secteur privé garderait longtemps de beaux restes, mais enfin l'important n'est-il pas de commencer ? Cette tendance avorte cependant. Après 1945 est en effet supprimée la principale des sources de crédits disponibles pour ces achats, c'est-à-dire la taxe sur les jeux octroyée par la loi de finances du 31 juillet 1920, et les réalisations diffèrent profondement de ce que laissait augurer le discours des rapporteurs, qu'il s'agisse de Chauveau à l'Assemblée nationale (9 juin 1921), ou, pour le Sénat, de Taponnier (30 avril 1922) [26]. En fait, parler d'échec se justifie au vu des résultats antérieurs à l'épuisement financier. Mais au fond, peuvent-ils se mesurer en fonction des acquisitions de l'État ?

Beaucoup l'ont cru. Ils confondent ainsi leurs désirs avec les intentions du législateur ! Le rachat n'est envisagé, en effet, que sous deux conditions : que les détenteurs des forêts ainsi classées prouvent la baisse de rentabilité consécutive à la procédure; que celle-ci soit égale ou supérieure à la moitié du revenu. Non, le terme de fiasco, souvent employé par les juristes qui étudient la portée de cette loi, ne s'appuie pas que sur la faiblesse des superficies passées, avant 1945, dans le giron de l'État [27]. Leur sévérité s'explique par l'*application insignifiante de ce texte* qui avait pourtant bien des atouts pour plaire. La loi Chauveau contourne en effet avec soin l'obstacle qu'est susceptible de constituer, à un moment donné, son financement. La législation de 1882 en avait pâti. Ce n'est donc pas le cas de celle mise en place quarante ans plus tard. Elle autorise en effet l'Administration à imposer une réglementation très contraignante pour les propriétaires, quels qu'ils soient, *sans obligation d'exproprier ou de mettre en défens*, mesures trop onéreuses pour le Trésor public. Les seuls débours proviennent ainsi de l'instauration d'un régime spécial. Celui-ci suppose en effet quelques compensations. Car en modifiant l'aménagement, l'exercice du pâturage et des droits d'usage, la conduite des peuplements et l'extraction des matériaux, il amoindrit le rapport du domaine. Ces compensations offertes sont néanmoins dérisoires : 20 % à 50 % si les peuplements paraissent bien venants et rien du tout lorsque la valeur en est faible. C'est pourquoi nombre de propriétaires prétendent leurs biens fortement dépréciés à la suite d'un tel classement. Justement, n'est-ce pas là le but ? Dévaluer la forêt de 40 à 60 % dans les transactions destinées à récolter le matériel ligneux, et la voilà protégée contre toutes coupes abusives ou seulement déréglées !

Le malheur, c'est qu'à trop vouloir ne pas dépenser, pas grand chose ne se fait [28]. Les négociations entre la commission prévue par l'article 5 du décret du 12 août 1923 et les propriétaires s'étirent donc, ces derniers freinant en effet la procédure afin d'en reculer l'échéance – ou de la mieux monnayer ! De semblables pratiques rappellent les déboires rencontrées en 1860-1864. En Savoie et dans les Hautes-Alpes, par exemple, les procès-verbaux qui délimitent les forêts de protection remontent à 1924. Il s'écoule pourtant encore douze ans avant que n'intervienne le premier acte de classement ! Aussi les surfaces concernées par l'application de la loi Chauveau apparaissent-elles comme des plus médiocres : 10 500 hectares dans le département de l'Ariège, 7 000 hectares dans celui de l'Aude, 5 100 hectares dans celui des Hautes-Pyrénées, 3 400 dans celui des Alpes-de-Haute-Provence, 3 100 hectares dans celui des Pyrénées-Orientales. La lecture de ces chiffres montre donc ce dispositif de 1922 basculant vers la *restauration* des forêts alors qu'il aurait dû œuvrer à leur conservation.

Son déploiement caractérise en effet *les contrées les moins touchées par la R.T.M.*, justement parce que cette dernière, en raison de la clause des dangers nés et actuels voulue par le législateur en 1882, ne pouvait les concerner. En ce sens, c'est bien la loi Chauveau qui exécute le programme arrêté dans les lois du 16 août 1913 et du 6 janvier 1933. Elle joue pour cela sur deux claviers, celui de l'*extension* du domaine public et celui du *placement* du privé sous haute surveillance.

Pas d'effets spectaculaires dans les deux cas. L'insignifiance budgétaire et la réticence des propriétaires s'opposent à ce qu'il en soit autrement. Pour le premier, la politique d'acquisition s'essouffle au lendemain de la Seconde Guerre mondiale : 1 600 hectares achetés par l'État de 1947 à 1956, et encore n'est-ce que des enclaves résorbées. La reprise ne s'annonce pas avant 1956, avec la loi des finances du 29 décembre, prolongée par d'autres initiatives comme par exemple la création de la taxe sur le défrichement. Quant au second, il déçoit tout autant. Les superficies classées portent sur moins de 38 000 hectares en 1976, date à laquelle est votée, le 10 juillet, la loi sur la protection de la nature. Ce nouveau texte ne fait qu'élargir le champ d'application de la loi Chauveau. Il atteint cette fois *toutes les forêts nécessaires au maintien des équilibres biologiques régionaux* ainsi qu'au bien-être des habitants riverains. Il ne s'attache donc plus seulement à la montagne, luttant contre l'érosion des sols et pour la conservation de l'état boisé. La descente vers les plaines s'amorce. Ce qui montre que les principes peuvent continuer à progresser, alors que se font attendre leur concrétisation. Tout n'est donc pas perdu?

La mise en réserve

Ce faisant, la loi du 10 juillet 1976 témoigne de la volonté maintenant clairement affirmée de considérer la *fonction sociale des forêts*, et cela d'une manière indépendante de leur statut – domanial ou privé. La nouveauté a juste dix ans – 1976 – mais qu'il paraît long, le cheminement conduisant jusqu'à cette reconnaissance! Les mécomptes d'une politique, alternant ou combinant l'extension du secteur privé et les encouragements accordés aux particuliers, amènent ce désir qu'ont certains de démembrer le droit de propriété. La collectivité récupérant enfin la maîtrise de la forêt, sans que cette faculté attente à la propriété du sol forestier [29]? Après tout, une telle dichotomie existe bien pour d'autres richesses, qu'elles résultent de l'activité naturelle ou du travail humain. M. Prieur n'hésite pas ainsi à comparer le droit d'utiliser l'espace boisé à celui d'user de la force hydraulique, la loi du 16 octobre 1919 attribuant à l'État, « non pas la *propriété* du lit des cours d'eau, mais un *droit* sur l'énergie » qui en est tirée. Ce même raisonnement vaut aujourd'hui, en matière de construction, depuis la mise en place des plans d'occupation des sols. Le droit, sur ce point, « appartient partiellement à la collectivité locale, puisque le propriétaire doit le *racheter* lorsqu'il construit au-delà d'un certain coefficient [30] ».

Certes, les solutions retenues pour ces deux cas ne s'adapteraient peut-être pas au cadre sylvicole. Techniquement acceptables, elles posent un problème sérieux dans la mesure où le couple propriétaire-fonction sociale s'y révèle d'un maniement délicat. L'intérêt de demeurer encore propriétaire du sol forestier risque fort d'en pâtir, compte tenu des liens puissants qui unissent la forêt et le terrain qui la porte. Cette analyse implique une sorte d'*expropriation* des arbres la composant et une draconienne *restriction* quant à l'exercice de ce droit de propriété sur le sol même. Le détenteur continuerait à profiter des produits et du revenu, mais abdiquerait son pouvoir décisionnel entre les mains de la collectivité. La méthode évite l'inconvénient pécuniaire d'une nationalisation, devant lequel se dérobent tous les hommes politiques depuis le second Empire. Elle soulève néanmoins un superbe tollé, les propriétaires ressentant vivement ces menaces qui pèsent sur leur bien.

Cependant, s'il faut en venir à de pareilles extrémités, n'est-ce pas parce que les structures foncières héritées du XIXe siècle ne satisfont pas cette faim de Nature qui marque l'époque contemporaine depuis que l'Homme se passe de ses services pour assurer nourriture et entretien? L'extraordinaire complexité de la situation française tient en effet à trois traits : une forêt très largement *privée;* une forêt très *morcelée,* et cela ne caractérise pas que les bois particuliers; une forêt *bigarrée* tant est grande la diversité des états de fait et des régimes juridiques. Comment accommoder tout cela avec les exigences du public qui entend garder intact le spectacle que lui offre la Nature?

Les moyens de conservation

Incontestablement, l'évolution du rôle de la forêt, devenue lieu de détente et de loisirs, et non plus un simple bien économique, réservoir de matières premières, doit guider la réflexion. En évoquant « le patrimoine naturel » et le « patrimoine biologique », la loi de 1976 désigne en fait, au travers de la forêt, une *richesse collective* nécessitant une gestion dans l'intérêt de tous, présents et à venir. Cette perspective se retrouve dans le texte du 7 janvier 1983, où il est dit que « le territoire français est le *patrimoine commun* de la Nation ». L'histoire de cette expression mérite attention, car chacune des étapes parcourues en moins d'un siècle reflète ce que les hommes attendent des bois – de *leurs* bois serait plus exact.

En fait, elle s'est dépouillée récemment de son *contenu productiviste*, lequel dominait encore il y a peu chez les forestiers étatistes, convaincus que seule l'appropriation publique pouvait empêcher les aliénations, protéger les peuplements et promouvoir une sylviculture sophistiquée. Ces objectifs ne sont pas perdus. Mais au monolithisme du discours qui encense le public comme pour mieux récuser le privé, se surimpose aujourd'hui une autre approche. Son propos, plus nuancé, ne signifie pas qu'elle tende vers un autre but. Elle insiste en effet sur l'importance primordiale qu'a la forêt dans le *maintien des équilibres naturels*, en ce qui concerne la génération actuelle, mais aussi les générations futures. Or qui pourrait prétendre que toutes ces fonctions d'intérêt général ne relèvent pas de l'autorité *publique*, par définition en quelque sorte ?

C'est pourquoi dans son rapport de 1978, M. de Jouvenel estime que, « dans les décennies à venir, le programme d'acquisition par l'État devrait porter en moyenne sur 11 000 hectares », dont près de la moitié pour les forêts périurbaines. Cela exige une dépense qui oscille entre 65 et 105 millions de francs en 1978 [31]. Cela ne suffisant pas, les subventions fournies aux collectivités locales souhaitant accroître leurs possessions devraient s'élever à 10 ou 15 millions de francs. La difficulté tient donc au financement, et l'auteur ne se la dissimule pas. « Pour parvenir à ces objectifs, conclut-il, la dotation annuelle du budget de l'État devrait être portée *au triple* de la dotation actuelle. » Cela reste à faire. Et paraît urgent, au vu des statistiques. Pour une superficie boisée totale de 14 millions d'hectares les *forêts publiques* ne couvrent que 4,2 millions d'hectares (30 %), dont 1,7 million d'hectares relèvent de l'État (12 %), et 2,5 millions d'hectares (17 %) de quelque 11 000 collectivités locales. Les communes représentent plus de 95 % de ces dernières à elles seules. La part domaniale (12 %) ressemble fort à celle que détenaient jadis les forêts royales – 10 % – en un temps, il est vrai, où il n'était pas question de ces fonctions sociales, mais de droits d'usage, encore que les réformations de la fin du XVIIe siècle les aient singulièrement allégés. La remarque n'empêche pas de constater combien la proportion paraît mince, au regard de ce qui s'observe dans les pays voisins [32].

Est-ce une raison pour juger que, sur le plan social, la

participation de la forêt demeure médiocre? Est-ce une raison pour penser que la défense de son écosystème reste très en deçà de ce que souhaiteraient les amoureux des arbres? La réponse n'est pas facile. Oui, l'appropriation publique accélère la prise en charge des besoins qu'expriment les nouveaux utilisateurs. Oui, elle gomme l'hétérogénéité des régimes juridiques existants, principal obstacle à l'ouverture de ces espaces au public. Pourtant, sans parler d'un prix déclaré exorbitant – mais cela ne date pas d'aujourd'hui –, la protection de ces étendues n'y gagnera qu'en fonction de la politique forestière menée. Or la qualité de celle-ci dépend des rapports de force que les adeptes de Rousseau ont su créer, et exploiter. Peut-être leur pression se développe-t-elle plus aisément dans un milieu en principe réceptif à l'intérêt commun, qu'à l'intérieur d'un milieu régi par le particulier? La prudence s'impose donc, en sachant toutefois que par ce fait, la mission cherchant à *conserver* intactes les beautés de la Nature s'épanouit plus aisément que celle qui consiste à les *offrir* au public. La France ne sera pas défigurée, mais s'en émerveiller fut longtemps l'apanage de quelques initiés. Leur nombre grandit, et grandira encore, certes. Ces privilégiés de l'âme se mêleront-ils un jour avec l'ensemble des demandeurs? Rien n'est moins sûr. Certains héritages culturels pèsent parfois très lourds, et peut-être faut-il laisser les arbres à ceux qui savent les aimer.

Les temps d'autrefois, eux aussi, se sont préoccupés du patrimoine légué, afin de le transmettre intact aux descendants. Il est vrai que, dans cette approche, les arbres paraissent très favorisés, chêne en plaine, sapin des montagnes, et partout les fruitiers. Ne sont-il pas les individus les plus visibles dans une communauté vivante mais mal perçue? Des grands végétaux et un espace de circulation, voilà ce qui caractérise la forêt d'antan. Qu'il s'agisse de ces ligneux ou du gibier, les dispositions détaillent toujours par conséquent les espèces retenues. Les premières comme étant les plus propres à l'armement maritime, à l'entretien du foyer et à l'alimentation des hommes. Les secondes, parce qu'estimées les mieux à même de plaire au Roi, aux Dianes chasseresses ainsi qu'aux possesseurs de seigneuries. L'époque contemporaine ne renonce pas, évidemment, à cette nomenclature qui évite de voir massacrer ce qui ne se reproduit plus assez. Elle recueille en plus une tradition moins ancienne, émergeant vers la fin du XIXe siècle. Un pas décisif est franchi en effet dans son dernier tiers. La notion de protection, jusque-là confinée à l'*utilitaire*, acquiert enfin une dimension *esthétique*, qui modifie totalement les méthodes conservatoires. Il cesse donc d'être question de restreindre leur application à quelques éléments sélectionnés. L'ensemble, dont ils constituent une des composantes, devient alors l'objet principal. De la défense des espèces, l'Homme passe donc à celle d'un milieu, d'un *tout*. La véritable réglementation, concrétisant cette envie d'une Nature maintenue dans sa pureté originelle, fête donc à peine son trentième anniversaire! Quatre points d'ancrage dans ce dispositif, avec, dans l'ordre chronologique : la loi du 1er juillet 1957, étendant celle du 2 mai 1930 aux sites et *monuments* naturels; la loi du 22 juillet 1960, relative aux *parcs* nationaux; la loi du 10 juillet 1975, qui fonde les *Conservatoires* du littoral et des rivages lacustres; et, un an plus tard, la loi du 10 juillet 1976, dont il vient d'être parlé.

Les mots clés de ces titres ponctuent les étapes traversées. La réflexion se focalise d'abord sur ce qui appelle l'admiration respectueuse. Elle s'attache ensuite à soustraire du monde un espace jugé singulier, l'originalité obligeant à préserver ce qui *témoigne*. Enfin, elle tend à consolider les liens noués entre l'habitant et le milieu. L'harmonie de l'environnement, à l'issue de cette chronologie, importe moins que ses capacités réceptrices.

Ces dernières, par contre, ne pèsent guère à l'aube du XXe siècle. Seule occupe les esprits la beauté ou la grandeur de la vision. La Nature se perçoit alors comme une œuvre d'art. Elle *est* œuvre d'art. La peinture devient ainsi pour certains une *technique de reproduction* qui aide à en immortaliser les traits [33]. Dans le bulletin du Club alpin français figure donc une chronique des expositions. Les tableaux ayant pour thème sommets déchiquetés, vallées profondes et versants ensoleillés occupent une place de choix dans les commentaires. D'ailleurs, au comité dirigeant la Société des peintres de montagne, née en avril 1908, siègent Bonaparte, Schraeder et Vallon, tous trois membres du C.A.F., et fort assidus à ses séances [34].

Le pittoresque, de la sorte *mis en scène*, fixe les canons de l'esthétisme. Ceux-ci ne restent pas cantonnés à la toile. Ils servent en effet la campagne que mène un homme comme Henri Defert, vice-président du Touring Club de France. Le cas américain, qui lui paraît le mieux correspondre à cet idéal, devient ainsi le modèle à suivre pour l'Association des parcs nationaux de France et des Colonies. Ces derniers ne se définissent-ils pas comme « des réserves territoriales de grande étendue, [...] à l'effet de laisser *évoluer librement* la faune et la flore des régions choisies de préférence parmi les plus *pittoresques* [...] en les défendant de toute atteinte »? Dans ce mouvement, l'Homme se place en spectateur de la Nature. Ce n'est que bien plus tard qu'il prétenda être en droit de la solliciter, dans le but d'obtenir d'elle le complément indispensable à sa ration de vie. De la contemplation passive à la revendication agissante, puisque sa demande exige des structures d'accueil, il n'aura fallu pas moins d'une soixantaine d'années pour que la ferveur quasi religieuse des débuts se métamorphose en interpellation. Le consommateur succède vite au voyeur, au sens étymologique du terme. Encore convient-il de s'entendre sur ce que cette mise en réserve lui donne à observer.

En fait, ce qu'Henri Defert, fondateur de l'institution, réclame dans les ultimes feux de la Belle Époque, c'est un certain regard, qu'il aimerait continuer à poser sur des paysages *perçus* comme naturels, mais qui ne le sont guère. L'immense futaie couvrant les pentes alpines avant que le défrichement ne la réduise en lambeaux était un mythe. En est un également l'immensité dans laquelle jamais ne se serait marquée la société. Puisé au cœur du Nouveau Monde, patrie des grands espaces et des aventuriers ivres de liberté, le concept de parc national, appliqué aux montagnes, enferme en lui-même sa contradiction. L'état primitif des lieux, nul ne le connaît. L'Homme croit l'immortaliser, alors que l'image retenue n'est que celle *qui lui plaît* – un mirage, en quelque sorte. Les débats que suscite l'aspect à donner aux Cévennes, chauve ou boisé, n'illustrent-ils pas cette attitude ?

La définition qui en est fournie cache pourtant cette ambiguïté fondamentale. Elle accrédite ainsi l'idée que l'emplacement du parc s'impose par la richesse du milieu, et non par la qualité plastique. Le parc, dans sa version française, signifie ainsi « une réserve territoriale à limites précises, dans l'intérieur desquelles une disposition légale *appropriée* conserve et protège [...] les composantes naturelles, faune, flore, sites pittoresques et particularités géologiques et hydrologiques ». Le pire ennemi – l'Homme – doit être contrôlé en conséquence. Comment, en effet, faciliter la découverte de cet Eldorado sans le *dénaturer* ? C'est-à-dire sans qu'il *abîme* lesdites composantes, ni ne *détruise* l'identité de la Nature ? Les déchets qu'abandonnent les visiteurs constituent chacun autant de profanations du temple sacré. La foule même des fanatiques semble un obstacle au culte rendu. Aussi les mesures prises visent-elles expressement « toute destruction, détérioration ou défiguration » de leur fait.

La hantise du déferlement populaire n'inquiète guère cependant les premiers promoteurs. N'est-ce pas justement parce qu'ils conçoivent le parc national sur un mode élitiste, donc avec une fréquentation modeste, et dans des contrées alors bien exotiques pour la plupart des Français : la haute montagne ? La crainte d'une dégénérescence par excès d'enthousiasme s'avère ainsi très postérieure, alimentant une vaste polémique autour d'Edgar Pisani, à la tête d'un groupe de réflexion sur le sujet. La presse donne un large écho au débat ouvert, avec des titres volontiers provocateurs, tels que ceux de *L'Express* (« Parcs nationaux : le trop plein », 22-28 août 1977), du *Monde* (« Les parc nationaux seront-ils victimes de leur succès ? », 16 août 1978), ou encore de *la Recherche* (« Les parcs nationaux doivent-ils être interdits aux touristes ? », octobre 1979).

Toutes ces interrogations ne passionnent pas au début du XXe siècle. Le public n'entend parler de ces réserves que comme des microcosmes bien loin des tourbillons de la vie sociale. Seuls quelques rares habitués les apprécient [35]. Dans ce climat qui contraste si vivement avec celui des années 1980, les forestiers étatistes ne peuvent qu'embrasser la cause défendue par les membres du très sélect Club alpin. Tous appuient en conséquence les vues de l'Association, dirigée par H. Defert. A. Mathey, par exemple, bien noté par la hiérarchie pour ses travaux sur les taillis composés, se range dans leur camp. Contre celui-ci s'élèvent les protestations de certains de ses collègues, plus engagés qu'il ne l'est sur les problèmes pastoraux. A la veille de la Grande Guerre d'ailleurs, ces derniers subissent, avec l'Association pour l'aménagement des montagnes, un revers cuisant. Le bail de celle-ci, concernant le haut bassin du Vénéon, n'est pas reconduit en 1913. Pourtant la restauration des pâquis s'annonce en bonne voie, et le système jusque-là pratiqué semblait convenir aux habitants, bien que les transhumants ne soient plus acceptés sur leurs communaux. L'essentiel n'était-il pas de garder cette faculté pour les bestiaux du village ? Las! Cet avantage ne tient pas devant la perspective de toucher 100 000 francs, accordés s'ils cèdent quelque 5 000 hectares, réclamés pour l'ouverture du premier parc français, le Parc national du Pelvoux, englobé aujourd'hui dans celui des Écrins.

La surprise, fort désagréable, entraîne la polémique. L.-A. Fabre en profite pour dénoncer la collusion manifeste entre étatiseurs et faux intellectuels [36]. Il tonne de la sorte contre ces « esprits entreprenants, préoccupés de fleurir de nouveaux joyaux la parure du sol métropolitain ». Tout y est! N'ont-ils pas été jusqu'à instituer, dans ces réserves, « une sorte de culte exclusif et pompeux de la Nature » ? C'est fort méchant, mais cette aigreur repose sur quelque fondement. Rien ne garantit en effet que ces parcs ne vont pas dériver vers des « créations *attractives* les plus variées, touristiques, alpinistes, sportives, cynégétiques, voire scientifiques ». Mettre la Nature sous verre lui paraît donc aussi réducteur que d'en faire une zone de loisirs. Il est sûr qu'à l'époque le vide relatif de la législation sur cette matière ouvre trop de portes. Et certaines ne sauraient déboucher sur le conservatoire attendu. Au demeurant, les emprunter, n'est-ce pas offrir aux appétits individuels une organisation couverte par l'estampille officielle, consacrant « définitivement, aux yeux des masses, tout ce qui est qualifié de *national* » ? Cela confère à la chose un caractère irréversible que redoutent tous ceux qui ont fait de la défense des populations une priorité. Aussi, comment ne se méfieraient-ils pas d'une protection de la Nature qui la transforme en instrument des plaisirs citadins ? Il leur faudra patienter encore durant près de cinquante ans pour voir ajouter, dans la loi du 22 juillet 1960, un objectif de développement socio-économique. La création d'une zone périphérique intéresse enfin les autochtones au parc. C'est admettre que les paysages français sont issus d'une longue alchimie, dont l'Homme détient le livre, qu'il soit agriculteur, pasteur ou forestier.

Les laboratoires du temps

Aux objectifs classiques des parcs nationaux de par le monde – protection de la nature et aménagement dans un but social, éduquer en faisant découvrir –, la loi française surimpose donc, vu le contexte culturel des années 60, une finalité économique assez étrangère à l'esprit de conservation. Certes, un zonage approprié peut résoudre une partie des difficultés qu'entraînent les vocations multiples de cet organisme, mais une partie seulement. Ces orientations expliquent qu'à l'heure de l'examen, la presse ait choisi des titres volontairement alarmistes, du genre « Faut-il supprimer les parcs nationaux ? » (*le Monde* du 17 février 1983) ou encore « Quel avenir pour les parcs nationaux ? » (*Combat-Nature* au même moment), et aussi « Quelle image de marque pour les parcs nationaux ? » (*le Chasseur français*, octobre 1979). La crise d'identité dont souffre l'institution fait donc craindre pour leur maintien, ou tout au moins, en pose le problème. C'est que cet anthropomorphisme économique, ainsi revendiqué par le texte du 22 juillet 1960, succède en quelque sorte à celui inhérent aux tendances esthétisantes, tendances à l'origine de sa création. D'ailleurs, l'article 1 porte encore la trace de ces dernières, puisqu'il assigne au parc national l'obligation de « préserver ce milieu contre tout effet de dégradation *naturelle*, et de le soustraire à toute intervention *artificielle*, susceptible d'en altérer l'aspect, la composition et l'évolution [37] ». Autrement dit, les responsables se proposent de ne pas entraver l'action de la Nature... sauf lorsque la Nature y commet elle-même quelques excès ! L'Homme entend par là que le spectacle demeure ressemblant à la photographie qui en a été prise.

Une telle approche ne saurait déranger les spécialistes de la R.T.M., cette politique attribuant essentiellement à la forêt un *rôle de protection*. Ils se soumettent donc aux contraintes qui s'attachent au classement en parc national. Au demeurant, la circulaire du 12 septembre 1979, émanant des services du Premier ministre, les rappelle à l'Office national des forêts. Cela les oblige à préférer une sylviculture dite « naturelle », basée sur le jardinage par pieds d'arbres ou par bouquets, lequel préserve mieux les biocénoses forestières qu'une sylviculture fondée sur les traitements réguliers, futaie ou taillis composé. La nécessité de maintenir un état couvert rejoint par conséquent les exigences de la régénération. La R.T.M. s'accommode donc très bien de ces impératifs, sauf en très haute altitude, où la stérilité des sujets suppose le recours aux artifices coûteux.

Cette question concerne les parcs nationaux d'autant plus vivement que leur surface inclut davantage de zones boisées. Certes, les premiers-nés le sont moins que les suivants : la Vanoise, formé surtout de parcours, n'en comprend pas; le Pelvoux, intégré aux Écrins, fort peu (2 %), et les Pyrénées-Orientales, pas beaucoup (moins de 11 %). Cette situation change avec le Mercantour, et surtout avec les Cévennes : respectivement 21 % et 49 %. Quel est donc le statut de ces forêts? Pas de problème dans ces deux cas pour celles de droit privé, puisque s'y applique la loi du 6 août 1963, avec ses plans simples de gestion. Les difficultés surgissent plutôt du côté des biens soumis au régime forestier (34 % des espaces classés, par exemple, dans le Mercantour)[38]. L'intervention de l'établissement public prenant en charge le parc dont elles ne constituent qu'un élément s'efforce pourtant d'apaiser les tensions. Celles-ci éclatent à propos des coupes effectuées. Comment faire accepter par les conseils municipaux des clauses d'exploitation et de vidange qui, pour épargner le site, les rendent fort onéreuses? Le débardage et la vidange par hélicoptère occasionnent évidemment moins de dommages au milieu, mais ces frais supplémentaires, les collectivités n'apprécient guère d'en régler le montant. Et trouver des arrangements ne dépend pas que des seuls talents diplomatiques dont fait montre en la circonstance le directeur de l'institution! Cette fois encore, la présence forestière dévoile les compromis, les incertitudes et les contradictions de l'Homme, citoyen, habitant et visiteur.

Depuis les débuts, les communautés montagnardes ne voient dans les parcs nationaux qu'une source d'emplois liés au tourisme et de revenus, par ses retombées économiques sur la contrée. Cela ne correspond en rien à leur vocation, et vouloir associer des projets aussi disparates témoigne de ce goût furieux des Français pour les paradoxes. Dans ces conditions, il est clair que les *parcs naturels régionaux*, créés par le décret du 19 mars 1947 et retouchés le 24 octobre 1975, répondent mieux aux aspirations locales que leurs homologues nationaux. Ils visent en effet à l'aménagement fin *d'un territoire* – et le caractère montagnard s'estompe – « dont la protection et l'organisation sont justifiées par l'intérêt particulier qu'il présente pour la *détente,* l'*éducation,* le *repos* des hommes, et le *tourisme,* en raison de la qualité de leur patrimoine naturel et culturel ». Les hypocrisies précédentes s'effacent donc, la conservation cessant d'être définie comme un but en soi. Certes, les verbes « protéger », « éduquer » et « développer » conviendraient aussi pour décrire la fonction des parcs nationaux, mais ceux-ci ne la remplissent qu'en se plaçant *sous le régime de l'exception* [39]. Rien de semblable ici, le parc naturel régional n'agissant que par le recours aux mesures législatives et réglementaires valables pour l'ensemble de l'Hexagone : code forestier, code de l'urbanisme, lois sur la protection de la nature, etc. Il ne peut donc garantir ce patrimoine que par le biais d'une volonté commune des collectivités. N'ont-elles pas contresigné la charte reçue du ministère de l'Environnement, qui fait d'eux des membres à part entière du syndicat mixte de réalisation et de gestion ? L'efficacité en matière de défense de la Nature varie donc grandement d'un parc à l'autre. C'est sans doute pourquoi l'exemple souvent avancé est celui de la Corse, créant la réserve naturelle, terrestre et marine de Scandola. Une enclave où la Nature se montre plus naturelle ? La définition a de quoi ravir un humoriste. Et pourtant, comme souvent dans la caricature, le trait charge, mais ne ment pas. Il épaissit, voilà tout.

En ce sens, la réserve naturelle présente bien des aspects qui font d'elle le meilleur remède aux incohérences inévitables en matière de préservation. Comme tout médicament, elle ne saurait donc être prescrite qu'à doses légères. Plus d'un écologue regrette pareille prudence. Que dire alors des écologistes les plus virulents ? L'initiative de ce clos, rêve de tout observateur, n'appartient pourtant d'une façon exclusive ni à l'État, comme c'est le cas avec les parcs nationaux, ni aux régions, comme ce l'est pour les parcs naturels régionaux. Toute personne physique ou morale, puisque ni l'un ni les autres n'en possèdent le monopole, peut donc se lancer dans la procédure, longue et complexe, qu'exige sa création. Du coup, celle-ci n'a pas à s'arrêter aux deux exigences qui entravent parfois le fonctionnement harmonieux des parcs : *aider* la découverte du milieu naturel et *encourager* le développement local. L'indépendance à cet égard se traduit déjà dans la loi du 1er juillet 1957, qui introduit un article 8 *bis* au texte du 2 mai 1930, relatif aux monuments naturels et aux sites. Ce fait trouve confirmation au chapitre III de la loi du 10 juillet 1976, relative à la protection de la nature. Ces réserves se révèlent n'être que des territoires soumis à des mesures de *protection renforcée.* Deux cas les retiennent. Un, « lorsque la conservation de la faune, de la flore, du sol, des eaux, des gisements de minéraux et de fossiles, et en général du milieu naturel terrestre ou marin » offre une importance particulière. Deux, « lorsqu'il convient de soustraire ces éléments à toute intervention artificielle, susceptible de les dégrader ». La gestion en est de ce fait confiée à des parcs nationaux, à des parcs naturels régionaux, à l'Office national des forêts, à l'Office national de la chasse, ou à d'autres organismes de droit public, voire à des associations type loi de 1901. C'est l'exemple de la réserve naturelle, sise en la forêt de La Massane (Pyrénées-Orientales), couvrant 336 hectares, dirigée conjointement par l'Office national des forêts et le laboratoire Arago de Banyuls-sur-Mer. Ce principe de la « surprotection » contient en germe maintes possibilités, encore médiocrement exploitées.

La loi sur les parcs nationaux autorise donc l'ouverture de telles *réserves,* dites *intégrales,* à l'intérieur de ceux-ci. Est-ce la lourdeur des opérations requises par leur mise en œuvre ? Aucune n'existe jusqu'à présent, ce qui illustre bien la tendance prise depuis les années 1960. Par contre, la convention passée le 3 février 1981 entre le ministère chargé de la protection de la nature et l'Office national des forêts semble promise à un meilleur avenir. Peut-être parce qu'elles n'ont d'autres supports que ceux qui proviennent du code civil et du code forestier ?

Ces *réserves biologiques* divertissent une partie d'une forêt domaniale, consacrée alors exclusivement à la défense d'une ou plusieurs espèces, tant animales que végétales. Études et recherches peuvent donc y être conduites à la demande du ministère chargé de la protection de la Nature, ce qui n'empêche pas l'Office d'être le maître de leur gestion. Une soixantaine fonctionnent donc, dont treize pour la seule forêt de Fontainebleau [40]. Dans l'arrêté d'aménagement de la forêt qui les abrite, leur caractéristique doit figurer. Elles peuvent en effet être *intégrales,* c'est-à-dire soustraites à toute intervention, ou au contraire *dirigées,* lorsque l'action humaine s'impose afin de réaliser le but fixé. Là sont les véritables laboratoires de la nature, dans lesquels collaborent les ingénieurs responsables de la forêt et ceux responsables de la protection de la nature, issus de la même administration. Leur extension ? 42 km², à peine. C'est qu'il n'y a guère de place pour la contemplation gratuite dans une époque qui bannit tout ce qui ne sent pas l'économique. Ainsi, Edgar Pisani, en 1960, postule que si la forêt fut jadis un bien, maintenant elle n'est qu'un « outil à la disposition d'une *industrie,* et un outil dont l'État dispose pour *aménager* l'espace national ». La voilà donc considérée, non pour elle-même, mais comme un vulgaire instrument. Le matérialisme sévit encore, puisque tout ce qui la concerne doit être régi par la notion de service, qu'il s'agisse de la fourniture de matières premières ou des problèmes afférents à l'équilibre territorial. La réforme Pisani, en s'inscrivant dans la perspective d'un développement de la production ligneuse, n'engendre certes pas une ambiance favorable à ces conservatoires extrêmes. La tentation en est évacuée, et avec elle les écologistes, décrits alors comme de doux rêveurs, nostalgiques d'une nature vierge et allergiques aux techniques modernes, sous le fallacieux prétexte qu'elles seraient polluantes et aventureuses.

C'est pourquoi, à la veille de démanteler le puissant bastion édifié par l'administration forestière au cours des siècles, Edgar Pisani réduit le débat sur les fonctions de la forêt a un simple face-à-face. Il oppose donc « une conception *administrative* de gestion annuelle et budgétaire » et « une conception *économique* de type industriel et commercial [41] ». Une telle rigidité doctrinale n'aide pas à adapter les institutions forestières à la défense de l'environnement. En orientant le fonctionnement vers la seule production, ne prétend-elle pas rompre avec le *caractère théologique* que les forestiers, héritiers d'une longue tradition, prêtent à la Nature ? Ont-ils assez parlé jadis des péchés que commet l'Homme, par maladresse ou par malveillance, en troublant l'ordre fondamental !

C'est donc le moment d'exalter, pour ce combat des écologues, leur « sentiment d'être les seuls gardiens d'un patrimoine, dont l'intérêt supérieur doit sans cesse être défendu contre les convoitises mercantiles [42] ». Là, en effet, ils peuvent, en toute quiétude, se montrer « gestionnaire[s], infécond[s] d'un domaine qui pousse tout seul », selon le joli mot prononcé par Fernand David, en 1915. Surprenant détour : la situation actuelle appelle un discours anachronique, pour lequel la protection de la forêt ne signifie pas que l'Homme l'aménage à son service, mais se conforme à elle.

La forêt de Fontainebleau, par la beauté de ses vieux peuplements, a certainement contribué plus que toute autre à ce *conservatisme extrême.* Dès 1791, en effet, apparaissent des paysages la prenant pour sujet, dont une *Vue prise dans la forêt de Fontainebleau*, signée de Lazare Bruandet (1755-1804), auquel est attribué d'ordinaire, et sans doute à tort, le mérite d'avoir été le premier à peindre *sur* nature [43]. Ses *Intérieurs de forêt*, présents dans maints musées de province, vont donc populariser le lieu, avant que ne l'annexent les familiers de Chailly-en-Bière, relais de poste sur la route du Sud. Dès 1822, J.B. Corot (1796-1875), ne fréquente-t-il pas la contrée, avec ses camarades C.F.T. Caruelle d'Aligny (1798-1871) et Édouard Bertin (1797-1871) ? Tous trois découvrent ainsi les charmes secrets de la forêt et sa puissante vitalité : une nature autre que celle dont ils avaient fait l'apprentissage en copiant les sites antiques. Leur exemple est contagieux, puisque viennent s'installer à l'hôtel du *Cheval Blanc*, tenu par le ménage Barbey, ainsi qu'à celui du *Lion d'Or*, où officie la mère Lemoine, les artistes fuyant la capitale, ses intrigues pour gagner les prix, la croix et l'Institut – et le goût qui s'y répand! Thomas Couture (1815-1879), pontife de l'académisme, n'estime-t-il pas que « c'est avec une certaine infériorité de l'intelligence que commence la fonction de paysagiste » ?

Le « genre », venu d'Italie et apprécié des Anglais, ne paye donc pas son homme en France. Vouloir le pratiquer, c'est rentrer en dissidence. Nul, dans ce premier tiers du XIXe siècle, n'aurait parié sur la victoire de ce nouveau réalisme. Le terme n'est pas trop fort, car, en s'écartant du monde, ces peintres partent en quête d'un univers différent, celui des choses et des êtres que la société n'a point fardés. En saisissant la grandeur de la nature et l'homme à son travail, chacun de leurs tableaux devient message. S'en dégage une autre conception de la vie, celle des âmes simples qui, absorbées par leurs tâches, ne se regardent pas. Elles voient la terre.

Cette paisible révolution compte bien autant que l'âpre lutte que soutiendront les impressionnistes afin d'accéder à la gloire indiscutable dans les années 80. Le dessin fouillé des arbres, des fourrés, perce ainsi l'enveloppe des apparences pour en dévoiler la structure. D'où l'importance des effets de lisière, dans l'école de Barbizon comme dans celle de Tervueren, qui soulignent la puissante ossature des arbres, le détail de leurs branches, les rayons filtrant au travers des feuillages. Théodore Rousseau (1812-1867), parlant de ceux-ci, disait que « les surprises de leurs mouvements, les variétés de leurs formes et jusqu'à leur singularité d'attraction vers la lumière, [lui] avaient tout d'un coup révélé le langage des forêts ». Cette ferveur à l'égard d'êtres que le bon sens ne perçoit pas comme animés lui a été reprochée. Au Salon de 1859, par exemple, alors que ses toiles trouvent enfin des amateurs, un chroniqueur, perplexe, s'interroge sur cette étrange *communion avec la nature* : « Pourquoi vouloir pénétrer le sentiment, le cœur, l'âme de l'arbre que l'on peint ? » A cela, il aurait pu rétorquer que cette âme était en lui. Tous ses amis partagent avec lui cette expérience, celle de l'identification avec la sylve primitive.

Dans ses carnets, il note ainsi, et cela va au-delà de l'attitude romantique, que « l'âme humaine est comme la forêt où nous marchons, saccagée à merci par des sylviculteurs malfaisants [44] ». Et, plus loin, ces propos de moraliste, inspirés par l'amertume des échecs et le constat de trop de compromissions : « On abat les hautes futaies de nos pensées, [...] on réduit en poussière les fiers rochers de nos volontés, on aplatit les collines qui s'élèvent vers le ciel. » En choisissant de vivre à la campagne, auprès des paysans, ces discrets rebelles, liés par la solidarité du refus, se condamnent à une longue attente, et pour beaucoup, la mort viendra avant la notoriété. Qu'importe les difficultés du quotidien, à l'auberge du Père Ganne ou dans les fermes avoisinantes! Il faut être réfractaire pour garder l'esprit vertueux, et ce n'est que par son insoumission que la forêt préservera ses grâces sauvages. Le jeu des correspondances ne cesse donc pas. Pour les membres du groupe, n'est-elle pas femme avant tout? Et, en cela, ils rejoignent la dévotion amoureuse que les forestiers du second Empire vouent à l'arbre. Les uns et les autres aspirent à se libérer de la durée sociale, qu'ils ressentent comme réductrice. Encore en 1970, un responsable, C. Delaballe, écrira : « Dans la forêt, il n'y a ni commencement ni aboutissement », parole profonde s'il en est, car elle traduit leur intime conviction d'œuvrer d'une manière différente de celle de tous les fonctionnaires [45].

L'État, dans bien des domaines, travaille sur le long terme, même si la réputation de ses gouvernants s'effrite sur les petites choses de la vie. Ici, il éprouve toujours la tentation de l'intemporel. L'événementiel, le conjoncturel, le présent, effraient, justement parce qu'ils contiennent en germe des facteurs d'évolution, donc de possible destruction. La référence au passé rassure, et c'est un instant de celui-ci qui attire le regard. Quel meilleur moyen existe-t-il que son immortalisation par la peinture? Et pour que l'œil de l'artiste contemple et retienne l'immuable spectacle de la Nature, comment ne pas lui offrir cette permanence recherchée, en soustrayant les arbres au temps de l'Homme, c'est-à-dire à la règle des exploitations?

L'ouverture au public

Théodore Rousseau, invité à passer huit jours au château de Compiègne, en profite pour plaider la cause de la forêt et tente de faire cesser l'enrésinement qu'il déteste. Tout est là, la gloire des feuillus et le rejet des contingences. Dès 1853, Napoléon III fait établir par décret la première réserve naturelle, 624 hectares, portée en 1861 à 1 097 hectares, comprenant, soit des sites rocheux, comme les hauteurs de la Solle, soit de très vieilles futaies occupant des plateaux calcaires, tels que les peuplements du Gros Fouteau, de la Tillaie ou des Ventes à la Reine, où les chênes sont âgés de 350 à 500 ans. Cette superficie grandit encore avec les aménagements ultérieurs, 1 600 hectares au dernier, en date de 1904. Ces « séries artistiques » rendent ainsi un bel hommage à l'école de Barbizon, mais au-delà de l'engouement suscité par cette petite colonie, l'action préservatrice se poursuit.

Les modes passent, en effet. L'enthousiasme des années 1860 se perd. L'éclat impressionniste, à l'extrême fin du siècle dernier, pousse vers l'oubli tout ce qui l'a précédé. Le public s'éprend des scènes intimistes dans les jardins familiers, où le soleil joue sur l'herbe et sur l'eau. Les noires frondaisons, les clairières à peine nimbées de lumière, la rentrée des troupeaux, tout cela cesse peu à peu de l'enchanter. Renoir, le jeune concurrent, se montrera bien sévère envers les gens du hameau, qualifiés de « pauvres diables, qui, prenant au sérieux la légende de l'artiste rêveur et penseur, pass[ent] leur temps à retenir la tête dans leurs mains, devant une toile jamais couverte [46] ». La représentation ne plaît plus, mais le spectacle de la nature continue à attirer les foules. Le mouvement échappe peu à peu à ses créateurs. Il sort même de son cadre géographique. Collinet, succédant à Denecourt, le créateur, en 1839, des sentiers de promenade dans les parties pittoresques du massif bellifontain, s'engage en effet dès 1890 aux côtés du préfet de Haute-Savoie afin d'empêcher des coupes de bois dans les Gorges de la Diosaz [47]. C'est dire combien la protection esthétique s'abreuve à la source touristique. Et déjà surgit la question, toujours d'actualité : défendre l'intégrité de la Nature, est-ce en exclure la présence de l'Homme ?

Ceux qui communient

Le cas de Fontainebleau est à cet égard très significatif, ne serait-ce que parce qu'il s'agit de la forêt la plus fréquentée de France. La vogue des excursions commence dans la seconde moitié du XIXe siècle, largement tributaire du comportement des élites du temps. Barbizon comprend en 1872 plus d'artistes que de paysans, bûcherons et carriers : Barbey d'Aurevilly y possède une maison, de même que Théophile Silvestre, chroniqueur d'art, ou, bien plus tard, André Billy, le futur historiographe de ceux qui se nommaient « les Bisons [48] ». De l'autre côté de la forêt, les hameaux de Bourlon et de Marlotte ne sont pas en reste, surtout après 1866, les nouveaux venus préférant avoir leurs aises en dehors de la petite colonie née à Chailly. Ils hébergent ainsi non seulement des transfuges de Barbizon, comme Nanteuil (1813-1873), Cicéri (1782-1868) ou Harpignies (1819-1916), mais aussi les célébrités de l'heure, littérateurs et journalistes. Edmond et Jules de Goncourt, Henri Murger, George Sand comme Hipolyte Taine se prennent d'affection pour ces lieux, s'y installent pour quelques mois, reviennent parfois, achètent une propriété ou font bâtir, reçoivent à leur tour. En marge de l'accomplissement pictural, un tissu mondain se crée, des courants de circulation se forment. Tous défendent ardemment l'École, ou plutôt, ses ressortissants, car l'expression, avancée en 1907 par le critique Georges Lafenestre, ne surgit qu'une fois le groupe disparu depuis longtemps. Les talents divergent, mais la solidarité naît d'une affinité commune, le goût de la nature. Ces amoureux de Fontainebleau manifestent également leur attachement pour la haute montagne [49]. Leurs noms peuplent donc toutes les associations qui fleurissent pour la préservation d'un certain environnement. Avant de devenir une mode, le mouvement ne se caractérise-t-il pas par son anticonformisme ? Il ne peut donc que cautionner ceux qui, dans les années 1830, font de leur attitude anarchiste une profession.

C'est que nul avant eux n'avait songé à extraire la couleur, les formes et les parfums pour les transposer directement sur une toile, sans les organiser au préalable, les amalgamer, les recomposer entièrement dans le silence de l'atelier. Leurs « portraits de nature » ressemblent donc fort à des pages de répertoire, simples exercices en vue de l'ouvrage définitif. Les Bisons, au contraire, l'interprètent sur le vif, s'appropriant l'enseignement de Corot : « Tout ce qui est fait au premier coup d'œil [est] plus franc, plus poli de forme, [...] tandis que, lorsqu'on revient, on perd souvent cette teinte harmonieuse primitive [50] ». Le sentiment de l'instant, cela annonce le triomphe de l'impression et le déclin – momentané – de l'objet fidèlement reproduit. L'auberge du Père Ganne sert donc de centre de ralliement. Les artisans du pinceau partent de là pour la journée entière, avec un matériel encombrant et lourd, chevalet, pliant, grand parapluie, outre quelques provisions. Bien souvent, malgré la distance, ils emportent deux toiles avec eux, « l'une pour l'effet du matin, l'autre pour l'effet du soir », afin de noter dans l'immédiat la luminosité fluctuante [51]. La forêt devient ainsi le cœur d'un réseau fait d'amitiés, de rencontres, de bavardages et de discussions. Ces rapins ne sont pas des isolés : leur appétit d'indépendance, leur sympathie républicaine, leur refus de l'académisme, tout cela les met aux avant-postes d'une société en mutation.

Avec les journées de 1848 s'ouvre l'ère de liberté attendue. Prosper Haussard, du *National*, qui s'était indigné des sélections antérieures, déclare que le jury du Salon doit être rejeté. A l'invitation du gouvernement provisoire, T. Rousseau met sur pied, avec C.F. Daubigny, J. Dupré et J.F. Millet, un comité pour la représentation des intérêts des artistes. Il reçoit même une commande officielle d'un montant de 40 000 francs ! Ce sera *La sortie de Fontainebleau au soleil couchant*, exposée au Salon de 1850 comme le manifeste visible de l'École.

Jusqu'à la fin du second Empire, celle-ci séduit le public, en dépit des envieux. C'est que les règles de la peinture académique n'admettent le paysage qu'à condition d'en idéaliser la beauté. Or, s'affirme dans ce milieu du XIXe siècle l'idée inverse. Embellir la nature, c'est la corriger, donc la dénaturer. L'essentiel devient, selon le mot de Corot, l'authentique, c'est-à-dire « la première impression qui nous a touchés ». Tout est dit avec cela, et l'époque contemporaine ne renie en rien le propos. Toute la difficulté est d'ailleurs là. Lorsque des masses humaines s'abattent en nuée de sauterelles sur les forêts péri-urbaines, comment concilier la nécessité de leur abandonner ce nouvel usage des bois et celle de conserver au milieu sylvicole son caractère propre ? La réponse tient dans la part du feu : jadis, il n'était question que de cantonner l'Homme, et maintenant, il convient de s'aviser du cantonnement de la Nature...

La solution au problème n'est d'ailleurs pas aussi récente que cette parole le laisse croire. Les grandes lignes en sont tracées dès le début du siècle. Comme ce fut le cas pour la montagne, les attraits forestiers sont trop vantés par ceux qui donnent le ton à la société pour que ceux-ci ne finissent pas par redouter la réussite excessive de leur propagande! Ne sourd-elle pas jusque dans les romans, empreints des mystères païens de Dionysos et des légendes de Brocéliande ? Qu'il s'agisse de *Manette Salomon* ou de *Lélia*, le naturalisme des Goncourt comme le sentimentalisme échevelé de la Sand s'emparent des grands arbres. De ce décor, ils entendent montrer la sombre mélancolie et les étranges secrets.

Le sentiment qui se dégage de cette vision poétique, d'autres le connaissent par le biais de l'image [52]. Les estampes, lithographies et eaux-fortes, dues à Corot ou à Millet, mais que produisent aussi de nombreux Barbizonnants, tels que Bléry, Bodmer, Bresdin, Chaigneau, Daubigny, Jacque, Lalanne ou Méryon, amplifient encore cette tendance. Chacun veut ainsi avoir sa part du spectacle. Mais les limites qui séparent la jouissance de son abus s'avèrent parfois bien étroites. Aussi, en décembre 1907 – l'année même où l'École reçoit son nom de baptême – plusieurs artistes, peintres ou sculpteurs, tels que J.B. A. Guillemet (1843-1918), Vautier (1861-?) et Tavernier (1852-?), auxquels se joignent poètes et érudits, travaillent de concert à sauver la forêt, qu'ils admirent, mais dont ils savent l'intégrité menacée. De cette inquiétude surgit la Société des amis de la forêt de Fontainebleau, historiquement la première de ces ligues défensives qui prolifèrent par la suite. Modèle du genre, elle sera donc abondamment copiée. N'est-ce pas un de ses présidents, André Billy, qui saura écarter du massif des Trois-Pignons l'aberrant projet d'y installer l'École Toutes-Armes?

Sa lutte en faveur des vieilles écorces chères aux Bisons paraît exemplaire. Encore en 1976, au moment où la loi sur la protection de la nature stimule ce type d'association, elle obtient ainsi le marquage de plus de 300 sujets, jugés « esthétiques ». Et la description accompagnant cette démarche explicite bien le sens donné à l'épithète. Méritent un tel qualificatif « de *beaux* arbres, bien élancés, [et] des arbres en cépées, *agréables* au promeneur, présentant parfois des anomalies [...], et beaucoup de fruitiers (alisiers et merisiers), dont les fruits sont presque *indispensables* aux oiseaux, et quelques espèces *exceptionnelles,* telles que micocouliers, févriers, chênes des marais [53] ». Dans les arguments qui justifient le classement, la majesté des tiges le dispute donc à des éléments purement subjectifs (la curiosité, par exemple), mais aussi à d'autres, qui, eux, ne souffrent pas de discussion : la rareté et le besoin. Les considérations formelles cèdent donc le pas à des appréciations intéressant la collectivité plus que l'individu. Une telle combinaison ne pouvait que rencontrer l'approbation des biologistes d'une façon générale, et des botanistes en particulier. L'exubérance de la flore bellifontaine fascine en effet ces derniers depuis la fin du XVIIe siècle. C'est cependant au début du XXe siècle que les spécialistes réalisent la valeur de ces très anciens peuplements, notamment en ce qui concerne la mycologie et l'entomologie [54]. Aussi appuient-ils les artistes qui s'efforcent de faire aboutir un statut définitif de ces réserves, statut auquel collaborent les responsables forestiers, conscients de l'intérêt qu'offrent pour leur science de tels laboratoires.

Actuellement, ceux-ci se composent de 412 hectares en réserves *biologiques dirigées*, où des opérations forestières se pratiquent dans le but de maintenir certains végétaux, éliminés sinon par la concurrence vitale, et de 141 hectares en réserves *biologiques intégrales*, dans lesquelles aucune action n'interfèrent sur le jeu des forces naturelles. Dans ce cas, le maintien à travers les âges de peuplements, épargnés par l'obligation de récolter fait que les plus vieux sujets meurent sur place, et restent gisant à la disposition des champignons lignivores et des insectes. Cela entretient une flore et une faune qui s'éteignent dans les bois soumis au passage de coupes régulières. Nombreuses sont donc les variétés de longicornes prospérant dans les troncs morts, et les cavités des arbres très anciens recèlent une faune très particulière, comprenant des variétés ailleurs introuvables, avec leur cortège de parasites et de prédateurs. Le catalogue de Gruardet ne recense-t-il pas 3 008 espèces pour les seuls coléoptères? Les fructifications des champignons lignivores abritent aussi des insectes mycophages, dont certains, strictement inféodés à des champignons communs dans les réserves, ne s'observent que parce que ces peuplements sont soustraits aux exploitations [55].

Certes, ce cas est remarquable, davantage par son histoire que par son originalité. Ce n'est pas aujourd'hui un exemplaire unique, ni en France ni à l'étranger. Il retient en fait l'attention parce que en lui s'inscrivent les différentes étapes par lesquelles s'est construite la protection d'une Nature sauvage. Le Comité européen pour la sauvegarde de la nature et des ressources naturelles, réuni à Strasbourg du 25 au 29 octobre 1976 – une fameuse année pour la défense de l'environnement – ne préconise-t-il pas, dans cette même optique, la désignation de réserves naturelles biogénétiques? C'est dire à quel point se révèle puissante la prise de conscience d'un risque : voir s'appauvrir, à très court terme, la flore et la faune! La France n'agit pas différemment, en l'occurrence, de l'Italie ou des autres pays industrialisés. Dans ces années 1970, en conservant à tous les merveilles nées du prodigieux travail de la Terre sur elle-même, tous se déclarent « citoyens du monde », selon l'excellente formule de P. Saint-Marc.

La volonté de sauver un patrimoine, dépassant les égoïsmes nationaux dans un bel élan de fraternité humaine, accepte donc de le voir *mis hors du monde*, avec les servitudes qu'implique pareille humilité devant l'ouvrage de la Nature. Un sanctuaire qui ne se visite qu'avec respect, en quelque sorte. Un témoin aussi des héritages accumulés par le passé. C'est tout cela qui est en cause dans cette notion de patrimoine commun aux hommes. L'affaire semble suffisamment engagée pour que personne n'ose envisager une marche arrière fatale aux visées écologistes. Cette attitude déférente envers ce que chacun sait ne pouvoir reproduire constitue un des meilleurs legs qu'ait fait le début du siècle, avec la sacralisation des arbres, considérés maintenant comme partie d'un tout. La dévotion se propage du détail à l'ensemble, comportement religieux s'il en est. Ce discours, empli d'intentions admirables, ne se retrouve pourtant pas dans la réalité hexagonale. La Nature primitive? Oh oui! mais à condition qu'elle ne prenne pas trop de place, même s'il est reconnu que ses défenseurs ont été les vecteurs de la préservation de l'environnement. Et de place, les réserves biologiques n'en mobilisent guère. Quant aux parcs naturels nationaux, ils couvrent 0,7 % du territoire, ce qui n'a rien d'exorbitant. D'autant qu'ils ne sont pas à l'abri des coups du sort, ou plutôt des tentations immobilières, ces malheureux « royaumes des amours intactes et des bêtes naïves [56] »!

Les limites demeurent, mais la mission est trahie. Illustre cet amer constat l'attentat souffert par le parc de la Vanoise, six ans après le baptême. Témoignent du même irrespect envers, cette fois, celui des Pyrénées, les stations de ski implantées dans la vallée du Mercadeau. Au reste, le jour même de son inauguration, le ministre de l'Agriculture, alors tuteur de ce genre d'institution, ne disait-il pas vouloir « intéresser à des activités combinées de loisirs et de tourisme, les banques et les principaux établissements financiers » ? Et d'insister afin d'éclaircir les doutes quant à l'interprétation : « La Nature ne sera sauvée que si elle apparaît *rentable* [57]. » L'affreux adjectif passe à la trappe les fervents d'un espace propre ! C'est que les vastes étendues sauvages sont peu nombreuses en France, et qu'au fond, il faut bien sacrifier aux exigences d'une *Nature humanisée.* Cette question se pose déjà avec les 14 parcs naturels régionaux, qui, eux, n'ont pas la vocation d'être des musées de la Nature intacte. Leur densité, certes, semble faible au regard de la moyenne française : 20 000 habitants, par exemple, pour les vallées de la Leyre, couvrant 206 000 hectares. Cela ne fait jamais que 9,70 habitants au km ^{2}. La présence de cette population modifie notablement les données, à moins de souhaiter en faire, par-dessus le marché, des zoos de paysans. Cela suppose donc, non seulement d'accroître le tourisme, mais aussi d'inventer les structures leur profitant toute l'année : adduction d'eau, électrification, rénovation des bâtiments, installations sportives et culturelles, etc. Et surtout des emplois ! Ne faut-il pas que les retombées économiques intéressent les résidents permanents pour que ceux-ci intégrent à leur mode de vie les contraintes inhérentes au statut de parc naturel régional ? Il est d'ailleurs souvent assez délicat d'établir un compromis entre la *protection* que réclament les beautés du lieu et l'*équipement* dont ces habitants ne sauraient faire l'économie [58]. Dans ce cas, et à la différence de ce qui se fait pour le parc national, où la dissociation géographique est de règle, ces deux impératifs, protection et équipement, s'interpénètrent. Moderniser les exploitations rurales, édicter les règles d'urbanisme en tenant compte de l'intérêt du paysage, ce n'est pas simple. Ce l'est d'autant moins que l'État n'y tient pas les cordons de la bourse ! Comme les servitudes de l'environnement sont plus légères que dans le parc national, son aide pèse peu, en regard de ce que versent les collectivités locales, tant pour financer l'infrastructure que pour les frais de fonctionnement [59].

Vient fatalement un moment où la sauvegarde du milieu devient un obstacle. N'est-ce pas elle qui bloque la réalisation des stations touristiques et l'activité qui en découle ? Or, sur ce point, l'État n'a pas plus de pouvoirs réglementaires que dans n'importe quelle autre région de France. Et il ne saurait compenser cette infériorité par le droit du propriétaire. Contrairement à ce qui s'observe aux États-Unis, il ne possède qu'une faible partie du sol – 15 % – la majorité appartenant aux communes (32 %) et aux particuliers (53 %). L'envie de transformer ces parcs en clubs de privilégiés, voire en parc d'attraction, rôde alors tout près [60]. Reste à y découper des enclaves où se recueillir, zones de solitude et de retraite, assez pénibles d'accès pour que seuls les fervents de la Nature franchissent cette ultime épreuve. Ce serait conforme au rite : les initiés se rassemblent pour célébrer le culte, ayant renoncé à la société. La comparaison souligne la composante, sinon élitiste, du moins marginale, de ceux qui entendent communier avec le monde. A peine 7 % du territoire national leur sont ouverts, et sans doute serait-il fou d'en réclamer davantage.

Ceux qui consomment

Certes, la valeur de fréquentation ne saurait négliger les dépenses parfois fort élevées de certains touristes dans de tels lieux, dépenses essentielles pour la région. Il ne faut tout de même pas trop s'y arrêter, car cela mène vers une commercialisation de l'usage de la Nature. Elle doit donc se mesurer surtout par les possibilités d'accès qu'offre chaque type d'espace vert. Par an et par hectare, 1 visiteur dans le parc naturel de la Vanoise, contre 300 pour la forêt de Rambouillet, éloignée de toute grande agglomération, 1 800 dans les bois de Meudon, forêt suburbaine de Paris et de Meudon, 7 000 dans celui de Boulogne, parc périurbain. L'enquête souligne donc combien la forêt constitue un *espace social,* qu'il faut adapter à sa nouvelle fonction [61]. L'instruction du 20 octobre 1964 va dans ce sens, puisqu'elle constate que « des masses humaines, toujours plus nombreuses, recherchent, chaque année davantage, les bois et les forêts pour y trouver une distraction et une détente, *à l'occasion des heures de loisir* ». D'où la conclusion : « Les forêts soumises au régime forestier doivent *s'ouvrir* à un hôte, qui doit y être *accueilli,* et non plus seulement *toléré.* » Le contraste avec le temps jadis mérite d'être souligné, puisque les étendues boisées ne se jugeait alors qu'au travers des critères du travail. Dans cet espace, intégré à l'exploitation agricole, les usagers devaient se comporter selon l'expression habituelle – et floue ! – « en bons pères de famille ». Cette indication quant à l'attitude convenable n'empêchait d'ailleurs pas les responsables de leur gestion de s'irriter devant leurs prélèvements, peut-être normaux, mais toujours estimés excessifs. Leurs droits appartiennent au passé, comme le marque l'interdiction de concéder des avantages nouveaux en forêt soumise (code forestier, article L. 138-1). Pourtant, si leur impact est appelé à régresser, d'autres besoins, par contre, s'expriment.

La circulaire de 1964 leur accorde *reconnaissance* pleine et entière, et en ce sens, elle clôt le cycle. Les nouveaux usagers que représentent les gens des villes constituent en effet une force, dont il faut bien tenir compte [62]. Or, dès ces années 1960, la fréquentation des forêts de la région parisienne, en y incluant les bois de Boulogne et de Vincennes, mais aussi la coulée de verdure qui borde l'Oise, avec Chantilly, Compiègne et Senlis, atteint des chiffres considérables. Le nombre des visiteurs s'élève déjà à 4 750 000 personnes par an. Le total de leurs déplacements, à 57 000 000. Ce qui, sur l'année, fait presque autant de journées au bois que dans les salles obscures (60 000 000 d'entrées au cinéma en 1965). Et six fois plus d'heures consacrées à l'Arbre qu'aux monuments et curiosités d'Ile-de-France! La plupart de ces gens y ont quelque mérite, car leur présence en forêt ne reflète pas les relations banales engendrées d'ordinaire par le voisinage. Semblable fréquentation, due à la faiblesse des distances parcourues – moins de 2 km – ne concerne pas en effet 15 interrogés sur 100 [63]. Meudon s'affirme en la circonstance comme l'exception confirmant la règle. La proximité parisienne y gomme en effet le caractère forestier au profit des aspects policés, habituellement dévolus à la notion de parc. Les riverains qui en bénéficient sont donc majoritaires, de peu, il est vrai, avec 52 %. Leurs promenades l'emportent en conséquence dans les types de circulation recensés : plus de la moitié. Le tiers d'entre eux se rend donc en sous-bois au moins 40 fois par an, et cela sans que pour autant s'impose le recours à la voiture. Près du quart (21 %) viennent en familiers. Partout ailleurs, c'est l'inverse qui prévaut.

La commodité journalière s'efface alors devant une décision prise, celle du dépaysement, qui n'est guère compatible qu'avec la liberté de fin de semaine. Une bouffée de vacances? Oui, et ce côté touristique se trouve encore accentué par la nécessité d'emprunter l'automobile, et très en arrière, le train ou l'autocar. Cette petite aventure qu'implique l'emploi d'un moyen de locomotion retentit bien évidemment sur la fréquence de ce qui reste une excursion. Sénart, par exemple, à 20 km de la capitale, reçoit peu de piétons (4 %), et ses visiteurs l'honorent moins souvent que Meudon. Ceux qui y viennent 40 fois l'an ne forment pas en effet le dixième de la troupe! Parler d'excursion, c'est évoquer en clair le loisir, et celui-ci n'est hélas pas gratuit, ne serait-ce qu'en raison du prix de l'essence. Aussi, à mesure que s'éloigne la capitale change la composition socio-professionnelle des interwievés en forêt. Rien d'étonnant à ce que le public de Bondy, en Seine-Saint-Denis, comprenne surtout des ouvriers (43 %) et des employés (12 %), mais fort peu de cadres supérieurs et de professions libérales. Ces catégories explorent d'autres espaces, plus excentrés. L'étirement du voyage ne les empêche pas de savourer fréquemment les joies de la Nature. Le rythme des visites progresse donc à mesure que s'élève le niveau des diplômes – et celui de leur rémunération : 7 et 9 par an pour les ouvriers et employés, contre 12 et 14 pour les cadres moyens et l'élite sociale.

Les résultats de cette enquête font réfléchir. Ils montrent que ce sont les privilégiés qui s'évadent *le mieux* du carcan quotidien, par la culture, le sport, l'audiovisuel, les vacances d'hiver et d'été, qui usent *le plus* de ces territoires [64]. L'accumulation de tant de bonheurs choque l'équité. Cela ne justifierait-il pas de faire une pause dans la pratique de l'accueil telle qu'elle a été menée jusqu'à présent, onéreuse pour la collectivité, tant par ses frais directs (installation et entretien des équipements) qu'indirects, avec le manque à gagner qu'entraîne une sylviculture moins intensive parce que trop ménagère de l'esthétique ?

La stratégie visant à atténuer l'inégal accès de chacun au bien Nature aboutit ainsi au contraire du but recherché. Elle stimule en effet la demande des particuliers possédant toutes les dispositions requises pour y accéder ! Vouloir une politique *sociale* de la Nature – mais qui la veut véritablement ? –, c'est *d'abord* apprivoiser celle-ci dans les grandes villes, grâce à des plantations, des squares, des jardins et des aires de jeux. Rares sont les villes qui, à l'instar de Limoges ou du Havre, se sont lancées sur cette voie, créant chacune, selon un programme étalé sur plusieurs années, un parc boisé de quelque 200 hectares [65]. Paris ne vient-il pas de donner le mauvais exemple en sabotant la chance que lui laissait en ce domaine le déménagement des Halles ? Il est vain, au demeurant, de songer à remédier à la pénurie d'espaces verts dans les agglomérations ou à leur contact, alors que l'Agence de l'Arbre, fondée dans ce but en 1960, ne dispose que d'un budget ridicule. Et pourtant, ce sont ces espaces, et eux seuls, que fréquente une clientèle plus pauvre, plus âgée et en moins bonne santé que celle partant dès le vendredi soir à la conquête des forêts suburbaines. Cette dernière apparaît, au travers des enquêtes menées, comme jeune, aisée, du moins l'étant davantage, et, pour les deux tiers, « résidant dans un quartier aéré, et bien logée ». Bref, à l'opposé des idées reçues. Les espaces les plus chers à financer s'avèrent par conséquent être socialement les plus rentables. Les hommes s'en porteraient bien, et les forêts beaucoup mieux. Certes, le seuil de saturation n'est pas encore atteint. Près de 500 000 hectares d'entre elles, soit plus de 10 % des forêts soumises, font ainsi l'objet, depuis 1976, de mesures spéciales visant à organiser l'accueil, mais aussi à le faciliter. Il n'est pas sûr que cet équilibre, tout relatif d'ailleurs, dure encore très longtemps.

Chaque fois que la puissance publique répond à la demande verte, elle observe en effet un accroissement exponentiel dans la fréquentation des étendues traitées de la sorte [66]. En 1967, le nombre des visites n'excédait pas les 60 000 000. En 1980, il franchit allégrement le cap des 180 000 000, soit une progression annuelle de 14 %, et ce, rien que pour l'Ile-de-France! Parler de la défense de l'environnement, c'est faire connaître la fragilité des milieux naturels et donner envie d'en explorer les charmes. Un cercle infernal se dessine alors à partir de l'information, généreusement distribuée par l'école et les médias. La courbe de fréquentation des parcs naturels, avec une pente de 145 % l'an, témoigne à l'évidence de l'extraordinaire engouement les concernant [67]. Un tel enthousiasme risque d'ailleurs de les mener à leur perte, à commencer par celui de la Vanoise! La sagesse commande donc de contrôler autant que faire se peut la pression humaine sur ce patrimoine forestier trop aimé. L'Agence des espaces verts, créée par la même loi qui instaure la région Ile-de-France, le 6 mai 1976, tente de résoudre les problèmes que pose leur insuffisance, et de pallier celle-ci. C'est dire que les types d'équipement et leur implantation ont notablement évolué, non seulement pour *recevoir* le public, mais aussi pour *protéger* la forêt de ses admirateurs.

Ainsi, le concept de « zone de silence » appliqué à certaines de ses portions, tout droit sorti de l'expérience des parcs, ne manque pas de leur plaire. Avec lui resurgit une conception de la Nature qui fuit les effets de masse [68]. Épargnée par le bruit, résumé tout à la fois de la civilisation industrielle et de la présence d'intrus, la forêt leur semble proche de ce qu'ils imaginent être son état originel. La notion n'a pourtant pas que l'avantage de satisfaire ces « essentialistes », comme les nomme Robert Ballion. Elle permet, au titre de la pollution sonore, d'expulser à sa périphérie les parcs de stationnement et les aires de détente. La méthode convient donc parfaitement aux « instrumentalistes », qui ne perçoivent dans le couvert boisé qu'un cadre producteur de services. Ce sont des individus sédentaires, heureux à cent mètres de leur véhicule, et peu enclins à s'engager dans les profondeurs des sous-bois. Le territoire ainsi aménagé absorbe donc l'essentiel des consommateurs forestiers, *espace de transition* entre la Ville, avec ses appendices, et la Nature, humanisée juste ce qu'il faut pour s'y repérer. Sans cet abcès de fixation, il serait impossible de supprimer le passage des véhicules à moteur afin de réserver l'intérieur des massifs aux activités linéaires, telles que promenades, escalades ou équitation. Seuls ces parcours, sentiers de randonnée et pistes cavalières ne détériorent pas l'environnement. Le prix à payer tient donc dans la perte localisée de l'identité sylvicole : 1 à 3 % dans les forêts situées à 60-80 km de Paris, dites de la Grande Couronne, et jusqu'à 10 % pour celles de la Petite. L'atteinte à l'intégrité des massifs est certes incontestable, marginale le plus souvent mais pour combien de temps, encore ?

Certes, le péril n'est pas pour tout de suite, puisque les espaces boisés, qui assument peu à peu la vocation de parc périurbain ne représentent qu'à peine 5 % du patrimoine vert en Ile-de-France. Or celui-ci est fort considérable. Avec 288 000 hectares, la région se classe dans la moyenne nationale, son taux de boisement étant de 24 %. Ce pourcentage en fait illusionne, car réelle est la carence. Deux raisons à cela.

D'abord, la *densité de la population*, très forte (825 habitants au km$^{2)}$, réduit la part dont dispose chaque habitant pour la promenade hebdomadaire à 74 m^2, le dixième à peu près de ce dont dispose chaque Français. Ensuite, *la densité des consommateurs d'espaces verts* rend ceux-ci insuffisants. Le public n'est admis que sur 80 000 hectares de cet ensemble, soit 28 %, relevant de l'État ou des collectivités publiques. Encore cette proportion dépasse-t-elle très largement celle des forêts soumises où l'accueil est aménagé : 11 %. Tableau en demi-teinte, donc. Il est pourtant plus engageant que celui observé en Provence-Côte d'Azur, où les données de base ressemblent à celles de l'Ile-de-France : pression humaine élevée et demande verte difficile à satisfaire, faute d'espaces publics disponibles. Une différence essentielle cependant : sur 630 000 hectares que compte la forêt provençale, 400 000 sont privés, rendant difficile l'instauration de leur ouverture au public, d'autant plus difficile que 300 000 hectares sont aux mains de petits propriétaires, détenant moins de 2 hectares chacun. Le revenu tiré est alors insignifiant. Il ne justifie donc pas l'entretien de cette possession, qui ne devient intéressante que lorsqu'elle est convertie en lotissements. Quelles solutions envisager pour répondre à la faim de Nature des concitoyens ?

Une conception malthusienne peut résoudre les problèmes posés par les diverses sollicitations qui pèsent sur les ressources forestières. Celles-ci ne sauraient être extensibles à l'infini. Vient un jour où il faut prendre en compte leurs limites. Gérer leur pénurie, n'est-ce pas l'approche habituelle des sociétés anciennes, à dominante rurale ? Il s'agit donc d'*adapter* aux préoccupations légitimes qu'occasionne la défense de l'environnement des notions autrefois admises par tous : l'*alternance*, qui permet de répartir les visiteurs sur la durée, le *cantonnement*, qui les distribue sur le terrain [69]. N'est-ce pas transposer aux exigences modernes du multiusage forestier des pratiques courantes à l'époque où les propriétaires craignaient pour la conservation de biens grevés de droits d'usage ? La leçon ne s'en est d'ailleurs pas perdue. Le code forestier laisse en effet ces armes aux mains des gestionnaires lorsque ceux-ci estiment nécessaire leur emploi. Demeure donc la faculté d'employer ces deux concepts salvateurs qui se nomment *possibilité* et *défensabilité* (articles L. 138-3 et 138-6). Cela signifie d'une part que la forêt ne saurait s'exploiter au-delà d'un certain potentiel régénérateur, et de l'autre que son accessibilité dépend de sa résistance aux agressions extérieures [70]. Le système ancien préservait la capacité de production sylvicole, que menaçait alors surtout la dent du bétail. On peut s'en servir pour défendre l'environnement, l'ennemi déclaré étant, cette fois, le promeneur. Une telle perspective n'a rien de plaisant. Sans doute faudra-t-il y venir, mais pour l'heure mieux vaut explorer d'autres voies.

***

Atténuer la pression exercée sur ces surfaces se justifie pourtant. Sinon se dégradera un bien précieux. Les usagers apparaissent aujourd'hui en créanciers privilégiés, détenant une hypothèque sur la Nature. Devant leur impérieuse demande il ne reste qu'à s'enquérir des moyens qui épargneront la ruine à cette dernière. Les pouvoirs publics peuvent utiliser deux méthodes, l'une classique et l'autre nouvelle. La première, depuis longtemps à l'ordre du jour, consiste à accroître la *superficie* des espaces verts. La seconde, presque expérimentale – accélérer la procédure d'*ouverture* – réactive en fait un vieux débat, celui du secteur privé.

Quel que soit le plan arrêté, le travail ne manquera pas. Le bilan dressé avant que ne se mette en place la politique adéquate, l'Agence des espaces verts étant son plus beau fleuron, est en effet fort sombre. Dans ces années 1960, la forêt, tant publique que particulière, accorde par habitant 2 500 m^2. Cela signifie que dans l'hypothèse d'une croissance démographique avoisinant 400 000 individus par an, le maintien d'une qualité constante dans la satisfaction sociale supposerait d'accroître les boisements d'environ 100 000 hectares. Or l'augmentation actuelle tourne autour de 60 000 hectares, ce qui ne suffit donc pas, d'autant que près de la moitié finissent dévorés par les flammes. La progression effective se borne donc à 30 000 hectares, le tiers à peine de ce qu'exige la simple stabilisation de la charge supportée par le patrimoine sylvicole! Chiffres théoriques ? Sans doute. Contestables ? Très probablement. Ils n'en montrent pas moins l'urgence d'une intervention dans les régions à haute densité.

Maintenir et même étendre la *superficie* des forêts publiques *disponible* par habitant s'avère indispensable. C'est que, si la forêt publique ne diffère guère de la forêt privée au niveau des richesses immatérielles produites, tout change en abordant le chapitre de la consommation spatiale. Les 10 000 000 d'hectares appartenant à quelque 3 000 000 de propriétaires, dont beaucoup ne semblent même plus se rappeler qu'ils le sont, demeurent *pour le moment* un univers clos. Ce formidable gaspillage de bien-être que pourraient procurer de telles surfaces se poursuivra-t-il encore longtemps ? Rien n'est moins sûr. L'État ne saurait tolérer cette fois que recule cet emploi forestier d'un nouveau type qu'est l'usage *gratuit* par un public *anonyme.* Celui-ci légitime son droit, non par une nécessité concrète comme autrefois, mais par le sentiment diffus que cet accès à la Nature contribue à l'équilibre individuel. Depuis le milieu du XVIIe siècle au moins, l'État a aidé les grands propriétaires à alléger les servitudes pesant sur le patrimoine sylvicole, parce que ses intérêts se confondaient avec les leurs. Que ces prélèvements directs diminuent le revenu des bois n'était plus accepté. Il n'en va pas de même dans le cas présent puisqu'il ne s'agit pas d'un *transfert* opéré par l'usager à son profit, mais seulement de sa *présence,* celle-ci étant supposée n'avoir aucun effet prédateur. Son éviction, les plus hautes instances ne peuvent s'y résigner. Comme celle-ci risque de s'imposer si le nombre de demandeurs continue à croître, il lui faut donc songer à réquisitionner ce qui, jusque-là, semblait intouchable.

La forêt privée demeure ainsi en réserve des lendemains [71]. La liberté de ceux qui la possèdent, conquise au détour des péripéties révolutionnaires, a pu traverser sans trop de dommages la crise née de la restauration des montagnes. Les biens communaux ne leur ont-ils pas servi à détourner l'orage ? Dans l'affaire présente, ils ne disposent plus d'un tel paratonnerre. Le concept même de propriété risque fort de sortir décapé des discussions. C'est pourquoi, concernant l'accès de chacun aux jardins de la Nature, les particuliers ont peut-être intérêt de lâcher du lest avant que l'initiative leur échappe. Les dirigistes, qui les guettent dans le domaine forestier, désertent certaines de ces allées, mais se rassemblent sur le thème de l'environnement et de son usage social.

EN GUISE DE CONCLUSION

La forêt et la ville : une alliance impossible ?

Ce n'est pas un hasard si, depuis les années 1960, en Europe occidentale notamment, les divers courants écologiques, groupes d'information à l'origine, puis de pression exercée à l'encontre des gouvernements, deviennent peu à peu des partenaires politiques, sachant négocier – et contester au besoin – les mesures prises au sujet de l'environnement ou susceptibles d'avoir sur lui des incidences. Ils traduisent une attente, une angoisse aussi. La hantise de la pollution industrielle relaye à point nommé le discours des forestiers qui tournait court, une fois épuisés les arguments relatifs à la conservation des sols, à la régulation des pluies ou à la rétention hydraulique. Un sondage, effectué en 1970, souligne ainsi comment les populations hiérarchisent les dangers qui menacent leur milieu de vie. En tête se classent la corruption de l'air par l'oxyde de carbone (54 % des réponses), l'enfer du bruit (38 %) et la diminution des espaces verts (34 %). L'énoncé des craintes montre cette grande peur apaisée en grande partie par la présence bénéfique de la verdure. Le beau thème du cycle végétal fascine donc toujours. Les arbres absorbant les déchets de l'Homme pour lui restituer un oxygène purifié, voilà encore la Mère Nature qui prévoit tout pour son bien. La fonction chlorophyllienne, mal connue au siècle dernier, s'était vue étrangement mise à contribution. Une fois élucidée, elle sert encore la promotion de la forêt.

L'institution en 1977 des Journées de l'Arbre va donc dans le bon sens, donnant la possibilité aux forestiers de rappeler leur volonté de respecter les équilibres naturels [72]. Cette stratégie dévie et annihile la critique écologiste, toutes les parties s'affirmant alors solidaires d'une meilleure défense de l'environnement. Il est vrai que forestiers et écologistes, unis pour ce combat, déplorent en commun l'attitude prise par les pouvoirs publics envers les zones hautement urbanisées. La demande verte s'y exerce de manière plus aiguë qu'ailleurs, la réponse, elle, s'y révèle moins commode. Une telle contradiction exigerait de leur part une fermeté sans défaillance. Le prix des terrains laisse espérer à leurs détenteurs une trop belle plus-value, par la construction, pour que ceux-ci ne veuillent pas convertir leurs bois en lotissements. Un médiocre rendement financier et la fragilité naturelle des biens sylvicoles expliquent qu'ils succombent devant l'essaimage urbain. Or cette défaite est *définitive,* contrairement à ce qui s'observe, ou plutôt, s'observait en milieu rural. Les cultures peuvent redevenir friches, et les broussailles, taillis; la ville et la forêt s'ignorent. Dans l'assaut que la première livre à la seconde, l'État se doit de secourir la plus faible. Or, cette aide fait défaut, dans une période où la France se rue vers l'industrialisation et la capitale. Le propos d'un ministre de l'équipement, M. Chalandon, est du reste fort significatif quant au choix effectué : « Je n'ai pas la manie des sites. De tous temps, les hommes ont recherché la compagnie des arbres. *C'est là qu'il faut construire* [73]. »

Le débat sur Nature sauvage et Nature humanisée reste donc inconnu au niveau gouvernemental. D'autres impératifs semblent commander. Le problème forestier reste ainsi une équation posée dans les seuls termes du langage économique. L'esthétique de l'environnement, un luxe? Oui, comme en témoigne la sympathie avec laquelle se reçoivent les demandes de dérogation. Les chantres du béton, municipalités et promoteurs, vont main dans la main en la circonstance. L'Administration accorde ainsi sans remords le passage de parcelles non constructibles dans la catégorie qui l'est, violant avec allégresse plan d'urbanisme et plan d'occupation des sols! Le règne de la déréglementation est arrivé [74]. Lors de la préparation du Vᵉ Plan (1966-1969), le rapport du Groupe Forêts jugera sévèrement le précédent, mais le sien ne sera pas mieux suivi. Les 240 000 hectares boisés, déclarés protégés, ne le furent donc guère. Depuis 1962, début du IVᵉ Plan, les défrichements, en moyenne et par an, s'élèvent à 1 250 hectares pour la région parisienne, et à près de 1 500 pour la seule Côte d'Azur!

L'idée, excellente dans son principe, de les contrôler par un moyen de police économique s'impose donc. Alourdir les frais de l'opération de manière à *dissuader* son auteur de la commettre, voilà ce qui ressort des déclarations du ministre de l'Agriculture, en décembre 1969. En fait, l'échec montre combien il est difficile de déterminer le seuil prohibitif pour ce type d'imposition, les profits escomptés balayant toujours l'objection fiscale. Reste un aspect positif dans l'instauration de la taxe : la comprendre comme *redevance de pollution* [75]. Cette dernière ne finance-t-elle pas des ouvrages collectifs d'épuration ? Redistribuée, elle constitue une méthode permettant la péréquation des coûts entre pollueurs. Dans le cas étudié, la taxe est affectée à l'augmentation du domaine forestier public, ainsi qu'au programme de boisement et d'aménagement (code forestier, L. 314-13 et 314-8). Parfait!... si les résultats n'étaient pas aussi dérisoires, vu le nombre d'exemptions, le mode du recouvrement et surtout le ridicule des taux. Le bilan est féroce pour cette loi. Aux 43 000 hectares légalement défrichés entre 1971 et 1976 s'y ajoutent tous ceux qui se sont passés d'autorisation! – 13 % seulement la subirent. Et cette taxe ne les a guère gênés, avec 36 centimes par m^2 converti [76]! Les besoins en terrains à bâtir ou en terres agricoles se satisfont donc sans peine au détriment des espaces verts.

Plus extraordinaire encore, les mesures prises dans cette période de croissance, lorsqu'elles s'efforcent de contrer les excès du libéralisme, finissent toutes par le combler d'aise. D'abord, la création des *Zones d'aménagement concerté* (Z.A.C.). Régies par la loi du 30 décembre 1967, elles dérogent aux plans d'occupation des sols, et l'État peut passer outre à un avis défavorable de la municipalité. Les consultations publiques disparaissent alors au profit d'une discrète convention entre l'autorité responsable et le maître d'œuvre. Ensuite, la *loi d'orientation foncière* du 30 décembre 1967, avec son fameux article 19. Rédigé dans le but vertueux d'accroître les étendues publiques, il aboutit au mitage des espaces verts! Sont en effet admis des lotissements, sans limitation de hauteur et de densité, dans les bois que protègent pourtant les plans d'urbanisme, à condition de céder les neuf dixièmes de leur superficie à l'État. La perte de ces dixièmes-là, comment ne pas s'en consoler avec le fabuleux rapport du dernier gardé ? D'où l'apparition de charmantes résidences de haut standing et de tours qui l'étaient moins – le nombre d'étages compensant largement un m^2 moins onéreux pour l'acheteur – incrustées dans un écrin de verdure, lequel en rehausse le prestige, et donc le prix! Enfin, la *loi du 16 juillet 1971.* Jusque-là, bâtir en dehors du périmètre d'agglomération exigeait une vaste étendue, seule façon de préserver à la fois l'unité du village et la singularité du paysage. Grâce à cette mesure, construire sur tout terrain d'au moins 1 000 m^2, desservi par une voie de circulation et un réseau d'eau potable, de plus de 4 000 m^2 s'il ne l'est pas, devient possible. La

France rurale débitée en tranches et les espaces verts hachés menu!

La malfaisance de ces trois textes ne témoigne-t-elle pas des difficultés qui naissent de l'alliance conclue entre les activités humaines et la sauvegarde du cadre naturel? C'est que substituer une mise en valeur industrielle ou touristique à l'exploitation agricole, et plus encore, à la maintenance biologique ou esthétique de l'espace, *enrichit* le particulier ou la commune qui le possède. Cela d'ailleurs n'a rien d'infâmant, mais rend épuisantes les tentatives de conciliation. Comment les uns et les autres ne militeraient-ils pas en faveur de tels équipements? Le milieu dénaturé par ces installations vaut infiniment plus cher que le milieu préservé [77]. Renverser ce constat supposerait un bouleversement du système foncier. Utopie? Il y a bien en tout cas contradiction dans une époque qui revendique la protection de la Nature, mais engraisse les propriétaires qui la bafouent et pénalisent ceux qui s'en font les gardiens.

NOTES

CHAPITRE PREMIER

L'ESPACE NOURRICIER

1. Bibl. mun. de Dijon, Ms. n° 1011, Journal de Genreau, année 1662.
2. J.-F. DE BARANDIERY-MONTMAYEUR, comte d'Essuile, *Traité pratique et économique des communes...*, p. 54.
3. *Idem.*
4. Arch. nat., Q1 n° 1662, 1er mars 1730.
5. J. RENAULDON, *Traité historique et pratique des droits seigneuriaux*, Paris, 1765, p. 539 et suivantes.
6. Contre pareille définition s'élèvent les Parlements, ce qui lui vaut d'être défendue par les écrivains royalistes, tels que le maître des requêtes Galland, avec son *Mémoire contre le franc-alleu sans titre prétendu par quelques provinces au préjudice du roi.*
7. Arch. dép. Nièvre, B n° 6, 26 juin 1759.
8. Arch. dép. Indre-et-Loire, B n° 223, 13 mars 1789.
9. Bibl. nat., Nouvelles Acquisitions Françaises, n° 356, 22 juillet 1666.
10. A. BROSSELIN, *La forêt en Bourgogne de 1669 à la Première Guerre mondiale*, dactylogramme, t. I, p. 180.
11. Arch. dép. Yonne, E n° 512, 15 mai 1520.
12. Cité par C. GUYOT, *Les Forêts lorraines jusqu'en 1789*, Nancy, 1886, p. 79.
13. Arch. dép. Côte-d'Or, E n° 1809 : les comptes de la seigneurie des Tavannes à Beaumont s'arrêtent même entre 1636 et 1646!
14. COURTÉPÉE, *Description générale et particulière du duché de Bourgogne*, édit. de 1755, t. I, p. 394.
15. M. ROSSIGNOL, *Le Bailliage de Dijon après la bataille de Rocroy.*

Procès-verbaux de la visite des feux publiés pour la première fois, Dijon, 1857, p. 221.

16. *Ibid.,* p. 35.
17. *Idem.*
18. *Ibid.,* p. 234.
19. E. LA POIX DE FRÉMINVILLE, *Traité général du gouvernement des biens et affaires des communautés d'habitants...,* Paris, 1760, p. 4.
20. Arch. dép. Côte-d'Or, L n° 1283.
21. J. GARNIER, *Chartes des communes et d'affranchissements en Bourgogne,* Dijon, 1867-1877, t II, pp. 320 et 321.
22. J.-B. PROUDHON, *Traité des droits d'usage, servitudes réelles...,* 3e éd. Paris, 1848, t. I, n° 923.
23. ROSSIGNOL, *op. cit.,* p. 153.
24. Arch. dép. Yonne, F n° 420, 30 avril 1755.
25. Arch. dép. Yonne, E n° 513, 7 avril 1615.
26. Arch. dép. Ain, P n° 77, dossier Seillon, droits de pâturage et de glandée sur le bois mort et le mort-bois (1807-1831).
27. G. GARRIER, *Paysans du Beaujolais et du Lyonnais, 1800-1970,* p. 182.
28. F.-J. SAMIAC, « Situation des villes de Saint-Girons et de Saint-Lizier dans les toutes premières années du XVIIIe siècle », *B.S.A.,* 1916, pp. 247-265.
29. GROGNIER, « Étude sur les vaches du département du Rhône, leur nombre et leur produit », *Archives historiques et Statistiques du Rhône de 1825 à 183*, t II, 1825, pp. 36 à 45.
30. Arch. dép. Rhône, 7M, recensement des bêtes à laine (an XII).
31. Cité par G. CASTELLAN, « Fourrages et bovins dans l'économie rurale de la Restauration : l'exemple du département du Rhône », *Revue d'Histoire économique et sociale,* 1960, pp. 77-99.
32. Arch. dép.Alpes-de-Haute-Provence, B n° 1048.
33. F. BRIOT, *Études sur l'économie alpestre...,* p. 321.
34. Arch. dép. Alpes-de-Haute-Provence, B n° 2411.
35. Dans cette même optique, le préfet de 1844 accuse les forestiers de proposer la soumission des parties non boisées « par le désir de se créer des droits auprès de l'administration en dressant des procès-verbaux de reconnaissance » (Lettre citée par P. WEYD, *Les forêts de Lozère,* p. 91).
36. BOYER DE FONSCOLOMBE, *Mémoire sur la destruction et le rétablissement des bois dans les départements qui composaient la Provence,* Aix-en-Provence, 1819.
37. Arch. dép. Haute-Garonne, Table de Marbre de Pamiers, B n° 158, f° 385.
38. D. SOLAKIAN, « Mouvements contestataires de communautés agro-pastorales de Haute-Provence au XVIIIe siècle », dans *Mouvements populaires et conscience sociale...,* p. 243.
39. N. LEMAÎTRE, *Bruyères, communes et mas,* p. 20.
40. C. de RIBBE, *La Provence au point de vue des bois...,* p. 65.
41. P. BRIOT, *op. cit.,* p. 188.
42. Arch. dép. Corrèze, B n° 657, 22 juillet 1750.
43. Arch. dép. Yonne, L n° 757, 13 juillet 1779.
44. M. de RÉGUSSE, *Arrêts et règlement rendus par le Parlement de Provence,* p. 77.
45. T. SCLAFERT, *Cultures en Haute-Provence...,* p. 210.
46. Ils y renonceront d'autant mieux que, comme l'explique DRALET,

ces défrichements ne sont productifs qu'au moyen « des engrais et des terres qu'y porte péniblement, dans des hottes, le possesseur ».

47. Cité par R. de MAULDE, *Étude sur la condition forestière de l'Orléanais...*, p. 87.

48. J.-B. PLINGUET, *Traité sur les réformations et les aménagements des forêts...*, p. 95.

49. R. SOMERVILLE, « On the Propriety of Burning Heath Grounds for the Improvement of Pasture », *Prize Essays and Transactions of the Highland Society of Scotland,* 1812, p. 127.

50. O. de SERRES, *Le Theastre d'agriculture et mesnage des champs,* édition de 1600, p. 75.

51. M. de RÉAUMUR, « Réflexions sur l'état des bois du Royaume », *Histoire de l'Académie royale des Sciences, Mémoires de mathématiques et de physique, année 1721,* Paris, 1723, pp. 284-301.

52. H. LAURE, *Manuel du cultivateur provençal,* t. I, p. 174.

53. CORNEBOIS, « Notice sur les sartages dans l'arrondissement de Rocroi », *Mémoires de la Société nationale d'agriculture de France,* Paris, 1881, p. 601.

54. Expérience rapportée par F. SIGAUT, dans *L'Agriculture et le Feu,* p. 167.

55. *Ibid.*, p. 217.

56. L.F.H. DE MENON, marquis de Turbilly, *Mémoire sur les défrichements,* p. 74.

57. Arch. dép. Yonne, 13 B n° 195, le premier acte remonte à 1486.

58. J. BLACHE, « L'essartage, ancienne pratique culturale dans les Alpes dauphinoises », *Revue de géographie alpine,* 1923, p. 553.

59. *Enquête sur les incendies de forêts dans la région des Maures et de l'Estérel, rapport à son Excellence le ministre des Finances,* Paris, 1869, Imprimerie impériale, p. 152.

60. *Idem.*

61. *Idem.*

62. CORNEBOIS, *op. cit.*, p. 185.

63. BOURGEOIS, article « Essartage », dans *L'Encyclopédie méthodique ou par ordre de matières,* Agriculture, volume 4.

64. B. PALISSY, *Œuvres complètes,* 1844, p. 248. Comme dans le cas d'O. de Serres, on constate que le mot « écobuage » ne fait pas partie de son vocabulaire, même si ce qu'il décrit (l'essartage à feu couvert) en semble proche.

65. Cité par R. COLLIER, *La Vie en Haute-Provence de 1600 à 1850,* p. 36.

66. Enquête de 1869, *op. cit.*

67. G. HUFFEL, *Les méthodes de l'aménagement forestier en France. Étude historique,* p. 123.

68. Abbé F. ROZIER, *Cours complet d'agriculture ou dictionnaire universel d'agriculture,* article « Écobuage ».

69. F. PARISET, *Economie rurales, industrie, mœurs et usages de la Montagne noire,* p. 28.

CHAPITRE II

DES NOUVEAUX PROPRIÉTAIRES

1. Arch. dép. Nièvre, B n° 19, 27 octobre 1789.
2. Arch. dép. Yonne, E n° 515, s.d. 1790.
3. A. CORVOL, *L'Homme et l'Arbre sous l'Ancien Régime*, p. 599.
4. M. DEVEZE, *La vie de la forêt française au XVIe siècle*, t. I, p. 204.
5. Arch. dép. Yonne, E n° 539, 26 juin 1779.
6. Arch. dép. Yonne, E n° 513, 21 octobre 1694.
7. J. RENAULDON, *Traité historique et pratique des droits seigneuriaux*, p. 539.
8. GALLON, *Conférence de l'Ordonnance de Louis XIV du mois d'août 1669 sur le fait des Eaux et Forêts...*, t. II, p. 269.
9. J. RENAULDON, *op. cit.*, p. 556.
10. Arch. dép. Nièvre, B n° 16, 25 septembre 1789.
11. E. LA POIX DE FRÉMINVILLE, *Traité général du gouvernement des biens...*, p. 41.
12. *Idem.*
13. Arch. dép. Nièvre, B n° 16, 25 septembre 1789.
14. Anonyme, « Des Commissions de cantonnement », *Annales forestières et métallurgiques*, 1856, pp. 281-288.
15. Ministère des Finances, *Rapport sur les forêts de l'État*, Paris, Imprimerie impériale, 1860.
16. Cité par BAZELAIRE, *Manuel du cantonnement des droits d'usage*, Paris, 1858.
17. Cité par M. CHEVALIER, *La vie humaine dans les Pyrénées ariégeoises*, pp. 327-362.
18. Depuis la fin de la Restauration, cette question ne cesse d'être agitée, et, à tout prendre, CHEVANDIER DE VALDRÔME ne fait guère que reprendre des propositions figurant déjà dans la brochure « De l'acquisition et de l'extinction des droits d'usage par la prescription dans les forêts royales et particulières » (Lyon, Rossary, 1829, 72 p.), où le mot extinction l'emporte très largement sur l'acquisition!
19. Ministère de l'Agriculture et du Commerce, *Statistique forestière*, Paris, Imprimerie nationale, 1878, pp. 413-427.
20. Cité par O. NOUGARÈDE, *Des Années entières dans les bois lozériens*, dactylogramme, INRA-Rungis, 1985, p. 56.
21. Le problème n'avait d'ailleurs rien de nouveau. Cf. H. DE COINCY, « Projets d'aliénation des forêts et de réforme de l'organisation forestière sous Louis XV », *Revue des Eaux et Forêts*, 1928, pp. 649-660 et 717-732.
22. RÉAUMONT, « Le procès de Dabo », *Revue des Eaux et Forêts*, 1907, pp. 648-655.
23. G. BUTTOUD, « Les projets forestiers de la Révolution, 1789-1798 », *Revue forestière française*, 1983, pp. 9-20.
24. H. DECENCIÈRE-FERRANDIÈRE, « Les Vicissitudes subies par le domaine forestier de l'État de 1814 à 1870 », *Revue forestière française*, 1977, pp. 119-129.
25. Ce n'est pourtant pas la littérature qui manque sur ce chapitre : GAUCHET, *Danger de l'aliénation des forêts de l'État*, Paris, 1831, 88 p.; PLINGUET, *Considération d'ordre et d'intérêt public sur l'aliénation par fonds et superficie de 300 000 hectares de forêts de l'État*, Le Mans,

1831, 16 p.; ROUGIER DE LA BERGERIE, *Mémoire au roi et aux chambres législatives sur la destruction des bois,* Paris, 1831, 76 p., etc. Et cela n'est qu'un petit échantillon de la production de la seule année 1831!

26. DELBET, « Des Ressources que l'État peut tirer de l'aliénation des forêts », *Annales forestières et métallurgiques,* 1848, pp. 221-231.

27. R. SCHAEFFER, « L'aliénation des forêts domaniales », *Bulletin de la Société forestière de Franche-Comté,* 1977, pp. 95-99.

28. A. ANTONY, *la politique financière du gouvernement provisoire, février-mai 1848,* Paris, 1910, in 8°.

29. Cité par P. WEYD, *op. cit.,* p. 110.

30. *Ibid.,* p. 116.

31. Cela n'empêche pas les projets grandioses : Cf. NOUTON, *Plans d'aliénation des forêts de l'État,* Paris, 1849, 16 p.

32. C. PORÉE, *Cahiers de doléances du bailliage de Sens pour les États généraux de 1879,* cahier de Longpré-le-Sec.

33. *Ibid.,* cahier de Doulancourt.

34. *Ibid.,* cahier de Châtillon-sur-Broué.

35. *Ibid.,* cahier de Bligny.

36. *Idem.*

37. Arch. dép. Aube, C n° 409, 13 juin 1778.

38. Arch. dép. Sarthe, H n° 1413, s.d. 1650.

39. Résultats obtenus dans le cadre du programme « Forges et Forêts », inscrit dans l'A.T.P. du CNRS « Histoire industrielle de la France ».

40. E. BÉRAUD, « Du département de la Sarthe considéré sous le rapport forestier, 1° la forêt de Perseigne », *B.S.A.S.,* 1961-1962, p. 110.

41. D. WORONOFF, « Forges prédatrices, forges protectrices », *Revue géographique des Pyrénées et du Sud-Ouest,* 1984, pp. 213-218.

42. Renseignements communiqués par F. VION-DELPHIN.

43. *Idem.*

44. J.-R. PESCHE, *Dictionnaire statistique de la Sarthe,* t. I, 1829, p. 334, article « Saint-Martin-de-Connée ».

45. G. HOUZARD, « Les grosses forges ont-elles mangé la forêt ? », *Annales de Normandie,* 1980, pp. 245-269.

46. Arch. dép. Côte-d'Or, B n° 275, et B 2 n° 75 (I), mai 1741.

47. *Ibid.,* B 2 n° 74 (XVI).

48. D. WORONOFF, *L'industrie sidérurgique en France pendant la Révolution et l'Empire,* p. 227.

49. Décrire les forges comme des « gouffres dévorants » fait alors partie du discours prégnant, au point que les principaux intéressés, vendeurs de bois aux maîtres de forges, ne réalisent même pas qu'ils parlent à l'encontre de leurs intérêts! (D. WORONOFF, *op. cit.,* p. 227).

50. A. BROSSELIN, *La Forêt en Bourgogne de 1669 à la Première Guerre mondiale,* thèse pour le doctorat d'État, université de Paris IV, t. II, p. 421 et *sq.*

51. D. WORONOFF, « Forges prédatrices, forges protectrices » *op. cit.,* p. 216.

52. Renseignements communiqués par M. PIGENET.

53. *Idem.*

54. Arch. dép. Haute-Garonne, Table de Marbre de Pamiers, M n° 1, 1670.

55. PICOT DE LA PEIROUSE, *Traité sur les mines de fer et les forges du comté de Foix,* Toulouse, 1786. L'auteur met clairement en relation l'alimentation des forges avec la pénurie dont souffrent les habitants en matière de chauffage : « Il s'est introduit depuis quelque temps un genre de délit qui ruine sans ressource les forêts. Quand elles sont rabougries, elles n'offrent plus de bois à voler; à la place il y a de grosses souches; on extirpe donc jusqu'à la plus petite racine. Ainsi périssent en un moment les générations futures de ces arbres antiques. » Cela reflète l'air du temps, mais on a vu que la réalité était plus complexe.
56. D. WORONOFF, « L'industrie sidérurgique »..., *op. cit.,* p. 234.
57. *Ibid.,* p. 244.
58. Cité par D. WORONOFF, *ibid.,* p. 241.
59. J. DUFOUR, « Les forges et la forêt dans la Sarthe », *Revue géographique des Pyrénées et du Sud-Ouest,* 1984, p. 225.
60. D. WORONOFF, *ibid.,* p. 244.
61. *Ibid.,* p. 332.
62. A. BROSSELIN, *op, cit.,* p. 184.
63. G. BUTTOUD, *Les propriétaires forestiers privés,* p. 28.
64. On comprend que cet essor de la propriété privée se soit accompagné d'un regroupement des possédants forestiers, conscients de leurs intérêts communs et de la nécessité de les défendre. L'année 1852 voit l'aboutissement de leurs efforts, avec la création de leur « syndicat », la Société forestière.
65. A. LEBON, *Les Forêts de l'État et les principes économiques actuels...,* Paris, 1865, 184 p.
66. J. ROTHSCHILD, *L'Aliénation des forêts de l'État devant l'opinion publique,* Paris, 1865, 484 p.
67. A. BROSSELIN, *op. cit.,* p. 192.
68. *Ibid.,* p. 176.
69. J.F. BELHOSTE, *Histoire des forges d'Allevard...,* p. 101.
70. A. BROSSELIN, *op. cit.,* p. 650.
71. G. BUTTOUD, *op. cit.,* p. 105.
72. A. BROSSELIN, *ibid.,* p. 654.
73. H. HUSSARD, « Des défrichements de forêts », *Journal des Économistes,* 1842.
74. J.-F. BELHOSTE, *op. cit.,* p. 126.
75. Arch. dép. Ariège, Oe, n° 123 et 124, dossier d'Oust.
76. *Ibid.,* n° 120, dossier de Lassur.
77. J. COHEN, « Les Travaux publics et l'aliénation des forêts », *La France politique,* 12 mai 1865.

CHAPITRE III

LES COUREURS DE BOIS

1. LIÉBAUD, MOLLO et NABOT, *La Vente des biens de première origine dans le district de Dijon,* mémoire de maîtrise, Dijon, 1971, dactylogramme.
2. CHAUVET et GARNIER, *La Vente des biens de première origine dans le district de Mâcon,* mémoire de maîtrise, université de Dijon, 1974, dactylogramme.
3. Arch. dép. Yonne, L n° 38, 23 octobre 1792.

4. E. MEAUME, *Des Droits d'usage dans les forêts...*, t. I, article n° 546.
5. *Idem.*
6. C. PORÉE, *Procès-verbaux de l'administration départementale de 1790 à 1800...*, t. V, p. 289.
7. Arch. dép. Yonne, L n° 28, 22 janvier 1791.
8. S.J.B.M. MIGNERET, *Traité de l'affouage dans les bois communaux.*
9. C. GUYOT, *Cours de droit forestier...*, t. I, article n° 1578.
10. Cité par M. PETITOT-MAURIES, « Forêt communale, droits d'usage et affouage en Chatillonnais », *Études rurales*, pp. 78-104.
11. C. GUYOT, *op. cit.*, article n° 1585.
12. *Ibid.*, article n° 1580.
13. Arch. dép. Yonne, 46 B n° 454, 10 juin 1786.
14. F. LARZILLIÈRE. *De l'Administration et de la Jouissance des forêts communales*, p. 152.
15. Arch. dép. Yonne, 40 B n° 109, 28 juillet 1764.
16. Arch. dép. Côte-d'Or, C n° 1361 : « le partage par égale portion... est assez généralement observé, écrit le subdélégué de Semur-en-Auxois, en 1786, et, quand ce serait un abus, il est peut-être moins dangereux de le tolérer que de l'abroger ».
17. Arch. dép. Yonne, 13 B n° 30, décembre 1753.
18. A. CORVOL, *L'Homme et l'Arbre sous l'Ancien Régime*, p. 535.
19. Arch. dép. Yonne, 40 B n° 111, 21 avril 1785.
20. Arch. dép. Yonne, 5 B n° 82, 23 juillet 1787.
21. Arch. dép. Yonne, 40 B n° 111, 21 avril 1785.
22. Cette disposition (délivrance et exploitation par un entrepreneur) figure en effet dans l'Ordonnance de 1669, titre XXV, article II. Ce qui n'empêche pas, que, près d'un demi-siècle plus tard – le 7 août 1752 –, les grands maîtres ne soient obligés de rappeler celle-ci, en expliquant que les contrats doivent être déposés au greffe de la maîtrise dans le mois qui suit leur conclusion. Les habitants se réunissent afin de passer ces accords avec l'entrepreneur présent chaque année, au 1er octobre.
23. Arch. dép. Côte-d'Or, B 2 n° 257.
24. Arch. dép. Côte-d'Or, VII P, VII b 92, 29 septembre 1827.
25. Arch. dép. Saône-et-Loire, O n° 1539.
26. C. GUYOT (*op. cit.*, article n° 1569) signale que cette taxe affouagère, fréquemment mentionnée avant 1789, n'est devenue légale que par la loi du 7 août 1828. Elle n'est alors destinée qu'à permettre aux communes de se rembourser des frais avancés pour l'exploitation, le façonnage et la répartition des bois distribués au titre de l'affouage.
27. Arch. dép. Saône-et-Loire, O n° 2551 et 2131. Il est certain que le fait d'utiliser un entrepreneur pour l'ensemble des opérations augmente notablement le montant de cette taxe affouagère, jugée déjà excessive par les intéressés – « elles [les charges] excèdent la valeur des bois » – même si, objectivement, celles-ci demeurent modestes au regard de ce que coûterait l'achat des bois (Arch. dép. Saône-et-Loire, O n° 2490, 1833, dossier Saint-Vincent-des-Prés).
28. Arch. dép. Yonne, L n° 736, 12 août 1790.
29. A. BROSSELIN, « Les Ressources forestières communales en Côte-d'Or au XIXe siècle », *Revue forestière française*, 1980, pp. 172-179.

30. E. ABOUT, « Causeries du samedi », *L'Opinion nationale,* 4 juin 1865.

31. Cette chanson de G. LOUBLIÉ, sur l'air du « Chant des ouvriers », dû à P. DUPONT, est publiée dans la revue *L'Émancipateur* – un titre qui se veut un programme –, en date du 16 décembre 1909.

32. Cité par T. JOLAS, « Bois communaux à Minot (Côte-d'Or) », dans *Des Arbres et des Hommes*..., p. 227.

33. *Idem.*

34. Les interlocuteurs opposent d'ailleurs volontiers l'insouciante prodigalité des bûcherons, souvent célibataires ou jeunes mariés, pour lesquels ce travail de coupe ne constitue qu'un appoint, aux charbonniers, vivant en quasi auto-subsistance et chargés de famille. Eux « gagnaient de l'argent. C'était pas comme ceux qui coupaient au bois. Ceux-là, ils étaient moins tenus, mais ils étaient plus malheureux ». Dans l'imagination populaire, la liberté dans le travail, assez factice ici en vérité, se paye donc avecle sacrifice du pain.

35. *Ibid.,* p. 220.

36. *Ibid.,* p. 228.

37. *Ibid.,* p. 227.

38. *Idem.*

39. M.-C. PINGAUD, « Le Bois du Roi en Valois : un dossier ethnographique », dans *Des Arbres et des Hommes..., op. cit.,* p. 323.

40. Cité par J.-C. DEMARD, *op. cit.,* p. 284.

41. T. JOLAS, *op. cit.,* p. 227.

42. Cité par J.-C. DEMARD, *op. cit.,* p. 285.

43. *Ibid.,* p. 284.

44. *Idem.*

45. M.-C. PINGAUD, *op. cit.,* p. 323.

46. Aussi n'est-il pas étonnant de rencontrer une faible alphabétisation dans ces groupes de bûcherons. Les pétitions lors des grèves de la fin du XIXe siècle en donnent un aperçu : à Chalivoy-Milon, 91,47 % signent d'une croix, à la Chapelle-Hugon, 92,40 %, etc.

47. Cité par J.-C. DEMARD, *op. cit.,* p. 284.

48. T. JOLAS, *op. cit.,* p. 221.

49. *Idem.*

50. M.-C. PINGAUD, p. 324.

51. *Ibid.,* p. 325.

52. *Idem.*

53. T. JOLAS, *op. cit.,* p. 224.

54. *Journal officiel,* Sénat, discours de Jean Girault, 21 décembre 1891, p. 1242.

55. T. JOLAS, *op. cit.,* p. 220.

56. L.-H. ROBLIN, avocat et député socialiste, dans sa thèse de droit *Les Bûcherons du Cher et de la Nièvre, leurs syndicats,* publiée en 1903, explique cette impossibilité de les dénombrer : « ils ne font pas du travail du bois leur occupation unique, ni même essentielle, s'y livrent pendant des durées très variables d'un village à l'autre, d'une saison à la suivante... ».

57. T. JOLAS, *op. cit.,* p. 225.

58. Arch. dép. Yonne, 40 B n° 85, s.d. 1758.

59. Arch. dép. Cher, 33 M n° 22, 15 janvier 1914.

60. Cité par C. PENNETIER, *op. cit.,* p. 198.

61. *Idem.*

62. Arch. dép. Cher, 33 M n° 22, 15 janvier 1914.

63. *Idem.*
64. T. JOLAS, *op. cit.*, p. 226.
65. *Idem.*
66. *Ibid.*, p. 224.
67. *Idem.*
68. Arch. dép. Yonne, L n° 27, 15 janvier 1791. Rappelons que distribuer une part du salaire en nature est interdit par la loi... depuis 1669 (titre XXVII, article 26 de l'Ordonnance). Cela se fait pourtant, bien que les adjudicataires soient responsables des délits commis, et les bûcherons soumis pour ce à une amende de 50 L. (GALLON, *op. cit.*, t. II, pp. 438-439).
69. M.-C. ROUSSELET, auteur des *Chroniques populaires du Berry,* est en fait le pseudonyme de P. VERMOND (1797-1840), militaire puis avocat.
70. Cité par R. BRAQUE, « Aux Origines du syndicalisme dans les milieux ruraux du centre de la France », *Le mouvement social,* janvier-mars 1963.
71. Publié par J. LOCQUIN, *Mémoires de la société académique du Nivernais,* t. 46, 1944.
72. F. ZONABEND et T. JOLAS, « Gens du finage, gens du bois », *Annales Économies, Sociétés, Civilisations,* 1973, pp. 285-305.
73. T. JOLAS, *op. cit.*, p. 224.
74. *Idem.*
75. Il s'agit du septième et dernier couplet de *La Chanson des bûcherons (op. cit.).*
76. F. ZONABEND et T. JOLAS, *op. cit.*, p. 301.
77. T. JOLAS, *op. cit.*, p. 222.
78. H. DE BALZAC, *Les Paysans,* p. 18.

CHAPITRE IV

LE QUOTIDIEN RÉPRESSIF

1. Y.-M. BERCÉ, « Le phénomène contestataire saisi dans la longue durée, à travers la mémoire et l'imaginaire », dans *Mouvements populaires et conscience sociale, XVIe-XIXe siècles,* pp. 713-719.
2. *Répertoire de législation et de jurisprudence,* 1892, pp. 25-30.
3. *Mémorial forestier,* t. I, an IX, p. 119.
4. Arch. nat., Q 1 n° 1662, 14 mars 1736. A Bagneux, également, les villageois insistent sur la pénurie qu'implique l'application de la loi. Il « n'y a eu aucune délivrance, ny vente faicte dans leurs bois usages pendant les années 1669, 1670, en conséquence de l'Ordonnance du mois d'aoust, [...] et pour l'année 1671, ils (les villageois) ont faict des parts devant le juge du lieu d'un quartier de bois pour chaque habitant ». (Arch. dép. Yonne, 408 B n° 97, 5 mars 1672.) Une telle plainte est générale.
5. M. AGULHON, *La République au village,* p. 44.
6. J. CLAVE, *Études sur l'économie forestière,* p. 29.
7. *Idem.*
8. L. PERTHUIS DE LAILLEVAULT, *Traité de l'aménagement et de la restauration des bois et forêts de la France...,* p. 370.
9. La situation se poursuit d'ailleurs. Ainsi, lorsque en 1920, la

commune des Prenois (Côte-d'Or) demande à introduire des bêtes dans des taillis de 7 à 8 ans, le conservateur des Eaux et Forêts lui refuse l'autorisation, car « la forêt communale de Prenois, située en terrain calcaire, est déjà criblée de vides causés par d'anciens abus de dépaissance. Si on y autorisait le parcours *avant 13 ans* ce serait la vouer à une destruction complète » (Arch. nat., F 10, n° 2388).

10. Arch. dép. Yonne, E n° 613, 27 septembre 1787.
11. Ces données restent encore valables (cf. A.A.L. MATHEY, *Le Pâturage en forêt,* pp. 50-59).
12. G. PEDEMAY, *Les Délits forestiers dans le département de Bourgogne...,* mémoire de maîtrise, université de Bordeaux, 1983, dactylogramme, p. 70.
13. A. CORVOL, « Le Délinquant au bois, essai de psychologie quantitative », dans *L'Environnement et la Forêt,* p. 189.
14. *Idem.*
15. Arch. dép. Dordogne, 8 B n° 154, 1760.
16. Arch. dép. Dordogne, 8 B n° 203, 1773.
17. Arch. dép. Dordogne, 8 B n° 206, 1773.
18. Arch. dép. Dordogne, 8 B n° 192, 1769.
19. Arch. dép. Dordogne, 8 B n° 159, 1761.
20. *Idem.*
21. A. CORVOL, *op. cit.,* p. 191.
22. Arch. dép. Dordogne, 8 B n° 207, 1774.
23. Arch. dép. Dordogne, 8 B n° 186, 1768.
24. Arch. dép. Dordogne, 8 B n° 188, 1768.
25. A. CORVOL, *op. cit.,* p. 190.
26. Arch. dép. Dordogne, 8 B n° 211, 1775.
27. A. CORVOL, *L'Homme et l'Arbre sous l'Ancien Régime,* p. 668.
28. *Idem.*
29. Arch. dép. Dordogne, 8 B n° 186, 1768.
30. Ministère de la Justice, *Compte général de l'administration de la justice criminelle en France,* annuel.
31. A. CORVOL, « La politique forestière de Colbert », dans *Un Nouveau Colbert,* pp. 229 et *sq.*
32. Bib. nat., Cinq Cents Colbert, n° 246, 13 octobre 1672.
33. FLICHE, *Instruction générale pour les gardes de l'inspection de Beaune,* pp. 19-20.
34. Arch. dép. Yonne, 13 B n° 195, 17 juin 1662.
35. C. FRUHAUF, « Les Délits forestiers en pays de Sault au XVIIIe siècle », *Annales du Midi,* 1983, p. 393.
36. Arch. dép. Hérault, C n° 1257, dossier 75, article 9.
37. F. VION-DELPHIN, « Les Gardes de la forêt de Chaux à la fin du XVIIe et au XVIIIe siècle... », dans *Jalons pour une histoire des gardes forestiers,* pp. 29-46.
38. C. de OURCHES, *Aperçu générale des forêts,* p. 9.
39. A. PECQUET, *Lois forestières...,* t. I, p. 178.
40. M. NOEL, *Mémorial alphabétique des Eaux et Forêts,* pp. 247-249.
41. A. CORVOL, « Ambiguïté et complémentarité des systèmes répressifs en milieu forestier... », dans *Jalons pour une histoire des gardes forestiers,* pp. 21-27.
42. F. VION-DELPHIN, *op. cit.,* p. 41.
43. A. CORVOL, *idem.*
44. F. VION-DELPHIN, *idem.*

45. J. BOISSIÈRE, « Les missions d'Étienne Guyot, garde général de la maîtrise royale des Eaux et Forêts de Nevers (1751-1779) », *ibid.*, pp. 47-68.
46. F. VION-DELPHIN, *op. cit.*, p. 40.
47. Arch. nat., G 7, n° 329, 15 janvier 1684.
48. GALLON, *Conférence de l'Ordonnance de Louis XIV du mois d'août 1669,* t. II, p. 298.
49. A. CORVOL, « La politique forestière de Colbert », *op. cit.*, p. 235.
50. A. CORVOL, *L'Homme et l'Arbre sous l'Ancien Régime,* p. 30.
51. Arch. dép. Yonne, 13 B n° 167, 29 octobre 1785.
52. Arch. dép. Yonne, 13 B n° 167, 28 avril 1744.
53. Arch. dép. Yonne, 13 B n° 171, 17 novembre 1739.
54. D'où la proposition de recruter les gardes communaux parmi les soldats retraités aux Invalides, car, eux, seraient « des bons sujets qui chercheront à conserver leur place par crainte de la perdre » (TELLÈS D'ACOSTA, *Instruction sur les bois de marine,* Paris, 1780).
55. Arch. dép. Yonne, 13 B n° 169, 29 mars 1730.
56. Arch. dép. Yonne, 5 B n° 81, 17 mai 1751.
57. P. J. DELAFONT (*Traité succinct sur les devoirs des gardes forestiers,* Grenoble, 1829) s'interroge à ce sujet, comme le fait, une génération plus tard P.-S. LARAMÉE (« Instructions pour les gardes », *Annales forestières et métallurgiques,* 1851).
58. H. CHAMBEAU, *Les gardes des Eaux et Forêts domaniaux et communaux, unification, réorganisation,* p. 30.
59. J. FALQUE, « Traitement des gardes communaux », *Revue des Eaux et Forêts,* 1881, pp. 455-458.
60. J. B. PLINGUET, *Traité sur les réformations et les aménagements des forêts,* p. 5.
61. *Idem.*
62. Arch. dép. Indre-et-Loire, B n° 223, 7 janvier 1789.
63. Arch. dép. Indre-et-loire, B n° 190, 9 décembre 1735.
64. *Annales forestières métallurgiques*, 1843, pp. 174-175.
65. *Idem.*
66. P. VIGIER, « Les troubles forestiers du premier XIXe siècle français », *Revue forestière française*, 1980, pp. 128-135.
67. Peu importe que la perquisition soit le fait des gabelous cherchant lesel de contrebande, des gardes forestiers, cherchant des bois recelés, des commis relevant de la puissante compagnie des marchands de bois parisiens pour les bois couards, ou de ceux dépendant des fermiers des Aides pour les vins et boissons. Elle reste, du XVIe au XIXe siècle, l'élément le plus susceptible de cristalliser la colère populaire : l'enquête menée dans la maison est toujours ressentie comme une violation de domicile, en dépit des formalités juridiques qui préservent de mieux en mieux les droits de l'habitat contrôlé.
68. Arch. dép. Aude, 63 C n° 19, 2 août 1756.
69. A. CORVOL, *op.cit.*, p. 23.
70. Arch. dép. Indre-et-Loire, B n° 122, 17 décembre 1788.
71. TELLÈS D'ACOSTA, *Instruction sur les bois de marine*, Paris, 1780.
72. Cette question de la perception efficace conditionne toutes les réformes ultérieures du système répressif forestier. Elle bute sur la pauvreté générale des coupables. Ainsi, dans le *Bulletin administratif et judiciaire* de 1860, p. 476, il est rappelé que « les condamnations, même

les plus légères, donnaient lieu à des frais de justice onéreux, et les délinquants, qui auraient pu payer l'amende, ne pouvant payer l'amende et les frais, se trouvaient bientôt réduits à une insolvabilité préjudiciaire *pour le Trésor* et fâcheuse *pour la répression.* » Il convient donc de réduire le nombre de peines prononcées et d'en améliorer le caractère dissuasif.

73. Il est néanmoins certain que l'amende collective représente la meilleure façon pour réduire le coût de la perception et assurer le maximum d'exemplarité à la punition : tous les habitants d'un même lieu sont informés de l'acte répressif et... sont solidaires dans l'acquittement de l'amende – exactement comme pour le paiement de la taille!

74. J. HENRIQUEZ., *Code pénal des Eaux et Forêts*, t. II, p. 199.

75. Cité par P. WEYD, *Les Forêts de Lozère*, p. 64.

76. *Ibidem,* p. 250.

77. *Idem.*

78. A. CORVOL, « Le Délinquant au bois... », *op. cit.*, p. 193.

79. Arch. dép. Dordogne, 8 B n° 170, 1764.

CHAPITRE V

DES FUREURS POPULAIRES

1. G. BUTTOUD, *L'État forestier*, p. 163.

2. A. BOUQUET DE LA GRYE, *Guide pratique et raisonné du garde forestier* : 5 éditions jusqu'en 1866. Puis, le *Guide du forestier*, 5 autres éditions jusqu'en 1898. Celui-ci est réécrit par L. PARDE et C. GUYOT (1905) en deux volumes. S'en emparent ensuite DUSAUTOY, LILETTE et GOUILLY, ce qui assure sa survie jusqu'en 1956 : un best seller pour l'éditeur *La Maison rustique*!

3. P. WEYD, *Les Forêts de Lozère*, p. 306.

4. *Ibidem,* p. 305.

5. *Ibidem,* p. 282.

6. Ces amabilités sont en rapport avec la modicité des traitements, médiocres pour tous, et tout particulièrement pour les gardes communaux, plus mal payés qu'un salarié agricole à la fin du XIXe siècle, alors que, eux, doivent se loger et se nourrir (J. FALQUE, « Traitement des gardes communaux », *Revue des Eaux et Forêts*, 1881, pp. 445-458.)

7. A. DE HARMASSE et P. MONTARLOT, *Cahiers des paroisses et communautés du bailliage d'Autun pour les États généraux de 1789*, cahier d'Anost.

8. Arch. dép. Yonne, 5 B n° 10, 2 mars 1724.

9. Circulaire n° 562 du 10 décembre 1844.

10. Circulaire n° 695 du 26 août 1852.

11. Arch. dép. Yonne, 40 B n° 110, 5 février 1757.

12. R. LEFÈVRE et L. BOURGENOT, *Histoire de l'administration des Eaux et Forêts*, p. 220.

13. Bibl. nat., Cinq Cents Colbert, n° 245 (1661-1683).

14. L'administration des Eaux et Forêts donne la plus grande publicité possible aux exécutions d'assassins de gardes, montrant ainsi

comment une justice proprement administrative peut, en l'occurence, se montrer expéditive. La pratique d'un droit d'exception sert donc à dissuader les communes de couvrir pareil crime et les délinquants, à les retenir sur le chemin du crime... (J. BEZOU, « Du doublement des peines en cas de circonstances aggravantes », *Revue des Eaux et Forêts*, 1870, pp. 220-222).

15. PHILIPPAR, *Études forestières*, p. 14.

16. A. DE CHARMASSE et P. MONTARLOT, *op. cit.*, cahier de Saint-Léger-sous-Beuvray.

17. Arch. dép. Yonne, 5 B n° 52, 1774-1780.

18. M. NOEL, (*Mémorial alphabétique des matières des Eaux et Forêts*, Paris, 1736) disait déjà la même chose. Le XVIIIe siècle, en paix, s'avise ainsi des ressources que peuvent fournir des militaires à des fins répressives (p. 288).

19. A. DUBOIS-BELLEGARDE, *Quelques Idées sur les forêts et bois nationaux*, p. 12.

20. L.-A. FABRE, « Les candidats militaires aux emplois civils : les gardes forestiers de l'État », *Bulletin de la Société forestière de Franche-Comté*, 1912, pp. 617-620.

21. *Idem.*

22. Comme le dit P. WEYD (*op. cit.*, p. 283 et *sq.* « nourris dans les traditions et de probité, qui font l'honneur de notre Administration, ils [les agents forestiers] savent, en acceptant leurs modestes fonctions, ce qu'il faudra d'abnégation pour les remplir. » Sans commentaire !

23. L. LAVAUDEN, « Recherches rétrospectives sur les insignes et les marques distinctes de l'administration des Eaux et Forêts en France », *Revue des Eaux et Forêts*, 1927, pp. 4-10 et 59-71.

24. Arch. dép. Lozère, P. n° 381, 26 septembre 1885. Cité par O. NOUGARÈDE, *Des Années entières dans les bois lozériens* », p. 195.

25. L. LAVAUDEN, *op. cit.*, p. 3.

26. *Revue des Eaux et Forêts*, 1907, p. 297. Il est vrai que certaine mauvaises têtes jugeaient cet uniforme peu commode, voire, franchement anachronique !

27. Une conception que l'on retrouve dans le *Traité succinct sur les devoirs des gardes forestiers* de P.-J. DELAFONT, dont la première édition est de 1829, alors que Dralet est toujours en exercice.

28. Le nombre de maisons forestières, inférieur à 400 en 1820, triple entre cette date et 1880, et double ou presque entre 1880 et 1960 (G. BUTTOUD, *op. cit.*, p. 165).

29. A. GRANGER, « Notes sur l'administration des forêts sous le Consulat et l'Empire », *Revue des Eaux et Forêts*, 1930, pp. 541-548.

30. Cité par G. BUTTOUD, *op. cit.*, p. 290.

31. P. WEYD, *op. cit.*, p. 295.

32. Arch. dép. Ariège, Pe n° 45 (II), 20 septembre 1831.

33. Le quart en réserve désigne une superficie soustraite à l'emploi quotidien du bois par les habitants (chauffage et pacage, essentiellement). On comprend les protestations de ceux-ci. C'est pourquoi, afin de désamorcer leur hostilité, au début de la mise en application de l'Ordonnance, cette réserve concerne bien plus souvent le sixième, voire le septième, des bois communaux que le quart. (Cf. C. GUYOT, *Cours de droit forestier*, t. II, n° 1555). Cette obligation est reprise dans l'article 93 du Code de 1827.

34. Ces deux termes sont toujours associés dans les concessions

d'usages. De là à lier l'attribution du chauffage et la détention de la maison il n'y a qu'un pas, progressivement franchi à mesure que s'impose l'évidente nécessité de contrôler les prélèvements...

35. Arch. dép. Yonne, 13 B n° 2, 1 mars 1694.
36. *Ibidem*, 20 octobre 1713.
37. Arch. dép. Yonne, 5 B n° 68, 5 novembre 1763.
38. Arch. dép. Yonne, 5 B n° 10, 29 décembre 1733.
39. Arch. dép. Nièvre, B n° 19, 12 août 1753.
40. A. CORVOL, « Le nouvel ordre sylvicole », *Revue Histoire, Économie, Société*, 1984, pp. 53-65.
41. Dans « Lettres de Louis de Froidour à M. d'Héricourt », (p. 257), publiées par J. DE LAHONDES, *Bulletin de la société historique ariégoise*, 1884.
42. Cité par F. BABY, *La guerre des Demoiselles en Ariège*, p. 17.
43. *Ibidem*, p. 19.
44. *Ibidem*, p. 39.
45. P. VIGIER, *La Seconde République dans la région alpine...*, t. I, pp. 44-56.
46. *Ibidem*, p. 48.
47. Arch. dép. Ariège, Pe n° 45 (II), Mémoire de Dralet au Préfet, 23 août 1830.
48. Arch. dép. Ariège, Pe n° 45 (IV), 30 juillet 1731.
49. Arch. dép. Ariège, Pe n° 45 (IV), 9 jancier 1871.
50. Arch. dép. Ariège, 2 U n° 18, 22 février 1830.
51. *Ibidem*.
52. P. WEYD, *op. cit.*, p. 320.
53. Cité par F. BABY, *op. cit.*, p. 108.
54. *Ibidem*.
55. Arch. dép. Ariège, 2 U n° 18, s.d. 1830.
56. P. WEYD, *op. cit.*, p. 326.
57. *Ibidem*, p. 328.
58. A. CORVOL, *L'Homme et l'Arbre sous l'Ancien Régime*, p. 670.
59. Arch. dép. Ardèche, 25 B n° 80.
60. F. BABY, *op. cit.*, p. 43.
61. Arch. dép. Ardèche, 25 B n° 80.
62. Arch. dép. Ardèche, 25 B n° 79, cahier d'information n° 3.
63. *Ibidem*, n° 11.
64. *Ibidem*.
65. Arch. dép. Yonne, 40 B n° 110, 5 février 1757.
66. F. BABY, *op. cit.*, p. 98.
67. L'engagement des curés aux côtés des émeutiers reflète leur opposition aux régimes post-révolutionnaires. ils souhaitent donc une hiérarchie religieuse renouant avec l'onction légitime, détruite par la Constitution civile du Clergé et le Concordat. Ils entendent également que soit restauré le statu quo ante en ce qui concerne les droits d'usage. Donc, nostalgie de l'Église d'avant 1789 et des familles seigneuriales régnant alors sur la contrée. Une idéalisation à laquelle adhèrent les insurgés d'une manière générale : leur mouvement est réactionnaire, et non révolutionnaire.
68. L. ASSIER-ANDRIEU, « La coutume dans la question forestière, la lutte d'une communauté des Pyrénées catalanes (1820-1828) », dans *Des Arbres et des Hommes*, p. 153.
69. *Ibidem*, p. 151.
70. *Ibidem*, p. 158.

71. P. BONNASSIÉ, *La Catalogne du milieu du Xe à la fin du XIe siècle*, Toulouse, 1976, 2 volumes.
72. Arch. dép. Pyrénées-Atlantiques, C n° 1533. Les milices du Béarn et de la Navarre ne pouvaient servir hors de leurs frontières naturelles.
73. Arch. dép. Pyrénées-Atlantiques, E n° 2175.
74. J. LARTIGAUT, « Les armes d'une communauté rurale au milieu du XVIe siècle », *Bulletin de la Société historique et archéologique du Périgord*, 1972.
75. G. MAURAN, *Sommaire description du païs et comté de Bigorre*, édition de 1980, p. 13.
76. Arch. dép. Pyrénées-Atlantiques, B n° 4067.
77. C. DESPLATS, « Le peuple en armes dans les Pyrénées occidentales françaises à l'époque moderne », dans *Mouvements populaires et conscience sociale*, pp. 217-227.
78. *Ibidem*, p. 225.
79. L. ASSIER-ANDRIEU, *op. cit.*, p. 152.
80. *Ibidem.*
81. F. BABY, *op. cit.*, p. 80.
82. A. MARCET-JUNCOSA, « La résistance catalane au lendemain de l'annexion de 1659 » dans *Mouvements populaires*, pp. 309-318.
83. *Ibidem*, p. 314. Cette communication illustre bien le rôle joué par l'environnement dans la persistance des comportements séditieux. Comme dans le cas des troubles étudiées dans le Vivarais par G. SABATIER (*Ibidem.*, pp. 121-147), toute tentative faite pour le modifier par décision gouvernementale constitue un facteur de déclenchement. De plus, les caractéristiques propres à cet environnement créent des facteurs propices à l'extension de la révolte et à sa réapparition sporadique.
84. L. CLARENC, *Délits forestiers et troubles politiques dans les Pyrénées centrales de 1827 à 1851*, p. 289.
85. Arch. dép. Ariège, Pe n° 45 (II), 25 mars 1830.
86. A. VAN GENNEP, *Les Rites de passage*, p. 185.
87. F. BABY, *op. cit.*, p. 101.
88. *Ibidem*, p. 105.
89. M. AUGÉ, Rapport introductif « A propos des rituels d'inversion et de l'apport de l'anthropologie », dans *Le Charivari*, pp. 385 et *sq.*
90. F. BABy, *op. cit.*, p. 128.
91. P. WEYD, op. cit., p. 327.
92. Arch. dép. Ariège, Pe n 45 (II), 18 décembre 1830.
93. Arch. dép. Ardèche, 25 B n° 79, déposition n° 5.
94. *Ibidem*, cahier d'information n° 3.
95. G. BUTTOUD, *op. cit.*, p. 167.
96. H. VAILLANT, *Les Pénalités en matière forestière*, p. 125.
97. Ministère de l'Agriculture et du Commerce, *Statistique forestière*, *op. cit.*, p. 445.

CHAPITRE VI

DES DIRIGISTES AU POUVOIR

1. C. PORÉE, *Cahiers de doléances du bailliage de Sens pour les États généraux de 1789*, cahier de Chennegy.

2. G. BUTTOUD, *L'État forestier*, p. 70.

3. H. de COINCY, « Projets d'aliénations des forêts et de réforme de l'organisation forestière sous Louis XV », *Revue des Eaux et Forêts*, 1928, pp. 649-660, et 717-732.

4. En dépit des textes qui l'y autorisent, et même le lui ordonnent (pour la délivrance des baliveaux), l'administration des Eaux et Forêts ne fait qu'effleurer sous l'Ancien Régime le domaine sylvicole privé. Elle s'attache par contre à celui de l'État et des collectivités locales, dans lequel est incontestablement privilégiée l'éducation des futaies.

5. Du bouillonnement engendré par ce projet, on trouve maints échos : TELLÈS D'ACOSTA (*Projet de réforme et plan (d'une nouvelle administration des forêts et bois du Roi)*; HENRIQUEZ (*Mémoire sur les moyens de multiplier les plantations de bois)*; LACLÈDE (*Vues générales sur l'administration des Eaux et Forêts)*. Tous ces opuscules sont datés de 1789! L'effervescence n'est donc pas que politique.

6. *Mémorial forestier,* t. I, an IX, p. 31.

7. Assemblée nationale, *Opinion de M. Rougier-Labergerie sur l'aliénation et l'administration des forêts nationales,* Paris, Imprimerie nationale, 1791, 24 p.

8. A noter l'opposition des conseils généraux à la vente des bois domaniaux, pour peu que ceux-ci participent à l'économie de leurs départements (Meuse, Moselle, Vosges). Cf. par exemple *Ne vendez pas nos forêts,* publié à Épinal par l'éditeur Vautrin en 1792 (24 p.). Cette opposition se retrouve intacte dans la première moitié du XIXe siècle lorsqu'il s'agit de dégrever ces bois des servitudes usagères. Une telle action n'annonce-t-elle pas une nouvelle vague d'aliénations ?

9. M.-N. GRANDMESNIL, « Les coupes de l'an II et de l'an III en forêt de Fontainebleau », *Actes du symposium international d'Histoire forestière,* t. I, pp. 193-205.

10. ROUGIER-LABERGERIE, *op. cit.,* p. 11.

11. DELISLE DE MONCEL, *Mémoire sur le repeuplement, l'augmentation et la conservation à venir des bois,* p. 39 et *sq.*

12. TELLÈS D'ACOSTA, *op. cit.,* p. 37.

13. *Mémorial forestier, op. cit.,* p. 115.

14. ROUGIER DE LA BERGERIE (La Restauration redonne de la vigueur aux formulations aristocratiques!), *Les Forêts de la France,* 1817, p. 121.

15. G. BUTTOUD, « Les projets forestiers de la Révolution (1789-1798) » *Revue forestière française,* 1983, pp. 9-20.

16. *Idem.*

17. A. DUBOIS-BELLEGARDE, *Quelques Idées sur les forêts et bois nationaux,* Paris, an VIII, 16 p.

18. G. BUTTOUD, *L'État forestier,* p. 66.

19. A. PECQUET, *Loix forestières de France,* t. I, p.186.

20. F. P. FLEURY, *Considérations sur l'intérêt qu'à le gouvernement à maintenir en France une administration forestière spéciale,* p. 28.

21. Cité dans Direction générale des forêts, *Rapport à M. le ministre des Finances,* Imprimerie nationale, 1871.

22. Le texte des réticences exprimées sur ce sujet par le rapporteur du budget, GARCILH, figure dans G. BUTTOUD, *op. cit.,* p. 84.

23. *Ibid.,* p. 85.

24. J. A. BERGON, né le 21 février 1741, à Mirabel (Rouergue) était avocat. Il fit pourtant une carrière essentiellement administrative aux

Domaines. Napoléon lui confère la dignité de comte d'Empire en 1810. Il meurt à Paris le 16 octobre 1824, ayant éprouvé, comme Talleyrand et Fouché, bien des fidélités successives...

25. JAUME SAINT-HILAIRE, *Mémoire sur l'administration et l'aménagement des forêts,* Paris, 1814, 30 p.

26. C. H. BONNET, *Code de la conservation générale des forêts et bois nationaux,* Paris, an IX, 300 p.

27. ROUGIER DE LA BERGERIE, *Les Forêts de la France,* p. 115.

28. Cela caractérise la première génération des professeurs de Nancy, et l'impact de leur enseignement se retrouve dans les travaux de leurs élèves : cf., par exemple, E. BARTET et E. REUSS, « Étude sur l'expérimentation forestière en Allemagne et en Autriche », *Annales de la science agronomique,* 1884, pp. 189-396.

29. Cité par G. BUTTOUD, *op. cit.,* p. 269.

30. J. J. BAUDRILLART, né le 30 mai 1774, est d'origine modeste. Pour faire carrière, il s'enrôle dans la garde nationale et suit les armées en Allemagne, ce qui lui permet de devenir traducteur. Le voilà, en mars 1802, exerçant cette activité à l'Administration centrale des Forêts, où il gravit peu à peu tous les échelons jusqu'à devenir chef de bureau. Le calme de ses fonctions lui permet de rédiger recueils de textes officiels et traductions de traités allemands. Sans parler de son monumental *Traité général des Eaux et Forêts* en 8 tomes ni du secrétariat général des *Annales forestières*! Sa longévité administrative (1802-1831), ses compétences juridiques et linguistiques expliquent le rôle clé qu'il a tenu dans la restauration forestière.

31. B. KALAORA et D. POUPARDIN, *Le Corps forestier dans tous ses états,* pp. 85 et *sq.*

32. L. TASSY, LORENTZ et PARADE, *Revue des Eaux et Forêts,* 1866, pp. 32-33.

33. P. GUINIER, « L'enseignement de l'École des Eaux et Forêts et la carrière forestière », *Annales de l'École nationale des Eaux et Forêts,* 1932, pp. 225-261.

33 *bis.* Rappelons que si l'ordonnance du 27 août 1831 oblige les agents de l'administration forestière à former des compagnies spéciales pour guider, en cas d'invasion, les troupes sur le terrain, ceux-ci ne sont pas intégrés aux cadres de l'armée. Ce n'est qu'avec la défaite de 1870 que le corps forestier se voit rattaché en temps de paix à l'organisation militaire. Il est alors assujetti à des exercices d'entraînement et à des revues dans le cadre de son travail.

34. A. PUTON, professeur d'aménagement à l'École forestière, la dirige depuis un an, avec le titre d'inspecteur général, lorsqu'il rédige ce rapport en 1883.

35. A. BOUQUET DE LA GRYE, *Les Réformes forestières,* p. 3.

36. P. MOUGIN, « Les premiers chasseurs forestiers (1814) », *Revue des Eaux et Forêts,* 1914-1915, pp. 16-24. Triste centenaire en vérité.

37. B. KALAORA et D. POUPARDIN, *op. cit.,* p. 92.

38. Le système des surnuméraires fait l'objet d'une vive critique de la part de J. J. BAUDRILLART (*Dictionnaire général, raisonné et historique des Eaux et Forêts,* t. II, pp. 8-18).

39. BUFFÉVENT (*Appréciation comparative des agents forestiers entrés dans l'administration par la voie de l'École forestièare et par celle du surnumériat,* Alençon, 1850) se révèle une propagandiste très efficace de la cause nancéienne.

40. *Revue des Eaux et Forêts,* 1864, p. 440.

41. BOUQUET DE LA GRYE, *Revue des Eaux et Forêts,* 1883, p. 176.
42. *Répertoire de législation et de jurisprudence,* 1888, p. 15.
43. *Revue des Eaux et Forêts,* 1884, p. 172. G. BUTTOUD souligne avec justesse combien de ce point de vue la bibliographie, si abondante pour l'École de Nancy, est misérable en ce qui concerne celle des Barres.
44. M. TAILLIS (pseudonyme de Taillavignes), *La Forêt,* 1885, pp. 193-207. Cette revue, mensuelle, défend vigoureusement la nécessité d'une école d'application forestière.
45. Cité par J. J. BAUDRILLART, *Code forestier, précédé de la discussion aux Chambres...,* t. I, p. XIV.
46. *Ibid.,* p. XIII.
47. *Ibid.,* p. XV.
48. Cité par P. WEYD, *Les Forêts de Lozère,* p. 87.
49. *Idem.* Reynard est alors garde général en Lozère.
50. BAUDRILLART disait de ses adversaires libéraux : « Laissons leurs publications parcourir le centre de leur courte existence. La nullité de leur travail suffit pour que nous n'ayons à craindre qu'il en résulte de fausses doctrines » (p. XV).
51. Cité par G. BUTTOUD, *op. cit.,* p. 96.
52. ANONYME, *Note sur le recrutement du corps forestier,* Nancy, 1884, 21 p.
53. G. BUTTOUD, « Les élèves de l'École des Eaux et Forêts (1825-1964), contribution à une sociologie historique de l'administration forestière française », *Revue forestière française,* 1982, pp. 7-14.
54. *Idem.*
55. D'où la dénonciation de l'École de Nancy par les hommes politiques de gauche, contestant l'étroitesse de son recrutement. C'est ainsi que Clemenceau, rédacteur de *La Justice,* déclare que le système de Lorentz, premier directeur de l'École, ne fait que mettre « le dernier élève de l'école de Nancy au-dessus du garde le plus intelligent et le plus expérimenté » (numéro des 10 et 20 juin 1883).
56. A. BOUQUET DE LA GRYE, *Les Réformes forestières,* p. 5.
57. G. BUTTOUD, *op. cit.,* p. 10.
58. B. KALAORA et D. POUPARDIN, *op. cit.,* p. 84.
59. J. J. BAUDRILLART, *Code forestier,* p. 17.
60. F. ALLARD, *Les Forêts et le Régime forestier en Provence,* p. 56.
61. G. BUTTOUD, « La question forestière en France sous la Monarchie de Juillet », *Actes du symposium, op. cit.,* t. II, pp. 91-112.
62. *Le Patriote des Alpes,* 8 avril 1848. L'agitation s'amplifie les jours suivants. Le 11 avril il est ainsi annoncé qu' « on se révolte contre l'autorité, on veut faire aussi sa petite révolution. Des bandes se sont répandues dans les forêts communales, intimidant par des menaces de mort les agents de l'administration, et portant sur tous les points la terreur et le pillage ».
63. A. ALBERTIN, *Histoire contemporaine de Grenoble et de la région dauphinoise,* t. I, p. 30.
64. Archives de l'O.N.F. de Mende, délibération du conseil muncipal de Rieutort de Randon, 1er décembre 1829, cité par O. NOUGARÈDE, *Des Années entières dans les bois lozériens,* p. 42.
65. *Ibid.,* p. 43.
66. De nombreux écrits émanant de l'administration des Eaux et Forêts montrent qu'elle a senti le vent du boulet : cf. BUFFÉVENT, *De L'Organisation de l'administration forestière,* Alençon, 1849, ou LAMBERTERIE, *Pétition sur la réforme forestière,* Tulle, 1850. etc.

67. *Le Patriote des Alpes,* 15 décembre 1849.
68. D. WORONOFF, « La crise de la forêt française pendant la Révolution et l'Empire : l'indicateur sidérurgique », *Cahiers d'Histoire,* 1979, p. 7.
69. *Idem.*
70. Arch. dép. Isère, 6 P n° 4 (1), 15 décembre 1853.
71. *Idem.*
72. *Ibid.,* 9 octobre 1854.
73. P. WEYD, *op. cit.,* p. 93.
74. *Idem.*
75. Arch. dép. Isère, 9 octobre 1854.

CHAPITRE VII

MENACES SUR LA PLAINE

1. C. DE RIBBE, *La Provence au point de vue des torrents et des inondations, avant et après 1789,* p. 28.
2. Journal *Le Cosmos,* 11 juillet 1856.
3. Arch. nat., F 14 n° 7546, 29 août 1841. Le lien entre les deux phénomènes paraît d'ailleurs aller de soi : « est-il nécessaire de s'attacher à démontrer que le déboisement des montagnes est la cause des désastres, auxquels (on) oppos(e) des barrières impressionnantes ? Que *conséquemment* le reboisement est le seul, le vrai, l'infaillible moyen d'enlever aux torrents leur puissance dévastatrice ».
4. Encore en 1921, F. LENOBLE peut écrire que « le déboisement des Alpes, par l'action de l'homme et de ses troupeaux, est dans l'opinion de (ses) contemporains une vérité aussi fortement établie que la rotation de la terre autour du soleil, ou l'existence de Napoléon » (*La Légende du déboisement des Alpes,* p. 1).
5. Briot, en effet, a évolué entre les deux éditions de son grand ouvrage, mais il confesse seulement *un* point « sur lequel (ses) sentiments se sont modifiés ». Maintenant, il reconnaît « que, soit l'aridité, soit la dégradation des propriétés communales tiennent plutôt à la nature des terrains ». Il admet donc « que les idées régnantes sur les abus de jouissance commis par la population sont certainement exagérées ». Il ne va pas jusqu'à remettre en cause l'idée du déboisement ! (*Nouvelles études sur l'économie alpestre,* p. 142).
6. Arch. dép. Basses-Alpes, affouagement de 1698, C n° 29, Castellane. N.B. de l'auteur : il s'agit aujourd'hui des Alpes-de-Haute-Provence.
7. *Ibid.,* Vergons.
8. J. SALOMÉ, *Mémoire historique sur la ville de Moustiers* (1756), Digne, 1842. Il est fort intéressant que ce soit précisément sous la Monarchie de Juillet que ses travaux aient été enfin publiés...
9. Arch. dép. Basse-Alpes, affouagement de 1698, C n° 30, Moustiers.
10. A. de BOISLISLE, *Correspondance des contrôleurs généraux des Finances,* t. II, n° 974.
11. *Idem.*
12. Arch. dép. Basses-Alpes, affouagement de 1698, C n° 30, Moustiers.

13. *Ibid.*, Chateauneuf.

14. Bibl. nat., ms. fr., nº 8833, Papiers Lebret, fº 000.

15. Lettre de L. de FROIDOUR, 1er septembre 1667, publiée par J. fde LAHONDES, *Bulletin de la Société historique ariégeoise,* 1884.

16. Arch. dép. Basses-Alpes, affouagement de 1698, C nº 31, Esparron.

17. Arch. nat., G 3 nº 19, 17 février 1723. Le *Mémoire au sujet des bois de Provence,* rédigé par FABERT DE LISLE, est une copie, dont l'original est déposé aux Archives de l'Arsenal de Toulon.

18. A. SURELL, *Étude sur les torrents des Hautes-Alpes,* p. 189.

19. BLANQUI, *Du Déboisement des montagnes,* rapport présenté à l'Académie des Sciences morales et politiques, 1843.

20. Aussi, de son vivant, n'est-il guère apprécié de ces collègues, jaloux ou idéalistes, lesquels lui reprochent sa complaisance pour la mode. Parmi ces critiques, voir les observations aigres-douces de P. de Valenciennes, dans ses *Éléments de perspectives à l'usage des artistes,* publiés en 1799. Cf. notamment, pp. 280 et *sq.*

21. STAROBINSKI, *Les Emblèmes de la raison,* p. 180.

22. De ce diachronisme romantique, la toile de Vafflard, exposée au Salon de 1804, fournit un bon exemple. Elle s'inspire des *Nuits* d'EDWARD YOUNG, traduites vers 1769-1770, en français.

23. C'est d'ailleurs en raison de cet alibi historique, pourtant nécessaire à la défense de la bonne cause, que tous les peintres de cette tendance seront maltraités par les critiques naturalistes, à commencer par Doré. N. D. BOGUET, comme J. P. BERTIN s'acheminèrent ainsi vers le Purgatoire avant même que la vague impressionniste ne vienne ensevelir leur œuvre!

24. P. H. DE VALENCIENNES, *Réflexions et Conseils à un élève,* 1799. Valenciennes, élève de N. D. BOGUET, est au reste le premier à recevoir ce prix du Paysage historique, fondé à l'initiative de J. P. BERTIN.

25. Il faut se rappeler que J. B. COROT suivit la classe de J. P. BERTIN, qui lui apprit beaucoup quant à l'observation sur le motif : leurs relations médiocres sur le plan du caractère furent donc fécondes pour l'apprentissage de Jean Baptiste!

26. A. SURELL, *op. cit.,* p. 189.

27. DANLOUX, GIRODET aussi, s'emparent de ce thème tragique. L'inspiration n'est pas toujours biblique. Le souvenir des amours de Phanon et de Sémire plaît en effet beaucoup, car ceux-ci triomphent par la puissance de leur amour de la Mort et des éléments déchaînés qui sont au centre de la composition.

28. Le catalogue des œuvres, avec l'analyse des sources, figure dans l'ouvrage de W. SUMOWSKI, *Caspard David Friedrich Studien,* Wiesbaden, 1970.

29. H. VON KLEIST, « Empfindungen vor Friedrichs Seelandschaft », *Berliner Abendlätter,* 1810.

30. E. KANT, cité par STRAROBINSKI, *op. cit.,* p., 180.

31. H. BÖRSCHSUPAN, *C. D. Friedrich,* Londres, 1973. Voir notamment pp. 63-64.

32. S. HINZ reprend les écrits de C. D. FRIEDRICH, accompagnés des témoignages de ses contemporains, dans *Briefen und Bekennissen,* Berlin-Munich, 1968-1974.

33. Arch. dép. Basses-Alpes, affouagement de 1698, C nº 29, Puget-Rostang.

34. Arch. dép. Basses-Alpes, affouagement de 1698, C nº 56, Annot-sur-la-Vaire.
35. J. CLAVE, *Seconde Étude, le reboisement des montagnes et le régime des eaux*, p. 71.
36. *Ibid.*, p. 68.
37. F. A. RAUCH, *Régénération de la nature végétale*, p. 87.
38. *Ibid.*, p. 109.
39. J. CLAVE, *Première Étude, la propriété forestière*, p. 7.
40. F. A. RAUCH, *op. cit.*, p. 5.
41. Cité par C. DE RIBBE, *La Provence au point de vue des bois, des torrents et des inondations avant et après 1789*, p. 31.
42. Rapport de M. DEVAL, sur *La Situation des forêts du Var et sur le reboisement des montagnes*, Procès-verbaux des délibérations du Conseil général, session de 1852.
43. A. SURELL cite abondamment le rapport de son presque prédécesseur, M. DUGIED, en particulier pp. 275 et 276. Il est clair qu'il a eu en main le rapport de ce dernier : des extraits en sont fournis par A. SURELL, à la note 18 du chapitre XXXIII, Dépense des travaux de reboisement (*op. cit.*, pp. 183 et *sq*).
44. C. DE RIBBE, *op. cit.*, p. 125.
45. C. COMTE, *Traité de la propriété*, t. I, p. 24.
46. *Ibid.*, pp., 227-256. Dans ce chapitre XV, il montre admirablement l'impossibilité de soutenir une argumentation en termes de rentabilité dès l'instant où il s'agit de propriété forestière.
47. J. J. P. Cappeau, *Traité de la législation rurale et forestière*, p. 143.
48. C'est pourquoi C. DE RIBBE rend hommage à certains administrateurs de l'Empire qui ont su rétablir des lois inappliquées durant la période révolutionnaire. C'est le cas de LADOUCETTE, préfet des Basses-Alpes, avec ses arrêtés du 29 juin 1803 et du 19 janvier 1806. RIBBE reproche donc *aussi* aux rédacteurs du Code de 1827 d'empêcher une ré-utilisation intelligente des textes anciens (pp. 167 et *sq.*)
49. C. DE RIBBE (p. 77) rappelle à ce propos l'arrêt du 31 mai 1763, interdisant même l'arrachage des « lins, cades, genêts, lentisques, avaux, romarins, thyms, mesves, et autres arbres et plantes, quelles que soient leur nature et espèces, *propres à retenir la terre* ». Il semble donc croire qu'il suffit d'interdire pour empêcher, un optimiste que ne paraît guère étayer le fonctionnement du Parlement ou de la Chambre des Eaux et Forêts d'Aix-en-Provence...
50. J. BAILAC, *Le Reboisement en France, son utilité, sa mise en pratique*, semble assez réticent dans la mesure où ce texte « à lui seul, [...] implique un changement de système, en substituant à l'opposition dans certaines conditions déterminées, l'arbitraire du gouvernement » (p. 32). Chaque demande de défrichement fera donc l'objet d'une enquête spéciale, débouchant sur une décision individuelle, d'où le qualificatif donné de « régime de servitude » (p. 35). Il en était de même sous l'Ancien Régime.
51. C. DE RIBBE, *op. cit.*, p. 143.
52. LEGROS-SAINT ANGE déclare de la sorte : « cet oubli (d'une demande dans un carton) peut être *la cause* du défrichement le plus contraire à l'intérêt public, car il suffit, pour être autorisé (à défricher) de rester six mois sans réponse » (*Annales forestières et métallurgiques*, 1847, p. 267).

53. La jurisprudence, par contre, dans la seconde moitié du XIXe siècle, manifeste une sévérité accrue à l'égard de ces infractions, en prenant en compte leur finalité. Elle supplée donc aux lacunes du Code.

54. Cité par J. BAILAC (*op. cit.*, p. 111). La Cour se fonde sur « tout ce qui a pour résultat de convertir la forêt en un *autre* genre de culture, en empêchant le repeuplement, soit par l'*arrachage* des souches, soit par la destruction des jeunes pousses ».

CHAPITRE VIII

LA MONTAGNE SACRÉE

1. M. CHEVALIER, *La vie humaine dans les Pyrénées Ariegeoises*, pp. 98 et suivantes.
2. Arch. dép. Haute-Garonne, Table de Marbre, B n° 157, f° 266.
3. *Idem.*
4. *Idem.*
5. E. de GORSE, « Les forêts des Pyrénées », in *Revue des Eaux et Forêts*, 1894, p. 7.
6. P. DEMONTZEY, *Traité pratique du reboisement et du gazonnage des montagnes*, 1re édition p. 249.
7. F. A. RAUCH, *Régénération de la nature végétale*, p. 58.
8. A. SURREL, dans son *Étude sur les torrents des Hautes-Alpes*, en tire d'ailleurs la conclusion suivante, dont la formulation choque par son aspect peu scientifique : « ainsi, la Nature, en plaçant les Forêts sur les montagnes, mettait le *remède* à côté du *mal*. Elle combattait la force active des eaux par d'autres forces actives ». L'homme a donc bien mis en défaut les vues de la Providence, qui le punit.
9. F. LENOBLE, *La légende du déboisement des Alpes*, p. 29.
10. M. CHEVALIER, *op. cit.*, p. 36.
11. *Ibid.*, p. 32.
12. *Idem.*
13. A. PARADE, « Le reboisement des montagnes », *Revue des Eaux et Forêts*, 1862, p. 7.
14. Arch. dép. Basses-Alpes, affouagement de 1689, C n° 31, Thorame-Haute.
15. Arch. dép. Basses-Alpes, FF 1 (Archives communales de Thorame-Basse, déposées). Document cité par T. SCLAFERT, *Cultures en Haute-Provence...*, p. 125.
16. J. NICOD, « Les bois de Basse-Provence de la fin du 17e à la Révolution », *Provence historique*, 1952, pp. 152 et suivantes.
17. M. DARLUC, avec son *Histoire naturelle de la Provence*, publiée en 1782, se trouve donc confirmé dans ses analyses par le travail de R. MOLINIER, *Recherches phyto-sociologiques et écologiques en Provence occidentale*, publié en 1934. Voir en particulier ce qui concerne les arrachages de bois.
18. H. GAUSSEN, *Végétation de la moitié orientale des Pyrénées, sol, climat, végétation*, p. 561.
19. Arch. dép. Haute-Garonne, Table de Marbre, B n° 157, f° 130.
20. H. GAUSSEN, *op. cit.*
21. Arch. nat., F 10 n° 1644, f° 27.
22. *Ibid.*, f° 49.

23. A. CORVOL, *L'Homme et l'Arbre sous l'Ancien Régime.* pp. 644 et 701.
24. Arch. nat., G 3 n° 19, f° 36.
25. Arch. .nat., F 14 n° 7546, 29 août 1841.
26. A. DOUGUEDROIT, *Les paysages forestiers de Haute-Provence et des Alpes-maritimes,* 3e partie, chap. III.
27. Arch. dép. Bouches-du-Rhône, B n° 220, f° 266.
28. Arch. dép. Basses-Alpes, BB délibérations (Archives communales de Castellane, déposées). Document cité par T. SCLAFERT, *Cultures en Haute-Provence...,* p. 168.
29. Arch. dép. Bouches-du-Rhône, B n° 200, f° 343.
30. Cité par T. SCLAFERT, *Le Haut Dauphiné au Moyen Age,* p. 12. Arch. dép. Basses-Alpes, série FF non cotée (Archives communales d'Auzet, déposées).
31. Arch. nat., F 14 n° 7547, 24 mars 1858.
32. *Ibid.,* 29 décembre 1856.
33. L'estimation totale des désastres de 1856 serait de 220 millions de francs, selon le rapporteur de la commission chargée d'examiner le projet de loi, adopté par le Sénat, et relatif à la restauration des terrains en montagne (*Journal officiel,* Chambre des députés, annexe n° 3981, séance du 21 juin 1881).
34. Arch. nat., F 14 n° 3776, 4 mars 1857.
35. *Idem.*
36. Arch. nat., F 14 n° 7547, 30 janvier 1858.
37. Arch. nat., F 14 n° 7586, 21 octobre 1860.
38. Arch. nat., F 14 n° 7547, récapitulation des dépenses faites pour études depuis 1856, S. s., non f°.
39. Ce crédit extraordinaire forme donc un chapitre spécial du budget du ministère de l'Agriculture, du Commerce et des Travaux publics, sous le n° 40 (Arch. nat., F 14 n° 3477, 29 mai 1858).
40. C'est à la suite de cette première estimation (17 mars 1858) de l'ingénieur en chef Auriol, que le ministre lui fait savoir qu'il « n'est pas possible d'admettre une évaluation aussi considérable pour la seule vallée de la Durance, alors que l'on a *cassé* sur les dépenses à faire en 1858 pour l'ensemble des études d'inondations, dans les quatre bassins de la Seine, de la Loire, de la Garonne (et du Rhône), et qui ne dépasseront pas 500 000 francs (en études) ». Les frais sont donc comprimés, et dans ce réajustement à la baisse, le secteur rhodanien est particulièrement visé (Arch. nat., F 14 n° 3477, avril 1858).
41. Au second trimestre 1858, les autorités décident un effort financier exceptionnel : Ce *revirement* s'explique par les rapports alarmistes, envoyés par les responsables concernés par les études qui ont été engagées à la suite de l'inondation de 1856. Depuis le début de l'année 1857, ceux-ci se plaignent de la pénurie d'argent, qui les empêche de les poursuivre. Couturier, ingénieur en chef du bassin de la Garonne leur écrit ainsi « être obligé de congédier les ouvriers, auxquels il est dû deux mois de salaire, et il restera encore (à payer) les conducteurs et employés secondaires » (Arch. nat., F 14 n° 3476, 20 février 1857).
42. Arch. nat., F 14, n° 7546, 29 août 1841.
43. *Idem.*
44. Arch. nat., F 14 n° 7547, 4 février 1858.
45. *Ibid.,* 7 août 1859.
46. *Ibid.,* 3 février 1858.
47. *Idem.*

48. *Ibid.*, 25 février 1858.
49. *Idem.*
50. L. TASSY, *La restauration des montagnes. Étude sur le projet de loi présenté au Sénat*, p. 78.
51. *Idem.*
52. A. MATHIEU, *Le reboisement et le regazonnement des Alpes*, pp. 6 à 10.
53. Ce même propos resurgit le 12 novembre 1845, lors d'une négociation interministérielle. Le ministère de l'Intérieur se fait représenter, dans la commission que les Finances, réunissent par Gasparin, agronome et pair de France, et Réal, sylvomane et député (Arch. nat., F 14, n° 7546, 12 novembre 1845).
54. G. BUTTOUD, *l'État forestier*, pp. 227 et *sq.*
55. A DE VOS prétend même, avec *De l'influence des forêts dans l'économie de la Nature* (Dinant, 1886), que « sur certains sommets, l'acide carbonique s'est tellement accumulé depuis le déboisement que la respiration y est devenue difficile »!
56. F. A. RAUCH, *op. cit.*, p. 8.
57. *Ibid.*, p. 9.
58. J. MAISTRE, *De l'influence des forêts et des cultures sur le climat et le régime des sources*, Montpellier, 1883.
59. P. BUFFAULT, « Le déboisement, ses causes, ses conséquences », *Revue des Eaux et Forêts*, pp. 432 à 441, et 506 à 518.
60. G. LESPIAULT, *Des déboisements dans l'Amérique du Nord et de leur influence météorologique*, p. 11.
61. M. MORIN, « Reboisement et gazonnement dans le Puy-de-Dôme », *Revue des Eaux et Forêts*, 1869, p. 82.
62. M. CHAUDEY, *Météorologie et reboisements*, p. 5.
63. La propagande insiste tant que certains s'en irritent. M. LÉLUT, au nom de la Commission, au Corps législatif, en 1857, observe ainsi à propos du rôle *climatologique* des forêts que « là où M. Arago dit oui, M. Gay-Lussac dit non, et que ce que l'on peut dire ici de plus équitable pour la science qu'ils représentent, c'est que cette science n'a pas encore eu la *pensée* ou le *temps* de les traiter », (cité par J. BAILAC, *op. cit.*, p. 32).
64. O. RECLUS, « Des arbres, toujours plus d'arbres », *Revue du Touring Club de France*, mars 1908, p. 105.
65. A. SURELL (*op. cit.*, pp. 183 et suivantes) se démarque de ce point de vue de Dugied, car lui ne veut du reboisement que pour lutter contre l'érosion torrentielle. Les forestiers de la fin du XIXe siècle abandonnant les justificatifs climatologiques, la célébrité de l'ouvrage de SURREL en est renforcée.
66. FABRE, *Essai sur la théorie des torrents et des rivières*, p. 65.
67. F. A. RAUCH, *op. cit.*, p. 9.
68. FABRE, *op. cit.*, p. 66.
69. J. CLAVE, *Seconde étude. Le reboisement des montagnes et le régime des eaux*, p. 70.
70. *Idem.*
71. A. PARADE, « Reboisement des montagnes », *Revue des Eaux et Forêts*, 1862, p. 7.
72. Le ministre des Travaux publics, rassuré par son collègue des Finances, exprime d'ailleurs sa quiétude à M. Croissant, président de la Commission du reboisement des montagnes, grâce « à l'assurance que j'ai reçue [...] qu'il ne s'agissait d'appliquer les mesures proposées

que sur une *échelle très restreinte* » (Arch. nat., F 14 n° 7546, 20 février 1847).

73. Il faut attendre les travaux de C. FLAHAULT pour que le doute s'insinue dans l'administration forestière, notamment avec son article « Les limites supérieures de la végétation forestière et les prairies pseudo-alpines en France » (*Revue des Eaux et Forêts*, 1901).

74. Arch. nat., F 14 n° 7586, 21 octobre 1860.

75. M. DUTUIT, *Études théoriques et pratiques sur le mouvement des eaux courantes*, p. 199.

76. Arch. nat., F 14 n° 7586, 21 octobre 1860.

77. F. VALLÈS, *Études sur les inondations, leurs causes et leurs effets*, p. 300.

78. M. CHEVALIER estimait que seul l'optimum économique devait décider du refus ou de l'acceptation du défrichement, car « il ne s'agit pas de rendre la France aux forêts primitives... Les bois doivent disparaître des plaines, et céder la place à la culture. Mais on ne s'est malheureusement pas borné à découvrir ce qui, dans les vallées, pouvait être sillonné par la charrue... On arrache les arbres des cantons stériles où le bois *seul* devrait croître » (*Les intérêts matériels de la France*, Paris, 1838). Il y a donc pour lui une nécessaire partition de l'espace à accomplir, que les Eaux et Forêts reprendront à leur compte dans le dernier tiers du XIXe siècle.

79. J. BAILAC, *op. cit.*, p. 37.

80. M. MORIN, *op. cit.*, p. 84.

81. A. SURELL, *op. cit.*, p. 196.

82. Bresson, successeur de Legrand, et jouant en quelque sorte son intérimaire, avait, en effet, en tant que directeur général des Forêts, chargé Lorentz d'une mission d'étude sur les Alpes et les Pyrénées. Celui-ci, ancien directeur de l'École des Eaux et Forêts de Nancy, le premier en date, jouissait d'un grand prestige. Or, son rapport proposait l'adoption d'une législation, calquée sur celle régissant la fixation des dunes, et appliquée par des commissions de reboisement. La continuité est donc évidente...

83. A. LOZE, *Déforestation et reboisement dans la région pyrénéenne*, pp. 97 et suivantes.

84. L. GUIOT, *Les forêts et les pâturages du comté de Nice*, p. 115.

85. A. MORIN, *op. cit.*, p. 81.

86. *Idem.*

87. A. PARADE, *op. cit.*, p. 8.

88. A.D. CHEVANDIER, *Proposition de loi tendant à modifier la loi du 28 juillet 1860 sur le reboisement et celle du 4 juin 1864 sur le gazonnement* (Journal officiel, Chambre des députés, n° 209, session de 1876).

89. A.D. CHEVANDIER, *Discours sur le reboisement et gazonnement des montagnes...* à la Chambre des députés, séance du 15 février 1877. Député de la Meurthe depuis 1859, il avait même été quelques mois ministre de l'Intérieur dans le cabinet Ollivier. Il avait démissionné en raison des bruits d'une guerre contre la Prusse où il avait maints intérêts.

CHAPITRE IX

UNE SOCIÉTÉ EN PERDITION

1. F. LENOBLE, *La légende du déboisement des Alpes,* p. 3.
2. Ces données chiffrées sont extraites des « Tableaux de l'agriculture française », *Paysans,* 1965, 192 pp.
3. F. GOGUEL, *Les institutions politiques françaises,* fasc. I, pp. 58 et suivantes.
4. L. PRUGNAUD, *Les étapes du syndicalisme agricole en France,* Paris, 1963. *Cf.* en particulier la première partie.
5. Le lecteur peut avoir une idée précise sur les rapports idéologiques et politiques qu'entretiennent les organisations agricoles dites « de droite » avec la République, en regardant le témoignage de H. de GAILHARD-BANCEL, dans son livre *Les syndicats agricoles aux champs et au Parlement, 1884-1924,* Paris, 1930, in-8°, 312 pp.
6. Les principales transformations que connaît l'agriculture au XIXe siècle, ainsi que les changements ultérieurs sont bien décrits par M. AUGÉ-LARIBÉ, *La révolution agricole,* Paris, 1955, in-8°, 438 pp.
7. M. AUGÉ-LARIBÉ, *La politique agricole de la France de 1880 à 1940,* p. 78.
8. Cité par M. FAURE, *Les paysans dans la société française,* p. 163.
9. Le Riou-Bourdoux est situé à 4 km à l'ouest de Barcelonnette (Halpes-de-Haute-Provence). Il s'agit d'un affluent de la rive droite de l'Ubaye, elle-même tributaire de la Durance. *Cf.* notice n° 6, dans *Voyage d'études dans les Alpes françaises. Compte rendu général,* p. 66.
10. L. TASSY, *La restauration des montagnes...,* p. 61.
11. C. RUDEL, « La reforestation du bassin du Haut-Vallespir dans les Pyrénées-Orientales », in *Revue forestière française,* 1982, p. 30. L'auteur signale qu'en 1892, lors de la mise en place du premier périmètre du Haut-Têt, l'inspecteur des Eaux et Forêts, M. de Boixo, avait dû céder devant les pressions exercées par les milieux pastoraux, qui lui reprochaient de planter les cols pour empêcher les troupeaux de passer de la vallée du Tech (Têt) aux pâturages de Plat-Guillem. En 1943, son lointain successeur, M. Michel, affronte les mêmes réactions. Les éleveurs refusent l'intégration dans le périmètre édifié d'un supplément, soit 4 000 hectares, pris à la forêt de Prats de Mollo, et cela malgré le cataclysme des 16 et 17 octobre 1940!
12. M. MERVEILLEUX DU VIGNEAUX, *Compte rendu général, op. cit.,* p. 11.
13. E. THIERRY, *Restauration des montagnes, correction des torrents, reboisement...,* pp. 52.
14. P. DOIN, *Du reboisement et du gazonnement des terrains particuliers,* pp. 105 et suivantes.
15. *Voyage d'études en France dans le sud du Massif Central. Compte rendu général, Cf.* notice D, p. 130.
16. *Ibid.,* p. 133.
17. *Voyage d'études dans les Alpes françaises. Compte rendu général. Cf.* notice n° 5, pp. 55 et suivantes.
18. J. BAILAC, *Le reboisement en France, son utilité, sa mise en pratique,* pp. 45 et suivantes.
19. Cela reflète ce que F. GOGUEL appelle justement la « souveraineté de la Chambre des députés », qui, si elle n'est pas totale, est cependant assez complète pour subordonner presque constam-

ment le gouvernement à la majorité régnant à la Chambre (*op. cit.*, p. 66).

20. L. Tassy et les étatiseurs s'élèvent donc contre cette dérive, qui pose en métropole tout le problème des relations de son administration avec le secteur privé. C'est donc de mauvaise grâce qu'elle rend près de la moitié des terrains aux précédents propriétaires, ne conservant que 177 périmètres sur 70 300 hectares (au lieu de 219 sur 139 500 hectares). La réduction est d'ailleurs très variable d'un département à l'autre : 3 % de la surface est restituée dans les Alpes-de-Haute-Provence, contre 63 % dans les Hautes-Alpes. L'opération ne s'effectue qu'après bien des réclamations : 22 000 hectares sont ainsi acquis par procédure amiable, mais le restant, soit 68 %, reste agrégé au domaine de l'État, après expropriation... L'administration des Eaux et Forêts ne suit donc que de loin les injonctions des pouvoirs publics.

21. M. MORIN, « Reboisement et regazonnement dans le Puy-de-Dôme », *Revue des Eaux et Forêts,* 1869, p. 84.

22. P. DOIN, *op. cit.*, p. 110.

23. P. CHARLEMAGNE, « Forêts et reboisements », *Notices sur Grenoble et ses environs* (p. 346), XIVe Congrès de l'Association française pour l'avancement des sciences, Grenoble, 1925, in-8°, 687 pp.

24. Arch. dép. Isère, 6 P n° 4, rapport de la Conservation au préfet de l'Isère et au Conseil d'arrondissement de Grenoble sur la situation des travaux et des études en 1871, 7 octobre 1871.

25. L. MOREL, *La question forestière en France,* p. 132.

26. L'administration forestière, qui avait estimé que, sur les 1 100 000 hectares à restaurer, plus de 300 000 devaient faire l'objet de procédures obligatoires, soit 27 % de la superficie envisagée, profite tout de même de la nouvelle législation pour redessiner des périmètres supplémentaires, couvrant 249 600 hectares.

Cela porte tout de même l'ensemble concerné par les reboisements obligatoires à 319 000 hectares. Sur un plan théorique, elle n'est pas loin de remplir son objectif. Le problème est que le budget ne suit pas. Les forestiers cherchèrent à faire instituer un budget annexe du reboisement des montagnes. Un projet de loi déposé à l'Assemblée nationale en ce sens le 18 juin 1892 n'aboutit pas (*Cf.* ces questions dans M. MIANE, *La Question du reboisement des montagnes et la Législation qui s'y rapporte, exposé économique, historique, analytique et critique,* Mayenne, 1895, in-4°, 156 pp.).

27. A. LOZE, *Déforestation et reboisement dans la région pyrénéenne,* p. 111. Il s'agit d'une région où la législation de 1882 a entraîné une contraction particulièrement forte du programme.

28. Arch. dép. Isère, 6 P3 n° 4, 7 octobre 1871.

29. *Idem.*

30. Cela fait écho à un rapport de la Conservation adressé au Conseil général, et déclarant que de nombreuses communes, « voyant l'administration s'occuper exclusivement de travaux de reboisement, lui attribuèrent la pensée de substituer partout la forêt au pâturage, et d'arriver progressivement à la suppression de la dépaissance » (*Ibid.*, s.d. [1873]).

31. Le comte de Roquette-Buisson fonde son argumentation sur deux cantons des Hautes-Pyrénées, ayant des communaux équivalents (3 000 hectares environ, dont 2 600 boisés). Celui qui détient 61 % de bois soumis au régime forestier nourrit 9 400 bovins et 2 600 ovins. Celui qui n'en a que 33 % n'en élève que 300 et 660. La démonstration semble

faible, mais fut vivement applaudie, en particulier parce qu'elle aboutissait à condamner l'élevage ovin extensif. Elle conclut à l'obligation « non seulement d'interdire le défrichement direct ou indirect des bois appartenant aux particuliers, mais aussi de placer sous la sauvegarde du régime forestier tous les bois des communes » (Communication au *Ier Congrès international de l'Aménagement des montagnes, 1907,* comptes rendus publiés en 1909, pp. 27 à 90).

32. L. BRETON, « Statistiques forestières du département de l'Isère », *Notices sur Grenoble et ses environs, op. cit.,* p. 584.

33. A. DOUGUEDROIT, « Les périmètres de reboisement dans les Alpes du Sud », *Des arbres et des hommes,* p. 39.

34. A. LOZE, *op. cit.,* p. 106. Il ne faut pas oublier que les municipalités qui possèdent des terrains mis en défens se retrouvent dans la même situation que celles qui possèdent des terrains compris dans les périmètres. Elles doivent en effet réglementer le pâturage (article 12). L'indemnité de privation de réjouissance ne compense pas, et de loin, les inconvénients de la perte. Si bien que plus d'une communauté préfère l'expropriation!

35. L. GUIOT, *Les forêts et les pâturages du Comté de Nice,* p. 92; A. DUGELAY, « Le déboisement et les reboisements dans les Alpes maritimes », *Revue de géographie alpine,* 1943, pp. 87 à 118, et 143 à 170.

36. A. DOUGUEDROIT, *Les paysages forestiers de Haute-Provence et des Alpes maritimes. Cf.* en particulier 3e partie, « Les nuances internes des paysages forestiers ».

37. A. ALLIX, *L'Oisans, étude géographique. Un pays de haute montagne,* p. 295.

38. Cité par P. MOUGIN, *La restauration des Alpes,* p. 198.

39. P. DEMONTZEY, *Étude sur les travaux de reboisement et de gazonnement des montagnes,* p. 210.

40. L. TASSY, *op. cit.,* p. 45.

41. L. SCHAEFFER, « Alpes et Forêts », *Revue des Eaux et Forêts,* 1912.

42. L. MOREL, *op. cit.,* p. 131.

Certes, en raison de l'achat préalable des terrains, l'Administration ne peut étendre autant qu'elle le souhaite l'espace contrôlé par ses services. Cependant, les campagnes, menées à la suite des inondations de 1886, 1890 et 1892, augmentent de manière substantielle le budget, qui passe de 2 500 000 francs en 1892 à 3 375 000 francs en 1906, soit une progression de 2,4 % par an. Le pourcentage permet de comprendre les ambitions nouvelles des étatiseurs.

43. L. TASSY, par exemple, voulait « interdire, sous quelque prétexte que ce soit, l'abandon aux tribus des terrains boisés, sauf plus tard à livrer ces terrains à la colonisation, [...] poser en principe que les forêts dont jouissent les tribus à titre collectif ne sauraient être assimilées aux propriétés *melk,* et profiter du séquestre (projet de loi, promulguée en 1874) pour reprendre aux indigènes la propriété des fonds boisés, qu'on leur a imprudemment abandonnés, faire une loi qui rende le Code forestier de 1827 applicable aux bois des tribus dont l'État n'aura pu reconquérir la propriété », etc.

Au moins, sa position est claire! (*Service forestier de l'Algérie.* Rapport adressé à M. le Gouverneur de l'Algérie, Paris, 1872, in-8°, 54 pp.)

44. A. MASSÉ, « L'élevage et la colonisation », p. 241, *Congrès de la colonisation rurale,* Alger, 26-29 mai 1930, 2e partie, Les problèmes économiques et sociaux posés par la colonisation, Alger, 1930, in-4°, 577 pp.

45. P. de PEYERIMHOFF, « L'arbre et la colonisation », p. 306, *Congrès de la colonisation rurale, op. cit.*

46. *Idem.*

47. B. KALAORA et D. POUPARDIN, *Le corps forestier dans tous ses états*, p. 127. Les premières commissions de reboisement, mises en place dès 1860, dans les Alpes, se composent alors surtout d'agents venus des commissions de cantonnement (Vulpillat. Chiboys, Bedel, Bricogne, Cantegril, Merandon), ou de l'Algérie (Demontzey, Sers, Emmery), où ils ont appris à mener rondement les négociations. Ces services offrent à ceux-ci des promotions plus rapides qu'à ceux du service ordinaire. En effet, 40 % des premiers, suivis entre 1825 et 1884, deviendront conservateurs avant d'être mis à la retraite, contre 25 % pour les seconds. Le passage à la tête d'une commission de reboisement représente un tremplin inférieur à celui constitué par l'administration centrale : 57 % y atteignent ce haut grade! (*Ibid.*, p. 119).

48. Il convient de rappeler que depuis 1849 le service forestier y est provincialisé, et subordonné au Gouvernement général de l'Algérie. Or, le commandement militaire qui le compose manifeste une grande modération à l'égard des problèmes forestiers. A la veille de la IIIe République, par exemple, le produit des amendes, d'un montant de 1 452 000 francs, lors de la prononciation des sentences, se réduit, après transactions, à 18 830 F, soit 0,12 % ce qui était prévu! C'est dire que le passage aux autorités civiles se traduit par un net durcissement à l'égard des indigènes, comme le montre le cas du Constantinois après 1860.

Deux date sont des étapes importantes dans l'autonomie des forestiers à l'égard des militaires : 1873, où, à la suite du rapport de L. Tassy *(op. cit.)*, le service forestier algérien est placé sous la responsabilité d'un conservateur; 1881, où la réforme du statut de la colonie place enfin ce service, organisé en trois conservations, sous l'autorité de l'administration centrale métropolitaine. (GRIMAL, « Histoire sommaire de l'administration des Eaux et Forêts en Algérie), *Revue des Eaux et Forêts*, 1900, pp. 257 à 265).

49. Les tribus indigènes vivent en effet de la forêt, qu'elles considèrent comme un terrain de parcours, d'où leur emploi du feu pour renouveler les pâturages et débroussailler le sous-bois. A partir du second Empire, ces incendies sont présentés par les liégistes comme un complot contre la colonisation en plein développement. Chacune des étapes de l'autonomie du service forestier algérien se marque donc par une législation plus contraignante sur ce problème : 1874, répression des incendies par séquestre des biens des tribus; 1885, extension du Code forestier aux broussailles, permettant la remise en cause des parcours.

Cet espace non boisé retiré aux tribus constitue une réserve précieuse pour la colonisation, ce qui scelle l'alliance objective entre forestiers et colons : entre 1882 et 1928, 118 000 hectares de brousailles et 50 000 hectares de bois ont été soustraits au régime forestier, les responsables du service acceptant le déclassement, pour répondre à une colonisation officielle de 1 300 000 hectares. Le déclassement satisfait donc à 13 % de la demande de terres .

50. Le texte de J. FERRY, « Le gouvernement de l'Algérie », publié en 1892, est en relation avec une enquête de la commission sénatoriale, menée sur place entre 1891 et 1893. *Cf.* pp. 81 et suivantes, cité par C.-R. AGERON, *L'Algérie algérienne de Napoléon III à de Gaulle*, Paris, 1980, in-8°, 254 pp.

51. Le processus était largement entamé à la fin du second Empire, puisque les terres collectives (arch), relevant de 372 tribus, formant 667 douars, ne représentaient plus que 1 523 000 hectares, soit 22 % de l'ensemble. En revanche, les terres privatives (melk) occupent 41 %, et les biens domaniaux joints à ceux attribués au Domaine, 37 %. *Cf.* pp. 125 et *sq.* J.-C. VATIN, *L'Algérie politique, histoire et société,* Paris, 1983, in-4°, 394 pp.

52. Arch. nat., F 80 n° 1678, 22 octobre 1863, rapport à l'Empereur.

53. L. MOREL le reconnaît d'ailleurs : « La grande cause de leur échec (aux forestiers) fut l'abstention des capitaux; les pays de montagne n'eurent pas la bonne fortune d'attirer les particuliers et les sociétés, qui avaient si puissamment contribué à la mise en valeur des terrains pauvres des Landes et de la Sologne. Le concours des communes fut nul; celles dont les terrains étaient compris dans les périmètres étaient en effet fort pauvres » (*op. cit.*, p. 123).

Il aurait pu en effet ajouter, aux Landes et à la Sologne, l'Algérie. Afin de conduire la restauration des pentes qu'ils considéraient comme indispensables au maintien des cultures des plaines, des colons fondèrent en 1883 la Ligue pour le reboisement, qui reçut bien sûr d'emblée l'appui du service forestier, et réunit 1 200 membres vers 1900. Cela visait le reboisement sur 5 000 000 hectares des Hauts-Plateaux, vaste projet qui aurait refoulé encore davantage les tribus. Il est écarté pour des raisons de financement, mais montre comment l'appareil forestier, peut-être inconsciemment, se place au service exclusif des colons. *Cf.* à ce propos la position d'un forestier-étatiste, J. REYNARD, avec *Restauration des forêts et pâturages du Sud de l'Algérie,* Alger, 1880, in-8°, 64 pp.

54. Cité par C.-R. Ageron (*op. cit.*), p. 154. Les soulèvements des Ben Azzedin, en juillet-août 1864, des Bou Akkaz, en septembre-novembre de la même année, suivis par les tribus montagnardes au printemps 1865, témoignent des appréhensions qu'apporte le régime des concessions. Elle signifie notamment l'interdiction du *ksir,* c'est-à-dire de la culture kabyle en clairière, utilisant le feu pour détruire branches et brousailles, et abandonnant ensuite la terre pour trois ans (A. REY-GOLDZEIGER, *Le royaume arabe, la politique algérienne de Napoléon III, 1861-1870,* Alger, 1977, in-4°, 814 pp.)

Ces troubles dégradent 22 000 hectares, dont 4 500 détruits, et 9 500 hectares très endommagés. Cela coûte à l'État 5 millions de francs; et 15 millions de francs aux assurances, sans parler d'une perte en produits nets, évaluée à 6 millions de francs. Dans ces conditions, se renforce la certitude des forestiers qu'il est nécessaire de procéder à l'éviction des Algériens, et qu'il faut reprendre en main ferme la sécurité dans ces zones (*Ibid.*, p. 266). L'administration centrale réclame donc une indépendance croissante des services forestiers à l'égard du commandement militaire et une augmentation des effectifs de gardes, toutes choses réalisées en 1881.

55. Arch. nat., F 80, n° 1678, 22 septembre 1863. Ces propos sont de MARTIMPREY.

56. *Idem.*

CHAPITRE X

L'APPEL DES CIMES

1. L'Association française pour l'aménagement des montagnes remonte à l'année 1905. P. Descombes, alors directeur honoraire des Manufactures de l'État, prend l'initiative de sa création, afin de promouvoir tous les moyens assurant le maintien des propriétaires privés dans les espaces menacés par l'ingérence de l'État.

2. P. WEYD, *Les forêts de Lozère,* p. 41.

3. A. du GUINY, « De l'exploitation des pâturages dans les Alpes », dans *Revue des Eaux et Forêts,* 1865.

4. C. GUYOT, « Réflexions sur la nationalisation du sol », *in* 1er Congrès de l'Association pour l'aménagement des montagnes, Bordeaux, 1905, Comptes rendus publiés en 1906, pp. 275 à 289.

5. Son homonyme, L.-A. Fabre (1852-1920) eut plus de chance que lui, bien qu'il ne termine sa carrière, en 1912, qu'au grade d'inspecteur, malheur qui atteint la plupart de ces contestataires. A. Calvet (1843-1921) préfère démissionner en 1882 pour se lancer dans la carrière politique, où il réussit parfaitement, devenant en 1894 sénateur de la Charente-Inférieure, élu sur la liste d'E. Combes. Les autres s'en tirent souvent moins bien. Ainsi, C. Claudel (1841-1890), J.-P. Jacques (1834-1890), ou E. Hossard (1835-1901), attendent en vain le grade de conservateur. L. Roussel (1883-1900) n'a pas leur patience, et claque la porte en 1880, tandis que ses camarades. P. Joly de Sailly (1843-1899) et G. Barbie de la Serre (1835-1919), se résignent à voir d'autres qu'eux promus. Il y a des exceptions à ces sorts médiocres, mais vraiment fort peu. A. du Guiny, conservateur, est de la sorte poussé à la retraite en 1887... On comprend donc pourquoi cette minorité reste très faible – 22 membres au total – dans un corps forestier qui reste stable : 786 en 1875, et 774 en 1905, d'après G. BUTTOUD, *Les Conservateurs des Eaux et Forêts sous la troisième République,* Nancy, 1981.

6. L. TASSY, *La restauration des montagnes...,* p. 82.

7. Dans ces années 1890, L. TASSY est relayé par P. DEMONTZEY, le nouvel homme fort de l'Administration. Leurs arguments sur ce régime pastoral venant épauler le régime forestier se ressemblent étrangement, montrant la continuité du mouvement des forestiers-étatiseurs.

De L. TASSY : « Est-ce que, lorsqu'un pauvre diable est rongé par un ulcère, on se borne à cautériser cet ulcère ? Non, on essaie d'agir sur sa constitution toute entière. C'est là ce qu'il faudrait faire pour les Alpes. »

De P. DEMONTZEY : sur les terrains « qui commencent à s'effriter », étendues « sur lesquelles se poursuit l'œuvre de destruction, conséquence de la jouissance abusive des populations pastorales », il faut déplorer que « là, les forestiers doivent attendre pour intervenir que les montagnards aient achevé complètement leur œuvre de destruction ».

Le premier dans la réédition en 1887 des *Études sur l'aménagement des forêts;* le second dans *L'Extinction des torrents en France par le reboisement,* publié en 1894.

8. C'est en effet l'époque où fleurissent différents projets pour orienter l'épargne vers l'investissement forestier, mais aussi les capitaux collectifs, car l'État ne saurait suffire « au reboisement des forêts existantes », selon le mot de P. DESCOMBES (*Le Nouvelliste,* 8 décembre 1909). La position anti-étatiste suppose donc une recrudescence de la sollicitude privée, même en montagne – ce que la pratique dément!

9. L. TASSY, *La restauration des montagnes, op. cit.*, p. 82.
10. *Ibid.*, p. 82.
11. La loi relative aux libertés des communes, des départements et des régions entraîne un transfert des compétences vers les collectivités locales, en particulier pour la mise en œuvre des textes, régissant l'élaboration des P.O.S. (plans d'occupation des sols). Or, tout ce qui concerne la sécurité publique demeure du domaine de l'État. Cela présage quelques conflits entre les projets d'urbanisme et la prévention des risques naturelles...

Sur cette question, *cf.* C. van EFFENTERRE, « Les zonages de risques naturels », à propos de la loi n° 82-600 du 13 juillet 1982, *Revue forestière française*, 1982.
12. L. TASSY, *État des forêts en France...*
13. Au fond, dans ce débat où s'annonce la notion de forêts de protection, F. DAVID, en décembre 1907, exploite les conclusions dégagées, quelques mois auparavant, quant à la plus grande rigueur devant être exigée de la part des propriétaires privés (Chambre des députés, documents parlementaires, 15 juin 1907, p. 234, annexe n° 843; *Ibid.*, 2 décembre 1907, p. 416, annexe n° 1351).
14. L'exemple de la législation suisse, en date du 11 octobre 1902, sert beaucoup en l'occurrence, surtout l'article 31, posant que « l'aire forestière de la Suisse ne doit pas être diminuée ». Ce problème n'est donc pas français, mais européen.
15. C'est d'ailleurs ce même Dabat qui souhaitait la fusion des deux services concurrents, la direction des Forêts et le service des améliorations pastorales, chargé en juillet 1897 par Méline de l'aménagement général des eaux de montagne.
16. *Bulletin de l'Association des Agents des Eaux et Forêts*, 1919, p. 139.
17. P. GUINIER,
18. O. NOUGARÈDE, *Mode de production dominant et sociétés paysannes; l'évolution d'un système agraire de moyenne montagne : le cas de la Margeride*, document multigraphié, INRA, Orléans, 1977.
19. G. LARRÈRE, « Désertification ou annexion de l'espace rural : l'exemple du plateau de Millevaches », *Études rurales*, 1978.
20. P. DEMONTZEY, *Traité pratique du reboisement et du gazonnement des montagnes*, p. 233.
21. A l'époque, ces deux considérations n'ont pas l'importance qu'elles acquerront à mesure que s'affinera l'expérience. Les conseils recommandent la récolte en France, sauf pour le pin noir (Autriche), le cèdre (Algérie), et le caroubier (Espagne et Italie), sans autre précision, surtout parce que la fourniture directe procure des prix plus avantageux (P. DEMONTZEY, pp. 130 et suivantes). Ce jugement se modifiera avec l'introduction généralisée des exotiques, lesquels comptent peu au temps de P. DEMONTZEY, en dehors du pin noir : « les essais, entrepris d'ailleurs sur une petite échelle, ont suffi pour démontrer leur inanité » (p. 148).
23. EVRARD-CHERMEZON, « Monographie phyto-géographique de la Haute-Tarentaise », *Bulletin de la Société botanique de France*, 1918, p. 158.
22. C. Flahaut se vit même ouvrir les colonnes de la revue de l'administration des Eaux et Forêts, cette dernière montrant ainsi encore une fois qu'elle pouvait accueillir des opinions contradictoires, à condition que ne soit pas remise en cause sa méthode de gouvernement.

Cf. son article « Les limites supérieures de la végétation et les prairies pseudo-alpines en France », *Revue des Eaux et Forêts,* 1901.

24. F. LENOBLE, *La légende du déboisement des Alpes,* p. 51. Les défenseurs de ces limites naturelles s'en prennent donc à tous ceux qui, comme P. DEMONTZEY, les croient artificielles (*Étude sur les travaux de reboisement et de gazonnement des montagnes,* p. 249).

25. A. ALLIX, *L'Oisans; étude géographique : un pays de haute montagne,* p. 299.

26. F. LENOBLE, *op. cit.,* p. 53.

27. *Idem.*

28. *Idem.* Il s'appuie sur l'expérience menée depuis 1896 par le professeur Lachmann au Lautaret. Les plantations commencent en 1899, et sont alors complétées, à 1 670 mètres, par une station d'essais agricoles et fourragers, à Villard-d'Arène, qui disparaîtra trois ans plus tard, faute de main-d'œuvre. L'aide apportée, en 1916, par le Touring-Club de France, au Professeur Mirande, permet à ce dernier, de démontrer que les sujets les plus résistants se « tallent » contre le sol, au Lautaret, à la manière des arbres de la toundra. Que l'altitude et la latitude aient des effets comparables constituent une découverte importante. Les forestiers y ont pris peu de part : n'ont-ils pas, en 1911, installé en plein adret l'Arboretum de La Grave ? Celui-ci n'a fourni, et pour cause ! aucune indication.

29. P. DEMONTZEY, *op. cit.,* p. 230. C'est d'ailleurs pourquoi, concernant les essences non résineuses, il préfère le semis en potet, soit « dix ou douze glands recouverts au moyen d'un léger coup de pioche donné à l'amont du talus, ce qui procure l'avantage de former une sorte de petite rigole, qui amènera dans le potet les moindres eaux pluviales », et non autrement, car la consommation en graines n'est alors que de 7 ou 8 hectolitres par hectares contre 12 à 25, selon le degré de préparation du terrain. Le raisonnement s'applique aux résineux, bien que Demontzey ne fournisse pas de données précises sur ce point.

30. A. DOUGUEDROIT, *Les paysages forestiers de Haute-Provence et des Alpes-Maritimes,* p. 235.

31. A. DOUGUEDROIT, « Les périmètres de reboisement dans les Alpes du Sud », *Des arbres et des hommes,* p. 39.

32. A. CHABROL, *Contribution à l'étude du développement sylvo-pastoral des régions de montange,* p. 141 et suivantes.

33. L. TASSY condamne le taillis parce que les coupes répétées qu'il nécessite nuisent à la formation de l'humus, exigeant « air calme, chaleur et humidité », d'où une détérioration du sol, « à laquelle on ne peut obvier aujourd'hui qu'en cultivant des pins sylvestres dans des terrains où le chêne prospérait autrefois » (*Études sur l'aménagement des forêts,* p. 121). *A fortiori* n'en veut-il pas en montagne où la régénération est une « crise très chanceuse dont il importe de retarder autant que possible le retour » (*Idem*).

34. J. CLAVE, *Études sur l'économie forestière,* 1re étude, p. 10.

35. Rien, ou à peu près, avant *Le Traité des conifères* de CARRIÈRE, publié en 1855, et réédité en 1867, et contenant les descriptions originales de nombreux genres et espèces. Il faut attendre ensuite *Les Conifères et les Taxacées* de MOTTET en 1902, pour retrouver une somme comparable... encore que l'ouvrage s'adresse spécialement aux horticulteurs !

36. Cette position, qui se retrouve dans les livres de GURNAUD (*La sylviculture française,* 1884) ou de PUTON (*Traité d'économie forestière,*

1888-1889), s'explique par l'attention accordée alors à la qualité de l'humus des feuillus.

37. A. Mathieu, *Description et histoire des végétaux ligneux,* p. 358. A cette époque, la fin des années 1850, il n'existe que 200 hectares en peuplement pur, dans le Briançonnais.

38. *Idem.*

39. J. MICHELET, *La Montagne,* Paris, 1868, in-8°, 388 pp. Le caractère « exotique » de l'ouvrage en fit un formidable succès. L'édition de 1868 eut six réimpressions, et le texte fut de nouveau publié en 1877, puis en 1885, avant l'étude que lui consacre, en 1893, André Theuriet!

40. Il faut reconnaître que si maints caractères allégués en faveur du pin cembro sont fantaisistes, sa physiologie montre une remarquable adaptation à l'altitude. Les courbes la traduisant sont en effet nettement décalées vers le bas, avec une *résistance* à – 45°, avec une *photosynthèse* commençant dès – 4°, le niveau neigeux atteignant 40 centimètres, et avec un *fonctionnement racinaire* démarrant, lui aussi, à – 4°. les raisons alléguées pour son choix au XIXe siècle – longévité étonnante et bois d'œuvre – étaient douteuses, mais le choix, bon...

41. J. CLAVE, *ibid.,* p. 14.

42. Au milieu du XIXe siècle, le pin noir est si peu connu en France des spécialistes, qu'il ne bénéficie pas d'une rubrique de la part d'A. MATHIEU, en 1858 (*op. cit.*). Sa sylviculture progresse, mais laisse entrevoir des carences. Au temps de P. DEMONTZEY, il est censé pousser au-delà de 1 200 mètres, l'aire spontanée en Autriche et Slovénie étant placée entre 500 et 1 200 mètres. En fait, elle est plus restreinte qu'on ne le croyait : il croît entre 250 et 750 mètres d'altitude, dans l'étage des chênes à feuilles *caduques.* Cette présence a sans doute accrédité l'idée d'une substitution facile pin-chêne (*Cf.* E.-F. DEBAZAC, *Manuel des conifères,* p. 97).

43. F. COMBES et J.-H. BARTET, « Plaidoyer pour le pin noir en Haute-Provence », *Revue forestière française,* 1982.

44. M. LELOUP, *Rapport sur une politique forestière,* Paris, ministère de l'Agriculture, 1945, 40 p.

45. F. COMBES et J.-H. BARTET, *op. cit.,* p. 44.

46. P. DEMONTZEY (*op. cit.,* p. 153) estime fort le pin sylvestre pour son couvert, surtout, donnant, dans sa jeunesse, un « abri salutaire et un détritus abondant ». Il ne s'interroge pas sur la maturité, puisqu'il l'envisage comme une essence de transition. Or, ces pinèdes, végétation ouverte sur un sol squelettique, n'ont pas d'effets supérieurs à ceux de la garrigue ou de la lavandaie. DEMONTZEY, dans cette défense du sylvestre, ne fait que répéter les écrits d'A. MATHIEU.

47. La différence entre A. MATHIEU et P. DEMONTZEY tient à la nette préférence du second pour les plantations. Encore qu'à l'égard des semis à demeure, il y a une nette évolution chez A. MATHIEU, entre son livre de 1858 (*op. cit.*) et celui de 1865 (*Le reboisement et le regazonnement des Alpes,* 1865, in-8°, 112 pp.).

La présence de plusieurs pousses par potet, chez les anciens (jusqu'à dix ou douze!), vient de ce qu'ils ont appliqué aux résineux ce que leur avait enseigné la difficile régénération du chêne (une dizaine de glands par potet).

48. *Voyage d'études du Comité consultatif des aménagements dans les Hautes-Alpes, les Basses-Alpes et la Lozère, ayant pour objet la sylviculture et l'aménagement des peuplements de pin noir* (11 juin-15 juin 1957), p. 60.

50. Ces questions échappant aux perspectives financières, à l'origine de la sylviculture résineuse en plaine, il est normal que les meilleurs ouvrages se taisent à ce sujet, comme c'est le cas avec le grand livre de G. HUFFEL. *Les arbres et les peuplements forestiers* (1898), ou avec celui de L. BRETON-BONNARD, *Les arbres à grand rendement* (1918). Ces thèmes mettront quarante ans pour être intégrés.

51. La date tardive des premiers boisements d'altitude (1880-1900) explique le silence observé sur leurs difficultés, non seulement dans les traités de sylviculture les plus estimables de la fin du siècle (A. PUTON, *Traité d'économie forestière,* Paris, 1888-1891, 3 vol.), mais encore dans les articles pourtant spécialisés, qui ne s'intéressent qu'à la composition et à la profondeur des sols (L.-G.C. PARDÉ, « Emploi des essences forestières, indigènes et exotiques, pour le boisement des différents sols », *Bulletin de la Société forestière de Franche-Comté et de Belfort,* 1904).

52. Cela a longtemps distingué la foresterie française au sein de la sylviculture internationale. Cette attente de l'ensemencement conduisit, soit à garder un nombre excessif de baliveaux anciens (situation caractérisant le début du XVIIe siècle, mais aussi la seconde moitié du XVIIIe siècle), soit à décaler abusivement la coupe terminale au regard des dernières éclaircies (situation courante dans les forêts domaniales durant les années 1880).

53. F. BRIOT, *Études sur l'économie alpestre et l'application de la loi du 4 avril 1882...,* p. 211.

54. P. MULLENBACH, « Les reboisements au voisinage de la limite altitudinale... », *Revue forestière française,* 1982, p. 62.

55. Les échecs en adret (*cf. supra* celui de l'Arboretum de La Grave) surprennent les forestiers à la fin du siècle dernier. L'époque ignore totalement trois phénomènes destructeurs des jeunes plants : la très forte *déshydratation,* due au rayonnement intense; la *sécheresse* physiologique, qui résulte de l'évapo-transpiration, alors qu'est très ralenti le fonctionnement racinaire et que l'eau du sol est inutilisable, puisque gelée; enfin, le *déchaussement,* provoqué par l'augmentation diurne de volume des matériaux englobant les racines, le système radiculaire présentant, lui, une forte inertie, qui gêne sa retombée. Ces trois phénomènes se marquent beaucoup plus aux expositions sud ou sud-est, que sur les ubacs, à l'ombre.

56. C'est la raison qui a entraîné, à la suite de la catastrophe de Val-d'Isère (10 février 1970), la réalisation, entre 1971 et 1975, de « cartes-inventaires », préalable indispensable à l'élaboration des Plans des zones exposées aux avalanches (P.Z.E.A.), débutant en 1975, soit quatre ans après l'établissement des Cartes de localisation probable des avalanches (C.L.P.A.). Ces cartes couvrent aujourd'hui 600 000 hectares, soit le double de la surface périmétrée. Elles ne font que traduire des constatations, et ne préjugent pas de l'avenir. Non seulement leur révision est nécessaire, mais, contrairement à ce qui en est dit, ce ne sont, pour les tiers et le public, que des documents *indicatifs.* La contrainte n'existe que pour les élus locaux et les services dans les P.Z.E.A.

57. E. THIERRY, *Restauration des montagnes, correction des torrents, reboisement,* p. 28. Et la 2e édition date pourtant de 1914, c'est-à-dire au moment où l'importance prise par les ouvrages de maçonnerie est indéniable!

58. Rappelons que la *notion d'étagement de la végétation* n'apparaît

que dans le dernier tiers du XIXe siècle, et que la composition floristique de l'étage alpin ne sera définie qu'au début de celui-ci. A. de CANDOLLE (*Géographie botanique raisonnée,* 1855) et H. BAILLON (*Dictionnaire de botanique,* 1876), jalonnent le parcours qui y mène.

59. Des études montrent que compte aussi la provenance des graines employées dans les pépinières, et pas seulement l'éducation sophistiquée de leurs plants. Ceux de *larix decidua,* ayant pour origine la Suisse et l'Autriche (semences récoltées à 1 000 mètres), introduits dans les Alpes du Sud à 1 900 mètres, ne réussissent qu'à 5 et 15 %, après 4 ans de végétation, et cela quelle que soit la technique de plantation ou l'orientation! Ainsi, lorsqu'il s'agit de reboiser la limite sylvestre, c'est-à-dire « à la limite naturelle » (physiologique), le fait de prélever les graines dans un peuplement situé 100 à 150 mètres plus bas réduit le pourcentage de reprise. Il est donc intéressant *pour la première génération* de rechercher, parmi les espèces exotiques, celles qui, par leurs conditions écologiques stationnelles, se rapprochent de celles rencontrées dans les régions à reboiser : Nord du Canada, Montagnes Rocheuses, chaînes continentales d'Europe et d'Asie. Les réticences envers les exotiques au temps de P. Demontzey *chez les forestiers domaniaux* ont retardé ce travail, conduit plus rapidement outre-Rhin.

60. La mortalité élevée constatée en adret à la fin du XIXe siècle a, en effet, conduit à inculper la sécheresse *estivale,* donc à placer le décès en période végétale. En fait, c'est l'inverse qui se produit, les phénomènes qui détruisent le jeune plant soumis aux conditions extrêmes se manifestent à *la fin de l'automne* (gel extra-cellulaire, au niveau des méats, puis cytoplasmique, tuant les tissus nouvellement construits), *en hiver* (sécheresse physiologique, surtout lorsque la hauteur du manteau neigeux n'est pas suffisante), et au *début du printemps* (intensité du rayonnement, tant direct que diffus et réfléchi). Afin d'améliorer la résistance des plants à ces conditions « dures », on s'oriente actuellement *pour la deuxième génération* vers la sélection des provenances d'altitude (autochtones, cette fois), et cultivées en pépinières de moyenne altitude (1 500 mètres), puisqu'il semble y avoir des écotypes définis.

61. M. BOUVET et J. MILLISCHER, *Renseignements généraux sur le reboisement. Semis, plantations, pépinières,* p. 63.

La départementalisation, par rapport aux grandes pépinières centrales, marque déjà un premier pas vers la reconnaissance de la spécificité du milieu. Elle a aussi, pour Joly de Sailly, défenseur des thèses de F. Leplay, et en dissidence aux yeux des Nancéïens, une incontestable connotation idéologique.

62. Le potet désigne l'ensemble *motte et plant,* que celui-ci soit issu de semence placée dans le terrain à reboiser (semis à la pioche, sur terrain préparé ou non), ou qu'il provienne de semence cultivée en pépinière (volante ou permanente, c'est-à-dire locale ou centrale), la pousse étant ensuite transférée sur le terrain à reboiser. Il faut noter que dans ce cas, la plantation de quatre plants dans un triangle équilatéral de 10 centimètres de côté, qui accroît la vigueur des brins, revient à peu près au même, du point de vue prix, que la plantation d'un plant isolé en godet, la mortalité de ce dernier étant non négligeable et continue. C'est au fond une nouvelle version de la plantation en touffe, préconisée par P. Demontzey.

63. P. MULLENBACH, *op. cit.,* p. 69.

64. J. BAILAC, *Le reboisement en France,* ..., p. 64.

65. L.-A. FABRE, « L'exode montagneux en France. Causes phynographiques, culturelles, etc. Les remèdes », *Bulletin de géographie historique et descriptive,* 1909.

66. Il faut cependant noter qu'à l'égard de la colonisation algérienne, tous les forestiers de la tendance leplaysienne ne partagent pas l'hostilité virulente de L.-A. Fabre. Ainsi, F. BRIOT, un des rares à faire une belle carrière, se montre infiniment plus nuancé que lui dans son article « L'économie pastorale des Hautes-Alpes », *Revue des Eaux et Forêts,* 1880. Briot regrette le départ des migrants vers les villes, mais souhaite le desserrement au profit de l'Algérie. Car cela irait dans l'intérêt des Alpes « où les expropriations seraient moins vexatoires », et dans celui « de notre belle colonie ». Son attitude est cependant exceptionnelle à l'intérieur du groupe.

67. Cité par M. CHEVALIER, *La vie humaine dans les Pyrénées ariégeoises,* p. 874.

68. P. CHABROL, *op. cit.*, p. 145.

69. L.-A. FABRE reprend en grande partie ce texte, dans « L'État et la dépopulation montagneuse en France », *Revue internationale de sociologie,* 1909.

70. P. DEMONTZEY, *op. cit.,* p. 366.

71. L.-A. FABRE, « L'évasion contemporaine des montagnards français », *Annales de la science agronomique française et étrangère,* 1911. Et, dans la même veine, trois ans plus tôt, un autre article, « La fuite des populations pastorales françaises », *La Réforme sociale,* 1909.

72. D. TOUZAUD, « Le reboisement des montagnes au point de vue social », *La Réforme sociale,* 1910.

73. C. RITTER, *Études hydronomiques. Influence des forêts sur les nappes liquides souterraines et sur la pluie,* Paris, 1880.

74. M. OTOTZKY, *Annales de la science agronomique française et étrangère,* 1898.

75. M. HENRY, « Les forêts de plaine et les eaux souterraines », *Revue des Eaux et Forêts,* 1903.

76. G. HUFFEL, *op. cit.,* p. 132.

77. Il faut reconnaître que les géographes, depuis les années 1930, se font un malin plaisir de collectionner toutes les catastrophes torrentielles, montrant que la litière forestière ne retient pas si bien que cela l'eau! Cette humeur taquine transparaît même dans l'ouvrage d'A. DOUGUEDROIT, publié en... 1976.

78. F. BRIOT, *op. cit.,* p. 207.

CHAPITRE XI

DES ESPACES PROTÉGÉS

1. L.-A. FABRE, « Le mouvement sylvo-pastoral et le programme agro-socialiste en France », dans *Compte rendu du IIe Congrès de l'Association pour l'aménagement des montagnes,* Pau, 1906. Le titre est un programme à lui seul, reprenant les critiques formulées au premier Congrès, à Bordeaux, un an plus tôt, en 1905.

2. P. BRIOT, « Les torrents des Alpes », dans *Revue des Eaux et Forêts,* 1905. Sa conception limitative est vivement critiquée au sein de l'Administration. Voir par exemple E. THIERRY, professeur à l'École de

Nancy, avec sa « Réponse à l'article de M. Briot sur les torrents des Alpes », dans *Revue des Eaux et Forêts,* 1906.

3. Il faut dire que P. Descombes jouissait d'une position sociale fort enviable, lui permettant de drainer les capitaux publics et privés dont le mouvement avait besoin. Un article de P. BUFFAULT (*Revue des Eaux et Forêts,* 1925, p. 84) le décrit : « Percepteur, il avait d'emblée le concours du trésorier-payeur général du département où il voulait opérer et des percepteurs de la montagne. Polytechnicien, il retrouvait des camarades dans le général, l'ingénieur en chef, parfois même le préfet, et c'est assisté de ces hauts personnages qu'il allait haranguer les maires et les conseillers municipaux. » Les articles nécrologiques ont du bon...

4. Joly de SAILLY, « La lutte contre la désertion des montagnes », *La Réforme sociale,* 1910.

5. C. GUYOT, « Sur l'application aux terrains communaux en montagne de la loi du 16 août 1913 », *Revue des Eaux et Forêts,* 1922. Par la suite, la loi du 28 avril 1922, dite loi Chauveau, place sous contrôle administratif tous les bois dont la conservation est jugée nécessaire. L'idée, appartenant à un forestier, Reynard, avait été défendue dès 1907 par F. David, et fait l'objet d'un rapport, lu par Déléglise, le 19 mars 1914, rappelant les réticences des libéraux à cette ingérence dans la forêt privée. Les difficultés de cette dernière après la Première Guerre mondiale facilitent donc le travail des nationalisateurs, repris à la fin du XIXe siècle.

6. Chalamel s'appuie donc sur les écrits de E. THIERRY, professant « le cours des torrents », à Nancy (*op. cit.*, note n° 2).

7. L.-A. FABRE, « L'évasion contemporaine des montagnards français », *Annales de la science agronomique française et étrangère,* 1911; « Législation protectrice du sol montagneux en France », *La houille blanche,* 1911.

8. P. CHEVALLIER et M.-J. COUAILHAC, *L'administration des Eaux et Forêts dans le département de l'Isère au* XIXe *siècle,* pp. 132 et suivantes.

9. D'après les expériences de l'ingénieur en chef des mines GUEYMARD, la puissance d'absorption de la pelouse est considérable : 50 kg d'eau par mètre carré pour un gazon de 0,25 cm d'épaisseur (*Étude du régime sous lequel doit être placée la zone pastorale des montagnes du département de l'Isère*).

10. M. CHEVALIER, *La vie humaine dans les Pyrénées ariégeoises,* p. 875.

11. J. SALVADOR, « Le département de l'Ariège au point de vue forestier », in *Annales de la Fédération pyrénéennes de l'économie montagnarde,* 1936, pp. 216 à 269.

12. R. de C. BRETTELL, *Les peintres et le paysan au* XIXe *siècle,* Genève, 1983, in-8°, 163 pp.

13. *Cf.* E. DESMOLINS, « Les populations forestières », *La science sociale,* 1888. Cet article est très révélateur de ce courant. Au reste, même aujourd'hui, il existe très peu d'études sur les capacités que la forêt peut avoir de retenir la population, que ce soit par les emplois offerts ou par les revenus dérivés, vente de bois ou tourisme vert.

14. L.-A. FABRE, « L'achèvement de la restauration des montagnes en France », *Compte rendu du Ier Congrès de l'Association pour l'aménagement des montagnes* », Bordeaux, 1905.

15. De ce point de vue les ouvrages de VALLOT, *Ces monts sublimes* et *Souvenirs d'un montagnard,* sont particulièrement édifiants. Le filon ne se tarit pas après-guerre, avec *La neige en deuil* de G. DUHAMEL, et les nombreux récits de G. FRISON-ROCHE.

L'opinion se lassant un peu du récit romanesque, le genre retrouve une seconde jeunesse, en faisant de l'auteur un explorateur, c'est-à-dire un homme qui a intégré en quelque sorte les vertus dont il n'était jusque-là que spectateur.

16. C'est effrayant de voir la descendance littéraire qu'a eu sa *Madeleine ou la jeune montagnarde,* Limoges, 1846, in-8°, 264 pp! Lecture destinée aux jeunes filles du XIXe siècle, et comblant les milieux bourgeois par le spectacle vertueux qui s'y étale...

17. B. ORAIN, *La transformation des systèmes de production et ses conséquences sur l'utilisation des escpaces extensifs en Margeride lozérienne,* I.N.R.A., Orléans, 1978.

18. La volonté de dresser un bilan montre tout de même que la controverse Briot-Thierry secouait l'appareil administratif. Elle témoigne aussi, par la difficulté de fonctionnement des commissions qui en sont chargées, de la quasi-union sacrée contre le ministère de tutelle. Le coup d'envoi de cette hostilité n'est-il pas dans la lettre qu'adresse DE MAHY, ministre, à Lorentz, directeur des Forêts, et *publiée* par la *Revue des Eaux et Forêts,* en 1882?

19. Cet intérêt est précoce puisque, dès 1876, P. Briot participe à la mission de l'économiste suisse, Schatzmann, directeur de la société laitière de Lausanne, chargé de relever le niveau économique de la vallée de la Byaisse, près de La Roche-de-Dame (Valais). Briot adopte donc une telle démarche là où l'appellent ses responsabilités.

20. Les troubles résultent de l'obligation pour les communes ayant acquis les montagnes de Massat (Ariège) d'en rétrocéder une partie. Elles se sont trop endettées pour pouvoir régler cet achat, fait en 1832, et, depuis 1876, ne savent comment acquitter la somme de 136 000 francs. Le désordre culmine dans les années 1885-1890 (Arch. dép. Ariège, Oe n° 124).

21. *Revue des Eaux et Forêts,* 1888, p. 79.

22. P. BRIOT reprend ce thème dans l'article « Des subventions à l'industrie pastorale », *Revue des Eaux et Forêts,* 1884. Il y déclare qu'une telle conduite de la part de l'État, enfin conciliateur, « en favorisant le perfectionnement de l'industrie pastorale, s'expliquerait donc parfaitement, en définitive, par son propre intérêt, celui d'assurer aux habitants, *afin de réussir plus facilement dans sa tâche,* d'amples moyens d'existence, en compensation de privations de jouissance sur les terrains destinés au *reboisement* ». Comme ses collègues forestiers leplaysiens, il n'est donc anti-étatiste que par comparaison avec d'autres, partisans de la nationalisation de ces terrains.

23. P. BRIOT, *Études sur l'économie alpestre...,* p. 315.

24. *Ibid.,* p. 495.

25. *Ibid.,* p. 229.

26. *Idem.*

27. M. CHEVALIER, *op. cit.,* pp. 327 et suivantes.

28. P. BRIOT, *op. cit.,* p. 312.

29. P. CALVET, « Le rôle économique des associations pastorales dans les hautes vallées des Pyrénées », *Revue des Eaux et Forêts, 1872;* et, six ans plus tard, « Les associations pastorales dans les Pyrénées », *Revue des Eaux et Forêts,* 1878.

30. P. BRIOT, *op. cit.*, p. 188.

31. P. DEMONTZEY, *Traité pratique du reboisement et du gazonnement des montagnes,* pp. 127 et suivantes.

32. P. BRIOT, *op. cit.*, p. 209.

33. L'expérience date de 1892, et souligne que la composition de l'herbe (80 % d'eau, 4,50 % de cellulose) se rapproche de celle de l'acacia (respectivement 74 % et 3,48 %), moins riche en matières grasses et minérales, mais plus riche en matières azotées et « extractives ».

34. Le recours à ces travaux germaniques – Ramann est professeur à l'Institut forestier d'Eberswald (Brandebourg), et Pressler appartient à l'Académie royale forestière de Tharand (Saxe) – montre que l'École de Nancy reste, malgré la défaite de 1870, toujours sous l'influence de la sylviculture allemande, alors qu'elle dédaigne les apports britanniques. Ce choix se reflète dans ce qui a été longtemps le meilleur et le plus célèbre des traités français, celui de G. HUFFEL, *Les arbres et les peuplements forestiers : formation de leur volume et de leur valeur*, publié en 1893.

35. Un des rares forestiers à s'opposer à cela, admis même de la plupart de ses collègues leplaysiens, est *Georges* Auguste FABRE (1849-1911), qui intervenait personnellement auprès des propriétaires du sud du Massif-Central pour les persuader « qu'ils avaient intérêt à ne pas abandonner leur domaine, mais à changer leur manière de les exploiter », selon la description qu'en fait P. GUINIER, (*Revue forestière française*, 1954, pp. 717 à 724). Il a donc été mis en disponibilité par mesure disciplinaire en 1908. Il ne doit pas être confondu avec son homonyme, précédemment cité, *Lucien* A. FABRE (1852-1920).

36. A. CALVET, « Note sur les associations pastorales dans les Pyrénées », *Revue des Eaux et Forêts*, 1874.

37. P. BRIOT, *op. cit.*, p. 228.

38. *Ibid.*, p. 343.

39. A. CORVOL, « Le régime du tire et aire : l'application en montagne », dans Actes du Symposium international d'histoire forestière, Zurich, 1984, publiés. *Histoire de l'exploitation et de l'économie forestières en régions de montagne*, Zurich, 1985.

40. P. BRIOT, *op. cit.*, p. 320. La commission comprend le sous-préfet, le président du Conseil général, le plus âgé des conseillers d'arrondissement du canton, un délégué du Conseil municipal, et... un agent forestier, sa qualité n'étant pas spécifiée.

41. Sur ce « déploiement institutionnel », par lequel l'administration des Eaux et Forêts se cherche des appuis du côté des notables ruraux, voir l'excellent article de R. LARRÈRE, « Forestiers et paysans. Les reboisements en montagne depuis l'Empire », *Recherches,* 1981, p. 79.

42. Pierre Buffault (1866-1942), à ne pas confondre avec son frère aîné Paul (1861-1941), lui aussi auteur d'articles mais davantage orienté vers l'histoire des forêts, sera nommé conservateur en 1919. Il fait donc partie de ceux qui ne semblent pas avoir trop souffert des positions prises. Il est vrai que la plupart de ses écrits se situent après son départ en retraite (1932). Ceux-ci s'appuient sur l'expérience qu'il a acquise comme inspecteur à Barcelonnette, puis à Briançon (1905-1906).

43. A. FEL, *Les hautes terres du Massif central. Tradition paysanne et économie agricole*, thèse de doctorat, université de Clermont-Ferrand, 1962, multigraphiée.

44. Cité par A. ALLIX, *L'Oisans, étude géographique...*, p. 759.

45. Arch. dép. Isère, L n° 305, dossier n° 7, an IX.

46. L. FONTAINE, *Le voyage et la mémoire...*, p. 209.

47. G. LETONNELIER, « L'émigration des savoyards », *Revue de géographie alpine*, 1920, pp. 541 à 584.

48. O. NOUGARÈDE, *Mode de production dominant et sociétés paysan-*

nes; l'évolution d'un système agraire de moyenne montagne : le cas de la Margeride, I.N.R.A., Orléans, 1978.

49. A. du GUINY, « De l'exploitation des pâturages dans les Alpes », *Revue des Eaux et Forêts*, 1865.

50. E. CHAUSSIN, « Les villageois et leur forêt », dans *Des arbres et des hommes*, p. 314.

51. M.-C. PINGAUD, « Le Bois du Roi en Valois », *ibid.*, p. 322.

52. *Idem.*

53. *Idem.*

54. T. JOLAS, « Bois communaux à Minot (Côte d'or) », *ibid.*, p. 228.

55. *Idem*, p. 227.

56. G. CARRIER, *Paysans du Beaujolais et du Lyonnais, 1800-1970*, tome I, pp. 365 et suivantes.

57. T. JOLAS, *op. cit.*, p. 228.

58. *Ibid.*, p. 229.

59. E. CHAUSSIN, *op. cit.*, p. 311.

60. T. JOLAS, *op. cit.*, p. 229.

61. E. CHAUSSIN, *ibid.*, p. 313.

62. A. BRUN, J.-P. CHASSANY, P.-L. OSTY, F, PETIT, *Le Causse Méjan*, I.N.R.A., Orléans, 1978.

64. G. LARRÈRE, *Le système agro-pastoral des Dômes, et les transformations qu'il subit jusqu'au lendemain de la Seconde Guerre mondiale*, I.N.R.A., Orléans, 1975.

65. *Idem.* L'évolution ressemble par bien des aspects à celle qu'enregistre aujourd'hui le plateau de Millevaches, comme le montre G. LARRÈRE, dans « Désertification ou annexion de l'espace rural... », *Études rurales*, 1978.

66. La pièce maîtresse du Fonds d'action sociale pour l'aménagement des structures agricoles (F.A.S.A.S.A.) est en effet cette I.V.D., accordée leur vie durant à des propriétaires qui, en cessant leur activité ou en cédant leur exploitation, favorisent le réaménagement foncier. Le postulant à cette prime doit avoir au moins 65 ans (60 ans dans les régions défavorisées, dites de « rénovation rurale »), et exploiter une superficie suffisante pour ne pas perpétuer des micro-fundia. Au 1er janvier 1967, 72 000 I.V.D. ont été accordées, libérant 1,3 millions d'hectares. Selon les cas, la prime varie de 1 200 à 3 900 F par mois.

67. G. BOUET, « Le zonage agriculture-forêt en Limousin », *Norois*, 1979, pp. 349 à 351.

68. Voir l'impact de la création des pépinières départementales dans le Rhône, à Sainte-Apollinaire, Vauxrenard et Claveisolles, étudié par G. GARRIER, *op. cit.*, pp. 365 et 371.

69. Rappelons qu'en reprenant l'exemple limousin, certaines bonnes terres, dans les années 1975-1980, se louent parfois 50 F l'hectare ! Et que sans aller jusqu'à ce plancher, un fermage à 200 F l'hectare représente un intérêt dépassant de peu 1,5 %. Or, un croît de 13 à 14 mètres cube par hectare et par an laisse au même moment espérer un produit supérieur à 2 500 F !

70. Inversement, la majorité des propriétaires forestiers sont, comme les exploitants agricoles, mais dans une proportion infiniment plus grande, astreints à la pluri-activité. Au maximum, un millier de propriétaires, soit environ 0,05 %, se consacrent totalement à la gestion de leurs bois. Il y a donc là un facteur de rapprochement. Il faut toutefois nuancer par le fait que, pour les agriculteurs, l'exercice de la profession non agricole se situe à proximité de l'exploitation, ce qui est

loin d'être le cas des propriétaires forestiers (*Cf.* chapitre. *Les nouveaux propriétaires*).

71. G. GARRIER, *op. cit.*, pp. 461 à 522.

72. *Idem.*

73. Le mouvement est lancé dès la seconde moitié du XIXe siècle, avec l'action des grands propriétaires nobles, qui font assaut de générosité dans l'offrande de graines et plants. *Cf.* le comte de SABLON, avec son opuscule *Du reboisement des montagnes et de la grosse culture forestière dans le département du Rhône*, Lyon, 1880, in – 8°, 47 pp.

74. La répartition par types de peuplement, donc de revenus, présente en effet une infériorité dans le cas des agriculteurs, due à l'existence en leur possession de peuplements « plus pauvres » que ceux détenus par l'ensemble des propriétaires privés : 35 % de taillis simples, contre 30 %; 25 % de taillis-sous-futaie contre 18 %; etc. L'écart se creuse dès qu'est pris en compte le facteur enrésinement, qui « enrichit » le peuplement.

75. F. BRET, « Approche du problème de l'équilibre agriculture-forêt en région de moyenne montagne. Le cas du haut Beaujolais », *Des arbres et des hommes*, p. 60.

76. D. MICHAUD, « Approche spatiale et efficacité des zonages agriculture-forêt. Étude de cas dans le massif du Jura », *Actes du séminaire agriculture et forêt*, Nancy, 1983, pub. ENGREF, p. 347.

77. J.-P. THÉRON, « Agriculture, élevage et forêts », Actes du Colloque *L'environnement et la Forêt*, Dijon, 1984, pub., p. 47.

78. D. MICHAUD, *op. cit.*, p. 344.

79. J.-P. THÉRON, *op. cit.*, p. 51.

80. F. BRET, *op. cit.*, p. 63.

81. P. NORMANDIN, « État des connaissances sur les structures des forêts non soumises au régime forestier », *Revue forestière française*, 1981, pp. 431 à 444.

82. Ministère de l'agriculture, « Agriculture et Forêt », *Bulletin technique d'information*, 1980, pp. 71 à 258.

83. Ceci est à mettre en relation avec le contrôle de la terre. Durant les trente dernières années, la propriété semble s'être déplacée de la campagne à la ville, en même temps que ceux qui délaissent l'agriculture. Et le mouvement ne peut plus être compensé, les prix des terrains boisés ou boisables étant devenus trop élevés pour la plupart des agriculteurs qui utilisent leurs disponibilités financières éventuelles pour moderniser. Du coup, même dans des régions très forestières (cas du Jura), la part des bois et forêts détenue par les agriculteurs est très faible (6 % dans le canton de Levier).

CHAPITRE XII

LE CITADIN AU BOIS

1. BROILLARD, par exemple, défendra cette orientation, en s'adressant à ses collègues dans la *Revue des Eaux et Forêts* (1894, p. 88) : « Avant les arbres, voyez les hommes... Aujourd'hui, la facilité des voyages, la bienveillance de l'administration supérieure, la création de sociétés forestières vous donnent les moyens de vous réunir entre vous et des hommes éclairés. Usez-en largement. » Impensable, trente ans avant!

2. A. MÉLARD, un administratif, se félicite ainsi de l'aide qu'apporte à cette action pédagogique le Touring Club de France car « elle s'efforce d'introduire l'enseignement sylvo-pastoral dans les écoles, et encourage, par des récompenses, les instituteurs les plus dévoués et les élèves les plus méritants » (*Revue des Eaux et Forêts*, 1907, p. 657).

3. G. BUTTOUD, « Les sociétés scolaires forestières : vulgarisation et développement sous la IIIe République », *Bulletin de la Société forestière de Franche-Comté*, 1977, pp. 91 à 95.

4. La traditionnelle photographie annuelle de la classe a d'ailleurs souvent lieu dans la pépinière, à cette époque. Cette main d'œuvre gratuite – et enthousiaste – décharge en outre le service forestier de l'entretien des pépinières et des travaux de plantation. Ce mouvement se poursuit au travers des parcs naturels régionaux. Ainsi, celui de la Leyre, à Marquèze (Landes), ouvert en 1969, en quelques mois, reçoit dès son ouverture plus de 15 000 visites, dont 4 000 depuis les écoles maternelles jusqu'à l'École d'architecture de Bordeaux. L'*œuvre pédagogique se poursuit donc* au travers d'un cadre différent, non centré sur la commune, et d'une autre formule, plus passive.

5. A l'origine de l'entreprise est cependant un médecin, le docteur Jeannel, auteur d'un mémoire sur les différences de mortalité des départements, en fonction de leur taux de boisement. Il fonde donc en 1891 une première Société des amis des arbres à Nice, dont les manifestations présentent un caractère mondain très marqué. Une inflexion plus sérieuse lui est donnée en 1894 sous la présidence de P. Demontzey, administrateur forestier en retraite, puis, surtout, avec la restructuration de 1909 : la direction centrale va à Calvet (ancien forestier, devenu sénateur), la vice-présidence se partage entre Audiffred (sénateur) Cacheux (forestier) et Bert (forestier). Cardot, inspecteur des forêts et membre de la Commission des pelouses et forêts du Touring Club de France, assure le secrétariat général.

6. M. OZOUF, *La fête révolutionnaire, 1789-1799*, p. 305. Il faut noter cependant que le chêne a la préférence de la Convention, en raison de la dureté de son bois et de sa longévité, symboles de la force et de la pérennité du principe de liberté (discussion de frimaire, an II). Dès le 7 nivôse, cette identification arbitraire est contestée. La lenteur de sa pousse, les difficultés d'adaptation, sans parler des souvenirs d'Ancien Régime, ont conduit bien des communes à opter pour l'orme, le frêne, le peuplier, et surtout, le tilleul, dans le Nord-Est.

7. Les diverses sections de la Société forestière des amis des arbres se développent, en effet, inégalement. Les premières fondées (Alpes maritimes et Lorraine) demeurent stagnantes, alors que prennent de l'ampleur celles d'Auvergne et du Plateau central. Ceci est à mettre en relation avec le fait que la R.T.M. dans cette contrée a surtout pris l'aspect du reboisement, au contraire de la R.T.M. dans le Sud-Est, davantage orientée vers les grands travaux. Le rôle des forestiers dans cette zone centrale explique le dynamisme des sociétés scolaires : 17 dans le Cantal, 25 dans le Puy-de-Dôme, en 1913.

8. Ce caractère revitalisant de la montagne et de l'arbre se retrouve dans l'air du Club alpin de France (Cf. P. GIRARDIN, préface au *Congrès international de l'Alpinisme*, Paris, 1920) :

Les grands héros de la revanche,
O peuple français pour demain
Les gaillards à la chanson franche
Ce sont les gars du Club alpin!

Un tel état d'esprit se retrouve dans bien des associations, notamment à la Société forestière de Franche-Comté, qui se verra discréditée à la Libération, par ses positions prises en faveur de Vichy, après la débâcle de juin 1940.

9. G. BUTTOUD, « Prix et marché du bois à la fin du XIXe siècle », *Revue forestière française*, 1977, pp. 129 à 138.

10. Cette solution était prévisible depuis l'arrivée des Républicains au pouvoir, après 1878. Elle est d'ailleurs préconisée par de Mahy, puis par Méline, enfin par Viette en 1886. Ce dernier l'impose quand il devient ministre de l'Agriculture en 1887, et la rappelle par sa circulaire du 30 novembre 1887 au personnel forestier, et dans sa lettre aux préfets du 28 février 1888. RUAU poursuivra dans cette voie (*Revue des Eaux et Forêts*, 1905, p. 248).

11. C'est notamment la position d'E. CARDOT, avec son ouvrage *Restauration, aménagement et mise en valeur des pâturages de montagne*, Paris, 1900, in-8°, 125 pp.

12. *Bulletin de l'Association des Agents des Eaux et Forêts*, 1913, p. 8.

13. C'est dans cette association que les forestiers se sentent le moins à l'aise. Depuis sa création (1886) son orientation se veut très générale, trop générale. Aussi, en dehors de Buffault, Cardot, et Coincy, aucun forestier ne se rend de manière régulière à ses congrès, organisés depuis 1904, et divisés en quatre sections : forêt, eau, hygiène et paysage. Elle reste en fait une société d'étude, où dominent les géographes, souvent en froid avec l'administration des Eaux et Forêts.

14. Le Touring Club de France, créé en 1890, compte, à la veille de ce Congrès forestier international, qui se tient du 16 au 20 juin 1913, plus de 132 000 membres. C'est de loin la première organisation de masse à s'intéresser aux loisirs en plein air.

15. La plus dynamique de ses sections, celle d'Auvergne et du Plateau central, est dirigée de fait par Reynard, le forestier qui était à l'origine de la notion de forêt de protection, assisté de deux inspecteurs adjoints, Andraud et Garney. Elle présente ainsi une coloration assez différente de celle affichée par la Société forestière de Franche-Comté et de Belfort, fondée en 1890 par des gros propriétaires fonciers et des négociants en bois, dans les départements de l'Est, pour défendre leurs intérêts, jugés insuffisamment pris en considération par les Eaux et Forêts. Cette dernière s'efforce d'avoir une action s'exerçant dans le cadre de la commune, et non du canton, une pratique plus indépendante de la hiérarchie administrative, plus ouverte aussi aux nouveautés sylvicoles.

16. La création du Club alpin français est tardive (1874), longtemps après celle de l'Alpine Club anglais (1857), du Club alpin autrichien (1862), du Club alpin suisse (1863), du Club alpin italien (1863) ou du Club alpin allemand (1869). Traumatisés par la défaite de Sedan, les fondateurs voient dans la montagne un champ d'entraînement, propre à galvaniser la jeunesse pour la revanche, d'où la devise « Pour la patrie, par la montagne ». Ils veulent donc faire connaître la montagne, tout en estimant que les qualités que réclame l'alpinisme ne peuvent être que la marque d'une petite élite (*Bulletin du Club alpin français*, 1886, p. 52).

17. L'homogénéité du groupe est d'ailleurs maintenue par les règles d'admission, le parrainage de deux anciens sociétaires étant nécessaire à l'admission de tout nouveau membre. Ce qui n'empêche pas l'association de croître : 137 membres en 1874, 846 en 1875, les participants aux

activités étant trois fois plus nombreux que les adhérents. Cette structure répond aux vues « militaires du groupe » : « le skieur réellement apte à un service de guerre doit avoir grandi et vécu sur les skis. Il faut donc que nous le recrutions dans la population » (*La Montagne*, 1907, p. 7).

18. D. LEJEUNE, *Les alpinistes en France à la fin du XIX*e *et au début du XX*e, thèse pour le doctorat de 3e cycle, Paris X, 1974, dactylogramme.

19. Il s'agit d'Onésime RECLUS (1837-1916), et non de son frère aîné, Jean-Jacques Élisée RECLUS (1830-1905), lui aussi géographe, et auteur de la célèbre *Nouvelle Géographie universelle*, publiée en vingt volumes, de 1876 à 1894. Le récit de ses *Excursions en Dauphiné*, sorti en 1860 dans le *Tour du Monde*, juste après un article d'Adolphe Joanne, fit grand bruit.

20. Briot, ancien conservateur des Eaux et Forêts à Aurillac, et Chalamel, ancien élève de Nancy et devenu député de l'Ardèche, parce qu'ils estiment devoir promouvoir le progrès dans le domaine pastoral, fondent la Société française d'économie alpestre en 1913. Les liens de celle-ci sont étroits avec les géographes alpinistes, tels que ARBOS (*La vie pastorale dans les Alpes françaises*, 1922) et LENOBLE (*Quelques réflexions sur le prétendu déboisement et sur le reboisement des Alpes*, 1923), mais aussi avec le Touring Club de France, dont les locaux abritent le siège de sa société. Il ne pouvait donc faire moins dans cette conférence, importante pour l'avenir, que de s'engager à leur côté : l'aide financière sera considérable.

21. Il avait d'ailleurs déjà pris position, en 1904, avec un opuscule d'une vingtaine de pages, *L'arbre et la dette sociale*, dont Audiffred avait eu connaissance à la Société forestière des amis des arbres. Ce dernier tirera de ces idées fouriéristes de REYNARD la conception des mutuelles forestières. IL s'agissait de mobiliser la force de travail gratuite qu'est prête à fournir la jeunesse pour lui permettre de se constituer un capital forestier, dont elle profitera à sa vieillesse.

22. La séparation des Eaux et Forêts et du Génie rural est voulue par la majorité du personnel forestier, protestant contre le projet de recruter les responsables des améliorations agricoles parmi les anciens élèves de Nancy (*Bulletin de l'Association des Agents des Eaux et Forêts*, 1918, p. 86). La fusion fut abandonnée, d'où la création, en 1919, à Paris, d'une École supérieure du Génie rural. Cette question s'éteint jusqu'à la réforme de 1960. La Direction générale des Forêts retrouve donc une mission exclusivement forestière : le décret du 8 octobre 1930 en détache d'ailleurs le Génie rural.

23. Descombes apporte en effet son soutien aux sociétés scolaires qui se créent. Il enseigne à la faculté de Bordeaux un « cours de sylvonomie », bref en fait tant qu'il finit par encourir la critique des professeurs de Nancy. Pour lui, tout passe par le reboisement, y compris « sauver la terre de la patrie »! Même P. Buffault lui reproche d'« avoir nui lui-même à la cause qu'il voulait défendre, et compromis dans l'esprit de plus d'un géographe, le crédit qu'on accordait d'ordinaire à la forêt et à son influence ».

24. Son rapport du 26 juin 1908 reprend les thèses libérales de son collègue C. GUYOT, « Les forêts de protection et le régime des forêts des particuliers », *Bulletin de la Société forestière de Franche-Comté*, 1906, pp. 257 à 258.

25. G. HUFFEL, « Les forêts et l'intérêt général : rôle des forêts domaniales », *Rapport au congrès forestier de Gand*, 1913, 10 pp.

26. L'argumentation libérale en faveur d'une non-ingérence dans les

bois particuliers avait pourtant bataillé énergiquement, avec L. DUCROT (*La réforme forestière et la propriété privée*, 1910) ou O. DESCOMBES (*La défense forestière et pastorale*, 1911).

27. R. DANRE, *L'État et la propriété forestière privée*, Paris, 1938.

28. S. COUVREUR, « Un statut juridique à revoir : les forêts de protection », *Revue forestière française*, 1982, p. 73.

29. G. MARTIN, « Évolution des structures foncières de la Forêt », colloque *L'environnement et la forêt*, Dijon, 1984, pp. 150 à 163.

30. M. PRIEUR, « Les forêts et l'environnement en droit français », *Séminaire international sur les forêts et l'environnement*, Limoges, 1983, p. 2.

31. Sur les 11 000 hectares à acheter, près de la moitié est consacrée aux forêts péri-urbaines. Il s'agit donc d'une révision à la baisse mais réaliste puisque les projets antérieurs n'ont pas été exécutés, faute de moyens financiers suffisants. Encore pour ces 11 000 hectares, convient-il de tripler la dotation (p. 46 du rapport).

32. *Cf.* tableau « La forêt dans les pays de la C.E.E. », dans J. GADANT, « La forêt et le bois en France », *Notes et documents*, La Documentation française, p. 19.

33. C'est ainsi que la revue le *Tour du Monde*, revue fort jeune sous le second Empire, traitant souvent de récits de voyages au cœur de l'Afrique et de l'Asie, lorsqu'elle se lance, en 1860, dans une série d'articles sur le Dauphiné, sous la signature d'Adolphe Joanne et d'Élisée Reclus, veille à l'illustration de leurs récits. De nombreux artistes de l'école de Barbizon, ou qui en sont proches, travailleront donc pour elle : Chaigneau (1830-1906), Daubigny (1817-1878), Doré (1832-1883), Français (1814-1897), Guillemet (1843-1918), etc.

34. Adolphe-Étienne Viollet-le-Duc (1817-1878), lui aussi de Barbizon, se passionna pour cette peinture de montagne. Son parent, Eugène Viollet-le-Duc (1819-1879), surtout célèbre comme architecte, partagea cet amour de la montagne. Lui aussi est membre du Club alpin français, et participe au jury des peintres de la montagne. C'est grâce à lui qu'a été récompensée la toile de François ROFFIAEN, artiste belge (1820-1898), intitulée *Vue sur le mont Rose*, datée de 1875.

35. C'est pourquoi dès 1910 la Société des alpinistes dauphinois demande la création d'un parc national du Dauphiné dans le massif de la Grande Chartreuse. Et quelques mois plus tard, la direction centrale du Club alpin français se prononce pour la création de telles réserves en pays de montagne. En décembre 1913, le C.A.F. devient donc membre à vie de l'Association des parcs nationaux de France.

36. L.-A. FABRE, « Les parcs nationaux », *L'Éclaireur de Nice*, n° 136, 16 mai 1914.

37. Cité par J. Florent, « Parcs nationaux, parcs naturels régionaux, réserves naturelles », Actes du colloque *L'environnement et la forêt (op. cit.)*, p. 249.

38. *Ibid.*, p. 254.

39. Ce problème s'est posé dès le début. *Cf.* les deux articles de L. AUSHER (« Les parcs nationaux », *Revue mensuelle du Touring Club de France*, novembre 1913) et d'E. MARTEL (« La question des parcs nationaux en France », *La Montagne*, 1913).

40. C. JACQUIOT, « Les réserves biologiques de la forêt de Fontainebleau, leur intérêt scientifique », Actes du *Colloque sur la forêt*, Besançon, 21 et 22 octobre 1966, pub. 1967, pp. 234 et 239.

41. La critique en est vive, comme en témoignent certains titres, dont

l'article de M. ANSELME et Y. RONCHI, « L'État prédateur : la réforme de l'administration forestière », *Recherche*, n° 45, 1981, pp. 237 à 250, ou l'ouvrage de J. CAUWET, *France, ta forêt fout le camp*, publié chez Stock en 1976.

42. E. PISANI, « La forêt, une extraordinaire leçon de modestie », *Aménagement et Nature*, 1979, n° 53, p. 2.

43. C. MARUMO, *Barbizon et les paysagistes du XIXe siècle*, p. 29.

44. Cité par R. HUYGHE, *La relève de l'imaginaire*, tome I, p. 341.

45. C. DELABALLE, « L'Office, continuateur et novateur », *Revue forestière française*, 1970, pp. 805 à 808.

46. LANOÉ et BRICE, *Histoire de l'École française du paysage depuis Chintreuil jusqu'à 1900*, Nantes, 1905.

47. E. MICHEL, *La forêt de Fontainebleau dans la Nature, dans l'Histoire, dans la Littérature et dans l'Art*, Paris, 1906.

48. G. GASSIES, *Le vieux Barbizon, Souvenirs de jeunesse d'un Paysagiste, 1852-1875*, Paris, 1907, corrobore tout à fait l'impression qu'en donne l'exécuteur testamentaire de A. Chintreuil, A. de la FIZELIÈRE, avec ses « Auberges illustrées » parues dans *l'Illustration* du 24 décembre 1853.

49. Il faut rappeler qe ce rapprochement entre le spectacle de la forêt bellifontaine et celui de la montagne existait au temps même des peintres de Barbizon, à commencer par le fondateur du mouvement, T. ROUSSEAU, qui se sentait, face aux Alpes, comme « un demi-dieu qui respire à tous les vents ». Il les aime balayées par le vent, cinglant de foudre et de pluie, et les présentera toujours sous cet éclairage tragique qu'il s'agisse du *Mont-Blanc vu de la Faucille, effet d'orage* (1833-1834), ou de *Chaîne des Alpes vue du col de la Faucille* (1865).

50. A. BILLY, dans *Les beaux jours de Barbizon* (1947), reprend en grande partie une tradition fixée depuis H. de CALLIAS, avec son article « L'école de Barbizon », paru dans *L'Artiste*... du 15 décembre 1866.

51. Le souci du réalisme conduit en quelque sorte à l'impression, c'est-à-dire à la saisie des variations de lumière à mesure que passent les heures. De cette volonté, un magnifique témoignage est fourni, avec les deux tableaux de T. ROUSSEAU, *Sortie de forêt à Fontainebleau*, l'un dit *Le Matin* (Londres, Collection Wallace), et l'autre, *Soleil couchant* (Paris, musée du Louvre), tous deux de 1848.

52. J. BAILLY-HERZBERG, « L'école de Barbizon, Rousseau, Daubigny et « petits maîtres », *Connaissance des Arts*, juillet 1976. Ce sont d'ailleurs des eaux-fortes d'É. Bléry qui ornent l'ouvrage d'A. BILLY, *Fontainebleau, délices des poètes*. Très souvent, c'est l'estampe qui a, en effet, permis à certains de ces artistes de survivre. C'est dire que l'on gravait beaucoup à Barbizon comme à Chailly!

53. *Bulletin de la Société des amis de la forêt de Fontainebleau*, 1976, p. 90.

54. Le citoyen Macquart, professeur d'histoire naturelle à l'École centrale du département de Seine-et-Marne, établie au Château entre 1796 et 1801, poursuivait ainsi des recherches en ornithologie et botanique. De même, PAILLET, bibliothécaire du département de Seine-et-Oise, qui a laissé une *Description physique de la forêt de Fontainebleau*, parue à Versailles, en 1806.

55. Cité par C. JACQUIOT, dans « Les réserves biologiques forestières de la forêt de Fontainebleau », publié dans les *Comptes rendus des séances de l'Académie d'agriculture de France*..., tome LXVII, année 1981, pp. 208 à 222.

56. Cité par P. SAINT-MARC, *Socialisation de la Nature*, p. 328. Le propos est de Samivel.
57. *La Croix*, 10 octobre 1970.
58. C'est ainsi que, dans le parc régional des vallées de la Leyre (Landes), la réglementation quant aux constructions et aux clôtures n'est véritablement contraignante que sur les rives, de façon à défendre plus de 120 km de promenade en milieu sauvage.
59. Dans les parcs naturels français, le territoire appartient aux collectivités locales (32 %) et aux particuliers (53 %), et très peu à l'État (15 %), d'où l'obligation pour lui de trouver des compromis. Ainsi, lors de la consultation préalable à la création de celui des Cévennes, 25 communes refusaient des règles très strictes de protection. Le parc bénéficie donc de certains assouplissements : droit de chasser et de construire des bâtiments à usage agricole (P. SAINT-MARC, *op. cit.*, p. 327).
60. « La forêt loisir, un équipement moderne du pouvoir », *La forêt et la ville*, Station de recherche sur la forêt et l'environnement, I.N.R.A., Versailles, 1979, pp. 200 et suivantes.
61. R. BALLION, *Enquête nationale sur la fréquentation des forêts, présentation des principaux résultats*, Laboratoire d'économétrie de l'École polytechnique, 2 vol., 1976. La demande d'équipement baisse à mesure que s'élève le niveau d'instruction : elle concerne 71 % des visiteurs ayant le niveau primaire, mais seulement 33 % de ceux ayant le niveau supérieur.
62. *L'Express*, 5 octobre 1970 : le maire de Modane, concerné par l parc de la Vanoise, estime insuffisant les 23 MF investis dans l'équipement routier. D'où sa formule : « Si l'État me refuse la station, qu'il me donne une usine Ford ou un bataillon de chasseurs alpins » ! Ce qui pose crûment les difficultés de la coexistence entre économie et esthétisme...
63. P. SAINT-MARC, *op. cit.*, p. 182.
64. R. BALLION, *op. cit.*.
65. L. SOULIER, *Espaces verts et urbanisme*, Centre de recherches d'urbanisme, Paris, 1968.
66. R. BALLION, « Analyse sociologique de l'usage de la forêt », dans *L'environnement et la forêt, op. cit.*, p. 73.
67. « Les parcs naturels régionaux » *Revue 2000*, , septembre 1967.
68. B. KALAORA, *Le musée vert*, p.34 et 59.
69. « Vers la forêt du XXIe siècle, rapport B. de Jouvenel », *Revue forestière française*, 1978, pp. 122 et suivantes.
70. J. de MALAFOSSE, « Droits et usages locaux », dans *L'environnement et la forêt, op. cit.*, p. 66.
71. P. LE LOUARN, *La responsabilité de la puissance publique et la fréquentation des espaces naturels*, thèse pour le doctorat de droit, Rennes, 1983, pp. 220 et suivantes.

CONCLUSION GÉNÉRALE

1. M. ANSELME et Y. RONCHI, *Forêts péri-urbaines et corps des forestiers. Genèse d'un équipement collectif*, C.E.R.F.I.S., Aix-en-Provence, 1981, p. 60.

2. *Revue du ministère de l'Équipement*, avril 1969. Cette conception libérale se trouve d'ailleurs précisée quelques mois plus tôt, dans le journal *le Bois*, en date du 10 février 1969, où le ministre explique qu'il « serait préférable d'utiliser pour la construction les nombreux espaces verts » existants.

3. Cette vague constructive – 20 000 dérogations entre 1960 et 1964, 80 000 de 1965 à 1969 – explique le sentiment d'un rétrécissement du patrimoine sylvicole qu'ont les Français. L'impression est fausse, car la forêt s'étend, mais pas suffisamment, ni là où ils en éprouvent le besoin. D'où les titres de la presse à grand tirage, misant sur cette angoisse : « Faudra-t-il porter un masque à gaz pour vivre en banlieue ? » (*le Parisien Libéré* du 24 août 1964), « S.O.S. pour les espaces verts d'Ile-de-France » (*Paris-Presse* du 21 octobre 1965), « Pitié pour nos poumons » (*Paris-Jour* du 29 novembre 1965), etc.

4. S. CHARBONNEAU et J.-G. PADIOLEAU, « La mise en œuvre d'une politique publique réglementaire : le défrichement des bois et forêts » *Revue française de sociologie*, 1980, pp. 49 à 75.

5. J.-J. SUEUR, « Le régime juridique des défrichements privés », *Droit et ville*, 1982, n° 13, p. 152.

6. R. SAVY (*Droit de l'urbanisme*, p. 269), cite par exemple le cas de la mise en chantier de l'autoroute Lille-Dunkerque, qui a entraîné une augmentation de 2 500 % de la valeur des terres agricoles. De même, la Commission d'enquête sur « la situation de l'agriculture et de l'économie rurale dans les znes de montagne et défavorisées » observe des coefficients multiplicateurs de 10, 20, voire 50! (*Journal officiel*, débats Assemblée nationale, 2e session 1981-1982, documentations parlementaire, n° 757, p. 106).

L'action de l'État dans le domaine forestier

1660. *Mai,* réformation générale des Eaux et Forêt (Maîtrise de Paris).

Décembre, réglementation du port d'armes.

1667 *Avril,* possible récupération par les villageois des communaux aliénés depuis 1620.

1669 *Août,* Code forestier.

1675 *Juillet,* coupe interdite dans les bois ecclésiastiques.

1683 *Novembre,* interdiction d'exploiter toute futaie à moins de 15 lieues des côtes et à moins de 16 lieues des rivières navigables.

1684 *Juin,* interdiction de distribuer en nature les chauffages convertis.

1685 *Mars,* déclaration préalable de coupe obligatoire pour la haute futaie.

1693 *Mars,* réformation des bois de Lorraine, prévue depuis 1664 et 1686.

1695 *Novembre,* exploitation du sapin interdite dans les Pyrénées.

1700 *Septembre,* réglementation du port d'armes.

1702 *Mars,* réglementation des coupes dans les Pyrénées.

1704 *Février,* création d'une Chambre des Eaux et Forêts dans chaque Parlement.

1705 *Février,* coupe interdite des baliveaux dans les ventes actuelles et passées.

1710 *Octobre,* confirmation des gardes généraux collecteurs des amendes dans leurs droits et privilèges.

1715 *Janvier,* attributions confirmées des officiers forestiers, y compris dans les bois des particuliers.

1716 *Mai,* règlement sur les amendes des Eaux et Forêts.

Juillet, interdiction du port d'armes, sauf pour les gentilshommes et dans les zones frontières.

1718 *Juillet,* interdiction des abattages en Provence, sauf pour la Marine.

1720 *Mai,* élargissement des grands chemins qui devront être bordés d'arbres aux frais des riverains.

1723 *Mars,* interdiction d'exporter du charbon de bois ou d'en vendre à des étrangers.

Juillet, interdiction d'exploiter le taillis avant sa dixième année et obligation de réserver seize baliveaux par arpent.

Août, interdiction d'établir fourneaux, martinets, forges et verreries sans autorisation.

1724 *Janvier,* établissement d'une caisse commune alimentée par les recettes générales des Domaines et Bois.

Mai, application du Code forestier en Flandre, Hainaut et Artois.

Juin, aménagement des bois ecclésiastiques en Bretagne.

Septembre, interdiction à tout particulier d'exploiter ses futaies.

1726 *Mars,* quart en réserve obligatoire dans tous les bois ecclésiastiques.

1727 *Février,* contrôle des amendes des Eaux et Forêts.

1729 *Juin,* pâturage prohibé sur les parties incendiées des bois royaux.

1735 *Août,* désignation et rétribution d'un ou plusieurs gardes obligatoire pour tout village dans le Domaine.

1736 *Mai,* organisation du travail du bois en Franche-Comté.

1738 *Décembre,* interdiction pour quiconque de couper des futaies ou d'abattre du taillis n'ayant pas dix ans.

1741 *Septembre,* ventes à la feuille annulées (Maîtrise de Nevers).

1742 *Février,* dispositions particulières au sujet des bois communaux d'Alsace.

1750 *Juillet,* précisions sur le droit de triage.

1751 *Avril,* généralisation de l'interdit sur les ventes à la feuille.

1752 *Août,* maintien des Grands-Maîtres dans le droit de nommer et destituer les gardes communaux.

1754 *Juillet,* déclaration préalable au greffe pour toute coupe.

1756 *Janvier,* renforcement des pouvoirs des forestiers.

1756 *Octobre,* interdiction d'incendier landes, bruyères et garrigue en Languedoc.

1760 *Novembre,* règlement pour le paiement des amendes et frais de justice.

1766 *Septembre,* exportation autorisée des bois de cercle.

1777 *Août,* suppression des receveurs de bois et collecteurs des amendes.

Décembre, réorganisation de la régie des Domaines et Bois.

1775 *Novembre,* chèvres expulsées des bois, buissons et vignes.

1780 *Mars,* déclaration contre le braconnage.

1784 *Février,* permission accordée aux gardes généraux et particuliers de s'armer.

1785 *Juin,* tolérance du rouettage.

1788 *Mai,* suspension des attributions contentieuses appartenant aux juridictions d'exception.

1789 *Mai,* restriction sur le pacage dans les bois royaux.

Novembre, rappel de la législation forestière.

Décembre, responsabilité des forêts confiées aux administrations départementales.

1790 *Mai,* préservation des coutumes affouagères.

Août, aliéation des bois nationaux inférieurs à 50 hectares.

1790 *Août,* maintien de l'ancienne réglementation forestière principe d'une administration autonome.

Septembre, renvoi des délinquants forestiers par devant les juges de district.

Décembre, liquidation des offices financiers contre remboursement.

1791 *Septembre,* organisation de l'administration forestière.

1792 *Septembre,* réintégration des communes dans les droits et propriétés perdus depuis 1669.

1793 *Juin,* partage par tête des biens communaux.

Juin, arbitrage forcé au sujet des bois contestés entre la Nation et les communes.

1794 *Janvier,* répartition du produit des bois communaux

Mars, maintien du partage par tête pour le produit forestier.

Août, ramassage admis des glands, faînes et autres fruits.

1795 *Mai,* plan d'organisation administrative dû à Hébert.

Juillet, établissement de gardes champêtres dans les communes.

1796 *Novembre,* placement des forestiers sous la direction de l'Enregistrement et des Domaines.

1797 *Septembre,* pâturage réglementé dans les forêts nationales.

1800 *Janvier,* mise en place d'une administration forestière autonome.

1801 *Mars,* contrôle administratif sur les bois des communes et des hospices.

Mars, instruction donnée aux gardes généraux et particuliers.

Avril, instruction donnée aux administrateurs forestiers.

1802 *Mars,* répression du pâturage en forêt.

1803 *Mai,* soumission pour une durée de 25 ans des défrichements à autorisation préalable.

1806 *Mars,* instruction des procès confiée à l'administration

1807 *Février,* création d'une police administrative pour veiller au recouvrement des amendes.

Mars, obligation aux usagers des forêts nationales de présenter leurs titres.

1810 *Décembre,* définition du terme « défrichement ».

1814 *Décembre,* loi sur le retour des biens aux immigrés.

1816 *Avril,* arrêt des aliénations.

1817 *Janvier,* confirmation de l'appareil forestier.
Mai, réunion de l'administration des forêts à la régie de l'enregistrement.

1820 *Octobre,* spécificité reconnue de l'administration forestière.

1823 *Janvier,* avant-projet de Code remis à Villèle.

1824 *Mars,* rétablissement de la contrainte par corps supprimée en mai 1821.

1825 *Janvier,* ouverture de l'École des Eaux et Forêts de Nancy.

1827 *Avril,* Code forestier.

Août, ordonnances réglementaires.

1828 *Août,* législation de la taxe affouagère.

1829 *Mars,* début de la révolte des Demoiselles.

1831 *Mars,* loi d'aliénation.

Août, création de compagnie spéciales frontalières.

Octobre, défrichement autorisé pour les bois qui sont en plaine et inférieurs à 12 hectares.

1837 *Juillet,* interdiction du partage sur pied pour le bois d'affouage.

1844 *Mai,* permis de chasse.

1848 *Mars,* aliénation de bois appartenant à l'ancienne liste civile.

Mai, impôt de 25 % sur les plus-values dues aux défrichements.

1848 *Décembre,* réduction du budget de l'Administration des Forêts.

Novembre, abrogation de la loi sur les plus-values.

1850 *Août,* loi d'aliénation.

1852 *Juillet,* constitution de la Société forestière de France.

1855 *Mai,* aliénation de bois domaniaux.

1857 *Mai,* faculté d'appréciation laissée aux conservateurs forestiers au sujet des poursuites.

1859 *Mai,* reconnaissance du principe de transaction en matière pénale.

Juin, réglementation des défrichements.

Juin, poursuite par le Ministère public des délits commis dans les bois des particuliers.

Juin, institution du Comité central agricole de Sologne.

1860 *Juillet,* reboisement en montagne.

1864 *Juin,* regazonnement des montagnes.

1866 *Juillet,* aliénation de bois domaniaux.

1868 *Août,* aliénation de bois domaniaux.

Décembre, création de la Société des Agriculteurs de France.

1873 *Janvier,* rattachement de la Société forestière de France à la Société des Agriculteurs de France.

Juillet, fondation de l'École des Barres.

1874 *Juillet,* restrictions pour l'octroi de l'affouage aux étrangers.

1877 *Décembre,* rattachement des Forêts au ministère de l'Agriculture.

1879 *Août,* transformation du Comité central agricole de la Sologne en association de propriétaires.

1882 *Avril,* reboisement des terrains en montagne.

1890 *Novembre,* création de la Société forestière de Franche-Comté et de Belfort.

1892 *Avril,* création de la Société française des amis des arbres.

1897 *Mars,* exonération trentenaire d'impôt foncier sur les reboisements.

1901 *Mars,* possibilité du partage par tête octroyée pour l'affouage.

1902 *Juin,* création de la Fédération nationale des bûcherons.

1907 *Février,* création de la Fédération des syndicats de fermiers, métayers et résiniers de la terre landaise.

Décembre, révision cadastrale des propriétés forestières.

1908 *Janvier,* création de l'Office forestier du Centre et de l'Ouest.

1909 *Mars,* achat de forêts par les associations d'utilité publique.

1912 *Novembre,* création du Comité des Forêts.

1913 *Juillet,* gestion facultative des forêts privées par l'administration (loi Audiffred).

Juillet, taxe sur les gardes particuliers.

Août, expropriation de la forêt d'Eu.

Août, suppression de la « clause des dangers nés et actuels ».

1918 *Novembre,* décrets d'application relatifs à la loi Audiffred.

Avril, indemnisation des dommages de guerre.

1919 *Octobre,* droit de l'État reconnu sur les formes d'énergie.

1922 *Avril,* soumission au régime forestier des forêts de protection (loi Chauveau).

1930 *Avril,* exonération partielle des droits de mutation entre vifs sur les forêts privées (loi Sérot).

1931 *Juillet,* extension à tous les boisements de l'exonération trentenaire d'impôt foncier.

1937 *Mai,* aides de l'État en faveur du reboisement.

1941 *Mai,* institution du Comité central de reboisement.

1942 *Janvier,* reboisements obligatoires.

Mars, abrogation de la loi Sérot.

1943 *Février,* intégration du Groupe national spécialisé de la production forestière à la Corporation paysanne.

Mars, création de la Fédération nationale des Syndicats de propriétaires forestiers.

1944 *Décembre,* institution du Comité consultatif de la forêt privée auprès du Comité national d'action agricole.

1945 *Juin,* création de la Fédération nationale des syndicats de propriétaires forestiers sylviculteurs.

1946 *Septembre,* mise en place du Fonds Forestier National.

1952 *Juin,* création du Groupement de défense de la forêt et du bois contre le dirigisme et la fiscalité.

Octobre, Code forestier.

1954 *Décembre,* organisation des groupements forestiers.

1957 *Juillet,* extension de la loi de 1930 (protection des monuments) aux sites et monuments naturels.

1959 *Décembre,* extension de la loi Sérot aux mutations à titre gratuit.

1960 *Mars,* création de l'Association technique pour la vulgarisation forestière.

Juillet, loi sur les parcs nationaux.

1960 *Août,* loi définissant des zones libres et des zones réglementées.

1961 *Juin,* dispositions relatives au zonage agriculture-forêt.

Juillet, réglementation sur les zones d'aménagement différées.

1963 *Août,* loi sur l'équilibre biologique du pays.

Août, création des Centres régionaux de la propriété forestière (loi Pisani).

1964 *Décembre,* réorganisation de l'administration forestière.

1965 *Octobre,* organisation des services régionaux d'administration forestiers.

1966 *Avril,* décrets d'application de la loi Pisani.

Décembre, avantages financiers aux groupements forestiers.

Juillet, loi sur les périmètres de protection et de reconstitution forestière.

1967 *Décembre,* création des zones d'aménagement concerté.

1968 *Juillet,* création de l'Institut pour le Développement forestier.

1969 *Décembre,* instauration de la taxe sur les défrichements.

Décembre, loi de finances sur les reboisements.

Décembre, exonération partielle d'impôt sur le revenu appliqué aux reboisements.

1971 *Mai,* détermination des périmètres d'action forestière.

Juillet, loi foncière autorisant « le mixage ».

1975 *Juillet,* loi sur le Conservatoire de l'espace littoral et des rivages lacustres.

Juillet, droit de préemption sur les espaces naturels boisés.

1976 *Juillet,* extension de la loi Chauveau (loi sur la protection de la Nature).

SOURCES

I. ARCHIVES

Les indications figurant ici se limitent à énumérer les fonds concernant le sujet. Le lecteur, pour plus de précision, se reportera aux notes accompagnant chaque chapitre.

Archives nationales

1. Série AF : Archives du pouvoir exécutif
   AF I n° 1, Conseil du Roi : procès-verbaux.
   AF I n° 5 à 8, Comité des rapports de l'Assemblée Constituante : procès-verbaux, sommaire de correspondance.
2. Série D : Missions des Représentants du peuple et Comités des Assemblées
   D XVIII, n° 1, lettres, requêtes et mémoires touchant l'administration forestière et le domaine de l'État, 1790-1791, an II.
3. Série E : Conseil du Roi
   E n° 1685 5, pièces diverses concernant la Compagnie d'Agriculture, 1761-1782, arrêts relatifs aux défrichements, 1767-1775.
   E n° 3627 1, états de coupes de bois et états de chauffage des officiers et des usagers dans les forêts royales, arrêtés au Conseil des Finances, 1669-1677.
4. Série F : Versement des ministère
   Fla, n° 313 à 332 [6], ministère des Finances, Eaux et Forêts, Postes, 1774-1854.
   F7 n° 3035, dilapidation des forêts, délits de chasse, mendicité et vagabondage, 1789-1814.
   F10 n° 324 à 328, pièces diverses concernant les défrichements et les communaux, 1754-an IV, et 1860.
   F10 n° 403 à 406, bois et forêts : correspondance, 1778-1816.

F10 n° 1656 à 1721, cantonnement des droits d'usage dans les forêts domaniales, 1687-1889.
F10 n° 2296, inondations de 1907 et de 1909-1910.
F10 n° 2381 à 2385, autorisations de pacage des bêtes à laine dans les forêts et bois communaux soumis au régime forestier, 1939-1947.
F10 n° 2386 à 2390 autorisation de parcours et de pâturage dans les forêts et terrains domaniaux (1859-1945).
F14 n° 1186 à 1216, fleuves et rivières, correspondance, mémoires, projets et plans, 1700-1800.
F14 n° 7546 à 7586, inondations, affaires générales et enquêtes classés par bassins, 1808-1889.
F14, n° 14622, dommages causés par les inondations.
F14 n° 3476 et 3477, fleuves et rivières, canaux, inondations, ouverture de crédits, tableaux des crédits, 1852-1862.
F14 n° 6499 et 6500, navigation, ... travaux de défense contre les eaux, notes et rapports divers, 1874-18909.

5. Série Q : Domaines
   Q1 : Titres domaniaux
   Q1 n° 60 et 61, Eaux et Forêts, offices, Aube.
   Q1 n° 162 et 163, Eaux et Forêts, droits et offices supprimés, XVIIe-XVIIIe siècles, Côte-d'Or.
   Q1 n° 824 et 825, Eaux et Forêts, droits et offices supprimés, XVIIe-XVIIIe siècles, Nièvre.
   Q1 n° 1659 à 1662, Eaux et Forêts, droits et offices supprimés, Nièvre.

Bibliothèque nationale

1. Manuscrits français
   n° 11051, 11163, 11213, 16745, 18508, 18574, 18588, 18599, 21670, 21671, 26421.
2. Nouvelles acquisitions françaises
   n° 167, 206, 238 à 240, 1633, 1634, 1636, 1638, 2508, 7902.
3. Mélanges Colbert
   n° 102, 105, 106, 109, 109 *bis*, 114, 119 *bis*, 141 *bis*, 142, 142 *bis*, 143, 146, 147, 148, 153, 153 *bis*, 157 *bis*.
4. Cinq Cents Colbert
   n° 244, 245, 246, 257, 259 et 260, 261, 264 à 272.

Archives départementales

Les informations livrées par ces fonds proviennent essentiellement des séries B (Maîtrises des Eaux et Forêts), E (Communes et municipalités), L (Documents relatifs aux administrations du département pendant la révolution), M (Administration générale et économie du département depuis 1800. Sous-série *Forêts*), P (Eaux et Forêts), Q (Domaines) et U (délits forestiers et contentieux sur les droits d'usage). A cela s'ajoutent les dossiers et papiers, généralement non classés, conservés par les directions régionales de l'Office National des Forêts.

Cette surabondance explique le choix des sondages effectués dans les dépôts départementaux suivants : Ain, Alpes-de-Haute-Provence, Alpes (Hautes-), Alpes-Maritimes, Ardèche, Ariège, Aube, Cher, Corrèze,

Côte-d'Or, Dordogne, Doubs, Garonne (Haute-), Indre-et-Loire, Isère, Loir-et-Cher, Lozère, Marne (Haute-), Meurthe-et-Moselle, Nièvre, Puy-de-Dôme, Pyrénées-Atlantiques, Pyrénées-Orientales, Saône-et-Loire, Sarthe, Tarn-et-Garonne, Yonne.

II. SOURCES IMPRIMÉES

OUVRAGES

ALTMAYER, N., *Du Défrichement des forêts et du reboisement des parties incultes du sol,* Metz, 1842, 35 p.
ARBOIS DE JUBAINVILLE M.-A., *Observations sur la vente des forêts de l'État,* Paris, 1865, pièce.
ARNAUD, *De l'Urgence du reboisement en général, et particulièrement de celui des Alpes par les troupes,* Nancy, 1845, 24 p.
BAILAC J., *Le Reboisement en France, son utilité, sa mise en pratique,* Bordeaux, 1910, 204 p.
BAILLON H., *Dictionnaire de botanique,* Paris, 1876, 4 volumes.
BALLAND C.P.J., *Observations sur l'administration des forêts,* Paris, 1791, 47 p.
BASTIAT F., *Propriété et Spoliation,* Paris, 1850, 64 p.
BAUDRILLART J.-J., *Dictionnaire de la culture des arbres et de l'aménagement des forêts,* Paris, 1821, 825 p.
–, *Traité général des Eaux et Forêts, Chasses et Pêches,* Paris, 1821-1848, t. I et III.
BERTHELOT du FERRIER, *Traité de la connaissance des droits et domaines du Roy et de ceux dépendant médiatement ou immédiatement de Sa Majesté,* Paris, 1719, 420 p.
BONCERF P.F., *Aperçu des effets qui résulteront des dessèchements, défrichements, plantations...,* s.l.n.d., 8 p.
–, *De l'Inaliénabilité et de l'aliénation du Domaine,* s.l.n.d., 127 p.
BONNET C.H., *Code de la conservation générale des forêts et bois nationaux,* Paris, an X, 300 p.
BOUQUET de LA GRYE A., *Les Réformes forestières,* Troyes, 1878, 27 p.
BOUTARIC F., *Traité des droits domaniaux et des matières féodales,* Toulouse, 1745, 305 p.
BOUVET M., MILLISCHER J., *Renseignements généraux sur le reboisement, semis, plantations, pépinières,* Besançon, 1893, pièce.
BOYE E., *Le Reboisement des montagnes,* Lille, 1892, pièce.
BRETON-BONNARD L., *Les Arbres à grand rendement. Le reboisement par les résineux,* Paris, 1918, 276 p.
BRIOT F., *Les Torrents des Alpes, du reboisement des montagnes en général,* Poitiers, 1905, 28 p.
BUFFEVENT, *De l'Organisation de l'administration forestière,* Alençon, 1849, 43 p.
BUFFON, *Histoire naturelle, générale et particulière,* Nouvelle édition, Paris, 1769-1770, 13 volumes, t. III.
BURGER A.S., (pseudonyme d'Alexis LEBON). *Flore forestière, description et histoire des végétaux ligneux qui croissent spontanément en France,* Nancy, 1858, 384 p.

–, *Les Forêts de l'État et les principes économiques actuels,* Paris, 1865, 42 p.

CAPPEAU L.J.J.P., *Code rural, ou Recueil analytique des lois, règlements et usages,* Aix-en-Provence, 1817, 492 p.

–, *Traité de la législation rurale et forestière,* Marseille, 1824, 719 p.

CANDOLLE A, de, *Géographie botanique raisonnée, ou Exposition des faits principaux et des lois concernant la distribution géographique des plantes de l'époque actuelle,* Paris, 1855, 2 volumes.

CANNON D., *Semer et planter. Le propriétaire planteur...* 3e édition, Paris, 1906.

CEZANNE E., *Études sur les torrents des Hautes-Alpes,* 2e édition, Paris, 1870-1872, 2 volumes.

CHAILLANT, *Dictionnaire raisonné des Eaux et Forêts,* Paris, 1769, 2 volumes.

CHAMBEAU, *Les Gardes des Eaux et Forêts, domaniaux et communaux unification et réorganisation,* Chaumont, 1903, 51 p.

CHARMASSE A. de, MONTARLOT P., *Cahiers des paroisses et communautés du bailliage d'Autun pour les États Généraux de 1789,* Autun, 1895.

CHAUDEY, *Météorologie et Reboisement,* Paris, 1921, 10 p.

CHAUFFOURT J. de, *Instruction sur le faict des Eaux et Forêts,* Paris, 1603, 162 ff.

CHEVANDIER A.D., *Discours sur le reboisement et gazonnement des montagnes... à la Chambre des Députés,* séance du 15 février 1877, Montdidier, 24 p.

CLAUSSE G.N., *Précis sur l'administration et l'aménagement des forêts et bois nationaux...,* Paris, an VIII, 166 p.

CLAVE J., *Études sur l'économie forestière,* Paris, 1862, 377 p.

COMTE C., *Traité de la propriété,* Paris, 1834, 2 volumes.

COQUELET de CHAUSSEPIERRE, ROUSSELET, *Ordonnance de Louis XIV Roi de France et de Navarre, sur le fait des Eaux et Forêts,* Paris, 1765, 603 p.

CORMOULS-HOULES G., *Essais de reboisement dans la Montagne Noire, mémoire,* Mazamet, 1882, pièce.

CURASSON J., *Le Code forestier conféré et mis en rapport avec la législation qui régit les différents propriétaires et usagers dans les bois,* Paris, 1828, 2 volumes.

DELISLE de MONCEL, *Mémoire sur le repeuplement, l'augmentation et la conservation à venir des bois dans les départements,* Nancy, 1791, 62 p.

DEMAY C., *Cahiers des paroisses du bailliage d'Auxerre pour les États Généraux de 1789,* Auxerre, 1885, 503 p.

DEMONTZEY P., *Traité pratique du reboisement et du gazonnage des montagnes,* 2e édition, Paris, 1882, 538 p.

DESCOMBES P., *La Lutte contre les inondations par le reboisement,* conférence donnée à Paris, Cercle des armées de terre et de mer, 15 décembre 1910, Bordeaux, 1911, 20 p.

DIRECTION GÉNÉRALE DES EAUX ET FORÊTS, Compte rendu général. Voyage d'études dans les Alpes françaises, Nancy, 1953, 373 p.

–, Commission européenne des Forêts. Groupe de travail du boisement et du reboisement. Voyage d'études en France dans le Sud du Massif Central, compte rendu général, Nancy, 1956, 326 p.

–, Sous-commission de coordination des questions forestières méditerranéennes. Voyage d'études en France dans la région provençale, Nancy, 1957, 421 p.

DOIN P., *Du Reboisement et du gazonnement des terrains des particuliers,* thèse de droit, université de Paris, 1899, Paris, 1899, 231 p.
DRALET, *Traité de l'aménagement des bois et forêts...,* Paris, 1807, 103 p.
–, *Traité des délits, des peines et des procédures en matière d'Eaux et Forêts,* Paris, 1807, 304 p.
–, *Traité du régime forestier...,* Paris, 1812, 2 volumes.
DUBOIS-BELLEGARDE A., *Quelques Idées sur les forêts et les bois nationaux,* Paris, an VIII, 16 p.
DUGIED P.-H., *Projet de boisement des Basses-Alpes,* Paris, 1819, 113 p.
DUPUIT J.E.J., *Études théoriques et pratiques sur le mouvement des eaux courantes...,* Paris, 1848, 275 p.
DUVAL R., *De la Propriété forestière en France et des moyens d'en arrêter le défrichement,* Paris, 1844, 32 p.
DUVAURE A., *Mémoire sur les causes du dépérissement des forêts et sur les moyens d'y remédier,* s.l.n.d., 50 p.
ESTIENNE C., LIEBAULT J., *L'Agriculture ou Maison rustique,* avec *une Instruction pour savoir en quel temps... on doit semer et replanter,* Paris, 1640.
FABRE (citoyen), *Essai sur la théorie des torrents et des rivières,* Paris, 1797, 482 p.
FABRE J.P.A., *Des Habitants des montagnes considérés dans leurs rapports avec le régime forestier,* Maseille, 1849, 60 p.
FABRE L.A., *Le Reboisement et l'Enseignement scolaire,* Besançon, 1903, 4 p.
–, *Sur l'Achèvement de la restauration des montagnes en France,* Bordeaux, 1906, 26 p.
–, *Les Dérivations à l'idée du reboisement des montagnes,* Bergerac, 1907, 31 p.
–, *L'Exode des montagnards et la transhumance du mouton en France,* Lyon, 1909, 39 p.
FLAHAUT C., *Nouvelle Flore coloriée de poche des Alpes et des Pyrénées,* Paris, 1906-1912, 3 volumes.
FLEURY F. P., *Considérations sur l'intérêt qu'a le gouvernement à maintenir en France une administration forestière spéciale,* Paris, 1818, 50 p.
FORESTIER J.-F., *Code des Eaux et Forêts,* Paris, an XI, 2 volumes.
FREMINVILLE LA POIX de, *Traité de jurisprudence sur l'origine et le gouvernement des communes ou communaux des habitants des paroisses et seigneuries,* Paris, 1763, 552 p.
FROIDOUR L. de, *Ordonnance des Eaux et Forêts,* Toulouse, 1683, 498 p.
GASPARIN A.E.P. de, *Cours d'agriculture,* Paris, 1843-1851, 5 volumes.
GASPARIN A.E.F. de, *Étude politique sur la sédition,* Avignon, 1879, 27 p.
GAUCHET L.C.F., *Danger de l'aliénation des forêts de l'État,* Paris, 1831, 88 p.
GUIOT L., *Les Forêts et les Pâturages du comté de Nice,* Paris, 1875, 267 p.
GURNAUD A., *Les Bois de l'État et la dette publique,* Besançon, 1866, 16 p.
GUYOT C., *L'Enseignement forestier en France. L'École de Nancy,* Nancy, 1898, 400 p.

–, *Réflexions sur la nationalisation du sol forestier,* Bordeaux, 1906, 26 p.
JOLYET A., *Traité pratique de sylviculture. Les forêts,* Paris, 1801, 488 p.
HENRION de PANSEY, P.P. NICOLAS, *Des Biens communaux et de la police rurale et forestière,* Paris, 1833, 517 p.
HENRIQUEZ J., *Mémoire sur les moyens de multiplier les plantations de bois,* Reims, 1789, 84 p.
HERBIN de HALLE P.E., *Traité du cubage des bois,* Paris, 1812, 450 p.
–, *Mémorial statistique et administratif des forêts du royaume,* Paris, 1821-1846, 6 volumes.
JAUME SAINT-HILAIRE, *Mémoire sur l'administration et l'aménagement des forêts,* Paris, 1814, 30 p.
JOUYNE Z., *Reboisement des montagnes,* Digne, 1850, 184 p.
LACLEDE J. de, *Vues générales sur l'administration des Eaux et Forêts,* Pau, 1789, 64 p.
LALAURE, *Traité des servitudes réelles à l'usage de tous les Parlements et sièges du royaume,* Caen, 1786, 663 p.
LATRUFFE-MONTMEYLIAN, *Des Droits des communes sur les bois communaux,* Paris, 1826, 2 volumes.
LAVERGNE L.B.C. Milhaud de, *Économie de la France depuis 1789,* Paris, 1860, 487 p.
LEFEBVRE de LA PLANCHE, *Mémoires sur les matières domaniales,* Paris, 1764-1765, 3 volumes.
LESPIAULT G., *Des Déboisements dans l'Amérique du Nord et de leur influence météorologique,* Bordeaux, 1883, 15 p.
LORENTZ B., *Cours de culture des bois,* 5e édition, Paris, 1867.
LOZE A., *Déforestation et reboisement dans la région pyrénéenne,* Paris, 1910, 171 p.
MADRE H., *De la mise en rapport des forêts de l'État, historique et aménagement,* Paris, 1898, 152 p.
MANUEL, *Influence météorologique des montagnes et des forêts,* Foix, 1841, 320 p.
MATHIEU A., *Le Reboisement et le regazonnement des Alpes,* Paris, 1865, 112 p.
MEAUME E., *Des Droits d'usage dans les forêts, de l'administration des bois communaux et de l'affouage,* Paris, 1847, 2 volumes.
MICHEL J.E., *Observations sur le commerce des bêtes à laine dans les départements des Bouches-du-Rhône, des Basses-Alpes et du Var,* Aix, 1790.
MICHELET J., *La Montagne,* Paris, 1868, 388 p.
MIGNERET S.J.B.M., *Traité de l'affouage dans les bois communaux,* Paris, 1840, 416 p.
MORTEMART de NOISSE, *Voyage dans les Landes de Gascogne,* Paris, 1840, 210 p.
MUSTEL N.A., *Traité théorique et pratique de la végétation,* Paris, 1781, 2 volumes.
NOEL M., *Mémoire alphabétique des matières des Eaux et Forêts, Pêches et Chasses,* Paris, 1758, 756 p.
NANQUETTE H., *Cours d'aménagement des forêts,* Nancy, 1859, 267 p.
OURCHES C. de, *Aperçu général des forêts,* Paris, 1805, 2 volumes.
PANNELIER d'ANNEL, *Essai sur l'aménagement des forêts,* Paris, 1778, 27 p.
PERTHUIS de LAILLEVAULT L. de, *Traité de l'aménagement et de la restauration des bois et forêts de la France,* Paris, an XI [1803], 384 p.

PLINGUET J.-B., *Traité sur les réformations et les aménagements des forêts,* Orléans, 1769, 264 p.
PROUDHON J.-B.V., *Traité des droits d'usage, servitudes réelles,* 3e édition, Paris, 1848, 2 volumes.
PONCELIN de LA ROCHE TILHAC, *Supplément aux lois forestières de France,* Paris, 1782, 212 p.
POREE C., *Cahiers de doléances du bailliage de Sens pour les États généraux de 1789,* Auxerre, 1908, 347 p.
POULLAIN de GRANDPREY J.-C., Convention nationale, *Rapport fait (le 30 juin 1793) au nom des Comités des Domaines et des Finances réunis sur la gestion, la comptabilité et l'emploi des fonds appartenant aux communes et provenant de la vente de leurs bois,* Paris, s.d., 12 p.
PUTON A., *Code de la législation forestière,* Paris, 1883, 484 p.
QUESNAY F., *Essai sur l'administration des terres,* Paris, 1759, 204 p.
RAUCH F.A., *Régénération de la nature végétale,* Paris, 1818, 2 volumes.
RENAULDON J., *Traité historique et pratique des droits seigneuriaux,* Paris, 1765, 348 p.
RIBBE C. de, *La Provence au point de vue des bois, des torrents, et des inondations, avant et après 1789,* Paris, 1857, 206 p.
RITTER C., *Études hydrolomiques, influence des forêts sur les nappes liquides souterraines et sur la pluie,* Paris, 1880, 22 p.
ROTHSCHILD J. (éditeur), *L'aliénation des forêts de l'État devant l'opinion publique,* Paris, 1865, 484 p.
RONDONNEAU, *Manuel rural et forestier, ou recueil de lois, arrêtés* [...] *de 1789 à 1819,* Paris, 1819.
ROUGIER de LA BERGERIE, *Les Forêts de la France,* Paris, 1817, 368 p.
–, *Mémoire au Roi et aux Chambres législatives sur la destruction des bois,* Paris, 1831, 76 p.
ROUSSEAU C., sieur de BAZOCHES, *Edicts et ordonnances, arrests, et réglements des Eaux et Forests, revus et augmentés,* Paris, 1633, 944 p.
ROUSSEAU T., *Guide pratique du reboisement,* 2e édition, Nancy, 1890, 176 p.
ROUX C., *Le Reboisement dans le département du Rhône,* s.l.n.d., pièce.
SALOMON D. de, *Traité de l'aménagement des forêts, enseigné à l'école forestière,* Paris, , 2 volumes.
SALVAING D. de BOISSIEU, *De l'usage des fiefs et autres droits seigneuriaux,* 2e édition, Grenoble, 1668, 494 p.
SCHARD de la VENTE J., *Les Inondations et le Reboisement des montagnes, la loi du 2 avril 1882,* Paris, 1883, pièce.
SURREL A., *Études sur les torrents des Hautes-Alpes,* Paris, 1841, 284 p.
–, *Études sur l'aménagement des forêts,* Paris, 1858, 375 p.
TASSY L., *La Restauration des montagnes. Étude sur le projet de loi présenté au Sénat,* Paris, 1877, 108 p.
TELLES d'ACOSTA D.A., *Projet de réforme et plan d'une nouvelle administration des forêts et bois du Roi,* s.l., 1789, 60 p.
–, *Plan d'une nouvelle administration pour les forêts de France et servir de supplément à notre « Instruction sur les bois »,* Paris, 1791, 120 p.
THIERRY E., *Restauration des montagnes, correction des torrents, reboisement,* 2e édition, Paris, 1914, 480 p.

TINARRAN S., *Urgence du reboisement immédiat des montagnes,* Bordeaux, 1881, pièce.
VAILLANT H., *Des Pénalités en matière forestière,* Nancy, 1913, 254 p.
VALLES F., *Études sur les inondations, leurs causes et leurs effets,* Paris, 1857, 529 p.
VAN RECUM, *Observations sur la nécessité d'établir en France des écoles forestières,* Paris, 1807, 67 p.
VARENNE de FENILLE P.C.M., *Second mémoire sur l'aménagement des forêts nationales,* Paris, 1791, 29 p.
VAUBAN S. LEPRESTRE sieur de, *Traité de la culture des forêts,* publié par A. de Boislisle, dans *Mémoire sur la généralité de Paris,* t. I, appendice, pp. 594-560, Paris, 1881.
VAUTRIN, *Mémoire sur la nécessité d'étendre aux bois des particuliers, notamment des grands propriétaires, les lois établies pour l'administration des forêts royales, des communes et des établissements publics, pour la répression des délits qui s'y commettent,* Paris, 1816.
VICAIRE H., *Projet de rapport à la Commission pour rechercher les causes des inondations et les moyens d'en prévenir le retour,* Paris, 1854, 55 p.

REVUES

Ces données n'existent que pour l'époque contemporaine. La presse forestière, qui apparaît dès le début du XIXe siècle, répond aux besoins des différents partenaires (État, collectivités et particuliers) intéressés à la propriété et à la gestion des bois, mais aussi aux exigences d'une administration spécifique, pouvant enfin agir sur l'ensemble du territoire français et accaparant peu à peu de nouveaux champs d'intervention (reboisement des communaux, reboisement des montagnes, etc.).

A ces périodiques spécialisés, s'ajoutent d'autres revues, scientifiques ou politiques, qui rendent compte des programmes engagés en la matière par les pouvoirs publics, les combattent ou les encouragent. Le lecteur trouvera dans les notes l'indication précise des uns et des autres, l'auteur se bornant ici à mentionner les titres exploités.

- *Mémorial forestier,* de l'an IX à 1807.
- *Annales forestières,* de 1808 à 1816.
- *Moniteur des Eaux et Forêts,* à partir de 1842.
- *Annales forestières et métallurgiques,* à partir de 1842.
- *Bulletin administratif et judiciaire,* publié par les Annales forestières et métallurgiques.
- *Revue des Eaux et Forêts,* de 1862 à 1948.
- *Répertoire de législation et de jurisprudence,* publié par la *Revue des Eaux et Forêts* jusqu'en 1896.
- *Revue forestière française,* depuis 1949.
- *Bulletin de la Société forestière de Franche-Comté,* devenu, en 1893, *Bulletin de la Société forestière de Franche-Comté et de Belfort,* jusqu'en 1922, puis « et des provinces de l'Est ».
- Arbre (l'), bulletin de la *Société française des amis des arbres,* publié de 1893 à 1948.
- *Archives des Sciences de la bibliothèque universitaire.*
- *Annales de Géographie.*
- *Annales de l'Institut international de sociologie.*

- *Annales de la Science agronomique.*
- *Bulletin de Géographie historique et descriptive.*
- *La Montagne, Revue du Club alpin français.*
- *La Réforme sociale.*
- *La Revue.*
- *Nouvelle Revue historique de droit français et étranger.*
- *Revue de Géographie alpine.*
- *Revue de synthèse.*
- *Revue internationale de sociologie.*

BIBLIOGRAPHIE

Ne sont retenus que les livres, publiés ou non, intéressant le sujet. Le lecteur obtiendra la référence des articles dans les notes qui suivent chaque chapitre.

Actes du Colloque *Sur la forêt,* Besançon, octobre 1966, éd. Les Belles Lettres, Paris, 1967, 342 p.

Actes du Colloque *La Forêt en Ile de France et les utilisations du bois,* Rambouillet, octobre 1977, publ. Fédération des sociétés historiques et archéologiques de Paris et de l'Ile de France, Paris, 1978, 301 p.

Actes du Colloque *Société et Forêts,* Lyon, novembre 1079, pub. Association des ruralistes français, Nancy, 1980, 373 p.

Actes du Symposium international d'Histoire forestière, Nancy, septembre 1979, publ. E.N.G.R.E.F., Nancy, 1982, 2 volumes.

Actes du Colloque *L'Environnement et la Forêt, aspects écologiques et juridiques,* Dijon, mars 1984, publ. A.I.D.E.C. et S.F.E.D., Trévoux, 1984, 307 p.

Actes du Colloque *Un Nouveau Colbert,* éd. Sedes, Paris, 1985, 338 p.

Actes du Colloque *Mouvements populaires et conscience sociale, XVIe-XIXe siècle,* Paris, mai 1984, éd. Maloine, Paris, 1985, 773 p.

Actes du séminaire de recherche *Jalons pour une histoire des gardes forestiers,* Nancy, octobre 1984, publ. E.N.G.R.E.F., Paris, 1985, 151 p.

ALLARD F., *Les Forêts et le Régime forestier en Provence,* thèse de droit, université d'Aix, Paris, 1901, 297 p.

ALLIX A., *L'Oisans, étude géographique. Un pays de haute montagne,* Paris, 1927, 915 p.

BABY F., *La Guerre des Demoiselles en Ariège, 1829-1872,* Montbel, 1972, 226 p.

BARY-LENGER A., EVRARD R., GATHY P., *La Forêt-Écologie, gestion, économie, conservation,* Liège, 1974, 588 p.

BELHOSTE J.F., *Histoire des forges d'Allevard des origines à 1979,* Grenoble, 1982, 293 p.

BLACHE J., *Les Massifs de la Grande-Chartreuse et du Vercors,* Grenoble, 1931, 2 volumes.
BOUCHARD G., *Le Village immobile : Sennely en Sologne au XVIIIe siècle,* Paris, 1972, 386 p.
BROSSELIN A., *Les Forêts de la Côte-d'Or au XIXe siècle et l'utilisation de leurs produits,* thèse de troisième cycle, université de Dijon, 1973, New York, 1977, 263 p.
–, *La Forêt en Bourgogne de 1669 à la Première Guerre mondiale,* thèse d'État, université de Paris IV, 1984, 3 volumes.
BRUTAILS J.A., *Étude sur la condition des populations du Roussillon au Moyen Age,* Paris, 1891, 314 p.
BRUNETON-GOVERNATORI A., *Le Pain de bois, ethno-histoire de la châtaigne et du châtaignier,* Toulouse, 1984, 534 p.
BUTTOUD G., *Les Propriétaires forestiers privés,* Nancy, 1979, 521 p.
–, *Les Conservateurs des Eaux et Forêts sous la Troisième République,* Nancy, 1981, 261 p.
–, *L'État forestier. Politique et administration des forêts dans l'histoire française contemporaine,* thèse d'État, université de Nancy II, 1983, 2 volumes.
CAILLUYER J., *Regards sur l'histoire sociale des Landes,* Toulouse, 1983, 385 p.
CHEVALIER P., COURILHAC M.-J., *L'Administration des Eaux et Forêts dans le département de l'Isère au XIXe siècle,* Grenoble, 1983, 217 p.
CHABROL A., *Contribution à l'étude du développement sylvo-pastoral des régions de montagne : Pyrénées orientales, Andorre, Rif,* thèse de droit, université de Toulouse, 1961, 299 p.
CHEVALIER M., *La Vie humaine dans les Pyrénées ariégeoises,* Paris, 1956, 1 060 p.
COLLIER R., *La Vie en Haute-Provence de 1600 à 1850,* Gap, 1973, 546 p.
CLARENC L., *Délits forestiers et troubles politiques dans les Pyrénées centrales de 1827 à 1851,* Toulouse, 1963, 305 p.
CLAUDE R., *Essais de reboisements en Meurthe-et-Moselle,* Paris, 1901, 132 p.
Conseil supérieur des Forêts, *Plus grande ouverture de la Forêt publique et privée au public : conditions et possibilités de réalisation,* Bruxelles, 1972, 109 p.
CORVOL A., *L'Homme et l'Arbre sous l'Ancien Régime,* Paris, 1984, 757 p.
CUSSON G., *Origines et Évolution du ministère de l'Agriculture,* thèse de droit, Paris, 1929, 186 p.
DAVIS K.P., (sous la direction de) *Forest Fire,* New York, 1959, 584 p.
–, *Forest Managements, Régulation and Valuation,* 2e édition, New York, 1966, 519 p.
DEBAZAC E.F., *Manuel des conifères,* Gap, 1977, 172 p.
DION R., *Essai sur la formation du paysage rural français,* réédition Condé-sur-Noireau, 1981, 168 p.
Direction générale des Eaux et Forêts, *Documents relatifs au reboisement,* publiés par le Fond Forestier National, Paris, 1958.
DOUGUEDROIT A., *Les Paysages forestiers de Haute-Provence et des Alpes-Maritimes : géographie, écologie, histoire,* Aix-en-Provence, 1976, 2 volumes.
DORNIC F., *Le Fer contre la forêt,* La Guerche, 1984, 255 p.

EHRARD J., *L'Idée de Nature en France dans la première moitié du XVIIIe siècle,* Genève-Paris, 1981, 861 p.

FESTY O., *Les Délits ruraux et leur répression sous la Révolution et le Consulat. Étude d'histoire économique,* Paris, 1956, 198 p.

FONTAINE L., *Le Voyage et la Mémoire. Colporteurs de l'Oisans au XIXe siècle,* Lyon, 1984, 296 p.

FRUHAUF C., *Forêt et Société. De la forêt paysanne à la forêt capitaliste en Pays de Sault sous l'Ancien Régime, vers 1690-1791,* Paris, 1980, 302 p.

GAUSSEN H., *Végétation de la moitié orientale des Pyrénées,* Toulouse, 1926.

GARRIER G., *Paysans du Beaujolais et du Lyonnais 1800-1970,* Lyon, 1973, 2 volumes.

GOUBERT P. (en l'honneur de), *La France d'Ancien Régime. Études réunies,* Toulouse, 1984, 2 volumes.

GENEAU de SAINTE-GERTRUDE, *La Législation forestière sous l'Ancien Régime,* Nancy, 1945, 192 p.

GRANDMESNIL M.-N., *L'Administration foretière de la fin de l'Ancien Régime à la réorganisation consulaire dans l'arrondissement de Fontainebleau,* thèse de l'École des Chartes, Paris, 1962, 2 volumes, dactylogramme.

GRANET P., *Changer la ville,* Paris, 1975, 350 p.

GRAVIER J.-P., *Paris et le désert français en 1972,* Paris, 1972, 284 p.

GUYOT C., *Les Forêts lorraines jusqu'en 1789,* Nancy, 1886, 410 p.

HARALAMB A.M., *Le Reboisement dans les Alpes françaises,* thèse de droit, université de Grenoble, Grenoble, 1931, 214 p.

HUFFEL G., *Le Comté de Dabo dans les Basses-Vosges, ses forêts, ses droits d'usage forestiers, Étude historique, forestière et juridique,* Nancy, 1924, 285 p.

–, *Les Méthodes de l'aménagement forestier en France. Étude historique,* Nancy, 1926, 231 p.

JACQUIOT C., *La Forêt,* Paris, 1970, 160 p.

JOUINE C., *Des Paysans pour demain,* Paris, 1967, 160 p.

JOURNES C. (sous la direction de), *La Coutume et la Loi. Étude d'un conflit,* Lyon, 1986, 164 p.

KALAORA B., *Forêt et Société au XIXe siècle. La sève de Marianne,* I.N.R.A.-Orléans, 1980, 130 p.

KALAORA B., SAVOYE A., *Forêt et Sociologie. Les forestiers de l'École de La Play, défenseurs des populations de montagne (1860-1913),* I.N.R.A.-Rungis, 1984, 133 p.

KALAORA B., POUPARDIN D., *Le Corps forestier dans tous ses états de la Restauration à la Belle Époque,* I.N.R.A.-Rungis,,1984, 189 p.

KOSLOWSKY T., et coll., *Fire and Ecosystems,* New York, 1974, 542 p.

LEGOFF J., SCHMITT J.-C. (sous la direction de), *Le Charivari,* Paris, 1981, 444 p.

LEFEBVRE T., *Les Modes de vie dans les Pyrénées-Atlantiques orientales,* Paris, 1933, 777 p.

LEMAITRE N., *Bruyères, communes et mas. Les communaux en Bas-Limousin depuis le XVIe siècle,* Ussel, 1981, 125 p.

LENOBLE F., *La Légende du déboisement des Alpes,* Grenoble, 1923, 116 p.

LEUILLIOT P., *L'Alsace au début du XIXe siècle (1815-1830),* Paris, 1959, 2 volumes.

LUST N., *Reboisement naturel d'une terre brûlée,* Gand, Centre de recherches de sylviculture, aménagement et politique forestière de l'Université, 1972, 17 p.

MADELIN J., *Les Restrictions légales au droit de propriété forestière privée en France, Allemagne, Autriche, Hongrie et Suisse,* Paris, 227 p.

MAULDE R. de, *Étude sur la condition forestière de l'Orléanais au Moyen Age et à la Renaissance,* Orléans, 1871, 532 p.

MEYER F., *Législation et politique forestière,* Paris, 1968, 299 p.

MICHEL E., *La Forêt de Fontainebleau, dans la nature, dans l'histoire, dans la littérature et dans l'art,* Paris, 1909, 259 p.

MOLINIER R., *Recherches phyto-sociologiques et écologiques en Provence occidentale,* Marseille, 1934, 282 p.

NOUGAREDE O. *Des Années entières dans les bois lozériens,* I.N.R.A.-Rungis, 1985, dactylogramme, 270 p.

OSMATON F., *The Management of Forests,* Londres, 1968, 384 p.

OZOUF M., *La Fête révolutionnaire,* 1789-1799, Paris, 1976, 340 p.

PAILLE M., *L'État et la Propriété forestière en montagne,* Paris, 1926, 174 p.

PARDE J., *Arbres et Forêts,* 2e édition, Paris, 1965, 223 p.

PESEZ J.-M., LEROY-LADURIE E., *Villages désertés et histoire économique (XI-XVIIIe siècle),* Paris, 1965, pp. 127-252.

PEYRIAT P.A., *La Chambre des Eaux et Forêts du Parlement de Provence au XVIIIe siècle, et son rôle dans la défense des bois,* thèse d'État, université d'Aix-en-Provence, 1951, 478 p.

PITTE J.R., *Terres de castanide,* Paris, 1986, 479 p.

–, *Histoire du paysage français,* Paris, 1984, 2 volumes.

PLAISANCE G., *Les Formations végétales et paysages ruraux,* Paris, 1959, 418 p.

REICHLE D.E., (sous la direction de) *Dynamic Properties of Forest Ecosystems,* Paris, 1981, 683 p.

ROISIN P., *La Forêt des loisirs forcés, tourisme et conservation de la Nature,* Gembloux, 1980, 234 p.

ROUGERIE G., *Les Milieux forestiers,* Paris, 1983, 171 p.

ROUPNEL G., *La Ville et la Campagne au XVIIe siècle. Étude sur les populations du pays dijonnais,* Paris, 1955, 357 p.

SAINT MARC P., *Socialisation de la Nature,* Paris, 1972, 380 p.

SALVADOR P., *Reboisement et Initiative privée,* thèse de droit, université de Lyon, 1911, 170 p.

SARGOS G., *Contribution à l'histoire du boisement des Landes de Gascogne,* Bordeaux, 1949, 836 p.

SCLAFERT T., *Le Haut-Dauphiné au Moyen Age,* thèse d'État, Paris, 1926, 766 p.

–, *Cultures en Haute-Provence. Déboisements et pâturages au Moyen Age,* Paris, 1959, 273 p.

SIGAUT F., *L'Agriculture et le Feu,* Paris, 1975, 320 p.

THOMAS K., *Dans le Jardin de la Nature,* Paris, 1985, 401 p.

VAN GENNEP A., *Les Rites de passage,* Paris, 1909, 288 p.

VIGIER P., *La Seconde République dans la région alpine. Étude politique et sociale,* Paris, 1963, 2 volumes.

VIGOUROUX C., *Code forestier (décret du 29 octobre 1952). Commentaire critique,* Paris, 1953, 349 p.

WEYD P.M., *Les Forêts de la Lozère,* Paris-Lille, 1911, 416 p.

WORONOFF D., *L'Industrie sidérurgique en France pendant la Révolution et l'Empire,* Paris, 1984, 592 p.

GLOSSAIRE

Les termes marqués d'un astérisque sont définis dans ce glossaire.

Abroutissement : Détérioration des bourgeons terminaux (*broust*) par la dent du bétail. La croissance de l'arbre en est fortement perturbée.

Achurreau, Hachereau : Petite cognée.

Affouage : Bois de chauffage ou de construction, destiné à être délivré en nature aux habitants d'une commune. La coupe destinée à fournir le *bois d'affouage* dans la forêt communale s'appelle *coupe affouagère.*

Affouagement : Action destinée à *répartir* les feux fiscaux d'une province entre les villes et communautés la constituant.

Aliénabilité du Domaine : Désigne la possibilité de *vendre* des parties du Domaine. Cette facilité ne s'impose que dans la seconde moitié du XVIIIe siècle, lorsque dans les recettes de l'État le produit de l'impôt éclipse celui du Domaine *, celui-ci pesant alors davantage en tant qu'*incorporel* * (droits appartenant au roi en raison de sa souveraineté, aujourd'hui connus sous le nom de droits d'enregistrement) que *corporel* *.

Aménagement : Ensemble des opérations aboutissant à l'établissement d'un *règlement d'exploitation.* Ce règlement précise le lien, la nature, le lieu et la qualité des coupes.

Arpentage : Opération topographique nécessaire pour délimiter exactement une coupe *de surface donnée.*

Délivrance (synonyme d'*assignal*) : Acte par lequel le concessionnaire d'un bois *fait marquer* du bois d'œuvre pour ses usagers et leur *désigne* des cantons de bois pour qu'ils y exercent leurs droits de pâturage et de glandée.

Assiette d'une coupe : Détermination de l'endroit où doit se faire une exploitation continue. L'*ordre* et la *marche* des exploitations se font suivant des règles, inscrites au plan d'aménagement et précisées dans le cahier des charges.

Arpent : L'arpent du roi, utilisé dans le Domaine et ailleurs, comporte 100 perches carrées de 22 pieds de côté. La perche contient 484 pieds carrés (22 × 22) et l'arpent par conséquent 48 000. L'arpent équivaut à 51 ares 7 centiares.

Aumailles : Gros bétail nourri pour être engraissé.

Banbois, bois banni : Forêt mise en ban (ou défends), ce qui signifie qu'elle est fermée aux usagers et affouagistes.

Balivage : Martelage * des arbres dans un peuplement traité en taillis sous futaie avant son exploitation. Il s'effectue généralement en réserve *.

Baliveau : Arbre réservé à chaque coupe pour *croître* en futaie * et *repeupler* les bois.

Batardière : Lieu où les jardiniers élèvent les arbres lorsqu'ils sortent du semis, c'est-à-dire au bout de 3 ou 4 ans. Le terme a été évincé à la fin du XVIIIe siècle par celui de « pépinière ». Celui-ci ne servait à l'origine qu'en arboriculture.

Bedat : Synonyme de Défends *.

Blairie : Droit qui appartenait au seigneur haut-justicier pour la permission de pâture qu'il accordait aux habitants pour leurs bestiaux sur les terres après la récolte et dans les bois non clos. Il s'acquitte généralement par des prestations en nature.

Blanc-étoc : Exploitation qui enlève *tous les arbres* existant sur une étendue donnée.

Bois blancs : Désigne les essences à bois tendre (Tilleuls, Peupliers) par opposition aux essences à bois dur (Chêne, Hêtre) jugées plus précieuses.

Bois canard : Bois flotté qui, au lieu de se maintenir sur l'eau, tombe par sa pesanteur au fond des ruisseaux flottables.

Bois usager, bois d'usages : Étendue sur laquelle pèse l'exercice des droits d'usage. L'expression indique clairement que *le fonds appartient au seigneur* et que les habitants ne profitent de son produit que parce qu'on leur en a accordé la faculté.

Boquillon : Synonyme de Bûcheron.

Bourgeon : Ensemble des ébauches du futur rameau et des jeunes feuilles. Il est dit *terminal* à l'extrémité de chaque rameau. Il est *axillaire* quand placé dans l'angle formé par chaque feuille et le rameau, angle appelé aisselle de la feuille.

Bourrée : Fagot fait avec les plus petites branches des arbres ou avec des arbustes épineux, tels que l'épine, la ronce, l'ajonc.

Breuil, breil : Bois taillis, fermé de murs ou de haies, dans lequel les bêtes ont coutume de se retirer.

Brins : Pousses se développant à partir de semences, par opposition aux rejets *.

Brisées (synonyme de layées) : Sentiers tracés dans les forêts afin de servir de passage aux arpenteurs lors des assiettes de ventes *.

Brosses : Synonyme de broussailles, petits bois, taillis.

Brûlis : Parties de forêts ayant été volontairement incendiées.

Buisson : Dans le Centre de la France, désigne un canton * de taillis en lisière de grand massif.

Canton défensable : Partie d'une forêt que les forestiers déclarent pouvoir être livrée au pâturage des bestiaux.

Cantonnement : Action par laquelle on abandonne à titre privatif à des usagers une portion de bois pour leur tenir lieu des droits d'usage qu'ils exerçaient dans toute l'étendue du bois. Sous l'Ancien Régime, toutefois, la propriété de cette portion ne leur est pas pour autant accordée.

Cent de bois : Ancienne manière de compter le bois de charpente (cent fois 12 pieds de long sur 6 pouces de gros à Paris).

Cepée, cep : Touffe de rejets * produits par la même souche.

Certificateur de caution : Celui qui affirme qu'une caution présentée est solvable.

Chablis : Abattis d'arbres occasionnés par le vent.

Charmer (un arbre) : Mettre le feu au pied de l'arbre afin de provoquer sa mort prématurée. Le terme s'emploie parfois dans un sens plus large pour désigner tout procédé accélérant son dépérissement.

Chaux : Dans l'Est de la France, grande forêt.

Cherbottage : Opération qui désigne un brûlage complexe des résidus végétaux. Les deux points fondamentaux sont : un, le *houage,* préalable, qui soulève la litière de feuilles et de terreau afin d'en favoriser le séchage; deux, la *destruction intégrale* des imbrûlés après le feu courant, rassemblés en tas et incendiés de nouveau.

N.B. – A la fin du XIXe siècle, le mot « cherbottage » s'applique à une autre technique l'essartage à feu couvert *, employé dans certaines forêts après le passage du feu courant pour détruire les gazons qui s'y sont développés.

Cime, houppier : Ensemble des branches et de leurs ramifications.

Concise : Synonyme de taillis, le mot désigne des peuplements soumis à des exploitations rapprochées, par opposition au cœur du massif préservé (voir Réserve *).

Conversion : Opération qui comporte un changement de régime tel que le passage d'un taillis composé à la futaie.

Corde des Eaux et Forêts : Elle vaut 3 stères 840. Elle représente le double de la voie de Paris, très exactement. Celle-ci contient 4 pieds de largeur au sol (= couche), 4 pieds de hauteur, et 3 pieds 6 pouces de longueur. Les bûches composant la voie de Paris occupent donc un volume de 56 pieds carrés, soit en stères actuels 1,920.

Corniers, pieds-corniers : Arbres marqués et réservés pour servir de bornes aux ventes et se trouvant placés dans les *angles sortants* du plan, appelés *cornes*.

Coudrier : Synonyme de noisetier.

Coupe : Opération qui consiste à abattre des arbres ou des peuplements. Elle est synonyme d'exploitation *.
Surface de terrain bien déterminée où sont abattus des arbres. Le mot est alors synonyme de coupon * ou de parcelle *.

Coupon : Surface dont l'exploitation est confiée à un bûcheron.

Débardage : Ensemble des opérations qui consistent à sortir les produits de la coupe pour les amener en bordure d'une voie de transport, en employant des pistes temporaires ou semi-permanentes.

Dégagement : Opération qui enlève autour des sujets intéressants la végétation nuisible à leur élancement (voir éclaircie *).

Défens, défends : Étendue incluse dans la terre gaste * mais réservée pour produire du bois. Elle échappe donc à toute tentative de défrichement.

Demi-futaie : Terme d'Ancien Régime désignant des bois de quarante à soixante ans.

Dépaissance : Synonyme d'action de paître.

Déshonorer un arbre : En couper la cime. Par extension, cela peut désigner aussi la coupe illicite des branches.

Dévèze : Synonyme de défens *.

Domaine corporel : Désigne les immeubles réels appartenant au roi. *Les forêts en font partie.* A la fin de l'Ancien Régime les économistes estiment que son aliénation * est nécessaire, des propriétaires particuliers étant plus aptes que des fonctionnaires publics ou des engagistes à temps pour les mettre en valeur.

Domaine de la couronne : Désigne tout ce que le roi possède à titre de propriétaire, tout ce qui rentre aujourd'hui soit dans le *domaine national*, soit dans le *domaine public* de l'État (à savoir choses non susceptibles de propriété privée).

Drageons : Pousses caractérisées par un rapide élancement, car se développant à partir de bourgeons situés sur les racines de l'arbre abattu (orme, tremble, robinier). Au début du XVIIIe siècle, elles sont confondues avec les brins *.

Droits d'usage : Ensemble des droits particuliers qu'un seigneur concède à une communauté d'habitants sur ses biens propres.

Éclaircie : Opération qui a le même but et la même importance que le dégagement *, mais concerne des sujets plus âgés. Elle permet d'obtenir la proportion convenable des essences dans les peuplements mélangés et de stimuler le développement des sujets d'avenir.

Écobuage : Opération qui consiste à enlever la partie superficielle d'un terrain chargé de plantes sur un ou plusieurs centimètres d'épaisseur, y mettre le feu et *répandre* ensuite les cendres sur le sol. Cette action peut se faire à feu *courant* (libre) ou à feu *couvert.* Elle renforce la fertilité du lieu où cette technique est appliquée.

Écuisser : Faire éclater un arbre en l'abattant.

Élagage : Opération qui se traduit par l'enlèvement des branches inutiles ou nuisibles à la pousse du sujet. Dès la seconde moitié du XVIIIe siècle certains sylviculteurs estiment que l'élagage *artificiel* améliore la qualité des arbres éduqués en futaie *, l'élagage *naturel* s'interrompant selon eux trop tôt.

Enracinement : Ensemble des ramifications de la racine, dont le caractère varie d'une essence à l'autre.

Équarrissage : Opération par laquelle le bois en grume se réduit à la hache en bois carré.

Équienne : Se dit d'un peuplement dont tous les sujets ont le même âge. Leurs dimensions, qu'il s'agisse de la hauteur ou de la grosseur, ne diffèrent guère alors, on dit que le peuplement est *régulier.* Le contraire de cet adjectif est « inéquienne ».

Essarter: Arracher les arbres arbrisseaux et broussailles d'un terrain afin de le mettre en culture.

Essence forestière: Désigne tout type d'arbre existant en forêt. Ce terme est normalement synonyme du mot *espèce* en botanique. Cependant parfois, des *variétés* d'une même espèce distinctes par leurs exigences et leur intérêt économique sont considérées comme des essences distinctes. C'est le cas pour le Pin laricio de Corse et le Pin noir d'Autriche : le Pin laricio d'Autriche sera appelé Pin noir.

Estant (bois en): Bois qui est sur pied et bien vivant. S'oppose au *bois mort en cime* ou *sur pied*. Celui-ci était abandonné aux usagers, du moins jusqu'au milieu du XVIIIe siècle. A partir de là, les usagers n'ont plus eu droit qu'au *bois mort gisant*, c'est-à-dire tombé au sol. Ce qui ne souffrait plus d'incertitude quant à l'interprétation de cette facilité accordée aux bénéficiaires!

Étoc: Partie résiduelle du tronc, restant adhérente au sol après que l'arbre ait été abattu.

Étrepage: Opération qui consiste à enlever, avec le gazon ayant poussé sur lande, quelques centimètres de la terre qui l'a nourri. Cela l'apparente donc à un écobuage * mais non suivi de brûlage, et à un soutrage * mais avec dégazonnement. Comme dans ce dernier cas, il y a transfert de fertilité.

Expurgade: Opération qui consiste à enlever *tous les morts-bois* * et parfois aussi les essences à bois blanc afin de favoriser le développement des essences principales. A parfois le sens de nettoiement * particulièrement radical.

Facteur, garde-vente: Individu chargé de l'exécution d'une coupe à la place du marchand de bois, lequel lui remet toutes les prérogatives liées à son contrat d'adjudication. Les deux termes tendent cependant à se distinguer au XVIIIe siècle, le garde-vente s'apparentant de plus en plus à un garde particulier.

Fente (bois de): Bois débité en plusieurs morceaux dès la fente essentielle, tels qu'échalas ou lattes.

Fouée, fouage: Synonyme de chauffage, bois de chauffage.

Forpaisson: Délit commis par ceux qui mettent des porcs au panage * sans y avoir droit ou dans un *lieu* défendu ou à une *époque* défendue.

Futaie: État réalisé lorsque les arbres présentent des fûts * plus ou moins longs et des cimes plus ou moins développées, avec de fortes branches qui, contrairement à ce qui a lieu dans l'élagage * naturel, ne peuvent plus disparaître qu'en laissant des tares sur les tiges.

Peuplement formé de brins * obtenus donc par voie de semis et s'opposant au peuplement sur souches, composé de rejets. Cette définition, fondée sur le *mode de reproduction*, éclipse au début du XXe siècle la définition ancienne (Voir futaies *) fondée sur la *situation juridique* des sujets.

Futaie jardinée : Forêt traitée en futaie * et présentant des peuplements où les âges sont *confusément* mêlés. On dit aussi « futaie en jardinage ».

Futaie par bouquets : Forêt traitée en futaie *, mais formée de peuplements dont le mélange n'est ni intime (cas des futaies jardinées) ni par grandes surfaces (cas des futaies régulières).

Futaie régulière : Forêt traitée en futaie * et formée de la *juxtaposition* de peuplements réguliers, équiennes. On dit aussi « futaie pleine ».

Futaie sur souches : Peuplement provenant du vieillissement d'un taillis.

Futaies : Peuplement désignant sous l'Ancien Régime un ensemble de sujets laissés en réserve *, que ceux-ci concernent *toute une surface de bois* (cas du quart de futaie) ou *dominent le taillis* (futaies sur taillis).

Furetage, fouilletage, feuilletage : Mode d'exploitation d'un *taillis * simple* selon lequel on enlève successivement à chaque cépée * les rejets ayant atteint ou dépassé une certaine grosseur fixée à l'avance, appelés « brins de calibre ». Cette façon d'opérer crée une forêt constituée de peuplements d'âges multiples, dits *peuplements inéquiennes.* Le terme sous l'Ancien Régime comporte une nuance péjorative, les sylviculteurs d'alors préfèrent des peuplements réguliers à ces peuplements hétéroclites par l'âge.

Fût : Partie du tronc dégarnie de branches, due à l'élagage naturel.

Garenne : Bois réservé pour la chasse.

Gâtine : Terrain inculte, friche. Le terme est indiqué lorsque le sol est acide, contrairement à l'expression terres « vaines » d'emploi plus général.

Gaulis : État obtenu lorsque les pousses ont la grosseur d'une gaule, c'est-à-dire celle du pouce. L'élagage * naturel commence alors, dégarnissant la base des sujets.

Glandée : Droit de faire paître des porcs dans les forêts dont jouissent les usagers.
Adjudication de cet objet selon les règles fixées par l'Ordonnance de 1669.

Goué, gouet : Serpe assez forte pour tailler les paisseaux, faire les fagots, etc.

Grainer (Temps de) : Entrée des porcs dans les bois, à l'époque venue, fixée par les textes.

Grairie : Droit royal de prendre part au produit des bois *en tant que fonds*. Il est tombé en désuétude dans la plupart des régions dès le début du XVIIe siècle.

Grandes maîtrises des Eaux et Forêts : Charges pourvues de juridiction destinées à veiller à l'exécution des ordonnances relatives aux Eaux et Forêts. Elles ont sous leur dépendance les Maîtrises particulières *. Leur nombre est fixé à 20 au XVIIIe siècle.

Grasse pâture : Droit de pâturage pour les bestiaux de fruits ou d'herbes dans les bois *qui peuvent être récoltés*. Les seigneurs ont très tôt échangé ou supprimé ce droit, dont l'objet pouvait facilement être mis en adjudication.

Gruerie, segrairie : Droit royal de percevoir une partie du prix *des coupes* de bois, et aussi une portion des amendes, confiscations, etc., prononcées pour abus et malversations concernant l'exploitation des bois qui y sont soumis.

Grueries, gruries : Juridictions subordonnées aux Maîtrises, qui connaissent des menus délits dont l'amende n'excède pas 12 livres.

Grume (bois en) : Se dit des troncs ayant conservé leur écorce.

Gruyers : Juges forestiers, *subalternes* dans le cadre des grueries * royales, de *plein droit* dans celui des grueries seigneuriales. Cependant, l'édit de mars 1707 qui élargissait les prérogatives de ces derniers, n'a pas tardé à sombrer dans l'oubli. Si bien que la juridiction des officiers des Eaux et Forêts s'est étendue jusque sur les eaux et forêts des seigneurs, surtout en ce qui concerne les gens de main-morte.

Houppier : Arbre ébranché auquel on n'a laissé que la houppe.

Inaliénabilité du Domaine : Désigne l'impossibilité d'une aliénation perpétuelle du Domaine * (Édit de Moulins 1566), cette impossibilité tenant à l'importance du *Domaine corporel* (immeubles réels appartenant au roi) dans les ressources de l'État jusqu'aux débuts des Temps modernes.

Incolat : Situation caractérisant les personnes *dépendantes* d'un maître et *attachées* au sol qu'il leur a remis pour être cultivé. Elle persiste même après que ces personnes aient obtenu une charte d'affranchissement, en raison de ses avantages.

Jardinage : Mode d'exploitation d'une *futaie* * dans laquelle on retire successivement les brins ayant atteint ou dépassé une certaine grosseur fixée à l'avance. Cette façon d'opérer est particulièrement nécessaire en montagne, dans les *forêts dites de protection*, là où le sol ne doit jamais être dénudé.

Javelle : Fagot en botte d'échalas ou de lattes (généralement 5 par javelle ou botte).

Loges : Habitat temporaire à l'intérieur des forêts et concernant les porchers, les boisseliers, les bûcherons, les charbonniers, etc.

Maîtrise particulière (des Eaux et Forêts) : Juridiction jugeant souverainement les délits en cette matière jusqu'à 100 livres d'amende. Leurs officiers cumulent ainsi des fonctions de juge et celles d'administrateurs.

Mise en défens : Action destinée à retirer une partie ou la totalité des bois jusque-là attribués à la satisfaction des besoins usagers *.

Marquage : Martelage * des arbres dans un peuplement traité en futaie et en taillis irrégulier avant son exploitation.

Martelage en délivrance : Opération qui consiste à apposer l'empreinte du marteau sur les arbres destinés à être abattus.

Martelage en réserve : Opération qui consiste à apposer l'empreinte du marteau sur les arbres devant être conservés. Elle est dite aussi « martelage en abandon ».

Marronnage : Droit qu'ont les habitants, en certains lieux, de prendre dans une forêt les arbres nécessaires à la *réparation* et à la *reconstruction* de leurs maisons.

Modes de traitement : Subdivisions établies dans chaque régime * suivant que l'exploitation porte sur de grandes surfaces *continues* ou qu'elle procède en récoltant des tiges *prises une à une.*

Morts-bois : Arbustes quand ils peuvent offrir avec l'âge un fût dégarni (aubépine, houx) et *arbrisseaux* quand ils sont ramifiés dès la base (noisetier, prunelier, troène, bruyère). Ces végétaux de consistance dure et de longue durée de vie ne diffèrent donc des arbres que par leur petite taille (moins de 8 m). Le droit au chauffage les concerne souvent.

Nettoiement : Dégagement portant sur les tiges et les branches assez grosses pour pouvoir être désignées par un *blanchis* portant l'empreinte du marteau ou par une *flache* faite avec une serpe. Le produit de l'opération concerne des sujets trop jeunes pour avoir une valeur suffisante qui couvrirait les dépenses.

Panage : Synonyme de glandée *.

Parcelle : Surface à exploiter inscrite sur le plan d'aménagement *.

Paroi, arbres-parois : Arbres marqués pour servir de bornes aux ventes et se trouvant en ligne droite.

Peuplement : Ensemble d'arbres, qu'ils soient obtenus par voie *artificielle* (plantation) ou par voie *naturelle* (ré-ensemencement).

Pied cornier : Arbre de limite, situé à l'angle ou à la corne d'une coupe.

Potet : Désigne l'ensemble motte et plant, que celui-ci soit issu des semences placées dans le terrain à reboiser ou qu'il provienne de semences cultivées en pépinière (volante ou permanente, c'est-à-dire locale ou centrale), la pousse étant ensuite transférée sur le terrain à reboiser.

Rejets : Pousses se développant à partir de bourgeons *, adventifs ou proventifs, par opposition aux brins *, nés, eux, de semis.

Rapailles : Bois où la coupe est libre, par opposition aux banbois *.

Ravaler (une souche) : Opération qui consiste à rendre « relevée » c'est-à-dire bombée, une souche afin que les eaux n'y séjournent pas, ce qui la pourrirait. En même temps, cela corrige une entaille qui n'était pas faite assez bas pour que les rejets arrivent au contact de la terre, s'y enracinent et s'affranchissent alors de la souche.

Recépage : Opération consistant à redonner de la vigueur aux semis * d'espèces feuillues rejetant bien de souche, et restés languissants. La coupe doit se faire le plus bas possible, ce qui se traduit par « à raz de terre » ou encore « à fleur de charbonnier ».

Recolement : Opération ayant pour but de s'assurer que les bûcherons n'ont coupé que les arbres désignés.

Recrû : État du peuplement durant les premières années qui suivent la coupe : les cépées * restent plus ou moins espacées, laissant entre elles des intervalles qui se couvrent plus ou moins d'herbes et de morts-bois.

Régime : Classification fondée sur la reproduction des arbres, c'est-à-dire sur leur mode de régénération. On distingue trois cas : *le régime du taillis* si le peuplement est rajeuni au moyen de rejets * de souche ou de drageons *; *le régime de la futaie* s'il y a régénération par la graine; *le régime du taillis-sous-futaie* lorsque l'on réunit sur une même surface le rajeunissement par rejets et la régénération par la graine. Chacun constitue par conséquent *un mode d'exploitation.* Cette codification date du XIXe siècle.

Reins (des forêts) : Bords de forêts et terrains qui les environnent jusqu'à une certaine distance (2 lieues d'après l'ordonnance de 1551).

Rejeter : Faculté que possèdent la plupart des essences feuillues (chêne, chataîgnier, charme, frêne, orme, érable, aune, bouleau, tilleul) qui rejettent bien de *souche* et dont quelques-unes (tremble) émettent des *drageons* *.

Rémanents : Résidus de l'exploitation, qui doivent être entassés en des points où ils ne peuvent nuire aux semis * et aux rejets *. Sous l'Ancien Régime, ces restes sont obligatoirement brûlés.

Réserve : Étendue de bois destinée à produire du bois d'œuvre et fixée par l'Ordonnance des Eaux et Forêts d'août 1669 au quart de la superficie des bois communaux. Le terme est alors synonyme de *quart en futaie* ou de *quart en réserve.*

Réserves : Baliveaux surmontant le taillis dans sa forme composée régulière. Sous l'Ancien Régime, le terme est synonyme de futaies *, ces baliveaux ayant le statut de biens immeubles et leur densité étant fixée réglementairement.

Revenant, nappe de revenant : Jeune recrû. Le mot sous l'Ancien Régime inclut *l'état* des semis à cette *repousse* suivant l'exploitation qu'est le recrû.

Revenants (bois) : Bois aménagés donnant un revenu régulier.

Rouettage : Opération qui consiste à enlever les rejets * traînants et faibles encombrant le sous-bois. Les *rouettes* (ou *liens à flotter*) servent à la confection des trains de bois descendant les cours d'eau.

Saltus : Désigne l'espace échappant aux règles de l'appropriation privée.

Sartage : Opération qui consiste à brûler sur les coupes qu'on vient d'exploiter toutes les branches broussailles et feuilles restant.

Semis : État existant tant que les jeunes semis restent isolés les uns des autres, séparés par des espaces plus ou moins grands de terrain plus ou moins couvert d'herbes. Sous l'Ancien Régime, le mot, pris dans ce sens a pour synonyme « parquet ».

Souchetage : Action de chercher et de reconnaître les souches de bois coupés. Lorsqu'il y a délit, on procède en outre à l'*appatronnement*, c'est-à-dire à l'ajustage sur la section de souche de celle du tronc dérobé.

Souchons (faire des) : Enlever la partie du tronc qui reste adhérente au sol après que l'arbre ait été coupé et qui s'appelle l'étoc *.

Soutrage : Opération qui consiste à récolter certains végétaux dans des terres incultes (ajonc dans les régions à sol acide; buis dans les Causses et les garrigues du Midi). Comme dans le cas de l'étrepage *, ces végétaux sont répandus dans buissons et cours de fermes, formant « le fumier de rue » par opposition au « fumier d'étable ». Comme pour l'étrepage, il y a transfert de fertilité.

Taillis composé régulier, taillis-sous-futaie : Peuplement * formé de deux étages de végétation : un *étage inférieur* (dit dominé, ou sous-étage) constitué par un taillis simple régulier, exploité à des intervalles égaux et conservant des brins destinés à devenir des arbres de futaie, et un *étage supérieur* (dit dominant) composé d'arbres d'âges divers dont l'ensemble s'appelle futaies * ou réserves *.

Taillis composé irrégulier, taillis fureté : Peuplement comportant plusieurs étages de végétation et exploité par furetage.

Terre basse : Étendue en contrebas des montagnes pastorales, orientée plein sud. L'adjectif indique donc la situation et l'orientation, alors que l'épithète « gaste » désigne l'origine et l'aspect de cette terre.

Terre gaste : Étendue associée à la vie quotidienne du manant qui a le droit d'y prendre du bois pour son feu, des arbres pour sa maison, qui y trouve des pâturages pour ses troupeaux et qui peut en *défricher* un quartier pour étendre les terres à blé de sa tenure *avec l'autorisation du seigneur.* Il s'agit donc d'un *communal* dont les habitants ont l'usage, mais dont le fonds appartient au seigneur.

Terres vaines et vagues : Terres en friche et qui ne sont point défensables *. Les deux qualificatifs associés indiquent parfois aussi qu'elles ne sont pas appropriées, ce qui ne signifie pas qu'elles soient sans seigneur.

Tige : Partie essentielle de l'arbre, formée du tronc et de la flèche.

Tire et aire : Coupe faite sans solution de continuité en allant de la vieille vente à la nouvelle. Elle s'oppose donc au furetage * défini comme exploitation par pieds d'arbres sans détermination parcellaire jusqu'au début du XIXe siècle.

Tranformation : Opération qui consiste à passer d'un mode à un autre à l'intérieur d'un même régime, par exemple de la futaie jardinée à la futaie régulière.

Triage : Synonyme de « vente », « ordinaire », « coupe », « canton », tous termes désignant une superficie exploitée régulièrement. *N.B.* : « Vente » et « ordinaire » s'appliquent plus particulièrement aux parcelles régies par le système de l'affouage.

Triage (droit de) : Droit qu'a un seigneur de faire distraire à *son profit* le tiers des bois et autres biens d'une communauté d'habitants à laquelle il les avait concédés à *titre gracieux.*

Usage : Droit de prendre sur la propriété d'autrui des choses nécessaires à sa consommation. Par exemple droit de prendre dans une forêt ne nous appartenant pas du bois de chauffage ou pour clôture d'héritages.

Usages : Étendue délaissée (mais non cédée) par le seigneur à la communauté d'habitants. Le mot « usage », ainsi employé au pluriel, marque à la fin du XVIIIe siècle un *relâchement* des biens existant entre cette surface et son concessionnaire, et au contraire un *renforcement* de ceux qui l'attachent à ses bénéficiaires. La notion de « propriété communale » est alors très proche.

Usagers : Personnes ou collectivités exerçant un ou plusieurs droits d'usage sur la propriété d'autrui.

Usance : Synonyme de coutume. Ou : Durée d'utilisation d'un triage *, celui-ci fournissant le chauffage aux habitants. L'usance sera dite annuelle si chaque année la communauté met en exploitation un ordinaire *.

Vacquerie : Réunion des bêtes appartenant aux habitants d'une communauté et placée sous la responsabilité d'un gardien rétribué par la collectivité.

Vaine pâture : Droit de pâturage pour les bestiaux de fruits ou d'herbes *qui ne peuvent être récoltés.* Les habitants ont longtemps refusé de se dessaisir de l'exercice de droit dans les bois.

Vernoie : Étendue peuplée d'arbres, appelés encore vergnes ou vernes, souvent en contrebas des digues de rivières, construites artificiellement à l'aide de pieux, fascines, etc.

Vidange : Opération qui consiste à emporter les bois et produits façonnés, déjà apportés en bordure d'une voie de transport.

Volières : Baliveaux conservés en bouquets *. L'Ancien Régime désignait aussi par ce mot toutes cépées * non exploitées en dépit des prescriptions inhérentes au régime du tire et aire *.

TABLE DES MATIÈRES

Cet ouvrage a été réalisé sur
Système Cameron
par la SOCIÉTÉ NOUVELLE FIRMIN-DIDOT
Mesnil-sur-l'Estrée
pour le compte des Éditions Fayard
le 16 février 1987

35-14-7504-01
ISBN 2-213-7504-X

Dépôt légal : février 1987
N° d'éditeur : 3968

Imprimé en France

35-7504-0